Stephen Langton

Studies in Medieval and Reformation Traditions

Edited by

Andrew Colin Gow
Edmonton, Alberta

In cooperation with

Thomas A. Brady, Jr., Berkeley, California
Sylvia Brown, Edmonton, Alberta
Berndt Hamm, Erlangen
Johannes Heil, Heidelberg
Susan C. Karant-Nunn, Tucson, Arizona
Martin Kaufhold, Augsburg
Jürgen Miethke, Heidelberg
M.E.H. Nicolette Mout, Leiden

Founding Editor
Heiko A. Oberman †

VOLUME 144

Stephen Langton

Erzbischof von Canterbury im England der Magna Carta (1207–1228)

von

Daniel Baumann

BRILL

LEIDEN • BOSTON
2009

On the cover: Magna Carta. England, 1215. British Library Board. All Rights Reserved (British Library Cotton Ms Augustus II. 106).

This book is printed on acid-free paper.

Library of Congress Cataloging-in-Publication Data

Baumann, Daniel, 1978 May 26–
    Stephen Langton : Erzbischof von Canterbury im England der Magna Carta (1207–1228) / von Daniel Baumann.
        p. cm. — (Studies in medieval and reformation traditions ; v. 144)
    Includes bibliographical references.
    ISBN 978-90-04-17680-5 (hardback : alk. paper)
    1. Langton, Stephen, d. 1228. 2. Magna Carta. 3. Bishops—Great Britain—Biography. 4. Great Britain—History—John, 1199–1216. 5. Great Britain—History—Henry III, 1216–1272. 6. Great Britain—Politics and government—1154–1399. I. Title. II. Series.

    DA228.L3B38 2009
    942.03'3092—dc22
    [B]
                                                                    2009012185

ISSN 1573-4188
ISBN 978 90 04 17680 5

Copyright 2009 by Koninklijke Brill NV, Leiden, The Netherlands.
Koninklijke Brill NV incorporates the imprints Brill, Hotei Publishing,
IDC Publishers, Martinus Nijhoff Publishers and VSP.

PRINTED IN THE NETHERLANDS

Für Lea und Liam

INHALTSVERZEICHNIS

DANKSAGUNG

Die vorliegende Arbeit wurde im Sommer 2008 von der Philologisch-Historischen Fakultät der Universität Augsburg als Dissertation angenommen und für den Druck leicht überarbeitet und ergänzt.

An dem Gelingen eines solchen Projekts sind naturgemäß viele Personen und Institutionen beteiligt, denen ich hier meinen Dank aussprechen möchte. An erster Stelle möchte ich die Gerda Henkel Stiftung nennen, deren Stipendium mir die Realisierung des Projekts erst ermöglichte, einschließlich der mehrmonatigen Forschungsaufenthalte in England.

Meinem Lehrer und Doktorvater, Professor Dr. Martin Kaufhold, gilt mein herzlicher Dank für die ausgezeichnete wissenschaftliche Betreuung, die vielen klugen Anregungen und die geduldige Förderung meiner Arbeit. Bei Herrn Professor Dr. Georg Kreuzer bedanke ich mich für das Korreferat. Herrn Professor Dr. Andrew Gow schulde ich Dank für die Aufnahme der vorliegenden Arbeit in die von ihm betreute Reihe „Studies in Medieval and Reformation Traditions". Mein Dank gilt zudem meinem Lehrer Herrn Professor Dr. Jürgen Miethke, der jederzeit bereit war, mir bei Fragen und Problemen weiterzuhelfen. Herrn Professor Nicholas Vincent und Herrn Professor Riccardo Quinto danke ich für die Bereitwilligkeit, mit der sie mir ihre bisher unveröffentlichten Arbeiten zu Stephen Langton zur Verfügung gestellt und ihr fundiertes Wissen über Langton und die englische Geschichte des 12. und 13. Jahrhunderts mit mir geteilt haben.

Vincent Hochhausen, Klaus Wiebauer und meinen Eltern gilt mein Dank für die anstrengende und zeitaufwendige Korrekturarbeit. Meinen Eltern danke ich zudem für ihre geduldige und großzügige Unterstützung während meines gesamten Studiums, ohne die diese Arbeit nicht zustande gekommen wäre.

Zu guter Letzt danke ich Lea Schwarzenberg für ihre große Geduld und ihre stete Bereitschaft, mich zu unterstützen. Sie hat gerade in schwierigen Phasen mein Vertrauen in die eigenen Fähigkeiten gestärkt. Dafür gilt ihr mein ganz besonderer Dank.

Stuttgart, Januar 2009   Daniel Baumann

ABKÜRZUNGSVERZEICHNIS

BL	British Library
CFR	Calendar of Fine Rolls
CL	Cathedral Library
Cal. Ch. Rolls	Calendar of Charter Rolls
Cal. Cl. Rolls	Calendar of Close Rolls
Cal. Pap. Reg.	Calendar of Entries in the Papal Registers
Cal. Pat. Rolls	Calendar of Patent Rolls
D & C	Dean and Chapter
E.E.A.	English Episcopal Acta
EHR	English Historical Review
JL	Jaffé – Löwenfeld
LMA	Lexikon des Mittelalters
K.R.	King's Rembrancer
L.T.R.	Lord Treasurer's Rembrancer
ND	Neudruck
PRO	Public Record Office
Reg. Hon.	Regesta Honorii
Rot. Chart.	Rotuli Chartarum
Rot. Lit. Claus.	Rotuli Litterarum Clausarum
Rot. Lit. Pat.	Rotuli Litterarum Patentium
RS	Rolls Serie

EINLEITUNG

Begibt man sich heutzutage in der Kathedrale von Canterbury auf die Suche nach dem Grab des im Jahre 1228 verstorbenen Stephen Langton, einem der bedeutendsten Erzbischöfe von Canterbury, braucht es Geduld und auch ein wenig Glück, um es in der Seitenkapelle des Heiligen Michael zu entdecken. Der Sarg liegt dort versteckt unter dem Altar des Heiligen. Der Grund für diese ungewöhnliche letzte Ruhestätte des Erzbischofs ist ein imposantes Grabmal, das die Kapelle nahezu ausfüllt. Eine gewisse Lady Holland ließ es für sich und ihren Ehemann zu Beginn des 15. Jahrhunderts errichten. Im Zuge des Umbaus der Kapelle in den 30er Jahren des 15. Jahrhunderts mussten daher die sterblichen Überreste Langtons 200 Jahre nach seinem Tod soweit unter den Altar ausweichen, dass das Fußende des Sarges die Kirchenmauer durchbrach und nun außerhalb der Kathedrale liegt.[1]

Dieser unrühmliche Platz für das Grab eines Erzbischofs kann sinnbildlich für den Umgang mit der Erinnerung an Stephen Langton in England stehen. Er hat nie die Aufmerksamkeit erfahren wie andere große Erzbischöfe von Canterbury, allen voran Thomas Becket, der als Märtyrer stets einen bedeutenden Platz im kollektiven Gedächtnis der englischen Nation inne hatte. Das spiegelt sich auch in der modernen Geschichtswissenschaft wieder. Eine Reihe von Biographien widmen sich dem Leben Thomas Beckets, zahlreiche weitere Werke beschäftigen sich mit Einzelaspekten seines Schaffens und Wirkens. Kaum eine Person des Mittelalters wurde ähnlich gründlich ausgeleuchtet wie der berühmte Märtyrer.[2] Dagegen ist bisher nur eine einzige moderne Biographie über Langton von Frederick M. Powicke erschienen.[3] Seit ihrer Veröffentlichung 1928 sind zwar eine ganze Reihe weiterer Forschungsarbeiten zu Langton verfasst worden, sie beschäftigen sich aber nahezu ausnahmslos mit seinem Wirken als Pariser Magister der

---

[1] Wilson, Medieval Monuments, 458, Anm. 23 und Morris, *Tombs of the Archbishops*, 22–23.

[2] Zu den Standardwerken zählen mit Sicherheit die Biographien von Frank Barlow und David Knowles. Auf Deutsch ist jüngst eine kurze Überblicksdarstellung von Hannah Vollrath erschienen. Für ein Verzeichnis von Quellen und weiterer Literatur zu Thomas Becket vgl. Vollrath, *Thomas Becket*, 134–135.

[3] Vgl. Powicke, *Langton*.

Theologie. Insbesondere sein sehr umfangreiches theologisches Werk ist Gegenstand zahlreicher, auch aktueller Studien.[4] Seine Leistungen als Erzbischof von Canterbury wurden dagegen bisher kaum gewürdigt. Zwar hat Kathleen Major schon 1950 eine Edition der „Acta Stephani Langton Cantuariensis Archiepiscopi" vorgelegt, seitdem wurden aber nur einzelne Aspekte seines Schaffens als Erzbischof beleuchtet, etwa seine Gesetzgebung für die Provinz und die Erzdiözese Canterbury oder die von ihm geleitete *translatio* Beckets 1220.[5] Auch seinem Wirken als Erzbischof in der Politik des englischen Königreiches wurde seit Powickes Biographie keine eigene größere Studie mehr gewidmet. Allein John Baldwin und Nicholas Vincent haben jüngst in zwei Vorträgen über Langtons Pontifikat verstärkt sein politisches Wirken in den Blick genommen.[6] Das ist umso erstaunlicher, als sein Pontifikat in eine Phase der englischen Geschichte fiel, die geprägt war von schwerwiegenden Krisen und Umbrüchen, die wegweisend für die Zukunft Englands waren. 1214 in Bouvines scheiterte der letzte aussichtsreiche Versuch des englischen Königs Johann Ohneland, die an seinen französischen Rivalen verlorenen Festlandsbesitzungen, darunter die Normandie, zurückzuerobern. Ein Jahr später, im Juni 1215 in Runnymede, war Johann gezwungen, den rebellierenden Baronen in England umfangrei-

---

[4] Vom 13. bis 15. September 2006 fand in Paris eine Konferenz zu Stephen Langton unter dem Titel „Étienne Langton, prédicateur, bibliste et théologien" statt. Der entsprechende Tagungsband ist bisher nicht erschienen. Riccardo Quinto, ein ausgewiesener Experte der Schriften Langtons, hat mir aber dankenswerterweise seinen Aufsatz mit dem Titel „La constitution du texte des ‚Quaestiones theologiae' d'Étienne Langton" vorab zur Verfügung gestellt.

[5] Vgl. *Acta Stephani; Councils and synods*, 23–36 und 106–125; Eales, Political setting of the Becket translation, 127–139 und Reames, Remaking of a Saint, 17–33.

[6] Baldwin und Vincent hielten ihre Vorträge auf der erwähnten Konferenz in Paris im September 2006, vgl. oben, 2, Anm. 4. Vincent hat mir eine Version seines Vortrages mit dem Titel „Stephen Langton, Archbishop of Canterbury (1207–1228)", die nicht der fertigen Druckversion des Tagungsbandes entspricht, dankenswerterweise zur Verfügung gestellt, vgl. Vincent, *Stephen Langton*. Der Vortrag von Baldwin mit dem Titel „Master Stephen Langton, Future Archbishop of Canterbury: The Paris Schools and Magna Carta" wurde veröffentlicht in: *EHR* 123 (2008), 811–846. Seinen sehr guten Vortrag habe ich in Paris gehört, die schriftliche Fassung konnte aber nicht mehr für die vorliegende Arbeit berücksichtigt werden. Ich komme aber zu ähnlichen Ergebnissen wie Baldwin in seinem Aufsatz. So sieht auch er in Stephen Langton als Vermittler einen zentralen Akteur bei der Entstehung der Magna Carta. Bei der Rekonstruktion dieser Ereignisse, die schließlich zur Formulierung und Niederschrift der großen Freiheitsurkunde führten, berücksichtigt auch Baldwin insbesondere die Erzählungen des englischen Chronisten Roger Wendovers, nachdem die jüngere Forschung noch den Großteil der Berichte Wendovers als unglaubwürdig klassifiziert und daher weitgehend ignoriert hatte.

che Rechte und Freiheiten zu gewähren, die in der berühmten Magna
Carta festgehalten wurden. Trotz dieser Zugeständnisse brach kurze
Zeit später ein Bürgerkrieg aus. Als König Johann im Oktober 1216
starb, hatte der französische Kronprinz Ludwig, dem die rebellierenden
Barone die englische Krone angeboten hatten, Teile Englands erobert.
Der Regent William Marshal konnte aber mit seinen Verbündeten
Ludwig besiegen und die englische Krone dem noch minderjährigen
Sohn Johanns, Heinrich III., sichern. In den beiden Jahrzehnten nach
dem Bürgerkrieg gelang es dem Regenten William Marshal und seinen
Nachfolgern, wieder eine starke, zentrale Königsherrschaft zu etablieren,
welche aber die von der Magna Carta gesetzten Grenzen respektierte.

Stephen Langton war eine prägende Figur dieser Epoche. Seine
politische Gestaltungsmacht verdankte er zum Großteil seinem Amt als
Erzbischof von Canterbury. Die Erzbischöfe fungierten traditionell als
Sprachrohr der englischen Kirche und krönten die englischen Könige.
Zudem galten sie als erste Berater des Monarchen. Ihr Wort in kirchlichen
wie weltlichen Angelegenheiten besaß im königlichen Rat ein so großes
Gewicht, dass der Kirchenhistoriker Christopher Cheney den Erzbischof
gar als „prime minister" des Königs bezeichnet.[7] Entsprechend haben
die zahlreichen wissenschaftlichen Studien über die Herrschaft König
Johanns und Heinrichs III. auch Langtons politische Aktivitäten themati-
siert. Zu nennen sind hier vor allem die Standardwerke über die Magna
Carta von James C. Holt, insbesondere seine gleichnamige Monographie
über die große Urkunde.[8] Daneben sind zahlreiche Biographien über
König Johann erschienen, zwei älteren Datums stammen von Sidney
Painter und Wilfred L. Warren, eine jüngere von Ralph V. Turner, der
in weiteren Aufsätzen Teilaspekte der Herrschaft Johanns analysiert.[9]
Das Standardwerk über die Minderjährigkeit Heinrichs III. stammt von
David C. Carpenter.[10] Daneben hat Cheney in mehreren Arbeiten die
wechselvollen Beziehungen zwischen der römischen Kurie und dem
englischen Königreich während des Pontifikats von Papst Innozenz
III. dargestellt.[11] Alle diese Studien haben seit der Biographie Powickes

---

[7] Cheney, *Hubert Walter*, 77.
[8] Vgl. Holt, *Northerners*, xv; ders., *Magna Carta* und ders., *Medieval government*.
[9] Vgl. Painter, *King John*; Warren, *King John*; Turner, *King John*; ders., King John's
military reputation; ders., King John in his context und ders., King John's concept of
royal authority.
[10] Vgl. D. Carpenter, *Minority*.
[11] Vgl. Cheney, *Innocent III*; ders., King and the papal interdict; ders., Alleged
deposition of king John und ders., King John's reaction to the interdict.

zu vielen neuen Erkenntnissen auch über die politischen Aktivitäten
Langtons beigetragen. Sie können aber keinen angemessenen Eindruck
über die tatsächlichen Leistungen des Erzbischofs vermitteln. Dazu ist
eine umfassendere Untersuchung über Langtons Pontifikat notwendig,
die alle Aspekte seines politischen Lebens einbezieht.

Die zentrale Aufgabenstellung der Arbeit ist es daher, Stephen
Langton, den Erzbischof von Canterbury, als politischen Akteur zu
analysieren. Welche politischen Ziele verfolgte er, mit welchen Mitteln
versuchte er diese zu erreichen? Auf welche Verbündeten konnte er
sich stützen, gegen welche Widerstände hatte er sich durchzusetzen
und schließlich, wie viel Erfolg war ihm beschieden?

Um diese Fragen beantworten zu können, müssen zunächst zwei
Vorarbeiten geleistet werden. Zum einen soll die Analyse des Politikers
Langton aus der Perspektive seines traditionsreichen Amtes als
Erzbischof von Canterbury erfolgen, schließlich schuf das Amt den
Rahmen, in dem er sich als Politiker bewegte. Daher wird zunächst
die Etablierung Canterburys als Sitz des Erzbischofs eingehender
studiert, um im zweiten Schritt die Autorität und das Ansehen des
Metropoliten sowie seine über die Jahrhunderte angeeigneten Rechte
zu erläutern. Daraufhin werden die bedeutendsten Vorgänger Langtons
in Canterbury in gebotener Kürze vorgestellt. Im Vordergrund steht
das politische Wirken der einzelnen Erzbischöfe und ihre daraus
resultierende, politische Bedeutung. Es soll insbesondere aufgezeigt
werden, inwieweit sich die politischen Gestaltungsmöglichkeiten der
Erzbischöfe im Laufe der Jahrhunderte wandelten. Ziel des Kapitels ist
es, die Frage nach den Möglichkeiten und den Grenzen zu beantworten,
die sich Langton durch sein Amt als Erzbischof von Canterbury boten.
Nur auf der Basis dieser Erkenntnisse können seine politische Arbeit,
seine Leistungen und möglicherweise auch sein Versagen angemessen
analysiert und schließlich bewertet werden.

Zum anderen ist der Erzbischof und Politiker Langton nicht vom
Theologen Langton zu trennen. Langton war vor seiner Konsekration
über 30 Jahre an theologischen Schulen in Paris tätig gewesen, zunächst
als Student, später als angesehener Magister der Theologie. Diese Zeit
prägte selbstverständlich den späteren Politiker. Jede Analyse und
Beurteilung der politischen Tätigkeiten Langtons setzt daher eine
Auseinandersetzung mit seinen Studien- und Lehrjahren in Paris
voraus. In seinen theologischen Schriften besitzen wir ausgezeichnete
Zeugnisse dieser Zeit, die uns einen Einblick in die Überzeugungen und
Einstellungen Langtons ermöglichen. Auch wenn man in der Theologie

Langtons nicht die Leitlinie seiner späteren politischen Tätigkeit suchen sollte, können seine theologischen Schriften Erklärungsansätze für das spätere politische Wirken des Erzbischofs bieten.

Nach einem kurzen Kapitel, in dem die wichtigsten Quellen kurz vorgestellt werden, beginnt der Hauptteil dieser Arbeit über Langton, den Erzbischof von Canterbury, als politische Figur. Sein Pontifikat lässt sich grob in zwei Phasen aufteilen: zunächst die Jahre von 1207 bis zu seiner Suspendierung im September 1215, dann die zehn Jahre zwischen seiner Rückkehr nach England 1218 und seinem Tod im Juni 1228. Seine ersten Pontifikatsjahre waren von dem Konflikt zwischen Johann und Papst Innozenz III. über seine Promotion zum Erzbischof geprägt. Der König verweigerte der Wahl Langtons seine Anerkennung, der daraufhin für sechs Jahre ins Exil nach Frankreich gehen musste. Die zwei Jahre nach Langtons Rückkehr im Sommer 1213 nach England waren von der Auseinandersetzung zwischen König Johann und den Baronen bestimmt. Insbesondere die Frage nach Langtons Rolle in diesem Konflikt, der zunächst durch die Ausstellung der Magna Carta 1215 befriedet werden konnte, wurde trotz der vielen Studien über die Herrschaft Johanns und über die Magna Carta bisher nicht schlüssig beantwortet. Während einige Historiker, etwa Holt, Langtons Rolle auf die eines Vermittlers zwischen König und Baronen reduzieren, sehen ihn andere, wie zuletzt Natalie Fryde, als maßgeblichen Ideengeber hinter dem baronialen Reformprogramm.[12] Der berühmte zeitgenössische Chronist aus dem Kloster St. Albans, Roger Wendover, bezeichnet Langton sogar einmal als Haupt der Rebellen, während er ihn an anderer Stelle als Gesandten des Königs bei den Verhandlungen mit den Baronen porträtiert.[13] Ich werde dieser Kontroverse eine neue Perspektive beifügen und zeigen, dass Langton zunächst als Fürsprecher der unzufriedenen Barone agierte, zu denen er wahrscheinlich schon während seines Exils Kontakt aufgenommen hatte, und in dieser Funktion ihre Forderungen zu einem schriftlichen Reformprogramm ausarbeitete. Im Laufe des Konflikts aber wandelte er sich von einem Fürsprecher zu einem echten Vermittler zwischen den Parteien, der in Runnymede auf Grundlage des von ihm ausgearbeiteten Reformprogramms die Magna Carta zwischen den verfeindeten Lagern

---

[12] Holt, *Magna Carta*, 188; Fryde, *Why Magna Carta*, 109–111 und vgl. unten, 178.
[13] Rogerus de Wendover, *Flores historiarum*, II, 115.

vermittelte. Zentral für die Darstellung dieser Entwicklung Langtons vom Fürsprecher zum Vermittler ist die Arbeit von Hermann Kamp „Friedensstifter und Vermittler im Mittelalter", in der er die Entstehung von Vermittlung, ihre Funktionsweisen sowie ihre Voraussetzungen analysiert und die Vermittler, ihre Handlungsweisen und ihre soziale Herkunft beschreibt.[14] Er beschränkt sich dabei zwar weitgehend auf das deutsche Reich, das Phänomen der Vermittlung ist aber auch für den Rest Europas nachzuweisen.[15] Seine Erkenntnisse liefern wichtige Beiträge, um Langtons komplexe Rolle in dem Konflikt zwischen König Johann und den Baronen verstehen zu können.

Der von Langton im Sommer 1215 vermittelte Frieden scheiterte letztlich. Bevor der Bürgerkrieg ausbrach, verließ Langton jedoch England und reiste als suspendierter Erzbischof nach Rom zum Vierten Laterankonzil. Erst im Frühjahr 1218 kehrte er nach England zurück. Der zweite Teil der Arbeit widmet sich daher, nach einem Überblick über Langtons Jahre in Rom, zunächst seinem Bemühen, nach seiner Suspendierung und seiner langen Abwesenheit den traditionellen Vorrang als Erzbischof von Canterbury im englischen Episkopat zurückzugewinnen. Die nach dem Bürgerkrieg veränderten Rahmenbedingungen für diesen Weg zurück an die Spitze der *ecclesia Anglicana* werden in einem eigenen Kapitel erläutert. Die *translatio* Beckets und die zweite Krönung Heinrichs III. im Frühjahr 1220 sowie das Ende der Legation Pandulfs ein Jahr später markieren das Ende dieses Weges. Nach 1221 übernahm Langton nun wieder vermehrt politische Verantwortung. Er verstand seine Rolle zunächst als unabhängiger Vermittler, der den Frieden im Königreich sicherte, der durch zwei rivalisierende Parteien, die sich aus den führenden Magnaten in England zusammensetzten, zunehmend gefährdet war. Nach der Zuspitzung des Konflikts 1223 aber verbündete er sich mit dem Justiziar Hubert de Burgh, mit dem zusammen er in den nächsten drei Jahren die Regierung für den noch minderjährigen König Heinrich III. leitete. Es gelang ihnen, die letzte große Herausforderung für die junge Herrschaft des minderjährigen Königs, die Rebellion Fawkes de Breautés, niederzuschlagen. Vor allem aber war es Langtons Verdienst,

---

[14] Vgl. Kamp, *Vermittler*.
[15] Einen Sammelband über Konfliktbeilegung in Europa im frühen Mittelalter haben Wendy Davies und Paul Fouracre vorgelegt, vgl. Davies und Fouracre (Hrsg.), *Settlement of Disputes*.

dass Heinrich III. die Magna Carta 1223 und 1225 bestätigte und sie damit grundsätzlich als Grenzen seiner Herrschaft anerkannte.

Obwohl der Themenschwerpunkt der vorliegenden Arbeit auf Langton als Politiker liegt, dürfen seine pastoralen und administrativen Aufgaben als Erzbischof in der Erzdiözese und Provinz Canterbury sowie als Baron und Großgrundbesitzer nicht ignoriert werden. Langton agierte in keinem dieser Tätigkeitsfelder unabhängig von den anderen, gerade seine politische Arbeit wirkte sich erheblich auf seine Gestaltungsmöglichkeiten als Metropolit und Bischof aus. Umgekehrt stellte er sein Auftreten als Metropolit und Bischof und die Wahrnehmung entsprechender Aufgaben zuweilen in den Dienst säkularer politischer Ziele. Deutlich werden diese Zusammenhänge insbesondere bei seinen Konflikten mit der mächtigen Benediktinerabtei St. Augustine in Canterbury und bei seinem Verhältnis zum Kathedralkloster Christ Church in Canterbury, dem er zumindest nominell als Abt vorstand.[16]

Die vorliegende Arbeit ist daher als Biographie Stephen Langtons zu verstehen, die sich auf ihn als politischen Akteur konzentriert, aber darüber hinaus alle wichtigen Aspekte seines Lebens und Wirkens mit einbezieht.

---

[16] Die Christ Church war ein Domkapitel mit monastischer Kommunität. Einige weitere Kathedralkirchen in England besaßen um 1200 ein monastisches Kapitel, nämlich Bath, Coventry, Durham, Ely, Norwich, Rochester, Winchester und Worcester. Die Benediktinermönche beanspruchten ähnliche Rechte wie ein säkulares Domkapitel, etwa das Recht, den Bischof zu wählen, der gleichzeitig als ihr Titularabt fungierte. Vgl. dazu Crosby, *Bishop and chapter*, 36–37.

KAPITEL I

DIE ERZBISCHÖFE VON CANTERBURY ALS POLITISCHE ENTSCHEIDUNGSTRÄGER

Die historische Forschung hat zu der zentralen Frage dieses Kapitels, der Frage nach den politischen Gestaltungsmöglichkeiten der Erzbischöfe von Canterbury, einige Vorarbeit geleistet. Einen beeindruckenden Überblick über die Erzbischöfe und ihr Amt von den Anfängen bis in die Neuzeit bietet Edward Carpenter in seinem Werk „Cantuar. The Archbishops in their Office." Seine Arbeit ist aber durch neue Forschungserkenntnisse in Teilen veraltet und widmet sich nur sehr begrenzt dem Erzbischof als Politiker. Aktueller sind die Beiträge des Kirchenhistorikers Nicholas Brooks, etwa seine Monographien „The Early History of the Church of Canterbury" und „Anglo-Saxon Myths: State and Church 400–1066." Sie beschränken sich aber in ihrer Darstellung auf die Jahrhunderte vor der normannischen Eroberung. Weitere Überblickswerke, die aber nicht allein die Kirche Canterburys, sondern die Kirche Englands zum Thema haben, stammen etwa von Frank Barlow und Henry Loyn.[1] Schließlich sind eine Reihe von Biographien über einzelne Erzbischöfe erschienen, vornehmlich natürlich über solch herausragende Gestalten wie Lanfranc, Anselm, Thomas Becket oder Hubert Walter.[2] Alle diese Arbeiten widmen sich zwar auch dem Erzbischof als Politiker, sie thematisieren aber, wenn überhaupt, seine politischen Möglichkeiten und Grenzen nur sehr knapp. Weder die historischen Grundlagen seiner politischen Macht, noch die sich im

---

[1] Vgl. Barlow, *English church 1000–1066*; ders., *English church 1066–1154* und Loyn, *English church*.

[2] Die wichtigsten Biographien über Lanfranc stammen von Herbert Cowdrey und Margaret Gibson. Von den zahlreichen Werken über Anselm, den Theologen und Erzbischof, möchte ich allein die Biographie von Richard Southern sowie die Studie über die Briefsammlungen Anselms von Thomas Krüger nennen, vgl. Southern, *Portrait in a landscape* und Krüger, *Persönlichkeitsausdruck und Persönlichkeitswahrnehmung*. Über Hubert Walter sind mir zwei Biographien bekannt, von Christopher Cheney und Charles Young. Die wichtigsten Biographien über Thomas Becket wurden weiter oben aufgezählt, vgl. oben, 1, Anm. 2.

Laufe der Jahrhunderte veränderten Bedingungen für ihre Ausübung wurden bisher ausreichend erläutert.

Mir ist durchaus bewusst, dass die aus einer sehr knappen Analyse gewonnenen Ergebnisse die Gefahr einer unzulässigen Verallgemeinerung in sich tragen. Eine breiter angelegte Untersuchung ist notwendig, kann aber von der vorliegenden Arbeit nicht geschultert werden. Solange müssen die hier vorgestellten und als vorläufig zu erachtenden Ergebnisse ausreichen.

I.1. *Der Erzbischof von Canterbury als Metropolit, Primas und als Vasall des Königs*

„Geographical and historical circumstances had [...] helped to create the conception of the archbishop of Canterbury as counsellor in chief of the king, and his agent in ecclesiastical matters throughout the kingdom",[3] schreibt David Knowles in seiner Biographie über Thomas Becket. Auf den nächsten Seiten gilt es nun, diesen Gegebenheiten nachzugehen.

Um das Jahr 596 brachen 40 Mönche unter der Leitung des Abtes Augustinus von Rom aus, um auf Anweisung von Papst Gregor I. die Angelsachsen zum Christentum zu bekehren. Im Frühling 597 überquerten sie den Kanal und landeten in Kent, wo sie mit ihrer Missionierungsarbeit begannen.[4] Sie hatten das südöstlichste angel-sächsische Königreich nicht allein aus geographischen Gründen zum Ausgangspunkt ihrer Mission gewählt. Kent war Ende des 6. Jahrhunderts auf vielfältige Weise mit dem christlichen Frankenreich verbunden und hatte möglicherweise sogar für einige Zeit unter merowingischer Hegemonie gestanden. Æthelberht, der zwischen 560 und 565 den kentischen Thron bestiegen hatte, war mit der fränki-schen Prinzessin Bertha verheiratet, die christlichen Glaubens war.[5] Die jüngere Forschung vermutet daher sogar, dass die Initiative zur

---

[3] Knowles, *Thomas Becket*, 71.
[4] Die wichtigsten Quellen zur Mission von Augustinus in England sind die Briefe von Papst Gregor dem Großen, sowie der Bericht des englischen Chronisten Beda in seiner Geschichte der englischen Kirche aus dem 8. Jahrhundert, vgl. *S. Gregorii magni*, liber VI, Nr. 51–57, 423–430 und liber XI, Nr. 34–42, 922–940, Nr. 45–48, 942–947, Nr. 50–51, 949–951 und Nr. 56, 961–962 und Beda Venerabilis, *Historia Ecclesiastica*, Buch I, Kap. 23–33, 74–120 und Buch II, Kap. 1–8, 124–158. Und vgl. Brooks, *Church of Canterbury*, 3–5.
[5] Brooks, *Anglo-Saxon Myths*, 50 und 103 und ders., *Church of Canterbury*, 6–7.

Christianisierung Kents und der anderen angelsächsischen Königreiche nicht von Gregor dem Großen selbst ausging, sondern dieser erst auf Bitten Berthas und ihres fränkischen Kaplans, Bischof Liudhard, seine Missionare geschickt habe.[6] Die politischen Rahmenbedingungen für einen nachhaltigen Erfolg der Mission waren äußerst günstig. Æthelberht war der mächtigste angelsächsische König auf der Insel. Er hatte Kent als Hegemonialmacht in Südengland etabliert. Sollte es also den römischen Mönchen gelingen, Æthelberht und sein Volk zum Christentum zu bekehren, konnten sie damit rechnen, auch in den anderen, von Kent abhängigen Königreichen offen empfangen zu werden und ihre Missionstätigkeit frei ausüben zu können.[7]

Æthelberht stellte den Mönchen bei ihrer Ankunft eine Unterkunft in Canterbury zur Verfügung, einer alten römischen Stadt, die dem König vermutlich als Hauptwohnsitz diente.[8] Augustinus konnte schon sehr bald erste Erfolge nach Rom vermelden. So berichtete Gregor der Große dem Patriarchen von Alexandria stolz von der Taufe von über 10.000 Angelsachsen noch zu Weihnachten 597.[9] Mag die Zahl auch eine typische mittelalterliche Übertreibung sein, so deutet sie doch auf die schnelle Christianisierung weiter Teile der kentischen Bevölkerung hin. Diese Massentaufe lässt den Schluss zu, dass auch Æthelberht noch 597 zum Christentum übergetreten war, war doch die Taufe des Herrschers eine günstige, wenn nicht sogar notwendige Voraussetzung für die Bekehrung seines Volkes.[10] Nach der Überlieferung Bedas in seiner *Historia ecclesiastica gentis Anglorum* erhielt Augustinus schließlich vom König eine alte Kirche aus der Römerzeit in Canterbury, die er, in Nachahmung der Lateranbasilika, Christus weihte. Dort errichtete er auch sein Bistum.[11]

In einem Brief vom 22. Juni 601 legte Papst Gregor I. Augustinus die in England zu errichtende Kirchenstruktur dar. Er solle die Kirche in zwei unabhängige Provinzen einteilen, als Metropolitankirchen die Bistümer York und London einrichten, die jeweils 12 Suffragane unter sich haben sollten. Zusätzlich schickte der Papst Augustinus

---

[6] Wood, Mission of Augustine of Canterbury, 10–11 und Chadwick, Gregory the Great, 205.

[7] E. Carpenter, *Cantuar*, 4 und Brooks, *Church of Canterbury*, 7.

[8] Beda Venerabilis, *Historia ecclesiastica*, Buch I, Kap. 25 und 26, 78–82.

[9] *S. Gregorii magni*, liber VIII, Nr. 29, 550–553.

[10] Gameson, Augustine of Canterbury, 21; Brooks, *Church of Canterbury*, 8 und Chadwick, Gregory the Great, 202.

[11] Beda Venerabilis, *Historia ecclesiastica*, Buch I, Kap. 33, 118.

ein *pallium,* das ihm metropolitischen Rang und somit das Mandat verlieh, 12 Suffragane zu weihen. Er solle zudem einen Erzbischof von York ernennen, der ihm Zeit seines Lebens untergeordnet sein sollte. Nach Augustinus Tod würden aber beide Kirchenprovinzen vollständig unabhängig voneinander sein.[12] Dieser ehrgeizige Plan Gregors des Großen verkannte die politischen Realitäten in England, das in mehrere, weitgehend unabhängige Königreiche zersplittert war.[13] So gelang es Augustinus zu Lebzeiten nur in jenen Regionen zwei weitere Bistümer einzurichten, die von Æthelberht direkt oder indirekt beherrscht wurden. Laut Beda weihte er 604 zwei Mönche zu Bischöfen, Justus und Mellitus, die 601 als zweite Gruppe von Missionaren England erreicht hatten: Justus zum Bischof von Rochester, Mellitus zum Bischof von London.[14] Schon dieser Schritt bedeutete eine Abkehr von der vom Papst skizzierten hierarchischen Struktur, blieb Augustinus doch als Metropolit in Canterbury, während ihm der Suffragan in London untergeordnet war. Schließlich weihte er kurz vor seinem Tod 610 einen gewissen Laurence zu seinem Nachfolger als Bischof in Canterbury, der auch seinen metropolitischen Rang erbte.[15] Das mag darauf hindeuten, dass sich bereits zu Lebzeiten des heiligen Augustinus die Ansicht etabliert hatte, Canterbury sei der Sitz des Metropoliten, und dass dementsprechend die Pläne aus Rom in diesem Punkt bewusst ignoriert worden waren.[16]

Zum Leidwesen der Kirche von Canterbury begann mit dem Tod König Æthelberhts, der auf einen Zeitraum zwischen 616 und 618 zu datieren ist, auch der Niedergang Kents. Seine Nachfolger besaßen keine Macht mehr außerhalb ihres Königreiches und gerieten bald in Abhängigkeit stärkerer Nachbarn. Infolgedessen wurde nicht nur die Autorität der Kirche Canterburys auf die Königreiche Kent und Ostanglia beschränkt. Sogar die Erfolge der christlichen Missionierung in Kent selbst gerieten zeitweise durch eine heidnische Gegenbewegung in Gefahr, als der Sohn und Nachfolger Æthelberhts, Eadbald, dem

---

[12] *S. Gregorii magni,* liber XI, Nr. 39, 934–936 und Brooks, *Church of Canterbury,* 9–10.

[13] Gameson, *Augustine of Canterbury,* 30–31 und Chadwick, *Gregory the Great,* 200.

[14] Beda Venerabilis, *Historia ecclesiastica,* Buch I, Kap. 29, 108 und Buch II, Kap. 3, 142.

[15] Ebd., Buch II, Kap. 4, 144.

[16] E. Carpenter, *Cantuar,* 11 und Brooks, *Church of Canterbury,* 11.

Christentum abschwor, und die Bischöfe von London und Rochester ins Frankenreich fliehen mussten.[17]

Erst Theodoros von Tarsus, den Papst Vitalian I. im Mai 668 in Rom zum Erzbischof von Canterbury weihte, konnte die Autorität Canterburys als Metropolitankirche in allen christlichen Königreichen Englands durchsetzen. Wenige Jahre zuvor, auf der berühmten Synode von Whitby 664 war ein erster wichtiger Schritt auf diesem Weg erfolgt, als Oswy, König von Northumbria, für seine Kirche die Osterfestdatierung nach römischen Vorbild und damit eine Abkehr von irisch-keltischen Bräuchen durchsetzte.[18] In den Jahrzehnten zuvor war es weder Augustinus noch seinen Nachfolgern gelungen, die keltisch-britische Kirche zur Anerkennung ihrer Suprematie und zur Übernahme der römischen Bräuche und Riten zu bewegen.[19] Die Synode von Whitby eröffnete nun die Gelegenheit, die Kirchen Northumbrias und weiterer, abhängiger Königreiche erstmals der Autorität Canterburys unterzuordnen. Theodoros ergriff diese Chance zur Neustrukturierung der englischen Kirche. Er kreierte neue Bistümer und unterteilte ältere, er setzte neue Bischöfe ein und enthob andere ihres Amtes, er veranstaltete jährliche Synoden der gesamten englischen Kirche, auf denen er als Erzbischof von Canterbury den Vorsitz führte. Am Ende des 7. Jahrhunderts war schließlich eine effektive und hierarchisch gegliederte Kirche in England entstanden, mit dem Erzbischof von Canterbury an ihrer Spitze.[20] Die Autorität für diese Reformen, die zuweilen auf heftigen Widerstand der Bischöfe trafen, verdankte Theodoros vermutlich auch dem Umstand, vom Papst selbst die Bischofsweihe erhalten zu haben.[21]

In der zweiten Hälfte des 8. Jahrhunderts befand sich die Kirche von Canterbury erneut in einer tiefen Krise, wiederum ausgelöst durch die politischen Umwälzungen in England, in deren Folge Kent unter die Vorherrschaft der Könige von Mercien geriet. Die Erzbischöfe von Canterbury unterstützten die Königsdynastie in Kent in ihrem Kampf um Unabhängigkeit, nachdem diese ihnen die Jahrhunderte zuvor

---

[17] Beda Venerabilis, *Historia ecclesiastica*, Buch II, Kap. 5., 150–152 und Brooks, *Church of Canterbury*, 63–66.

[18] Beda Venerabilis, *Historia ecclesiastica*, Buch III, Kap. 25, 282–294. Zur Datierung der Synode vgl. Grosjean, Date du Colloque de Whitby, 233–255 und E. Carpenter, *Cantuar*, 14–15.

[19] Stancliffe, British Church, 124–134 und E. Carpenter, *Cantuar*, 8–9.

[20] E. Carpenter, *Cantuar*, 17–20 und Brooks, *Church of Canterbury*, 71–76.

[21] Brooks, *Anglo-Saxon Myths*, 107.

Schutz geboten und sie mit viel Land und Privilegien ausgestattet hatte.[22]
Um Canterbury zu schwächen und sich eine loyale Kirche zu schaf-
fen erhob daraufhin Offa, der mächtige König von Mercien auf einer
Synode 787 das Bistum Lichfield auf Kosten von Canterbury, das seine
nördlichen Bistümer abgeben musste, zum Erzbistum.[23] Papst Hadrian
I. bestätigte zwar diese Erhebung, sein Nachfolger auf dem Stuhl Petri,
Leo III. aber degradierte 803 Lichfield wieder zum Bistum und stellte
die Autorität Canterburys über alle 12 Bistümer wieder her.[24] Schon
zuvor war der Plan Cenwulfs, der Offa auf dem Thron in Mercien
gefolgt war, den Erzstuhl von Canterbury nach London zu verlegen,
am Widerstand aus Rom gescheitert.[25] Der Erzbischof von Canterbury
war seither der unbestrittene Metropolit der südlichen Kirchenprovinz
in England, seine Autorität sollte in Zukunft nicht mehr ernsthaft in
Frage gestellt werden.[26]

Darüber hinaus galt der Erzbischof von Canterbury als inoffizielles
Haupt der gesamten englischen Kirche.[27] Gregor I. hatte, wie bereits dargestellt, Augustinus aufgetragen, zwei Kirchenprovinzen zu errichten,
die nach seinem Tod vollständig unabhängig voneinander sein sollten.
Zudem hatte der Papst verfügt, derjenige der beiden Erzbischöfe solle
jeweils den Vorrang besitzen, der als erster konsekriert worden war.[28]
Entgegen den Plänen Gregors des Großen aber hatten die Erzbischöfe
von Canterbury seit Augustinus durchgängig den Vorrang innerhalb der
englischen Kirche inne gehabt, einen „de facto Primat" ausgeübt. Die
Kirche von Canterbury besaß mehr Macht und Autorität, genoss höhe-
res Ansehen als York, ihr Rivale im Norden. Sie war die Mutterkirche
Englands, die direkt von Rom und seinen Missionaren gegründet

---

[22] Brooks, *Anglo-Saxon Myths*, 111–113 und E. Carpenter, *Cantuar*, 24–25.
[23] William of Malmesbury, *Gesta Regum*, Kap. 87, 122–124 und *Anglo-Saxon Chronicles*, 52.
[24] Auf einer Synode in England im Oktober 803 wurden die päpstlichen Beschlüsse
umgesetzt, vgl. *Cartularium saxonicum*, Nr. 305, 423–424 und Nr. 310, 431–433 und
William of Malmesbury, *Gesta Regum*, Kap. 88–89, 124–132.
[25] *English Historical Documents*, I, Nr. 205, 861–862.
[26] Brooks, *Church of Canterbury*, 118–126.
[27] Ich werde im weiteren Text den Erzbischof von Canterbury als Haupt der englischen Kirche bezeichnen, obwohl der Begriff im streng kirchenjuristischen Sinne auf
den Erzbischof nicht angewendet werden kann, weil er, wie ich im Folgenden darlegen werde, dem Metropoliten aus York formell nicht übergeordnet war. Der Begriff
verdeutlicht aber das Ansehen und den daraus resultierenden politischen Einfluss des
Erzbischofs von Canterbury in England.
[28] *S. Gregorii magni*, liber XI, Nr. 39, 935.

worden war. Die Gründung des Bistums York dagegen war mit vielen
Rückschlägen verbunden gewesen, erst am Anfang des 8. Jahrhunderts
war die nördliche Provinz fest etabliert. Im 9. und 10. Jahrhundert litt
die Kirche von York zudem viel stärker unter den Wikingerüberfällen
als die Bistümer im Süden Englands. Canterbury war daher nicht nur
seit Anbeginn das weitaus reichere Bistum, seine Provinz umfasste
auch deutlich mehr Bistümer als York. Dem Metropoliten im Norden
war im 10. und 11. Jahrhundert zeitweise nur ein Suffragan untergeordnet.[29] Diese Vorrangstellung der Erzbischöfe von Canterbury fand
ihren Ausdruck darin, dass sie am Königshof ihrem Rivalen übergeordnet waren und die königlichen Urkunden nach der königlichen
Familie, aber noch vor dem Erzbischof von York bezeugten.[30] Doch
erst Erzbischof Lanfranc (1070–1089) reklamierte für Canterbury auch
offiziell den Primat über ganz England. Seine Versuche sowie die seiner Nachfolger Anselm (1093–1109) und Becket (1162–1170), diesen
Vorrang auf Dauer mit rechtlichem Inhalt zu füllen, scheiterten aber am
erbitterten Widerstand aus York.[31] Der Titel *totius Anglie primas*, den
erstmals Erzbischof Richard von Dover (1174–1184) in seiner *intitulatio*
verwendete, bedeutete daher keinen realen Machtzuwachs, wie etwa
Jurisdiktionsrechte in der Kirchenprovinz von York.[32] Seine Rechte als
Metropolit, also die Einberufung von Provinzkonzilien, deren Vorsitz
er führte, die Visitation der Diözesen, die Prüfung und Bestätigung
der Bischofswahlen sowie die anschließende Weihe und schließlich die
Appellationsmöglichkeit an sein erzbischöfliches Gericht, blieben auf die
Provinz Canterbury beschränkt.[33] Trotzdem sollten beide Metropoliten
noch im 12. und 13. Jahrhundert den Streit um den Primat weiterführen,
der sich aber nun eher an symbolischen Fragen entzündete, etwa der,
wem das Recht zustehe, in der benachbarten Provinz das Kreuz vor
sich hertragen zu lassen. Diese Konflikte waren nur noch Schatten der
vergangenen Kämpfe, ohne rechtliche Bedeutung, die schließlich auch

---

[29] Knowles, *Thomas Becket*, 70–71 und Brooks, *Church of Canterbury*, 314–315.

[30] Natürlich kann hier nur auf einige wenige Beispiele hingewiesen werden, vgl.
English Historical Documents, I, Nr. 104–105, 548–552, Nr. 113, 563–564, Nr. 119–120,
573–579 und Nr. 131–132, 597–601 und Barlow, *English church 1066–1154*, 40.

[31] Gibson, *Lanfranc*, 116–131; Cowdrey, *Lanfranc*, 87–103; E. Carpenter, *Cantuar*,
106–112 und Knowles, *Thomas Becket*, 72.

[32] *E.E.A., Canterbury 1162–1190*, 28 und lv und Cheney, *Hubert Walter*, 53–54.

[33] Cheney, *Hubert Walter*, 64 und Young, *Hubert Walter*, 89. Für einen ausführlicheren Einblick in die Rechte des Erzbischofs von Canterbury als Metropolit vgl. Bennett,
Jurisdiction of the archbishop, 165–185.

auf Kritik der Zeitgenossen stießen.[34] Doch auch Langton konnte sich diesen Auseinandersetzungen nicht entziehen.[35] Schließlich unterstrich der Primat, auch wenn es ein Ehrenvorrang blieb, die einzigartige Stellung des Erzbischofs von Canterbury in der englischen Kirche und im englischen Königreich. Sein Status als Metropolit und Primas, zusätzlich erhöht durch seine historische Verbindung zu Augustinus, als dessen Nachfolger er agierte, bildete die Grundlage für sein Ansehen als Anführer und Sprecher des gesamten englischen Episkopats.[36]

Ausdruck und zugleich Grundlage für diesen Vorrang war das alleinige Recht der Erzbischöfe von Canterbury, den englischen König zu krönen. Dieses Vorrecht verdankten sie ihrer in der ersten Hälfte des 9. Jahrhunderts eingegangenen, engen Verbindung mit dem Königshaus von Wessex. Deren Könige verfolgten das Ziel, England unter ihrer Vorherrschaft zu einigen. Sie waren für die Verwirklichung ihrer ehrgeizigen Ambitionen aber auf die Unterstützung der Kirche Englands, und das hieß in erster Linie auf die des Metropoliten in Canterbury, angewiesen. Auf einer Versammlung der Magnaten 838 in Kingston legte man die Grundlage für das Bündnis, als Erzbischof Ceolnoth (833–870), als Gegenleistung für die Rückgabe einiger Kirchengüter, dem König, dessen Sohn sowie deren Nachkommen seinen Schutz und ewige Freundschaft gelobte.[37] Ebenfalls in Kingston sollten die Erzbischöfe von Canterbury im 10. Jahrhundert zunächst die Könige von Wessex, später die englischen Könige krönen. Die Bindung an das Königshaus von Wessex stellte sich demnach für die Erzbischöfe als historischer Glücksfall dar. Sie hatten ihre Autorität und ihr Ansehen mit jener Dynastie verbunden, der es schließlich Ende des 9. Jahrhunderts gelang, das angelsächsische England zu einigen.[38]

Das Vorrecht der Königskrönung überdauerte die normannische Eroberung und wurde in der Regel allgemein akzeptiert. Nur in Ausnahmefällen konkurrierten die Erzbischöfe von York um dieses Recht mit Canterbury. Als Beispiel sei hier an Roger von York erinnert, der den Sohn Heinrichs II., den jungen Heinrich, 1170 in Westminster zusammen mit weiteren Bischöfen krönte.[39] Als Reaktion suspendierte

---

[34] William of Newburgh, Historia Rerum Anglicarum, liber V, 44 und Cheney, *Hubert Walter*, 53–54.
[35] Vgl. unten, 245–247.
[36] Cheney, *Hubert Walter*, 59.
[37] *Cartularium saxonicum*, Nr. 421, 589–592.
[38] Brooks, *Anglo-Saxon Myths*, 122–123 und E. Carpenter, *Cantuar*, 31–32.
[39] Knowles, *Thomas Becket*, 130.

Papst Alexander III. auf Drängen Beckets die Prälaten, da sie das von Canterbury beanspruchte Recht usurpiert hatten.[40]

Die Krönung des Königs war aber nicht nur ein Ehrenrecht, sondern konnte durchaus politischen Charakter gewinnen, gerade wenn die Thronfolge umstritten war. Es gibt mehrere Beispiele in der englischen Geschichte die zeigen, dass die Unterstützung des Erzbischofs für einen der Kandidaten den Ausgang eines Thronstreits mitentscheiden konnte. Lanfranc etwa krönte 1087 auf Bitten Wilhelms I. dessen Sohn Rufus zum König von England. Nach dem Tod des Eroberers stand der Erzbischof dem neuen König loyal zur Seite und half ihm, den Aufstand einiger Magnaten niederzuschlagen.[41] Für wie wichtig Rufus die Unterstützung des Metropoliten erachtete, bezeugt ein Bericht des Chronisten Eadmer. Seiner Darstellung zufolge hatte der König Lanfranc durch einen Eid eine gerechte Herrschaft und der Kirche ihre Freiheiten versprochen, um sich das Wohlwollen des Erzbischofs zu sichern.[42] Obwohl der Nachfolger von König Rufus, sein jüngerer Bruder Heinrich I., im August 1100 vom Erzbischof von York gekrönt wurde, war es wiederum der Erzbischof von Canterbury, der ihm in den folgenden Monaten den Thron sicherte. Die Entscheidung Anselms für Heinrich I. und gegen dessen älteren Bruder Robert, der ruhmreich vom Kreuzzug zurückgekehrt war, wendete schon nach Meinung der Zeitgenossen das Blatt zu Gunsten Heinrichs.[43] Zuletzt mag die Thronbesteigung Johann Ohnelands erwähnt werden. Dieser konkurrierte nach dem Tod von Richard Löwenherz mit seinem Neffen Arthur um die englische Krone. Wiederum gab die Unterstützung des Erzbischofs Hubert Walter, im Zusammenspiel mit den beiden mächtigsten Magnaten des Reiches, William Marshal und Geoffrey fitz Peter, den Ausschlag.[44] Der Erzbischof von Canterbury, das lässt sich festhalten, war zu einem führenden politischen Akteur im englischen Königreich aufgestiegen, dessen Loyalität und Unterstützung für den König von zentraler Bedeutung war.

---

[40] *Materials for the history of Thomas Becket*, IV, 68 und VII, Nr. 632–633, 216–217; Nr. 696, 254; Nr. 698–701, 355–368 und Barlow, *Thomas Becket*, 202–217.

[41] Gibson, *Lanfranc*, 159–160 und Brett, *Church under Henry I*, 70.

[42] Eadmer, *Historia Novorum in Anglia*, 25 und Cowdrey, *Lanfranc*, 217–219.

[43] William of Malmesbury, *Gesta Regum*, Kap. 395, 716–718; Eadmer, *Historia Novorum in Anglia*, 127–128 und Southern, *Portrait in a landscape*, 289–292.

[44] *Histoire de Guillaume le Maréchal*, Sp. 11866–11908; Matthaeus Parisiensis, *Chronica Majora*, II, 454–456 und Cheney, *Hubert Walter*, 101–102.

Dabei spielte auch der immense Reichtum der Kirche von Canterbury eine nicht zu unterschätzende Rolle. Das Bistum war schon in den ersten Jahrhunderten nach seiner Gründung mit reichlich Land und Temporalienrechten ausgestattet worden, einer der Gründe, warum sich Canterbury als Sitz des Metropoliten etablieren konnte. Gerade die Könige von Kent hatten sich als großzügige Wohltäter erwiesen.[45] Das *Domesday Book* dokumentiert, dass der Erzbischof von Canterbury 1066 einer der wohlhabendsten Magnaten in England war und das Kathedralkloster Christ Church im Reichtum nur von den Klöstern Glastonbury und Ely übertroffen wurde. Da sich erst im Laufe des nächsten Jahrhunderts in Canterbury eine strikte Trennung zwischen der *mensa episcopalis* und der *mensa capitularis* durchsetzen sollte, verfügte der Erzbischof von Canterbury 1066 über ein Kirchenvermögen, das ihn zum reichsten Mann nach dem König werden ließ.[46] Das Kirchengut Canterburys blieb alles in allem nach 1066 bis zur Reformation im 16. Jahrhundert stabil. Es kam weder nennenswerter Besitz hinzu, noch wurde welcher verloren.[47]

Nach der normannischen Eroberung erhielt der Erzbischof den größten Teil seiner Ländereien als Lehen direkt vom König und war daher verpflichtet, diesem ein Lehnsaufgebot, ein Kontingent an Rittern zu stellen.[48] Um das *servitium debitum* leisten zu können, gab der Erzbischof aus seinen Ländereien Ritterlehen an Untervasallen aus. Die Anzahl dieser Lehen unterlag im Laufe der Jahrhunderte kleineren Schwankungen, scheint aber in der Regel höher gewesen zu sein als die vom König erhobenen Ritterdienste. Dem sogenannten *Red Book of the Exchequer* zufolge hielt der Erzbischof um 1210 etwa 86 Ritterlehen, 1209 und 1211 wurde aber nur ein *scutagium*, ein Schildgeld für 84¾ Ritterdienste erhoben, 1228, 1229 gar nur für 67 3/8.[49] Zu diesem Lehnsaufgebot waren jene Kriegsdienste zu addieren, die der Erzbischof dem König in seiner Eigenschaft als Patron des

---

[45] Brooks, *Anglo-Saxon Myths*, 105–106.

[46] Crosby, *Bishop and chapter*, 67–73 und Brooks, *Church of Canterbury*, 311–312.

[47] Brooks, *Church of Canterbury*, 311–312 und du Boulay, *Lordship of Canterbury*, 47. Neben einem ausführlicheren Bericht über den Erwerb der Besitztümer findet sich bei du Boulay auch die Aufzählung der Besitzungen Canterburys im *Domesday Book*, vgl. du Boulay, *Lordship of Canterbury*, 16–51.

[48] Für eine weitergehende Beschäftigung mit den militärischen Verpflichtungen der kirchlichen Vasallen der englischen Könige nach der normannischen Eroberung vgl. Chew, *English Ecclesiastical Tenants-in-Chief and Knight Service*.

[49] *Red Book of the Exchequer*, 469–473 und du Boulay, *Lordship of Canterbury*, 76–77.

Bistums Rochester zur Verfügung stellen musste. Diese einmalige Konstruktion in der englischen Kirche lässt sich konkret erst seit der normannischen Eroberung nachweisen. Spätestens seit dem Pontifikat Lanfrancs war der Bischof von Rochester seinem mächtigen Nachbarn in spezieller Weise untergeordnet. Während die Erzbischöfe die Bischofswahlen in Rochester kontrollierten, fungierten die Bischöfe von Rochester während einer Vakanz des Erzbistums oder in Abwesenheit des Metropoliten als dessen Stellvertreter. Spätestens seit dem Ende des 11. Jahrhunderts wurden die Ländereien des Bistums Rochester als Lehen der Kirche von Canterbury angesehen. Seitdem schuldete der Bischof von Rochester seine Ritterdienste nicht mehr direkt der Krone, sondern dem Erzbischof, der diese dann zusammen mit seinem weiteren Aufgebot dem König zur Verfügung stellte. Im Verlauf des 12. Jahrhunderts schließlich erhoben die Erzbischöfe zusätzlich den Anspruch, während einer Vakanz des Bistums Rochester neben den *spiritualia* auch die *temporalia* zu verwalten, ein Recht, das ihnen ein bedeutendes Zusatzeinkommen sicherte.[50]

Der Erzbischof von Canterbury stand damit nicht nur an der Spitze der Kirche Englands, er war zusätzlich einer der reichsten Magnaten des Landes und damit einer der mächtigsten und wichtigsten Vasallen des Königs. Schließlich war die Unterstützung des Metropoliten für den Herrscher auch aus militärischer Sicht von immenser Bedeutung, da dieser ihm im Kriegsfall ein großes Aufgebot an Rittern zur Verfügung stellte.[51] Sein Reichtum sicherte dem Erzbischof zudem ein vergleichsweise hohes Maß an Unabhängigkeit, war er doch bei der Verfolgung seiner Ziele nicht zwingend auf die königliche Patronage angewiesen. Der englische König war daher stets bemüht, einen treuen Anhänger auf dem Erzstuhl in Canterbury zu platzieren. Diese Überlegungen erklären auch den hartnäckigen Widerstand König Johanns gegen die Wahl Langtons zum Erzbischof im Jahre 1206, der in England als Parteigänger des französischen Königs galt.[52]

Festzuhalten bleibt, dass der Erzbischof als Metropolit und Primas, und damit als Wortführer des englischen Episkopats sowie als einer

---

[50] Brett, Church at Rochester, 20–22; Churchill, *Canterbury Administration*, I, 279; Bennett, *Jurisdiction of the archbishop*, 113–117 und du Boulay, *Lordship of Canterbury*, 83–85.

[51] Da der Erzbischof zudem einen Großteil seiner Güter an der Süd- und Ostküste Englands hatte, konnte ihm bei einer drohenden Invasion Englands eine Schlüsselrolle zufallen, vgl. E. Carpenter, *Cantuar*, 56.

[52] Vgl. unten, 56–58.

der reichsten Magnaten zu den mächtigsten Männern Englands zählte.
Sein Wort besaß daher großes Gewicht im königlichen Rat, der König
konnte bei der Politikgestaltung seine Meinung nicht ignorieren.
Wie bedeutend ein Erzbischof als Politiker aber tatsächlich werden
konnte, das hing, wie das nächste Kapitel zeigen wird, letztlich sowohl
von seinen individuellen Fähigkeiten als auch von den politischen
Rahmenbedingungen ab.

I.2. Die Erzbischöfe von Dunstan (959–988)
bis Hubert Walter (1193–1205)

Die angelsächsischen Könige galten als Patrone der Kirche ihres Reiches.
Diese Stellung wurde im vornormannischen England durch die Ideen
der gregorianischen Kirchenreformer, die eine strikte Trennung zwischen *regnum* und *sacerdotium* anstrebten, nicht in Frage gestellt.[53] Die
Könige ernannten die Bischöfe und Äbte im *witan*, dem königlichen
Rat, die Prälaten, die häufig aus führenden Adelsfamilien stammten,
fungierten als Berater des Herrschers und übernahmen im Königreich
auch weltliche Aufgaben. Die Bischöfe etwa saßen neben den *ealdormen*
als Vorsitzende in den Grafschaftsgerichten, zuweilen wurden einige von
ihnen auch auf dem Schlachtfeld aktiv. Der Erzbischof von Canterbury
als einer der größten Landbesitzer und als Haupt und Sprachrohr des
englischen Episkopats etablierte sich im *witan* als erster Berater des
Königs.[54]
   Die königliche Ratsversammlung fusionierte zudem im 10. Jahrhundert mit den kirchlichen Synoden. Auf dem *witan* wurden nun
vom König, den anwesenden Adligen sowie dem Erzbischof und seinen Suffraganen sowohl weltliche als auch kirchliche Angelegenheiten
gemeinsam beraten und beschlossen.[55] Dementsprechend beinhalteten
die im Namen des Königs veröffentlichten Gesetzessammlungen neben
Kapiteln säkularen Inhalts auch Abschnitte, die sich dem Kirchenrecht
widmeten. Seit König Æthelstan (925–939) veröffentlichten die Herr-

---

[53] Für einen kurzen Überblick über die Verwendung und Bedeutung der Begriffe
regnum und *sacerdotium* im Mittelalter vgl. Struve, Regnum und Sacerdotium, 189–
242.
[54] Barlow, *English church 1000–1066*, 116–119; Knowles, *Thomas Becket*, 12–13 und
Loyn, *English church*, 4–7 und 63–64.
[55] Brooks, *Anglo-Saxons Myths*, 130–131; E. Carpenter, *Cantuar*, 33 und Loyn,
English church, 5.

scher auch rein kirchenrechtliche Codices.[56] Dahinter stand das Konzept von einem englischen Königreich und einer Kirche mit dem König an der Spitze und dem Erzbischof von Canterbury als dessen rechte Hand.[57]

Dunstan gilt als der bedeutendste Erzbischof von Canterbury in angelsächsischer Zeit. Seine Promotion auf den Erzstuhl 959, den er bis zu seinem Tod 988 besetzte, verdankte er König Edgar (959–975).[58] Sein größtes Verdienst waren monastische Kirchenreformen, die er zunächst als Abt in Glastonbury umsetzte und später als Metropolit in enger und fruchtbarer Zusammenarbeit mit dem König in ganz England weiter voranzutreiben suchte.[59] Dunstan genoss das Vertrauen, gar die Freundschaft Edgars, dem er als wichtigster Berater in allen politischen Fragen zur Seite stand. Er war daher, wie etwa auch sein Vorgänger Wulfhelm (926–941), wahrscheinlich an der Ausarbeitung der königlichen Gesetzessammlungen beteiligt. Gerade jene Kapitel in den Codices Edgars, die sich mit kirchlichen Fragen auseinander setzten, sind vermutlich seiner Initiative zu verdanken.[60] Dunstan scheint zudem die entscheidende Figur im Thronstreit nach Edgars Tod gewesen zu sein. Seine Unterstützung für Edward, den ältesten Sohn Edgars, sicherte diesem zunächst die englische Krone, nach dessen Ermordung stellte sich Dunstan hinter Æthelred, den jüngeren Bruder Edwards.[61]

Die Nachfolger Dunstans bis zur normannischen Eroberung haben in der Geschichte Canterburys einen weniger prominenten Platz eingenommen. Keiner von ihnen übte einen so großen Einfluss auf die Geschicke des englischen Königreiches aus wie der heilige Dunstan.[62] Der Erzbischof von Canterbury stand zu Beginn des 11. Jahrhunderts für einige Jahrzehnte sogar im Schatten seines nördlichen Rivalen aus York. Die außergewöhnliche Persönlichkeit Wulfstans, Erzbischof von York zwischen 1002 und 1023, verhalf dem zweiten englischen

---

[56] I Æthelstan und I Eadmund, in: *Gesetze der Angelsachsen*, 146 und 184.

[57] Brooks, *Anglo-Saxon Myths*, 131.

[58] Für die neuesten Erkenntnisse über die Herkunft Dunstans, seine Verbindungen zum Königshof und seiner frühen Karriere vgl. Brooks, *Anglo-Saxon Myths*, 158–170.

[59] Loyn, *English church*, 15 und Brooks, *Church of Canterbury*, 247.

[60] I Æthelstan, II Æthelstan, II Edgar und IV Edgar, in: *Gesetze der Angelsachsen*, 147, 166, 194–200 und 206–214; Brooks, *Church of Canterbury*, 249 und *Memorials of Saint Dunstan*, cv–cviii.

[61] Florence of Worcester, *Chronicon*, 145–146; Passio Sancti Eadwardi, in: *Edward, king and martyr*, 2 und Osbern, Vita Sancti Dunstani, in: *Memorials of Saint Dunstan*, 114–115.

[62] E. Carpenter, *Cantuar*, 37.

Metropolitansitz zu neuem Ansehen und minderte die Bedeutung und Autorität Canterburys. Nicht der Erzbischof von Canterbury, sondern Wulfstan war nun der erste und wichtigste Berater von König Æthelred und dessen Nachfolger Knut. Der Metropolit aus York war dementsprechend hauptverantwortlich für die Gesetzessammlungen König Knuts, die bis ins 12. Jahrhundert in England Autorität besaßen.[63] Natürlich blieben die Erzbischöfe von Canterbury auch weiterhin bedeutende Magnaten, die sich in der Politik engagierten. Erzbischof Sigeric (990–995) etwa agierte als führender Vermittler bei den Verhandlungen mit den Wikingern, die 991 schließlich in einem Frieden mündeten.[64]

Nach dem Tod des mächtigen Königs Knut 1035 begann eine Krisenperiode, die in erster Linie von Konflikten um die englische Thronfolge geprägt war und erst durch die Eroberung Englands durch Wilhelm I. beendet wurde. Ein allseits respektierter Erzbischof von Canterbury, der unter den Magnaten über große Autorität verfügt hätte, hätte als derjenige, der die Könige krönte und salbte, einen Thronstreit entscheiden oder zumindest schlichten können. Aber die Inhaber des Erzstuhls dieser Jahre besaßen nicht das Format eines Dunstan.[65] Schließlich wurde der Metropolitansitz selbst zum Spielball konkurrierender politischer Interessen in England. Mit dem Pontifikat Stigands (1052–1070), der seine Karriere als Kleriker am Hof Knuts begonnen hatte und als notorischer Pluralist verschrien war, erreichte das Ansehen der Kirche von Canterbury als Haupt der *ecclesia Anglicana* seinen Tiefpunkt.[66] Symptomatisch für den Autoritätsverlust des Erzbischofs von Canterbury war die Krönung Wilhelms I. zum neuen englischen König 1066 durch Erzbischof Ealdred von York.[67]

In den Jahrzehnten vor der normannischen Eroberung zeigt sich, dass der Erzbischof von Canterbury über politische Macht und Einfluss im königlichen Rat nicht *ex officio*, nicht auf Grund von konkreten Amtsrechten verfügte. Der Erzbischof mit seinen individuellen Fähigkeiten musste die Autorität, die ihm die tradierte Würde seines Amtes und das Ansehen seiner Kirche verliehen, erst in tatsächliche Macht umsetzen. Dunstan hatte sich als eine ausgeprägte

---

[63] Loyn, *English church*, 7–8 und 31–34 und Brooks, *Church of Canterbury*, 278–280.
[64] II Æthelred 1, in: *Gesetze der Angelsachsen*, 220–221 und *Anglo-Saxon Chronicles*, 126–127.
[65] Brooks, *Church of Canterbury*, 296–297.
[66] Ebd., 296–310.
[67] *Anglo-Saxon Chronicles*, 200.

Führungspersönlichkeit ein hohes Maß an politischer Gestaltungsmacht angeeignet, auch, weil es ihm gelungen war, zu König Edgar ein vertrauensvolles Verhältnis zu etablieren.[68] Seine Nachfolger in Canterbury waren politisch weniger begabt, dementsprechend begrenzt blieb ihre politische Wirkung.

Mit Lanfranc, der 1070 durch die Patronage von König Wilhelm I. zum Erzbischof promoviert wurde, bestieg erneut eine außergewöhnliche Persönlichkeit den Erzstuhl von Canterbury, die dem südlichen Metropolitansitz wieder zu neuem Ansehen und Respekt verhalf.[69] Basis für diesen erneuten Aufstieg Canterburys war die enge und vertrauensvolle Zusammenarbeit zwischen Metropolit und König, für deren Erfolg es in der Geschichte des europäischen Mittelalters kaum Parallelen gibt.[70] Ihre Kooperation beschränkte sich wiederum nicht auf den weltlichen Herrschaftsbereich, sondern erstreckte sich auch auf die Kirchenpolitik. Schließlich konnten sich die anglo-normannischen Könige die effektive Kontrolle über die *ecclesia Anglicana* erhalten. Wie ihre angelsächsischen Vorgänger besetzten sie die vakanten Bistümer und Abteien und führten auf den Kirchenkonzilien zusammen mit dem Erzbischof den Vorsitz, um die dort beschlossenen Gesetze zu bestätigen. Lanfranc konnte sich die Unterstützung Wilhelms I. für seine Kirchenreformen sichern, solange dessen königlichen Rechte respektiert wurden. Der König zeigte sich den gregorianischen Reformen gegenüber aufgeschlossen und vollzog selbst erste Schritte in Richtung einer getrennten geistlichen und weltlichen Gerichtsbarkeit.[71]

Der Erzbischof seinerseits unterstützte tatkräftig Wilhelm I. in der weltlichen Politik. So übernahm er, während der König auf dem Festland weilte, die Organisation der Regierungsgeschäfte in England. Die *Vita Lanfranci* bezeichnet ihn daher auch als *princeps et custos Anglie*.[72] Stanley Chrimes vermutet hier die Ursprünge des Justiziaramtes, dessen Inhaber spätestens seit dem 12. Jahrhundert als Vikar des Königs in England agierte, solange der Herrscher seine Kontinentalbesitzungen besuchte.[73] Herbert Cowdrey dagegen bestreitet, dass Lanfranc die Funktion eines

---

[68] E. Carpenter, *Cantuar*, 35.
[69] Cowdrey, *Lanfranc*, 87–88.
[70] Ebd., 186; Moorman, *Church in England*, 63 und Knowles, *Thomas Becket*, 17.
[71] Barlow, English kings and the church, 176–177 und Loyn, *English church*, 73–74 und 97–98.
[72] Vita Lanfranci, Kap. XV, 711.
[73] Chrimes, *Administrative History*, 19. Zur Entwicklung dieses Amtes vgl. West, *Justiciarship in England*.

Justiziars vorwegnahm, da ihm die Leitung der Regierungsgeschäfte nicht auf längere Zeit, sondern nur sporadisch, für kürzere Perioden übertragen wurde.[74] Auch Margaret Gibson verweist darauf, dass Lanfranc kein offizielles Amt anvertraut wurde, welches ihm Entscheidungsbefugnisse garantierte.[75] Vermutlich agierte Lanfranc am ehesten als *princeps et custos Anglie* während des Aufstandes einiger Barone 1075, dessen Niederschlagung er in Abwesenheit des Königs organisierte.[76] Aber auch in ruhigeren Zeiten blieb Lanfranc auf Grund seines Amtes als Erzbischof und seiner persönlichen Fähigkeiten ein zentrale politische Figur, der „first minister" des Königs, der als Kopf einer Gruppe von Getreuen des Herrschers die königliche Verwaltung und die königlichen Regierungsgeschäfte überwachte.[77]

David Knowles führt als wichtigsten Grund für diese außergewöhnliche politische Bedeutung Lanfrancs dessen unerschütterliche Loyalität gegenüber Wilhelm I. an, der stets als treuer Diener des Königs auftrat, „and never as the representative of the Church vis-a-vis the authority of the king or interests of State."[78] Der Erzbischof versuchte nie, seine eigenen Vorstellungen, seinen eigenen Standpunkt gegen den expliziten Widerstand des Königs durchzusetzen. In letzter Konsequenz respektierte er die königlichen Interessen auch in kirchlichen Angelegenheiten.[79] In einem Brief an einen unbekannten Abt gibt Lanfranc selbst Zeugnis ab über diesen vorsichtigen Politikstil. Dort schreibt er: *contra preceptum regis nil rogare et nil iubere praesumo*.[80] Das bedeutet keineswegs, dass der Erzbischof keine eigenen Ziele, keine persönlichen Interessen verfolgte. Es sei hier etwa an seine Anstrengungen erinnert, im Streit um den Primat den Rivalen aus York zum Gehorsamseid zu zwingen, eine Initiative, die vom König nur halbherzig unterstützt wurde.[81] Auch in der säkularen Politik konnte Lanfranc durchaus eine eigene Linie verfolgen. So wollte er etwa nach der Niederschlagung der Rebellion 1075 eine Versöhnung zwischen dem König und dem Baron Waltheof mittels einer bedingungslosen Unterwerfung des Aufständischen errei-

---

[74] Cowdrey, *Lanfranc*, 188.
[75] Gibson, *Lanfranc*, 157.
[76] *Chronicle of John of Worcester*, 24–28; William of Malmesbury, *Gesta Regum*, Kap. 253 und 255, 468–472 und *Anglo-Saxon Chronicle*, 210–212.
[77] E. Carpenter, *Cantuar*, 58 und Cowdrey, *Lanfranc*, 194.
[78] Knowles, *Thomas Becket*, 14.
[79] Cowdrey, *Lanfranc*, 187.
[80] *Letters of Lanfranc*, Nr. 58, 173.
[81] Loyn, *English church*, 71 und Gibson, *Lanfranc*, 116–131.

chen. Doch Wilhelm beharrte auf dessen Exekution, und der Erzbischof scheint dies ohne Widerspruch akzeptiert zu haben.[82] Lanfranc besaß gegenüber Wilhelm also durchaus einen eigenen Willen, hatte eigene Zielvorstellungen, respektierte aber die Autorität des Königs und bewahrte damit eine Basis der Zusammenarbeit, die ihm großen politischen Einfluss sicherte.

Diese außergewöhnlich enge und produktive Zusammenarbeit zwischen Metropolit und König fand mit dem Tod Wilhelms I. 1087 ihr Ende. Mit seinem Sohn Wilhelm Rufus (1087–1100), der sich den zweifelhaften Ruf als skrupelloser Ausbeuter der Kirche erwarb, war es für den Erzbischof ungleich schwieriger, zu kooperieren. Während aber Lanfranc auch gegenüber König Rufus stets loyal blieb, geriet sein Nachfolger Anselm auf dem Erzstuhl in Canterbury bald in Konflikt mit dem Herrscher und ging ins Exil. Auch zu dessen Nachfolger Heinrich I. konnte der Erzbischof kein dauerhaft harmonisches Verhältnis etablieren, obwohl der neue König gegenüber der Kirche einen konzilianteren Weg als sein älterer Bruder Rufus einschlug.[83] Anselm hatte sich während seines ersten Exils von 1097 bis 1100 die Ideen des Reformpapsttums zu eigen gemacht und sich dem Ruf nach der *libertas ecclesiae* angeschlossen, die er nun nach seiner Rückkehr nach England gegenüber Heinrich I. vehement einforderte. Erst der Verzicht des Königs auf die Laieninvestitur 1105 legte den Konflikt um die königlichen Rechte in der Kirche bei.[84]

Anselm war kein Politiker mit den diplomatischen Fähigkeiten seines Vorgängers Lanfranc, er verkannte häufig die Notwendigkeit von Kompromissen in der politischen Auseinandersetzung. Er nahm ernsthafte Konflikte mit dem König, ja sogar das eigene Exil, für die Verteidigung seiner Ideale in Kauf.[85] Eine dauerhafte, vertrauliche Kooperation zwischen Metropolit und König, die unter Lanfranc einen nahezu institutionalisierten Charakter erreicht hatte, war unter diesen Voraussetzungen nicht möglich. Natürlich arbeitete auch Anselm zuweilen mit dem König zusammen, auch in der säkularen Politik. Während des Schottlandfeldzuges von König Rufus 1095 etwa übernahm der Erzbischof mit großem Pflichtbewusstsein die Verantwortung für die

---

[82] *Chronicle of John of Worcester*, 24–28.
[83] Hollister, William Rufus, Henry I, 119–133.
[84] Southern, *Anselm and his biographer*, 150–180 und ders., *Portrait in a landscape*, 270–308.
[85] Southern, *Portrait in a landscape*, 283–284 und E. Carpenter, *Cantuar*, 58–59.

Verteidigung Englands an seiner südlichen Küste.[86] Insgesamt aber war
sein Interesse an den weltlichen Regierungsgeschäften sehr begrenzt.[87]
Er erachtete die Reform der Kirche und die Verteidigung ihrer Rechte
als die vornehmlichen Pflichten eines Erzbischofs, potentielle Konflikte
mit dem König eingeschlossen. Anselm konnte somit im Gegensatz
zu Lanfranc nicht mehr die Funktion als erster Berater und als „first
minister" des Königs übernehmen.

Thomas Becket folgte Anselm auf diesem Weg nicht nur, er inter-
pretierte seine Bestimmung als Erzbischof noch weitaus radikaler.
Der bekannteste englische Märtyrer hatte seine Karriere am Hof des
Erzbischofs Theobald von Bec (1138–1161) begonnen und später König
Heinrich II. als loyaler und tatkräftiger Kanzler gedient.[88] Nach seiner
Promotion auf den Erzstuhl in Canterbury brach Becket aber mit
seinem königlichen Freund und Förderer und setzte nun seine ganze
Kraft und Autorität für die Freiheit und Unabhängigkeit der Kirche
ein. Der folgende, mehrjährige Kampf zwischen Heinrich II. und dem
Erzbischof, der zum Teil mit großer Schärfe und Bitterkeit geführt
wurde und schließlich mit der Ermordung Beckets in der Kathedrale von
Canterbury durch Ritter des Königs endete, erlaubte keine konstruktive
Zusammenarbeit der beiden Kontrahenten. Becket war wie Anselm
nur schwer für Kompromisse zu gewinnen, auch zum Leidwesen seiner Freunde und Verbündeten. Darüber hinaus war er, ähnlich wie
sein Widersacher Heinrich II., ein sehr stolzer und konfrontativer
Charakter, der von der Richtigkeit seines Handelns fest überzeugt war.[89]
Ähnlich wie Anselm verzichtete er daher auf den traditionellen Platz
des Erzbischofs von Canterbury an der Seite des Königs im Rat und
konzentrierte sich ganz auf den Kampf um die *libertas ecclesiae*.[90]

Eine solche Fundamentalopposition, wie von Becket praktiziert, die
ihm nahezu jeglichen politischen Handlungsspielraum raubte, blieb die
Ausnahme. Sogar Anselm hatte sich schließlich einem Kompromiss
gefügt, der es Heinrich I. ermöglichte, auf die Laieninvestitur zu verzichten.[91] Der Erzbischof war durchaus so mächtig, dass er gerade im Bündnis
mit dem Papst oder zumindest mit der Rückendeckung des englischen

---

[86] *S. Anselmi opera omnia*, Nr. 191, 77–78.
[87] Brett, *Church under Henry I*, 71.
[88] Zur frühen Karriere Beckets vgl. etwa Barlow, *Thomas Becket*, 24–63.
[89] Vollrath, *Thomas Becket*, 86–90.
[90] Powicke, *Langton*, 110 und Cheney, *Hubert Walter*, 77.
[91] Southern, *Anselm and his biographer*, 176–180.

Episkopats den König zu Kompromissen zwingen konnte. Doch eine Entscheidungsfindung war letztlich nur mit dem Herrscher möglich, schließlich war dieser in England das politische Entscheidungszentrum. Das galt insbesondere für den weltlichen Herrschaftsbereich, aber im 12. Jahrhundert und in Teilbereichen, etwa den Bischofswahlen, noch im 13. Jahrhundert auch für die Kirchenpolitik. Politikgestaltung war demnach für den Erzbischof immer eher im Einklang mit als in Opposition zum König möglich.

Doch den politischen Gestaltungsmöglichkeiten des Erzbischofs wurden im Verlauf des 12. Jahrhunderts verstärkt Grenzen gesetzt. Der Kirchenhistoriker Martin Brett benennt zwei Gründe. Er verweist zunächst auf die sogenannten ‚neuen Männer' um den König. Diese sozialen Aufsteiger niederer adliger Herkunft, sowohl Kleriker als auch Laien, kamen an den königlichen Hof, um dort Karriere zu machen. Die zunehmende Komplexität und Ausdifferenzierung der königlichen Verwaltung und Gerichtsbarkeit hatte einen steigenden Bedarf an gut ausgebildeten Fachleuten hervorgerufen. Diese *curiales*[92] waren dem König treu ergeben, waren sie doch ohne nennenswerten Landbesitz in besonderem Maße auf seine Patronage angewiesen. Die angevinischen Könige vertrauten daher verstärkt ihrem politischen Rat. Die Barone und Prälaten, an ihrer Spitze der Erzbischof, die sich als die rechtmäßigen Berater des Königs betrachteten, sahen sich dagegen zunehmend von der Politikgestaltung ausgeschlossen.[93] Die Forderung der Barone im Vorfeld der Magna Carta nach einer angemessenen Berücksichtigung im königlichen Rat war das Ergebnis dieser strukturellen Veränderungen am Hof und der Verwaltung des Königs.[94]

Zusätzlich musste der Erzbischof um seine traditionelle Rolle als Sprachrohr des englischen Episkopats kämpfen.[95] Die meisten Bischöfe im 12. Jahrhundert hatten ihre Karriere als Kleriker am Hof des Königs begonnen. Sie besaßen daher nicht nur das besondere Vertrauen des

---

[92] Turner hat zuletzt versucht, die Gruppe der *curiales* am englischen Königshof im 12. und 13. Jahrhundert klarer zu definieren, insbesondere in Abgrenzung zum Begriff der *familia regis*. Während zu den *familiares regis* auch Barone aus alteingesessenen und hochadligen Familien gehören konnten, versteht Turner unter *curiales* allein Männer niederer adliger Herkunft, Laien wie Kleriker, die in den Dienst des Königs traten, dort dank ihrer besonderen Fähigkeiten, sei es in der königlichen Verwaltung oder als Soldaten, aufstiegen und die königliche Patronage genossen. Sie zeichneten sich zudem durch eine eigene höfische Kultur aus, vgl. Turner, Definition of the curialis, 3–33.
[93] Brett, *Church under Henry I*, 71 und Powicke, *Langton*, 110.
[94] Fryde, *Why Magna Carta*, 36–50 und vgl. unten, 105–106.
[95] Brett, *Church under Henry I*, 90.

Herrschers, sondern verfügten darüber hinaus über langjährige, administrative Erfahrung und über ein ausgedehntes Netzwerk aus politischen Verbündeten. Der Erzbischof war daher nicht mehr selbstverständlich in der Lage, im Rat gegenüber dem König als Führer der englischen Kirche aufzutreten, der für die versammelten Prälaten sprach. Der Erzbischof, so Brett, „tended to become more the most eminent among the English bishops than the effective director of an organized body of suffragans in a common predicament."[96] Auch Langton musste sich während seines Pontifikats im Rat und am Hof mit äußerst einflussreichen Bischöfen unter seinen Suffraganen auseinandersetzen. Insbesondere Peter des Roches, der Bischof von Winchester (1205–1238) und einer der engsten Vertrauten Johann Ohnelands, arbeitete zeitweise gegen und an Langton vorbei mit dem König zusammen.[97]

Meines Erachtens muss noch ein weiterer Faktor genannt werden, welcher zumindest periodisch die Autorität des Erzbischofs untergrub und damit seine politische Macht beschnitt. Im 12. Jahrhundert sandten die Päpste vermehrt Legaten nach England, beziehungsweise ernannten lokale Würdenträger für einen begrenzten Zeitraum zu ihren Stellvertretern, denen der Erzbischof von Canterbury dann in der Regel untergeordnet war. Diese Legationen waren ein bevorzugtes Mittel zur Durchsetzung der päpstlichen *plenitudo potestatis*. Die Legaten in England übernahmen nicht nur die Führung der dortigen Kirchenprovinzen, saßen also etwa den Kirchenkonzilien vor, sondern traten auch im königlichen Rat als Haupt und Vertreter der Kirche auf und raubten damit dem Erzbischof die Basis für seine politische Gestaltungsmacht. So erging es etwa Erzbischof Theobald von Bec, der zunächst im Schatten von Henry de Blois, dem Bischof von Winchester (1129–1171), stand, den Papst Innozenz II. 1139 zum Legaten ernannt hatte, und der sich daraufhin zu einer der zentralen, politischen Gestalten im englischen Bürgerkrieg entwickelte. Erst nachdem Henry de Blois 1143 seinen Status als Legat verlor, konnte Theobald sich politisch entfalten. Es verwundert daher nicht, dass das wichtigste Anliegen des Erzbischofs im Jahr 1144 war, eine erneute Ernennung des Bischofs von Winchester zum päpstlichen Legaten zu

---

[96] Brett, *Church under Henry I*, 71 und 90.
[97] Zuletzt ist eine Biographie über Peter des Roches, eine der einflussreichsten Persönlichkeiten unter Johann und seinem Sohn Heinrich III., von Nicholas Vincent erschienen, vgl. Vincent, *Peter des Roches*.

verhindern.[98] Auch Langton stand während seines Pontifikats mehrmals einem Legaten gegenüber, der, wie sich zeigen wird, seine politischen Handlungsspielräume empfindlich beschnitt.

Wenden wir uns abschließend dem unmittelbaren Vorgänger Langtons in Canterbury, Hubert Walter, zu. Seinem modernen Biographen Christopher Cheney zufolge war er der letzte Erzbischof, der wie Lanfranc als erster Berater und wichtigster Vertrauter des Königs auftrat.[99] Seine immense politische Macht verdankte Hubert Walter seiner steilen Karriere am Hofe der angevinischen Könige, die er als Protegé seines Onkels Ranulf von Glanvill, dem Justiziar Heinrichs II., begonnen hatte. Er hatte am Hof die Patronage des Königs genossen und wurde zu einem jener *curiales*, welche die Magnaten aus dem königlichen Rat drängten. Richard I. sorgte schließlich 1189 für seine Promotion zum Bischof von Salisbury. Vier Jahre später erfolgte wiederum auf königliche Initiative seine Translation auf den Erzstuhl von Canterbury.[100] Neben diesen hohen kirchlichen Würden hielt er für einige Zeit auch die wichtigsten weltlichen Ämter des englischen Königreichs in seinen Händen. 1193 ernannte Richard I. ihn zum Justiziar von England.[101] Der Erzbischof übernahm damit in Abwesenheit des Königs die Regierungsgeschäfte in England, bis er 1198 von diesem Amt zurücktrat. 1199 ernannte ihn Johann Ohneland, der Bruder und Nachfolger Richards I., zum Kanzler.[102]

Es ist auf Grund dieser Ämterkumulation nicht immer eindeutig zu entscheiden, welcher Funktion im Einzelnen Hubert Walter seine Wirkungsmöglichkeiten verdankte.[103] Powicke vermutet, die weltlichen Ämter seien die eigentliche Basis für seine Macht gewesen. Seiner Ansicht nach war Theobald von Bec der letzte Erzbischof, der seine Position als wichtigster Berater des Königs dem Kirchenamt verdankte.[104] Die zentrale Rolle Hubert Walters bei der Eintreibung des Lösegeldes für den gefangenen König Richard I. sowie zuvor bei

---

[98] William of Newburgh, Historia Rerum Anglicarum, liber I, 43–44 und Saltman, *Theobald*, 19–22.

[99] Cheney, *Hubert Walter*, 89.

[100] Young, *Hubert Walter*, 24 und 44–45. Für die frühe Karriere vgl. Cheney, *Hubert Walter*, 16–30.

[101] Rogerus de Hovedene, *Chronica*, III, 226 und Gervase of Canterbury, *Historical works*, I, 523.

[102] Gervase of Canterbury, *Historical works*, I, 572 und Rogerus de Hovedene, *Chronica*, IV, 48 und 90.

[103] Painter, *King John*, 62.

[104] Powicke, *Langton*, 109.

der Unterdrückung der Rebellion Johanns, beides noch vor seinem
Amtsantritt als Justiziar, kann als Indiz dafür gelten, dass seine Macht
und Autorität nicht ausschließlich auf die säkularen Ämter zurückzuführen sind.[105] Ein Brief Richards I. vom März 1193, in dem er seinen
hohen Erwartungen Ausdruck verlieh, die er mit der Promotion Hubert
Walters nach Canterbury verband, zeigt, für wie bedeutend auch der
König das erzbischöfliche Amt hielt:

> *Certissimum enim habemus, quod ipsius promotio Deo et hominibus grata
> erit et accepta, et liberationi nostrae maturandae, et defensioni terrae
> nostrae et pacis tranquillitati conservandae valde necessaria.*[106]

Dementsprechend sieht auch Cheney die Macht Hubert Walters nicht
an seine säkularen Ämter gebunden, sondern vermutet andere Gründe
für dessen politische Bedeutung: „His status as archbishop and as the
king's friend, his energy, his practical ability".[107] Hier werden meines
Erachtens nochmals die drei wichtigsten Voraussetzungen genannt,
um als Erzbischof von Canterbury Politik erfolgreich mitgestalten zu
können: das Amt und die damit verbundene Würde und Autorität,
zusätzlich ein gutes, zumindest respektvolles Verhältnis zum König
und schließlich eine politische Befähigung. Hubert Walter verfügte
über exzellente administrative Fähigkeiten und über politischen
Verstand, den er während seiner langjährigen Dienste am Hof und
in der Verwaltung des Königs erworben hatte, ähnlich wie Thomas
Becket.[108] Aber im Gegensatz zu seinem heiligen Vorgänger arrangierte
sich Hubert Walter mit den angevinischen Königen. Wie Lanfranc
blieb er ihnen gegenüber stets loyal. „He would not, like Anselm or
Thomas Becket, go into exile and so forfeit all power over the king for
the sake of an ideal."[109]

Versucht man ein Resümee über die Grenzen und Möglichkeiten zu
ziehen, die sich Stephen Langton boten, als er 1206 zum Erzbischof von
Canterbury gewählt wurde, gilt es zunächst festzuhalten, dass er nicht
ex officio den Platz als erster Berater des Königs einnehmen konnte.
Er musste mit ehrgeiziger Konkurrenz am königlichen Hof und im
Episkopat rechnen. Sein Amt als Erzbischof bot ihm aber weiterhin auf

---

[105] Gervase of Canterbury, *Historical works*, I, 516 und II, 407 und William of Newburgh, Historia Rerum Anglicarum, liber I, 388.
[106] *Epistolae Cantuariensis*, 363.
[107] Cheney, *Hubert Walter*, 88.
[108] Young, *Hubert Walter*, 167–173.
[109] Cheney, *Hubert Walter*, 87.

Grund der Tradition Canterburys sowie seiner Autorität als Metropolit und Primas ausreichend Ressourcen, um sich am Hof und im Rat des Königs durchzusetzen, die Politik zu beeinflussen und sie möglicherweise an der Seite des Königs als dessen Berater mitzugestalten. Die Voraussetzung war eine politische Befähigung, also in erster Linie die Fähigkeit, Netzwerke zu knüpfen sowie eine ausgeprägte Bereitschaft, Kompromisse zu schließen. Wenn er zusätzlich das besondere Vertrauen des Königs genoss, stand auch der Aufstieg zum „prime minister" in der Nachfolge Lanfrancs und Hubert Walters offen.

KAPITEL II

LANGTON ALS MAGISTER DER THEOLOGIE IN PARIS
CA. 1170–1206

II.1. *Der familiäre Hintergrund Langtons und seine Studien-
und Lehrjahre in Paris*

Das Geburtsdatum von Stephen Langton ist, wie für die meisten
Personen im Mittelalter, nicht überliefert. Es muss daher auf der
Grundlage von späteren Lebensdaten, die als gesichert gelten, berech-
net werden. Als Ergebnis erhält man einen mehr oder minder großen
Zeitraum, in den seine Geburt fallen könnte.[1] Das Studium einiger
theologischer Schriften Langtons ergab, dass er vermutlich um das Jahr
1180 zum Magister der Theologie promoviert wurde.[2] Voraussetzung
für den Erhalt der *licentia docendi* aber war ein langjähriges Studium.
Daher legt man die Ankunft Langtons in Paris um das Jahr 1170 fest,
seine Geburt wiederum datiert man auf einen Zeitraum zwischen 1150
und 1155.[3] Auch sein Geburtsort ist nicht überliefert. Powicke vermutet
nach einigen genealogischen Untersuchungen, Stephen Langton habe
in Langton bei Wragby in Lincolnshire das Licht der Welt erblickt.[4]

Der Vater von Stephen war ein gewisser Henry Langton, über seine
Mutter ist nichts bekannt.[5] Die Familie war sicher nicht bedeutend
und gehörte nicht zur Prominenz des Königreiches. Henry war vermutlich ein einfacher *freeholder*,[6] dessen Vorfahren sich im Laufe der

---

[1] Antl, Introduction to the Quaestiones, 151.
[2] Lacombe, Authenticity of the Summa, 106; Powicke, Bibliographical Note, 554–557
und Quinto, *Doctor Nominatissimus*, 11.
[3] Quinto, *Doctor Nominatissimus*, 11; Powicke, Bibliographical Note, 554 und
Baldwin, *Princes and Merchants*, I, 25.
[4] Powicke, *Langton*, 5–6 und 164–167. Lovatt hat jüngst vorgeschlagen, Stephen
Langton stamme aus Langton bei East Riding in Yorkshire. Doch ignoriert sie die
überzeugende Argumentation Powickes für Langton bei Wragby als Geburtsort, vgl.
E.E.A., York 1189–1212, Nr. 55, 63.
[5] Gervase of Canterbury, *Historical works*, II, lxii–lxiii; Powicke, *Langton*, 3–4 und
8 und Quinto, *Doctor Nominatissimus*, 10.
[6] Als *freeholder* bezeichnet man in der englischen Verfassungsgeschichte Besitzer
eines *freeholds*, eines Landbesitzes, der mit bestimmten Schutzrechten verbunden

Zeit wahrscheinlich einen kleinen Besitz angeeignet hatten, auf Grund
dessen sie Ansehen und einen gewissen sozialen Rang erworben hatten.[7] Der soziale Kontext, aus dem Langton stammte, ist insofern von
Bedeutung, als familiäre Bindungen in der Politik eine bedeutende
Rolle spielen konnten.[8] Auf Grund seiner niederen Herkunft stand
Langton zunächst kein familiäres Netzwerk zur Verfügung, welches
er als Erzbischof politisch hätte nutzen können. Als Prälat blieb ihm
zusätzlich die Möglichkeit verwehrt, in eine bedeutende Familie einzu-
heiraten und auf diese Weise neue Verbindungen zu knüpfen. Langton
war ein sozialer Aufsteiger, der sein Amt als Erzbischof nicht seinem
familiären Hintergrund, sondern im Wesentlichen seiner Ausbildung
und Lehrtätigkeit in Paris verdankte.

Erst Langton selbst konnte seiner Familie ein solches Netzwerk als
Metropolit bieten und seine Beziehungen und Kontakte zu ihrem Vorteil
einsetzen. Seine beiden Brüder Simon und Walter Langton verdanken
dementsprechend ihren sozialen Aufstieg zumindest zum Teil den familiären Banden. Simon, der jüngste der drei Brüder, studierte vermutlich
ebenfalls in Paris und diente während des Exils des Erzbischofs und in
den zwei darauffolgenden Jahren seinem Bruder Stephen als Gesandter.
1227 wurde er von seinem Bruder zum Erzdiakon von Canterbury
ernannt.[9] Der ältere Bruder, Walter Langton, der keine geistliche
Karriere einschlug und vermutlich das Erbe des Vaters antreten sollte,
heiratete 1225 Denise von Anesty, die Tochter von Nicholas von Anesty,
einem bedeutenden Landbesitzer in Essex und Hertfordshire. Der
Erzbischof war, wie ich weiter unten zeigen werde, an der Arrangierung
dieser Heirat beteiligt.[10] In den Quellen bin ich auf einen weiteren
Verwandten gestoßen. In den *Pipe Rolls* wird ab 1226 ein gewisser
Stephen, *nepos Archiepiscopi Cantuariensis*, erwähnt.[11] Weiter unten
werde ich darlegen, dass dieser Stephen mit einem gewissen Stephen
Langton zu identifizieren ist, der eine Alice of Fambridge heiraten sollte,

---

war, vor allem dem Schutz vor Enteignung. Für eine kurze Einführung vgl. S. Walker,
Freehold, Sp. 886–887.
    [7] Gervase of Canterbury, *Historical works*, II, lxix und lxxiii; Quinto, *Doctor
Nominatissimus*, 10 und Powicke, *Langton*, 8–9.
    [8] Mortimer, *Angevin England*, 28.
    [9] Major, Familia, 529 und Powicke, *Langton*, 135–137. Zuletzt hat Nicholas Vincent
eine kurze Biographie über Simon Langton verfasst. Vincent hat mir eine Rohfassung
seines bisher unveröffentlichten Aufsatzes dankenswerterweise zur Verfügung gestellt,
vgl. Vincent, *Simon Langton*.
    [10] Vgl. unten, 372–373; Vincent, *Simon Langton*, 4 und Powicke, *Langton*, 6–7.
    [11] *PRO E 372/70*, fol. 2; *PRO E 372/71*, fol. 12 und *PRO E 372/72*, fol. 8.

wiederum mit Unterstützung des gleichnamigen Erzbischofs.[12] Der lateinische Begriff *nepos* lässt sich sowohl mit Enkel oder Neffe, als auch allgemein mit Verwandter übersetzen. Es finden sich keine Indizien für die Existenz eines Enkels des Erzbischofs. Der Zölibat verbot ohnehin die offizielle Anerkennung eines direkten Nachkommens, der Nachweis seiner Existenz in den Quellen wäre dementsprechend schwierig. Das Gleiche gilt für die Vermutung, Stephen Langton der Jüngere sei ein Sohn von Simon Langton gewesen, der ebenso dem geistlichen Stand angehörte. Auch eine Verbindung zu Walter Langton konnte ich in den Quellen nicht entdecken. Ohnehin nahm schon Powicke an, dass Walter kinderlos starb, ernannte dieser doch seinen Bruder Simon zu seinem alleinigen Erben.[13] Schließlich könnte Stephen Langton der Jüngere der Sohn einer unbekannten Schwester der drei Brüder gewesen sein. In zumindest einem weiteren königlichen Dokument wird er als Sohn eines gewissen Alan de Normanby bezeichnet.[14] Leider gibt es aber in den vorliegenden Quellen kaum Hinweise auf einen Mann dieses Namens, vor allem keinen, über den sich eine Verbindung zur Familie des Erzbischofs herstellen lässt.[15] Obwohl sich daher der Verwandtschaftsgrad zwischen den beiden Stephen Langtons nicht näher bestimmen lässt, kann man zumindest ein enges Verhältnis der beiden voraussetzen, sollte doch der Erzbischof, wie ich weiter unten ausführen werde, seinem Verwandten ein reiches Erbe sichern.[16]

Über die Kindheit von Stephen Langton, dem späteren Erzbischof, wissen wir so gut wie nichts. Powicke vermutet, dass er an der theologischen Schule der Kathedrale von Lincoln eine Art schulische Vorausbildung genossen habe könnte.[17] Wahrscheinlich um das Jahr

---

[12] Vgl. unten, 322–324.

[13] *Cal. Cl. Rolls*, III, 256 und Powicke, *Langton*, 7.

[14] In den überlieferten Dokumenten über einen Prozess am königlichen Gericht um zwei Teile eines Gutes Auvilers ist einmal die Rede von Stephen Langton und seiner Frau Alice, ein anderes Mal von Stephen, dem Sohn von Alan de Normanby, und seiner Frau Alice. In beiden Fällen ist die gegnerische Prozesspartei Adam de Lege und seine Frau Matilda. Die Identität von Stephen, dem Sohn von Alan, mit Stephen Langton ist daher äußerst wahrscheinlich, vgl. *Curia Regis Rolls*, XI, Nr. 1173, 238 und *Feet of Fines for Essex*, 67.

[15] Die Aufzeichnungen der königlichen Reiserichter des *general eyre* 1218/1219 in Lincolnshire erwähnen einen Alan, *probitus* von Normanby, vgl. *PRO JUST 1/481*, fol. 2r. Zusätzlich taucht ein Alan de Normanby als Zeuge einer Schenkungsurkunde eines gewissen Ivo, Sohn von Simon, an die Kirche von Lincoln auf, vgl. *Registrum Antiquissimum*, V, Nr. 538, 174.

[16] Vgl. unten, 322–324.

[17] Powicke, *Langton*, 9–10.

1170 ging er nach Paris, um zunächst die *artes liberales* und daraufhin Theologie zu studieren.[18] In Paris waren mehrere Schulen ange-
siedelt, unter anderen die berühmte Domschule von Notre-Dame.
Den Studenten wurde an den Schulen der gesamte mittelalterliche
Fächerkanon angeboten, also auch das Studium der Medizin sowie des
römischen und kanonischen Rechts. Berühmtheit erlangten die Schulen
aber allein auf Grund des dortigen Bibelstudiums, der *sacra pagina*,
sowie für die Lehre der freien Künste.[19]

Das Leben in Paris war sehr teuer und die vielen Klagen der Studenten
über ihre erbärmliche finanzielle Situation, überliefert in zahlreichen
Briefen, spiegelt die Armut eines Großteils der Studentenschaft wieder.
Viele mussten die Schulen hoch verschuldet verlassen.[20] Wir wissen
nicht, wie Langton sein langes Studium finanzierte, ob er von seinem
Vater regelmäßig Geld erhielt oder ob ein Förderer und Mäzen den
jungen, hoffnungsvollen Mann unterstützte.

Wie erwähnt erhielt Langton um 1180 die *licentia docendi*. Das
Verleihen der Lehrerlaubnis war in Paris traditionell ein Privileg
des Kanzlers der Kirche von Notre-Dame, der die Jurisdiktion über
die Schulen inne hatte. Ab der Mitte des 12. Jahrhunderts strebten
die Pariser Magister aber nach Emanzipation von der Jurisdiktion
des Kanzlers und des Bischofs von Paris und kämpften für ihre
Eigenständigkeit. Am Ende dieses langjährigen Prozesses hatten sich
die Magister mit tatkräftiger Unterstützung des französischen Königs
und des Papstes zu einer Korporation nach Art der mittelalterlichen
Gilden, zu einer *universitas*, zusammengeschlossen.[21] Eines ihrer
wichtigsten Ziele war es, nicht allein dem Kanzler von Notre-Dame
die Ernennung eines neuen Magisters zu überlassen, sondern über
die Zugehörigkeit in ihrem Kreis mitentscheiden zu können. Schon in
den letzten Jahrzehnten des 12. Jahrhunderts scheinen sie dieses
Vorhaben verwirklicht zu haben. So ist die Inauguralvorlesung Stephen
Langtons überliefert.[22] Die Antrittsvorlesung wurde im Rahmen der

---

[18] Powicke, Bibliographical Note, 554 und Quinto, *Doctor Nominatissimus*, 10.
[19] Baldwin, *Princes and Merchants*, I, 83–84 und Köpf, Institutional framework,
162.
[20] Ferruolo, *Origins of the University*, 112–114.
[21] Über den Aufstieg der Pariser Schulen und den Gründungsprozess der dortigen Universität vgl. etwa Ferruolo, *Origins of the University*; Leff, *Paris and Oxford
Universities*, 15–34 und Baldwin, *Princes and Merchants*, I, 63–77.
[22] Für eine Edition der Inauguralvorlesung vgl. *Selected Sermons*, 17–34. Für eine

inceptio gehalten, der Aufnahme eines neuen Magisters nach eingehender Prüfung seiner Befähigung durch die *doctores* in ihren Kreis. Sollte Langton also tatsächlich um 1180 seine Lehrerlaubnis erhalten haben, so ist seine Inauguralvorlesung eine der ältesten überlieferten Antrittsvorlesungen in Paris und damit ein Beleg dafür, dass schon mehrere Jahrzehnte vor der offiziellen Bestätigung der *universitas* durch den Papst zumindest in Ansätzen eine Korporation der Magister entstanden war, die über ihre Mitgliedschaft mitbestimmen konnte.[23]

Langton machte sich schon bald einen Namen als bedeutender Theologe. Als er 1206 zum Kardinal ernannt wurde, stellte er mit Sicherheit die herausragende Gestalt im akademischen Leben von Paris dar, war *doctor nominatissimus*.[24] Die Annalen von Waverley schreiben über Langton anlässlich seines Todes, *in scientia theologica suo tempore nulli secundus*,[25] und Matthäus Parisiensis setzt Langtons theologisches Werk gar mit dem der Kirchenväter Augustinus, Gregor des Großen und Ambrosius gleich.[26] Letzteres ist wahrlich eine typische Übertreibung des Chronisten aus St. Albans, heute werden die theologischen Leistungen Langtons weitaus kritischer beurteilt. Die Hymnen der Chronisten bezeugen aber den Ruhm, den sich Langton schon zu Lebzeiten als Theologe erworben hatte. Zu seinem bedeutendsten Erbe als Magister zählt die Neueinteilung der Kapitel in der Bibel, die er wohl erst am Ende seiner Zeit in Paris, nach fast 30 Jahren Lehrerfahrung, fertig stellte, und an der vermutlich weitere Magister beteiligt waren.[27] Ob er auch für eine Revision der Reihenfolge der Bücher in der Bibel verantwortlich war, lässt sich nicht mit abschließender Sicherheit feststellen.[28]

Auseinandersetzung mit ihrem Inhalt vgl. Spatz, Imagery in university inception sermons, 334–342.

[23] Spatz, Evidence of inception ceremonies, 4 und 12–13 und Baldwin, *Princes and Merchants*, I, 111.

[24] Albericus, *Chronica*, 886 und vgl. Powicke, *Langton*, 74.

[25] Annales de Waverleia, 304.

[26] Matthaeus Parisiensis, *Vita sancti*, 328.

[27] Smalley, *Bible in the Middle Ages*, 223–224.

[28] Powicke, *Langton*, 37–38. Es lässt sich zwar auch nicht eindeutig beweisen, dass Langton für die Neueinteilung der Kapitel verantwortlich war, dennoch herrscht über seine Verantwortung in der Forschung allgemeiner Konsens, vgl. van Engen, Studying Scripture, 29–30; Smalley, *Bible in the Middle Ages*, 223; Powicke, *Langton*, 37 und Lacombe und Smalley, Studies on the Commentaries, 15.

II.2. *Die Lehrtätigkeit Langtons*

Langton setzte in Paris das von seinem Lehrer Petrus Comestor ideal-
typisch gesetzte Lehrprogramm eines Magisters der Theologie, *lectio*,
disputatio und *praedicatio* im Vergleich zu seinen Zeitgenossen am
vollständigsten um.[29] In seinen Vorlesungen glossierte er über die Jahre
nahezu die gesamte Bibel. Die Ergebnisse dieser Arbeit sind in Form
von zahlreichen Kommentaren überliefert. Seine *lectio* wurde von einem
oder mehreren Studenten als sogenannte *reportationes*, also als halb-
offizielle Mitschriften, aufgezeichnet. Viele *commentarii* sind daher in
mehreren, unterschiedlichen Versionen überliefert. Bisher konnte nicht
schlüssig nachgewiesen werden, welche Versionen von Langton autorisiert und von ihm selbst nachträglich überarbeitet wurden.[30] Die meisten
überlieferten Kommentare aber weisen eine Zweiteilung auf. Zunächst
wurden die Bibelabschnitte wörtlich ausgelegt, um im zweiten Schritt
zumeist einer moralischen Interpretation unterzogen zu werden.[31] Als
Fundament der literarischen Exegese kommentierte Langton zusätzlich
die *Historia Scholastica* des Petrus Comestor.[32] Für die vorliegende
Arbeit ist aber in erster Linie die tropologische Auslegung von Interesse,
finden sich doch dort die aufschlussreichsten Aussagen zu gesellschaft-
lichen und politischen Fragen der Zeit.[33] Langton setzte sich in seinen
Vorlesungen jedoch nicht allein mit praktischen, moralischen Fragen
auseinander, sondern befasste sich regelmäßig auch mit abstrakteren
Problemen, mit spekulativer Theologie. Er orientierte sich dabei vor
allem an den Positionen des Petrus Lombardus.[34] Dementsprechend
kommentierte Langton auch als einer der ersten Magister in Paris dessen Sentenzensammlung. Dieses Werk des Lombardus war der bis dato
gelungenste Versuch, die gesammelten theologischen Erkenntnisse, die
theologische Tradition systematisch und kohärent darzulegen.[35] Langton

---

[29] Ferruolo, *Origins of the University*, 196 und Baldwin, *Princes and Merchants*, I, 29.
Einen Überblick über das überlieferte Gesamtwerk Langtons bietet Riccardo Quinto,
vgl. Quinto, *Doctor Nominatissimus*. Zur Frage, wer zu den Lehrern Langtons gehörte,
vgl. unten, 44, Anm. 62.

[30] Dahan, Exégèse et polemique, 132 und Smalley, *Bible in the Middle Ages*,
205–207.

[31] Quinto, *Doctor Nominatissimus*, 32–36; Smalley, Four Senses, 63–65 und Froehlich,
Christian Interpretation, 507.

[32] Quinto, *Doctor Nominatissimus*, 34–35.

[33] Smalley, *Bible in the Middle Ages*, 253.

[34] Baldwin, *Princes and Merchants*, I, 18 und 48–49.

[35] Artur Landgraf hat den Sentenzkommentar Langtons ediert, vgl. *Sentenzen-*

aber glossierte nicht nur die Sentenzen, sondern nutzte sie als Basis, um selbst eigene theologische Gedanken zu entwickeln.[36]

Daneben sind etwa 200 *quaestiones* von ihm überliefert, das schriftliche Zeugnis der von ihm in seinen Schulräumen geleiteten *disputationes*.[37] Ende des 12. Jahrhunderts war diese scholastische Disziplin noch eng mit der *lectio* verbunden. Häufig wurde in der Vorlesung eine *disputatio* eingeschoben, um ein während der Bibelexegese auftauchendes Problem, etwa sich widersprechende Autoritäten, zu diskutieren und deren widersprüchlichen Aussagen zu harmonisieren. Dieses Vorgehen lässt sich auch in den Kommentaren Langtons nachweisen. Er leitete aber auch, wie später im 13. Jahrhundert üblich, von der *lectio* unabhängige Disputationen theologischer Fragen als eigene Unterrichtsstunde.[38]

Und schließlich ist eine bisher nicht vollständig überschaubare Anzahl seiner Predigten überliefert, man schätzt ihre Zahl heute auf etwa 300.[39] Langton und die Kirchenreformer an den Pariser Schulen betrachteten die Predigt, insbesondere die Laienpredigt, zunehmend als die zentrale Aufgabe eines jeden Prälaten, ja eines jeden Pfarrpriesters, von dem bisher allein das Spenden der Sakramente erwartet worden war. Diese Konzentration auf die Predigt als klerikale Pflicht war eine Reaktion auf die Laienbewegungen des 12. Jahrhunderts, die häufig durch Predigten das allgemeine, gesellschaftliche Bedürfnis nach evangelischer Erweckung zu befriedigen suchten. Die Predigt von autorisierten Klerikern sollte demnach als Waffe gegen diese häufig von der Amtskirche als häretisch eingestuften Laienbewegungen dienen. Sie

---

kommentar. Für weitere Arbeiten über die Sentenzensammlung des Lombards vgl. Colish, Sentence Collection, 9–29 und ders., Development of Lombardian Theology, 206–217.

[36] *Sentenzenkommentar*, xxxvii und Colish, Sentence Collection, 25. Erst Mitte des 13. Jahrhunderts ging die Verantwortung für die systematische Theologie auf den sogenannten *baccalarius*, einen fortgeschrittenen Studenten, über, der an Stelle des Magisters die Sentenzen glossierte, vgl. Courtenay, Institutionalization of theology, 253 und van Engen, *Studying Scripture*, 20.

[37] Quinto, *Doctor Nominatissimus*, 156–166 und Baldwin, *Princes and Merchants*, I, 30. Sten Ebbesen und Lars Mortensen haben einen Teil der *quaestiones* ediert, vgl. Partial edition of Langton's summa.

[38] Dahan, Genres, forms and various methods, 223–224; Lawn, *Rise and decline of the scholastic ‚questio disputata'*, 12–13; Köpf, Institutional framework, 171; Smalley, *Bible in the Middle Ages*, 210–212; Antl, Introduction to the *Quaestiones*, 155–156 und Baldwin, *Princes and Merchants*, I, 30 und 97.

[39] Quinto, *Doctor Nominatissimus*, 301. Alte Schätzungen gingen von bis zu 500 überlieferten Predigten Langtons aus, Schneyer, Sermonesliste, 164.

sollte den Glauben der Laien stärken und erneuern, die Gläubigen indoktrinieren, um sie vor häretischem Gedankengut zu schützen. Voraussetzung für den Kampf gegen die Häresie aber war eine bessere Ausbildung der Studenten, der zukünftigen Prälaten und Priester, auch in der *ars praedicandi*, die daraufhin einen größeren Stellenwert im theologischen *curriculum* gewann.[40] Langton betonte dabei stärker als andere Reformer die Notwendigkeit des intellektuellen Zugriffs der Heiligen Schrift durch die Prediger. Diese hätten sich insbesondere exegetische Fähigkeiten anzueignen.[41] Dementsprechend wies Langton der biblischen Exegese in seinen Klassenräumen vor allem die Aufgabe zu, die Studenten auf ihre zukünftige Predigttätigkeit vorzubereiten. Die überlieferten Kommentare bezeugen, dass er während seiner exegetischen Lesungen seine Schüler immer wieder auf Beobachtungen und Kenntnisse aufmerksam machte, die eventuell für Predigten genutzt werden konnten.[42] Er erstellte daher auch ein Hilfsbuch für Prediger, eine sogenannte *Distinctiones*-Sammlung, in der er die moralischen Interpretationen seiner Bibelexegese sammelte.[43] Schließlich wies er seine Schüler darauf hin, dass Laienpredigten, etwa in Bezug auf das Niveau oder die Auswahl von *exempla* zur Illustration moralischer Fragen, anders zu konzipieren seien als Predigten, die an gebildete Kleriker gerichtet waren.[44] Langton diente den Studenten selbst als praktisches Vorbild, wenn er in Paris vor Laien in der Volkssprache predigte.[45] Die große Anerkennung, die ihm als Prediger dabei zuteil wurde, wird durch den Beinamen bezeugt, der ihm verliehen wurde: *Stephanus de Lingua-Tonante*.[46] Die in seinen Predigten behandelten Themen sind aber überwiegend auf die erwähnten Ziele der Reformer,

---

[40] Vgl. Froehlich, Christian Interpretation, 509–510; Ferruolo, *Origins of the University*, 198–199 und *Master Stephen Langton. Sermon Texts from Twelfth-Century Paris*, 237–241.

[41] Riccardo Quinto sieht eine Verbindung zwischen diesem Ansatz Langtons und dem der frühen Dominikaner, die sich intellektuelle Fähigkeiten anzueignen suchten, um ihre pastoralen Aufgaben effektiv wahrnehmen zu können, vgl. Quinto, Influence of Stephen Langton, 60 und 64.

[42] Froehlich, Christian Interpretation, 510 und Quinto, Influence of Stephen Langton, 55.

[43] Quinto, Influence of Stephen Langton, 65 und ders., *Doctor Nominatissimus*, 58–71.

[44] Smalley, *Bible in the Middle Ages*, 253–256.

[45] Die meisten überlieferten Predigten stammen aus seiner Zeit in Paris, vgl. Roberts, *Studies in the sermons*, 21, 68–73 und 126. Zur Thematik der Predigt in der Volkssprache vgl. Muessig, Sermon, preachers and society, 78–79 und Roberts, *Studies in the sermons*, 52–56.

[46] Roberts, *Studies in the sermons*, 21.

vor allem auf die moralische Erneuerung, ausgerichtet und daher für die vorliegende Arbeit nur von untergeordnetem Interesse.

Zuletzt sei noch Langtons Tätigkeit als Dichter erwähnt. Seinem *opus* zugerechnet werden können etwa die Werke *Documenta clericorum* und *Psalterium Mariae*.[47] Dagegen ist nach neuesten Erkenntnissen Langton als Autor der Pfingstsequenz *Veni, Sancte Spiritus*, die Powicke als „one of the greatest of all hymns" rühmte, vermutlich auszuschließen.[48]

Dieser kurze, keineswegs vollständige Überblick über Langtons Lehrtätigkeit und die in den Schulräumen und außerhalb entstandenen Schriften vermitteln einen Eindruck der gewaltigen Überlieferungsmenge, mit der jeder Historiker konfrontiert wird, der Langton als Theologen fassen möchte.[49] Die Studien werden zusätzlich dadurch erschwert, dass bisher nur Bruchteile der Schriften in edierter Form vorliegen.[50] Es gab zwar seit den 30er Jahren des letzten Jahrhunderts zahlreiche Anstrengungen, in erster Linie verbunden mit dem Namen George Lacombe, Artur Landgraf oder Alys Gregory, zumindest die Grundlagen für eine Edition zu legen, neben dem Umfang des vorliegenden Materials ist aber die äußerst komplexe Überlieferung der Schriften der Grund dafür, dass seitdem nur sehr überschaubare Fortschritte erzielt wurden.[51] So lässt sich etwa das Verhältnis der verschiedenen Redaktionen der Kommentare zueinander nicht eindeutig bestimmen.[52] Trotz dieser vielfältigen Probleme wurden in den letzten Jahren und Jahrzehnten

---

[47] Quinto, *Doctor Nominatissimus*, 37–41.

[48] Powicke, *Langton*, 47. Zuletzt hat Petrus Tax dargelegt, warum Langton als Autor der Pfingstsequenz nicht in Frage kommt. Tax vermutet, das Gedicht sei vor 1160 entstanden, vgl. Tax, Verfasserschaft und Entstehungszeit, 13–20.

[49] Southern, Smalley and the Bible, 5.

[50] Wie erwähnt sind sein Sentenzenkommentar und ein Teil seiner *quaestiones* ediert, vgl. *Sentenzenkommentar* und Partial edition of Langton's summa, 25–224. Die *quaestiones* Langtons zur Gottesfurcht sowie eine Teiledition der *Summa de diversis* und der *Distinctiones* wurden von Quinto herausgegeben, vgl. Quinto, Questiones des Stephen Langton, 77–165; ders., Ergänzungen und Berichtigungen, 309–311 und ders., Influence of Stephen Langton, 49–91. Einige Predigten hat Roberts herausgegeben, vgl. *Selected Sermons* und *Master Stephen Langton. Sermon Texts from Twelfth-Century Paris*, 237–268. Der Kommentar Langtons zum Buch Ruth wurde von Lacombe ediert, der zu den zwei Büchern der Chronik wurde von Saltman herausgegeben, vgl. Lacombe und Smalley, Studies on the Commentaries, 64–151 und *Stephen Langton. Commentary on the Book of Chronicles*.

[51] Vgl. Lacombe, Authenticity of the Summa; ders., *Quaestiones* of Cardinal Stephen Langton; Landgraf, Chronologie der Werke Stephan Langtons; ders., Echtheitsfragen bei Stephen von Langton; Gregory, Indices of Rubrics and Incipits und ders., Cambridge Manuscripts.

[52] Dahan, Exégèse et polemique, 132–133 und Smalley, *Bible in the Middle Ages*, 206–207.

Einzelaspekte der Theologie Langtons und Teile seiner überlieferten
Schriften intensiver Forschung unterzogen. Wichtige Beiträge etwa
lieferten Sten Ebbesen, Amaury d'Esneval oder Gilbert Dahan, um nur
einige Namen zu nennen.[53] Phyllis Roberts hat zahlreiche Arbeiten
zu Langtons Predigten veröffentlicht.[54] In den letzten Jahren hat sich
vor allem Riccardo Quinto einen Ruf als ausgewiesener Experte der
Schriften Langtons erarbeitet. Seine Forschungen haben insbesondere
zum Verständnis der komplexen Überlieferung der *quaestiones* einen
wichtigen Beitrag geleistet.[55] Daneben gab es seit Powickes Biographie
wiederholt Versuche, über seine Schriften den weltanschaulichen
Ideenhorizont des späteren Erzbischofs und Politikers zu erschließen.
Während Powicke noch ohne dezidierte Kenntnisse der scholastischen
Theologie einige der *quaestiones* auswertete, richtete John Baldwin den
Blick auf die biblische Exegese der Pariser Reformmagister um Petrus
Cantor, zu denen auch Langton gehörte. Jüngeren Datums sind die
Arbeiten von Philippe Buc, der sich, dem Weg Baldwins folgend, noch
stärker auf die politischen Ideen in den Kommentaren Langtons konzen-
trierte. In ihrem Fahrwasser hat zuletzt David d'Avray die intellektuellen
Hintergründe der Magna Carta in Langtons Exegese erforscht.[56]
   Ich werde mich im folgenden Kapitel auf eine Zusammenfassung der
bisherigen, äußerst umfangreichen Forschungsergebnisse beschränken.
Das Erkenntnisinteresse der vorliegenden Arbeit gilt schließlich in erster
Linie Langton in seiner Rolle als Politiker. Sein theologisches Werk
ist nur insofern Gegenstand dieser Studie, als es dazu beitragen kann,
das politische Handeln des Erzbischofs besser einordnen und bewerten zu können. Eine Interpretation seiner Schriften, die im gelehrten

---

[53] Vgl. Ebbesen, Semantics of the Trinity according to Langton, 401–435; d'Esneval,
L'inspiration biblique d'Etienne Langton, 202–204; ders., Images de la vie universitaire
parisienne dans l'œuvre d'Etienne Langton, 35–48; ders., Le perfectionnement d'un
instrument de travail, 163–175 und Dahan, Exégèse et polemique, 129–148.

[54] Es seien neben den bisher zitierten nur einige, weitere Arbeiten Roberts aufgezählt,
vgl. Roberts, Stephan Langton's „Sermo de virginibus", 103–118; dies., Langton and
his preaching on Thomas Becket, 75–92; dies., Stephen Langton and St. Catherine of
Alexandria, 96–104 und dies., Pope and the Preachers, 277–297.

[55] Über seine neuesten Erkenntnisse berichtet er in seinem bisher unveröffentlich-
tem Aufsatz, vgl. Quinto, La constitution du texte des „Quaestiones theologiae". Zwei
weitere, bisher nicht zitierte Werke Quintos seien erwähnt, vgl. Quinto, Il codice 434
di Douai, Stefano Langton e Nicola di Tournai, 233–261 und ders., Un data-base per
le „Questiones" medievali, 815–822.

[56] Vgl. Baldwin, *Princes and Merchants*, I und II; Buc, Princely Power, 310–328;
ders., *L'ambiguïté du livre* und d'Avray, Background, 423–438.

Kontext der Pariser Schulen entstanden sind, setzt zudem fundierte Kenntnisse der scholastischen Theologie voraus, über die ich nicht in ausreichendem Maß verfüge. Angesichts der weiteren, oben skizzierten Schwierigkeiten, die sich bei einem sinnvollen Studium der überlieferten Schriften ergeben, erscheint mir eine Konzentration auf die schon vorliegenden Forschungsergebnisse gerechtfertigt.

Bevor der politische Ideenhorizont in den Schriften Langtons vorgestellt werden soll, gilt es, eine einschränkende Überlegung voranzustellen. Inwieweit können theologische Schriften Aufschluss geben über Ansichten und Motive eines Jahrzehnte später politisch handelnden Metropoliten?[57] Ich würde nicht so weit gehen wie Lacombe, der in der Tradition Powickes in dem theologischen Werk Langtons den Schlüssel zu dessen öffentlichem Leben als Erzbischof sieht.[58] Ich bin aber der Meinung, dass sich zumindest Tendenzen in seiner politischen Philosophie feststellen lassen, die sich auch in seiner späteren, praktischen Politik widerspiegeln.[59] In Einzelfällen lässt sich sogar die direkte Umsetzung theoretischer Forderungen des Magisters in praktische Politik durch den Erzbischof nachweisen. In seiner Gesetzgebung für das Erzbistum Canterbury setzte Langton mehrere Forderungen aus dem Kreis der Kirchenreformer um, etwa das Verbot von Schauspielern, Mimen und Musikanten bei Mahlzeiten des Klerus.[60] Das Beispiel soll zunächst als Indiz dafür ausreichen, dass sich der Erzbischof und Politiker vom Theologen Langton in seinen Anschauungen und Zielsetzungen nicht fundamental unterschied.

II.3. *Der politische Ideenhorizont in den Schriften Langtons*

Langton gehörte in Paris, wie bereits angedeutet, einem Kreis aus Kirchenreformern um den Magister Petrus Cantor an.[61] Ob er als Student dessen Vorlesungen hörte, ist nicht mit abschließender Sicherheit zu klären. Die heutige Forschung tendiert aber dazu, den Cantor als

---

[57] Mortimer, *Angevin England*, 202.
[58] Lacombe, *Quaestiones* of Cardinal Stephen Langton, 2.
[59] D'Avray, Background, 430.
[60] Baldwin, *Princes and Merchants*, I, 200 und 266.
[61] Baldwin hat in einer beeindruckenden Studie die Lehrinhalte und moralischen Zielsetzungen des Cantors und seines Kreises vorgestellt, vgl. Baldwin, *Princes and Merchants*, I und II.

Lehrer Langtons anzuerkennen.[62] Zu Langtons Kommilitonen gehörten Lothar von Segni, der spätere Papst Innozenz III., Gerald von Wales, ein Freund und Bewunderer des späteren Erzbischofs, sowie Robert de Courson. Der spätere Legat von Papst Innozenz III. lehrte ebenfalls in Paris Theologie und gehörte dem Kreis um den Cantor an.[63]

Das gemeinsame Ziel der Magister war es, die Kirche zu erneuern, insbesondere die Moral und Integrität des Klerus zu stärken. Ihrem Ideal der *vita apostolica* entsprechend sollten die Geistlichen sich ihrer eigentlichen Aufgabe, ihres göttlichen Auftrages wieder bewusst werden, also ihr Leben in erster Linie der Tätigkeit als Pastor widmen. Sie hatten sich demnach den vielfältigen, weltlichen Verpflichtungen stärker zu entziehen, sollten insbesondere den weltlichen Verlockungen, wie Macht und Geld, widerstehen. Im Fokus ihrer Kritik standen zum einen die Kleriker, die an die Fürstenhöfe Europas pilgerten, um dort Karriere zu machen und weltliche Ämter zu bekleiden. Kritisiert wurden aber auch die vielen ungebildeten Geistlichen, die kaum des Lesens und Schreibens mächtig waren. Die Reformer glaubten, die Amtskirche sei durch solche Kleriker in Verruf geraten, und sahen in ihnen das größte Hindernis für eine kirchliche Erneuerung. Die Magister um den Cantor in Paris wollten daher durch eine gute Ausbildung der künftigen

---

[62] Baldwin, *Princes and Merchants*, I, 25; Powicke, *Langton*, 30 und Roberts, *Studies in the sermons*, 2. Ein weiterer Lehrer Langtons könnte Petrus Comestor gewesen sein. Smalley vermutet sogar, nicht Petrus Cantor, sondern allein Petrus Comestor sei Langtons Lehrer gewesen, vgl. Smalley, *Bible in the Middle Ages*, 197. Zuletzt kam Quinto zu dem Schluss, Langton sei der Schüler sowohl des Cantors als auch des Comestors gewesen, vgl. Quinto, *Doctor Nominatissimus*, 12. Daneben zählten Hugo von St. Victor sowie dessen Schüler, Andreas von St. Victor, zu den herausragenden Inspirationsquellen der Bibelexegese Langtons, vgl. Smalley, *Bible in the Middle Ages*, 181 und 198 und Ferruolo, *Origins of the University*, 28–31. Die Schulen des Klosters St. Victor bei Paris waren Mitte des 12. Jahrhunderts das Zentrum des Bibelstudiums in Europa und sollten einen erheblichen Einfluss auf die Methoden und Lehrinhalte der Schulen und später der Universität von Paris ausüben. Für eine Einführung in die Lehren und Methoden der Schulen von St. Victor vgl. Smalley, *Bible in the Middle Ages*, 83–195. Für einen kurzen Überblick über das Leben, insbesondere aber über die Schriften und Lehren von Hugo von St. Victor vgl. Miethke, Hugo von Sankt Viktor, 217–218 und ders. und Funkenstein, Hugo von St. Viktor, 19–22.

[63] Roberts, *Studies in the sermons*, 2–4 und Baldwin, *Princes and Merchants*, I, 19–25 und 41–43. Gerald von Wales widmete einige seiner Werke seinem geschätzten Freund Langton, als dieser schon Erzbischof von Canterbury war, etwa eines über die Kirche St. Davids, *De iure et statu Menevensis ecclesiae dialogus*, mit einem Lobgesang auf den Erzbischof im Prolog, vgl. *Giraldi Cambrensis Opera*, III, 101. Weitere, Langton gewidmete Schriften Geralds sind zwei Hagiographien, *Vita S. Remigii* und *Vita S. Hugonis*, und zwei Werke über Wales, *Itinerarium Kambriae* und *Descriptio Kambriae*, vgl. *Giraldi Cambrensis Opera*, VII, 3 und VI, 3 und 155.

Priester einen wichtigen Beitrag zur Reform der Kirche leisten. In ihren Augen konnte aber nur ein Studium der Theologie den Klerus auf die späteren pastoralen Aufgaben vorbereiten, nicht dagegen die „lukrativen" Wissenschaften, wie das römische oder kanonische Recht, das den geistlichen *curiales* häufig als Karrieresprungbrett diente. Die Magister konzentrierten sich in ihren Vorlesungen insbesondere auf praktische, moralische Fragen, versuchten durch die Bibelexegese ihren Studenten moralische Prinzipien zu vermitteln, die sie später als Prälaten und Priester vorleben und durch die Predigt den Laien weitervermitteln sollten. Nicht allein die Reform der Kirche war das Ziel, sondern eine christliche Erneuerung der gesamten Gesellschaft.[64]

Langton ermahnte dementsprechend in einer Predigt, die er als Magister auf einer Synode hielt, die versammelten Geistlichen, ihre Pflichten wahrzunehmen und ihr Amt nicht zu missbrauchen. Er betonte ihre Verantwortung für die Schafe ihrer Herde und warnte sie vor der Wurzel allen Übels, der Habgier.[65] In einer anderen Predigt dagegen verdammte er die unzureichende Bildung vieler Kleriker.[66] In seinen Kommentaren zum ersten Buch der Chronik 6:31 und zum Buch Ruth präsentiert Langton das Ideal eines guten Prälaten. Dieser kümmere sich durch die Predigt um seine Schafe und sei ihnen in der Lebensführung ein Vorbild.[67]

Seine überlieferten Gesetzgebungen für die Erzdiözese und Provinz Canterbury belegen, dass Langton auch als Erzbischof die Reform der Kirche, insbesondere die Stärkung der Moral des Klerus, weiterverfolgte.[68] Einer seiner Schüler aus Paris, Richard le Poore, unterstützte ihn vermutlich beim Verfassen der Statuten und legte selbst, als Bischof von Salisbury, eine beeindruckende und sehr einflussreiche Diözesangesetzgebung vor.[69]

---

[64] Ferruolo, *Origins of the University*, 185 und 218–220 und Smalley, *Bible in the Middle Ages*, 251.

[65] *Master Stephen Langton. Sermon Texts from Twelfth-Century Paris*, 258–268.

[66] Ferruolo, *Origins of the University*, 213–214.

[67] *Stephen Langton. Commentary on the Book of Chronicles*, 216, Z. 9–19; Lacombe und Smalley, *Studies on Commentaries*, 91 und Quinto, *Influence of Stephen Langton*, 53–54.

[68] Die Diözesanstatuten von 1213 oder 1214 sowie die Provinzgesetzgebung von 1222 hat Cheney ediert, vgl. *Councils and synods*, 23–36 und 106–125.

[69] *Chronicon Abbatiae de Evesham*, xxi und 232 und vgl. unten, 146–147. Zu seinen weiteren Schülern in Paris zählte Thomas von Merleberge, der spätere Abt von Evesham, dem er ebenfalls als Erzbischof in England wieder begegnen sollte, vgl. *Chronicon Abbatiae de Evesham*, xxi, xxxi und 231–232 und vgl. unten, 120, Anm. 54.

Neben Forderungen nach einer Reform der Kirche war an den Schulen ebenfalls der Ruf nach der *libertas ecclesiae* zu vernehmen. Dementsprechend war Thomas Becket das große Vorbild, der verehrte Held der Reformmagister in Paris. Petrus Cantor propagierte nach dessen Martyrium die Becket-Legende in seinem Unterricht. Der Märtyrer wird in seinen Schriften zu einem zweiten Abel, Heinrich II. dagegen wird als zweiter Kain diffamiert. Langton folgte seinem Lehrer Cantor und band die Becket-Legende in seine Vorlesungen ein. Becket wird in den Schriften der Magister das leuchtende Beispiel eines Prälaten, der stets die Freiheiten der Kirche ohne Angst um das eigene Leben verteidigte.[70] Die Legende Beckets blieb für Langton auch als Erzbischof eine wichtige Inspirationsquelle. Wir werden im Laufe der Arbeit sehen, dass er sich während der Auseinandersetzung mit König Johann um seine Promotion verschiedentlich auf seinen heiligen Amtsvorgänger berief. Als er 1220 die *translatio* des Heiligen leitete, instrumentalisierte er erneut dessen Legende, nun aber unter veränderten politischen Vorzeichen.[71]

Ein weiteres wichtiges Thema der Kirchenreformer des 11. und 12. Jahrhunderts war das hierarchische Verhältnis zwischen *regnum* und *sacerdotium*. Langton hat in seinen Schriften dieser Frage nur selten seine Aufmerksamkeit gewidmet, die wenigen, überlieferten Aussagen lassen sich zudem nicht eindeutig interpretieren. In einem Kommentar zu Joel 2:31 greift er eine alte Analogie auf, in der die Sonne für die geistliche Macht steht, der Mond dagegen für die weltliche.

Glaubt man der dubiosen Geschichte von Ceasar von Heisterbach, befand sich unter seinen Schülern auch ein angeklagter Häretiker, der Magister Guerin von Corbeil. Seine Machenschaften und die seiner Kollegen seien zudem drei berühmten Magistern der Theologie vorgetragen worden, *videlicet decanum Salebergiensem, et magistrum Robertum de Kortui et magistrum Stephanum*, vgl. Caesarius de Heisterbach, *Dialogus miraculorum*, Buch V., Kap. 22, 304–206. Cheney glaubt, die drei Magister könnten Richard le Poore, Robert de Courson und Stephen Langton gewesen sein, vgl. Cheney, Earliest English diocesan statutes, 14. Zwei weitere Personen sind zu nennen, die später selbst als Magister der Theologie in Erscheinung traten und bei ihren Arbeiten auf die Schriften Langtons, ihres Lehrers, zurückgriffen, Geoffrey von Poitiers und Andreas Sunesen, vgl. Partial edition of Langton's summa, 26; Antl, Introduction to the *Quaestiones*, 152 und Baldwin, *Princes and Merchants*, I, 31–32. Weitere mögliche Schüler waren zudem Henry de Sandford, der spätere Archidiakon von Canterbury und spätere Bischof von Rochester, sowie der spätere Bischof von Coventry und Lichfield, Alexander von Stavensby, vgl. Gregory, Cambridge Manuscripts, 177 und Vincent, Alexander of Stainsby, 619–624 und 629.

[70] Vgl. Smalley, *Becket Conflict*, 201–205 und Baldwin, *Princes and Merchants*, I, 146–147.

[71] Vgl. unten, 86–88 und 258–267.

Im Gegensatz zu Innozenz III., der bei der Verwendung derselben Metapher eine Mondfinsternis beschreibt, um zu dokumentieren, dass das *regnum* dem *sacerdotium* untergeordnet sei, verweist Langton auch auf die Möglichkeit einer Sonnenfinsternis, die zeige, dass auch Prälaten durch Sünde verdunkelt werden können.[72] Baldwin verweist zu Recht darauf, dass man bei der Interpretation solcher Aussagen vorsichtig sein sollte: „metaphers such as the sun and moon cannot be pressed too hard to reveal precise political theories.“[73] Doch meint er daraus immerhin schließen zu können, dass Langton im Gegensatz zum Papst mit der Analogie keine Unterordnung verdeutlichen wollte, sondern sich in seinen Ausführungen eher ein duales Weltbild widerspiegele.[74] Diese Vermutung bestätigt sich, wenn man die Aussagen Langtons zu der Zwei-Schwerter Theorie betrachtet, eine weitere im Mittelalter übliche Metapher zur Beschreibung des Verhältnisses von *regnum* und *sacerdotium*. In einer *quaestio* führt er aus, dass die Kirche, nicht verstanden als Amtskirche, sondern als die Gemeinschaft aller Gläubigen, Kleriker wie Laien, dem weltlichen Herrscher das Schwert überreiche. Der Konsens aller Gläubigen setze den Herrscher an die Spitze der Regierung. Daher erhalte der Herrscher weder vom Papst, noch von irgendeinem anderen Prälaten das weltliche Schwert.[75] Auch hier zeigt sich eher ein dualistisches Weltbild, in dem *regnum* und *sacerdotium* einen unabhängigen Ursprung besitzen und die weltliche Macht ihr Schwert nicht von der geistlichen erhält.

Mit dieser Position war Langton sicherlich kein strenger Papalist. Er sollte als Erzbischof auch nicht immer als loyaler Vertreter des Papstes auftreten. Insbesondere in dem Konflikt zwischen König Johann und den Baronen nahm er eine von Rom unabhängige Position ein, die ihn auch in Konfrontation mit Innozenz III., seinem ehemaligen Pariser Kommilitonen, brachte. In diesem Zusammenhang ist eine weitere Schlussfolgerung interessant, die Langton in seiner *quaestio* zur Zwei-Schwerter Lehre zog, dass nämlich der Primas oder Erzbischof auf Grund seiner Würde und seinem Ansehen im Königreich im Namen aller Gläubigen dem Herrscher das weltliche Schwert überreiche.[76] Langton

---

[72] Baldwin, *Princes and Merchants*, I, 163 und Smalley, *Bible in the Middle Ages*, 261–262.
[73] Baldwin, *Princes and Merchants*, I, 163.
[74] Ebd. und Smalley, *Bible in the Middle Ages*, 262.
[75] Baldwin, *Princes and Merchants*, I, 165.
[76] Ebd., II, 111, Anm. 17.

betrachtete daher mit Sicherheit den Erzbischof von Canterbury als diejenige Instanz in England, die im Namen der Gläubigen dem englischen König durch die Krönung die weltliche Macht verlieh. Damit stellt sich zugleich die Frage, wann diese *quaestio* entstanden ist, ob Langton sie vielleicht nochmals überarbeitet hat, nachdem er zum Erzbischof geweiht worden war. Baldwin stellt zudem die Überlegung an, ob sich die Funktion des Erzbischofs als Repräsentant aller Gläubigen nicht über die Krönung hinaus auf alle wichtigen, politischen Bereiche des Königreichs ausdehnen ließe. Er denkt dabei natürlich in erster Linie an die Rolle Langtons in dem Konflikt zwischen König Johann und den Baronen. Könnte der Erzbischof nicht seine Funktion als Fürsprecher der Barone und später als neutraler Vermittler mit seinem Status als Repräsentant aller Gläubigen Englands gerechtfertigt haben? Auch wenn sich die Frage sicherlich nicht eindeutig beantworten lässt, lohnt es sich zumindest, sie im weiteren Verlauf der Arbeit im Blick zu behalten.[77]

Am interessantesten im Hinblick auf Langtons spätere Beteiligung an der Entstehung der Magna Carta sind mit Sicherheit jene Aussagen in seinen Schriften, die eine Rekonstruktion seiner Konzeption von weltlicher Herrschaft, von gerechter Königsherrschaft ermöglichen. Beginnen wir mit seinen Ausführungen zu Herrschaft allgemein, fällt auf, dass er, wie sein Lehrer Cantor, die ursprüngliche und natürliche Gleichheit der Menschen betont. Erst der Sündenfall habe Herrschaft entstehen lassen und einen Menschen vor den anderen gesetzt.[78] In einem Kommentar zu Genesis erklärt er zwar, dass es schon vor dem Sündenfall eine Form der Herrschaft zwischen Mann und Frau gegeben, diese aber keine natürliche Unterordnung beinhaltet habe. Die Herrschaft des Mannes sei eher ein Vorrang, der zudem eingebettet sei in die Gemeinschaft von Mann und Frau.[79] Am Ende aller Tage schließlich, so die Ansicht des Cantors und seiner Schüler, werde die Herrschaft wieder aufgehoben und die ursprüngliche Gleichheit der Menschen wiederhergestellt. Diese Vorstellung hatte durch die *glossa ordinaria* an den Pariser Schulen Fuß gefasst und war von Langton in seinem Kommentar zu Leviticus 25–27 übernommen worden. Auch im Sachsenspiegel von Eike von Repgow findet sich dieser Gedanke wieder, möglicherweise vermittelt durch die Schriften Langtons.[80]

---

[77] Baldwin, *Princes and Merchants*, I, 166.
[78] Buc, Princely Power, 314–317.
[79] Ders, *L'ambiguïté du livre*, 105–106.
[80] *Sachsenspiegel Landrecht* III 42, 223; Buc, Princely Power, 317 und ders., *L'ambiguïté du livre*, 142–145.

Diese egalitäre Ausrichtung der Exegeten um den Cantor ist auch in ihrer Konzeption von gerechter Herrschaft nach dem Sündenfall wiederzuerkennen. Ihrer Ansicht nach war die ursprüngliche Gleichheit der Menschen durch die Einführung von Herrschaft nicht aufgelöst worden. Natürliche Gleichheit und Herrschaft waren für sie keine Antithesen, sondern zwei Faktoren bei der Herrschaftsausübung. Ein Herrscher war demnach verpflichtet, die Gleichheit mit seinen Untertanen zu betonen und in Gemeinschaft mit ihnen zu herrschen.[81] So betonte Langton in seinem Kommentar zu den Briefen des Paulus, dass ein guter Herrscher seinen Untertanen diene, diese nicht ausbeute und mit ihnen in Frieden zusammenlebe.[82] Sein Lehrer Petrus Cantor ist in seinem Kommentar zu Matthäus 20:25 noch radikaler. Darin wiederholt er die Formel, wonach die Menschen gleich sind, solange sie nicht sündigen: *Ubi non delinquimus pares sumus.* Damit sei aber eine durchgängige Ausübung von Herrschaft Tyrannei. Könige, wie auch Prälaten hätten daher kein Recht, Herrschaft auszuüben, solange die Untergebenen nicht gesündigt hätten.[83]

Die möglichen Schlussfolgerungen aus dieser Konzeption von Herrschaft und Gleichheit waren weitreichend. Jede Herrschaftsausübung unterlag Beschränkungen, den Untertanen mussten zudem Partizipationsrechte an der Herrschaft zugebilligt werden.[84]

Diese Gedanken flossen natürlich auch in Langtons Betrachtungen zur Königsherrschaft ein. Er folgte dabei einer exegetischen Tradition, die eine sehr kritische Distanz zur Institution des Königtums einnehmen konnte.[85] Langton betont in seinen Kommentaren die illegitimen Ursprünge der Monarchie. In seiner Glosse zu Deuteronomium 17 erklärt er, dass Gott den Menschen gegen seinen eigentlichen Willen einen König gegeben habe und zitiert Hosea 13:11: *Dedi eis regem in ira mea.*[86] Daneben beruft sich Langton auf Samuel, der den Juden vorwirft: *quod regem desideraverant retulit exactiones tirannicas regis futuras, non quia licitas, sed in pena eorum permissas.*[87] Um den zweifelhaften Ursprung der Monarchie zu untermauern, stellt Langton eine Analogie auf. In einem Kommentar zum ersten Buch der Könige verweist er

---

[81] Buc, *L'ambiguïté du livre*, 329.
[82] Ebd., 137–139.
[83] Ders., *Princely Power*, 324.
[84] Ebd., 324–325.
[85] Ders., *L'ambiguïté du livre*, 251–252.
[86] Ebd., 252.
[87] Langton zitiert nach Buc, *L'ambiguïté du livre*, 254.

darauf, dass Moses zwar die Scheidung unter bestimmten Umständen erlaubt habe, aber nur, weil ohne eine Regelung die Gefahr bestehe, dass ein Mann, der seine Frau loswerden wolle, sie tötete. Moses habe das Scheidungsrecht demnach nur akzeptiert, zog aber den ursprünglichen Zustand vor. Das gleiche gelte für Gott, der das Königtum auch nur widerwillig akzeptiert habe.[88]

Nachdem aber Gott den Menschen die Monarchie zugestanden habe, habe er, so die Vorstellung der Exegeten um den Cantor, im Deuteronomium festgelegt, wie der König zu ernennen sei und wie dieser sich zu verhalten habe. Dementsprechend zogen der Cantor und seine Schüler diesen Bibeltext heran, um die Grenzen der Königsherrschaft aufzuzeigen. In ihren Augen war dort das wahre *ius regis* zu finden und nicht im ersten Buch der Könige, wo allein die Exzesse beschrieben seien, zu denen jede Königsherrschaft neige, weil sie gegen den Willen Gottes entstanden sei.[89] So wirft Langton in seinem Kommentar zu Deuteronomium 17 die Frage auf, inwieweit der König seine Untertanen mit Abgaben belasten dürfe. Er beschuldigt die Könige seiner Zeit der Habgier, *qui tesaurizant non ad necessitatem sustinendam, sed ad cupiditatem satiandam.*[90] Um eine gerechte Abgabenpolitik zu formulieren, greift er auf den Grundsatz der *necessitas*, der Notwendigkeit zurück. Der König dürfe seine Untertanen nur so stark besteuern, wie es für seine Ausgaben notwendig sei, aber alles, was er darüber hinaus erhebe, sei Sünde.[91] Ähnliche Einschränkungen werden dem Herrscher auch bei Abgabeforderungen gegenüber der Kirche auferlegt. Für Kriegszüge dürfe der König nur die *regalia* besteuern, nur in außerordentlichen Notsituationen dürfe auch der weitere Besitz der Kirche mit Steuern belegt werden. In einer *quaestio* kommt Langton daher zum Schluss, dass ein Bischof seinen König nur mit Abgaben aus Gütern der Kirche unterstützen dürfe, wenn dieser für eine außerordentlich gerechte Sache kämpfe, und aus der Abgabe kein Präzedenzfall entstehe.[92]

Der König stand also Langtons Ansicht nach unter dem Gesetz Gottes, festgehalten im Deuteronomium. Er hatte die eigenen Gesetze, die Gesetze seines Königreiches nach diesen göttlichen Gesetzen auszurichten. In einer *quaestio* führt er aus, dass der König sich dem

---

[88] Buc, *L'ambiguïté du livre*, 252–253.
[89] Ebd., 253 und ders., Princely Power, 322.
[90] Langton zitiert nach d'Avray, Background, 437.
[91] D'Avray, Background, 427.
[92] Baldwin, *Princes and Merchants*, I, 218–219.

natürlichen Recht, welches den Willen Gottes verkündet und in der Heiligen Schrift niedergeschrieben sei, nicht entziehen könne. Daher sei der König auch dem Gesetz seines Reiches untertan, solange dieses mit dem natürlichen Recht im Einklang stehe. Denn verstoße die weltliche Herrschaft gegen das Gesetz, so verstoße sie auch gegen das natürliche Gesetz als Teil der göttlichen Ordnung.[93] Dementsprechend fordert Langton in seinem bereits mehrfach erwähnten Kommentar zu Deuteronomium 17 die Könige dazu auf, eine Gesetzessammlung zu erstellen, ein Werk, *ubi continetur lex breuiter repetita*.[94] Dieses solle der König beharrlich und aufmerksam lesen.

Offenbar legte Langton Wert auf eine schriftliche Fixierung der Gesetze, denen er vermutlich auf diesem Weg dauerhaft Geltung verschaffen wollte. Auch in einer seiner Predigten forderte er, die Dienste, die ein Vasall dem König zu leisten habe, in einer Urkunde oder in Briefen schriftlich festzuhalten.[95] D'Avray hat zuletzt darauf hingewiesen, dass die Rechtssammlung aus Langtons Kommentar an die Magna Carta erinnere, „which was, after all, a written compendium of the law according to which the king was supposed to rule."[96] Er schlussfolgert daraus, dass Langton für die Idee einer solchen Urkunde empfänglich war.[97] Ich werde in der vorliegenden Arbeit einen Schritt weitergehen und darlegen, dass Langton der Magna Carta nicht nur wohlwollend gegenüberstand, sondern dass erst unter seiner Anleitung die Forderungen der Barone an den König schriftlich fixiert wurden, um den Herrscher an eine Rechtssammlung wirksam zu binden.

In seinem Kommentar zu Deuteronomium 17 führt Langton weiter aus, dass der König sich an die Priester wenden solle, um ein Exemplar der Gesetzessammlung zu erhalten, welches er kopieren könne.[98] Dem Klerus wird hier die Funktion als Bewahrer des Rechts zugewiesen. Es ist daher durchaus bemerkenswert, dass Langton sich als Erzbischof zusammen mit dem englischen Episkopat 1215 der Bewahrung der Magna Carta annehmen sollte.[99] Der Theologe aber weist dem Klerus

---

[93] Powicke, *Langton*, 89–90 und 94–95 und Roberts, *Studies in the sermons*, 125–127.
[94] Langton zitiert nach d'Avray, Background, 437.
[95] Roberts, *Studies in the sermons*, 128.
[96] D'Avray, Background, 427.
[97] Ebd.
[98] Ebd., 428.
[99] Kaufhold, Erzbischöfe von Canterbury und die Magna Carta, 58–59 und vgl. unten, 179–180.

noch eine weitere, vielleicht bedeutendere Aufgabe zu. In einem
Kommentar zur Glosse über Jesaja 11:7 führt er aus, dass die Fürsten
beim Verständnis der Bibel einfache Laien, *simplices*, seien. Der König
solle daher die Bibel nicht auslegen, denn er sei nicht einmal imstande,
die Predigt des nichtsnutzigsten Priesters zu beurteilen.[100] Die mögliche
Schlussfolgerung war gravierend. Wenn ein König die Wahrheiten der
Heiligen Schrift nicht versteht, dort aber das wahre Gesetz, das Gesetz
Gottes steht, nach welchem er regieren soll, braucht er den Klerus
zur Interpretation seiner Gesetze.[101] Erneut stellt sich die Frage, wann
diese Glosse zu Deuteronomium 17 entstanden ist. Wiederum scheint
Langton in seinen Kommentaren seine zukünftige, prominente Rolle
bei der Ausarbeitung der Magna Carta sowie bei ihrer Bewahrung zu
antizipieren.

Wie erwähnt betonten die Exegeten um den Cantor die Gemeinschaft
von Herrscher und Beherrschten, aus der ihrer Ansicht nach zwingend
Partizipationsrechte der Untertanen an der Herrschaftsausübung resultierten. So hoben der Cantor und Langton die Bedeutung des königlichen Rates und der dortigen, gemeinschaftlichen Entscheidungsfindung
hervor.[102] In einer *quaestio* stellt Langton die Frage, ob die Vasallen
des Königs diesem zu folgen haben, wenn der Herrscher eine Burg
ungerechterweise angreife. Langton zufolge dürfen die Vasallen die
Gefolgschaft verweigern, wenn der König die Entscheidung zum Angriff
allein, ohne Beratung, getroffen habe. Sie müssen ihrem Herrn aber
folgen, *si iudicatum esset per sententiam*.[103] Das gelte auch für den Fall,
dass dieser formale Beschluss moralisch ungerecht sei. Langton zufolge
solle der König also seine Herrschaft *per consilium*, im Einklang mit
seinem Rat gestalten.[104]

Wer in diesem Rat seiner Ansicht nach zu sitzen habe, geht aus seinen Schriften nicht eindeutig hervor. In seinen Kommentaren räumt
er zuweilen auch dem *populus* das Recht ein, neben dem Klerus und
Adel an politischen Entscheidungen beteiligt zu werden.[105] Wer aber
zum *populus* gehöre, wie er konkret an Entscheidungen zu beteiligen
sei, wird nicht präzisiert. Philippe Buc zufolge betonte Langton aber

---

[100] Buc, *L'ambiguïté du livre*, 189–190.
[101] Ebd., 190.
[102] Ebd., 350–351.
[103] Langton zitiert nach Powicke, *Langton*, 95.
[104] Powicke, *Langton*, 95.
[105] Buc, *L'ambiguïté du livre*, 313–314 und 350–351 und ders., Princely Power, 325.

die Pflicht eines Herrschers, das bekannte Prinzip des römischen Rechts zu befolgen, sobald er Abgaben erhob: *Quod omnes tangit ab omnibus approbari debet.*[106] Langton selbst trug 1226 als Erzbischof diesem Prinzip Rechnung, als er den Teilnehmerkreis auf mehreren Kirchenkonzilien, die über finanzielle Abgaben zu entscheiden hatten, um Repräsentanten von Dom- und Stiftskirchen sowie Ordenshäusern erweiterte.[107]

Theoretische Betrachtungen über das Wesen von gerechter und ungerechter Herrschaft waren naturgemäß eng verbunden mit der Frage nach legitimen Formen des Widerstandes gegen tyrannisches Herrschaftsgebaren.[108] Die Überlegungen Langtons sind insbesondere mit Blick auf die Rebellion der Barone gegen König Johann von großem Interesse. Der Theologe aber hat in seinen Schriften nur sehr vage Aussagen über legitimen Widerstand formuliert. In einer *quaestio* antwortet er auf die Frage, wieweit Widerstand gegen die Vollstreckung eines Todesurteils erlaubt sei, dass jeder Widerstand zu unterlassen sei, wenn die Vollstreckung auf einem Urteilsspruch beruhe, egal ob dieser Spruch moralisch gerecht oder ungerecht sei. Der *populus* dürfe aber gegen die Exekution des Todesurteils vorgehen, falls kein Urteilsspruch vorliege, der König also das Urteil *sine consilium* gefällt habe.[109] Welche konkreten Schritte dieser Widerstand beinhalten durfte, wird aber nicht eingehender erläutert. In einem Kommentar zum zweiten Buch der Könige spricht Langton sogar von der Pflicht des *populus*, im Rahmen seiner Möglichkeiten einem schlechten König Widerstand zu leisten, da er sich ansonsten versündigen würde.[110] Auch an anderer Stelle betont er die Pflicht zum Eingreifen, die insbesondere für Prälaten gelte: *ita si video regem peccare et taceo consencio et ita pecco.*[111] Wiederum wird aber keine Aussage darüber getroffen, welche konkreten Maßnahmen diese Widerstandspflicht beinhaltet. Galt im königlichen Rat geäußerte Kritik schon als Widerstand? War der Tyrannenmord in letzter Konsequenz erlaubt, den einige Jahre zuvor Johann von Salisbury in seiner Schrift *Policraticus* gerechtfertigt

---

[106] Buc, *L'ambiguïté du livre*, 374–381.
[107] Vgl. unten, 399–408.
[108] Jürgen Miethke liefert einen prägnanten Überblick über Theorien des Widerstandrechts im Mittelalter, vgl. Miethke, Tyrannenmord im späteren Mittelalter, 24–48.
[109] Baldwin, *Princes and Merchants*, I, 169.
[110] Buc, *L'ambiguïté du livre*, 390–391.
[111] Langton zitiert nach Buc, *L'ambiguïté du livre*, 381.

hatte?[112] Langton bleibt in seinen Aussagen insgesamt sehr vage. Er formuliert keine konkreten Handlungsanweisungen für den Widerstand gegen tyrannische Herrschaft. Seine spätere Funktion als Fürsprecher der Barone, der gegenüber dem König für deren berechtigte Anliegen eintritt, könnte er aber durchaus mit der von ihm formulierten Pflicht zum Widerstand begründet haben.

Es muss zum Schluss aber betont werden, dass Langton, so sehr er auch für eine Begrenzung der Königsmacht plädierte, die Institution des Königtums letztlich akzeptierte.[113] Langton war kein radikaler und alles andere als ein origineller Denker. Mit seinen politischen Ansichten bewegte er sich immer im Rahmen einer breiten exegetischen Tradition an den Pariser Schulen.[114] In seiner Kritik gegenüber Königen erscheint Langton sogar vorsichtiger als zeitgenössische Exegeten.[115] Nur selten äußerte er offene Kritik an zeitgenössischen Herrschern und nannte die Missstände konkret beim Namen. In seinem Kommentar zur *Historia Scholastica* spricht er nebulös von einem großen König, vermutlich Richard I., der auf Grund der Sünden seines Vaters, also Heinrichs II., gefangen genommen wurde.[116] In einer Predigt über tyrannische Könige verwendete er als Beispiel William Rufus und keinen zeitgenössischen Herrscher.[117] Zumindest wetterte er offen gegen jene Bischöfe, die nicht vom Heiligen Geist, sondern vom Geist des *exchequer* in London beseelt seien.[118]

Nichtsdestotrotz fungierten die angevinischen Könige stets als Negativfolie für Langtons Äußerungen über gerechte Herrschaft. Sein Plädoyer für eine begrenzte und kontrollierte Königsherrschaft, für eine Beteiligung der Untertanen an der Herrschaftsausübung stand diametral zur Herrschaftspraxis im angevinischen Reich. Es überrascht daher nicht, dass der Unmut und Zorn der englischen Barone über König Johann und seine autoritäre Herrschaft auf das Verständnis des Erzbischofs trafen, und er ihre Forderungen unterstützte, die in ihrer Summe auf eine kontrollierte Monarchie zielten. Daneben mag

---

[112] Miethke, Tyrannenmord im späteren Mittelalter, 38–40.
[113] D'Avray, *Background*, 429.
[114] Powicke, *Langton*, 160 und Vincent, *Stephen Langton*, 21–22.
[115] Vincent, *Stephen Langton*, 22.
[116] Buc, *L'ambiguïté du livre*, 62.
[117] Caviness, Conflicts Between *Regnum* and *Sacerdotium*, 48 und Roberts, *Studies in the sermons*, 130.
[118] Buc, *L'ambiguïté du livre*, 62.

er auch, wie in einigen Kommentaren angedeutet, es als Aufgabe des Metropoliten erachtet, es sogar als seine moralische Verpflichtung empfunden haben, als ihr Fürsprecher im Rat des Königs aufzutreten.

II.4. *Langton, ein gelehrter Erzbischof*

Langton war als junger Mann nach Paris gekommen und hatte dort eine große Karriere als angesehener Theologe gemacht. Er war ein Mann der Wissenschaft, der zum Zeitpunkt seiner Wahl zum Erzbischof von Canterbury seit circa 35 Jahren an den Schulen lernte und lehrte. Inwieweit war er daher für das höchste Kirchenamt in England geeignet, das dem Inhaber nicht nur pastorale Pflichten auferlegte, sondern die Führung der englischen Kirche, die Verwaltung des Erzbistums und politische Verantwortung im königlichen Rat übertrug?

Langton verließ während der 35 Jahre in Paris nur sehr selten seine Schulräume. Im Gegensatz zu Petrus Cantor oder Robert de Courson fungierte Langton erst am Ende seiner akademischen Karriere und nur sporadisch als Richter in kirchlichen Auseinandersetzungen. 1205 oder im Frühjahr 1206 wurde Langton zum Vermittler in einem Streit zwischen der Abtei von Corbie und dem Priorat von Lihons ernannt. An der Verkündung des Urteils im August 1206 war er aber nicht beteiligt, er war zuvor vom Papst nach Rom berufen worden.[119] Im Februar 1206 bestellte ihn Innozenz III. zum bevollmächtigten Richter in einem Konflikt zwischen dem Abt von St-Denis und der Äbtissin von Footel um das Priorat von Argenteuil. Auch in diesem Fall war er an der Urteilsverkündung nicht beteiligt, Robert de Courson hatte seinen Platz eingenommen.[120]

Langton verfügte daher bei seinem Amtsantritt nicht annähernd über die politische und administrative Erfahrung seines Vorgängers in Canterbury, Hubert Walter. Der 1205 verstorbene Erzbischof hatte, wie erwähnt, seine Karriere als Kleriker am Hof des Königs und der königlichen Verwaltung begonnen. Er war einer jener geistlichen

---

[119] Baldwin, *Princes and Merchants*, I, 26.
[120] *Register Innocenz' III.*, Nr. 211, 365–368 und Baldwin, *Princes and Merchants*, I, 26–27. Powicke dagegen glaubt, Langton habe während seiner Jahre in Paris viel praktische Erfahrung sammeln können, und kommt daher zu dem Schluss: „Paris was a good training-ground for a future cardinal and archbishop." (Powicke, *Langton*, 62).

curiales gewesen, welche die Reformmagister in Paris so scharf kritisierten. Seinen Aufstieg und späteren Erfolg als Erzbischof verdankte
er insbesondere seinen Kontakten und Beziehungen, die er in all den
Jahren am Hof des englischen Königs hatte knüpfen und pflegen
können. Langton dagegen stand kein ähnlich verzweigtes, politisches
Netzwerk in England zur Verfügung. Wie bereits dargestellt, sind
familiäre Verbindungen zu einflussreichen Magnaten nicht überliefert.
Erst in Paris konnte er als angesehener Magister wichtige Kontakte
knüpfen. Dort traf er wahrscheinlich Lothar von Segni, der ihn als Papst
Innozenz III. 1206 zum Kardinalspriester von St. Crisogono ernannte
und seine darauffolgende Wahl zum Erzbischof von Canterbury sicher-
stellte.[121] Darüber hinaus lernte er in Paris einige Kleriker kennen, die
später als Bischöfe zu seinen wichtigsten Verbündeten im englischen
Episkopat zählten. Erwähnt wurde bereits sein Schüler Richard le
Poore. Daneben studierten in Paris während Langtons Lehrtätigkeit
sein späterer Archidiakon von Canterbury, Henry de Sandford, der 1226
zum Bischof von Rochester gewählt wurde, sowie der spätere Bischof
von Coventry und Lichfield, Alexander von Stavensby. Beide könnten
auch zu seinen Studenten gezählt haben. Vermutlich ebenfalls in Paris
kennen gelernt hatte Langton den Vorgänger Sandfords in Rochester,
Benedikt von Sawston.[122]

Ob Langton, wie sein Lehrer Petrus Cantor, auch Beziehungen zum
französischen Königshof unterhielt, ist nicht überliefert. In den Schriften
der Magister um den Cantor ist zumindest eine gewisse Affinität zum
französischen Königshaus festzustellen. Vereinzelt werden die französischen Könige auch als positive Herrscherbeispiele ihren Erzfeinden,
den angevinischen Königen, gegenüber gestellt.[123] Schließlich war der
französische König einer der wichtigsten Förderer der Pariser Schulen,
er unterstützte die Magister in ihrem Streben nach Unabhängigkeit von
der Jurisdiktion des Kanzlers von Notre-Dame.[124] Lassen sich auch für
Langtons Jahre als Pariser Magister keine persönlichen Beziehungen
zum französischen Königshof nachweisen, so pflegte er später als

---

[121] Rogerus de Wendover, *Flores historiarum*, II, 37 und Baldwin, *Princes and Merchants*, I, 27.

[122] Vgl. oben, 46, Anm. 69 und 156.

[123] Baldwin, *Princes and Merchants*, I, 252–257.

[124] Ferruolo, *Origins of the University*, 286–288 und Leff, *Paris and Oxford Univer-sities*, 27–34.

Erzbischof, auch über seinen Bruder Simon, dorthin gute Kontakte, die er womöglich schon zuvor als Magister geknüpft hatte.

Ebenso unklar bleibt es letztendlich, ob Langton vor 1206 Kontakte zum englischen Königshof unterhielt. Aus einem Brief von Innozenz III. ist bekannt, dass Langton als Pariser Magister zur Finanzierung seines Lebensunterhalts Pfründe in York hielt und später zusätzlich zum Kanoniker der Kirche von Notre-Dame promoviert wurde.[125] In zwei nicht datierten Urkunden von Geoffrey de Plantagenet, einem Halbbruder König Johanns, der zwischen 1189 und 1212 den Erzstuhl von York inne hatte, taucht ein Magister Stephen Langton als Zeuge auf.[126] Die Editorin der Urkunden, Marie Lovatt, identifiziert diesen mit dem späteren Erzbischof von Canterbury.[127] Ein Indiz, das diese Identifizierung unterstützt, ist die Ernennung des Erzbischofs Stephen Langton 1212 zum Testamentsvollstrecker des verstorbenen Erzbischofs von York.[128] Lovatt vermutet, Innozenz III. habe im Mai 1199 dem Erzbischof von York mehrere Gelehrte, darunter Stephen Langton, als Berater zur Seite gestellt. Geoffrey verließ daraufhin Rom und traf sich in Rouen mit seinem Halbbruder König Johann, der ihn bis nach York begleitete.[129] Sollte Langton tatsächlich im Sommer 1199 ein Mitglied der erzbischöflichen Entourage gewesen sein, war er mit gro-ßer Wahrscheinlichkeit auch dem englischen König begegnet. Johann aber bestritt sieben Jahre später gegenüber dem Papst, Langton, den gewählten Erzbischof von Canterbury, persönlich zu kennen.[130]

Ist auch ein Kontakt Langtons zum englischen Königshof vor seiner Promotion nach Canterbury nicht auszuschließen, über ein etabliertes Netzwerk verfügte er dort bei seinem Amtsantritt dennoch nicht. Er musste damit rechnen, unter den *curiales* als Außenseiter zu gelten, dem

---

[125] Gervase of Canterbury, *Historical works*, II, lxxiii.

[126] *E.E.A., York 1189–1212*, Nr. 15, 18 und Nr. 55, 62–63. Marie Lovatt zufolge könnte auch ein Kanoniker Stephen, der Urkunden des Vorgängers Geoffreys, Roger, bezeugt, mit Stephen Langton, dem späteren Erzbischof von Canterbury, zu identifizieren sein, vgl. *E.E.A., York 1189–1212*, Nr. 55, 63. Dafür gibt es meiner Ansicht nach aber keinerlei Indizien.

[127] *E.E.A., York 1189–1212*, lii.

[128] Mercati, *Prima relazione*, 288. Langton könnte in York die Pfründe von Strensall inne gehabt haben, die 1214 sein Bruder Simon erhielt. Stimmt diese Vermutung, dann war Stephen Langton nicht vor 1198 zum Kanoniker von York promoviert worden, schließlich taucht der vorherige Inhaber der Pfründe, Laurence, Archidiakon von Bedford, zuletzt in diesem Jahr 1198 in den Quellen auf, vgl. Le Neve, *Fasti Ecclesiae Anglicanae*, VI, 99 und Vincent, *Stephen Langton*, 19, Anm. 46.

[129] *E.E.A., York 1189–1212*, lii.

[130] Gervase of Canterbury, *Historical works*, II, lxxii.

als Exponent der Pariser Schulen Misstrauen und Ablehnung entge-
genschlägt. König Johann selbst verlieh diesem Misstrauen gegenüber
dem gerade gewählten Erzbischof in einem Brief an Papst Innozenz
III. Ausdruck. Er verkündete, Langton nicht zu kennen und bezich-
tigte ihn gleichzeitig, dem Lager seines Erzfeindes, des französischen
Königs, anzugehören.[131] Dieser Vorwurf ist verständlich, womöglich
sogar berechtigt. Die Affinität der Pariser Magister um den Cantor zum
französischen Königshof, ihre Idealisierung der französischen Könige als
Gegenbild der angevinischen Tyrannen, denen ihr verehrter Märtyrer
Thomas Becket zum Opfer gefallen war, wurde bereits erwähnt. In den
Schriften Langtons ist demgegenüber auch wenig zu finden, was eine
Verbundenheit zu seinem Geburtsland England zum Ausdruck bringt.
Langton scheint sich in Paris tatsächlich eher mit Frankreich identi-
fiziert zu haben, dem Land, in dem er den Großteil seines bisherigen
Lebens verbracht hatte.[132]

Langton verfügte daher bei Amtsantritt nicht über ideale Voraussetzungen, um insbesondere die politischen Herausforderungen eines
Erzbischofs von Canterbury bewältigen zu können. Er hatte keine
nennenswerten politischen und administrativen Erfahrungen gesammelt
und konnte bei Amtsantritt auf kein politisches Netzwerk im Reich und
am Königshof zurückgreifen. Eine gedeihliche Zusammenarbeit mit
dem König war angesichts der Vorbehalte Johanns ihm gegenüber auch
nicht zu erwarten, schon gar nicht nach dem langjährigen Konflikt um
seine Promotion nach Canterbury. Das aus dieser Auseinandersetzung
resultierende Misstrauen belastete ihr Verhältnis nachhaltig.

Dennoch war ein Scheitern des Magisters als Erzbischof keine
Zwangsläufigkeit. Langton hatte in Paris durchaus Fähigkeiten erworben, die er in sein neues Amt einbringen konnte. Als angesehener
Prediger verfügte er über enormes rhetorisches Talent. Er war daher
in der Lage, als Sprecher des Episkopats oder in seiner Funktion als
Fürsprecher der Barone seine Anliegen im Rat des Königs überzeugend
zu vertreten und für sie zu werben. Sein langjähriger Umgang mit
gelehrten Texten und sein exegetisches Können prädestinierten ihn
dafür, die Barone bei der Formulierung ihrer Forderungen zu leiten
und als Vermittler die Ausarbeitung der Magna Carta zu überwachen.
Langton trat trotz mangelnder Praxiserfahrung den Herausforderungen

---

[131] Gervase of Canterbury, *Historical works*, II, lxxii.
[132] Vincent, *Stephen Langton*, 22–23.

seines Amtes nicht völlig unvorbereitet entgegen. Als Schüler des Cantors hatte er sich in seinen Vorlesungen insbesondere mit praktischen, moralischen, teils auch politischen Fragen auseinandergesetzt. Er besaß daher ein, wenn auch auf rein theoretischer Basis, entwickeltes Programm für sein Pontifikat. Seine Vorstellungen zur Kirchenreform, insbesondere der Ruf nach der *libertas ecclesiae*, sowie seine Ansichten über eine gerechte Königsherrschaft beinhalteten zwar gewaltige Konfliktpotenziale mit König Johann, verliehen ihm aber auf der anderen Seite Kraft und Zielstrebigkeit, die ihm bei der Bewältigung seiner Aufgaben und Pflichten als Erzbischof halfen. Die entscheidende Frage war, wie schnell er sich in der praktischen Politik zurecht finden würde, ob er mächtige Verbündete gewinnen und wie kompromissbereit er als Erzbischof auftreten würde. Sollte er seinen Vorgängern Anselm und Thomas Becket auf ihrem konfrontativen Weg folgen, bestand aber tatsächlich die Gefahr, als Politiker marginalisiert zu werden.

KAPITEL III

QUELLENANALYSE

III.1. *Historiographische Quellen*

Bevor wir uns der Wahl Langtons zum Erzbischof von Canterbury widmen, gilt es vorab zu klären, welche Quellen für die Darstellung seines Pontifikats zur Verfügung stehen. Wie viele Informationen können sie bieten, wie glaubwürdig sind sie, kurz gefragt, wie ist die Quellenlage für das Thema der vorliegenden Arbeit zu bewerten?

Betrachten wir zunächst die wichtigsten historiographischen Quellen für die politische Geschichte Englands zwischen 1207 und 1228. Die bedeutendsten Geschichtswerke für diesen Zeitraum stammen vorwiegend aus der Feder von monastischen Chronisten und wurden dementsprechend in räumlicher Distanz zu den politischen Ereignissen und handelnden Personen verfasst, von denen sie berichten.[1] Dagegen standen etwa zwei der bedeutendsten Chronisten für die Herrschaftsjahre Heinrichs II. und Richards I., Roger von Howden und Ralf Diceto, im Dienste des Königs. Entsprechend detailliert waren ihre Kenntnisse über die Vorgänge im Reich und am Königshof sowie über die dort tätigen Personen. Das spiegelt sich in ihren Erzählungen wider.[2] Die Chronisten in den Klöstern waren dagegen nur selten Augenzeugen politischer Ereignisse oder gar in diese involviert, nur die wenigsten kannten führende Magnaten des Reiches persönlich. Sie erfuhren von den wichtigen Geschehnissen überwiegend aus zweiter Hand, etwa von Besuchern ihrer Abtei. Das Interesse einiger Chronisten galt ohnehin vorwiegend der

---

[1] Eine bedeutende Ausnahme ist die mittelalterliche Biographie über William Marshal, den Earl von Pembroke. Ein Diener von William Marshal stellte dem Autor der *L'histoire de Guillaume le Maréchal* seine Erinnerungen zur Verfügung, so dass der Erzähler auf intime Kenntnisse der Person und seiner Geschichte zurückgreifen konnte. Der Biograph konzentriert sich aber ausschließlich auf seine Hauptperson, William Marshal. Ereignisse, die den Earl kaum oder gar nicht betrafen, werden nur kurz gestreift oder vollständig ignoriert. Die Erzählung bietet daher keinen Überblick über die politische Geschichte Englands. Auch Langton wird nur selten in ihr erwähnt, vgl. Gransden, *Historical Writing*, I, 322 und 345–346.
[2] Warren, *King John*, 7; Gillingham, Historians Without Hindsight, 9–10 und Smalley, *Historians of the Middle Ages*, 114–115.

Geschichte ihres Klosters oder der ihres Ordens. Sie waren daher eher auf die lokale als auf die „nationale" Geschichte Englands fokussiert. Dementsprechend knapp wird häufig von den wichtigsten Ereignissen im Reich berichtet, ohne eine längere Erläuterung der Vorgeschichte, ohne eine ausführliche Darstellung der Hintergründe. Der Historiker erfährt daher in diesen Klosterchroniken und -annalen meist nur von den Ergebnissen politischer Prozesse, weniger über deren komplexen Verlauf und über die Rolle der beteiligten Personen.[3]

Das gilt insbesondere für eine Reihe anonymer, zeitgenössischer Annalen. Zu nennen wären die Annalen von Winchester, Worcester, Bermondsey und Southwark sowie die Annalen der Abtei Burton-on-Trent in Staffordshire, der Abtei Osney bei Oxford, des Klosters Margam in Glamorganshire und der Abtei Waverly, dem wichtigsten Kloster der Zisterzienser in England.[4] Hervorzuheben sind auf Grund ihres historischen Wertes zum einen die Chronik aus Waverley, deren Annalen für die Jahre 1219 bis 1266 zeitnah zu den beschriebenen Ereignissen verfasst wurden und als sehr zuverlässig gelten, zum anderen die Annalen von Burton, da deren Schreiber offenbar Zugang zu den verschiedensten Dokumenten, etwa päpstlichen Briefen oder Königsurkunden besaßen und diese zahlreich in ihr Werk einfügten.[5]

Die drei chronikalischen Werke, die für den genannten Untersuchungszeitrum die ausführlichsten und zugleich glaubwürdigsten Darstellungen der politischen Ereignisse in England liefern, sind die *Chronicon Anglicanum* von Ralf von Coggeshall, die Annalen des Priorats Dunstable sowie die *Barnwell*-Chronik, die nach ihrem Fundort benannt ist, da sowohl ihr Autor als auch ihr Entstehungsort unbekannt sind.[6] Alle drei Werke wurden relativ zeitnah zu den hier im Fokus

---

[3] Warren, *King John*, 7–9 und Gransden, *Historical Writing*, I, 318–321.

[4] Vgl. Annales de Wintonia, 79–85; Annales de Wigornia, 395–420; *Annals of Southwark and Merton*, 45–56; Annales de Burton, 209–239; Annales de Oseneia, 52–69; Annales de Margan, 28–36; Annales de Bermundeseia, 450–457; Annales de Waverleia, 259–304 und Gransden, *Historical Writing*, I, 332–336.

[5] Gransden, *Historical Writing*, I, 408–409 und 412–415.

[6] Ebd., 339–341. Zu Ralf von Coggeshall vgl. Gransden, *Historical Writing*, I, 322–323 und Warren, *King John*, 9–10. Die *Barnwell*-Chronik ist als Teil des Werkes von Walter von Coventry ediert, vgl. Walter of Coventry, *Historical collections*, vii-viii; Holt, *Medieval government*, 99 und Warren, *King John*, 9–10. Auch die Dunstable Annalen bieten glaubwürdige und relativ ausführliche Informationen über die politischen Ereignisse in England. Im Gegensatz dazu steht die sehr konfuse Chronologie in den Annalen der Jahre 1210 bis 1220, die Cheney durch die Art ihrer Entstehung erklärt, vgl. Cheney, Dunstable Annals, 96.

stehenden Pontifikatsjahren von Stephen Langton verfasst. Ralf von Coggeshall schrieb seine Chronik, deren letzter Eintrag aus dem Jahr 1224 stammt, Anfang der 20er Jahre des 13. Jahrhunderts. In Dunstable wurden die Annalen für die Jahre 1210 bis 1220 wahrscheinlich einige Jahre später aufgeschrieben, die Annalen der Jahre 1220 bis 1242 wurden dagegen mehr oder weniger parallel zu den Ereignissen verfasst, von denen sie berichten. Die *Barnwell*-Chronik schließlich entstand Ende der 20er Jahre des 13. Jahrhunderts.[7] In allen drei Werken sind die Darstellungen der Jahre nach 1210 keine Abschriften anderer, bekannter Chroniken oder Annalen, sondern wurden vermutlich auf der Basis zeitgenössischer Informationen verfasst.[8] Sowohl Ralf, der Abt von Coggeshall, als auch der oder die anonymen Autoren der Dunstable Annalen konnten sich auf Grund der geographischen Lage ihrer Klöster gut über die Geschehnisse im Reich informieren. Die Abtei Coggeshall lag nur etwa 50 Meilen von London entfernt und in direkter Nachbarschaft zu einem der wichtigsten englischen Klöster, Bury St. Edmunds. Das Priorat von Dunstable befand sich nur circa 35 Meilen von London entfernt. Die beiden Klöster erhielten daher mit Sicherheit regelmäßig Besuch, der die Chronisten über die Ereignisse im Reich auf dem Laufenden halten konnte.[9] Die drei Schriften zeichnen sich, wie auch die übrigen monastischen Chroniken dieser Jahre, durch einen sehr kritischen, bisweilen feindlichen Ton gegenüber König Johann aus. Der *Barnwell*-Chronist berichtet noch am ausgewogensten über Johann Ohneland, obwohl auch er im Konflikt zwischen König und Baronen letzteren zugeneigt ist. In seiner Erzählung ist zudem eine deutlich anti-päpstliche Haltung sowie eine Ablehnung der königlichen *familiares* zu spüren.[10] Der *Barnwell*-Chronik verdanken wir auch die Überlieferung einer Klageschrift, der *querimonia* von Fawkes de Breauté. Der normannische Söldner begann seine steile Karriere am Hof König Johanns und zählte noch in den ersten Jahren der Regentschaft für den

---

[7] Gillingham, Historians Without Hindsight, 5; Gransden, *Historical Writing*, I, 323–324; Cheney, Dunstable Annals, 94 und 96 und Walter of Coventry, *Historical collections*, viii–ix.

[8] Gransden, *Historical Writing*, I, 324 und 339 und Cheney, Dunstable Annals, 96.

[9] Gransden, *Historical Writing*, I, 324–325 und 338 und Cheney, Dunstable Annals, 97–98. Als Abt mag Ralf von Coggeshall zudem selbst zuweilen an den Königshof gereist sein, vgl. D. Carpenter, Ralph of Coggeshall's Account, 1226.

[10] Holt, *Medieval government*, 98–99; Gransden, *Historical Writing*, I, 344; Gillingham, Historians Without Hindsight, 6 und D. Carpenter, Ralph of Coggeshall's Account, 1228–1229.

minderjährigen Heinrich III. zu den wichtigsten Magnaten in England. In seiner Klageschrift schildert er die Ereignisse, die im Sommer 1224 zu seinem Sturz führten.[11] Der Bericht ist überwiegend eine Abrechnung mit Stephen Langton, dem er die Hauptschuld für seinen Untergang zuschiebt. Trotz dieses tendenziösen und polemischen Grundtons liefert die *querimonia* einzigartige Einblicke in die politischen Ereignisse der turbulenten Jahre 1223 und 1224, in die Langton an prominenter Stelle involviert war.

Während Langtons Pontifikat waren auch in der Christ Church in Canterbury mehrere Chronisten tätig. Die *Gesta Regum* von Gervase von Canterbury, einem Mönch der Christ Church, ist insbesondere für die Herrschaft Richards I. und die ersten Königsjahre Johanns interessant. Gervase starb 1210, seine Chronik bietet daher nur über die ersten Exiljahre Langtons nach seiner Wahl zum Erzbischof eine knappe Darstellung.[12] Daneben existiert eine anonyme Schrift aus Canterbury, die William Stubbs seiner Edition der *Gesta Regum* beigefügt hat und die sich mit dem Konflikt zwischen König Johann und Papst Innozenz III. um die Wahl Langtons zum Erzbischof auseinandersetzt.[13] Insbesondere die dort überlieferte Korrespondenz der am Konflikt beteiligten Personen, darunter auch vom Erzbischof selbst, ist für die historische Forschung sehr wertvoll. *Die Gesta Regum* wurde von mehreren anonymen Schreibern weitergeführt. Insbesondere die Aufzeichnungen für die Jahre 1217 bis 1227 sind sehr knapp gehalten, sind aber, wie jene für die Jahre 1207 bis 1217, vermutlich keine Abschriften anderer, bekannter Chroniken.[14]

Sowohl die Chronisten, die das Werk von Gervase fortführten, als auch der Autor des anonymen Fragments waren außerordentlich gut über den Konflikt zwischen Papst und König und über die vielen gescheiterten Verhandlungen informiert. Sie waren als Mitglieder des Kathedralklosters in Canterbury schließlich unmittelbar von der Auseinandersetzung betroffen. Der Christ Church zugeordnet war zudem die Zelle St. Martin in Dover. Die Stadt an der Kanalküste war der bevorzugte Rastplatz für Reisende, die vom oder auf den

---

[11] Walter of Coventry, *Historical collections*, 259–272.
[12] Gervase of Canterbury, *Historical works*, II, 99–106 und Gransden, *Historical Writing*, I, 254.
[13] Gervase of Canterbury, *Historical works*, II, liv–cxv.
[14] Ebd., xvii–xviii.

Kontinent übersetzten, und damit ein Knotenpunkt für Informationen aus England und dem Festland. Dort fanden auch alle Verhandlungen über die Wahl Langtons zwischen den päpstlichen und königlichen Gesandten statt.[15] Aus dem Priorat St. Martin selbst stammen weitere, bisher nicht edierte Annalen.[16] Sie liefern zwar keine zusätzlichen Erkenntnisse über das politische Geschehen in England, wissen aber einiges über Langtons Tätigkeit als Bischof in seiner Erzdiözese und als Metropolit in seiner Provinz Canterbury zu berichten, im Gegensatz zu den erwähnten Schriften aus der Christ Church, die allein seine Bischofsweihen aufzählen.[17]

Schließlich sei noch eine weitere Chronik aus Canterbury erwähnt, die Thomas Sprot, ein Mönch des mächtigen Benediktinerklosters St. Augustine, verfasste. Das Werk ist als Teil der Chronik von William Thorne überliefert, der Ende des 14. Jahrhunderts als Mönch in der Abtei lebte. Für seine Darstellung der Geschichte bis 1228 griff Thorne auf das Werk von Sprot zurück.[18] Die Abtei St. Augustine wurde von dem Missionar Augustinus selbst gegründet. Das Kloster stand seit Jahrhunderten in Rivalität zur benachbarten Christ Church, seit dem 11. Jahrhundert strebte es zusätzlich die Exemtion von der diözesanen Jurisdiktion des Erzbischofs an.[19] Der Chronist Thomas Sprot konzentriert sich auf diesen Kampf seines Klosters um Unabhängigkeit, dementsprechend wenig ist in seinem Werk über die „nationale" Geschichte Englands zu erfahren. Auch Langton trug als Erzbischof mit seinem mächtigen Nachbarn in Canterbury einen langjährigen Konflikt um seine Rechte aus, von dem die Chronik detailliert, wenn auch sehr tendenziös berichtet.[20]

---

[15] Gervase of Canterbury, *Historical works*, II, ix–x.
[16] *BL Ms. Cotton Julius D v.*
[17] Vgl. unten, 391–417.
[18] Gransden, *Historical Writing*, II, 346. Eine Edition der Chronik von William Thorne findet sich in einem Werk aus dem 17. Jahrhundert, vgl. *Historiae Anglicanae Scriptores*. Eine Übersetzung bietet Davis, vgl. *William Thorne's Chronicle*.
[19] Für eine Darstellung der Entwicklung der Exemtion der Abtei St. Augustine vgl. John, Litigation of an exempt house, 390–415 und Bennett, *Jurisdiction of the archbishop*, 30–65.
[20] Vgl. unten, 204–213, 289–290 und 393–394.

III.2. *Roger Wendover*

Die bekannteste und farbigste Chronik für unseren Untersuchungszeitraum stammt von Roger Wendover. Seine *Flores Historiarum* bieten die ausführlichste und detaillierteste Darstellung der politischen Ereignisse während Langtons Pontifikat. Insbesondere über das politische Wirken des Erzbischofs weiß Wendover mehr zu berichten als alle anderen zeitgenössischen Chronisten. Seine Erzählungen sind in der Forschung aber zugleich die umstrittensten. Ein Teil seiner schillernden Geschichten und Anekdoten haben sich eindeutig als falsch erwiesen, indem sie der amtlichen Tradition, das heißt Briefen und Urkunden aus der Zeit, widersprachen. Seine Berichte strotzen zusätzlich vor dramatischen Übertreibungen. Augenfällig wird dies insbesondere bei seiner Charakterisierung Johanns als verhasster und grausamer Tyrann. Dieses verzerrte Bild des englischen Königs beeinflusste noch viele moderne Historiker in ihrer Bewertung der Herrschaft Johanns.[21]

Roger Wendover war ein Mönch der Abtei St. Albans. Für einige Zeit war er vermutlich als Prior der zu dem Kloster gehörenden Zelle Belvoir in Lincolnshire tätig gewesen, bevor ihn sein Abt William 1219 oder kurz darauf nach St. Albans zurückholte. Wahrscheinlich begann er seine Chronik Anfang der 30er Jahre niederzuschreiben.[22] Für seine Darstellung der Ereignisse ab 1213 sind keine Quellen überliefert, die er als Vorlage hätte benutzen können. Woher er seine Informationen erhielt, ist daher nicht bekannt. St. Albans aber lag nur eine Tagesreise von London entfernt. Der Abt des Klosters war zusätzlich ein sehr bedeutender Prälat des Landes. Die Abtei erhielt daher regelmäßig Besuch von den Großen des Reiches. Allein Heinrich III. soll zwischen 1220 und 1259 das Kloster neunmal besucht haben. Gelegentlich blieb er bis zu einer Woche.[23] „St. Albans felt the pulsing blood of English political life.“[24] Daher ist es gut möglich, dass Wendover viele seiner Geschichten, die er in seiner Chronik festhielt, zuvor von hohen Besuchern der Abtei gehört hatte. Warren vermutet darin den Grund für die vielen dramatischen Halbwahrheiten und Übertreibungen, insbesondere bei der Darstellung der Herrschaft König Johanns. Die Besucher

---

[21] Schnith, *England in einer sich wandelnden Welt*, 14 und 25–26; Galbraith, Roger Wendover, 17–19 und Warren, *King John*, 10–13.
[22] Gransden, *Historical Writing*, I, 359.
[23] Vaughan, *Matthew Paris*, 11 und Warren, *King John*, 16.
[24] Warren, *King John*, 16.

hätten ihre Rolle in der Auseinandersetzung zwischen den Baronen und dem König wahrscheinlich glorifiziert, ihre Sicht der Dinge aus ihrer Gegenwart auf die Zeit vor 15 Jahren projiziert. Sollten sie selbst an dem Konflikt nicht teilgenommen haben, erzählten sie die Geschichten ihrer Väter oder anderer Magnaten, die angeblich damals im Rat des Königs saßen.[25] Wendover übernahm unreflektiert die Erzählungen seiner Besucher, überprüfte sie nicht auf deren Wahrheitsgehalt, solange sie seine eigene Sicht auf die vergangenen Ereignisse bestätigten. Nicht der historischen Wahrheit galt sein Interesse, sondern der Vermittlung einer bestimmten Botschaft, etwa der von König Johann als verabscheuungswürdigem Tyrannen. Historische Fakten waren daher für seine Erzählung eher nebensächlich, wichtiger waren dramatische Geschichten und plastische Anekdoten, die seine Botschaft veranschaulichen konnten.[26]

In Bezug auf die Person Langtons ist eine weitere, der Erzählung Wendovers inhärente Tendenz zu erkennen. Powicke vermutet, eine Intention des Chronisten sei es gewesen, den Erzbischof als *die* zentrale Gestalt im Kampf um die Magna Carta darzustellen.[27] Schnith glaubt ebenfalls, Wendover habe Langton als Kopf und Lenker führungsloser Barone präsentieren wollen.[28] Er habe zudem versucht, durchgängig das Bild eines geschlossenen Bündnisses von Klerus und Baronen gegen den König aufrechtzuerhalten, obwohl dies, wie ich weiter unten darstellen werde, nicht der Realität entsprach. Im weiteren Verlauf seiner Erzählung, so Schnith, zeichnet der Chronist ein zunehmend widersprüchliches Bild des Erzbischofs als „überzeugter Sachverwalter der baronialen Anliegen, der doch auch dem König sichern will, was des Königs ist."[29] Diese Tendenzen gilt es im weiteren Verlauf der Arbeit im Blick zu behalten. Ich werde aber zeigen, dass sich der von Schnith angedeutete Widerspruch in der Erzählung Wendovers zumindest zu einem gewissen Grad auflösen lässt, indem man die politische Rolle Langtons in dem Konflikt zwischen König und Baronen als die eines Fürsprechers der Barone begreift, der sich im weiteren Verlauf der Auseinandersetzung zu einem Vermittler zwischen den verfeindeten Lagern weiterentwickelte.

---

[25] Warren, *King John*, 16 und Schnith, *England in einer sich wandelnden Welt*, 44.
[26] Warren, *King John*, 13 und Schnith, *England in einer sich wandelnden Welt*, 44.
[27] Powicke, *Langton*, 102.
[28] Schnith, *England in einer sich wandelnden Welt*, 56–57.
[29] Ebd., 59, 53 und 56–60.

Nachdem einige moderne Historiker, etwa Frederick Powicke oder
Sidney Painter, viele Erzählungen Wendovers unkritisch übernahmen, stehen andere, insbesondere Holt, seinem Werk überaus kritisch
gegenüber. Holt lehnt fast alle seine Berichte als unglaubwürdig ab und
bezieht sie kaum in seine Arbeit zur Magna Carta ein.[30] Zuletzt hat aber
Michael T. Clanchy in seinem Buch „England and Its Rulers" versucht,
die Vorbehalte der historischen Forschung gegenüber dem Chronisten
aus St. Albans zu relativieren und die Einstellung Holts als überkritisch
charakterisiert.[31] Auch meiner Einschätzung nach wurde der Wert seiner Chronik zuletzt unterschätzt. Sicherlich hat Wendover viele seiner
Geschichten dramatisch aufgebauscht, durch erfundene Anekdoten
bereichert und sich nicht um historische Fakten bemüht. Aber kaum
eine Erzählung ist völlig frei erfunden. Ich möchte eine Geschichte
Wendovers als Beispiel anführen, die ich weiter unten in ihren historischen Zusammenhang einordnen werde. Der Chronist berichtet von
der Absetzung Johanns durch Papst Innozenz III. im Konflikt um die
Wahl Langtons zum Erzbischof.[32] Die moderne historische Forschung
ist sich weitgehend darüber einig, dass der Papst eine solche Sentenz
gegen den englischen König nie ausgesprochen hat. Trotzdem kursierte
in England das Gerücht über die Absetzung Johanns. Vermutlich war
der Verdacht nicht ganz unbegründet, hatte doch Innozenz III. diese
Maßnahme wahrscheinlich als *ultima ratio* im Kampf gegen Johann
in Betracht gezogen.[33]

Wenn der Papst die Absetzung Johanns auch nie verkündet hat,
so war doch die Geschichte Wendovers nicht gänzlich aus der Luft
gegriffen. Man sollte daher die Erzählungen des Chronisten nicht
als völlig irrelevant ignorieren, sich aber auf der anderen Seite davor
hüten, seine Berichte als die schlichte Wahrheit zu betrachten. Seine
Erzählungen müssen vielmehr von Übertreibungen und dramatischen
Berichten befreit werden, von den ihnen innewohnenden Tendenzen
gelöst werden. Es gilt zu erkunden, was der Erzählung Wahres zugrunde
liegt, es gilt, ihren wahren Kern aufzudecken.

---

[30] Holt, *Magna Carta*, 224–226 und 280.
[31] Clanchy, *England and Its Rulers*, 137.
[32] Rogerus de Wendover, *Flores historiarum*, II, 63.
[33] Warren, *King John*, 202–203 und 318; Cheney, *Innocent III*, 339–340; ders.,
Alleged deposition of king John, 116 und Schnith, *England in einer sich wandelnden
Welt*, 43.

Dasselbe Vorgehen empfiehlt sich auch für die Schriften von Matthäus Parisiensis. Dieser übernahm das Werk Wendovers nach dessen Tod in St. Albans, überarbeitete es in seiner *Chronica Majora* und führte es ab dem Jahr 1234 eigenständig weiter.[34] Die in den *Flores Historiarum* angelegten Tendenzen, die dortigen Vorurteile und Übertreibungen hat Matthäus durch seine eigenen Ergänzungen noch weiter verstärkt.[35]

Zwei weitere Werke von Matthäus Parisiensis sollen noch kurz erwähnt werden. Seine *Historia Anglorum* ist mehr oder weniger eine Kurzfassung seiner 1251 fertiggestellten *Chronica Majora*, mit einigen für die vorliegende Arbeit relevanten Ergänzungen.[36] Daneben ist ein Fragment seiner Vita über Stephen Langton überliefert. Es enthält einen recht ausführlichen Bericht über die Romreise des Erzbischofs Ende 1215 sowie über die *translatio* Beckets 1220.[37] Diese hagiographische Schrift wurde nicht mit der Intention verfasst, historische Fakten über das Leben Langtons wiederzugeben, sondern um die Heiligkeit des Erzbischofs zu proklamieren.[38] Dementsprechend vorsichtig muss ihr Inhalt interpretiert werden.

Nach diesem Überblick über die wichtigsten, wenn auch für den Untersuchungszeitraum nicht sämtlichen relevanten historiographischen Quellen lässt sich festhalten, dass sie in ihrer Gesamtheit den Historiker über die Grundzüge der bedeutendsten politischen Ereignisse dieser Zeit in England aufklären. Dagegen wird nur in einigen wenigen Chroniken Langtons Arbeit als Erzbischof in der Erzdiözese und Provinz Canterbury erwähnt. Einige Chronisten, insbesondere Roger Wendover und Matthäus Parisiensis, bieten über karge Ereignisberichte hinaus Erläuterungen politischer Zusammenhänge oder liefern eine eigene Einschätzung der Geschehnisse. Ihre Erzählungen gilt es durch die Analyse dokumentarischer Quellen zu ergänzen und gegebenenfalls zu korrigieren.[39]

---

[34] Kay, Wendover's last annal, 779–785.
[35] Gransden, *Historical Writing*, I, 368–369 und Smalley, *Historians in the Middle Ages*, 161.
[36] Vaughan, *Matthew Paris*, 49–65 und Galbraith, *Roger Wendover*, 24.
[37] Matthaeus Parisiensis, *Vita sancti*, 323–329.
[38] Vaughan, *Matthew Paris*, 159–161.
[39] Warren, *King John*, 3.

III.3. *Rechtsquellen*

Während der Herrschaft König Johanns erreichte die Archivierung der Schrifterzeugnisse in der königlichen Kanzlei eine neue Dimension. Zwar waren auch schon unter Richard I. von den Klerikern der Kanzlei Königsurkunden für das eigene Archiv kopiert worden, Hubert Walter, der von Johann Ohneland ernannte Kanzler, sorgte aber ab 1199 dafür, dass von nun an von allen Königsurkunden systematisch Abschriften erstellt wurden. Dergleichen führte er für die gesamte Korrespondenz der königlichen Kanzlei ein. Ab 1200 wurde daher auch ein Register der sogenannten *litterae patentes* erstellt, königliche Urkunden, die sich in ihrer äußeren Form von den feierlichen Diplomen durch einen knapperen, geschäftsmäßigen Stil unterschieden und deren Inhalt von Waffenstillstandsverträgen bis zu der Verleihung von Ämtern reichen konnte. 1201 folgte ein Register der *litterae clausae*, die sich überwiegend als administrative Mandate an königliche Amtsträger charakterisieren lassen. Die überlieferten Register, die sogenannten *Charter*, *Close* und *Patent Rolls*, verdanken ihren Namen dem Prinzip, wonach die Abschriften der Urkunden und der Briefe an ihren Enden jeweils zusammengenäht und schließlich aufgerollt wurden.[40]

Keine andere Kanzlei der Fürstenhöfe in Europa sollte Anfang des 13. Jahrhunderts einen ähnlich fortschrittlichen Standard bei der Archivierung ihrer Schrifterzeugnisse erreichen. Die Register der französischen Königskanzlei wirken im Vergleich rudimentär und auch die Papstregister verzeichneten den Ausgang päpstlicher Dokumente weitaus lückenhafter als die englischen *Rolls*.[41] Obwohl für die Herrschaft König Johanns die verschiedenen *rotuli* nicht vollständig überliefert sind, so ist es den Historikern für diesen Zeitraum dennoch erstmals möglich, die Regierungsgeschäfte des Königs Tag für Tag nachzuvollziehen.[42] Es sind damit detaillierte Einblicke in die Abläufe politischer Prozesse möglich, welche die zeitgenössischen Chronisten nur andeuten.

---

[40] Bartlett, *England under the Norman and Angevin Kings*, 199–200; Cheney, *Hubert Walter*, 108–109 und Gillingham, *Angevin Empire*, 50. Für die Herrschaftsjahre König Johanns hat Thomas Duffus Hardy die *Charter*, *Patent* und *Close Rolls* herausgegeben, vgl. *Rot. Chart.*; *Rot. Lit. Pat.* und *Rot. Lit. Claus.*, I und II. Für die Herrschaftsjahre Heinrichs III. vgl. *Cal. Cl. Rolls*, I und III; *Cal. Ch. Rolls* und *Cal. Pat. Rolls*, I und II.
[41] Cheney, *Hubert Walter*, 109. Im Deutschen Reich wurde wahrscheinlich erst zu Beginn des 14. Jahrhunderts, unter Heinrich VII., mit der Registerführung begonnen, vgl. Csendes, Register/I. Deutsches Reich, Sp. 581.
[42] Bartlett, *England under the Norman and Angevin Kings*, 200.

In den Registern treten die vielen am Hof und der königlichen Verwaltung tätigen Personen mit ihren spezifischen Aufgaben und ihren verschiedenen Interessen hervor. Das politische Engagement Langtons lässt sich daher insbesondere durch diese Register nachvollziehen.

Über die genannten *Rolls* hinaus hinterließ die im europäischen Vergleich bereits sehr ausdifferenzierte königliche Verwaltung in England eine Reihe weiterer Schrifterzeugnisse. Für die Herrschaftsjahre Johann Ohnelands sind erstmals sogenannte *Fine* und *Liberate Rolls* überliefert. Die *Fine Rolls* sind Auflistungen von Zahlungsversprechen an den König als Gegenleistung für die Ausstellung und Bestätigung von Urkunden und Privilegien, für den Besitz von Ämtern, Land, Rechten, Freiheiten, Vormundschaften und für andere Formen königlicher Gunsterweise. Die *Liberate Rolls* sind Kopien von Schreiben der Kanzlei an den königlichen Kämmerer mit der Aufforderung, Zahlungen aus der Schatzkammer zu tätigen.[43] Anhand der Dokumente lässt sich feststellen, wem zu welchem Zeitpunkt die Gunst des Königs gehörte, ein bedeutender Faktor der Politik im 13. Jahrhundert. Diese *rotuli* leisten damit einen Beitrag zur Entschlüsselung der Beziehungen Langtons zu König Johann und später zum Regentschaftsrat während der Minderjährigkeit Heinrichs III. Daneben existiert im *Public Record Office*, dem zentralen staatlichen Archiv Englands, in dem unter anderem die seit der normannischen Eroberung überlieferten Dokumente der *Curia Regis* aufbewahrt werden, eine Abteilung *ancient correspondence*, die auch private Korrespondenz englischer Magnaten enthält. Solche Briefe sind insbesondere für die Jahre der Minderjährigkeit Heinrichs III. interessant, als die Barone an der Politikgestaltung im Königreich in viel stärkerem Maße beteiligt waren als unter König Johann.[44]

Neben der Kanzlei war der *exchequer* eine zentrale Institution der königlichen Verwaltung in England. Zum Herrschaftsantritt König Johanns hatte sich schon Westminster als ständiger Sitz des Schatzamtes

---

[43] Public Record Office, *Contents of the Public Record Office*, 19–20. Für die Herrschaft Johanns sind die überlieferten *Fine Rolls* vollständig, die *Liberate Rolls* teilweise ediert, vgl. *Rotuli de Oblatis et Finibus* und *Rotuli de Liberate*. Bis in jüngste Zeit waren die *Fine Rolls* der Königsherrschaft Heinrichs III. nur in Auszügen ediert. Ich habe daher für die vorliegende Arbeit die Handschriften herangezogen, vgl. *PRO C 60*. Mittlerweile liegen Übersetzungen der *Fine Rolls* ins Englische bis einschließlich dem 18. Herrschaftsjahr Heinrichs III. vor. Im Folgenden werde ich diese Editionen zitieren, vgl. *CFR 1216–1224 und CFR 1224–1234*. Die *Liberate Rolls* wurden als Regest herausgegeben, vgl. *Calendar of Liberate Rolls*.

[44] Public Record Office, *Contents of the Public Record Office*, 190.

etabliert. Dort sollten die königlichen Amtsträger, die Sheriffs und Bailiffs, jährlich die verschiedenen Abgaben, die sie von den Untertanen des Königs einforderten, abrechnen. Die schriftlichen Zeugnisse der Arbeit des Schatzamtes sind die sogenannten *Pipe Rolls* sowie die *Memoranda Rolls*, in denen ausstehende Schulden notiert wurden.[45] Auch diese Schriften tragen zur Erforschung des Politikers Langton bei, indem sie einen Einblick in die Finanzbeziehungen des Erzbischofs zum König ermöglichen.

Schließlich seien kurz die überlieferten Aufzeichnungen der königlichen Gerichte erwähnt, die *Curia Regis Rolls*, die *Feet of Fines* sowie die *Justices Itinerant Plea Rolls*.[46] Eine intensivere Auseinandersetzung mit diesen Dokumenten erfolgt in dem Kapitel über Langton und die *temporalia* der Kirche von Canterbury, können doch die in den *Rolls* dokumentierten Rechtsfälle dazu beitragen, einen Eindruck von Langton als Herrscher über die weltlichen Besitzungen zu entwickeln.[47] In diesem Kapitel soll auch eine weitere Handschrift vorgestellt werden, die heute im Archiv der Erzbischöfe von Canterbury, Lambeth Palace Library, lagert, das sogenannte Lambeth Ms. 1212. Das Manuskript ist eine Kollektion von Abschriften verschiedener Urkunden und Dokumente mit Bezug zu den Temporalien der Erzbischöfe.[48]

Neben den Dokumenten der *Curia Regis* besitzen wir mit den Bullen und Briefen von Papst Innozenz III. und seinen beiden Nachfolgern Honorius III. und Gregor IX. Zeugnisse von drei weiteren Hauptdarstellern der politischen Geschichte Englands zwischen 1207 und 1228.[49] Die Briefe sind als historische Quelle insofern problematisch,

---

[45] Die *Pipe Rolls* liegen für die Herrschaft König Johanns in edierter Form vor, vgl. *Great Roll of the Pipe, 1206–1214*. Für die Herrschaft Heinrichs III. sind die *Pipe Rolls* nur bis einschließlich 1224 ediert, für die Jahre danach liegen sie als Handschriften vor, vgl. *Great Roll of the Pipe, 1218–1224* und PRO E 372. Die *Memoranda Rolls* sind erst für die Herrschaft Heinrichs III. überliefert. Ich habe sie zum Teil als Transkript im *Public Record Office* studiert, zum Teil im Original, vgl. *Transcript of the K.R. Memoranda Rolls*, I–V und *L.T.R. Memoranda Rolls*, I–IV; PRO E 159 und PRO E 368.

[46] Die überlieferten *Curia Regis Rolls* für die Herrschaft König Johanns und Heinrichs III. liegen in edierter Form vor, vgl. *Curia Regis Rolls*. Die *Feet of Fines* sind für einzelne Grafschaften ediert, etwa für Kent, vgl. *Calendar of Kent Feet of Fines*. Für weitere Grafschaften wurden die Handschriften studiert, vgl. PRO C.P. 25. Die *Justices Itinerant Plea Rolls* sind bisher nicht ediert, vgl. PRO JUST 1.

[47] Vgl. unten, 419–433.

[48] Du Boulay, Archbishop as territorial magnate, 56 und vgl. unten, 420.

[49] Die Korrespondenz von Papst Innozenz III. mit Bezug zu den britischen Inseln hat Cheney als Regest vorgelegt, einzelne Briefe auch ediert, vgl. *Letters of Innocent III* und *Selected Letters of Innocent III*. Daneben sind auch die Register von Innozenz

als dass sie die Ereignisse und Konflikte auf der Insel sehr subjektiv und tendenziös wiedergeben. Die Korrespondenz von Innozenz III. aus den Jahren 1213 bis 1215 etwa offenbart einen schlecht und einseitig informierten Papst, dessen Wissensstand auf Grund der Entfernung zu England mit den Ereignissen auf der Insel nicht Schritt hielt, und der von König Johann und dessen Gesandten zusätzlich gezielt desinformiert wurde.[50] Dennoch sind die überlieferten Urkunden und Briefe aus Rom eine wichtige Quelle, um das Wirken Langtons als Politiker und Erzbischof insbesondere im Spannungsfeld zwischen der Kurie und dem englischen Königshof darzustellen.

Widmen wir uns zuletzt den Schrifterzeugnissen aus der Kanzlei des Erzbischofs. Für Langtons Pontifikat ist zwar kein Register überliefert, Kathleen Major aber hat in einer beeindruckenden Pionierarbeit 143 Urkunden Langtons gesammelt und diese 1950 als „Acta Stephani Langton Cantuariensis Archiepiscopi" herausgegeben. Seit ihrer Veröffentlichung sind weitere Urkunden Langtons ans Licht gekommen, etwa in dem Register von William Warham, dem Erzbischof von Canterbury zu Beginn des 16. Jahrhunderts.[51] Zuletzt hat Nicholas Vincent ein Regest von 44 weiteren *acta* vorgestellt.[52] Diese fast zweihundert überlieferten Urkunden und Briefe repräsentieren aber sicherlich nur einen Bruchteil der ursprünglich von der Kanzlei ausgestellten Schriftstücke. Von diesen *acta* wiederum dokumentieren sehr wenige Langtons Engagement in der weltlichen Politik. Der überwiegende Teil hat seine administrativen Tätigkeiten in der Erzdiözese und Provinz Canterbury zum Inhalt.[53] Die meisten dieser Urkunden sind aber undatiert und ihr Entstehungszeitraum lässt sich nur in sehr seltenen Fällen auf ein Jahr oder weniger begrenzen. Die Frage, ob es Perioden gab, in denen sich Langton intensiver seinen Pflichten im Erzbistum und der Provinz Canterbury widmete, etwa dann, wenn er sich aus der Politik im Reich zurückzog, lässt sich anhand dieser Urkunden daher nur sehr bedingt beantworten. Auch eine Beurteilung seiner Tätigkeit

---

III. herausgegeben worden, vgl. *Register Innocenz' III.* Ebenso wurde ein Regest der Urkunden und Briefe von Honorius III. vorgelegt, vgl. *Reg. Hon.* Schließlich wurden auch die Register von Gregor IX. ediert, vgl. *Registres de Grégoire IX.*

[50] Warren, *King John*, 225.

[51] Vgl. *Lambeth Register Warham I.*

[52] Dieses Regest hat Vincent auf der erwähnten Konferenz über Stephen Langton in Paris im September 2006 vorgestellt, vgl. *Additions to the Acta Stephani* und vgl. oben, 2, Anm. 4 und 6.

[53] *Acta Stephani*, xvi.

als Erzbischof, insbesondere mit Hinblick auf seinen, an den Pariser
Schulen erworbenen Ruf als Kirchenreformer, ist durch ein Studium
seiner *acta* kaum möglich. Unter seinen Urkunden befinden sich vor
allem Privilegien und Schenkungen an diverse kirchliche Institutionen
oder deren Bestätigung.[54] Ein Bischofsregister, wie es etwa für Hugh
von Wells, den Bischof von Lincoln und Suffragan Langtons, überliefert
ist, hätte deutlich mehr Aussagekraft.[55] Darin ließe sich die alltägliche
Arbeit des Erzbischofs und seiner Amtsträger nachvollziehen, insbesondere die Prüfung von Kandidaten, die zur Einsetzung in Pfarrkirchen
vorgesehen waren, aber auch ein mögliches Engagement für eine bessere
Ausbildung des Klerus oder der eventuelle Kampf gegen die Häufung
von Pfründen und die Abwesenheit von Pfründeinhabern.[56] In den
überlieferten *acta* Langtons lässt sich allein die mehrfache Einrichtung
von Vikariaten durch den Erzbischof nachweisen, ein Engagement,
das aber auch für seinen unmittelbaren Vorgänger Hubert Walter
überliefert ist, der nicht gerade im Ruf eines Kirchenreformers stand.[57]
Die Klöster in England hatten sich seit der Mitte des 12. Jahrhunderts
verstärkt die Einnahmen von Pfarrkirchen angeeignet, deren Patronage
sie inne hatten, ein Vorgang, den die englische Forschung als *appro-*
priation bezeichnet. Diese Einnahmen waren ursprünglich für die Versorgung des Priesters und für andere Pfarrausgaben vorgesehen. Die
Bischöfe hatten daher dafür zu sorgen, dass die Klöster einen Vikar
einstellten, der als Priester der Gemeinde fungierte. In den Augen
der Kirchenreformer sollten diese Vikariate finanziell angemessen
ausgestattet werden, schließlich waren es die Vikare, auf denen nun
die Verantwortung für die Seelsorge eines Großteils der Bevölkerung
lastete.[58] Langton schrieb deshalb auf der Provinzsynode in Oxford 1222
entsprechend den Beschlüssen des IV. Laterankonzils die Einrichtung
von angemessen ausgestatteten Vikariaten vor.[59] Lässt sich auch in den
überlieferten *acta* kein außergewöhnlich reformerisches Engagement

---

[54] *Acta Stephani*, xvii–xviii.
[55] Vgl. *Rotuli Hugonis de Welles*.
[56] Gibbs und Lang, *Bishops and Reform*, 175 und *Rotuli Hugonis de Welles*, xii,
xviii und xx.
[57] *Acta Stephani*, Nr. 68, 88–89; Nr. 72, 92; Nr. 121, 138; Nr. 125, 140–141 und Nr.
128, 143–144. In zwei überlieferten Fällen richtete der Archidiakon, dem die notwendige
Autorität vom Erzbischof verliehen worden war, Vikariate ein, vgl. *Acta Stephani*, Nr.
101, 119 und Nr. 102, 120 und Cheney, *Hubert Walter*, 55.
[58] Cheney, *From Becket to Langton*, 125–126.
[59] *Councils and synods*, 110.

Langtons nachweisen, so zeigen zumindest die von ihm veröffentlichten Bistums- und Provinzgesetzgebungen, dass er auch als Erzbischof der Reformbewegung treu blieb.[60]

Fassen wir kurz die Quellenlage für die vorliegende Arbeit zusammen. Die vorgestellten historiographischen Quellen und Rechtsquellen liefern ausreichend Material, um ein Portrait Langtons als Politiker im Beziehungsgeflecht zwischen König, Papst und Baronen zu skizzieren. Ungleich schwieriger wird es dagegen, seine Tätigkeit abseits der politischen Bühne nachzuvollziehen, die in den königlichen Registern nicht erfasst und von den Chronisten nur selten wahrgenommen wurde.

---

[60] *Councils and synods*, 23–36 und 106–125.

KAPITEL IV

DIE WAHL LANGTONS ZUM ERZBISCHOF UND SEINE ZEIT IM EXIL 1206–1213

IV.1. *Langtons Wahl zum Erzbischof*

Am 13. Juli 1205 starb der Erzbischof von Canterbury, Hubert Walter.[1] Nach kanonischem Recht war es die Aufgabe des Domkapitels der Christ Church, einen neuen Erzbischof von Canterbury zu wählen. Doch die angevinischen Könige reklamierten für sich ein Mitspracherecht bei Bischofswahlen. Sie konnten sich bis ins späte 12. Jahrhundert sogar auf namhafte Kanonisten berufen, die unter bestimmten Umständen weltlichen Fürsten eine Beteiligung am Wahlprozedere einräumten. Heinrich II. sowie seinen Söhnen Richard I. und Johann war es daher in der Vergangenheit meistens gelungen, ihre Kandidaten in formal freien und kanonischen Wahlen durchzusetzen.[2] Die Besetzung des Erzbistums Canterbury war für die englischen Könige von besonderem Interesse, war doch der Erzbischof, wie bereits ausführlich geschildert, einer der reichsten und mächtigsten Magnaten Englands. Die Könige waren daher stets bestrebt, den Erzstuhl einem engen Vertrauten zu sichern, um auf diese Weise einen wichtigen Verbündeten im englischen Episkopat zu haben. Zugleich bot sich ihnen durch die Besetzung des Erzbistums die Gelegenheit, treue Gefährten zu belohnen.[3] König Johann mögen zusätzlich seine persönlichen Erfahrungen mit Hubert Walter darin bestärkt haben, eine ihm ergebene Person auf den Erzstuhl in Canterbury zu setzen, hatte doch der verstorbene Erzbischof dem König zu eigensinnig und eigenmächtig agiert. Johann wünschte sich daher einen Nachfolger, der seinen Aufstieg seiner königlichen Gunst

---

[1] Cheney, *Innocent III*, 147.
[2] Peltzer, Angevin Kings and Canon Law, 175 und Turner, *King John*, 150–151. Für einen Überblick über die Wahlen in Canterbury seit 1066 und die Beteiligung der englischen Könige vgl. E. Carpenter, *Cantuar*, 44–50.
[3] Harper-Bill, John and the Church, 290; Fryde, *Why Magna Carta*, 82–83 und 86–87 und Warren, *King John*, 159–160.

verdankte und sich somit leichter kontrollieren ließ.[4] Seine Wahl fiel
auf einen seiner *familiares*, John de Grey, den Bischof von Norwich.[5]

Neben den Mönchen der Christ Church und dem englischen König
reklamierten auch die Bischöfe der Kirchenprovinz Canterbury, die
Suffragane, eine Rolle bei der Wahl des Erzbischofs für sich.[6] Die
Konkurrenz dieser verschiedenen Ansprüche führte bei der Suche nach
einem Nachfolger Hubert Walters zur Wahl mehrerer Kandidaten. Die
Ereignisse, die schließlich in der Weihe Langtons mündeten, haben
David Knowles und zuletzt Cheney überzeugend dargestellt.[7] Ich werde
mich daher auf die wichtigsten Punkte beschränken. Nach dem Tod
Hubert Walters war König Johann nach Canterbury geeilt und ließ sich
dort sowohl von den Mönchen der Christ Church als auch von den
Suffraganen versichern, bis zum 30. November 1205 keine Maßnahmen
zur Vorbereitung von Wahlen zu ergreifen. Dennoch wandten sich die
Bischöfe kurz darauf an die Kurie, um sich vom Papst ihre Ansprüche
auf Teilhabe am Wahlprozess anerkennen zu lassen. Die Mönche in
Canterbury wählten, als sie davon hörten, heimlich, ohne Wissen des
Königs und der Bischöfe, ihren Subprior Reginald zum Erzbischof.
Als Johann von der Wahl erfuhr, wählten die Mönche im Dezember
1205 auf Druck des Königs erneut, nun aber dessen Favoriten, John de
Grey. Innozenz III. jedoch wies nicht nur die Ansprüche der Suffragane
zurück, sondern verweigerte auch den beiden gewählten Kandidaten die
Anerkennung. Er schlug daraufhin einer Delegation von Mönchen der
Christ Church am Apostolischen Stuhl Stephen Langton zur Wahl vor,
seinen Kommilitonen aus Pariser Studientagen, den er Anfang 1206 zum
Kardinalpriester von St. Crisogono ernannt hatte. Mangels Alternativen
und sich dem Druck des Papstes beugend wählten schließlich die in
Rom versammelten Mönche im Herbst 1206 den berühmten Pariser
Theologen zum Erzbischof von Canterbury.[8]

---

[4] Turner, *King John*, 156 und Painter, *King John*, 163–164.
[5] Gervase of Canterbury, *Historical works*, II, liv–lv.
[6] Cheney, *Innocent III*, 147.
[7] Knowles, Canterbury election, 216–220. Etwas anders, aber aufbauend auf den
Erkenntnissen Knowles, stellt Cheney den Ablauf der Ereignisse dar, vgl. Cheney,
Innocent III, 147–150. Für einen kurzen Überblick über die Konflikte bei der Suche
nach einem Nachfolger für Hubert Walter als Erzbischof vgl. auch Krieger, *Geschichte
Englands*, 143–145.
[8] Cheney, *Innocent III*, 147–152 und Turner, *King John*, 156–158.

Daraufhin erbat Papst Innozenz III. die Zustimmung König Johanns zur Wahl, die dieser aber verweigerte. Wie bereits erwähnt, misstraute Johann dem gewählten Erzbischof, den er, wie er betonte, nicht kannte und an dessen Loyalität er zweifelte. Vor allem aber war ihm sein tradiertes Mitspracherecht an der Bischofswahl verweigert worden.[9] Innozenz III. bemühte sich, die Vorbehalte des Königs gegenüber Langton zu zerstreuen. Er behauptete, Johann hätte keinen Grund, an der Loyalität Langtons zu zweifeln. Der gewählte Erzbischof sei Engländer, der nicht nur aus einer dem englischen König treu ergebenen Familie stamme, sondern auch Pfründeinhaber der Kirche von York gewesen sei. Zudem zweifelte er Johanns Aussage an, den berühmten Theologen Langton nicht zu kennen, zumal der König ihm zu seiner Aufnahme ins Kardinalskollegium gratuliert habe.[10] Daneben wies Innozenz III. den König darauf hin, dass dessen Approbation der Wahl Langtons rechtlich gar nicht notwendig sei. In der Dekretale *Quid sicut* von 1202 hatte der Papst den Laienfürsten noch das Recht zugebilligt, Kirchenwahlen nachträglich ihren *assens* zu erteilen, hatte aber ansonsten ihre Beteiligung am Wahlprozedere ausgeschlossen.[11] Im vorliegenden Fall, angesichts des hartnäckigen Widerstandes Johanns, verkündete Innozenz III. nun, die Approbation des Königs sei für eine Wahl am Apostolischen Stuhl auf Grund seiner *plenitudo potestatis* über die Kirche von Canterbury nicht nötig. Dementsprechend weihte der Papst am 17. Juni 1207 trotz fehlender Zustimmung des Königs den gewählten Erzbischof.[12]

König Johann reagierte, indem er die Einreise Langtons nach England verhinderte, die Mönche aus Canterbury ins Exil trieb und die Temporalien der Erzdiözese konfiszierte.[13] Darüber hinaus ist ein königliches Mandat überliefert, das den Entzug der Pfründe, die Langton in England hielt, anordnete.[14] Nach dem anonymen Fragment aus Canterbury fühlte sich auch der Vater von Stephen, Henry Langton,

---

[9] Gervase of Canterbury, *Historical works*, II, lxxii; Rogerus de Wendover, *Flores historiarum*, II, 40 und Turner, *King John*, 158–159.
[10] Gervase of Canterbury, *Historical works*, II, lxxii–lxxiv.
[11] Peltzer, Angevin Kings and Canon Law, 176.
[12] Turner, *King John*, 158 und Cheney, *Innocent III*, 152–153.
[13] Radulphus de Coggeshall, *Chronicon*, 163; Annales de Waverleia, 259; Annales de Dunstaplia, 30; Walter of Coventry, *Historical collections*, 199 und Gervase of Canterbury, *Historical works*, II, 100.
[14] Das Schreiben bezog sich höchstwahrscheinlich auf seine Pfründe in York, vgl. *Rot. Lit. Claus.*, I, 96.

in England nicht mehr sicher und verließ das Land. Sein Besitz wurde
ebenfalls vom König beschlagnahmt.[15] Der Papst begegnete diesen
Angriffen auf die Kirche von Canterbury seinerseits mit der Ernennung
einer Kommission aus den drei Bischöfen von London, Ely und
Worcester, die den König zum Einlenken bewegen sollte. Um Johann
unter Druck zu setzen, verlieh der Papst den Bischöfen das Mandat,
das Interdikt über England zu verhängen, sollte der König weiterhin
Widerstand leisten.[16] Im Januar 1208 verkündete Johann, dem Papst
zu gehorchen, falls dieser ihm und seinen Erben seine Rechte, Würde
und Freiheiten ließe.[17] Mit anderen Worten verlangte Johann päpstliche
Garantien, wonach sein Entgegenkommen bei der Wahl Langtons kein
Präzedenzfall für alle zukünftigen Bischofswahlen bilden würde. Johann
wollte sicherstellen, auch in Zukunft bei den Bischofserhebungen ein
Mitspracherecht zu besitzen.[18] Doch bei einem Treffen mit Johann am
12. März 1208 in Winchester lehnte der Wortführer der Bischöfe Simon,
der Bruder von Stephen Langton, solche Garantien ab. Er verlangte
eine bedingungslose Unterwerfung. Das wiederum wies der König
als unzumutbar zurück. Daraufhin wurde für den 24. März 1208 das
Interdikt über England verkündet.[19]

IV.2. *Das Große Interdikt*

Beide Konfliktparteien hatten offenbar nicht mit dem hartnäckigen
Widerstand des jeweils anderen gerechnet. Natalie Fryde zufolge war es
das Pech König Johanns, dass er mit Innozenz III. einen der energisch-
sten Päpste des Mittelalters zum Gegenspieler hatte, der die Ansprüche,
die der Apostolische Stuhl mehr als hundert Jahre zuvor zu formulieren begonnen hatte, nun auch aktiv umzusetzen suchte.[20] Doch auch
Innozenz III. hatte den Willen des englischen Königs unterschätzt, der

---

[15] Gervase of Canterbury, *Historical works*, II, lxii–lxiii und Powicke, *Langton*,
3–4.
[16] *Letters of Innocent III*, Nr. 763, 126 und Rogerus de Wendover, *Flores historiarum*,
II, 44–45.
[17] *Rot. Lit. Pat.*, 78.
[18] Turner, *King John*, 164.
[19] *Rot. Lit. Claus.*, I, 102; *Rot. Lit. Pat.*, 79–80; Gervas of Canterbury, *Historical
works*, II, 100–101; Rogerus de Wendover, *Flores historiarum*, II, 45–46 und Turner,
King John, 160.
[20] Fryde, *Why Magna Carta*, 89–90; Warren, *King John*, 163–164 und Cheney,
Innocent III, 152–153.

Wahl Langtons Widerstand zu leisten. Der Pariser Theologe entsprach alles andere als den Wunschvorstellungen Johanns für das Amt des Erzbischofs. Langton war kein Mitglied seiner *familia*. Der Gelehrte hatte zudem keinerlei administrative Erfahrung. Johann konnte sich daher nur schwer eine für ihn fruchtbare Zusammenarbeit vorstellen. Der König aber war in den schwierigen Zeiten nach dem Verlust der Normandie 1204 in besonderem Maße auf die Unterstützung aus Canterbury angewiesen, wollte er sein ehrgeiziges Programm zur Rückgewinnung der Festlandsbesitzungen, welches enorme finanzielle Ressourcen erforderte, auch gegen den zu erwartenden Widerstand der Magnaten durchsetzen. Darüber hinaus war er entschlossen, sich die Kontrolle über die Bischofswahlen zu erhalten. Dem Papst sollte nicht mehr als ein finales Veto zugestanden werden. Weder Innozenz III., noch sein Kontrahent König Johann waren also gewillt, die eigenen Ansprüche fallen zu lassen. „That is why the Interdict lasted so long."[21]

Auch nachdem das Interdikt über England verhängt worden war, wurden die Verhandlungen weitergeführt. Im Frühjahr 1209 gerieten die verhärteten Fronten in Bewegung. Möglicherweise zeigte die vom Papst unverhohlen geäußerte Drohung einer Exkommunikation des Königs Wirkung.[22] Johann ernannte mehrere Verhandlungsführer, darunter den Bischof von Winchester, Peter des Roches, einen seiner engsten Vertrauten, und seinen Justiziar, Geoffrey fitz Peter, den Earl von Essex. Diese trafen sich Ende Juli 1209 in Dover mit den drei Bischöfen, die der Papst zu seinen Kommissaren bestimmt hatte. Eine Vereinbarung wurde erzielt, nach welcher der König der Wahl Langtons seine Zustimmung erteilen, dessen Treueid empfangen sowie die konfiszierten Kirchengüter zurückgeben sollte.[23] Johann selbst war offenbar mit der Vereinbarung unzufrieden, die ihm weiterhin keine Garantie gab, dass seine *dignitas* gewahrt bliebe, seine Zustimmung also keinen Präzedenzfall für weitere Bischofswahlen darstellen würde. Ein erneutes Treffen fand auf Grund eines nicht erteilten Geleitschutzes für

---

[21] Cheney, *Innocent III*, 304 und Alexander, *Three crises*, 80.
[22] Cheney, *Innocent III*, 318. In einem Brief vom 12. Januar 1209 drohte der Papst Johann mit der Exkommunikation, vgl. *Letters of Innocent III*, Nr. 823, 136. Im Juni erteilte er dem Bischof von Arras und dem Abt von St. Vaast von Arras das Mandat, den Bannspruch gegen Johann zu veröffentlichen, sobald dies Langton anordnen würde, vgl. *Letters of Innocent III*, Nr. 852, 141.
[23] Gervase of Canterbury, *Historical works*, II, c–ciii.

Simon Langton, den Prokurator des Erzbischofs, nicht statt.[24] Auch die
Verhandlungen der königlichen Gesandten im Oktober 1209 mit dem
Erzbischof persönlich endeten ergebnislos. Schließlich wurde Johann
am 8. November 1209 exkommuniziert.[25]

Wie wirkten sich das Interdikt und die Exkommunikation des Königs
in England aus? Zunächst ist festzuhalten, dass das kanonische Recht zu
Beginn des 13. Jahrhunderts noch keine klaren Regeln formuliert hatte,
welche praktischen Maßnahmen der Verkündung des Interdikts zu
folgen hatten.[26] Papst Innozenz III. hatte zudem den Kommissaren nur
unzureichende Anweisungen bezüglich der Durchsetzung des Interdikts
erteilt. Und schließlich berichten die überlieferten Quellen nur sehr
begrenzt über die praktischen Konsequenzen des Interdikts in England.
Es ist daher im Einzelnen nicht klar, welche Beschränkungen die päpstliche Sentenz dem kirchlichen Leben in den Jahren nach 1208 auferlegte.[27]
Sicher ist zumindest, dass das Feiern von Messen und Trauungen sowie
Beerdigungen auf geweihter Erde verboten waren.[28] Im Großen und
Ganzen wurde das Interdikt von der Mehrheit des englischen Klerus
umgesetzt.[29] Der König reagierte zunächst mit der Konfiszierung aller
Kirchengüter. Die überwiegende Mehrheit der Geistlichen erhielt jedoch
den Besitz sehr bald, häufig nach wenigen Wochen gegen verschiedene
Arten der Bezahlung zurück, die Günstlinge des Königs ohne jede
Gegenleistung.[30] Johann hatte kein Interesse daran, den Klerus gegen
sich aufzubringen. Er wollte vielmehr demonstrieren, dass er den Krieg
nur gegen den Papst führte, nicht aber gegen die englische Kirche. Daher

---

[24] Vincent zufolge zeigt sich in der Verweigerung eines Geleitschutzbriefes die persönliche Abneigung Johanns gegenüber Simon Langton. Der Prokurator des Erzbischofs
könnte sich den Zorn des Königs bei seiner ersten Vermittlungstätigkeit im März
1208 zugezogen haben, als er kompromisslos die Unterwerfung Johanns unter die
Forderungen des Papstes verlangt hatte, vgl. Vincent, *Simon Langton*, 3–4.

[25] Gervase of Canterbury, *Historical works*, II, ciii–cvi, cxi–cxii und 103–105; Annales
de Waverleia, 262–264; Annales S. Edmundi, 148; Turner, *King John*, 164–165 und
Cheney, *Innocent III*, 318–320.

[26] Erst mit dem Pontifikat von Papst Innozenz IV. begann der eigentliche Prozess
der juristischen Präzisierung der Interdiktbestimmungen. Insbesondere Papst Bonifaz
VIII. leistete mit seiner Dekretale *Alma mater* einen bedeutenden Beitrag. Vgl. dazu
Kaufhold, *Gladius Spiritualis*, 13–19.

[27] Cheney, *Innocent III*, 305–307 und Harper-Bill, John and the Church, 304.

[28] Cheney, King John and the papal interdict, 297–298.

[29] Ebd., 300. Richardson und Sayles dagegen vermuten, dass Interdikt sei im Laufe
der Jahre immer nachlässiger vom Klerus befolgt worden, vgl. Richardson und Sayles,
Governance of Medieval England, 348–351. Cheney hat ihre Argumente überzeugend
widerlegt, vgl. Cheney, Recent view of the General Interdict, 159–168.

[30] Turner, *King John*, 161 und Cheney, *Innocent III*, 309.

behielt er während des Interdikts nur die Besitztümer jener Geistlichen in seinen Händen, die das Land verlassen hatten.[31]

Johann scheint mit dieser Strategie durchaus erfolgreich gewesen zu sein. Obwohl die meisten Kleriker den päpstlichen Bannspruch umsetzten, stellte sich nur eine Minderheit der Geistlichen offen auf die Seite des verbannten Erzbischofs. In der Forschung wird die Zahl jener Kleriker, die Langton und den Mönchen der Christ Church ins Exil folgten, äußerst gering veranschlagt. Ein Exodus fand sicherlich nicht statt. Johann konnte sich trotz seiner Exkommunikation auch auf die Dienste und Treue der meisten Kleriker am Königshof verlassen.[32] Eine ausgeprägte Solidarität in der englischen Kirche für Langtons Kampf gegen König Johann lässt sich daher nicht feststellen. Allein die Suffragane schlossen sich schließlich, einige auch erst nach längerem Zögern, ihrem Erzbischof im Exil an. Ein möglicher Grund für diese anfängliche Distanz gegenüber ihrem neu gewählten Oberhaupt könnte die enge Bindung vieler Bischöfe an König Johann gewesen sein. Die meisten hatten ihr Amt seiner Patronage zu verdanken und einige hatten ihre Karriere in seinen Diensten begonnen. So waren es zunächst allein die drei vom Papst ernannten Kommissare, die das Land nach Verkündigung des Interdikts verließen.[33] Nur einer der Kollegen folgte ihnen zunächst, Giles de Braose, der Bischof von Hereford. Seine Gründe für die Flucht waren vermutlich primär persönlicher Natur, da König Johann mit seinem Bruder William de Braose gebrochen hatte.[34] Erst nach der Exkommunikation des Königs folgten weitere Prälaten, Joscelin von Wells, der Bischof von Bath, sein Bruder Hugh, der Bischofelekt von Lincoln, sowie Herbert le Poore, Bischof von Salisbury, und Gilbert Glanvill, der Bischof von Rochester.[35]

---

[31] Cheney, King John's reaction to the interdict, 148–149 und ders., *Innocent III*, 309–310.

[32] Warren, *King John*, 169 und Cheney, *Innocent III*, 315.

[33] Cheney, *Innocent III*, 313. So wählte Innozenz III. gerade die drei Bischöfe als Kommissare aus, die unter Richard I. ihr Amt angetreten hatten, Cheney, *Innocent III*, 299 und Turner, *King John*, 160.

[34] Cheney, *Innocent III*, 313.

[35] Vincent, *Peter des Roches*, 79 und Cheney, *Innocent III*, 314–315. Herbert le Poore ist vermutlich nach Schottland ins Exil gegangen, den Annalen von Dunstable zufolge mit Billigung des Königs. Die *temporalia* seines Bistums wurden dementsprechend schon im Dezember 1212 seinem Seneschall zurückgegeben, vgl. Annales de Dunstaplia, 31 und *E.E.A., Salisbury 1078–1217*, lii. Geoffrey, der Erzbischof von York, war auf Grund einer Auseinandersetzung mit seinem Halbbruder König Johann um die Erhebung von Abgaben 1207 ins Exil nach Frankreich geflohen. Möglicherweise war er mit seinem Amtskollegen aus Canterbury dort in Kontakt getreten. Langton wurde schließlich,

Während des Exils aber scheinen die Bischöfe ein starkes Gefühl der Gemeinschaft und der Solidarität mit Langton entwickelt zu haben. Ihr gemeinsamer Kampf für die Freiheiten der Kirche und ihre gemeinsame Gegnerschaft zu König Johann einte sie zu einem starken Bündnis, welches auch ihre gemeinsame Rückkehr 1213 nach England überdauerte. Jene Bischöfe, die mit Langton das Exil geteilt hatten, erwiesen sich bei den politischen Kämpfen des Erzbischofs in den nächsten Jahren und Jahrzehnten als seine verlässlichsten Partner. Die Brüder Joscelin und Hugh von Wells, beides Bischöfe, die sich erst relativ spät von König Johann losgesagt hatten, wurden im Laufe der nächsten Jahre zu besonders engen Verbündeten. Joscelin von Wells war vor seiner Promotion im Mai 1206 Kleriker der königlichen Kanzlei gewesen.[36] Hugh von Wells hatte die Funktion eines Vizekanzlers inne gehabt.[37] Laut Wendover war er von den Kanonikern in Lincoln auf Betreiben des Königs im Frühjahr 1209 zum Bischof gewählt worden.[38] Nachdem den Papst Berichte über Unregelmäßigkeiten bei der Wahl und über Zweifel an der Eignung Hughs erreicht hatten, beauftragte er Langton mit der Prüfung des Falles, der schließlich die Wahl bestätigte und Hugh im Exil zum Bischof von Lincoln weihte.[39]

Neben den Bischöfen versammelte Langton im Exil weitere Kleriker um sich, die in den nächsten Jahren zu wichtigen Wegbegleitern und Bündnisgenossen wurden. Neben seinem Bruder Simon Langton, der als Prokurator des Erzbischofs fungierte, gehörten auch einige Kleriker dazu, die schon seinem Vorgänger Hubert Walter gedient hatten und nun in die *familia* Langtons aufgenommen wurden. Neben dem Seneschall Alexander, der dem Erzbischof als Gesandter im Exil diente, ist insbesondere Elias von Dereham zu erwähnen, der vermutlich zusammen mit Hugh von Wells zu Langton nach Nordfrankreich geflohen war.[40] Er stieg zu einem der bedeutendsten Kleriker im Umfeld des Erzbischofs auf. Möglicherweise stellten die Brüder Hugh und Joscelin

---

wie erwähnt, zu einem der Testamentsvollstrecker des 1212 verstorbenen Geoffreys ernannt, vgl. Mercati, Prima relazione, 288.

[36] Cheney, *Innocent III*, 154–155.

[37] *Acta of Hugh de Welles*, Nr. 4, 6.

[38] Rogerus de Wendover, *Flores historiarum*, II, 51.

[39] *Letters of Innocent III*, Nr. 851, 140–141; *Cal. Pap. Reg.*, 34; *CL Ms. D. & C. Chartae Antiquae C 115/141*; Annales S. Edmundi, 148; Walter of Coventry, *Historical collections*, 200 und Cheney, *Innocent III*, 157–158.

[40] Annales de Waverleia, 263 und Major, Familia, 530. Vincent hat zuletzt eine kurze Biographie zu Elias von Dereham verfasst, die mit einigen Irrtümern der Forschung aufräumt, vgl. Vincent, Master Elias of Dereham, 128–159.

von Wells Langton im Exil auch William de Bardeney vor, einen bedeutenden Kanonisten, der später einer der wichtigsten Rechtsberater des
Erzbischofs wurde. Auch der zukünftige Kanzler Langtons, Stephen de
Ecton, schloss sich vermutlich im Exil dem Erzbischof an.[41] Daneben
könnte Langton in Frankreich auch einen ehemaligen Schüler wieder-
getroffen haben, Richard le Poore, Dekan von Salisbury und Bruder
des Bischofs von Salisbury, Herbert le Poore. Während des Interdikts
scheint dieser nun selbst an der Pariser Universität gelehrt zu haben.[42]
Richard wurde später, zunächst als Bischof von Chichester, dann als
Bischof von Salisbury, der wahrscheinlich wichtigste Verbündete des
Erzbischofs. Er beriet Langton nicht nur in politischen Fragen. Die
beiden Freunde tauschten sich wahrscheinlich auch über Kirchenrecht
aus und scheinen neben theologischen Fragen auch über Kunst und
Architektur diskutiert zu haben.[43] Ein Treffen des Lehrers mit seinem
Schüler in Paris, um über die politische Situation des Interdikts zu
beraten oder theologische Probleme zu disputieren, erscheint mir daher
äußerst plausibel.

Da viele weitere Bistümer während des Interdikts vakant blieben,[44]
wurde der Episkopat in England nach der Exkommunikation Johanns
nur von Peter des Roches, dem Bischof von Winchester, und von
Bernard von Ragusa, dem unbedeutenden Bischof von Carlisle, vertreten. John de Grey, der Bischof von Norwich, war in den Jahren
des Interdikts als Justiziar in Irland.[45] Die Treue von Peter des Roches
seinem exkommunizierten König gegenüber, der die Freiheiten der
Kirche missachtete, beschädigte sein Verhältnis zu Langton nachhaltig.
Die Beziehung des Erzbischofs zu seinem Suffragan aus Winchester war

---

[41] Major, Familia, 530.
[42] *E.E.A., Salisbury 1078–1217*, liv.
[43] Vgl. unten, 146–147 und 391–392.
[44] Papst Innozenz III. hatte 1209 auf Bitten Langtons die Domkapitel der vakanten
Bistümer in England zur Wahl eines neuen Bischofs aufgefordert, vgl. *Letters of Innocent
III*, Nr. 828–832, 137. Wie erwähnt, bestätigte der Erzbischof die Wahl Hughs zum
Bischof von Lincoln, den gewählten Bischöfen von Coventry, Chichester und Exeter
aber verweigerte er mit Verweis auf den von König Johann ausgeübten Druck auf die
Domkapitel die Anerkennung. Zwar war auch Hugh, wie die anderen, ein Kandidat
des Königs gewesen, möglicherweise aber hatte dieser im Gegensatz zu den anderen
gewählten Bischöfen im Vorfeld seine Bereitschaft erkennen lassen, sich Langton im
Exil anzuschließen. Das Bistum Lincoln war zudem eines der größten und reichsten in
England, Langton wollte daher vermutlich nicht auf einen solch mächtigen Verbündeten
verzichten, vgl. Annales de Wigornia, 399; Annales de Oseneia, 54 und Cheney, *Innocent
III*, 130–131 und 156–157.
[45] Vincent, *Peter des Roches*, 79 und Cheney, *Innocent III*, 314–315.

daher auch in den nächsten Jahren und Jahrzehnten von Gegensätzen
und Konflikten geprägt.[46]

Langton konnte die Unterstützung, die er zumindest von der Mehrheit des Episkopats erfuhr, als Achtungserfolg werten, insbesondere
wenn er seinen Kampf gegen König Johann mit jenem verglich, den sein
berühmter Vorgänger Thomas Becket etwa vierzig Jahre zuvor gegen
Heinrich II. ausgefochten hatte. Der spätere Märtyrer war allein von
den Klerikern seines Haushalts und von seiner *familia* ins Exil begleitet
worden. Seine Suffragane waren dagegen alle in England geblieben und
hatten sich nur wenig solidarisch gezeigt. Der wichtigste Grund für
die Unterstützung Langtons durch den Episkopat war mit Sicherheit
Papst Innozenz III., der mit großer Entschlossenheit den Kampf gegen
Johann leitete, in den er die englischen Bischöfe von Anfang an mit
eingebunden hatte. Dagegen hatte sein Vorgänger Papst Alexander
III. nicht konsequent für Becket Partei ergriffen und sich stattdessen
mehr um eine vermittelnde Position zwischen König und Erzbischof
bemüht.[47]

Daneben aber trug auch Langton selbst zur Geschlossenheit des
Episkopats bei, indem er den Kampf gegen Johann durch eine propa-
gandistische Offensive begleitete. Wie zuletzt Vincent in seinem bisher
unveröffentlichten Vortrag über Stephen Langton anschaulich darlegt,
bemühte sich der Erzbischof um eine Identifikation seiner Verfolgung
durch König Johann mit Beckets Schicksal mehrere Jahrzehnte zuvor.
Er stilisierte sich zum Nachfolger des Heiligen, der die Freiheiten der
Kirche erneut gegen einen angevinischen König verteidigen muss. Die
Verehrung, die der Heilige Thomas durch Petrus Cantor und seinen
Kreis in Paris erfuhr, wurde bereits geschildert sowie das in den Schulen
vermittelte Bild eines gelehrten und frommen Erzbischofs, der aufop-
fernd für die Rechte der Kirche gekämpft hatte, eine Darstellung, welche
sich nur zum Teil mit dem realen Becket deckte.[48] Diese Legende des
Heiligen schlachtete Langton nach seiner Weihe zum Erzbischof für
seinen eigenen Kampf gegen Johann propagandistisch aus, in dem er
sich durch Symbole und Symbolhandlungen in die Nachfolge Beckets
stellte und in seinen Briefen die Identifikation mit ihm beschwor. Sein
Siegel etwa, welches er vermutlich bald nach seiner Weihe in Auftrag

---

gab, zeigt seinen Vorgänger, wie dieser in der Kathedrale erschlagen wird.[49] Vincent stellt zudem die Vermutung an, dass die Konsekration Langtons nicht zufällig am 17. Juni 1207, am Sonntag Trinitatis, stattfand, etwa 46 Jahre, nachdem Becket am 3. Juni, auch einem Sonntag Trinitatis, geweiht worden war.[50] Langton wählte zudem als Zufluchtsort Pontigny, ein großes Zisterzienserkloster in der Diözese Auxerre, wo schon zuvor sein großes Vorbild als Exilant 1164 aufgenommen worden war.[51] Und schließlich macht Vincent darauf aufmerksam, dass Langtons Rückkehr aus dem Exil auf einen Dienstag fiel, jener Wochentag, an dem auch Becket nach England zurückgekehrt war, und der allgemein, wie ich weiter unten darstellen werde, eine besondere Rolle im Leben des Heiligen spielte.[52] Am deutlichsten wird das Bemühen Langtons um eine Identifikation mit Beckets Schicksal in den beiden Briefen, die der Erzbischof kurz nach seiner Weihe 1207 verfasste.[53] In seinem Schreiben an alle Gläubigen Englands betonte Langton, dass er seinen Kampf um das Amt des Erzbischofs als Fortsetzung des Martyriums Beckets für die kirchlichen Freiheiten begriff.[54] Während dieser Brief in der Forschung bereits eingehend analysiert wurde, wurde dem zweiten Brief an die Bischöfe der Provinz Canterbury, nach Ansicht Vincents, bisher nicht die gebührende Aufmerksamkeit gewidmet. Auch in diesem Schreiben wird die Fähigkeit Langtons deutlich, die Legende Beckets zum Vorteil der eigenen Sache zu manipulieren. Der Brief ist aber in erster Linie ein Ausdruck von Langtons exegetischen und rhetorischen Fertigkeiten. Vincent zeigt äußerst kenntnisreich, welche Fülle an biblischen Zitaten der Brief enthält. Seiner Meinung nach hat die Kanzlei des Erzbischofs seit den Tagen Beckets kein Schreiben mehr verfasst, das auch nur annähernd so reich an biblischer Exegese war und sich durch

---

[49] D'Esneval, La survivance de Saint Thomas Becket, 112–113.

[50] Vincent, *Stephen Langton*, 29.

[51] Für das Jahr 1222 ist eine Urkunde Langtons überliefert, in der er eine jährliche Pension von 50 Mark aus der Kirche von New Romney den Mönchen des Kloster von Pontigny mit dem Konsens des Kathedralklosters von Canterbury vermachte. Langton begründete diese Schenkung mit der Gastfreundschaft, die sein Vorgänger, der Heilige Thomas Becket, und er selbst dort im Exil erfahren habe, vgl. *Acta Stephani*, Nr. 55, 73–74 und Powicke, *Langton*, 75.

[52] Vincent datiert die Rückkehr Langtons in seinem Vortrag auf den 16. Juli 1213 und folgt damit den Angaben Wendovers, vgl. Vincent, *Stephen Langton*, 30 und Rogerus de Wendover, *Flores historiarum*, II, 81. Andere Quellen dagegen berichten, der Erzbischof sei am 9. Juli 1213, auch einem Dienstag, nach England zurückgekehrt, vgl. Gervase of Canterbury, *Historical works*, II, 108 und Annales de Wigornia, 402.

[53] *Acta Stephani*, Nr. 1, 1–2 und Nr. 2, 2–7.

[54] Ebd., Nr. 1, 1 und Fryde, Roots of Magna Carta, 53.

einen solch erhabenen Stil auszeichnete. Wahrscheinlich, so vermutet
Vincent, wollte der Autor des Briefes bewusst an die Korrespondenz
Beckets erinnern.[55]

Langton, so lässt sich festhalten, stellte in dieser Auseinandersetzung
mit König Johann erstmals seine universitäre Bildung in den Dienst
eines politisches Kampfes. Indem er, zum Teil auf brillante Weise, sein
Schicksal mit dem seines Vorgängers, dem in aller Welt tief verehrten
Märtyrer Thomas gleichsetzte, sicherte er sich einen großen rhetorischen
Vorteil. Sein Anliegen gewann auf diese Weise gegenüber jenem König
Johanns an moralischer Überlegenheit. Er setzte damit gleichzeitig seine
Suffragane unter Druck, sich ihm im Exil anzuschließen. Diese werden
sich daran erinnert haben, mit welchen Vorwürfen jene Bischöfe nach
1170 zu kämpfen hatten, die Becket zuvor im Stich gelassen hatten.[56]
Langtons stete Bezugnahme auf die Legende Beckets blieb aber nicht auf
die Jahre des Interdikts beschränkt. Das Martyrium seines Vorgängers
bleibt ein wichtiges Thema in Langtons Amtszeit, welches anlässlich der
translatio Beckets 1220 erneut in den Mittelpunkt rücken sollte. Auch
bei dieser Gelegenheit instrumentalisierte der Erzbischof die Erinnerung
an den Heiligen für die eigenen politischen Zwecke.

Während Langton die englischen Bischöfe für seinen Kampf gewonnen hatte, konnte er dagegen keinen der weltlichen Magnaten
in England zur Abkehr von König Johann bewegen. In dem bereits
erwähnten Schreiben an die Gläubigen Englands erklärte er, dass
jeder Dienst, den man dem weltlichen König schulde, der aber zum
Nachteil des ewigen, himmlischen Königs sei, ein Akt des Verrats
darstelle. Die Magnaten seien daher vom Treueid gegenüber Johann
entbunden, um solche Dienste nicht mehr leisten zu müssen. Er rief
zudem die Ritter dazu auf, wenn nötig mit ihrem Schwert die Freiheiten
der Kirche zu verteidigen.[57] Erinnert sei an die Aussagen in Langtons
theologischen Schriften über die Pflicht zum Widerstand gegen einen
tyrannischen Herrscher. Während er dort aber recht vage in Bezug auf
die Konsequenzen blieb, forderte er in diesem Brief offen den Entzug
der Treue gegenüber König Johann, dem Tyrannen, der mit seinem
Vorgehen gegen die Kirche von Canterbury gegen die göttlichen Gesetze
verstieß. Sogar den Einsatz von Waffengewalt gegen den König deutete

---

[55] Vincent, *Stephen Langton*, 30–34.
[56] Ebd., 29.
[57] *Acta Stephani*, Nr. 2, 5–6 und Powicke, *Langton*, 96–98.

er an.[58] Sein Appell zum aktiven Widerstand gegen Johann blieb aber in England ohne unmittelbare Wirkung.[59] Der Bruch einzelner Magnaten mit ihrem König während des Interdikts hatte andere Gründe. Der schon erwähnte William de Braose floh 1210 von Irland aus nach Frankreich, da Johann aus machtpolitischen Überlegungen seit 1207 seine Existenz zu vernichten drohte.[60] 1212 flüchteten zwei weitere Barone, Robert fitz Walter und Eustace de Vescy, ins Exil, nachdem ihre Verschwörung gegen den König im Sommer entdeckt worden war. Der Grund für ihre Rebellion, an der möglicherweise weitere Magnaten beteiligt waren, war der wachsende Unmut über die als zunehmend ausbeuterisch und autoritär empfundene Herrschaft Johanns.[61]

Obwohl diese Magnaten nicht aus Solidarität mit der Kirche mit König Johann gebrochen hatten, scheint Langton dennoch ihren Kontakt im Exil gesucht zu haben. Die Annalen von Margan berichten, der Erzbischof hätte William de Braose 1211 in der Abtei St. Victor bei Paris beerdigt.[62] Den Quellen zu Folge suchte auch Robert fitz Walter Zuflucht in Frankreich.[63] Drei Jahre später, Ende des Jahres 1215, bat er als Anführer der Rebellion gegen König Johann den französischen Kronprinzen Ludwig um Hilfe und bot ihm die englische Krone an, damit er die Barone von der Tyrannei Johanns befreie. Einer französischen Chronik zufolge hatte Robert fitz Walter schon während seines Exils in Frankreich 1212 Kontakte zum französischen Königshof geknüpft.[64] In diesem Zusammenhang ist die Entdeckung von Vincent von großem Interesse, wonach spätestens im Herbst 1212 Simon Langton in die Dienste des französischen Kronprinzen Ludwigs eintrat.[65] Es wurde bereits über mögliche Kontakte Stephen Langtons zum französischen Königshof während seiner Zeit als Magister in Paris

---

[58] Fryde, Roots of Magna Carta, 53–54.
[59] Warren, *King John*, 173.
[60] Für eine Darstellung der Hintergründe des Bruchs zwischen König Johann und einem seiner wichtigsten Vertrauten, William de Braose, vgl. Holden, King John, the Braoses, and the Celtic Fringe, 1–10.
[61] Fryde, *Why Magna Carta*, 89 und Cheney, *Innocent III*, 360.
[62] Annales de Margan, 31 und Fryde, *Why Magna Carta*, 89.
[63] Annales S. Edmundi, 155; Walter of Coventry, *Historical collections*, 207 und Rogerus de Wendover, *Flores historiarum*, II, 61–62. Eustace de Vescy hatte Zuflucht beim schottischen König gefunden, vgl. Annales de Wigornia, 400.
[64] *Histoire des ducs de Normandie*, 119–121.
[65] In einer *account roll* für den Haushalt Ludwigs vom Februar 1213 werden Zahlungen an Simon Langton für geleistete Dienste vermerkt, vgl. Fragment du compte de l'Hôtel du prince Louis de France, 244 und Vincent, *Simon Langton*, 4.

spekuliert, für die es in den Quellen aber keine Beweise gibt. Spätestens
seit dem Herbst 1212 aber hatte der Erzbischof über seinen Bruder einen
direkten Draht zum französischen Kronprinzen. Ist daher nicht die
Vermutung naheliegend, dass die beiden Brüder den Kontakt zwischen
dem französischen Hof und Robert fitz Walter herstellten, zumal der
englische Baron auch ein Lehen des Erzbischofs hielt?[66] Zwei weitere
Indizien deuten auf einen solchen Vermittlungsdienst hin. Zunächst ist
auf den Kleriker Gervase von Heybridge hinzuweisen, der Robert fitz
Walter nach Frankreich ins Exil begleitete.[67] Gervase taucht im späteren
Bürgerkrieg in England neben Simon Langton als einer der führenden
Geistlichen an der Seite Ludwigs auf.[68] Daneben hat der *Barnwell*-
Chronist eine Anklage des päpstlichen Gesandten Pandulfs, die dieser
nach der Suspendierung Langtons im September 1215 äußerte, über-
liefert, wonach der Erzbischof Boten der rebellierenden Barone unter
seinem Geleit zum französischen König geführt habe.[69] Es gibt in den
Quellen keine Hinweise auf einen solchen Dienst Langtons während
der turbulenten Monate 1215. Der Vorwurf könnte daher durchaus auf
eine Fürsprache des Erzbischofs für Robert fitz Walter am französischen
Hof Ende des Jahres 1212 zielen.

   Überblickt man die aufgezeigten Verbindungen, erscheint es zumindest plausibel, dass Langton im Exil sowohl mit dem französischen
Königshof als auch mit den geflüchteten Baronen in Kontakt stand. Die
Dissidenten werden den Erzbischof mit Sicherheit über die in England
wachsende Unzufriedenheit unterrichtet, ihm von den Verfehlungen
Johanns und von den Klagen der Barone berichtet haben. Er könnte
daher schon im Exil beschlossen haben, als Erzbischof in Zukunft
die Anliegen der unzufriedenen Barone zu unterstützen. Im Herbst
1212 aber schien man von einem Frieden, der eine Rückkehr des
Metropoliten nach England ermöglichte, noch weit entfernt. Ist es
daher nicht möglich, dass Langton nach fünf frustrierenden Jahren
im Exil auch eine gewaltsame Absetzung König Johanns in Erwägung
zog? Zu einem ersten Schritt in diese Richtung, zum Entzug der Treue
gegenüber dem König, hatte er die Gläubigen Englands bereits aufgefordert. Auch Gewalt als mögliches Mittel des Widerstandes hatte er,

---

[66] *Red Book of the Exchequer*, 473.
[67] *Rot. Lit. Claus.*, I, 165.
[68] Vgl. unten, 221.
[69] Walter of Coventry, *Historical collections*, 225.

wenn auch nicht so eindeutig, legitimiert.[70] Er könnte daher durchaus
den Kontakt zwischen Robert fitz Walter und dem französischen König
hergestellt haben, um einem Bündnis der zur Rebellion bereiten englischen Barone mit Philipp Augustus den Weg zu ebnen. Sollte Langton
tatsächlich einen solchen Plan verfolgt haben, war dieser zum Scheitern
verurteilt. Ihm hätte eine Fehleinschätzung der Situation in England
zugrunde gelegen. Die Bereitschaft, Johann mit Gewalt abzusetzen, war
unter den englischen Baronen im Herbst 1212 weitaus geringer, als es
Robert fitz Walter vermutlich dargestellt hatte.

Die zuletzt aufgestellten Thesen lassen sich in den Quellen nicht
belegen. Festzuhalten bleibt aber eine erste Annäherung der kirchlichen
und weltlichen Opposition gegen König Johann Ende des Jahres 1212,
die insbesondere in der Vereinbarung vom Mai 1213 offenbar wird, mit
der Papst und König die Auseinandersetzung um die Wahl Langtons
beendeten.[71] So wurden auf Betreiben von Innozenz III. auch Eustace de
Vescy und Robert fitz Walter in den Friedensvertrag miteinbezogen. Der
Papst bestätigte damit offiziell, dass die Motivation der Magnaten, gegen
Johann zu rebellieren, mit dem eigenen Anliegen, also der Verteidigung
kirchlicher Freiheiten, identisch gewesen war.[72] Wir wissen nicht, ob
man an der Kurie tatsächlich dieser Konstruktion glaubte.[73] Es erscheint
daher wahrscheinlicher, dass die weltlichen Rebellen ihre Einbindung
dem Erzbischof und dessen machtpolitischen Überlegungen zu verdanken hatten. Langton verfügte bis dato außerhalb des Episkopats
über keine Verbündeten in England. Er könnte daher versucht haben,
die beiden Barone Robert fitz Walter und Eustace de Vescy für sich
zu gewinnen, die ihm zugleich Kontakte zu ihren Standesgenossen in
England vermitteln konnten.

Insgesamt scheinen die Annalen von Margan die Lage in England
während des Interdikts richtig einzuschätzen. Sie berichten, dass
alle Laien, die meisten säkularen Kleriker sowie viele Mönche nach
Ausbruch des Konflikts zwischen Papst und König Partei für Johann
ergriffen.[74] Der überwiegende Teil scheint auch während der gesamten

---

[70] Vgl. oben, 88–89.

[71] Holt, *Northerners*, 94.

[72] Ders., *Magna Carta*, 217.

[73] Cheney, *Innocent III*, 360; Holt, *Northerners*, 94 und Painter, *King John*, 190. Einer
französischen Quelle zufolge erklärte Robert fitz Walter gegenüber dem päpstlichen
Gesandten Pandulf, er sei auf Grund der Exkommunikation König Johanns ins Exil
gegangen, vgl. *Histoire des ducs de Normandie*, 124–125.

[74] *Annales de Margan*, 28.

Auseinandersetzung nicht die Seiten gewechselt zu haben.[75] Johann
hatte zudem das Interdikt zu seinem finanziellen Vorteil nutzen können, in dem er kirchliches Eigentum konfiszierte, dieses plünderte
oder gegen entsprechende Zahlungen zurückgab.[76] Es waren daher
mit Sicherheit nicht die unmittelbaren Folgen des Interdikts, nicht
seine Exkommunikation, sondern anders gelagerte, innere und äußere
Bedrohungen, die den König zwangen, sich im Frühjahr 1213 den
Friedensbedingungen des Papstes zu unterwerfen. Im Sommer 1212 war
die Unzufriedenheit vieler Barone über Johanns Herrschaftsmethoden
erstmals in eine Rebellion mehrerer Magnaten umgeschlagen. Obwohl
es Johann relativ schnell gelang, die Verschwörung aufzudecken und
die unmittelbare Gefahr zu bannen, blieb die Angst vor weiteren
Erhebungen.[77] Von außen drohte ein Bündnis zwischen seinem kapetin-
gischen Feind, Philipp Augustus, den Staufern und dem Apostolischen
Stuhl. Johann könnte zusätzlich das Gerücht erreicht haben, der Papst
habe ihn abgesetzt und seine Vasallen von ihren Treueiden entbunden
sowie den französischen König zu einer Invasion Englands aufgefordert. Möglicherweise befürchtete Johann auch eine Koalition seiner
inneren und äußeren Gegner. Während aber ein solches Bündnis im
Herbst 1212 und Frühjahr 1213 nicht zustande kam und es auch keine
Absetzungssentenz des Papstes gab, stellte ein französischer Überfall
eine äußerst reale Bedrohung dar, da Philipp Augustus im Frühjahr 1213
eine Flotte zur Invasion Englands versammelt hatte.[78] Johann erkannte,
dass er die Zahl seiner Feinde verringern musste. Im Frühjahr 1213
nahmen der König und Innozenz III. daher die Verhandlungen wieder
auf. Als im Mai 1213 der päpstliche Subdiakon Pandulf als Gesandter
der Kurie nach England kam, akzeptierte Johann die Forderungen des
Papstes. Danach sollte sich der König unter anderem verpflichten,
den Treueid Langtons als Erzbischof zu akzeptieren und ihn mit den
Temporalien zu investieren sowie neben allen Klerikern im Exil auch
alle Laien, darunter Robert fitz Walter und Eustace de Vescy, wieder
aufzunehmen.[79] Doch Johann kam Innozenz III. weit über dessen

---

[75] Cheney, King John and the papal interdict, 313–314 und Turner, *King John*, 163.
[76] Warren, *King John*, 168.
[77] Ebd., 220–221.
[78] Ebd., 201–205 und Cheney, *Innocent III*, 325–327. Die drohende französische
Invasion zwang Johann im Frühjahr 1213, auch seine Pläne für eine Überfahrt nach
Poitou aufzugeben und stattdessen ein Heer zu Verteidigung der englischen Küste in
Dover zu versammeln, vgl. Vincent, Roll of knights, 94.
[79] *Rot. Chart.*, 193–194.

Forderungen entgegen. Er übergab dem Papst seine Königreiche England und Irland und erhielt diese im Gegenzug vom Papst als Lehen zurück. Zusätzlich willigte er ein, einen jährlichen Tribut von 1000 Mark für seine Lehen an den Apostolischen Stuhl zu zahlen.[80] Dies war laut Cheney „a diplomatic stroke of genius".[81] Johann hatte sich auf diese Weise eines starken Gegners entledigt, dafür aber einen sehr mächtigen Verbündeten gewonnen. Er konnte die berechtigte Hoffnung hegen, dass ihn Innozenz III. als sein Lehnsherr bei den Konflikten sowohl mit dem französischen König als auch mit den heimischen Baronen ebenso stark und kompromisslos unterstützten und beschützen würde, wie er ihn vorher bekämpft hatte. In der Tat stand der Papst im weiteren Verlauf der Auseinandersetzung mit den Baronen uneingeschränkt hinter ihm.[82]

IV.3. *Verhandlungen zwischen Langton und König Johann*

Wie bereits erwähnt, wählte Langton während seines Exils in Frankreich das Kloster Pontigny als seinen Zufluchtsort. Die Quellenlage für diese sechs Jahre seines Lebens ist äußerst dürftig. Zuletzt konnte Nicholas Vincent noch einige Urkunden des Erzbischofs in französischen Archiven ausfindig machen, die zumindest Aufschluss über ein paar weitere Aktivitäten Langtons in dieser Zeit geben. Neben zwei Bestätigungsurkunden an die Kirche St. Martin in Tours, beziehungsweise an seine Gastgeber der Abtei Pontigny,[83] sind zwei Vermittlungen des Erzbischofs überliefert. Unterstützt von den ihm ins Exil gefolgten Bischöfen von London, Ely und Lincoln, schlichtete er einen Streit zwischen dem Bischof von Amiens und dessen Domkapitel.[84] Im April 1210 vermittelte er zwischen dem Bischof von Cambrai und

---

[80] *Rot. Chart.*, 195; Annales de Waverleia, 274–275 und Annales de Dunstaplia, 36.
[81] Cheney, *Innocent III*, 335. Schon der *Barnwell*-Chronist hat das Vorgehen Johanns als klugen Schachzug gewertet, als einzigen Ausweg aus einer gefährlichen Situation, vgl. Walter of Coventry, *Historical collections*, 210 und Turner, *King John*, 168–169.
[82] Fryde, *Why Magna Carta*, 92–94 und Turner, *King John*, 169–170.
[83] *Additions to the Acta Stephani*, Nr. 32 und Nr. 39 und *Acta Stephani*, Nr. 139, 153. Im Exil könnte Langton auch die Urkunden an die Abtei St. Bertin ausgestellt haben, in der die Mönche der Christ Church nach ihrer Vertreibung durch Johann eine Zeitlang Zuflucht gefunden hatten, vgl. *Acta Stephani*, Nr. 136, 150–151 und Nr. 137, 151–152 und *Letters of Innocent III*, Nr. 767, 126.
[84] *Additions to the Acta Stephani*, Nr. 1.

den exkommunizierten Bürgern der Stadt.[85] Langton, so lassen diese
wenigen Urkunden vermuten, war während seines Exils nicht nur in
Pontigny anzutreffen, um dort untätig auf das Ende des Konflikts zwischen Papst und König zu warten, sondern bereiste in der Zwischenzeit
Nordfrankreich und demonstrierte dabei seine Autorität als Erzbischof
von Canterbury. Die englischen Bischöfe scheinen Langton zumindest auf einigen Reisen begleitet und als seine Suffragane unterstützt
zu haben. Der Erzbischof könnte die Zeit in Pontigny zudem dazu
genutzt haben, sich dem Bibelstudium und der Theologie zu widmen.
Den neuesten Erkenntnissen von Riccardo Quinto zufolge wurde etwa
eine Kollektion seiner *quaestiones* nach seiner Weihe zum Erzbischof
1207 erstellt.[86]

Die Jahre seines Exils waren aber in erster Linie von der Auseinan-
dersetzung zwischen König Johann und Papst Innozenz III. geprägt.
Die Verhandlungen verliefen zwar überwiegend ohne Beteiligung des
Erzbischofs, doch zuweilen war auch er direkt involviert. Sein Bruder
Simon Langton war als sein Gesandter vermutlich im Sommer 1208
mit zwei Mönchen der Christ Church in England, darauf lässt jedenfalls ein am 14. Juli 1208 für sie ausgestellter Geleitbrief schließen.[87]
Wahrscheinlich sollte Simon direkte Verhandlungen zwischen dem
König und Stephen Langton arrangieren, wurde dem Erzbischof doch
am 9. September 1208 sicheres Geleit für ein Treffen in Dover zugesichert.[88] Langton aber blieb in Frankreich. Cheney vermutet, Langton
habe keine Chance für eine Einigung gesehen, da der König ihn weiterhin nicht als Erzbischof habe akzeptieren wollen. Das zeige sich in
dem erwähnten Geleitschutzbrief vom 9. September, in dem Langton
die Anrede *Erzbischof* verwehrt blieb und er nur als *Kardinal* tituliert
wurde.[89]

Im Juli und August 1209 trafen sich die Gesandten des Königs mit den
bischöflichen Kommissaren.[90] Nachdem keine endgültige Übereinkunft
erzielt werden konnte, schlug Johann vor, mit Langton direkt in Dover
zu verhandeln. Diesmal ging der Erzbischof auf das Angebot ein, doch
als er im Oktober 1209 an der englischen Küste landete, war der König

---

[85] *Additions to the Acta Stephani*, Nr. 3.
[86] Quinto, La constitution du texte des „Quaestiones theologiae", 21–24.
[87] *Rot. Lit. Pat.*, 85 und Cheney, *Innocent III*, 316.
[88] *Rot. Lit. Pat.*, 86.
[89] Cheney, *Innocent III*, 317.
[90] Vgl. oben, 89.

nicht mehr bereit, ihn zu empfangen und schickte stattdessen seine Unterhändler. Die Verhandlungen scheiterten erneut, und Langton kehrte zusammen mit den Bischöfen wieder nach Frankreich zurück.[91] Die Gründe für das Scheitern liegen wiederum in der vom König wiederholt gestellten Forderung nach Garantien für seine *dignitas*, die ihm auch Langton verweigerte.[92] „The only result of Langton's visit was more bitterness between the king and the archbishop-elect."[93]

Im Jahr 1210 startete Johann eine weitere Verhandlungsinitiative. Erneut lud er Langton nach Dover ein, um mit ihm direkt zu verhandeln. Doch nun verweigerte der Erzbischof wieder die Überfahrt, weil er, so Ralf von Coggeshall, *sufficientem conductum, ut rex ei spoponderat, non acceperat*.[94] Auch die Annalen aus Winchester sehen einen Zusammenhang mit den Geleitschutzbriefen. Langton habe nicht nach England übergesetzt, *[quia] conductum habere non potuit*.[95] Die Annalen aus Waverly dagegen glauben, Langton sei in Frankreich geblieben, nachdem er gehört hatte, *quod nullus magnatum, qui per literas suas archiepiscopum vocaverant, cum rege venerat*.[96] Die Fortsetzung der *Gesta Regum* formuliert es am dramatischsten: Langton habe Verrat und Hinterhalt gefürchtet.[97] In allen vier Berichten spürt man ein Misstrauen des Erzbischofs gegenüber dem König, das vermutlich, wie schon 1208, mit den königlichen Geleitschutzbriefen zusammenhing. So erklärte Langton im Oktober 1210 zwar gegenüber Johann seine Bereitschaft, nach Dover überzusetzen, aber nur auf Grundlage eines Geleitschutzbriefes, dessen Gestalt er im nicht überlieferten Anhang seines Schreibens skizzierte.[98] Auch in dem erwähnten Schreiben über die Verhandlungen 1209 monierte der Erzbischof die Form des königlichen Geleitschutzbriefes. Er sei zwar nach Whitsand gereist mit der Absicht, nach Dover überzusetzen, habe aber schließlich auf die Überfahrt verzichtet, weil, so Langton, *conductus insufficiens esset propter verbum quoddam ambiguum*.[99] Zuletzt hat Nicholas Vincent darauf hingewiesen,

---

[91] Gervase of Canterbury, *Historical works*, II, 104–105 und Annales de Waverleia, 263.
[92] Gervase of Canterbury, *Historical works*, II, cxii.
[93] Turner, *King John*, 165 und Cheney, *Innocent III*, 318–319.
[94] Radulphus de Coggeshall, *Chronicon*, 164.
[95] Annales de Wintonia, 81.
[96] Annales de Waverleia, 264.
[97] Gervase of Canterbury, *Historical works*, II, 105–106.
[98] *Acta Stephani*, Nr. 5, 10–11.
[99] Gervase of Canterbury, *Historical works*, II, cxi.

dass Langtons Furcht vor einer Überfahrt nach England modernen Historikern wiederholt als übertrieben erschien, seine Begründung, die königlichen Geleitschutzbriefe seien unzureichend, als durchsichtige Ausrede. Der Erzbischof, so vermutet Vincent, habe die Gefahr für seine körperliche Unversehrtheit durch König Johann bewusst übertrieben, um seine Identifikation mit Beckets Schicksal zu betonen.[100] Wenn ich auch dieser Schlussfolgerung im Kern zustimme, so ist doch auch darauf hinzuweisen, dass Langtons Misstrauen gegenüber den Geleitschutzbriefen nicht völlig grundlos war. Schließlich hatten auch die bischöflichen Kommissare im Sommer 1209 solche von König Johann für sie ausgestellten Briefe als unzureichend deklariert.[101]

Folgt man Powicke, der weitgehend den Angaben der Chronisten Glauben schenkt, schickte König Johann noch 1210, nachdem Langton die Überfahrt nach England abgelehnt hatte, zwei Unterhändler nach Frankreich. Erneut scheiterten die Verhandlungen an der Forderung des Königs nach päpstlichen Garantien.[102] Cheney vermutet dagegen, dieses Treffen zwischen den beiden königlichen Gesandten und Langton habe nicht 1210, sondern ein Jahr später stattgefunden, nachdem Johann den Erzbischof erneut nach England eingeladen hatte. So ist auch für 1211 ein Brief Johanns überliefert, in dem er Langton und sechs weiteren Bischöfen wiederum sicheres Geleit nach Dover zusicherte, um sich dort unter anderem mit dem Kanzler und dem Justiziar zu treffen. Cheney glaubt, Langton habe auch diese Einladung auf Grund des Geleitschutzbriefes ausgeschlagen, da er schon die Begrüßungsformel für wenig vertrauenserweckend erachtete:

> *Venerabili in Christo patri S., Dei gratia, salva regia dignitate et nisi per eum steterit, Cantuariensi archiepiscopo, totius Angliae primati, et apostolicae sedis cardinali.*[103]

Möglich ist nach Ansicht Cheneys auch, dass noch im Sommer 1212 Verhandlungen zwischen Langton und Johann stattfanden, und zwar über den bereits erwähnten Elias von Dereham. Für diesen wurde nämlich am 4. Mai 1212 ein Brief ausgestellt, der ihm für die Zeit bis zum 24. Juni des Jahres sicheres Geleit in England zusicherte.[104]

---

[100] Vincent, *Stephen Langton*, 29–30.
[101] Gervase of Canterbury, *Historical works*, II, cv.
[102] Ebd., cx–cxii und Powicke, *Langton*, 77–78.
[103] Gervase of Canterbury, *Historical works*, II, cxiv und Cheney, *Innocent III*, 322–323.
[104] *Rot. Lit. Pat.*, 96 und Cheney, *Innocent III*, 323.

Wenn auch die einzelnen Etappen der Verhandlungen zwischen Johann und Langton nicht präzise zu rekonstruieren sind, so kann man zumindest festhalten, dass sie alle Fehlschläge waren. Langton und die Bischöfe verlangten mit Rückendeckung des Papstes eine bedingungslose Unterwerfung des Königs, dieser hingegen bestand auf Garantien für seine Rechte. Diese kompromisslose Haltung auf beiden Seiten führte zum Scheitern aller Verhandlungen, zum Interdikt und schließlich zur Exkommunikation des Königs. Der Konflikt wurde zusätzlich durch die Propaganda des Erzbischofs verschärft, der durch die Identifikation seines Schicksals mit dem Martyrium Beckets die Dämonisierung König Johanns weiter vorantrieb. Seine vermutete Kontaktaufnahme zum französischen Hof über seinen Bruder Simon Langton und seine mögliche Unterstützung für die nach Frankreich geflohenen Rebellen trugen ebenfalls zu einer unversöhnlichen Haltung Johanns bei. Der König sah sich vermutlich in seinem anfänglichen Urteil über Langton als einem gegenüber der englischen Krone illoyalen, seinem französischen Erzfeind hörigen Kleriker bestätigt, zumal auch der ältere Bruder des Erzbischofs, Walter Langton, in Frankreich am Kreuzzug gegen die Albigenser teilnahm.[105] Eine Folge dieser sich verschärfenden Auseinandersetzung war das vergebliche Bemühen, direkte Gespräche zwischen Langton und Johann zu arrangieren. Ohne solche Verhandlungen von Angesicht zu Angesicht konnte sich aber kein Vertrauen zwischen den beiden Kontrahenten entwickeln.

Wie groß das Misstrauen Langtons sowie der anderen Bischöfe im Exil gegenüber Johann war, offenbaren die Verhandlungen zwischen dem König und der Kurie ab dem Frühjahr 1213, die schließlich in die Vereinbarung vom Mai 1213 mündeten. Johann hatte im November 1212 mehrere Boten mit dem Auftrag nach Rom entsandt, den Forderungen zuzustimmen, die der päpstliche Gesandte Pandulf 1211 dem König vorgetragen hatte.[106] Langton war mit einigen Bischöfen etwa zur selben Zeit an der Kurie anzutreffen. Sie waren möglicherweise allein wegen der Verhandlungen der königlichen Gesandtschaft mit dem Papst nach Rom gereist.[107] Wendovers Erzählung, wonach Langton dort die Absetzung König Johanns erreicht habe, die der Erzbischof daraufhin in Frankreich verkündet habe, ist bereits als unglaubwürdig

---

[105] *Chanson de la Croisade Albigeoise*, 106–107 und 122–125 und *Petri Vallium Historia Albigensis*, 247–250.
[106] *Letters of Innocent III*, Nr. 905, 149–150 und Cheney, *Innocent III*, 329.
[107] Radulphus de Coggeshall, *Chronicon*, 165 und Annales de Wigornia, 401.

zurückgewiesen worden. Langton erhielt aber vom Papst mehrere
Mandate, die konkrete Schritte anordneten, sollte Johann die Vereinbarung mit der Kirche erneut brechen. So erhielten die Prälaten
um Langton den Auftrag, in einem solchen Fall nach Absprache mit
dem Papst wieder das Interdikt über England zu verhängen und die
Exkommunikation des Königs zu erneuern.[108] In einem weiteren Mandat
an die Bischöfe im Exil verkündete Innozenz III., dass beim Bruch
des Friedens keiner der königlichen Erben gekrönt werden würde.[109]
Der dritte Brief ist nicht erhalten. Er enthielt wahrscheinlich weitere
Anweisungen an die Bischöfe, falls der König die Friedensbedingungen
ablehnen oder im Nachhinein die Vereinbarung brechen sollte.[110]
Möglicherweise beinhaltete das Schreiben die Absetzungssentenz gegen
Johann, über welche es die bereits erwähnten Gerüchte gab.[111] Langton
und die Bischöfe trauten dem König nicht. Sie wollten sicherstellen,
dass Johann sich den vereinbarten Verpflichtungen nicht würde entziehen können.

Langton hatte darüber hinaus sehr wahrscheinlich während seines
Aufenthaltes in Rom für die Einbindung von Eustace de Vescy und
Robert fitz Walter in die Friedensvereinbarung geworben. Das daraus
resultierende Bündnis zwischen dem Erzbischof und den ehemaligen
Rebellen zementierte mit Sicherheit das Misstrauen Johanns gegenüber
Langton. Der Frieden vom Mai 1213 zwischen König und Papst wird
daher das Verhältnis zwischen Johann und dem Erzbischof auf kein
neues, solides Fundament gestellt haben. Für Langton blieb Johann ein
tyrannischer Herrscher, für den König blieb der Erzbischof ein potentieller Verräter. Die geschlossene Vereinbarung zwang beide Seiten nur
zur Zusammenarbeit. Die tiefe, gegenseitige Abneigung blieb von der
Friedensvereinbarung unberührt.

---

[108] *Selected Letters of Innocent III*, Nr. 48, 141 und *Letters of Innocent III*, Nr. 909,
150–151.
[109] *Selected Letters of Innocent III*, Nr. 49, 142 und *Letters of Innocent III*, Nr. 910,
151.
[110] *Letters of Innocent III*, Nr. 911, 151.
[111] Cheney, *Innocent III*, 340; Warren, *King John*, 202–203 und 318 und vgl. oben,
68 und 92.

KAPITEL V

DER KONFLIKT ZWISCHEN KÖNIG JOHANN
UND DEN BARONEN

Der Konflikt zwischen König Johann Ohneland und seinen Baronen prägte die Politik in England nach Langtons Rückkehr aus dem Exil bis zu seiner Suspendierung im September 1215. Nur vor dem Hintergrund dieser Auseinandersetzung ist das Handeln Langtons als politischer Akteur zu verstehen. Daher sollen die Ursachen der Krise im folgenden Kapitel in gebotener Kürze dargelegt werden. Ich werde mich auf einige wenige Punkte beschränken und verweise für eine Vertiefung auf die einschlägige Literatur, etwa auf Ralph Turner sowie James Holt und ihre Werke über König Johann und die Magna Carta.[1]

Die strukturellen Ursachen für diesen Konflikt liegen in der Entwicklung der englischen Königsherrschaft im 12. Jahrhundert. Das Königtum erreichte unter den angevinischen Herrschern eine bis dahin nicht gekannte Stärke, durch welche sich die englischen Barone in ihrer Machtstellung und Unabhängigkeit zunehmend bedroht fühlten.[2] Schon Heinrich I. hatte die königliche Verwaltung in einem Maße gestärkt, dass moderne Historiker vom englischen Königtum des 12. Jahrhunderts als „administrative kingship" sprechen.[3] Sein Enkel Heinrich II. führte seine Arbeit fort und trieb insbesondere den Ausbau der königlichen Gerichtsbarkeit voran, in dem er neue Prozessformen einführte, wie die Assize *novel disseisin* und *mort d'ancestor*, durch welche Besitzstreitigkeiten auch zwischen Baronen und ihren *tenants* geregelt wurden. Unter seiner Herrschaft kam auch der sogenannte *writ praecipe quod reddat* in Gebrauch, mit welchem man Streitfälle von Gerichten der Barone zu Gerichten des Königs transferieren konnte. Zusammen mit der neuen Institution der königlichen Reiserichter, die im Rahmen der sogenannten *eyres* in den Grafschaften jährlich Recht

---

[1] Turner, *King John*, 175–224; ders., *Magna Carta through the ages*, 9–52; Holt, *Magna Carta*, 23–187 und ders., *Medieval government*, 85–109 und 123–202.
[2] Turner, *Magna Carta through the ages*, 10.
[3] Hollister und Baldwin, Rise of Administrative Kingship, 867–891.

sprachen und damit den Zugang zu königlichen Gerichten für alle freien Untertanen erleichterten, führten diese Neuerungen dazu, dass sich der König stärker als bisher zwischen die Barone und den von ihnen abhängigen Rittern und *tenants* schieben konnte. Die Dominanz der Barone in ihren lokalen Herrschaften wurde gebrochen und das direkte Verhältnis des Königs zu seinen Untervasallen gestärkt.[4] Die Gerichtsbarkeit und Verwaltung ermöglichten dem englischen König daher einen im europäischen Vergleich außerordentlich starken Zugriff auf alle seine Untertanen. Das Ende des 12. Jahrhunderts gilt somit als ein Höhepunkt königlicher Machtfülle in England.

Ein Grund für die Reformen Heinrichs II. war der gestiegene Finanzbedarf des Königs. Die Verteidigung des angevinischen Reiches gegen den französischen König, der stetig mächtiger wurde, verschlang enorme Geldmengen.[5] Die angevinischen Herrscher nutzten daher ihre effiziente Finanzverwaltung, um mit Hilfe treu ergebener Amtsträger von ihren Untertanen hohe Abgaben einzutreiben. So hatte schon Richard I. zur Finanzierung seines Kreuzzugs, zur Zahlung des Lösegelds sowie für den Krieg gegen den französischen König seinem Reich, in erster Linie England und der Normandie, riesige finanzielle Lasten aufgebürdet.[6]

Dennoch schlug erst unter König Johann die Unzufriedenheit vieler Barone in offene Rebellion um. Ein Grund war sicherlich das hohe Ansehen, welches Richard I. trotz der angevinischen Herrschaftsmethoden in weiten Teilen der Bevölkerung genoss. Seine ruhmreichen militärischen Erfolge verliehen ihm die Aura des größten Ritters Englands. Dagegen war das Bild, welches sich die Zeitgenossen von König Johann machten, durch dessen militärisches Versagen geprägt. Seine größte Niederlage war 1204 der Verlust der Normandie und weiterer Festlandsbesitzungen an seinen französischen Rivalen, König Philipp Augustus. Sein letzter Versuch ihrer Rückeroberung scheiterte 1214 in

---

[4] Turner, *Magna Carta through the ages*, 14 und Daniell, *From Norman Conquest to Magna Carta*, 130–132. Für einen Überblick über die Rechts- und Verwaltungsreformen unter Heinrich II. vgl. auch Kluxen, *Verfassungsgeschichte*, 29–47 und Krieger, *Geschichte Englands*, 129–134.

[5] Turner, *Magna Carta through the ages*, 14.

[6] Ders., King John in his context, 184–185 und ders., King John's military reputation, 185.

Bouvines kläglich.[7] Es verwundert daher nicht, dass Johann den wenig schmeichelhaften Beinamen *mollegladius* erhielt.[8]

Nach 1204 richtete König Johann seine ganze Energie auf die Rückgewinnung der verlorenen Territorien auf dem Festland. Die Barone aber, insbesondere jene aus dem Norden Englands, waren zunehmend weniger gewillt, die enormen Lasten eines Feldzuges zu tragen, hatten doch nur noch die wenigsten von ihnen selbst materielle Interessen auf dem Festland zu verteidigen. Ihr Widerstand gegen die immer regelmäßiger und für einen immer längeren Zeitraum eingeforderten militärischen Dienstverpflichtungen auf dem Kontinent wuchs daher im Laufe der Jahre.[9] Daneben musste Johann die Abgabenlast seiner Untertanen in England weiter erhöhen, wollte er gegenüber seinem französischen Rivalen konkurrenzfähig bleiben, der mittlerweile über größere finanziellen Ressourcen verfügte, nachdem der englische König mit der Normandie ein großes Reservoir an Geld und Soldaten verloren hatte.[10] Johann sorgte daher für eine effizientere Ausbeutung seines Kronguts[11] und führte neue Formen der Besteuerung ein.[12]

---

[7] Painter, *King John*, 204 und Holt, *Medieval government*, 130. Turner hat zuletzt einen Versuch zur Ehrenrettung Johanns militärischer Fähigkeiten unternommen. Er zeigt, dass der König sich vor allem durch große Fähigkeiten bei der Organisation und Planung von Heerzügen auszeichnete, aber auch außergewöhnliches Können bei Belagerungen bewies. Dennoch blieb im Gedächtnis der Zeitgenossen vor allem der Verlust der Normandie haften, den Johann zumindest zum Teil durch eigenes militärisches Versagen zu verantworten hatte. Da es ihm im Gegensatz zu seinem Bruder Richard auch an ritterlichen Tugenden fehlte, zementierte diese Niederlage seinen Ruf als militärischer Versager. Vgl. dazu Turner, King John's military reputation, 171–200 und ders., King John in his context, 184–185.

[8] Gervase of Canterbury, *Historical works*, II, 93.

[9] Warren, *King John*, 147–148 und Turner, *Magna Carta through the ages*, 42–43 und 46.

[10] Turner, King John's military reputation, 186–188.

[11] Ein großer Teil der königlichen Einnahmen stammte aus dem Krongut. Richard I. hatte aber viele der von Heinrich II. zurückgewonnen, königlichen Güter an die Magnaten des Reiches erneut verteilt, um sich deren Unterstützung zu sichern und seine Schatzkammer aufzufüllen. Johann blieb daher nur die Möglichkeit, durch effizientere Ausbeutung des Krongutes seine Einnahmen zu stabilisieren, vgl. Warren, *King John*, 146–147 und Turner, *Magna Carta through the ages*, 43.

[12] Zur Deckung seiner Kosten griff Johann auf eine besondere Form der Abgabenerhebung zurück, nämlich eine allgemeine Steuer für alle Untertanen. In Westeuropa seit dem Frühmittelalter langsam in Vergessenheit geraten, hatten die Könige auf der Suche nach der Finanzierung ihrer Kreuzzüge diese Art der Besteuerung neu entdeckt. So hatte Heinrich II. 1188 in England den sogenannten Saladin-Zehnten erhoben. 1203 erhob Johann den Siebten vom persönlichen Eigentum all seiner Untertanen, 1207 einen Dreizehnten. Diese neue Form der Besteuerung provozierte aber so großen Widerstand,

Unter den Baronen stieß insbesondere der Missbrauch seiner feudalen Herrschaftsinstrumente auf erheblichen Unmut. Johann verkaufte Privilegien und Rechte, Ämter und Land sowie Vormundschaften zu sehr hohen Preisen. Junge Barone, die das Erbe ihrer Väter antreten wollten oder sich um die lukrative Heirat einer Erbtochter bewarben, mussten zum Teil außerordentlich hohe Geldsummen an die königliche Schatzkammer überweisen. Ein berühmtes, wenn auch extremes Beispiel sind die 20.000 Mark, die Geoffrey de Mandeville Johann für die Erlaubnis zur Heirat von Isabella, der Countess von Gloucester und Exfrau des Königs, versprach.[13]

Johann aber nutzte seine Herrschaftsrechte nicht allein, um seine Kriegskasse zu füllen, sondern auch, um sich die Loyalität seiner Vasallen zu sichern. Natürlich waren die vom König erhobenen Geldforderungen unterschiedlich hoch. Jene, die seine Gunst genossen, die er als loyal einschätzte, erwarben die gewünschten Rechte und Privilegien zu günstigeren Bedingungen als jene, denen er misstraute.[14] Deren Treue, ja Abhängigkeit sicherte er sich dadurch, dass er die Schulden, die er ihnen auf Grund seiner unverhältnismäßig hohen Geldforderungen aufgebürdet hatte, als Druckmittel gegen sie einsetzte. Zeigten sie sich loyal, war es möglich, dass er ihnen einen Teil oder die gesamten Schulden erließ. Glaubte er sich jedoch von ihnen hintergangen, glaubte er sogar an eine Verschwörung gegen sich, konnte er ihre Versäumnisse bei der Schuldentilgung als willkommenen Vorwand nutzen, um ihren Besitz zu konfiszieren und ihre Gefangennahme oder ihr Exil anzuordnen.[15] Bedenkt man, dass Geoffrey de Mandeville über ein Jahreseinkommen von etwa 550 Pfund, also etwa 1100 Mark verfügte, wird deutlich, in welchem Maße dieser bei seiner Schuldentilgung von 20.000 Mark auf den guten Willen des Königs angewiesen war.[16]

Schon die Vorgänger Johanns auf dem englischen Thron hatten sich ihrer königlichen Lehnsrechte bedient, um einerseits den steigenden Kriegskosten höhere Einnahmen entgegenzusetzen, und um andererseits ihre Kontrolle über die Barone zu erhalten. Doch Johanns

---

dass er von weiteren Erhebungen dieser Art absah, vgl. Warren, *King John*, 149–150 und Turner, *Magna Carta through the ages*, 45.

[13] *Rotuli de Oblatis et Finibus*, 520–521.

[14] Gillingham, *Angevin Empire*, 60.

[15] Warren, *King John*, 181–185; Holt, *Magna Carta*, 190 und ders., *Medieval government*, 131–132 und 134–138.

[16] Painter, *King John*, 283. Für weitere Einzelheiten über das Ausmaß der Verschuldung einzelner Barone unter König Johann vgl. Keefe, *Proffers of heirs*, 102–104.

Charaktereigenschaften verführten ihn dazu, diese Instrumente weit über das bisher bekannte Maß zu nutzen und zu missbrauchen. Der König war ein sehr misstrauischer und furchtsamer Mensch, der sich ständig von vermeintlichen Verschwörern bedroht fühlte. Darüber hinaus war er eine äußerst wankelmütige Person. Seine Gunst konnte bei dem geringsten Verdacht schnell in Feindschaft umschlagen, mit all seinen furchtbaren Folgen für die Betroffenen.[17] Schließlich hatte Johann auch eine ausgeprägt grausame und rachsüchtige Seite, wie der Sturz Williams de Braose anschaulich dokumentiert. Der Magnat war nach seinem Bruch mit dem König 1207 nach Irland geflohen, nachdem Johann seine Existenz in England zu vernichten drohte. Als der König 1210 in Irland einfiel, konnte William sich nach Frankreich absetzen, wo er kurz darauf verstarb, während seine Frau und sein ältester Sohn in Gefangenschaft Johanns gerieten, der sie dort verhungern ließ.[18] Der Fall führte den Baronen nicht nur die Grausamkeit Johanns in aller Deutlichkeit vor Augen, sondern auch die Möglichkeiten eines angevinischen Herrschers, einen der mächtigsten Magnaten des Reiches vollständig zu vernichten. So konnte Johann während der Verfolgung Williams stets auf die Rechtmäßigkeit seines Vorgehens verweisen, hätten ihn doch dessen ausstehende Schulden gegenüber dem *exchequer* berechtigt, dessen Ländereien zu konfiszieren oder dessen Sohn als Geisel zu nehmen. Die Unberechenbarkeit und Grausamkeit Johanns, gepaart mit seiner Machtfülle weckte ein Gefühl der Bedrohung unter den Baronen, welches sich allmählich in Misstrauen und zuweilen auch Hass gegenüber dem König manifestierte.[19]

Johanns fragwürdiges Rechtsverständnis zeigt sich auch darin, dass er als oberster Gerichtsherr das Recht beugte und den Zugang zu seinen Gerichten manipulierte. Er konnte den Zutritt zu ihnen gewähren, aber auch vorenthalten, er konnte Prozesse verzögern oder beschleunigen, je nachdem, wie er es politisch für sinnvoll erachtete. Gerade die Barone litten unter der königlichen Willkür, da sie ihre Streitfälle in der Regel *coram rege* verhandeln mussten. Die Günstlinge Johanns konnten Urteile in ihrem Sinne erwarten, während Barone, die wegen

---

[17] Turner, *Magna Carta through the ages*, 15–16 und 32–33; Alexander, *Three crises*, 66; Warren, *King John*, 181 und Holt, *Medieval government*, 131.

[18] *Brut y Tywysogion*, 262–264; Rogerus de Wendover, *Flores historiarum*, II, 56–57; Walter of Coventry, *Historical collections*, 202; Radulphus de Coggeshall, *Chronicon*, 164 und *BL Ms. Cotton Julius D v*, fol. 24.

[19] Holden, King John, the Braoses, and the Celtic Fringe, 1 und 8.

vermeintlich mangelnder Loyalität in Ungnade gefallen waren, allen
Grund hatten, den Ausgang ihres Prozesses zu fürchten. Ihnen stand
allein die Möglichkeit offen, sich die Gunst des Königs und damit
ein genehmes Urteil zu erkaufen. Am wenigsten konnten diejenigen
Magnaten auf Gerechtigkeit hoffen, deren Land Johann willkürlich
konfisziert hatte. Der König würde ihnen kein *writ* zur Einberufung
eines Gerichts gewähren, das die Unrechtmäßigkeit seines Vorgehens
hätte feststellen können.[20]

Auch diese Rechtspraktiken waren schon von Heinrich II. und
Richard I. bekannt, Johann aber nahm viel stärker persönlich mit
großem Interesse und Energie an diesen Regierungsgeschäften teil.
Keiner seiner Vorgänger war so regelmäßig durch England gereist,
hatte vergleichsweise häufig persönlich seine Rechte auch gegen große
Widerstände eingefordert, als Richter Streitfälle an sich gezogen, seine
Feinde bestraft und seine Freunde unterstützt. Damit aber stand kein
königlicher Amtsträger mehr zwischen den Untertanen und dem König,
die Enttäuschung und der Zorn der Benachteiligten richtete sich nun
direkt gegen Johann selbst.[21] Gerade die Regionen im Norden Englands,
die Johann nun regelmäßig bereiste, waren zuvor nur selten von den
englischen Königen besucht worden. Die dortigen Barone fühlten sich
durch die Präsenz des Königs, der nun brachliegende Rechte einforderte
und sich in Streitigkeiten einmischte, in ihrer Unabhängigkeit beeinträchtigt. Zudem hielt sich Johann seit dem Verlust der Normandie
1204, ganz im Gegensatz zu seinem Bruder Richard I., fast durchgängig
in England auf.[22] Daher konnte er noch regelmäßiger die verschiedenen Regionen der Insel bereisen. In dieser Hinsicht war Johann ein
engagierter König. Doch für die Menschen im Mittelalter war dies kein
Kriterium für einen guten Herrscher. Im Gegenteil, sie wollten mit ihm
oder seinen Amtsträgern so selten wie möglich zu tun haben. Über
jene Eigenschaft aber, welche für die Menschen einer kriegerischen
Gesellschaft von größerer Bedeutung war, nämlich militärisches Genie,
verfügte Johann dagegen nach Meinung seiner Zeitgenossen nicht.[23]

---

[20] Turner, *King John*, 206–210; Warren, *King John*, 176–177 und Holt, *Medieval government*, 173–175.

[21] Turner, *King John*, 187 und 204 und Holt, *Medieval government*, 129.

[22] Richard I. war die letzten fünf Jahre seiner Herrschaft nach der Rückkehr aus seiner Gefangenschaft etwas mehr als drei Jahre in der Normandie, ein Jahr in Anjou, acht Monate in Aquitanien, aber weniger als zwei Monate in England, vgl. Gillingham, *Angevin Empire*, 53.

[23] Kaufhold, *Rhythmen politischer Reform*, 16 und 41; Holt, *Medieval government*, 97 und Turner, King John in his context, 183–185.

Johann vertraute, wie auch Heinrich II. und Richard I., die Durchsetzung seiner Ziele und Interessen überwiegend gut ausgebildeten
Männern aus den unteren sozialen Schichten an, die zu einem großen
Teil aus Frankreich, etwa Poitou stammten. Die königliche Verwaltung
und Gerichtsbarkeit waren wegen ihrer zunehmenden Komplexität und
Ausdifferenzierung auf eine Professionalisierung ihrer Amtsträger angewiesen, sie verlangten nach einer immer größeren Anzahl von gelehrten,
etwa im Recht geschulten Männern, die der König vornehmlich in der
Ritterschaft fand. Johann vertraute auf Grund seiner Persönlichkeit
diesen sozialen Aufsteigern aber in besonderem Maße. Als ängstlicher
Herrscher, der überall Verrat witterte, hatte er von jenen, wollten sie
Karriere machen und daher auf seine Gunst und Patronage angewiesen
waren, weitaus weniger zu befürchten als von den mächtigen und von
ihm unabhängigeren Baronen. Der König umgab sich daher am Hof
in erster Linie mit diesen Aufsteigern, machte sie zu seinen engsten
Ratgebern und Vertrauten und ließ ihnen bevorzugt die königliche
Patronage zukommen. In den Grafschaften ernannte er sie zu Sheriffs,
Kastellans oder zu Aufsehern über vakante Bistümer und Kirchen,
die dort rücksichtslos, zum Leidwesen vieler Barone, die Interessen
Johanns durchsetzten. Die Barone sahen sich infolgedessen durch
diese „Newcomer" in ihrer traditionellen Vorrangstellung bedroht und
entwickelten zum Teil einen starken Hass insbesondere gegen die aus
Frankreich stammenden *curiales*. Sie fühlten sich bei der Verteilung
der Ämter und der königlichen Patronage zunehmend benachteiligt.
Vor allem fürchteten sie um ihren Status als die traditionellen und
rechtmäßigen Ratgeber des Königs. Denn Johann beriet sich nicht nur
in tagespolitischen Fragen allein mit seinen engsten Vertrauten, auch
weitreichende Entscheidungen traf er häufig nach Beratung im kleinen
Kreis. Dagegen berief er nur noch selten große Ratsversammlungen ein,
über die die Magnaten sich an der Politikgestaltung hätten beteiligen
können. Natürlich gehörten neben den *curiales* auch einige Barone zum
Ratgeberkreis um Johann, aber nur eine kleine, privilegierte Minderheit.
Wesentliche Voraussetzungen für eine stabile Königsherrschaft, eine
ausgeglichene Verteilung der Ämter, der Patronage und des Einflusses
unter den Großen des Reiches, waren somit unter Johann nicht erfüllt.[24]
    Die Politik Johanns, seine Ausbeutung Englands mit Hilfe einer
effizienten Verwaltung, exekutiert durch treu ergebene Amtsträger

---

[24] Fryde, *Why Magna Carta*, 30–31, 40–41 und 48–50 und Turner, *King John*,
182–185.

am Hof, am *exchequer* und in den Grafschaften, der Missbrauch seiner Herrschaftsrechte und seine ungleiche Verteilung der königlichen
Patronage trieb vor allem jene Barone in die Rebellion, die sich besonders benachteiligt, zum Teil sogar in ihrer Existenz bedroht fühlten.
Laut Holt war der Aufstand gegen König Johann 1215 „a rebellion
of the king's debtors."[25] Die Barone beschränkten sich aber nicht
darauf, individuelle Forderungen und Klagen an den König heranzutragen, sie entwickelten ein darüber hinaus gehendes, gemeinsames
Reformprogramm. Voraussetzung dafür war die Entstehung eines
politischen Bewusstseins, welches sie ihre gemeinsamen Interessen
erkennen ließ, die sich fundamental von jenen des Königs unterschieden. In Ablehnung der angevinischen Herrschaftsmethoden forderten
sie daher die alten Rechte und Gewohnheiten aus der Zeit Edwards dem
Bekenner und Heinrichs I., von denen sie sich sowohl Sicherheit als auch
angemessenen Einfluss versprachen und die ihnen Schutz vor unangemessenen Geld- und Dienstforderungen des Königs bieten sollten. Dazu
gehörte ebenso die Forderung nach einer stärkeren Berücksichtigung
im Rat des Königs und nach einer Politik, die in Absprache mit den
Großen gestaltet wurde, nach einer Politik *per consilium baronum*. Sie
wendeten sich gegen eine königliche Herrschaft, die *sine iudicio* und
per voluntatem agierte.[26]

Die Aufgabe der nächsten Kapitel ist es zu zeigen, dass Langton derjenige war, der die unzufriedenen Magnaten als ihr Fürsprecher zu einem
gemeinsamen Reformprogramm leitete. Langton lehnte, erinnert man
sich an seine theologischen Schriften, ebenso wie die Barone die exzessive Abgabenpolitik des Königs und dessen Willkür beim Umgang mit
den tradierten Rechten des Reiches ab. Er hatte als Theologe in Paris von
den Königen gefordert, ihre Politik in Absprache mit den Untertanen
zu gestalten und sich dem Gesetz zu unterwerfen. Als Erzbischof nun
legte er kurz nach seiner Rückkehr aus dem Exil den Baronen eine
Urkunde Heinrichs I. als Basis für einen solchen Gesetzestext vor, den
man gemeinsam in den folgenden Monaten erarbeiten und auf den
man schließlich König Johann verpflichten wollte.

---

[25] Holt, *Northerners*, 34.
[26] Turner, *King John*, 176; ders., *Magna Carta through the ages*, 22 und 51; Krieger,
Geschichte Englands, 148 und Holt, *Medieval government*, 153–155.

KAPITEL VI

LANGTONS POLITISCHE ROLLE 1213/1214

VI.1. *Die politische Ausgangslage für Langton im Sommer 1213 und seine begrenzte Zusammenarbeit mit König Johann*

Nach der Friedensvereinbarung zwischen dem englischen König und dem Heiligen Stuhl im Mai 1213 war der Weg frei für die Rückkehr des Erzbischofs von Canterbury nach England, und so landete Langton im Juli 1213 in Dover.[1]

Was waren die dringlichsten Aufgaben, seine vornehmlichen Pflichten, denen er sich als Erzbischof von Canterbury nach seiner Rückkehr zu widmen hatte? Was waren seine längerfristigen Ziele und Erwartungen, mit denen er nach fünfjährigem Exil englischen Boden betrat? Als einer der mächtigsten Magnaten in England galt seine Sorge zunächst den Temporalien der Kirche von Canterbury, ihrer Restauration nach sieben Jahren der Ausbeutung durch den König. Der erste Schritt war natürlich die Rückgewinnung aller Kirchengüter sowie der Rechte und Privilegien, über welche sein Vorgänger Hubert Walter verfügt hatte. Noch vor der Landung Langtons in England hatte König Johann den Sheriffs der Grafschaften von Kent, Middlesex, Sussex, London und Surrey die Order erteilt, dem Erzbischof all seine Besitzungen und Rechte zu übergeben, die schon seine Vorgänger besessen hatten, sowie den Rittern und *tenants* des Erzbischofs befohlen, Langton gegenüber gehorsam zu sein.[2] Der Erzbischof hatte einen gewissen Robert de Pennis vorausgeschickt, der als sein Vertreter die Güter in Empfang nehmen sollte.[3] Den überwiegenden Teil aller Rechte und Besitzungen hatte Johann damit dem Erzbischof zurückerstattet. Einige Rechtstitel aber, auf welche Langton Anspruch erhob, waren bei Johann verblieben. Der Erzbischof bemühte sich daher in den nächsten Monaten und Jahren um deren Rückgabe, beziehungsweise um deren erneute Bestätigung durch den König. Darüber hinaus hatten lokale Ritter und

---

[1] Gervase of Canterbury, *Historical works*, II, 108.
[2] *Rot. Lit. Claus.*, 134, 137 und 145 und *Lambeth Ms. 1212.*, fol. 104r und fol. 106r.
[3] *Rot. Lit. Pat.*, 99 und Major, Familia, 530.

Landbesitzer die Abwesenheit des Erzbischofs genutzt, sich auf seine
Kosten zu bereichern. Eine der Hauptaufgaben Langtons bestand somit
darin, Dienste und Abgaben, die seine Ritter und *tenants* dem Erzbischof
zu leisten hatten, die in den letzten Jahren aber nicht in vollem
Umfang erhoben worden waren, wieder zu erheben und einzufordern.
Und schließlich hatten die Güter des Erzbischofs erheblich unter der
Ausbeutung und Plünderung durch die königlichen Amtsträger gelitten.
Der König hatte schon bei regulären Kirchenvakanzen kein Interesse
an einer nachhaltigen Bewirtschaftung der in seiner Aufsicht befindlichen kirchlichen Güter. Er war dagegen bestrebt, in kurzer Zeit soviel
Gewinn wie möglich aus ihnen herauszupressen.[4] Der Wille Johanns zur
rücksichtslosen und ruinösen Ausbeutung der Ländereien war aber in
dem Zeitraum zwischen 1207 bis 1213 mit Sicherheit noch ausgeprägter,
waren diese Jahre doch von der Auseinandersetzung mit dem Papst
um die Wahl des Erzbischofs sowie vom steigenden Finanzbedarf auf
Grund des geplanten Feldzugs in Frankreich geprägt. Ein mühsamer
Wiederaufbau der landwirtschaftlichen Produktion auf den Gütern
des Erzbischofs nach 1213 war daher notwendig. Als hilfreich für eine
schnelle Regeneration konnten sich die Reparationszahlungen erweisen,
die König Johann im Rahmen der Vereinbarung vom Mai 1213 für
die erlittenen Schäden und Verluste der Kirche versprochen hatte. Die
Aufhebung des Interdikts war an diese Wiedergutmachungsleistungen
des Königs gebunden. Die *forma pacis* aber war nicht eindeutig, ob
die Zahlungen tatsächlich zuvor getätigt werden mussten, oder ob ein
Versprechen des Königs ausreichte, diese in Zukunft zu leisten.[5] Langton
kämpfte in den nächsten Monaten zusammen mit seinen Suffraganen
dafür, dass der König die geleisteten Versprechen vor dem Ende des
Interdikts in vollem Umfang erfüllte.

Am Ende dieser Arbeit befasse ich mich in einem eigenen Kapitel
mit der Verwaltung der *temporalia* während Langtons Pontifikat. Darin
werde ich mich auch detaillierter mit dem Bemühen des Erzbischofs
um eine Restauration seiner Kirchengüter und der Revindikation entfremdeten Kirchenvermögens auseinandersetzen. Auf den nächsten
Seiten soll dagegen in erster Linie sein Kampf um die königlichen
Reparationszahlungen analysiert werden. Diese Auseinandersetzung

---

[4] Howell, *Regalien Right*, 50–52, 117–119 und 142–146 und Williams, *Boniface of
Savoy*, 296, 311 und 314.
[5] Cheney, *Innocent III*, 348–349.

wirft ein prägnantes Bild auf das Verhältnis zwischen dem König und dem Erzbischof, wie es sich schon bald nach der Rückkehr Langtons entwickeln sollte. Es werden gleichzeitig seine wachsenden Schwierigkeiten sichtbar, sich gegen Johann durchzusetzen, sobald dieser sich der Rückendeckung seines Lehnsherrn Papst Innozenz III. bewusst wurde.

Das wichtigste Aufgabenfeld für Langton als Metropolit war nach seiner Rückkehr die Besetzung der zahlreichen vakanten Bistümer in England. Als Teil der Reformbewegung an den Pariser Schulen, bestärkt durch sein eigenes Schicksal während der letzten sechs Jahre im Exil, trat der Erzbischof für freie, kanonische, vom König unabhängige Wahlen der Domkapitel ein. Er bevorzugte Kandidaten, die ihre Karriere nicht am königlichen Hof begonnen, sondern ihre Bildung den Schulen und Universitäten zu verdanken hatten. Ein weiterer Konflikt mit dem König, der auch in Zukunft die Bistümer mit Klerikern seines Vertrauens besetzen wollte, war daher unausweichlich.[6] Die Auseinandersetzung besaß für Langton zusätzlich eine machtpolitische Dimension, stellten doch die Kandidaten des Königs seinen Vorrang im Episkopat zunehmend in Frage.

In den nächsten Jahren stand der sich zuspitzende Konflikt zwischen König Johann und den unzufriedenen Baronen im Vordergrund. Im Exil hatte Langton die aus England geflohenen Rebellen vermutlich bei sich empfangen und sie möglicherweise in ihrem Ziel bestärkt, den König mit Gewalt abzusetzen. Hatte der Erzbischof solche Pläne tatsächlich unterstützt, hatte er sich jedoch spätestens seit dem Frieden zwischen Johann und Innozenz III. und der daraus resultierenden Oberlehensherrschaft des Papstes über England von ihnen distanziert. Er unterstützte aber weiterhin die Forderungen der Barone nach einer gerechten und beschränkten Königsherrschaft und versuchte, diesen in seiner Funktion als Fürsprecher gegenüber dem König Nachdruck zu verleihen.

Wie waren die politischen Rahmenbedingungen gestaltet, unter denen Langton nach seiner Ankunft in England im Juli 1213 seine Pläne und Ziele zu verwirklichen suchte? Widmen wir uns zunächst den Möglichkeiten des Erzbischofs, am Hof König Johanns die Politik in seinem Sinne mitgestalten zu können. Langton war bei seiner Ankunft

---

[6] Walter of Coventry, *Historical collections*, 213–214; Powicke, *Langton*, 104 und Cheney, *Innocent III*, 159.

in England ein Außenseiter unter den *curiales* am Hof, ein Magnat ohne eigenes Netzwerk.[7] Die Barone am Hofe waren zudem treue Anhänger Johanns und hatten wenig Sympathie für ehemalige Rebellen wie Robert fitz Walter und deren Fürsprecher. Zusätzlich musste der Erzbischof Johann Ohneland, trotz dessen Friedensvereinbarung mit der Kirche, von Anfang an zu seinen Gegnern zählen. Langton konnte daher nicht damit rechnen, dass Johann ihm als Erzbischof von Canterbury seinen traditionellen Platz als erster Berater am Hof einräumen würde.

Ohne die Gunst des Königs und ohne ein eigenes Netzwerk am Hof war Langton umso stärker auf die Unterstützung seiner Suffragane angewiesen. Im englischen Episkopat waren die Anhänger Johanns seit dem Interdikt isoliert, der Erzbischof stand daher, zumindest in den ersten Monaten, unangefochten an der Spitze der Bischöfe und konnte als deren Sprecher im Rat des Königs auftreten. Darüber hinaus verfügten einige Prälaten als ehemalige Hofkleriker über einen großen politischen Erfahrungsschatz und konnten ihre Netzwerke aus dieser Zeit reaktivieren. Langton konnte daher in den nächsten Monaten sowohl auf ihre Erfahrungen als auch auf ihren Draht zum König zurückgreifen.

Der Erzbischof, so lässt sich zusammenfassen, war am Königshof nach seiner Rückkehr aus dem Exil kein gern gesehener Gast, der im Rat eher widerwillig vom König und seinen Vertrauten akzeptiert und angehört wurde. Doch Langton besaß den Rückhalt der überwältigenden Mehrheit der englischen Bischöfe, und so konnte Johann ihn und seine Anliegen zumindest in den ersten Monaten nach seiner Ankunft in England nicht leichtfertig ignorieren, zumal der Erzbischof und seine Suffragane noch die volle Rückendeckung des Papstes zu genießen schienen, den der König als sein neuer Vasall nicht brüskieren wollte. Langton hatte bei seiner Ankunft in England mehrere päpstliche Mandate im Gepäck, die Innozenz III. ihm während seines Romaufenthaltes im Frühjahr 1213 ausgestellt hatte. Darunter befanden sich jene bereits erwähnten Briefe des Papstes, die mehrere Anweisungen an den Episkopat enthielten, sollte König Johann den Frieden mit der Kirche erneut brechen.[8] Daneben hatte Langton zwei weitere Schreiben vom Papst erhalten. Innozenz III. erteilte darin zum einen den Prälaten das Mandat, alle Kleriker zu suspendieren, die

---

[7] Vincent, *Peter des Roches*, 88.
[8] Vgl. oben, 97–98.

die Exkommunikation des Königs und anderer ignoriert hatten.[9] Am
Hof und in der Verwaltung des Königs waren viele Geistliche tätig,
die nun von einer Suspendierung bedroht waren. Das Schreiben war
daher geeignet, den König unter massiven Druck zu setzen. Zusätzlich
erhielt Langton zusammen mit den Bischöfen vom Papst die Order, alle
Vereinbarungen zu annullieren, die der König Klerikern und Mönchen
aufgezwungen hatte, und die nun einer vollständigen Rückgabe aller
gestohlenen Besitzungen entgegenstanden.[10] Die Bischöfe konnten
die päpstlichen Mandate dazu nutzen, ihren Vorstellungen bei der
Umsetzung des Friedens am Hof größeren Nachdruck zu verleihen, vor
allem in Bezug auf die von Johann zu leistenden Reparationen.

Der König konnte deshalb in den ersten Wochen nach der Ankunft
der Prälaten in England keine Konfrontation mit dem Erzbischof riskieren. Er hatte zwar durch seine Unterwerfung in Innozenz III. einen
neuen Verbündeten gewonnen, doch auf Grund der päpstlichen Briefe
konnte Johann zunächst nicht darauf vertrauen, dass der Papst ihn auch
in einer Auseinandersetzung mit dem Episkopat unterstützen würde.
Bis zu der Ankunft des Legaten Nicholas von Tusculum im September
1213, der fortan als Verbündeter dem König gegen die Bischöfe zur
Seite stehen würde, musste Johann die Interessen Langtons und seiner
Suffragane auch gegen seinen Willen berücksichtigen.

Diese erzwungene Kompromissbereitschaft Johanns zeigt sich bei
den Verhandlungen um die Reparationsleistungen, die nur wenige Tage
nach der Landung Langtons und der Bischöfe in England aufgenommen
wurden. Noch vor seiner Absolution durch den Erzbischof schwor der
König vor den versammelten Magnaten am 18. Juli in Portchester, für
alle Schäden und Verluste während des Interdikts bis Ostern 1214 finanziellen Ausgleich zu leisten. Zusätzlich, gleichsam als Anzahlung, versprach er, den Prälaten bis Weihnachten 1213 15.000 Mark zu zahlen.[11]
Zwei Tage später in Winchester, an dem Tag seiner Absolution, leistete
Johann einen weiteren Eid. Der Inhalt des Schwurs glich vermutlich
dem Krönungseid und beinhaltete im Wesentlichen das Versprechen,
die Kirche zu lieben und zu schützen sowie im Einklang mit den guten,
alten Rechten zu regieren.[12] Wer oder was Johann dazu veranlasst hatte,

---

[9] *Letters of Innocent III*, Nr. 908, 150.
[10] *Selected Letters of Innocent III*, Nr. 46, 137 und *Letters of Innocent III*, Nr. 907,
150.
[11] *Registrum Antiquissimum*, I, 137.
[12] Holt, *Magna Carta*, 219; Turner, *King John*, 230 und Warren, *King John*, 213.

diesen Eid zu leisten, ist nicht eindeutig zu rekonstruieren. Die Quellen, die von dem Schwur berichten, geben darüber keine Auskunft.[13] Es ist aber wahrscheinlich, dass Johann dem Drängen des Erzbischofs nachgab. Langton war dem Willen des Königs gegenüber äußerst misstrauisch, sich an die Vereinbarungen mit dem Papst zu halten und die Rechte und Freiheiten der Kirche auch in Zukunft zu respektieren. Er betrachtete vermutlich eine Wiederholung des Krönungseides als vertrauensbildende Maßnahme.[14] Der Schwur beinhaltete, wie erwähnt, auch das Versprechen einer Herrschaft im Einklang mit den guten, alten Rechten. Wendover wird in seiner Erzählung konkreter. Seinem Bericht nach versprach der König, die guten Gesetze seines Vorgängers Edwards des Bekenners wieder einzuführen sowie sich entsprechend den gerechten Urteilen der königlichen Gerichte zu verhalten und jedem Mann sein Recht zu gewähren.[15] Der Chronist aus St. Albans betrachtete den geleisteten Schwur Johanns offensichtlich als ersten Schritt zur Magna Carta und dem dort enthaltenen Prinzip einer durch das Recht beschränkten Königsherrschaft.[16] Powicke schloss sich dieser Interpretation der Ereignisse an.[17] Ich möchte meine Schlussfolgerung vorsichtiger formulieren. Langton hatte in Winchester wahrscheinlich nicht allein die Interessen der Kirche vertreten. Er hatte vermutlich den Krönungseid als Mittel betrachtet, um Johann, den Klagen der Barone gedenkend, an seine christlichen Pflichten als König, nämlich an die Fürsorge und den Schutz all seiner Untertanen, zu erinnern. Johann, der eine Konfrontation vermeiden wollte, kam der Bitte Langtons nach, auch, wenn er vermutlich nie ernsthaft in Betracht gezogen hatte, sich durch den Schwur in der Ausübung seiner Herrschaftsrechte auf irgendeine Weise binden oder einschränken zu lassen.

Die Verhandlungen zwischen dem Episkopat und dem König um die Reparationsleistungen wurden auch die nächsten Tage und Wochen fortgesetzt. Der Erzbischof und seine Suffragane begleiteten zumindest bis Ende Juli Johann und seinen Hof auf dem Weg durch Südengland.[18] Langton konnte sich bei dieser Gelegenheit weitere Konzessionen des Königs sichern. So erteilte Johann etwa am 25. Juli

---

[13] Rogerus de Wendover, *Flores historiarum*, II, 81 und Radulphus de Coggeshall, *Chronicon*, 167.

[14] Holt, *Magna Carta*, 219.

[15] Rogerus de Wendover, *Flores historiarum*, II, 81.

[16] Holt, *Magna Carta*, 219.

[17] Powicke, *Langton*, 112–113.

[18] *Rot. Chart.*, 194. Für ein Itinerar Langtons vgl. *Acta Stephani*, 164–167.

1213 Hugh de Neville, dem obersten Amtsträger zuständig für den königlichen Forst, die Order, dem Erzbischof 500 Hirsche und Rehe zu überlassen, vermutlich als Entschädigung für das Wildern königlicher Jagdgesellschaften in den erzbischöflichen Wäldern während der vergangenen Jahre.[19] Daneben einigten sich der König und die Bischöfe auch über die Rückgabe von mehreren Burgen, darunter jene in Rochester.[20] Diese bedeutende königliche Festung hatte Heinrich I. dem damaligen Erzbischof von Canterbury, William de Corbeuil, und seinen Nachfolgern 1127 für alle Zeiten zur Aufsicht übertragen, doch hatten in den folgenden Jahrzehnten die Erzbischöfe nicht durchgehend über die Burg verfügen können. So hatte Langtons Vorgänger Hubert Walter die Aufsicht erst im Juni 1202 von Reginald de Cornhill, dem Sheriff von Kent, zurückerhalten. Nach dessen Tod fiel die Burg wieder an die mächtige Familie Cornhill zurück, deren Mitglieder seit 1168 die Grafschaft Kent ohne Unterbrechung als Sheriffs hielten.[21] Langton, so scheint es, verlangte im Juli 1213 mit Hinweis auf die Rechte der Kirche von Canterbury vom König die Festung zurück. Johann aber widerstrebte es, seinem misstrauisch beäugten Widersacher diese bedeutende königliche Burg auszuhändigen. Man einigte sich schließlich auf einen Kompromiss. Zwar wurde am 21. Juli ein königliches Mandat an Reginald de Cornhill, der seinen gleichnamigen Vater als Sheriff von Kent abgelöst hatte, ausgestellt, wonach er die Burg Langton auszuhändigen habe,[22] tatsächlich aber blieb sie in dessen Gewahrsam und damit unter der direkten Kontrolle des Königs. Langton und Johann waren übereingekommen, dass der königliche Amtsträger Reginald de Cornhill die Burg in Vertretung des Erzbischofs zunächst für ein Jahr halten solle, mit der Option auf Verlängerung für ein Jahr, sollte Langton zustimmen.[23] Der König hatte damit zwar die Rechte des Erzbischofs anerkannt, sich aber die Kontrolle über diese wichtige Burg erhalten.

In den königlichen Registern sind drei Schriftstücke aus diesen Wochen überliefert, welche die Rolle Langtons am Hof als Fürsprecher der ehemaligen Rebellen, Robert fitz Walter und Eustace de Vescy,

---

[19] *Rot. Lit. Claus.*, I, 146. Ähnliche Schenkungen des Königs erhielten die Bischöfe von London und Ely, vgl. *Rot. Lit. Claus.*, I, 146. Die Annalen von Dunstable berichten von weiteren, sehr großzügigen Zugeständnissen des Königs an den Bischof von Lincoln in diesen Tagen, vgl. Annales de Dunstaplia, 37–38.

[20] Brown, List of Castles, 254.

[21] Rowlands, Stephen Langton and Rochester Castle, 268–270.

[22] *Lambeth Ms. 1212*, fol. 107.

[23] Ebd., fol. 13 und fol. 111.

dokumentieren. In einer Urkunde vom 19. Juli 1213 versprach König
Johann, alle Besitztümer der beiden ehemaligen Exilanten ohne
Verzögerung vollständig zurückzuerstatten. Langton wird zum Garanten
dieser Zusage ernannt.[24] In einem weiteren, nicht vollständig erhaltenen
Schreiben vom 21. Juli 1213 an den Baron Gilbert fitz Reinfrey sowie
den Archidiakon von Durham und Philipp de Ulecot erteilte der König
Anweisungen bezüglich der Lehen von Eustace de Vescy. Langton
wurde zusammen mit dem Justiziar Geoffrey fitz Peter beauftragt, deren
Ausführung zu überwachen.[25] Und schließlich sollten Eustace de Vescy
über Elias von Dereham, den bereits erwähnten Kleriker des Erzbischofs,
Gelder für erlittene Schäden ausgezahlt werden.[26] Der Erzbischof nahm
sich erneut nicht ausschließlich der Anliegen der Kirche an, sondern
vertrat auch die Interessen der weltlichen Opposition gegenüber dem
König am Hof.

Anfang August verließ Langton vermutlich den Königshof, zumindest lässt sich für die nächsten Wochen seine Anwesenheit dort in
den Registern nicht mehr nachweisen. Möglicherweise begab er sich
nach Canterbury, um sich dort, erstmals nach seiner Weihe vor sechs
Jahren, seinen administrativen und pastoralen Pflichten im Erzbistum
zu widmen. Im Laufe der nächsten Kapitel wird sich zeigen, dass sich
der Erzbischof aber keineswegs aus der Politik zurückzog, sondern im
Gegenteil auch in den nächsten Monaten an den wichtigsten politischen
Ereignissen an führender Stelle beteiligt war. Am 25. August 1213 etwa
beauftragte König Johann zwei seiner engsten Vertrauten, William de
Cantilupe und John Marshal, den Waffenstillstand mit seinen Feinden
in Wales bis zum 1. November zu sichern, damit der Erzbischof von
Canterbury einen längerfristigen Friedensvertrag aushandeln könne.[27]
Wie und wann Langton seinem Auftrag nachkam und wie erfolgreich
er war, ist in den Quellen nicht überliefert.[28]

Es bleibt aber festzuhalten, dass Langton nach seiner Rückkehr
im Juli 1213 dank der päpstlichen Mandate sowie der Unterstützung
des Episkopats seinen Interessen am Hof gegenüber Johann Geltung
verschaffen und den König zu Konzessionen bewegen konnte. Eine
Erzählung Wendovers bestätigt den Eindruck von Langtons machtvoller

---

[24] *Rot. Lit. Pat.*, 101.
[25] Ebd.
[26] *Rot. Lit. Claus.*, I, 146.
[27] *Rot. Lit. Pat.*, 103.
[28] J. B. Smith, Charters of the Welsh princes, 356–357.

Position im Sommer 1213. Der Chronist berichtet von einer Anweisung des Königs kurz nach seiner Absolution:

> *Inde vero apud Portesmuthe cum festinatione veniens, ut transfretaret in Pictaviam, Galfrido filio-Petri et episcopo Wintoniensi regnum Angliae commisit, praecipiens ut cum consilio Cantuariensis archiepiscopi omnia regni negotia ordinarent.*[29]

Obwohl Wendover anschließend fälschlicherweise berichtet, der König sei nach Poitou aufgebrochen,[30] die politische Bedeutung des Erzbischofs in dieser Zeit hat er dennoch richtig eingeschätzt: Langton gehörte als unumstrittener Anführer des Episkopats neben dem Justiziar und Peter des Roches zu den mächtigsten Magnaten in England. Die Ankunft des päpstlichen Legaten aber sollte dieses Kräfteverhältnis zu Ungunsten des Erzbischofs verändern.

VI.2. *Der Konflikt zwischen König Johann und Langton um das Ende des Interdikts und um die Bischofswahlen*

König Johann scheint schon beim Abschluss der Friedensverhandlungen mit dem Papst im Mai 1213 erkannt zu haben, dass die Bischöfe, speziell ihr Kopf, der Erzbischof von Canterbury, nach ihrer Rückkehr aus dem Exil sich ihm gegenüber in einer starken Position befinden und ihn in seiner politischen Handlungsfreiheit einschränken würden. Eine persönliche Aussöhnung mit Langton, durch welche er den Episkopat als Bündnispartner hätte gewinnen können, hielt er offensichtlich für ausgeschlossen, zumindest sind keine Indizien überliefert, dass der König sich um eine echte Versöhnung bemühte.[31] Dagegen sind schon früh Bestrebungen Johanns erkennbar, die Macht und Autorität des Erzbischofs empfindlich zu schwächen. Vermutlich im Mai 1213 wandte sich der König mit der Bitte an den Papst, einen Legaten *a latere* nach England zu senden.[32] Ein solcher Legat war dem Erzbischof übergeordnet. Langtons Stimme als Sprecher des Episkopats würde

---

[29] Rogerus de Wendover, *Flores historiarum*, II, 82.
[30] Ebd.
[31] Cheney, *Innocent III*, 346. Powicke dagegen sieht keine Hinweise, „that the king was unfriendly to him- at any rate before the beginning of 1215- or did not come to respect and value his advice." Powicke, *Langton*, 111.
[32] *Letters of Innocent III*, Nr. 925, 153 und Nr. 926, 153 und *Selected Letters of Innocent III*, Nr. 53, 150 und Nr. 54, 152.

dann am Hof und im Rat des Königs an Gewicht und Bedeutung verlieren. Ein päpstlicher Stellvertreter würde den Erzbischof zusätzlich
als Kommunikationskanal zwischen England und der Kurie ersetzen.
Als Konsequenz würde Langton zusammen mit seinen Suffraganen
nicht mehr das Monopol bei der Interpretation und der Umsetzung
päpstlicher Mandate besitzen. Der Anspruch des Episkopats, die
Friedensvereinbarung vom Mai 1213 im Sinne des Papstes umzusetzen, war es aber gewesen, der Johann im Sommer 1213 unter Druck
gesetzt und zu mehreren Konzessionen gezwungen hatte. Der König
hoffte daher, durch den Legaten einen direkten Draht zu seinem neuen
Verbündeten und Lehnsherrn Innozenz III. zu gewinnen und damit
Langton und die Bischöfe entmachten zu können.

An der Kurie war man für die Bitte Johanns sehr empfänglich. Mit
seiner Unterwerfung hatte der König in den Augen des Papstes für alle
seine Sünden gebüßt. Er war nun sein Vasall, den es zu schützen und
zu unterstützen galt, auch gegen Ansprüche und Forderungen derje-
nigen Prälaten und Magnaten, die mit Innozenz III. die Jahre zuvor
gegen den König gekämpft hatten.[33] Zwar wollte auch der Papst eine
Umsetzung des Friedensvertrages vom Mai 1213, Johann sollte sich an
die getroffenen Absprachen halten, doch war Innozenz III. geneigt, diese
eher im Sinne des Königs zu interpretieren. In einem Brief an Langton
vom 15. Juli 1213 wird deutlich, wie sehr sich die Prioritäten auf der
päpstlichen Agenda nach dem Friedensschluss verschoben hatten. Er
schrieb an den Erzbischof:

> *Tu ergo, de reliquo, sicut vir providus et fidelis, agere studeas que ad*
> *salutem et pacem regis et regni videris pertinere, cum honore ac utilitate*
> *apostolice sedis et ecclesie Anglicane.*[34]

Cheney zufolge ist die Reihenfolge bezeichnend: „first the king's sal-
vation, secondly, the political welfare of England, thirdly, the interests
of the Apostolic see, fourthly, the well-being of the English Church."[35]
Die Prioritäten des englischen Episkopats um den Erzbischof aber
waren dem entgegengesetzt. Für sie standen die Interessen der Kirche
Englands an erster Stelle, insbesondere umfangreiche und zeitnahe
Reparationszahlungen des Königs. Daneben setzte sich Langton bald

---

[33] Cheney, *Innocent III*, 344.
[34] *Selected Letters of Innocent III*, Nr. 56, 155 und *Letters of Innocent III*, Nr. 928,
153–154.
[35] Cheney, *Innocent III*, 344.

nach seiner Rückkehr als Fürsprecher für die Belange der Barone
ein. Innozenz III. musste daher befürchten, dass der Erzbischof und
seine Suffragane nach ihrer Rückkehr die Interessen des Königs nicht
angemessen berücksichtigen würden. So beschloss er Anfang Juli 1213,
Nicholas, den Bischof von Tusculum, als Legaten zur Unterstützung
Johanns nach England zu senden.[36]

Die folgenden Monate buhlten die Gesandten des Königs und des
Erzbischofs an der Kurie um die Ausstellung weiterer päpstlicher
Mandate. Johann verfügte über die günstigere Ausgangsposition. Als
päpstlicher Vasall, dem gegenüber Innozenz III. zum Schutz verpflichtet war, war es ihm ein leichtes, die Gefahr, die ihm vom englischen
Episkopat drohte, zu dramatisieren und jede Forderung der Bischöfe
als ungerechtfertigten Angriff auf seine königliche Autorität, als illoyalen Akt zu diffamieren. Entsprechend schränkte der Papst nach der
Entsendung des Legaten die Handlungsfreiheit des Episkopats weiter ein
und band es eng an seine Vorgaben aus Rom. Ende Oktober 1213 erteilte
er dem Legaten Nicholas von Tusculum die Order, sobald das Interdikt
aufgehoben sei, dem Erzbischof und seinen Suffraganen zu befehlen,
ihm die bereits mehrfach erwähnten Briefe des Papstes zurückzugeben,
welche Maßnahmen anordneten, falls der König den Frieden mit der
Kirche erneut brechen sollte. Der Bischof von Tusculum sollte diese
zerstören.[37] Innozenz III. wollte offenbar Langton eines Druckmittels
berauben, welches, wie sich zeigen wird, die Bischöfe noch im Herbst
1213 durchaus effizient gegen den König einzusetzen wussten. In einem
Brief vom 4. November erteilte Innozenz III. darüber hinaus Johann
den Ratschlag, jede Konfrontation mit Langton und den Bischöfen zu
vermeiden, vor allem in spirituellen Fragen und in Angelegenheiten
des Kirchenrechts. Stattdessen solle er sich direkt an ihn wenden.[38] Den
Episkopat ermahnte er dagegen, sein Vorgehen mit Rom abzusprechen
und es durch päpstliche Mandate legitimieren zu lassen.[39]

Durch die Entsendung des Legaten sowie die aufgezählten Mandate
wurden die Möglichkeiten Langtons, auch in Zukunft eine eigenständige, vom Papst unabhängige und den Interessen des Königs

---

[36] *Selected Letters of Innocent III*, Nr. 54, 152–153 und *Letters of Innocent III*, Nr. 926, 153.

[37] *Selected Letters of Innocent III*, Nr. 60, 164 und *Letters of Innocent III*, Nr. 936, 155.

[38] *Selected Letters of Innocent III*, Nr. 63, 169–170 und *Letters of Innocent III*, Nr. 940, 155.

[39] *Selected Letters of Innocent III*, Nr. 59, 163 und Cheney, *Innocent III*, 348.

gegenläufige Politik betreiben zu können, erheblich eingeschränkt.
Für die Bischöfe bestand zunehmend die Gefahr, dass Johann in
Zusammenarbeit mit dem Legaten und mit der Unterstützung aus Rom
seine Ziele und Vorhaben verfolgen konnte, ohne besondere Rücksicht
auf ihre Interessen nehmen zu müssen. Innozenz III. hatte schließlich
den König quasi dazu eingeladen, seine Politik an den Bischöfen vorbei,
nur in Absprache mit der Kurie zu gestalten. Langton hatte offenbar
große Schwierigkeiten, sein Verhalten gegenüber dem König als angemessene Interessenvertretung der Kirche zu verkaufen. Das Misstrauen
von Innozenz III. gegenüber dem Erzbischof sollte sich im Laufe der
nächsten Monate sogar noch weiter vertiefen. Der Papst reagierte mit
wachsendem Unverständnis auf die Politik Langtons, die er zunehmend
auch als illoyal gegenüber der Kurie empfand.[40]

Ein Punkt, an dem sich dieser Machtverlust des Erzbischofs nach
der Ankunft des päpstlichen Legaten in England demonstrieren
lässt, war die Auseinandersetzung um die Reparationsleistungen des
Königs. Johann hatte sich in den ersten Tagen und Wochen nach der
Rückkehr der Prälaten ihnen gegenüber in dieser Frage als sehr aufgeschlossen präsentiert und unter anderem geschworen, vollständige
Wiedergutmachung leisten zu wollen.[41] Ende August einigten sich
Langton und die Bischöfe schließlich mit Vertretern des Königs auf
eine Untersuchung über die während des Interdikts erlittenen Schäden
und Verluste der Kirche, um die Höhe der vom König zu leistenden
Reparationszahlungen festzulegen. Es wurden königliche Amtsträger
für jedes Bistum ernannt, die dort unter der Aufsicht von Klerikern des
Erzbischofs Zeugen vorladen sollten, die über eventuelle Plünderungen
des Königs von Abteien und Kirchen in der Diözese berichten konnten.[42]
Die Untersuchungen dauerten mehrere Monate und waren daher noch
nicht abgeschlossen, als am 20. September 1213 Nicholas von Tusculum

---

[40] In einem päpstlichen Brief vom Januar 1214 an den Legaten ist aus dem Misstrauen
gegenüber Langton schon handfeste Kritik geworden. Darin beschwerte sich der Papst
über den Erzbischof, der sein Mandat in vieler Hinsicht zu weit interpretiert habe, so
etwa, als er noch während des Interdikts ohne päpstliche Erlaubnis die Messe für den
König hielt, vgl. *Selected Letters of Innocent III*, Nr. 64, 172 und Cheney, *Innocent III*,
346–347.

[41] Vgl. oben, 111–114.

[42] *Foedera*, 114. Für die Untersuchung im Erzbistum Canterbury waren Geoffrey fitz
Peter, der Earl von Essex, sowie der königliche Richter Simon de Pateshull zuständig,
vgl. *Rot. Lit. Claus.*, I, 165. Möglicherweise einigten sich bei derselben Gelegenheit
Johann und Langton auf eine gemeinsame Untersuchung über die Rechte des Königs
an der Wahl des Priors von Kenilworth, vgl. *Rot. Lit. Pat.*, 103.

in Dover landete.[43] Der Legat hatte vom Papst den Auftrag erhalten, das Interdikt so schnell wie möglich zu beenden. Er versuchte daher in den nächsten Monaten, die Bischöfe zu Konzessionen zu drängen. Die Prälaten sollten ihre finanziellen Forderungen gegenüber dem König reduzieren oder dem Vorschlag zustimmen, die vollständige Klärung der Angelegenheit auf einen Zeitpunkt nach der Aufhebung des Interdikts zu verschieben.[44] Die Bischöfe bestanden aber auf einen vollständigen Schadensersatz als Voraussetzung für die Aufhebung des Interdikts. Sie glaubten nicht, dass der König auch nach dem Ende des Interdikts noch einen angemessenen finanziellen Ausgleich an die Kirche leisten würde. Das Misstrauen der Prälaten war berechtigt, plante König Johann doch einen weiteren, teuren Heerzug nach Poitou, der durch großzügige Reparationszahlungen gefährdet gewesen wäre.[45]

Die ersten Verhandlungen unter der Leitung des Legaten über die Aufhebung des Interdikts fanden Anfang Oktober in London statt.[46] Die Magnaten des Reiches hatten sich ins St. Pauls versammelt, um der erneuten feierlichen Übergabe der beiden Königreiche England und Irland durch König Johann in die Hände des Legaten und päpstlichen Stellvertreters Nicholas von Tusculum beizuwohnen.[47] Die Gespräche über das Ende des Interdikts am nächsten Tag endeten aber ohne Ergebnis, obwohl der König offensichtlich durch einige Konzessionen Langtons Kompromissbereitschaft steigern wollte. Reginald de Cornhill erhielt das Mandat, dem Erzbischof jene Rechte in der Münzstätte und Wechselstube in Canterbury einzuräumen, über die auch Hubert Walter verfügt hatte.[48] Daneben wurde Langton, wie seinen Vorgängern, die Aufsicht über die Häfen Sandwich, Hythe und Romney übertragen.[49] Und schließlich erhielten die Barone des *exchequer* die Anordnung, Schulden, Strafzahlungen und *fines*, die die Lehen des Erzbischofs belasteten, zu streichen.[50] Möglicherweise drängte der König bei dieser Gelegenheit Reginald de Cornhill auch dazu, Langton als Ersatz für die,

---

[43] Langton hatte dem Legaten zur Überquerung des Kanals ein Schiff gesandt, ihn in Dover ehrenvoll empfangen und schließlich nach London, zum König, begleitet, vgl. Mercati, Prima relazione, 277–278.

[44] Cheney, *Innocent III*, 349–350.

[45] Harper-Bill, John and the Church, 308 und Turner, *King John*, 171.

[46] Rogerus de Wendover, *Flores historiarum*, II, 94–95 und Annales de Dunstaplia, 38.

[47] *Rot. Chart.*, 195; Mercati, Prima relazione, 278–279; Annales de Waverleia, 279; Chronicon Thomae Wykes, 57 und Rogerus de Wendover, *Flores historiarum*, II, 95.

[48] *Rot. Lit. Claus.*, I, 152.

[49] Ebd.

[50] *Rotuli de Oblatis et Finibus*, 496.

von ihm als königlicher Aufseher des Erzbistums Canterbury verschuldeten Schäden mehrere Häuser in London zu überlassen.[51]

In einem Brief an den Papst vom 21. Oktober berichtete der Legat von seinen bisher erfolglosen und frustrierenden Bemühungen, die englischen Bischöfe zum Einlenken zu bewegen. Das Schreiben offenbart die Gründe, warum es dem Episkopat um Langton gelungen war, Nicholas von Tusculum bis dato erfolgreich Widerstand zu leisten. Die nun schon bereits mehrfach erwähnten päpstlichen Mandate aus dem Frühjahr 1213 entfalteten in den Händen des Erzbischofs weiterhin eine Drohkulisse, die auch der Legat zunächst nicht entschärfen konnte. Wie er dem Papst mitteilte, war er über die Existenz der Briefe nicht informiert gewesen. Folgerichtig war er nicht in der Lage, ihre Relevanz richtig einzuschätzen. Die Bischöfe konnten damit dem Legaten entgegenhalten, ihre speziellen päpstlichen Mandate würden die Autorität seiner Legation beeinträchtigen.[52] Nicholas von Tusculum bat daher den Papst, ihm möglichst bald eindeutige Anweisungen bezüglich der Umsetzung der Friedensvereinbarung vom Mai 1213 und bezüglich des Umgangs mit den Mandaten zu senden.[53]

Laut Wendover fanden weitere Verhandlungen Anfang November in Reading und Wallingford statt.[54] Johann wollte offenbar erneut Langton durch Konzessionen kompromissbereit stimmen und schenkte ihm weitere zweihundert Hirsche und Rehe.[55] Doch auch diese Treffen endeten ergebnislos. Mitte Dezember schließlich, auf einer weiteren Versammlung der Prälaten mit dem König und dem Legaten in Reading, fand sich Johann zur sofortigen Zahlung von 15.000 Mark bereit und erfüllte damit zumindest den ersten Teil seines Versprechens, das er den Bischöfen kurz nach ihrer Rückkehr aus dem Exil gegeben hatte. Die Fragen nach dem Ende des Interdikts und der endgültigen Höhe der Entschädigungen blieben aber weiterhin ungeklärt.[56]

---

[51] *Acta Stephani*, Nr. 28, 38.
[52] Mercati, *Prima relazione*, 282–283.
[53] Ebd., 285.
[54] Rogerus de Wendover, *Flores historiarum*, II, 95 und *Annales de Dunstaplia*, 38. Die Versammlung in Wallingford nutzten Langton und der Legat auch, um gemeinsam einen Kompromiss in der Auseinandersetzung zwischen den Mönchen der Abtei Evesham, die von Thomas von Merleberge, einem ehemaligen Schüler Langtons in Paris, vertreten wurden und römischen Gläubigern des Klosters auszuhandeln, vgl. *Chronicon Abbatiae de Evesham*, 231–232.
[55] *Rot. Lit. Claus.*, I, 154.
[56] *Rot. Lit. Pat.*, 106; *Annales de Dunstaplia*, 39; Rogerus de Wendover, *Flores historiarum*, II, 95–96; *Chronicle of the Election of Hugh*, 22 und *Annales de Waverleia*, 278.

Parallel zu den Verhandlungen in England hatten an der Kurie sowohl die Gesandten des Königs als auch die des Erzbischofs um eine Einigung gerungen.[57] Ende Januar 1214 schließlich beschloss der Papst, alle Diskussionen zu beenden und legte eine eigene Vereinbarung vor. Johann solle zunächst 100.000 Mark zahlen. Erst danach solle eine vollständige Bilanz des konfiszierten Besitzes, der Verluste und Schäden erstellt werden. Sobald der König erklärt habe, alle päpstlichen Mandate über die noch zu leistenden Reparationszahlungen zu erfüllen, solle der Legat das Interdikt aufheben.[58] Der erwähnte Brief des Legaten, der die Kurie wahrscheinlich im Dezember 1213 oder im Januar 1214 erreicht hatte, wird diese Entscheidung des Papstes im Sinne des Königs entscheidend beeinflusst haben.[59] Schließlich berichtete der Legat darin von finanziellen Versprechen des Königs für den geplanten Kreuzzug des Papstes und diffamiert die englischen Bischöfe als störrische Verweigerer, die sich als einzige in England gegen ein schnelles Ende des Interdikts wehrten.[60] Doch Johann, den die Entscheidung des Papstes am 4. März erreichte, als er sich auf Heerfahrt in Poitou befand, gingen die Zugeständnisse nicht weit genug. Der Feldzug gegen König Philipp verschlang enorme Summen. Johann war nicht in der Lage, auf einen Schlag 100.000 Mark zu zahlen. In Rom wurden daher die Verhandlungen wieder aufgenommen, bis schließlich im April oder Mai 1214 eine neue Vereinbarung erzielt wurde, die noch stärker auf die finanziellen Schwierigkeiten des Königs Rücksicht nahm. Das Interdikt sollte nun aufgehoben werden, sobald Johann 40.000 Mark gezahlt habe.[61] Danach sollte der König jährlich in zwei Raten 12.000 Mark zahlen, bis die Summe von 100.000 Mark erreicht sei.[62] Johann stimmte der Vereinbarung zu, die beiden Bischöfe von Norwich und Winchester, also die engsten Vertrauten des Königs unter den Prälaten,

---

[57] Für den Erzbischof agierten in Rom sein Bruder Simon Langton, sowie zwei weitere, nicht benannte Kleriker als Prokuratoren, vgl. *Letters of Innocent III*, Nr. 976, 162 und Rogerus de Wendover, *Flores historiarum*, II, 98.

[58] *Selected Letters of Innocent III*, Nr. 64, 171 und *Letters of Innocent III*, Nr. 947, 157.

[59] Cheney, *Innocent III*, 350–351.

[60] Mercati, Prima relazione, 277–289.

[61] 12.000 Mark, beziehungsweise 8.000 Pfund hatte der König schon im Mai 1213 dem päpstlichen Gesandten Pandulf, gleichsam als Anzahlung, an die Bischöfe ausgehändigt. Weitere 15.000 Mark hatte Johann im Dezember 1213 an die Prälaten gezahlt, vgl. *Rot. Chart.*, 193; Walter of Coventry, *Historical collections*, 211; Rogerus de Wendover, *Flores historiarum*, II, 77–78 und vgl. oben, 111 und 120.

[62] *Letters of Innocent III*, Nr. 976, 162 und Radulphus de Coggeshall, *Chronicon*, 168–169.

stellten sich als Garanten für die fehlenden 13.000 Mark zur Verfügung. Wahrscheinlich am 1. Juli 1214 wurde das Interdikt schließlich nach über sechs Jahren aufgehoben.[63] Wie viel letztendlich vom König gezahlt wurde, lässt sich nur schwer rekonstruieren, aber es waren sicherlich nicht die vereinbarten 100.000 Mark.[64]

Johann hatte mit Unterstützung des Papstes die vorzeitige Aufhebung des Interdikts erreicht, ohne dass er zuvor der englischen Kirche die Schäden und Verluste auch nur annähernd vollständig durch Reparationszahlungen hatte ersetzen müssen.[65] Die Bischöfe in England hatten zwar dem Legaten und seinen Plänen einige Zeit erfolgreich Widerstand leisten können, waren aber schließlich durch die direkten Verhandlungen des Königs mit dem Papst in Rom ausmanövriert worden. Innozenz III. war ihrer Verweigerungshaltung überdrüssig geworden. Mit der Bestätigung der Wahl Langtons zum Erzbischof durch König Johann sowie der Unterordnung Englands und Irlands unter die päpstliche Oberlehensherrschaft war dem Willen des Papstes mehr als genüge getan. Ihn interessierten die Schäden des Interdikts kaum, so wenig wie die Verfahren ihrer Kompensation. Die Bischöfe, allen voran Langton, empfand Innozenz III. daher zunehmend als störendes Hindernis für eine schnelle Abwicklung der Friedensvereinbarung.[66] Die mit den königlichen Gesandten in Rom erzielte Vereinbarung ignorierte dementsprechend die legitimen Ansprüche des Episkopats, während die Interessen Johanns vollständig gewahrt blieben.

Die Erfahrung der relativen Machtlosigkeit gegen ein Bündnis des Königs mit Innozenz III. wiederholte sich für die Bischöfe auch bei dem Konflikt um die Besetzung vakanter Bistümer und Abteien. Innozenz III. hatte dem Legaten die Order erteilt, die Promotion solcher Kandidaten sicherzustellen, sei es durch Wahl oder eine *postulatio canonica, que non solum vita et scientia sint preclare, verum etiam regi fideles et regno*

---

[63] Vincent, *Peter des Roches*, 92–93; Harper-Bill, John and the Church, 308 und Cheney, *Innocent III*, 351–352.

[64] Cheney glaubt, die 40.000 Mark wurden vollständig ausgezahlt und im November 1214 noch einmal 6.000 Mark hinzugefügt, vgl. Cheney, *Innocent III*, 352–353. Harper-Bill dagegen sieht in den 6.000 Mark die einzige Zahlung Johanns nach der Beendigung des Interdikts, vgl. Harper-Bill, John and the Church, 308.

[65] Die historische Forschung vermutet, dass König Johann nicht einmal 25% der Gelder zurückzahlte, die er zuvor zwischen 1205 und 1213 von der Kirche konfisziert hatte, vgl. Alexander, *Three crises*, 127.

[66] Turner, *King John*, 171 und Cheney, *Innocent III*, 355.

utiles, necnon ad consilium et auxilium efficaces.[67] Er selbst werde den Kapiteln der vakanten Kirchen befehlen, die Vorschläge des Legaten zu akzeptieren. Dieser aber solle sich bei der Kandidatensuche mit weisen und ehrwürdigen Männern beraten. Sollte jemand Widerspruch gegen seine Wahl einlegen, müsse der Legat diesen zwingen, zu gehorchen.[68] Damit verfügte Nicholas von Tusculum im Gegensatz zu der Auseinandersetzung um die königlichen Entschädigungszahlungen über eindeutige Mandate des Papstes, die keinen Widerstand der Bischöfe gegen seine Entscheidungen zuließen.

Mit diesen Anordnungen sicherte Innozenz III. den königlichen Einfluss bei der Besetzung vakanter Kirchen in England. Das päpstliche Vorgehen war für Langton umso bitterer, als es gerade der unbedingte Wille Johanns gewesen war, die Wahl des neuen Erzbischofs von Canterbury zu kontrollieren, der ihn schließlich für sechs Jahre ins Exil gezwungen hatte. Langton und die Bischöfe waren daher mit dem Ziel zurückgekehrt, die Freiheiten der Kirche zu schützen und den Einfluss des Königs auf kanonische Wahlen zu minimieren, ein Ziel, das angesichts der päpstlichen Mandate kaum noch zu realisieren war.[69] Denn nun trat die *postulatio canonica* an die Stelle kanonischer Wahlen, um die Wünsche des Königs durchzusetzen. Langton war dagegen jeder Möglichkeit beraubt, die Promotion eigener Kandidaten gegen den Willen des Königs und damit gegen die Autorität des Legaten durchzusetzen. Nicholas von Tusculum konnte zwar seinen Rat einholen, musste diesen aber nicht berücksichtigen. Der Erzbischof dagegen war verpflichtet, jedem Vorschlag des Legaten zuzustimmen, den dieser mit Rücksicht auf die Interessen des Königs machte.[70]

König Johann richtete zusätzlich vor seiner Abreise nach Poitou im Februar 1214 ein neues Gremium ein, um Nicholas Vincent zufolge den Einfluss Langtons auf die Kirchenwahlen noch weiter zu minimieren. Er verlieh Peter des Roches, dem Bischof von Winchester, der seit dem 1. Februar 1214 zusätzlich das Amt des Justiziars inne hatte, die Autorität, den Wahlen zu den Kirchenämtern die königliche Approbation zu erteilen. Eine Kommission aus fünf Männern, alles Sympathisanten

---

[67] *Selected Letters of Innocent III*, Nr. 62, 166 und *Letters of Innocent III*, Nr. 938 und Nr. 939, 155.

[68] *Selected Letters of Innocent III*, Nr. 62, 166–167; Walter of Coventry, *Historical collections*, 216–217 und Rogerus de Wendover, *Flores historiarum*, II, 96–97.

[69] Walter of Coventry, *Historical collections*, 213–214 und Cheney, *Innocent III*, 159.

[70] Warren, *King John*, 211–212.

des Königs, sollte ihn dabei kontrollieren.[71] In den folgenden Monaten
wurden daher auf Initiative des Legaten und in Zusammenarbeit
mit Peter des Roches in erster Linie Kleriker aus der Umgebung
Johanns zu Bischöfen promoviert, die dem König auch während dessen Exkommunikation treu gedient hatten. Dagegen scheiterten alle
Kandidaten, die eng mit Langton verbunden waren. So wurde im Januar
1214 Walter de Grey, der Kanzler Johanns, zum Bischof von Worcester
promoviert, nachdem der zuvor von den Mönchen einstimmig gewählte
Prior Ranulf auf Druck des Legaten auf seine Wahl verzichtet hatte.[72]
Einen Monat später besuchte Nicholas von Tusculum Durham. Dort
hatten die Mönche im Herbst 1213 einstimmig Richard le Poore, den
Dekan von Salisbury und engen Freund Langtons gewählt. Innozenz
III., ohne Kenntnis dieser Wahl, hatte den Legaten beauftragt, für die
translatio John de Greys von Norwich nach Durham zu sorgen. Die
Mönche verweigerten sich zwar dem Ansinnen des Legaten, der Papst
aber entschied schließlich zu Gunsten de Greys. Dieser starb am 18.
Oktober 1214, ohne dass er zuvor sein neues Amt hatte antreten können.
Die Vakanz des Bistums Durham wurde schließlich erst im Sommer
1217 beendet.[73] Die Wahl Williams von Cornhill, des Archidiakons
von Huntingdon und Klerikers am Hof des Königs, zum Bischof von
Coventry und Lichfield sicherte Peter des Roches im Juli 1214.[74] Im
Oktober 1214 unterstützten der Legat und der Bischof von Winchester
gemeinsam die Wahl Simons von Apulia zum Bischof von Exeter.[75] Der
Dekan von York galt auch als Kandidat des dortigen Domkapitels für
die Wahl eines neuen Erzbischofs. Doch König Johann hatte andere
Pläne und verbot daher dessen Wahl.[76] Während eines Besuchs Mitte
Februar 1214 überzeugte Nicholas von Tusculum das Domkapitel in

---

[71] *Rot. Lit. Pat.*, 110. Wahrscheinlich arbeitete jenes Gremium auch schon im Januar 1214, vgl. *Rot. Lit. Claus.*, I, 160 und 162 und Vincent, *Peter des Roches*, 93–94.

[72] *Rot. Lit. Pat.*, 109; Gibbs und Lang, *Bishops and Reform*, 60 und Cheney, *Innocent III*, 162. Den Prior Ranulf entschädigte der Legat dadurch, dass er die Mönche der Abtei Evesham überzeugte, ihn zu ihrem neuen Abt zu wählen. Zuvor hatte Nicholas von Tusculum den Abt Roger Norris abgesetzt, vgl. Cheney, *Innocent III*, 162. Der Chronik von Evesham zufolge hatten die Mönche zuvor darüber diskutiert, ob auch Langton als Erzbischof von Canterbury das Recht hatte, ihren verhassten Abt abzusetzen, vgl. *Chronicon Abbatiae de Evesham*, 232–233.

[73] Cheney, *Innocent III*, 165–167 und Gibbs und Lang, *Bishops and Reform*, 60–61.

[74] Vincent, *Peter des Roches*, 94 und Gibbs und Lang, *Bishops and Reform*, 61.

[75] Harper-Bill, John and the Church, 309.

[76] *Rot. Chart.*, 207.

York von der Ernennung Peter des Roches zum Erzbischof.[77] Diese *translatio* machte den Bischofsstuhl in Winchester frei für ein weiteres Mitglied der *familia* des Königs, Richard Marsh.[78] In einem Brief vom 28. Juni 1214 bat Johann den Legaten, dessen Wahl zu bestätigen. Man vermied es, den Erzbischof von Canterbury darum zu bitten, da dieser, so heißt es in dem entsprechenden Brief weiter, die Weihe desselben böswillig verzögere.[79] Der Widerwille Langtons, die Wahl von Richard Marsh zu bestätigen, ist nachvollziehbar. Dieser hatte als Kleriker dem exkommunizierten König gedient und eine unrühmliche Rolle bei der Konfiszierung von Gütern und bei der Eintreibung von Geldern während des Interdikts gespielt. Er hatte als Geistlicher sicherlich den zweifelhaftesten Ruf in England.[80] Nach dem Friedensschluss zwischen dem König und der Kirche war er nur knapp einer Suspendierung durch den Erzbischof entgangen, indem er im Herbst 1213 zusammen mit John de Grey nach Rom gereist war, um sich die päpstliche Absolution zu holen. Der Papst stattete ihn mit Briefen an des Roches, de Grey und den Legaten aus, die ihn vor kirchlichen Strafen schützen sollten. Die Proteste des Erzbischofs ignorierte er.[81] Erneut hatte Langton angesichts der Zusammenarbeit des Königs und seiner Vertrauten mit dem Papst das Nachsehen.

Dennoch versuchte der Erzbischof durch eigene Initiativen sich einen Einfluss auf die Besetzung der vakanten Kirchen zu erkämpfen. Zu Beginn des Jahres 1214 präsentierte er dem König eine *forma*, wie bei Kirchenwahlen vorzugehen sei. In einem Brief vom 12. Januar 1214 an den Erzbischof erklärt sich Johann mit dem Vorschlag einverstanden, *salvo in omnibus iure nostra*.[82] Er schließt das Schreiben mit der Bemerkung, Langton solle wissen, dass es keinen Streit zwischen ihnen beiden gäbe. Powicke glaubt daher, Johann habe den Vorschlag des Erzbischofs uneingeschränkt akzeptiert.[83] Doch die zitierte *Sicherheitsklausel*, wie Cheney sie bezeichnet, sicherte dem König auch weiterhin sein Mitspracherecht bei der Besetzung vakanter

---

[77] Cheney, *Innocent III*, 163.
[78] Painter, *King John*, 205–206.
[79] *Rot. Lit. Pat.*, 139.
[80] *Letters of Guala*, lii; Annales de Dunstaplia, 40 und Radulphus de Coggeshall, *Chronicon*, 167.
[81] *Letters of Innocent III*, Nr. 949, Nr. 950 und Nr. 951, 157–158 und Vincent, *Peter des Roches*, 97.
[82] *Rot. Lit. Claus.*, I, 160.
[83] Powicke, *Langton*, 104–105.

Bistümer und Abteien.[84] Langton hatte sich also keinesfalls gegen den König durchgesetzt, im Gegenteil, die Bischofswahlen im Jahre 1214 dokumentieren: Johann behielt mit Hilfe des Legaten seinen dominierenden Einfluss.

Die erwähnte *forma* des Erzbischofs könnte auf jener Versammlung des englischen Episkopats ausgearbeitet worden sein, von der Roger Wendover berichtet. Seiner Erzählung nach trafen sich Langton und seine Suffragane im Januar 1214 in Dunstable, *ut de negotiis ecclesiae Anglicanae tractarent ibidem*.[85] Nach längeren Diskussionen habe der Erzbischof zwei Boten zum Legaten gesandt, die diesem das von den Bischöfen beschlossene Verbot mitteilen sollten, vakante Kirchenämter zu besetzen, bevor ihre Appellation beim Papst entschieden sei.[86] Obwohl die Annalen von Dunstable von einem solchen Treffen in ihrem Kloster nicht berichten,[87] erscheint die Geschichte im Großen und Ganzen glaubwürdig.[88] Zwei päpstliche Mandate an Peter des Roches und Nicholas von Tusculum spiegeln die Beschwerden wider, die wegen des Vorgehens der beiden Prälaten bei der Besetzung vakanter Kirchen an Innozenz III. gerichtet worden waren. Dem Justiziar hielt der Papst vor, die Freiheiten der Kirche zu missachten und drohte ihm mit einer exemplarischen Strafe. Des Weiteren erging an ihn die Aufforderung, die vielen Beschwerden zu beachten, die der Papst seinem Schreiben beigelegt hatte.[89] Den Legaten forderte Innozenz III. auf, keine königlichen Gesandten bei den kanonischen Wahlen zuzulassen, im Übrigen, so führte er aus, habe der Bischof von Tusculum ihn bezüglich seiner Instruktionen, die Wünsche des Königs zu berücksichtigen, missverstanden.[90]

Unmittelbarer Auslöser für das dem Legaten auf der Versammlung in Dunstable erteilte Verbot sowie für die an den Papst gerichteten Beschwerden könnte die Auseinandersetzung um die Wahl eines neuen Abtes im Kloster Bury St. Edmunds gewesen sein.[91] Im August 1213

---

[84] Cheney, *Innocent III*, 161 und Turner, *King John*, 173.
[85] Rogerus de Wendover, *Flores historiarum*, II, 97.
[86] Ebd.
[87] Annales de Dunstaplia, 41–45.
[88] Kein Historiker zweifelt meines Wissens an der Glaubwürdigkeit der Geschichte. Zuletzt akzeptierte auch Vincent diese Erzählung Wendovers, vgl. Vincent, *Peter des Roches*, 97.
[89] *Letters of Innocent III*, Nr. 967, 267–268.
[90] Ebd., Nr. 968, 268.
[91] *Councils and synods*, 22 und *Chronicle of the Election of Hugh*, 37, Anm. 8.

hatten die Mönche Hugh de Northwold gewählt, ohne dem König sein gewohntes Vorschlagsrecht einzuräumen. Daraufhin hatte Johann seinen *assens* verweigert. Seine Einschüchterungstaktik führte schließlich dazu, dass ein Teil des Konvents sich gegen den zuvor einstimmig gewählten Abt Hugh wandte.[92] Langton, der, glaubt man dem anonymen Chronisten der *Electio Hugonis*, die Mönche *super forma et modo electionis secundum Deum et canones*[93] aufgeklärt hatte, unterstützte Hugh de Northwold gegen die Versuche des Königs, über den Legaten und die gegnerische Partei im Konvent eine Annullierung seiner Wahl zu erreichen.[94] So sandte er Ende Januar 1214 zusammen mit den Bischöfen von Ely und London Briefe nach Rom, die den korrekten Verlauf der Ernennung Hughs bezeugen sollten.[95]

Blieb das Bemühen der Bischöfe um eine Bestätigung Hughs als Abt von Bury St. Edmunds zunächst auch ohne durchschlagenden Erfolg, so scheint doch die Summe der Proteste aus England Eindruck bei Innozenz III. hinterlassen zu haben.[96] So versagte der Papst der *translatio* von Peter des Roches nach York seine Zustimmung, womit folglich auch die Wahl von Richard Marsh zum Bischof von Winchester zur Makulatur wurde.[97] Das Erzbistum York wurde erst auf dem IV. Laterankonzil von Innozenz III. im November 1215 neu besetzt. Die zwischenzeitliche Wahl Simon Langtons zum Erzbischof durch das Domkapitel von York hatte der Papst zuvor annulliert.[98]

Trotz der gescheiterten *translatio* des Justiziars nach York bleibt die Bilanz der Bischofswahlen 1214 für Langton ernüchternd. Der königliche Wille hatte bei der Besetzung vakanter Kirchen dominiert, freie, kanonische Wahlen waren zu Gunsten der *postulatio* von Kandidaten Johanns durch den Legaten annulliert worden. Damit hatten sich die

---

[92] Gransden, Abbey of Bury St. Edmunds, 68 und Cheney, *Innocent III*, 173.
[93] *Chronicle of the Election of Hugh*, 6.
[94] Nach den Angaben der *Electio Hugonis* besuchte Langton am 19. November die Abtei Bury St. Edmunds, um den Konflikt um die Wahl Hughs de Northwold zu schlichten. Von dort sei er nach Reading aufgebrochen, um an der dortigen Versammlung der Prälaten Anfang Dezember teilzunehmen. Dort scheint man neben dem Hauptthema, dem Ende des Interdikts, auch über die Auseinandersetzung in der Abtei Bury St. Edmunds diskutiert zu haben, vgl. *Chronicle of the Election of Hugh*, 22 und 24–26.
[95] *Acta Stephani*, Nr. 7, 13–14 und *Chronicle of the Election of Hugh*, 36.
[96] Zumindest ernannte der Papst mehrere Richter, darunter den Vertrauten Langtons, Richard le Poore, die eine Untersuchung über die Wahl Hughs leiten, diese gegebenenfalls bestätigen und den *assens* des Königs einholen sollten, vgl. *Letters of Innocent III*, Nr. 970, 161.
[97] Cheney, *Innocent III*, 77 und Vincent, *Peter des Roches*, 97–98.
[98] Vgl. unten, 202–203.

Zusammensetzung und das Kräfteverhältnis innerhalb des englischen Episkopats verändert. Die königliche Partei hatte Zuwachs bekommen. Der Bischof von Winchester, Peter des Roches, der zuvor zusammen mit dem Bischof von Norwich als Royalist isoliert gewesen war, gewann neue Anhänger und wurde zu einem ernsthaften Konkurrenten Langtons um die Vorherrschaft in der englischen Kirche. Noch stand zwar die Mehrheit der Bischöfe, darunter auch die mächtigsten Suffragane, hinter dem Erzbischof. Doch der Anspruch Langtons, als Kopf und Sprecher eines hinter ihm vereinten Episkopats aufzutreten, war in Zukunft schwieriger aufrechtzuerhalten.

Wie schon bei der Auseinandersetzung um die königlichen Reparationszahlungen hatte Langton sich nicht gegen die Interessen des Königs durchsetzen können. Die Unterstützung des Papstes für Johann, die sich der König durch seine Unterwerfung erkauft hatte, und die durch den päpstlichen Vertreter in England, den Legaten Nicholas von Tusculum, umgesetzt wurde, schränkte die politische Macht des Erzbischofs erheblich ein. Das hatte schon Matthäus Parisiensis erkannt. Dieser berichtet in seiner *Historia Anglorum* eine Generation später, Langton habe die Übergabe des Königreiches an den Papst als einen großen Fehler betrachtet.[99] Warren und zuletzt auch Turner haben zu Recht darauf hingewiesen, dass jene Aussage eher der Meinung des Parisiensis entsprach, die dieser dann dem Erzbischof in den Mund legte.[100] Langton hatte als Magister in Paris die höchste Autorität des Papstes nie bestritten, auch wenn er eher ein dualistisches Bild von den beiden Gewalten, dem *regnum* und *sacerdotium*, hatte.[101] In einer Predigt, die er kurz nach seiner Rückkehr aus dem Exil hielt, spricht er vom Papst als Herrn der Christenheit, dem es zu gehorchen gilt.[102] Die Aussage des Chronisten offenbart aber das kluge Verständnis, das dieser über die damals herrschenden politischen Machtverhältnisse gewonnen hatte. Das wird durch eine weitere Erzählung von Matthäus Parisiensis in seiner *Chronica Majora* bestätigt, in der er berichtet, der König habe anlässlich seiner Unterwerfung dem Papst viel Geld übergeben und noch mehr versprochen, unter der Bedingung, er

---

[99] Matthaeus Parisiensis, *Historia Anglorum*, 146.

[100] Warren, *King John*, 211 und Turner, *King John*, 168. Powicke dagegen glaubt den Aussagen von Matthäus Parisiensis, vgl. Powicke, *Langton*, 104 und 130.

[101] Vgl. oben, 46–47.

[102] *Dominus papa Christianitatis dominus est et eidem oportet obedire.* (*Selected Sermons*, 47).

werde, falls sich die Gelegenheit ergebe, *Cantuariensem archiepiscopum confundere niteretur*.[103] Auch diese Geschichte ist vermutlich erfunden. Parisiensis aber hatte erkannt, welch starke Stellung Johann auf Grund der Unterstützung des Papstes gegenüber Langton genoss. Natalie Fryde fasst diese Mächtekonstellation in drastischen Worten zusammen: „John's submission put Langton totally in the doghouse".[104]

VI.3. *Langton als Fürsprecher der Barone*

Langton widmete sich nach seiner Rückkehr aus dem Exil im Sommer 1213 nicht allein den Interessen der Kirche. Der Erzbischof hatte wahrscheinlich noch in Frankreich Kontakt mit den Rebellen des Sommers 1212 aufgenommen und als deren Fürsprecher an der Kurie für ihre Integration in die Friedensvereinbarung vom Mai 1213 gesorgt. In den ersten Wochen nach seiner Landung in England hatte er diese Funktion auch gegenüber König Johann wahrgenommen und die Rückgabe ihres Besitzes sowie erste Entschädigungszahlungen sichergestellt. In den nächsten Wochen und Monaten trat Langton schließlich auch als Fürsprecher all jener Barone auf, die mit der Herrschaft König Johanns zunehmend unzufrieden waren.

Von zentraler Bedeutung bei der Beurteilung der politischen Aktivitäten des Erzbischofs nach seiner Rückkehr aus dem Exil sind die Berichte Roger Wendovers, insbesondere seine berühmte Erzählung über die Versammlung der Magnaten am 25. August 1213 in London. Nach dem Gottesdienst in St. Pauls habe Langton die versammelten Barone beiseite genommen und ihnen vom Eid Johanns berichtet, den er ihn anlässlich seiner Absolution habe leisten lassen und der das Versprechen einer Herrschaft im Einklang mit den guten Rechten beinhaltet habe. Der Erzbischof habe daraufhin von einer Urkunde Heinrichs I. erzählt, die erst kürzlich gefunden worden sei, mit der die Barone, wenn sie wollten, ihre alten Rechte wiedererlangen könnten.[105] Nachdem Langton die Urkunde hervorgeholt habe, und sie laut verlesen worden sei,

---

[103] Matthaeus Parisiensis, *Chronica Majora*, II, 565.
[104] Fryde, *Why Magna Carta*, 94.
[105] Rogerus de Wendover, *Flores historiarum*, II, 83–84.

juraverunt omnes in praesentia archiepiscopi saepe dicti, quod, viso tem-
pore congruo, pro hiis libertatibus, si necesse fuerit, decertabunt usque ad
mortem.[106]

Zum Schluss habe der Erzbischof ihnen versprochen zu helfen, soweit
es in seiner Macht stehe.[107]

Die Erzählung ist in der Forschung unterschiedlich beurteilt worden. Powicke, Roberts und zuletzt auch Fryde zweifeln nicht an ihrer
Glaubwürdigkeit.[108] Holt dagegen hält die Geschichte für weitgehend
erfunden.[109] Meines Erachtens liegt die Wahrheit dazwischen. Die
Erzählungen Wendovers sollten, wie bereits dargelegt wurde, nicht wortwörtlich als Tatsachenberichte interpretiert werden, die Geschichten
sind meistens aber auch nicht völlig frei erfunden. Clanchy hat zu Recht
darauf hingewiesen, dass Wendover in Bezug auf seine Erzählung nur
von *fama*, einem Gerücht spricht.[110] Es ist einer der seltenen Fälle, in
denen Wendover zugibt, dass die Quellen für seinen Bericht dubios
sind. Was genau auf dieser Versammlung geschehen war, wusste der
Chronist also selbst nicht. Er könnte daher von einer Verschwörung
gehört und eine Erzählung darum herum konstruiert haben, oder aber
er hat selbst mit seinem Hang zur Dramatik und Übertreibung aus
einem gewöhnlichen Treffen der Barone mit Langton die spannende
Geschichte einer Verschwörung gestrickt.[111]

Eine Beteiligung des Erzbischofs an einer Konspiration gegen den
König ist zumindest sehr unwahrscheinlich. Für Langton verbot sich ein
solcher Schritt schon allein aus der Tatsache, dass Johann als Vasall des
Papstes dessen speziellen Schutz genoss. Der Erzbischof konnte zudem
im Sommer 1213 noch durchaus erwarten, seine primären Ziele, also
etwa die Auszahlung angemessener Entschädigungen an die Kirche, in
Verhandlung mit Johann erreichen zu können. So zeigte sich der König
im August 1213 in dieser Frage gesprächs- und kompromissbereit und
stimmte schließlich, wie erwähnt, einer Untersuchung über die Schäden
und Verluste der Kirche während des Interdikts zu. Eine Verschwörung
gegen den König, die immer der Gefahr unterlag, entdeckt zu werden,

---

[106] Rogerus de Wendover, *Flores historiarum*, II, 86–87.
[107] Ebd., 87.
[108] Powicke, *Langton*, 115–116; Roberts, *Studies in the sermons*, 11 und Fryde, *Why Magna Carta*, 95.
[109] Holt, *Magna Carta*, 224–226.
[110] Rogerus de Wendover, *Flores historiarum*, II, 84 und Clanchy, *England and Its Rulers*, 138.
[111] Holt, *Magna Carta*, 225.

war daher für Langton ein unnötiges Risiko.[112] Und schließlich spricht auch der weitere Verlauf der Ereignisse bis Runnymede gegen ein konspiratives Treffen des Erzbischofs mit zur Rebellion entschlossener Magnaten. In keiner weiteren Erzählung mittelalterlicher Chronisten wird Langton als Rebell, als Teil der Rebellion gegen den König, dargestellt. Nur Wendover bezeichnet ihn später noch einmal als Kopf der Verschwörer.[113] Aber der Chronist widerspricht sich kurz darauf, indem er nur drei Sätze später davon berichtet, wie der König den Erzbischof zu Verhandlungen mit den Baronen entsandte. Die Rolle als Anführer der Rebellen und die Funktion als Verhandlungsführer Johanns lassen sich nicht miteinander in Einklang bringen. Wendover war offensichtlich zu sehr darauf bedacht, Langton als den Urheber der Magna Carta und als Kopf der aufständischen Barone darzustellen. Zumindest letzteres halte ich wie Holt für nicht glaubwürdig.[114]

Neben der berechtigten Kritik an der Erzählung Wendovers von einer Verschwörung in St. Pauls gibt es aber glaubwürdige Hinweise, dass tatsächlich eine Versammlung von Prälaten und Baronen im August 1213 in London stattfand. Die Annalen von Waverley berichten, Langton habe kurz nach seiner Ankunft im Juli 1213 eine Kirchensynode für den 25. August nach Westminster einberufen. Dort sei schließlich der bereits erwähnte, auch in den königlichen Registern für Ende August dokumentierte Beschluss gefallen, eine Untersuchung über die *ablata* und *dampna* während des Interdikts zu starten.[115] Die Annalen zitieren zusätzlich aus einer Predigt Langtons, die der Erzbischof an diesem Tag in St. Pauls an das Volk gehalten habe.[116] Der gesamte Text dieser Predigt ist an anderer Stelle überliefert.[117] Zweifel an der Datierung dieser Versammlung auf den 25. August erregt ein in den königlichen Registern überliefertes Schreiben des Königs, welches für den selben Tag in Northampton ausgestellt und von Langton testiert wurde.[118] Es ist aber nicht ausgeschlossen, dass beim späteren Übertragen in das Register einem Kleriker der königlichen Kanzlei ein Schreibfehler unterlief und dieser aus der römischen Ziffer x ein v machte, schließlich sind alle

---

[112] Holt, *Magna Carta*, 226 und ders., *Northerners*, 93.
[113] Rogerus de Wendover, *Flores historiarum*, II, 115.
[114] Holt, *Magna Carta*, 269–270.
[115] Vgl. oben, 118.
[116] *Annales de Waverleia*, 277.
[117] *Selected Sermons*, 9 und 35–51 und Unpublished document, 411–420.
[118] *Rot. Lit. Pat.*, 103.

weiteren Einträge aus Northampton auf den 30. August datiert.[119] Das
königliche Schreiben spricht ohnehin nicht per se gegen eine solche
Versammlung, sie hatte möglicherweise nur schon früher im August
stattgefunden. Wendover berichtet schließlich von einem weiteren
Treffen des Erzbischofs mit dem Justiziar Geoffrey fitz Peter und Peter
des Roches sowie weiteren Bischöfen und Magnaten am 4. August in St.
Albans. Auch dort waren die Reparationszahlungen des Königs ein zen-
trales Thema und auch dort scheint man über die Herrschaftsmethoden
Johanns diskutiert zu haben. Der Chronist berichtet, die Vertreter des
Königs hätten verkündet, dass die Gesetze Heinrichs I. gelten und alle
ungerechten Gesetze annulliert werden sollten.[120] Eine oder mehrere
Versammlungen der Prälaten und Barone im August 1213, auf der
in erster Linie die königlichen Reparationszahlungen verhandelt wur-
den und wahrscheinlich auch der Beschluss über eine entsprechende
Untersuchung gefasst wurde, erscheint mir daher sehr plausibel.

Die mit der Herrschaft Johanns unzufriedenen Barone aber betrachteten eine solche Versammlung sehr wahrscheinlich als Gelegenheit,
um sich mit der Bitte nach Rat und Unterstützung an Langton zu
wenden. Der Erzbischof war schließlich schon zuvor als Fürsprecher
der beiden Barone und ehemaligen Rebellen Robert fitz Walter und
Eustace de Vescy aufgetreten. Diese beiden Magnaten könnten demnach ihren Fürsprecher einem größeren Kreis von Baronen als einen
einflussreichen Sympathisanten ihrer Anliegen vorgestellt haben. Der
Erzbischof besaß zu diesem Zeitpunkt noch als unbestrittener Anführer
des englischen Episkopats eine gewichtige Stimme im Rat des Königs,
wo er die Anliegen der Barone zur Sprache bringen konnte.[121] Erinnert
man sich an die Aussagen Langtons in seinen theologischen Schriften
über den Metropoliten als Vertreter der Gläubigen und an die Pflicht
zum Widerstand gegen einen tyrannischen Herrscher, könnte er die
Funktion des Fürsprechers seinem Amt durchaus als angemessen erachtet haben.[122] Sicher ist letzteres reine Spekulation. Tatsache ist aber,
dass der Erzbischof in den darauffolgenden Monaten als Fürsprecher
der Barone auftrat.

---

[119] *Rot. Lit. Pat.*, 103. Schließlich besteht noch die, wenn auch unwahrscheinliche
Möglichkeit, dass Langton nachträglich als Zeuge dieses Schreibens eingetragen
wurde.
[120] Rogerus de Wendover, *Flores historiarum*, II, 82–83 und Turner, *King John*,
230–231.
[121] Kamp, *Vermittler*, 63–68.
[122] Vgl. oben, 47–48 und 53–54.

Die historische Forschung hat zur Untermauerung ihrer Zweifel an der Glaubwürdigkeit der Geschichte Wendovers darauf hingewiesen, dass die Urkunde Heinrichs I. aus dem Jahr seiner Krönung 1100 Anfang des 13. Jahrhunderts relativ bekannt war, es also sehr unwahrscheinlich sei, dass erst Langton sie für einen weiteren Kreis entdeckte.[123] Möglich ist aber, dass Langton das Potential einer solchen Urkunde erkannte.[124] Wie seine theologischen Schriften dokumentieren, sah er in der Verschriftlichung von Gesetzen ein Mittel, diesen Beständigkeit zu verleihen und einen Herrscher wirksam an sie zu binden, um Recht und Ordnung zu bewahren und damit auch den Frieden zu sichern.[125] Die Urkunde Heinrichs I., in welcher der König seine Versprechen einer guten Regierung schriftlich niedergelegt hatte, konnte daher als Grundlage dienen, die bis dato mündlich formulierten, individuellen Ansprüche, Forderungen und Klagen der Barone gegenüber ihrem König zu einem Programm zu bündeln, das man König Johann vorlegen konnte.[126] Langton hatte also die Urkunde Heinrichs I. zwar nicht entdeckt, machte aber die Barone auf diese aufmerksam und „first pointed out its significance to the barons in its formal abrogation of the bad, and establishment of good customs, and its value as indicating a sound line of policy".[127]

Der Erzbischof unterstützte in den folgenden Monaten die Magnaten bei der Ausarbeitung und schriftlichen Fixierung ihrer Forderungen.[128]

---

[123] Für den Text der Urkunde Heinrichs I. vgl. *Selected charters*, 117–119 und *English Historical Documents*, II, Nr. 19, 432–434.

[124] Eine Kopie der Krönungsurkunde Heinrichs I. findet sich in den Archiven der Erzbischöfe von Canterbury, wenn auch nicht jene Version, die im Rahmen der Verhandlungen seit 1213 im Umlauf war, vgl. Holt, *Magna Carta*, 225, 423–424 und 474–477. Nicholas Vincent zeigt zudem, dass Langton sich nach seiner Rückkehr aus dem Exil auch in anderen Zusammenhängen vermutlich mit Urkunden Heinrichs I., darunter mit dessen Krönungsurkunde, auseinandersetzte. Bei den Verhandlungen um die Burg Rochester habe sicherlich die Urkunde Heinrichs I., in der er den Erzbischöfen von Canterbury für alle Zeiten die Aufsicht über die Festung übergibt, eine Rolle gespielt. Auch mit der Krönungsurkunde Heinrichs I. habe sich Langton in den Jahren vor der Magna Carta beschäftigt. So hatte dort der König auf die Einkünfte aus vakanten Kirchen verzichtet. Auch sein Nachfolger König Johann hatte eben dies versprochen, sollte er der Kirche nicht vollständige Wiedergutmachung für die Schäden des Interdikts leisten. Anstatt dieses Versprechen zu erfüllen, garantierte er im November 1214 der Kirche freie Wahlen. Langton war sicherlich an der Aushandlung dieses Kompromisses beteiligt, vgl. Vincent, *Stephen Langton*, 41–43.

[125] Vgl. oben, 51–52 und Kaufhold, Erzbischöfe von Canterbury und die Magna Carta, 49.

[126] Painter, *King John*, 276.

[127] Warren, *King John*, 228.

[128] Painter, *William Marshal*, 177.

Er war sicherlich der ideale Partner für die Barone bei der Auslegung alter Königsprivilegien und der Ausarbeitung einer neuen Urkunde, um deren Bestätigung man Johann bitten konnte. Als Magister in Paris hatte er jahrelang die Exegese der Heiligen Schrift betrieben, als Erzbischof verfasste er eine eigene Gesetzgebung für sein Erzbistum und für die Provinz Canterbury.[129] Es bleibt erneut Matthäus Parisiensis überlassen, diese Funktion Langtons als Fürsprecher der Barone in erstaunlich prägnanter Weise zusammenzufassen. Dem Chronisten zufolge hätten die Prokuratoren Johanns auf dem IV. Laterankonzil im November 1215 gegenüber dem Papst die Klage vorgebracht, Langton habe die rebellierenden Barone mit *rationibus et cartis* bewaffnet.[130]

Die Bündelung der verschiedenen Forderungen der Barone zu einem gemeinsamen Programm trug schließlich auch zur Stärkung des Widerstandes gegen König Johann bei. Sobald sich die Magnaten verbindlich auf eine gemeinsame, schriftlich fixierte Agenda geeinigt und sich durch einen Eid auf diese verpflichtet hatten, war es für den König ungleich schwieriger, durch individuelle Zugeständnisse an einzelne Barone ihre Front aufzubrechen. Zu einer Verschwörung, *coniuratio*, gegen Johann auf Basis eines gemeinsamen Programms fanden sich die Magnaten aber erst im Herbst 1214 zusammen.[131] Im August 1213 war nur der erste Schritt zur Magna Carta vollzogen worden.

Es bleibt festzuhalten, dass Ende August 1213 in London keine Verschwörung stattfand, sondern eher eine beratende Versammlung, die sich nach einem Gottesdienst traf, um neben den königlichen Reparationszahlungen auch über die Herrschaftsmethoden Johanns und den daraus resultierenden Unmut zu diskutieren. Das Versprechen Langtons, die Barone zu unterstützen, war demnach auch keine Zusage, in einer Konspiration gegen den König mitzuwirken, sondern ist als ein Angebot der im Mittelalter üblichen Fürsprache zu interpretieren. Und wie Hermann Kamp in seinem Werk über Vermittlung im Mittelalter überzeugend darlegt, konnte aus „einem Fürsprecher […] schnell ein Vermittler werden", eine Entwicklung, die auch bei Langton schon sehr bald zu beobachten ist.[132]

---

[129] Vincent, *Stephen Langton*, 43.
[130] Matthaeus Parisiensis, *Historia Anglorum*, 168.
[131] Turner, *Magna Carta through the ages*, 52 und vgl. unten, 149–151.
[132] Kamp, *Vermittler*, 24.

VI.4. *Langton als Fürsprecher der* Northerners *im Konflikt mit König Johann Ende 1213*

Schon kurz nach der Versammlung Ende August 1213 in London erhielt Langton die Gelegenheit, sich als Fürsprecher der Barone zu bewähren. Johann wollte, nachdem er Frieden mit dem Papst geschlossen hatte, so schnell wie möglich nach Poitou übersetzen, um die an den französischen König verlorenen Territorien zurückzuerobern. Doch einige Barone aus dem Norden Englands verweigerten ihm die Gefolgschaft mit der Begründung, sie seien zum Dienst auf dem Kontinent nach den Gesetzen des Königreiches nicht verpflichtet. Johann zog daher Anfang September 1213 nach Norden, um seine königliche Autorität mit Gewalt durchzusetzen.[133] Laut Roger Wendover schritt Langton nun ein, um einen bewaffneten Konflikt zu verhindern. Er bedrängte den König, von einem weiteren Vorgehen gegen die Barone *absque judicio curiae* abzusehen, und berief sich dabei auf den Krönungseid, den der König anlässlich seiner Absolution am 20. Juli 1213 noch einmal geleistet hatte.[134] Gleichzeitig drohte er jedem mit der Exkommunikation, der den König weiterhin bei seinem Vorhaben unterstützte. Langton gelang es schließlich, Johann zu beschwichtigen und ihn zum Abbruch seiner Strafexpedition gegen die oppositionellen Barone zu bewegen. Die Gefahr einer kriegerischen Auseinandersetzung war vorerst gebannt.[135]

Der *Barnwell*-Chronist sowie Ralf von Coggeshall bestätigen die Geschichte Wendovers über die Intervention Langtons durch eigene, wenn auch weniger ausführliche Darstellungen.[136] Kein moderner Historiker, auch nicht der ansonsten dem Chronisten aus St. Albans gegenüber sehr kritische Holt, zweifelt daher an der Glaubwürdigkeit seines Berichts.[137] Kamp führt anschaulich vor Augen, dass der Erfolg einer Intervention wie der Beschriebenen „ganz und gar von der Autorität der um Frieden bemühten Person ab[hing] und deren Fähigkeit, sich Achtung und Gehör zu verschaffen."[138] Langton verfügte

---

[133] Powicke, *Langton*, 118–119; Holt, *Magna Carta*, 219–221 und Fryde, *Why Magna Carta*, 95.

[134] Rogerus de Wendover, *Flores historiarum*, II, 83.

[135] Ebd., 80–82 und Radulphus de Coggeshall, *Chronicon*, 167.

[136] Radulphus de Coggeshall, *Chronicon*, 167 und Walter of Coventry, *Historical collections*, 212.

[137] Holt, *Magna Carta*, 219–221.

[138] Kamp, *Vermittler*, 40.

zunächst schon allein auf Grund seines Amtes als Erzbischof von Canterbury über ein hohes Maß an Würde und Ansehen unter den Konfliktparteien. Seine Autorität als Vermittler wurde zusätzlich dadurch gestärkt, dass Bischöfe traditionell als Friedensstifter auftraten. Ihrem Selbstverständnis gemäß als Nachfolger der Apostel waren sie verpflichtet, Streit zu schlichten, zu versöhnen und den Frieden zu erhalten. Diese Aufgaben wies ihnen auch ihr Umfeld zu. In vielen Bischofsviten wird daher das Ideal des Friedensstifters beschworen.[139] Kamp verweist noch auf einen weiteren Vorzug der Bischöfe als Vermittler. Diese hätten auf Grund ihrer Ausbildung größere rhetorische Fähigkeiten als Laien. Zudem „stellte ihnen das christliche Traditionsgut, das sich im Kern ja als Friedensbotschaft verstand, eine Fülle von Argumenten zur Verfügung".[140] Langton konnte sich dank seiner Studien- und Lehrjahre in Paris in besonderem Maße dieser Fähigkeiten bedienen. Trotzdem reichen die genannten Gründe nicht aus, um seine erfolgreiche Intervention erklären zu können. Sein Amt als Erzbischof von Canterbury mag ihn in die Lage versetzt haben, sich gegenüber König Johann „Gehör zu verschaffen". Doch das war nur der erste Schritt einer erfolgreichen Friedensvermittlung. Die Historiker Stephen White und Gerd Althoff, die sich beide mit dem Thema der Friedensstiftung im Mittelalter auseinandersetzen, weisen darauf hin, dass enge Bindungen zu den Konfliktparteien, seien es freundschaftliche oder verwandtschaftliche, wichtige Voraussetzungen waren, um erfolgreich vermitteln zu können. Solche Bindungen ermöglichten es dem Vermittler, offen und ehrlich zu sprechen, um so seine Gesprächspartner von den Vorteilen einer gütlichen Einigung überzeugen zu können.[141]

Aber Langton und König Johann war es nicht in Ansätzen gelungen, ein solches vertrauensvolles Verhältnis zueinander aufzubauen. Daher scheint der Bericht von Ralf von Coggeshall, wonach der Erzbischof allein mit rationalen Argumenten, durch seine Überredungskünste den König habe zum Einlenken bewegen können, nicht glaubwürdig.[142] Überzeugender dagegen ist die Erzählung Wendovers. Er berichtet, wie ärgerlich Johann auf die Ratschläge des Erzbischofs reagiert habe. Er bestritt dessen Zuständigkeit mit dem Hinweis, *cum laica judicia ad*

---

[139] Kamp, *Vermittler*, 211.
[140] Ebd., 213.
[141] Althoff und Kamp, Praxis und Legitimation, 46 und White, Settlement of Disputes, 282.
[142] Radulphus de Coggeshall, *Chronicon*, 167.

ipsum non pertineant.[143] Erst die Drohung Langtons, all jene zu exkom-
munizieren, die den König weiterhin auf dessen Heerzug gegen die
Barone begleiten würden, habe den Widerstand Johanns gebrochen.[144]
Den Ergebnissen Kamps zu Folge konnten auch Drohungen gegenüber den Konfliktparteien zum Erfolg einer Vermittlung beitragen.[145]
Als Druckmittel dienten Langton die päpstlichen Mandate aus dem
Frühjahr 1213. Sie ermächtigten den Erzbischof unter anderem dazu,
Kleriker, die gegen die Bannsprüche des Papstes verstoßen hatten, zu
suspendieren.[146] Wie bereits erwähnt, waren unter den engsten Beratern
des Königs einige Geistliche, die Johann auch während des Interdikts
und dessen Exkommunikation gedient hatten. Langton konnte daher
mit den Briefen aus Rom in seinen Händen die betroffenen Kleriker
dazu drängen, auf den König zu Gunsten einer gütlichen Einigung
einzuwirken. Daneben hatte Innozenz III. dem Erzbischof das Mandat
erteilt, erneut den Kirchenbann gegen Johann zu verhängen, sollte dieser
den mit dem Papst geschlossenen Frieden brechen.[147] Natürlich war die
geplante Strafexpedition gegen die opponierenden Barone kein direkter
Angriff des Königs auf den Frieden mit der Kirche. Die Vereinbarung
vom Mai 1213 aber hatte Eustace de Vescy mit eingeschlossen, der
wahrscheinlich im September 1213 erneut zu jenen Baronen gehörte,
die Johann bestrafen wollte, weil sie ihm die Heeresfolge verweigerten.[148] Zusätzlich hatte Langton Ende August einen Brief aus Rom
erhalten, der ihm unter anderem befahl, für den Erhalt des Friedens
im Königreich zu sorgen.[149] Noch war kein Legat zur Unterstützung
des Königs in England gelandet, noch konnten der Erzbischof und
seine Suffraganen gegenüber Johann ungefährdet den Anspruch erheben, sie allein würden die Mandate des Papstes richtig, dem eigentlich
Sinn nach, interpretieren. Langton gelang es daher, den König wie in
der Frage der Reparationsleistungen zur Kompromissbereitschaft zu

---

[143] Rogerus de Wendover, *Flores historiarum*, II, 83.
[144] Ebd., 83 und McKechnie, *Magna Carta*, 29.
[145] Kamp, *Vermittler*, 193–198.
[146] *Selected Letters of Innocent III*, 46, 137–138 und *Letters of Innocent III*, Nr. 908,
150.
[147] *Selected Letters of Innocent III*, Nr. 48, 141–142 und *Letters of Innocent III*, Nr.
909, 150–151.
[148] Eustace de Vescy gehörte zu jenen Baronen, die 1214 König Johann nicht nach
Poitou begleiteten und auch kein Schildgeld zahlten, vgl. Holt, *Northerners*, 94–95
und 100.
[149] *Selected Letters of Innocent III*, Nr. 56, 155 und *Letters of Innocent III*, Nr. 928,
153–154.

zwingen. Johann selbst, der sicherlich mit der baldigen Ankunft von
Nicholas von Tusculum in England rechnete, mag es schließlich klüger
erschienen sein, den Forderungen Langtons zunächst nachzugeben und
die Klärung der strittigen Angelegenheit auf einen späteren Zeitpunkt
zu verschieben. Dementsprechend berichtet Wendover, Johann habe
sich mit dem Vorschlag des Erzbischofs am Ende einverstanden erklärt,
den Streit um die Heeresfolge durch einen Spruch des königlichen
Rates beizulegen.[150]

Langton war es also Anfang September 1213 gelungen, als Fürsprecher
der Barone dem König seine Friedensvermittlung aufzuzwingen. Mit der
Ankunft des Legaten in England, dessen Autorität sich der Erzbischof
unterzuordnen hatte, wurde dieses Unterfangen ungleich schwieriger.
Wie bereits erwähnt, versammelten sich Anfang November 1213 die
englischen Bischöfe in Wallingford, um mit dem König und Nicholas
von Tusculum über das Ende des Interdikts zu verhandeln. Den Annalen
von Dunstable zufolge traf sich Johann bei dieser Gelegenheit auch
mit den *Northerners* und schloss mit ihnen durch die Vermittlung des
Legaten Frieden.[151] Auch Ralf von Coggeshall berichtet, wenn auch
ohne nähere Zeit- und Ortsangabe, von der Vermittlung des Bischofs
von Tusculum. Der Chronist erwähnt zwar als weitere Vermittler auch
Langton sowie einige Bischöfe und Barone, sie alle werden aber erst
nach dem Legaten aufgeführt.[152] Nicholas von Tusculum hatte offenbar
nach seiner Ankunft die Initiative an sich gerissen und Langton die
Verhandlungsführung aus der Hand genommen. Coggeshall berichtet zudem von der Vereinbarung, die auf der Versammlung erzielt
worden sei. Der König habe den Baronen versprochen, ihre alten
Freiheiten wiederherzustellen.[153] Holt glaubt, Johann habe nur sehr vage
Versprechungen geleistet, die er auch danach nicht eingehalten habe
und die daraufhin bald in Vergessenheit geraten seien. Schließlich hätten
sich die Gesandten der rebellierenden Barone an der Kurie im Frühjahr
1215, als sie den Papst von angeblichen Konzessionen des Königs überzeugen wollten, auf den Eid Johanns vom 20. Juli 1213 berufen und
nicht auf das Treffen in Wallingford.[154] Der Legat hatte, wie es scheint,

---

[150] Rogerus de Wendover, *Flores historiarum*, II, 83.
[151] Annales de Dunstaplia, 40. Mit dem Begriff *Northerners* wird eine Gruppe von
Baronen aus dem Norden Englands bezeichnet, unter denen der Widerstand gegen
König Johann besonders groß und radikal war. Vgl. dazu Holt, *Northerners*, 8–16.
[152] Radulphus de Coggeshall, *Chronicon*, 167.
[153] Radulphus de Coggeshall, *Chronicon*, 167.
[154] Holt, *Magna Carta*, 221–223 und 420.

den Druck auf den König mindern und ihn davor bewahren können, sich auf präzise Zusagen festlegen und möglicherweise neuerlich einen Eid leisten zu müssen.

Interessant im Zusammenhang mit den Verhandlungen im September und November 1213 erscheint mir die Forschungsdiskussion um die Entstehung der so genannten *Unknown Charter*. Dieses Dokument enthält die Urkunde Heinrichs I. aus dem Jahr 1100, der weitere Forderungen beigefügt wurden.[155] Powicke, wie auch Painter, sehen in ihr ein Produkt der Verhandlungen Ende des Jahres 1213 zwischen dem König und den *Northerners*.[156] Holt weist diese Vermutung zurück. Die informelle Sprache der Urkunde spreche gegen eine förmliche Vereinbarung. Zudem hätten sich die Gesandten der Rebellen in Rom im Frühjahr 1215 auf den Eid vom Juli 1213 und eben nicht auf jene *Unknown Charter* berufen.[157] Diese Argumente sprechen auch meines Erachtens dagegen, dass besagte Urkunde auf dem Treffen in Wallingford entstanden ist. Aber sie könnte, wie Warren vorschlägt, dort als Memorandum für die Forderungen der Barone gedient haben. Im Gegensatz zu Holt glaubt er, dass der Inhalt der *Unknown Charter* auf einen Entstehungszeitraum Ende des Jahres 1213 schließen lässt. Denn im Gegensatz zur Magna Carta, mit der sie ansonsten viele Artikel gemeinsam hat, beinhaltet sie einen Artikel über die Dienstpflichten der Vasallen außerhalb Englands.[158] Die Heeresfolge war aber gerade im Herbst 1213, angesichts des bevorstehenden Feldzuges nach Poitou, ein akuter Streitpunkt, nicht dagegen im Frühjahr 1215, als es nach der Niederlage von Bouvines im Sommer 1214 keine konkreten Pläne des Königs für weitere militärische Kampagnen auf dem Kontinent gab.[159] Erinnert man sich an das Treffen Langtons mit den Magnaten im August und an seine Vermittlung im September 1213, dann erscheint es plausibel, dass der Erzbischof zusammen mit den Baronen weiter an einem Reformprogramm gearbeitet hat, das die Grundlage für einen dauerhaften Frieden bilden sollte. Es gibt zumindest ein weiteres Indiz dafür, dass Langton im Herbst 1213 in Kontakt mit jenen Magnaten stand, die mit Johanns Herrschaft unzufrieden waren. Die Chronik über die Wahl Hughs de Northwold zum Abt von Bury St. Edmunds berichtet

---

[155] Holt, *Magna Carta*, 418.
[156] Powicke, *Langton*, 117–118 und Painter, *King John*, 314–315.
[157] Holt, *Magna Carta*, 420.
[158] Ebd., 427.
[159] Warren, *King John*, 217 und Turner, *King John*, 231–232.

von einem Besuch des Klosters durch Langton Mitte November. Der eigentliche Anlass war die erwähnte Auseinandersetzung innerhalb des Konvents über die *electio* des Abtes, doch traf der Erzbischof bei dieser Gelegenheit auch auf einen der später führenden Rebellen gegen König Johann, Roger Bigod, den Earl von Norfolk und Suffolk.[160]

Langton hatte demnach im August 1213 auf der Versammlung in St. Pauls den Baronen die Urkunde Heinrichs I. als Grundlage für ihren Reformkatalog vorgelegt und nach der Vermittlung im September mit ihnen zusammen diesem Dokument mit Blick auf das geplante Treffen mit dem König im November weitere Forderungen hinzugefügt. Wie schon erwähnt, verhinderte der Legat aber auf der Versammlung in Wallingford, dass Johann sich auf ein solches, schriftlich fixiertes Reformprogramm festlegen musste. Die Urkunde fand also keine Bestätigung durch den König und blieb, so Warren, „merely a dead draft".[161] Folglich konnten sich die Gesandten der Barone an der Kurie im Januar 1215 nicht auf sie berufen.

König Johann konnte sich auch die nächsten Wochen und Monate bis zu seiner Abreise nach Poitou im Februar 1214 allen konkreten Verpflichtungen auf ein allgemeines Reformprogramm seiner Herrschaft entziehen. Er gewährte aber einzelnen Baronen, deren Widerstand er fürchtete, individuelle Zugeständnisse. Daneben gehörte weiterhin die Drohung mit Gewalt zu seinem Repertoire, mit dem es ihm schließlich gelang, die Opposition gegen ihn auf einige wenige Barone aus dem Norden zu reduzieren und eine breite Unterstützung für seinen Heerzug auf dem Festland zu mobilisieren.[162] Die gemeinsame Front der Magnaten gegen König Johann war offenbar im Herbst 1213, trotz der Ansätze für ein gemeinsames, schriftlich niedergelegtes Reformprogramm noch nicht stark genug, um sich den Verlockungen individueller, königlicher Privilegien entziehen zu können. Solche Entwürfe, wie die *Unknown Charter*, verloren daher nach der Abreise des Königs auf das Festland vorübergehend an Aktualität. Doch nach der Niederlage der Verbündeten Johanns bei Bouvines holten die Barone diese wieder hervor und schlossen sich durch einen Eid auf sie zusammen.[163] Johann konnte sich nun ihrer Forderung nach Reformen nur noch schwer entziehen.

---

[160] *Chronicle of the Election of Hugh*, 20–22.
[161] Warren, *King John*, 217.
[162] Holt, *Northerners*, 95–100 und Turner, *King John*, 226–227.
[163] Vgl. unten, 150–151 und 151, Anm. 11; Rogerus de Wendover, *Flores histori-*

VI.5. *Langton als Diözesanbischof im Erzbistum*
Canterbury 1213/1214

Durch die Ankunft des Legaten hatte Langton deutlich an politischem Einfluss am Hof und im Rat des Königs verloren. Johann hatte ihm in der Auseinandersetzung um das Ende des Interdikts und die königlichen Reparationszahlungen mit Unterstützung der Kurie eine schmerzvolle Niederlage zufügen können. Auf einem weiteren, wichtigen Politikfeld, der Besetzung vakanter Bistümer und Klöster, hatte Nicholas von Tusculum die Federführung übernommen. Es wäre daher nicht überraschend, wenn sich Langton ab dem Frühjahr 1214 zunächst von der „nationalen", politischen Ebene zurückgezogen und sich verstärkt seinen pastoralen und administrativen Aufgaben und Pflichten in seiner Erzdiözese Canterbury gewidmet hätte.

Cheney versucht in seiner Studie über die Folgen des Interdikts zu zeigen, dass die Leitung der Bistümer und die Verwaltung der *spiritualia* durch den päpstliche Bannspruch sowie das Exil der englischen Bischöfe in einem viel geringeren Ausmaß als bisher angenommen beeinträchtigt worden waren. Rektoren und Vikare wurden weiterhin in vakante Kirchen eingesetzt, die geistlichen Gerichte konnten ohne größere Einschränkungen arbeiten, allein Appellationen an die Kurie waren vom König verboten worden. In Abwesenheit der Bischöfe übernahmen ihre kirchlichen Amtsträger, in erster Linie ihre eingesetzten Stellvertreter, die *officiales*, den Großteil ihrer Pflichten und Aufgaben. Zwei wichtige Einschränkungen in den Jahren des Interdikts sind dennoch zu konstatieren. Kirchensynoden wurden, wenn überhaupt, weitaus seltener veranstaltet. Auch Visitationen sind für die Jahre des Interdikts nicht überliefert.[164] Unter der fehlenden Aufsicht litt sicherlich die Disziplin des ohnehin schon durch das Interdikt eingeschüchterten und demotivierten Pfarrklerus. Insgesamt fällt Cheney aber ein eher positives Fazit: „The normal routine of diocesan administration went on, but at a somewhat reduced tempo."[165]

Diese Schlussfolgerung gilt nur eingeschränkt für das Erzbistum Canterbury, schließlich war dort eine reibungslose Kontinuität der Verwaltung nach dem Tod Hubert Walters und dem Ausbruch des

---

arum, II, 111–112; Radulphus de Coggeshall, *Chronicon*, 170 und Walter of Coventry, *Historical collections*, 217–218.

[164] Cheney, King John and the papal interdict, 307–313.
[165] Ebd., 313.

Konflikts zwischen Kirche und König wegen des Exils Langtons viel schwieriger sicherzustellen. Wie erwähnt, beanspruchten die Bischöfe von Rochester seit der normannischen Eroberung, die benachbarte Erzdiözese während ihrer Vakanz oder im Falle einer Abwesenheit des Erzbischofs als dessen Stellvertreter zu verwalten. Bis 1066 hatte diese Aufgabe ein *chorepiscopus* übernommen, der seinen Sitz in der Kirche St. Martin hatte, die vor den Toren der Stadt Canterbury lag.[166] Langton scheint den traditionellen Anspruch der Bischöfe von Rochester ignoriert zu haben, erteilte er doch nach seiner Konsekration im Juli 1207 dem Bischof von London die Autorität, an seiner Statt das Erzbistum und die Provinz Canterbury zu leiten.[167] Doch William von St. Eglise ging im Frühjahr 1208 selbst ins Exil, der Bischof von Rochester, der daraufhin möglicherweise an seine Stelle getreten war, folgte zwei Jahre später.[168] Für einen gewissen Zeitraum zumindest scheint während des Interdikts ein weiterer Stellvertreter in der Erzdiözese tätig gewesen zu sein, ein sogenannter Offizial, der in Abwesenheit des Erzbischofs diejenigen Aufgaben und Pflichten übernahm, die keiner Bischofsweihe bedurften. Die Einsetzung eines solchen Stellvertreters ist schon für das Pontifikat Hubert Walters überliefert, der 1202 auf Grund seines Aufenthaltes auf dem Kontinent einen gewissen Simon von Sywell zum *officialis generalis* ernannte.[169] Auch Langton scheint einen solchen Stellvertreter während seines Exils ernannt zu haben. Die Annalen von Worcester berichten, der Erzbischof habe vor seiner Reise nach Rom 1212 den Prior von Worcester mit den Pflichten eines Offizials betraut.[170] Ob der Prior nun solche Aufgaben wahrnahm, die Langton die Jahre zuvor von Frankreich aus hatte ausüben können, die nun aber von Rom aus nicht mehr zu erledigen waren, oder ob der Prior einen Vorgänger in England als Offizial ablöste, lässt sich nicht klären.[171]

Neben diesen eigens eingesetzten Stellvertretern waren für eine reibungslose Verwaltung des Erzbistums in erster Linie die ständigen Amtsträger verantwortlich, die ihre Aufgaben zunehmend unabhängig von der Person des Erzbischofs, das heißt auch während einer Vakanz oder in Abwesenheit des Metropoliten, mehr oder weniger ungebrochen

---

[166] Brett, Church at Rochester, 10 und 20; ders., Gundulf and the Cathedral Communities, 18–19 und Brooks, *Anglo-Saxon Myths*, 92–96.
[167] *Acta Stephani*, Nr. 3, 7–9.
[168] Vgl. oben, 83.
[169] Cheney, *Hubert Walter*, 165–166.
[170] Annales de Wigornia, 401
[171] Major, Familia, 536.

ausübten. An erster Stelle zu nennen ist der Archidiakon, der als *oculus episcopi* vor allem für die Aufsicht über den Pfarrklerus sowie für die Besetzung vakanter Kirchen zuständig war.[172] Ab der zweiten Hälfte des 12. Jahrhunderts lässt sich in den Quellen ein neuer Amtsträger nachweisen, der als ständiger Bevollmächtigter des Erzbischofs in juristischen Angelegenheiten auftrat und in dieser Funktion vor allem dem erzbischöflichen Gericht vorsaß. Da dieser ständige Vertreter des Metropoliten in den Quellen auch als Offizial bezeichnet wird, identifizierte ihn die ältere Forschung mit dem gleichnamigen, aber für einen begrenzten Zeitraum eingesetzten, allgemeinen Stellvertreter des Erzbischofs.[173] Zuletzt hat aber David Smith überzeugend nachgewiesen, dass mit dem Begriff *officiales* in den Quellen verschiedene Funktionsträger bezeichnet werden, die außer ihrer Amtsbezeichnung keine Verantwortung oder Pflichten teilten.[174] Während sich meines Erachtens für die Exiljahre Langtons die Tätigkeit eines solchen Offizials, der als juristischer Bevollmächtigter des Erzbischofs fungierte, nicht nachweisen lässt,[175] so ist zumindest für die ersten Jahre ein Archidiakon

---

[172] Zum Amt des Archidiakons und dessen Funktionen vgl. Helmholz, *Laws of England*, 135–138 und E. Carpenter, *Cantuar*, 93.

[173] Cheney, *From Becket to Langton*, 147–148.

[174] Zur Problematik der Terminologie des Offizials in den Quellen des 12. und 13. Jahrhunderts vgl. D. Smith, The ‚Officialis‘, 201–220.

[175] In einem Brief an einen Kleriker, der mit dem Erzbischof im Exil weilte, wird zwar auch ein Offizial erwähnt, es ist aber nicht klar, ob dieser als allgemeiner Stellvertreter in Abwesenheit des Erzbischofs agierte oder ob er dessen ständiger Vertreter in juristischen Angelegenheiten war. Smith zufolge wurden auch solche Kleriker zuweilen als *officiales* bezeichnet, die der König zur Verwaltung eines vakanten Bistums einsetzte, vgl. Historical Manuscripts Commission, *Various collections*, 215 und D. Smith, The ‚Officialis‘, 210–211 und 219–220. Howell verweist zudem darauf, dass es zu Beginn des 13. Jahrhunderts noch keine scharfe Trennung zwischen den *spiritualia* und *temporalia* eines Bistums gab. Der König habe zum Beispiel während der Vakanz eines Bistums die Präsentation zu Kirchen übernommen, deren Patron der Bischof war, vgl. Howell, *Regalian Right*, 37–39 und 190–193. Auch Smith zeigt, dass Kleriker, die der König zur Verwaltung eines vakanten Bistums einsetzte und die in den Quellen als *officiales* bezeichnet werden, zuweilen auch geistliche Jurisdiktionsrechte wahrnahmen, vgl. D. Smith, The ‚Officialis‘, 210–211. In den königlichen Registern taucht für die Jahre 1206 und 1207 ein gewisser Thomas von Elham auf, der als *officialis archiepiscopatus Cantuariensis* tituliert wird und der mit der Einsetzung von Klerikern beauftragt wurde, die der König zuvor Kirchen präsentiert hatte, deren Patron der Erzbischof von Canterbury war, vgl. *Rot. Lit. Pat.*, 58–59 und 75. Thomas von Elham mag daher weniger ein Offizial gewesen sein, den Hubert Walter vor seinem Tod eingesetzt hatte, wie Major vermutet, sondern ein von König Johann bestellter Verwalter des vakanten Erzbistums, vgl. Major, *Familia*, 536. Dafür spricht auch, dass Johann Thomas von Elham 1206 zusätzlich die Aufsicht über das Dekanat Shoreham gewährte, vgl. *Rot. Lit. Pat.*, 60.

bei der Ausübung seiner Amtsgeschäfte überliefert. Aber die Weihe
Langtons und die darauffolgende Eskalation des Konflikts zwischen
Kirche und König zwangen Henry de Sandford, den Hubert Walter
zum Archidiakon berufen hatte, offenbar, sein Amt ruhen zu lassen.
Zumindest ist er ab der Jahreswende 1207/1208 für viereinhalb Jahre
in den Registern des Königs nicht mehr als Archidiakon nachzuweisen.[176] Erst im Mai 1213 wird Henry de Sandford wieder erwähnt, als
dem Archidiakon mehrere Güter von König Johann zurückgegeben
wurden.[177] Trotz der sehr fragmentarischen Überlieferung ist daher
die vorsichtige Schlussfolgerung erlaubt, dass durch das Interdikt die
Verwaltung der *spiritualia* erheblich gestört wurde und in Folge das
Erzbistum in gewisse Unordnung geriet und viele Aufgaben ihrer
Erledigung harrten. Langton, so ist daher zu vermuten, wird sich
nach seiner Rückkehr zunächst intensiver als üblich der Leitung und
Verwaltung seines Erzbistums gewidmet haben, um vor allem die
Disziplin des Klerus wiederherzustellen.[178]

    Die bischöflichen *acta* Langtons können diese Vermutung aber nicht
bestätigen. Wie bereits erwähnt, sind die meisten Urkunden undatiert
und ihr Entstehungszeitraum lässt sich nur in den wenigsten Fällen auf
ein Jahr oder weniger begrenzen. Für die ersten 18 Monate nach seiner
Rückkehr im Sommer 1213 ist nur eine Urkunde überliefert, die er in
seiner Eigenschaft als Diözesanbischof ausstellte.[179] Auch eine Visitation
der Erzdiözese durch Langton nach seiner Rückkehr aus dem Exil lässt
sich nicht belegen. Gerade nach den Jahren des Interdikts und seiner
langen Abwesenheit könnte man von einem Reformbischof erwarten,
sich dieses Mittels zu bedienen, um den Klerus seiner Erzdiözese zu
instruieren und wieder zu disziplinieren. Aber weder in seinen *acta*
noch in einer historiographischen Quelle finden sich Hinweise auf eine
Visitation. Daraus muss man nicht zwingend schlussfolgern, Langton
habe sich dieser Pflicht entzogen. Schließlich scheinen monastische
Chronisten solchen Visitationen mit Desinteresse begegnet zu sein,
dementsprechend selten finden sie Erwähnung in ihren Annalen. Auch

---

[176] *Rot. Lit. Pat.*, 78. In den *Close Rolls* wird ein Henry de Sandford erwähnt, der
als Gesandter des Königs im Februar 1208 nach Flandern aufbrach. Es ist nicht eindeutig, ob dieser Henry mit dem Archidiakon von Canterbury identisch ist, vgl. *Rot.
Lit. Claus.*, I, 102.

[177] *Rot. Lit. Claus.*, I, 134.

[178] Major, *Familia*, 536–537.

[179] *Acta Stephani*, Nr. 10, 18–19.

die Register der Klöster liefern kaum Informationen über Visitationen. Am ehesten sind Hinweise auf diese Tätigkeit in Registern der Bischöfe zu erwarten, die für Langtons Pontifikat aber, wie erwähnt, nicht überliefert sind.[180]

Es sind aber Statuten Langtons für das Erzbistum Canterbury überliefert, die Cheney auf die Monate zwischen seiner Rückkehr im Sommer 1213 und der Aufhebung des Interdikts im Juni 1214 datiert und die als Indiz dafür gelten können, dass der Erzbischof seine Diözese zuvor visitiert hatte. Die Statuten Langtons sind die ersten überlieferten Statuten eines englischen Bistums.[181] Der Adressat dieser Gesetzgebung war in erster Linie der Pfarrklerus des Erzbistums.[182] Der Präambel zufolge sollten die Geistlichen in korrekter Lebensführung und im Umgang mit den Laien unterwiesen werden. Zusätzlich sollten dem Pfarrklerus Regeln beim Spenden der Sakramente an die Hand gegeben werden.[183] Die Gesetzgebung Langtons könnte daher eine Reaktion auf jene Missstände gewesen sein, denen er im Rahmen einer Visitation seiner Erzdiözese begegnet war.

Ein weiterer, gewichtiger Anlass, sich der Reform und *correctio* des Klerus zu widmen, kam aus Rom. Papst Innozenz III. hatte im April 1213 den Kirchenprovinzen der lateinischen Christenheit Einladungen zu einem Generalkonzil im November 1215 in Rom gesandt. Zwei große Ziele hatte der Papst für dieses Konzil formuliert, neben der Ausrufung eines neuen Kreuzzugs zur Rückeroberung des Heiligen Landes stand die Reform der Universalkirche im Mittelpunkt.[184] Der Papst hatte in Vorbereitung der Versammlung den Prälaten zusätzlich das Mandat erteilt, Untersuchungen über Missbräuche in ihren Diözesen anzustellen, deren Ergebnisse sie in einem Bericht über die notwendigen Reformen an die Kurie senden sollten. Die Gesetzgebung Langtons und möglicherweise seine vorherige Visitation waren daher auch durch die päpstlichen Mandate motiviert.[185]

---

[180] Cheney, *Episcopal visitation*, 1–16.
[181] *Councils and synods*, 23–24.
[182] Cheney, Earliest English diocesan statutes, 11–12.
[183] *Councils and synods*, 24.
[184] *Selected Letters of Innocent III*, Nr. 51, 144 und *Letters of Innocent III*, Nr. 915, 151–152.
[185] *Selected Letters of Innocent III*, Nr. 51, 145–147 und Baldwin, *Princes and Merchants*, I, 317.

Weitere Anregungen in seinem Bistum legislativ tätig zu werden,
könnte der Erzbischof von seinem früheren Studienkollegen Robert
de Courson erhalten haben. Dieser war vom Papst als Legat nach
Frankreich gesandt worden, um dort den Kreuzzug zu predigen und
zu organisieren. Daneben veröffentlichte dieser auf Provinzsynoden in
Paris 1213 und Rouen 1214 Statuten, die später zum Teil Eingang in
die Gesetzgebung auf dem Vierten Lateranum fanden.[186] Langton hatte
möglicherweise Robert de Courson, der seinen päpstlichen Auftrag
am 19. April 1213 erhalten hatte, noch kurz vor seiner Rückkehr im
Juli 1213 in Nordfrankreich getroffen.[187] Spätestens aber im August
1213 standen sie in Kontakt und diskutierten Fragen in Bezug auf
den geplanten Kreuzzug.[188] Langton übernahm schließlich einige der
Statuten seines Studienkollegen in die eigene Gesetzgebung.[189]

Obwohl die Statuten in seinem Namen veröffentlicht wurden, ist die
Frage berechtigt, inwieweit Langton persönlich an ihrer Erarbeitung
beteiligt war, beziehungsweise, inwieweit er seinen Amtsträgern die
Arbeit überließ.[190] Als Magister der Theologie besaß er natürlich die
Qualifikation, um die Form und den Inhalt der Gesetzgebung selbst
zu gestalten. Seine theologischen Schriften lassen zudem ein großes
Interesse an Kirchenreformen erkennen. Erinnern wir uns an die dortigen Aussagen über die Bedeutung schriftlich fixierter Gesetze für die
Bewahrung von Recht und Ordnung, ist es durchaus denkbar, dass
Langton selbst am Text mitarbeitete und an den Formulierungen der
einzelnen Statuten feilte. Schließlich garantierte „der schriftliche Text
die Einheitlichkeit der Reformbemühungen."[191] Trotz seines politischen Engagements verfügte er insbesondere ab dem Frühjahr 1214
über ausreichend Zeit, um sich intensiv mit der Bistumsgesetzgebung
zu beschäftigen. Natürlich konnte sich Langton bei der Arbeit auf
die Unterstützung der Gelehrten seiner *familia* verlassen, etwa auf
Henry de Sandford, seinen Archidiakon und ehemaligen Schüler.[192]
Möglicherweise suchte er auch Rat und Unterstützung bei einem wei-

---

[186] Maleczek, *Papst und Kardinalskolleg*, 176–177 und Baldwin, *Princes and Merchants*, I, 317.
[187] Cheney, Earliest English diocesan statutes, 14.
[188] *Rot. Lit. Claus.*, I, 165.
[189] *Councils and synods*, 29–30.
[190] Cheney, *English Synodalia*, 49 und 54 und ders., Earliest English diocesan statutes, 15.
[191] Kaufhold, Erzbischöfe von Canterbury und die Magna Carta, 57.
[192] Vgl. oben, 46, Anm. 69.

teren, ehemaligen Studenten und engen Freund Richard le Poore, dem Dekan von Salisbury. Er ist im Herbst 1213 an der Seite Langtons nachweisbar.[193] Le Poore selbst veröffentlichte später als Bischof von Salisbury eine eigene Gesetzgebung für sein Bistum, bei deren Formulierung er auf die Bistumsstatuten seines Lehrers zurückgriff.[194] Diese Konstitutionen aus Salisbury ragen aus der Masse der Diözesanstatuten heraus, die Mitte des 13. Jahrhunderts entstanden, vor allem auf Grund ihrer Konzentration auf die wichtigen diözesanen Probleme und pastoralen Herausforderungen sowie ihres geschlossenen und gelehrten Aufbaus. Ihr Einfluss erstreckte sich weit über Salisbury hinaus, indem sie zum Vorbild für die vielen Bistumsgesetzgebungen des 13. Jahrhunderts wurden.[195] Auch Langton erkannte die Überlegenheit dieser Statuten gegenüber seinen eigenen und veröffentlichte sie nach 1222 mit einigen wenigen Änderungen für die eigene Erzdiözese.[196] Richard le Poore überarbeitete ebenfalls seine Gesetzgebung nach 1222. Diese neue Version weist wiederum Einflüsse der Provinzstatuten auf, die von Langton auf dem Provinzkonzil in Oxford 1222 veröffentlicht worden waren.[197] Diese Verbindungen deuten auf eine enge Zusammenarbeit oder zumindest auf einen regelmäßigen Austausch zwischen dem Erzbischof und le Poore auch in Fragen der Kirchengesetzgebung hin.[198]

Es bleibt festzuhalten, dass sich der persönliche Anteil Langtons an der Gesetzgebung nicht eindeutig bestimmen lässt. Er war aber für ihre Veröffentlichung und damit letztlich auch für ihren Inhalt verantwortlich. Obwohl kein Register des Erzbischofs und keine entsprechenden *acta* überliefert sind, lässt sich daher dennoch konstatieren, dass Langton sich schon bald nach seiner Rückkehr aus dem Exil neben vielfältigen anderen Verpflichtungen als Politiker und Metropolit auch um die Ordnung und Reform seiner Erzdiözese bemühte.

---

[193] Der Dekan von Salisbury war an der Seite Langtons bei den Verhandlungen mit Thomas de Merleberge, dem Prokurator der Mönche von Evesham im November 1213 in Croydon auf dem Gut des Erzbischofs, vgl. *Chronicon Abbatiae de Evesham*, 232.

[194] Cheney, Earliest English diocesan statutes, 16–17.

[195] Für eine Edition der Statuten vgl. *Councils and synods*, 57–96. Für einen Überblick über ihren Aufbau, ihre Themen, den verwendeten Quellen und ihre Bewertung vgl. Cheney, *English Synodalia*, 51–57 und Gibbs und Lang, *Bishops and Reform*, 52, 108 und 117–121.

[196] Cheney, Earliest English diocesan statutes, 16 und ders., *English Synodalia*, 62–65.

[197] Ders., *English Synodalia*, 61 und *Councils and synods*, 57.

[198] Cheney, Statute-Making in the English Church, 404–406.

KAPITEL VII

LANGTONS ROLLE ALS VERMITTLER 1215

VII.1. *Langtons Entwicklung vom Fürsprecher der Barone zum Vermittler*

Im Februar 1214 brach Johann nach Poitou auf, mit dem Ziel, seine verlorenen Festlandsbesitzungen zurückzuerobern. Er hatte sich dazu mit dem deutschen Kaiser Otto IV. und dem Grafen von Flandern verbündet. Während er seinen Kriegszug aus dem Südwesten Frankreichs startete, sollten seine Verbündeten im Nordosten gegen den französischen König vorgehen. Ein Zweifrontenkrieg sollte König Philipp Augustus dazu zwingen, seine Kräfte zu teilen und ihn damit entscheidend schwächen. Trotz anfänglicher Erfolge musste sich Johann Mitte Juli vor dem heranziehenden Kronprinzen Ludwig nach La Rochelle zurückziehen, vermutlich auf Grund fehlender Unterstützung der Barone in Poitou. Nach der verlorenen Schlacht seiner Verbündeten bei Bouvines am 27. Juli 1214 war das Unternehmen gescheitert. Im September wurde ein Waffenstillstand vereinbart und Mitte Oktober segelte Johann zurück nach England.[1]

Unterdessen hatte die skrupellose Regentschaft des Justiziars Peter des Roches die Unzufriedenheit und Unruhe unter den englischen Baronen erneut angefacht. Der Bischof von Winchester versuchte mit allen Mitteln, das Schildgeld, das *scutagium,* von jenen Vasallen einzutreiben, die sich nicht am Kriegszug des Königs in Frankreich beteiligt hatten. Er ordnete unter anderem die Konfiszierung ihres Besitzes an, sollten sie sich gegen die Zahlung wehren. Wieder einmal wurde den Baronen der autoritäre Charakter des angevinischen Herrschaftssystems brutal vor Augen geführt. Im Herbst 1214 formierte sich daher unter den Vasallen erneut offener Widerstand gegen König Johann, der aber im Vergleich zum Vorjahr einen größeren Kreis von Magnaten

---

[1] Für einen prägnante Zusammenfassung der Ereignisse in Bouvines und ihrer Folgen für die europäische Geschichte vgl. insbesondere Kaufhold, *Wendepunkte des Mittelalters,* 105–111. Und vgl. Turner, *King John,* 132–135 und Warren, *King John,* 217–224.

erfasste.[2] Dieser Zulauf der Opposition lässt sich unter anderem durch den fehlgeschlagenen Heerzug Johanns auf dem Kontinent erklären. Ein Sieg in Frankreich hätte den König auch gegenüber seinen Gegnern in England gestärkt, seine militärische Niederlage aber animierte nun auch zuvor eher zurückhaltende, unentschlossene Barone zur Rebellion. Für Holt war daher das Scheitern Johanns in Frankreich der erste Schritt zur Magna Carta: „The road from Bouvines to Runnymede was direct, short, and unavoidable."[3]

Auch die zeitgenössischen Geschichtsschreiber schildern den erneuten Ausbruch der Feindseligkeit zwischen dem König und einem Teil der Barone. Dem *Barnwell*-Chronisten zufolge habe Johann von jenen *Northerners* die Zahlung des Schildgeldes verlangt, die ihn nicht nach Poitou begleitet hatten. Diese hätten die Forderung des Königs erneut mit der Begründung zurückgewiesen, sie seien zum Dienst außerhalb Englands nicht verpflichtet. Stattdessen hätten sie vom König die Bestätigung einer Urkunde verlangt, in der Heinrich I. seinen Baronen gewisse Freiheitsrechte gewährte hatte. Nach der Intervention des Legaten Nicolas von Tusculum sei die Angelegenheit auf das neue Jahr verschoben worden.[4] Auch der Autor der *Histoire des ducs de Normandie*, der mit dem französischen Dauphin im Frühjahr 1216 in England landete,[5] berichtet von einem Treffen der Barone mit dem König nach dessen Rückkehr und der Forderung nach einer Bestätigung einer von Heinrich I. ausgestellten Urkunde.[6] Eine ähnliche Geschichte ist von Ralf von Coggeshall überliefert. Die Barone hätten sich zusammengeschlossen, um eine Bestätigung der Urkunde Heinrichs I. über die Freiheitsrechte durch König Johann zu erreichen, der dieses Ansinnen aber abgelehnt habe.[7] Die dramatischste Erzählung stammt erneut von Roger Wendover. Seinem Bericht nach trafen sich die Barone im Kloster Bury St. Edmunds, angeblich anlässlich eines religiösen Festes. In Wahrheit aber hätten sie in geheimer Beratung die Urkunde Heinrichs I. hervorgeholt, die sie von Langton erhalten hatten, und auf dem Hochaltar geschworen, ihren Treueid zu lösen und Johann zu bekriegen, falls dieser die Freiheiten und Rechte, die in der

---

[2] Warren, *King John*, 225; Holt, *Northerners*, 100–101 und Painter, *King John*, 214.
[3] Holt, *Northerners*, 100; Kaufhold, *Wendepunkte des Mittelalters*, 110–111 und Warren, *King John*, 225.
[4] Walter of Coventry, *Historical collections*, 217–218.
[5] D. Carpenter, *Minority*, 20.
[6] *Histoire des ducs de Normandie*, 145–146.
[7] Radulphus de Coggeshall, *Chronicon*, 170.

Urkunde niedergeschrieben seien, nicht bestätigen sollte. Daraufhin habe man sich auf ein Treffen mit dem König nach Weihnachten geeinigt, um diesem die Forderungen vorzutragen.[8] Holt hält die Erzählung Wendovers von einem konspirativen Treffen der Barone in der Abtei Bury St. Edmunds für unglaubwürdig.[9] Lässt man aber die dramatische Rahmenhandlung beiseite, bleiben im Kern jene Elemente übrig, von denen auch die anderen Chronisten berichten.[10] Die mit der Herrschaft Johanns unzufriedenen Barone schlossen sich zu einem Bündnis zusammen und verlangten vom König eine Bestätigung ihrer Forderungen, deren Kern die Krönungsurkunde Heinrichs I. war.[11]

Noch aber konnte König Johann auf die Unterstützung des Legaten zählen, der im Herbst 1214 die Vermittlungen zwischen dem König und den *Northerners* leitete und dem es offenbar erneut gelang, Johann zumindest vorerst vor verbindlichen Zugeständnissen zu bewahren sowie die Verhandlungen mit den Baronen auf das nächste Jahr zu vertagen.[12] Die plötzliche Abberufung des Legaten durch Papst Innozenz III., die zu dessen Abreise aus England Mitte November 1214 führte, bedeutete daher eine weitere, empfindliche Schwächung des Königs.[13] Die Gründe für die päpstliche Entscheidung liegen weitgehend im Dunkeln. Einige Historiker vermuten, die Beschwerden über Nicholas von Tusculum und dessen einseitige Bevorzugung von königstreuen Kandidaten bei der Besetzung vakanter Bistümer und Abteien hätten zum Ende seiner Legation geführt.[14] Denkbar wäre auch, dass der Papst auf Betreiben des Erzbischofs den Legaten zurückbeorderte. Es ist bereits ausführlich geschildert worden, in welchem Ausmaß dieser die politischen Handlungsspielräume Langtons in den vergangenen Monaten

---

[8] Rogerus de Wendover, *Flores historiarum*, II, 111–112.

[9] Die *Electio Hugonis*, die Erzählung über die umstrittene Wahl eines neuen Abtes in Bury St. Edmunds in den Jahren 1213 bis 1215, enthält keinerlei Hinweise auf ein solches Treffen. Der Bericht Wendovers ist daher äußerst unglaubwürdig, vgl. Holt, *Magna Carta*, 225–226 und 406–411.

[10] Warren, *King John*, 227.

[11] Meines Erachtens ist es durchaus möglich, dass die Barone im Herbst 1214 vom König die Bestätigung eines Dokuments verlangten, das zumindest der erwähnten *Unknown Charter* ähnlich war, das heißt, im Kern aus der Krönungsurkunde Heinrichs I. bestand, der aber weitere Forderungen beigefügt worden waren.

[12] Walter of Coventry, *Historical collections*, 217–218 und Cheney, *Innocent III*, 367.

[13] Cheney, *Innocent III*, 364.

[14] Ein Brief des Papstes über die Abberufung des Legaten ist nicht überliefert. Ralf von Coggeshall begründet das Ende der Legation aber mit Beschwerden aus England über Nicholas de Tusculum, vgl. Radulphus de Coggeshall, *Chronicon*, 170; Tillmann, *Legaten*, 103–104; Cheney, *Innocent III*, 364 und Vincent, *Peter des Roches*, 97.

beschnitten hatte. Aber auch diese Erklärung ist spekulativ, zu wenig wissen wir über die Beziehungen und Kontakte des Erzbischofs zur Kurie und zu Papst Innozenz III. in diesen Monaten. Fryde schließlich vermutet, Langtons Autorität innerhalb der baronialen Opposition sei so groß geworden, dass Innozenz III. ihn nicht länger ignorieren konnte und der Legat daher den Platz für den Erzbischof räumen musste.[15] Tatsächlich kam Langton als Fürsprecher der Barone in dem sich verschärfenden Konflikt zwischen dem König und den unzufriedenen Magnaten eine zentrale Bedeutung zu, da er als Vermittler mit guten Kontakten zu den Oppositionellen den Frieden im Königreich sichern konnte. Möglicherweise erschien es dem Papst daher sinnvoll, Langtons Autorität durch den Abzug des Legaten auch im Lager des Königs zu stärken.

Vor seiner Rückkehr nach Rom aber leitete Nicholas von Tusculum vermutlich noch die Verhandlungen zwischen dem König und dem englischen Episkopat, die in der Ausstellung des Privilegs vom 21. November 1214 mündeten, in dem Johann allen Domkapiteln und Klöstern auf ewig das Recht der freien kanonischen Wahl zusicherte. Ihm blieb allein die Aufsicht über die *temporalia* sowie das Recht, die Wahllizenz und seine Approbation zur Wahl zu erteilen.[16] Der unmittelbare Anlass für diese weitreichenden Zugeständnisse an die englische Kirche waren vermutlich die noch ausstehenden Ratenzahlungen, auf welche sich der König mit dem Papst im Frühjahr 1214 vor der Aufhebung des Interdikts geeinigt hatte.[17] Am 4. November 1214 hatte Johann den Bischöfen zwar 6.000 Mark, also die Hälfte einer Jahresrate ausgezahlt, doch der König war nach dem teuren, aber erfolglosen Krieg in Frankreich in extreme Geldnot geraten und daher kaum in der Lage und wahrscheinlich noch weniger gewillt, dem Episkopat in naher Zukunft die nächsten Raten zu überweisen.[18] Johann könnte sich daher mit seiner Urkunde ein Entgegenkommen der Bischöfe in dieser

---

[15] Fryde, *Why Magna Carta*, 96.
[16] *Councils and synods*, 40–41 und Cheney, *Innocent III*, 363. Nur wenige Wochen zuvor, am 5. Oktober 1214, hatte Langton in Canterbury Simon von Apulia zum Bischof von Exeter sowie Walter de Grey zum Bischof von Worcester geweiht, die beide nicht von den jeweiligen Domkapiteln frei gewählt, sondern vom Legaten auf Wunsch des Königs ernannt worden waren, vgl. *CL Ms. D. & C. Chartae Antiquae C115/142* und *C 115/144* und vgl. oben, 124.
[17] Cheney, *Innocent III*, 362–363.
[18] *Rot. Lit. Claus.*, I, 175.

Frage erkauft haben.[19] Zusätzlich gewährte er den Prälaten individuelle Privilegien als Ersatz für ihre während des Interdikts erlittenen Verluste. Während er dem Bischof von London noch im November ein Gut bei Guildford übertrug, erhielt die Mehrzahl der Prälaten auf einer Versammlung im Januar 1215 vom König verschiedene Konzessionen, der Bischof von Ely etwa das Patronatsrecht über die Abtei Thorney.[20] Auf diesem Treffen der Magnaten in London entsprach Johann auch der Bitte Langtons und stellte eine besiegelte Kopie seiner Urkunde über die Kirchenwahlen aus, damit der Erzbischof sie nach Rom senden konnte, um diese vom Papst bestätigen zu lassen.[21]

Langton konnte sich und der Kirche von Canterbury im November 1214 drei äußerst lukrative Zugeständnisse des Königs sichern. Zunächst bestätigte Johann ihm ein Lehen über sieben Ritterdienste in Yorkshire, welches sein Vorgänger Hubert Walter von einem gewissen William de Paynel für 50 Mark und ein *palefridum* erworben hatte.[22] Daneben übertrug der König dem Erzbischof die Hälfte jener 20.000 Mark, die der bereits erwähnte Geoffrey de Mandeville ihm für die Heirat von Isabella, der Countess von Gloucester, schuldete.[23] Ein Datum für diese Schenkung ist nicht überliefert. Das Privileg wurde aber, wie es in dem entsprechenden Mandat heißt, als Ausgleich für die während des Interdikts erlittenen Verluste gewährt. Es wurde daher vermutlich im Rahmen jener Offensive ausgestellt, mit der König Johann im November 1214 versuchte, sich die Unterstützung des Episkopats zu versichern. Zudem einigten sich Johann und Langton im Streit um das Patronatsrecht über das Bistum Rochester. Wie erwähnt, waren die Erzbischöfe von Canterbury und ihre Suffragane aus Rochester spätestens seit der normannischen Eroberung durch privilegierte Beziehungen miteinander verbunden. Daraus resultierte im 12. Jahrhundert der Anspruch des Metropoliten, während einer Sedisvakanz neben den *spiritualia* auch die *temporalia* des Bistums

---

[19] Vincent, Election of Pandulph Verraclo, 146–147.

[20] *Rot. Chart.*, 204 und *Cal. Ch. Rolls*, 154. Dem Bischof von Bath wurden einige Rechte in der Abtei Glastonbury gewährt, der Bischof von Lincoln erhielt mehrere Güter, vgl. *Rot. Chart.*, 203–204.

[21] Cheney, *Innocent III*, 364–365.

[22] Ein gewisser Robert de Mednill war mit dem Land unterbelehnt worden, vgl. *Lambeth Ms. 1212*, fol. 12r, fol. 27, fol. 40 und fol. 105r-106 und du Boulay, *Lordship of Canterbury*, 90.

[23] *Rot. Lit. Claus.*, II, 110; Holt, *Magna Carta*, 209–210; D. Carpenter, *Minority*, 264 und Vincent, *Peter des Roches*, 176. Für die Auszahlung des Geldes an Langton vgl. unten, 390.

Rochester zu verwalten.[24] Dieses Recht, welches ihnen ein ordentliches Zusatzeinkommen sicherte, war aber nicht unumstritten.[25] Auch König Johann sollte nach dem Tod des Bischofs von Rochester, Gilbert Glanvill, im Juni 1214 den Anspruch Langtons auf die Temporalien in Zweifel ziehen.[26] Papst Innozenz III. beauftragte schließlich Nicholas von Tusculum, die Frage nach der *custodia* des Bistums während einer Sedisvakanz zu klären.[27] Ob durch die Vermittlung des Legaten oder ohne ihn, schließlich kam der König Langton in dieser Frage entgegen und bestätigte am 22. November 1214 dem Erzbistum Canterbury das Patronat über die Diözese Rochester.[28]

Hinter diesen Zugeständnissen standen neben dem Wunsch, den Episkopat für ein Entgegenkommen in der Frage der Reparationszahlungen zu gewinnen, weitergehende politische Überlegungen des Königs. Der *Barnwell*-Chronist etwa berichtet, Johann sei, nachdem er von der Rückberufung des Legaten gehört habe, auf den er sich zuvor gestützt hatte, freundlicher und milder gegenüber den Bischöfen gewesen. Daraufhin führt der Chronist die vom König an die Bischöfe verliehenen Privilegien auf.[29] Johann sah sich offenbar dazu gezwungen, angesichts des drohenden Verlustes seines wichtigsten Verbündeten in England, des Legaten, sowie angesichts seiner angeschlagenen Autorität nach Bouvines und des wachsenden Widerstandes gegen seine Herrschaftsmethoden unter den Baronen, sich nach neuen Verbündeten umzusehen.[30] Langton, der nach dem Abschied von Nicholas von Tusculum aus England die Führung der englischen Kirche wieder übernehmen würde, sowie als Fürsprecher der Barone über große Autorität im Lager der Feinde Johanns verfügte, entwickelte sich zu einer Schlüsselfigur, deren Loyalität für den König immer wichtiger wurde. Johann stellte daher sogar dem Bruder des Erzbischofs, Simon Langton, trotz dessen enger Bindung an seinen Erzfeind, den französischen König, ein Schreiben zum Schutz seiner Rechte an den Pfründen von Strensall in York aus.[31]

---

24 Vgl. oben, 19.
25 Brett, Church at Rochester, 22.
26 *Rot. Lit. Claus.*, I, 202.
27 *Selected Letters of Innocent III*, Nr.. 71, 191 und *Letters of Innocent III*, Nr.. 978, 163.
28 *Rot. Chart.*, 202; *Rot. Lit. Pat.*, 124 und *Rot. Lit. Claus.*, I, 179.
29 Walter of Coventry, *Historical collections*, 217.
30 Cheney, *Innocent III*, 362.
31 *Rot. Lit. Pat.*, 124 und *Rot. Lit. Claus.*, I, 178.

Unmittelbare Folge dieser Konzessionen Mitte November war die
Zusammenarbeit des Königs mit Langton bei der Wahl eines neuen
Bischofs von Rochester im Dezember 1214. Seit Lanfranc hatten die
Erzbischöfe von Canterbury die dortigen Bischofswahlen kontrolliert. Sie
erteilten die Wahlerlaubnis und waren beim Wahlakt der Mönche von
Rochester anwesend, der im Kapitelhaus, im *capitulum*, in Canterbury
vollzogen wurde. Mit Hilfe dieser Rechte gelang es ihnen, die Promotion
ihrer Kandidaten zu sichern. Im Laufe des 12. Jahrhunderts versuchte
das Kathedralkloster in Rochester aber die Beteiligung des Erzbischofs
am Wahlprozedere zu minimieren und damit seinen Einfluss zu
beschneiden.[32] Ähnliches ist auch bei der Wahl eines Nachfolgers des im
Juni 1214 verstorbenen Gilbert Glanvills zu beobachten. Wie erwähnt
hatte der Legat das päpstliche Mandat erhalten, die Frage der *custodia*
zu klären. In diesem Schreiben enthalten war zusätzlich die Order,
dem Konvent von Rochester die Wahllizenz zu erteilen.[33] Es gilt darauf hinzuweisen, dass dieses päpstliche Mandat nur in einem Register
aus Rochester überliefert ist.[34] Auch der Ablauf der folgenden Wahl
ist uns allein aus einem Bericht bekannt, der im dortigen Dompriorat
verfasst wurde.[35] Dieses Pamphlet, bekannt als *Libellus de iure elegendi
episcopi*, sollte die Rechte der Mönche von Rochester an der Wahl ihres
Bischofs dokumentieren.[36] Dementsprechend vorsichtig sind sowohl
das päpstliche Mandat als auch der Wahlbericht zu interpretieren. Das
Pamphlet schildert, wie die Mönche, trotz des päpstlichen Wahlauftrages
und der Aufforderung durch den König, die Wahl eines Nachfolgers
für Glanvill verzögert hätten. Der entsprechende Brief Johanns an
den Konvent habe zusätzlich die Mahnung enthalten, dem Erzbischof
gegenüber gehorsam zu sein, wie sie es zuvor gegenüber dem König

---

[32] Churchill, *Canterbury Administration*, I, 279; Bennett, *Jurisdiction of the archbishop*, 114–121 und Young, *Hubert Walter*, 94.

[33] *Selected Letters of Innocent III*, Nr.. 71, 191.

[34] *Registrum Roffense*, 55 und *Letters of Innocent III*, Nr.. 978, 163.

[35] *Register Islip*, fol. 224. Gedruckt wurde der Text von Henry Wharton, vgl. *Anglia
Sacra*, 384–387.

[36] Wharton datiert das Dokument auf 1380, vgl. *Anglia Sacra*, 384. Gibbs und Lang
dagegen nehmen an, dass jenes Pamphlet im Rahmen der Auseinandersetzung zwischen
dem Erzbischof von Canterbury, Edmund von Abingdon, und dem Kathedralkloster
von Rochester 1235 entstanden ist. Es sollte Papst Gregor IX. davon überzeugen, dass
sein Vorgänger Innozenz III. die Ansprüche aus Canterbury nicht anerkannt hatte.
Die Mönche argumentierten in Rom, dass schon Gilbert Glanvill 1185 von ihnen
kanonisch gewählt worden sei, ohne Beteiligung des Erzbischofs, vgl. Gibbs und Lang,
Bishops and Reform, 75–76.

und seinen Vorgängern gewesen seien.[37] Das Schreiben Johanns deutet
darauf hin, dass er Langton bereits das Patronatsrecht über das Bistum
Rochester bestätigt hatte.[38] Der Wahlbericht fährt mit der Schilderung
des Besuchs des Erzbischofs in Rochester fort. In dessen Anwesenheit
hätten die Mönche einen Kandidaten gesucht, der sowohl Langton als
auch dem König genehm war. Schließlich sei der Name Benedikt von
Sawston gefallen, für den der Erzbischof sich verbürgt habe. Langton
und die Mönche hätten anschließend den Wahltag sowie den Wahlort
festgelegt. Vor dem Wahlakt habe der Erzbischof den Konvent nochmals
ermahnt, eine weise Entscheidung zu treffen, habe aber anschließend
mit seinem Bruder Simon das Kapitelhaus verlassen. Dort hätten die
Mönche am 13. Dezember 1214 den erwähnten Benedikt gewählt, *quem
Dominus Archiepiscopus in multis commendaverat.*[39]

Der Verfasser des Berichts bemüht sich darum, den eigentlichen
Wahlakt als frei und kanonisch zu schildern, der ohne Beteiligung und
in Abwesenheit des Erzbischofs vollzogen worden sei. Dennoch entsteht
der Eindruck, Langton habe den Ausgang der Wahl zuvor determiniert,
indem er im Vorfeld die Mönche unter Druck setzte und ihnen seinen
Kandidaten aufzwang. Benedikt von Sawston aber, auch das lässt der
Bericht vermuten, war nicht allein der Kandidat des Erzbischofs, vielmehr scheint Langton sich mit dem König auf diesen geeinigt zu haben,
möglicherweise im Rahmen der Verhandlungen um die *custodia* des
vakanten Bistums Rochester. Benedikt von Sawston war zum Zeitpunkt
seiner Wahl als Magister der Theologie in Paris tätig.[40] Die in dem
Bericht erwähnten Lobpreisungen Langtons lassen vermuten, dass der
Erzbischof ihn persönlich kannte und schätzte. Er zitiert Benedikt auch
in einer seiner *quaestiones.*[41] Auf der anderen Seite war der gewählte
Bischof von Rochester wahrscheinlich auch als Kleriker am Hof Johanns
tätig gewesen, war also auch für den König kein Unbekannter.[42] Zwei
Urkunden vom 20. Januar 1215 bestätigen die Vermutung, es habe eine
Absprache zwischen Langton und Johann gegeben. Darin versichern
sie sich wechselseitig, dass die Wahl Benedikts nicht zum Nachteil der
Rechte des jeweils anderen sei.[43] Der Erzbischof hatte Johann offenbar,

---

[37] *Anglia Sacra*, 385.
[38] Churchill, *Canterbury Administration*, I, 283.
[39] *Anglia Sacra*, 385–386.
[40] *Anglia Sacra*, 386 und Gibbs und Lang, *Bishops and Reform*, 27–28.
[41] Gregory, Cambridge Manuscripts, 189.
[42] Gibbs und Lang, *Bishops and Reform*, 27–28 und *Custumale Roffense*, 190.
[43] *Acta Stephani*, Nr.. 11, 19–20 und *Lambeth Ms. 1212*, fol. 12r und fol. 103r.

trotz der kurz zuvor gewährten Urkunde über freie Kirchenwahlen und trotz des kurz zuvor bestätigten Patronatsrechts über das Bistum Rochester, eine Mitsprache bei der Kandidatensuche eingeräumt.

Langton zeigte sich bei dieser Gelegenheit, nach den frustrierenden Erfahrungen der letzten Monate bei der Besetzung vakanter Bistümer, sehr pragmatisch. Schließlich war Johann trotz der erwähnten Urkunde nicht gewillt, auf seine Mitsprache bei Bischofswahlen vollständig zu verzichten. Das dokumentieren die Wahlen 1215, etwa in den Bistümern Ely oder Norwich. Der König war zudem zu mächtig, um gegen dessen Willen Kandidaten durchsetzen zu können.[44] In Rochester bestand zusätzlich die Gefahr, dass sich die dortigen Mönche in ihrem Streben nach Unabhängigkeit mit Johann verbündeten, um Langton von der Wahl ihres Bischofs auszuschließen. Der Erzbischof wird daher einen Kompromiss mit dem König bevorzugt haben, der ihm anschließend helfen würde, ihren gemeinsamen Kandidaten auch gegen mögliche Widerstände aus Rochester durchzusetzen.

Letztlich konnte Langton die Wahl Benedikts als Erfolg verbuchen. Erstmals nach seiner Rückkehr aus dem Exil im Sommer 1213 hatte einer seiner Kandidaten einen Bischofsstuhl erklommen. Im Januar 1215 wurde zusätzlich sein Freund Richard le Poore zum Bischof von Chichester promoviert.[45] Ist auch über die Umstände der Wahl nichts bekannt, so ist doch angesichts der geschilderten Machtverhältnisse zum Jahreswechsel 1214/1215 ein Engagement Langtons nicht unwahrscheinlich.[46] Die beiden Wahlen sollten zumindest seine Position als Haupt des englischen Episkopats festigen.

Für die Bereitschaft des Erzbischofs, Ende des Jahres 1214 auf König Johann zuzugehen, könnte es neben den königlichen Privilegien und den spezifischen Umständen der Bischofswahl in Rochester weitere, politische Gründe gegeben haben. Nach der Erzählung Wendovers zogen die Barone bereits im November 1214 in Bury St. Edmunds ein gewaltsames Vorgehen gegen den König in Betracht.[47] Mag man dieser Geschichte auch skeptisch gegenüberstehen, ab dem Frühjahr 1215 zeigen sich solche Überlegungen in der baronialen Bewegung in aller Deutlichkeit. Eine Rebellion gegen Johann mit dem Ziel seiner gewaltsamen Absetzung aber konnte Langton nicht unterstützen. Wie

---

[44] Vincent, Election of Pandulph Verraclo, 150–153.
[45] Cheney, *Innocent III*, 167.
[46] Gibbs und Land, *Bishops and Reform*, 62.
[47] Rogerus de Wendover, *Flores historiarum*, II, 111–112.

erwähnt, stand der König als Vasall des Papstes unter dessen speziel-
lem Schutz. Die extremistischen Tendenzen unter den opponierenden
Baronen erleichterten daher vermutlich eine Annäherung der beiden
Widersacher.[48]

Trotz möglicher Differenzen stand Langton aber weiterhin in engem
Kontakt zu den Baronen als deren Fürsprecher. Seine Verbindungen
zu Robert fitz Walter und Eustace de Vescy sind bereits mehrfach thematisiert worden. Daneben lassen sich in Langtons engstem Umfeld
einige Personen nachweisen, die mit den rebellierenden Baronen sympathisierten und die sich im Verlauf des Jahres 1215 dem Kampf gegen
König Johann anschlossen. Bereits erwähnt wurde sein Bruder Simon
Langton, der zusammen mit dem Seneschall des Erzbischofs, Elias von
Dereham, in den Jahren des Bürgerkriegs an der Seite des französischen
Kronprinzen Ludwig zu finden ist.[49] Auch der Offizial Langtons, Thomas
de Freckenham, muss offenbar dem Lager der Rebellen zugeordnet
werden, ist doch seine Gefangennahme durch Amtsträger des Königs
überliefert.[50] Schließlich ist aus seiner *familia* noch Robert von Ruxley
zu nennen, ein Ritter des Erzbischofs, der für ihn als Seneschall arbeitete und der nach dem Fall der Burg Rochester in die Hände Johanns
fiel.[51] In den Quellen sind weitere persönliche Bindungen Langtons
zu einigen Rebellen überliefert, etwa zu Nicholas de Anesty, dessen
Besitz der Erzbischof nach dessen Tod für seinen älteren Bruder Walter
Langton in Aufsicht nahm, der daraufhin die Erbtochter von Nicholas,
Denise de Anesty, heiratete.[52] Ein weiterer Ritter Langtons, William de
Eynsford, geriet nach dem Fall der Festung Rochester in Gefangenschaft
des Königs. Er taucht als Zeuge einer Urkunde des Erzbischofs auf und
war bei seinem Lehnsherrn hoch verschuldet.[53]

---

[48] Powicke, *Langton*, 124–125.
[49] *Letters of Guala*, Nr.. 56, 43–44 und Nr. 67, 53–54; Rogerus de Wendover, *Flores
historiarum*, II, 181–182 und Vincent, *Simon Langton*, 7–8.
[50] Ein Brief Johanns vom 30. Juli 1216 weist Engelard de Cigogne an, den Offizial
Langtons, den dieser in seiner Aufsicht hatte, an den königlichen Vertrauten, den Abt
von Reading, auszuliefern, vgl. *Rot. Lit. Pat.*, 191.
[51] *Rot. Lit. Claus.*, I, 231, 237 und 267; *Rot. Lit. Pat.*, 161, 172, 179, 193 und 199;
Cal. Pat., 29 und 171–172; *Rotuli de Oblatis et Finibus*, 596–597 und 604–605 und
Major, Familia, 545–547.
[52] Vgl. unten, 372–373; *Rot. Lit. Pat.*, 175 und 177 und *Rot. Lit. Claus.*, I, 268.
[53] *Letters of Guala*, Nr. 2, 2; *Cal. Pat. Rolls*, I, 7, 13 und 20; Rogerus de Wendover,
Flores historiarum, II, 148–151; Annales de Wigornia, 405 und *Acta Stephani*, Nr.
27, 34–37. Die Schulden, die William de Eynsford gegenüber dem Erzbischof hatte,
beglich er dadurch, dass er 1226 einen Teil jener Schulden übernahm, die Langton
gegenüber dem König hatte, vgl. unten, 366, Anm. 184. Daneben können einige wei-

Die geschilderten Veränderungen der Machtverhältnisse in England im Herbst 1214 waren die Voraussetzung dafür, dass Langton im weiteren Verlauf des Konflikts zwischen dem König und den Baronen die Funktion eines Vermittlers übernehmen konnte. Durch seine Zugeständnisse hatte Johann den Erzbischof soweit für sich gewonnen, dass er ihm die Verhandlungsführung mit den Baronen anvertrauen konnte.[54] Der Abzug des Legaten brachte Langton zusätzlich soviel Handlungsspielraum, Autorität und Unabhängigkeit zurück, dass er die Rolle als Vermittler auch effektiv wahrnehmen konnte. Der Erzbischof konnte, so lässt sich abschließend festhalten, nun als Abgesandter der königlichen Partei, der gleichzeitig über Verbindungen zu den Baronen verfügte, eine dritte neutrale Kraft werden, eine Voraussetzung, um erfolgreich vermitteln zu können.[55]

VII.2. *Langton im Frühjahr 1215 – Vermittler zwischen dem König und den Baronen*

König Johann hatte sich im Herbst 1214 unter der Anleitung des Legaten mit den aufständischen Baronen auf eine Vertagung der Verhandlungen bis nach Weihnachten geeinigt. Im neuen Jahr nun, nach der Abreise des Legaten aus England, übernahm Langton die Verhandlungsführung. Am 6. Januar 1215 erschienen die Barone in London bewaffnet vor dem König. Sie wiederholten ihre Forderung nach einer Bestätigung der alten Rechte und erinnerten Johann an seinen Schwur vom 20. Juli 1213. Nach langen Verhandlungen erreichte der König einen weiteren Aufschub. Am 26. April 1215 wollte man sich in Northampton erneut treffen. Johann versprach, dass dort alles zur Zufriedenheit beider Seiten geregelt würde. Bis dahin wurde ein Waffenstillstand vereinbart. Als Garanten für diese Einigung ernannte der König Langton sowie den Bischof von Ely und William Marshal, den Earl von Pembroke.[56] Obwohl die drei Magnaten in den Quellen nicht

---

tere lokale Ritter des Erzbischofs dem Lager der Rebellen zugeordnet werden, unter anderem John de Guestling, Roger de Lenham und William de St. Johann, vgl. *Red Book of the Exchequer*, 470–471; *Letters of Guala*, Nr. 108, 80 und *Cal. Pat. Rolls*, I, 38–40 und 140–141.

[54] Fryde, *Why Magna Carta*, 96.

[55] Kamp, *Vermittler*, 180.

[56] *Rot. Lit. Pat.*, 126; Rogerus de Wendover, *Flores historiarum*, II, 113–114 und Walter of Coventry, *Historical collections*, 218.

als Vermittler bezeichnet werden, deutet ihre Ernennung zu Garanten auf eine solche Tätigkeit hin.[57] Althoff sieht in der Verpflichtung, für die Einhaltung einer Vereinbarung die Garantie zu übernehmen, eine wichtige Aufgabe der Vermittler im Mittelalter. Auch für Paul Fouracre in dem Band „Settlement of Disputes in Early Medieval Europe" ist das Aufstellen von *fideiussores* eine übliche Methode nach erfolgreicher Vermittlung.[58] Langton, William Marshal und der Bischof von Ely wurden daher zu Garanten der Vereinbarung ernannt, die sie auf der Versammlung in London zuvor vermittelt hatten.

Während der Erzbischof vermutlich den Bischof von Ely als einen Vertrauten, mit dem er die langjährige Erfahrung des Exils teilte, darum gebeten hatte, an seiner Seite zu vermitteln, war die Ernennung William Marshals zum Verhandlungsführer mit Sicherheit vom König ausgegangen. Der Earl von Pembroke war einer der treuesten Gefährten Johanns. Nachdem er mehrere Jahre bei ihm in Ungnade gefallen war, stand er spätestens seit 1212 wieder in der Gunst des Königs.[59] Er war bei den Verhandlungen im Laufe des Jahres 1215 stets an der Seite des Erzbischofs zu finden. Die Ernennung William Marshals zum Vermittler wirft auch ein Licht auf das Verhältnis Johanns zu Langton im Frühjahr 1215. Trotz ihrer Annäherung im Herbst 1214 und ihrer Zusammenarbeit bei der Wahl eines neuen Bischofs in Rochester dominierte offenbar weiterhin gegenseitiges Misstrauen ihre Beziehung. Der König, so ist anzunehmen, stellte William Marshal, der sich in der Vergangenheit stets als loyal erwiesen hatte, an die Seite des Erzbischofs, um diesen bei der Verhandlungsführung mit den Baronen kontrollieren zu können.[60]

In den Quellen sind Indizien für weitere Treffen, noch vor der vereinbarten Versammlung am 26. April in Northampton, überliefert. So stellte König Johann einen Geleitbrief an die *Northerners* für Verhandlungen mit dem Erzbischof, seinen Suffraganen und William

---

[57] McKechnie, *Magna Carta*, 32.

[58] Althoff und Kamp, Praxis und Legitimation, 79 und Fouracre, Conclusion, 224.

[59] Zwei moderne historische Arbeiten sind über William Marshal, den Earl von Pembroke, erschienen, ein älteres Werk aus dem Jahr 1933 von Sidney Painter, ein jüngeres von David Crouch aus dem Jahr 1990, vgl. Painter, *William Marshal*, 173 und 176 und Crouch, *William Marshal*, 115–118.

[60] Crouch, *William Marshal*, 119–120. Wie Langton verfügte auch der Earl über Kontakte zu den rebellierenden Baronen, schließlich gehörte sein Sohn diesem Lager an, vgl. Painter, *William Marshal*, 181 und Crouch, *William Marshal*, 121–122.

Marshal aus, die am 22. Februar in Oxford stattfinden sollten.[61] Langton
weihte an diesem Tag Benedikt von Sawston, den Bischofelekt von
Rochester, in der Kirche der Abtei Osney.[62] Das Kloster stand außerhalb
der Stadtmauern Oxfords, die erwähnten Verhandlungen könnten daher
tatsächlich an diesem Tag stattgefunden haben. Auch der *Barnwell*-
Chronist berichtet von Verhandlungen noch vor Ende April, allerdings
ohne präzise Orts- und Zeitangabe, nach deren Scheitern die Barone
fortfuhren, sich zu bewaffnen und ihre Burgen zu befestigen.[63]

Einem Bericht der *Electio Hugonis* zufolge versammelte der König
seine Magnaten zudem Anfang April in Oxford, um über *quibusdam
arduis regni* zu diskutieren.[64] Möglicherweise sollte dieses Treffen die vereinbarten Verhandlungen Ende April mit den opponierenden Baronen
vorbereiten. In Oxford wurden aber auch andere Angelegenheiten verhandelt. So erbat der gewählte Abt von Bury St. Edmunds erneut von
König Johann die Approbation seiner Wahl. Unterstützung erfuhr er,
so der anonyme Chronist, neben Langton auch vom Earl von Salisbury,
Peter des Roches, Richard Marsh und William Brewer.[65] Der Erzbischof
wird hier in einem Atemzug mit den engsten und wichtigsten Beratern
des Königs genannt. Das bestätigt den Eindruck, dass Langton, nachdem
der Legat England verlassen hatte, im königlichen Rat wieder zu den
einflussreichsten Magnaten gehörte.

Möglicherweise kann diese Versammlung Anfang April auch mit
einem Provinzkonzil in Verbindung gebracht werden, von dem der
Barnwell-Chronist berichtet, der Erzbischof habe es in die bereits

---

[61] *Rot. Lit. Pat.*, 129.
[62] Gervase of Canterbury, *Historical works*, II, 109; Stubbs, *Registrum Sacrum
Anglicanum*, 54 und *Acta Stephani*, Nr. 12, 21–22.
[63] Walter of Coventry, *Historical collections*, 219.
[64] *Chronicle of the Election of Hugh*, 164. Rodney Thomson datiert in seiner jüngeren Edition der *Electio Hugonis* jene Versammlung auf den 6. April 1215. Er übersetzt die entsprechende Passage *die Lune, que est secunda post festum beati Ambrosii*
mit „Monday, that is the second day after the feast of the blessed Ambrose". Diese
Übersetzung ist insofern möglich, als dass in einer der überlieferten Handschriften nach
dem *secunda* noch ein *dies* eingefügt ist. Da der Festtag des Heiligen Ambrosius der 4.
April ist, errechnet Thomson als Tag der Versammlung den 6. April, vgl. *Chronicle of
the Election of Hugh*, 162–165. Thomas Arnold dagegen datiert in seiner Edition von
1892 die Versammlung auf den 13. April. Er liest die entsprechende Passage als der
zweite Montag nach dem Fest des Heiligen Ambrosius, vgl. *Memorials of St. Edmund's
Abbey*, 124. Beide Datierungen erscheinen möglich. Den königlichen Registern nach
zu urteilen, die die Anwesenheit König Johanns in Oxford zwischen dem 7. und 13.
April dokumentieren, dauerte die erwähnte Versammlung wahrscheinlich über eine
Woche, vgl. *Rot. Lit. Claus.*, I, 193–194.
[65] *Chronicle of the Election of Hugh*, 164.

erwähnte Abtei Osney, vor den Toren der Stadt Oxford einberufen.[66]
Eine Datierung ist nicht überliefert, der Bericht aber folgt in der Chronik
der Erzählung über die Belagerung Northamptons durch die Barone,
die wahrscheinlich Anfang Mai 1215 begann.[67] Es gibt eine Reihe von
Indizien, dass jenes Konzil eher Anfang April stattfand, etwa zu jener
Zeit, als sich der König mit seinen Magnaten in Oxford versammelte.
So ist Langtons Anwesenheit dort im April 1215 dokumentiert, nicht
jedoch im Mai 1215. Neben seiner Beteiligung an den Verhandlungen
über die Wahl des Abtes von Bury St. Edmunds ist auch eine Urkunde
des Erzbischofs überliefert, die er am 7. April 1215 in Osney ausstellte.[68]
Auch Peter des Roches, der Bischof von Winchester, ist für diese Tage
in Oxford nachzuweisen.[69] Zusätzlich lässt sich die Anwesenheit weiterer Prälaten indirekt durch mehrere königliche Briefe belegen. So
gewährte König Johann in Oxford auffallend vielen Prälaten Privilegien,
etwa den Bischöfen von Bath, Hereford und Exeter, dem Abt von St.
Peterborough und dem Prior von St. Frideswide.[70] Das könnte auf die
Ansammlung einer größeren Anzahl geistlicher Magnaten hinweisen. Langton, so ist zu vermuten, betrachtete das Treffen in Oxford
als Gelegenheit, um in der nahe gelegenen Abtei die Vertreter der
englischen Kirche zu versammeln. Schließlich war es offenbar nicht
unüblich, große Ratsversammlungen zum Anlass zu nehmen, um
neben weltlichen Fragen auch kirchliche Angelegenheiten durch die
anwesenden geistlichen Würdenträger verhandeln zu lassen. Erinnert
sei an die Weihe des Bischofs von Rochester, der vermutlich am gleichen Tag Gespräche des Erzbischofs und seiner Suffragane mit den
opponierenden Baronen folgten. Auch anlässlich der Kirchensynode
im August 1213 in London wurde mit den anwesenden Laienmagnaten
über weltliche Fragen debattiert, etwa über die Reparationszahlungen
des Königs oder über die Forderungen der mit der Herrschaft Johanns
unzufriedenen Barone. Das Personal großer Ratsversammlungen des
Königs und das der Kirchenkonzile wies eine hohe Schnittmenge
auf. Während im Großen Rat die Prälaten als königliche Vasallen
vertreten waren, wohnten den Kirchensynoden zuweilen auch Laien

---

[66] Walter of Coventry, *Historical collections*, 220.
[67] Ebd., 219–220 und *Councils and synods*, 42.
[68] *Acta Stephani*, Nr. 15, 23.
[69] *Rot. Lit. Claus.*, I, 193 und *Chronicle of the Election of Hugh*, 164.
[70] *Rot. Lit. Claus.*, I, 193–194.

bei.[71] Angesichts der Schwierigkeiten bei der Organisation größerer Versammlungen im Mittelalter erschien es durchaus sinnvoll, die Verhandlung verschiedener Angelegenheiten zeitlich und örtlich miteinander zu verknüpfen.[72]

Welche Fragen auf dem Konzil im April 1215 aber tatsächlich diskutiert wurden, ist nicht überliefert. War ursprünglich eine klassische Provinzsynode im Sinne der Kanonisten geplant, auf der durch Gesetzgebung die Reform der Kirche gestaltet werden sollte, ein Konzil also, wie es Langton sieben Jahre später 1222 einberufen würde? Die aktuelle, politische Krise verdrängte vermutlich Themen wie die Instruktion und Disziplin des Klerus von der Agenda, waren sie denn je zur Diskussion vorgesehen. Stattdessen bemühte sich Langton wahrscheinlich darum, die Kirche auf eine einheitliche Haltung in dem Konflikt zwischen König und den rebellierenden Baronen einzuschwören. Möglicherweise ließ er Lösungsansätze diskutieren, die man Johann und dessen Gegnern als Kompromiss präsentieren konnte.[73] Die Auseinandersetzung aber hatte auch den Episkopat tief gespalten. Eine Konsensbildung war daher äußerst schwierig. Während Peter des Roches und die 1214 neu ins Amt gewählten Bischöfe von Worcester, Exeter und Coventry Johann treu ergeben waren, schloss sich der Bischof von Hereford kurz nach der Versammlung in Oxford den Rebellen an.[74] Zwischen diesen beiden Extrempositionen stand Langton, der grundsätzlich die Forderungen der aufständischen Barone unterstützte, Gewalt gegen den König aber ablehnte und sich daher um eine neutrale Vermittlung in dem Konflikt bemühte. Zuspruch erhielt der Erzbischof am ehesten von jenen Bischöfen, die mit ihm das Exil geteilt und danach mit dem König um entsprechende Reparationsleistungen gerungen hatten. Seinen vermutlich engsten Verbündeten fand er in seinem Freund Richard le Poore, dem neu gewählten Bischof von Chichester. Der Bischof von Ely, der noch im Januar mit Langton die Vermittlung geleitet hatte, war dagegen Anfang Februar gestorben.[75] König Johann aber bemühte sich weiterhin um das Wohlwollen des Episkopats, insbesondere jener Bischöfe, die in kritischer Distanz zu

---

[71] Gibbs und Lang, *Bishops and Reform*, 146.
[72] Neben Kommunikationsproblemen und Reisestrapazen warf auch die Versorgung einer großen Anzahl von Menschen im Mittelalter große Probleme auf.
[73] *Councils and synods*, 42.
[74] Walter of Coventry, *Historical collections*, 219.
[75] Ebd. und *Letters of Guala*, Nr. 25, 20.

ihm standen.[76] So hatte er noch im Januar 1215 die Freilassung mehrerer Männer des Erzbischofs angeordnet. Im März ließ er zwei zusätzliche Mandate zu dessen Gunsten ausstellen, unter anderem eines an den *constabularius* von Dover mit dem Befehl, Langton die Aufsicht der Stadt Sandwich zu übertragen.[77] Die Privilegien Johanns an den Episkopat torpedierten das Bemühen des Erzbischofs um eine einheitliche und neutrale Linie der Kirche zusätzlich. Entsprechend vermittelt auch der kurze Bericht des *Barnwell*-Chronisten den Eindruck, als wäre das Konzil ergebnislos abgebrochen worden.[78] Langton konnte sich daher im weiteren Verlauf der Auseinandersetzung bei seinem Engagement für den Frieden nicht auf die Unterstützung des gesamten englischen Episkopats verlassen. Seine Autorität und seine Durchsetzungskraft als Vermittler wurden dadurch nicht unerheblich geschwächt.

Seinen nächsten Auftritt als Vermittler hatte der Erzbischof nach Ostern.[79] Die Barone hatten sich zunächst in Stamford versammelt, waren aber schließlich nach Northampton weitergezogen, um sich dort, wie verabredet, am 26. April zu Verhandlungen mit dem König zu treffen. Johann aber verweigerte sich einem persönlichen Treffen mit seinen Gegnern. Er stellte stattdessen am 23. April in Oxford einen Geleitschutzbrief bis zum 28. Mai für all jene aus, die mit ihm durch die Vermittlung des Erzbischofs sprechen wollten.[80] In den beiden Wochen nach Ostern bewegte sich der König vornehmlich zwischen Wallingford, Reading und London. Die Barone dagegen waren weiter nach Brackley gezogen, auf ein Gut des Earls von Winchester, der sich den Rebellen angeschlossen hatte.[81] Wendover berichtet ausführlich von der Vermittlung des Erzbischofs und des Earls von Pembroke in diesen Wochen. Dem Chronisten zufolge schickte Johann Langton und William Marshal zu den Rebellen, um deren Forderungen in Erfahrung

---

[76] Der König gewährte zwischen Januar und April 1215 verschiedenen Bischöfen weitere Privilegien, vgl. *Rot. Lit. Claus.*, I, 184, 187, 189 und 193–195 und *Rot. Lit. Pat.*, 133.

[77] *Rot. Lit. Claus.*, I, 187, 189 und 191.

[78] *Quo cum venissent quidam praelatorum, propter turbationem hanc regni, infecto negotio recesserunt.* (Walter of Coventry, *Historical collections*, 220).

[79] Cheney hat den Verlauf der Verhandlungen anhand der Quellen anschaulich dargestellt, vgl. Cheney, Eve of Magna Carta, 312–315. Als zeitgenössische Chronisten berichten sowohl Roger Wendover als auch der *Barnwell*-Chronist von den Verhandlungen, vgl. Rogerus de Wendover, *Flores historiarum*, II, 114–116 und Walter of Coventry, *Historical collections*, 219.

[80] *Rot. Lit. Pat.*, 134.

[81] Holt, *Magna Carta*, 232.

zu bringen. Die Barone überreichten den königlichen Gesandten einen Entwurf, *schedulam [...], quae ex parte maxima leges antiquas et regni consuetudines continebat* und drohten mit Gewalt, falls sich Johann weigerte, diesen zu bestätigen.[82] Langton und William Marshal überbrachten daraufhin dem König den besagten Entwurf, dessen Bestätigung der König aber brüsk ablehnte. Nachdem die beiden Gesandten erfolglos versucht hatten, Johann zu Zugeständnissen zu bewegen, reisten sie wieder ins Lager der Barone, um ihnen die Antwort des Königs mitzuteilen. Nach dem Scheitern der Verhandlungen ernannten die Rebellen Robert fitz Walter zu ihrem Anführer, zum '*Mareschallum exercitus Dei et sanctae ecclesiae*'.[83] Gleichzeitig mit dieser Ernennung widerriefen die aufständischen Barone ihren Treueid gegenüber dem König und begannen Anfang Mai mit der Belagerung Northamptons.[84] Angesichts dieser weiteren Eskalation des Konflikts machte Johann seinen Gegnern ein neues Angebot. Schlechtes Recht solle aufgehoben werden, und kein Mann solle verhaftet oder von seinem Land vertrieben werden, *nisi per legem regni nostri vel per judicium parium suorum in curia nostra*.[85] Schließlich übermittelte er ihnen durch Langton einen weiteren Vorschlag. Der Disput solle durch die Vermittlung von acht Baronen beigelegt werden. Vier dieser Männer sollten seine Gegner bestimmen, und vier weitere werde er selber ernennen. Den Vorsitz dieses Schiedsgerichts solle der Papst übernehmen. Doch nun lehnten die Barone die Angebote des Königs ab.[86]

Wo lagen die Gründe für das erneute Scheitern der Verhandlungen? Der Bericht Wendovers erweckt den Eindruck, als hätten Langton und der Earl von Pembroke in den beiden letzten Aprilwochen nicht mehr

---

[82] Rogerus de Wendover, *Flores historiarum*, II, 115.

[83] Ebd., 116.

[84] Cheney, *Eve of Magna Carta*, 318–319.

[85] *Rot. Lit. Pat.*, 141.

[86] Ebd. und Cheney, *Eve of Magna Carta*, 319–321. Möglicherweise stammt der Vorschlag zur Einberufung eines Schiedsgremiums aus dem geistlichen Umfeld des Königs, etwa von Pandulf, dem päpstlichen Subdiakon, der Johann Ohneland seit dem Friedenschluss im Mai 1213 beratend zur Seite stand. Schließlich wurde das Schiedsverfahren im 13. Jahrhundert in der Kirche zu einem festen Bestandteil der Konfliktbeilegung. Zudem war im kanonischen Recht das Verständnis rationaler Entscheidungsverfahren am weitesten entwickelt. Vgl. dazu Kaufhold, *Interregnum*, 143–154. Entsprechend sollte das von Johann vorgeschlagene Schiedsgericht mit einer ungeraden Anzahl von Mitgliedern besetzt werden. Bei Stimmengleichheit der Barone war somit dem Papst die entscheidende Stimme zugedacht. Dies war sicherlich ein Grund, warum die rebellierenden Barone das Angebot Johanns ablehnten. Sie konnten von Innozenz III. kein Urteil zu ihren Gunsten erwarten.

als Vermittler, sondern nur noch als Boten agiert, die die Forderungen und die Antworten darauf zwischen den Parteien hin und her trugen, ohne aber den Verlauf der Verhandlungen beeinflussen zu können. Es ist bemerkenswert, dass auch der *Barnwell*-Chronist bei dieser Gelegenheit von *internuncii* spricht, durch die beide Seiten miteinander kommunizierten.[87] Wendover berichtet zwar von Versuchen der beiden Gesandten, den König für Kompromisse zu gewinnen, diese blieben aber ebenso erfolglos wie das zu vermutende Werben des Erzbischofs für die weitreichenden Angebote des Königs gegenüber den aufständischen Baronen. Langton wie auch William Marshal konnten offenbar weder überzeugende Argumente noch glaubwürdige Drohungen vorbringen, um beiden Lagern Zugeständnisse abringen zu können.

Insbesondere König Johann sah keinen zwingenden Grund, den Aufständischen entgegen zu kommen. Nur Gewalt konnte ihn nötigen, die Forderungen der Barone zu akzeptieren. Benutzten die Rebellen aber Gewalt, setzten sie sich damit ins Unrecht. Dann konnten sie nicht nur endgültig jede Hoffnung auf päpstliche Unterstützung begraben, sondern sie würden auch die Sympathie gemäßigter Magnaten riskieren. Zudem besaßen durch Waffengewalt erzwungene Zugeständnisse dem mittelalterlichen Verständnis nach keine Rechtskraft. Johann konnte daher einen solchen Kompromiss widerrufen, sobald es seine Kräfte wieder zulassen sollten. „It was a war which only the king could win."[88] Johann hatte daher in dem Konflikt von Anfang an auf eine Verzögerungstaktik gesetzt. Zunächst hatte ihm der Legat geholfen, sich verbindlichen Zusagen entziehen zu können. Nach dessen Abreise wurde der Druck auf den König zwar größer, aber er hielt ihm zunächst stand.

Die Chronisten bestätigen den Eindruck, Johann habe im Frühjahr 1215 seine Kompromissbereitschaft nur vorgetäuscht. Wendover berichtet, der König habe nach Abschluss der Verhandlungen im Januar die Garanten *invitus*,[89] also unwillig ernannt. Fryde erklärt dieses Zögern Johanns mit einem angeblichen Autoritätsverlust für den König durch das Aufstellen der *fideiussores*.[90] Wie erwähnt war aber die Ernennung von Garanten nach vermittelter Vereinbarung ein üblicher Vorgang. Der Widerstand Johanns deutet also eher daraufhin, dass er nie ernsthaft in

---

[87] Walter of Coventry, *Historical collections*, 219.
[88] Holt, *Magna Carta*, 235 und 228–229.
[89] Rogerus de Wendover, *Flores historiarum*, II, 113.
[90] Fryde, *Why Magna Carta*, 19.

Betracht gezogen hatte, Ende April mit den Baronen direkt über eine Lösung des Konflikts zu verhandeln, sondern sich nur angesichts der bewaffneten Barone in London zu diesem Zugeständnis genötigt sah.[91] Der Erzählung des *Barnwell*-Chronisten zufolge habe der König von den opponierenden Baronen zusätzlich verlangt, ihm Beistand zu schwören, nicht nur gegen alle Männer, die gegen ihn rebellierten, sondern auch gegen jene Urkunde Heinrichs I., deren Bestätigung die Magnaten noch kurz zuvor von ihm verlangt hatten.[92] Echte Kompromissbereitschaft lässt auch diese Forderung des Königs nicht erkennen. Erst als die Aufständischen den Krieg eröffneten und Northampton belagerten, fand sich Johann Anfang Mai zu einem konkreten Angebot bereit. Aber auch dieses Zugeständnis war vergiftet. Seinem Vorschlag, ein Schiedsgericht mit dem Papst an der Spitze einzuberufen, konnten die Barone nicht zustimmen, weil sie von Innozenz III. keine Neutralität erwarten konnten. Darüber hinaus hatten sie bereits ihren Treueid aufgekündigt, sich für Krieg entschieden und waren daher selbst an Zugeständnissen kaum noch interessiert. Der König legte sein Angebot also nur vor, weil er damit rechnen durfte, dass die Barone es ablehnen und sich mit ihrem Widerstand ins Unrecht setzen würden.[93]

Die Interventionen des Papstes im Frühjahr 1215 erschwerten zusätzlich die Suche Langtons nach einer einvernehmlichen Lösung des Konflikts.[94] Nach der Versammlung im Januar 1215 hatten sich beide Konfliktparteien mit der Bitte um Unterstützung an den Apostolischen Stuhl gewandt.[95] Johann gelang es, Innozenz III. für seine Seite zu gewinnen. Durch seine Kreuznahme am 4. März 1215 hatte er auch die letzten Zweifel des Papstes an seinen guten Absichten zerstreut.[96] Innozenz III. schrieb Johann am 19. März, er solle sich die gerechten Anliegen der Barone anhören und sie angemessen behandeln.[97] Dagegen war der päpstliche Brief an die Barone ungleich schärfer formuliert. Den Magnaten warf Innozenz III. vor, sich gegen den König verschworen und ihn mit Waffengewalt erpresst zu haben. Er befahl

---

[91] Holt, *Magna Carta*, 228–229.
[92] Walter of Coventry, *Historical collections*, 218.
[93] Turner, *King John*, 235 und Holt, *Magna Carta*, 234–235.
[94] Cheney, Church and Magna Carta, 269.
[95] Holt, *Magna Carta*, 227–228.
[96] Ebd., 230.
[97] Der Brief ist nicht erhalten. Er ist aber in dem Schreiben an die Barone, das ebenfalls am 19. März ausgestellt wurde, zusammengefasst, vgl. *Selected Letters of Innocent III*, Nr. 74, 195 und *Letters of Innocent III*, Nr. 1001, 167.

ihnen, jede Verschwörung zu unterlassen, und drohte ihnen mit der Exkommunikation.[98] In einem weiteren Brief vom 1. April erging die Anordnung an die Barone, Johann das *scutagium* zu zahlen.[99] Der König war aus den Verhandlungen in Rom als Sieger hervorgegangen. Die Möglichkeiten Langtons, als Vermittler eine friedliche Einigung zu erwirken, waren durch das eindeutige Urteil aus Rom erheblich geringer geworden. Johann konnte alle Kompromisse mit dem Verweis auf die päpstlichen Briefe verweigern. „The one power which could compel him to make concessions had abandoned the task."[100]

Innozenz III. griff darüber hinaus Langton auch persönlich an und schwächte damit dessen Autorität als Vermittler noch zusätzlich. In einem dritten Brief aus Rom vom 19. März an den englischen Episkopat tadelte er den Erzbischof für seine gescheiterten Anstrengungen, diesen Konflikt vermittelnd beizulegen. Er bezichtigte Langton zudem, für die Rebellion gegen Johann zumindest mitverantwortlich zu sein. So würde der Erzbischof verdächtig werden, die Gegner des Königs zu unterstützen, da die Formation der Opposition gegen den König mit seiner Rückkehr aus dem Exil zusammengefallen sei. Der Papst trug Langton auf, alle Verschwörungen gegen den König öffentlich zu brandmarken und den Frieden wiederherzustellen.[101] Johann war es offenbar gelungen, dem Papst ein verzerrtes Bild des Erzbischofs in diesem Konflikt zu vermitteln. Er hatte augenscheinlich in seinen Berichten an die Kurie die Funktion Langtons als Fürsprecher der Barone sehr stark betont, dagegen dessen Bemühen als neutraler Vermittler im Frühjahr 1215 verschwiegen oder zumindest heruntergespielt. Der Vorwurf an den Erzbischof, am bisherigen Scheitern der Vermittlungen Schuld zu sein, lässt sich jedoch auf Grund der bisherigen Analyse nicht bestätigen.[102] Das päpstliche Schreiben stützt aber die These dieser Arbeit, Langton habe schon kurz nach seiner Rückkehr aus Frankreich im Sommer 1213 die Funktion eines Fürsprechers der unzufriedenen Barone übernommen.

Die negative Berichterstattung aus England über den Erzbischof an den Apostolischen Stuhl setzte sich fort. So teilte König Johann dem

---

[98] *Selected Letters of Innocent III*, Nr. 74, 194–195.
[99] Ebd., Nr. 77, 202 und *Letters of Innocent III*, Nr. 1005, 167–168.
[100] Holt, *Magna Carta*, 230; Cheney, Church and Magna Carta, 268 und Turner, *King John*, 236.
[101] *Selected Letters of Innocent III*, Nr. 75, 196–197 und *Letters of Innocent III*, Nr. 1002, 167.
[102] Cheney, *Innocent III*, 371.

Papst Ende Mai mit, Langton und einige Bischöfe hätten sich über
das Mandat des Papstes vom 19. März hinweggesetzt. Obwohl er der
Aufforderung des Erzbischofs, sich zu entwaffnen, entsprochen habe,
habe dieser sein Versprechen, die Rebellen zu exkommunizieren, nicht
eingehalten.[103] Der Brief dokumentiert die erwähnte Spaltung des
Episkopats in diesem Konflikt. Darin wird dem Widerstand Langtons
und einiger nicht namentlich genannter Suffragane gegen das Mandat
des Papstes die Überzeugung des Bischofs von Exeter und des päpstlichen Gesandten Pandulfs, der im Juli 1215 zum Bischof von Norwich
gewählt werden sollte, entgegengesetzt, wonach die Exkommunikation
die Barone zum Einlenken zwingen würde. Das Schreiben des Königs
wurde zudem in Anwesenheit der Bischöfe von Worcester und Coventry
ausgestellt.[104]

Weitgehend ungeklärt bleibt die Frage, warum es Langton nicht
gelang, die Darstellung der Ereignisse an der Kurie durch Johann
mittels eigener Briefe und Gesandter zu relativieren. Hatte die andau-
ernde, negative Berichterstattung über Langton den Papst schon so weit
von dessen Unfähigkeit überzeugt, dass er für dessen Berichte nicht
mehr zugänglich war? Die Quellen liefern erneut keine Antworten
auf diese Fragen. Cheney vermutet, Langton habe, wenn überhaupt,
nur sehr wenige Fürsprecher an der Kurie gehabt.[105] Zusätzlich mag
den Erzbischof seine Funktion als Fürsprecher der Barone von vornherein in Rom diskreditiert haben. Der Papst hatte kein Verständnis
für die Forderungen der Rebellen. Der König war sein Vasall, der nun
zusätzlich das Kreuz genommen hatte. Der Kreuzzug aber stand neben
dem Laterankonzil im Mittelpunkt des päpstlichen Interesses. Für die
Einzelheiten und Hintergründe des Konflikts in England scheint sich
Innozenz III. dagegen nicht interessiert zu haben.[106]

---

[103] *Foedera*, 129.
[104] Ebd.
[105] Cheney, *Innocent III*, 369.
[106] Turner, *Magna Carta through the ages*, 59; Cheney, *Innocent III*, 369 und Powicke,
Langton, 130–131. Insgesamt bleibt die Rezeption des Konflikts zwischen König Johann
und den Baronen an der Kurie undurchsichtig. Wir wissen nur, dass der Papst in
seinen überlieferten Mandaten einseitig für seinen Vasall König Johann Partei ergriff.
Warum aber die moderaten Magnaten um Langton mit ihren Argumenten an der
Kurie nicht durchdrangen, lässt sich nicht eindeutig klären, ebenso wenig die Frage
nach den Entscheidungsgrundlagen des Papstes. Innozenz III. aber wirkt während des
gesamten Konflikts schlecht und unzureichend informiert. Cheney vermutet sogar,
dass Innozenz III. im August 1215 die Magna Carta annullierte, ohne ein Exemplar
der Urkunde zu Gesicht bekommen zu haben. Im Frühjahr und Sommer 1215 hinkte

Es bleibt festzuhalten, dass die Vermittlungsversuche Langtons und seiner Kollegen im Frühjahr 1215 keine echte Chance auf Erfolg hatten. Johann hatte kein Interesse an einer gütlichen Einigung mit den aufständischen Baronen. Die Briefe aus Rom bestätigten ihn zusätzlich in dieser Haltung. Erst der Verlust Londons an die Rebellen zwang ihn zu Zugeständnissen. Bis dahin aber versuchte Langton sein Bild als neutraler Vermittler aufrecht zu erhalten und verweigerte sich dementsprechend der Forderung des Königs, die Rebellen zu exkommunizieren.[107]

VII.3. *Langton als Vermittler in Runnymede*

Vermutlich am 17. Mai 1215 fiel London in die Hände der rebellierenden Barone.[108] Mit diesem Erfolg der Gegner Johanns hatte sich die Tür für eine erfolgreiche Vermittlung wieder weit geöffnet. Der König stand nun unter erheblichem Druck. Er hatte mit London die größte und wichtigste Stadt in England verloren, zumal London damals begann, sich zu der Hauptstadt des Königreiches und zum ständigen

---

er mit seinen Mandaten stets den neusten Entwicklungen in England hinterher und war daher nie in der Lage, die Auseinandersetzung in seinem Sinne zu lenken und deren Entwicklung aktiv zu beeinflussen, vgl. Cheney, *Innocent III*, 371–384. Innozenz III. bleibt in diesem Konflikt nur eine, wenn auch wichtige Randfigur. Dies steht in gewissem Widerspruch zu dem Bild, welches die Forschung ansonsten von Innozenz III. entwirft, das Bild eines der bedeutendsten Päpste des Mittelalters, der sich mit enormer Tatkraft und außerordentlichem Scharfsinn in ganz Europa in politische Konflikte einmischte, sobald sich ihm die Gelegenheit bot. Nur ein bekanntes Beispiel ist der deutsche Thronstreit nach der Doppelwahl 1198. Auch wenn dieser Konflikt nicht immer im Sinne des Papstes verlief, so war Innozenz III. doch ausgezeichnet über die Hintergründe, Zusammenhänge und neuesten Entwicklungen informiert. Auf dieser Grundlage konnte er den Konflikt entscheidend mitgestalten und im Bedarfsfall seine politische Taktik gewandt den politischen Realitäten anpassen. Er war eine prägende Gestalt des deutschen Thronstreits. Ein, wenn auch nachgeordneter Grund für die konträren Bilder, welche die historische Forschung vom Papst in den beiden Konflikten entwirft, könnte die unterschiedliche Überlieferung sein. Die zentrale Quelle für den deutschen Thronstreit ist ein Register, welches Papst Innozenz III. eigens anlegen ließ. Das hat zur Folge, dass auch der Papst in der historischen Forschung zum deutschen Thronstreit eine zentrale Rolle übernahm, die möglicherweise nicht ganz seiner tatsächlichen Bedeutung in der Auseinandersetzung entsprach. Dagegen sind an der Kurie nur wenige Quellen zu dem Konflikt zwischen König Johann und den Baronen überliefert. Zur Quellenüberlieferung und zum päpstlichen Engagement im deutschen Thronstreit vgl. etwa Kaufhold, *Rhythmen politischer Reform*, 27–57.

[107] Cheney, *Innocent III*, 373.
[108] Holt, *Magna Carta*, 241 und Cheney, *Eve of Magna Carta*, 323.

königlichen Regierungssitz zu entwickeln.[109] Zudem schlugen sich erst
jetzt viele Barone, die bisher treu zum König gestanden hatten, auf die
Seite der Rebellen.[110] Johann war in die Defensive geraten und brauchte
eine Atempause. Das war die Gelegenheit für die moderaten Kräfte
um Langton und William Marshal, einen Kompromiss zwischen den
verfeindeten Lagern auszuhandeln.[111] „The baronial seizure of London
led directly to Runnymede".[112]

Zunächst scheint sich Johann noch gegen ein Einlenken gesträubt zu
haben. Sein erneuter Vorschlag, den Konflikt dem Papst als Vermittler
zu überlassen, war vermutlich kein ernsthaftes Friedensangebot,
sondern nur ein weiterer Versuch, seine Gegner als nicht kompromissbereit zu kompromittieren.[113] Aber schon Ende Mai wurde freies
Geleit für die jeweiligen Unterhändler ausgehandelt, darunter auch
für Stephen Langton.[114] Die exakte Chronologie des nun folgenden
Verhandlungsmarathons ist nicht mehr in allen Einzelheiten nachzuvollziehen. Gerade die Datierung der Magna Carta ist in der historischen
Forschung umstritten.[115] Cheney hat in seinem Aufsatz „The Eve of
Magna Carta" einen Versuch unternommen, den genauen Zeitablauf zu
rekonstruieren. Holt hat dessen Ergebnisse nochmals leicht revidiert.[116]
Ich werde bei meiner kurzen Darstellung der Ereignisse überwiegend
Holts überzeugender Argumentation folgen.

Die Verhandlungen Ende Mai, Anfang Juni liefen zunächst über
Gesandte der beiden Parteien. Während der König in Windsor weilte,
hatten die Vertreter der Barone ihr Lager vermutlich in Staines aufge-
schlagen. Entscheidend für die Rekonstruktion der weiteren Ereignisse
ist der Bericht der *Electio Hugonis* von einer Begegnung König Johanns
mit Hugh, dem gewählten Abt des Klosters Bury St. Edmunds, am 9.
Juni in Windsor. Hugh besprach seine umstrittene Wahl mit Langton,
als Johann zu ihnen trat. Der Erzbischof wandte sich daraufhin an
den König:

---

[109] Holt, *Magna Carta*, 242; Krieger, *Geschichte Englands*, 148 und Brooke, *London 800–1216*, 363–364. Für die Entwicklung Londons im Spätmittelalter vgl. Barron, *London in the later Middle Ages*.
[110] Holt, *Northerners*, 107–108.
[111] Turner, *King John*, 236 und Warren, *King John*, 235–236.
[112] Holt, *Magna Carta*, 242.
[113] Ebd., 242–243.
[114] *Rot. Lit. Pat.*, 142.
[115] Turner, *Magna Carta through the ages*, 63.
[116] Cheney, Eve of Magna Carta, 324–334 und Holt, *Magna Carta*, 242–260.

*Domine mi rex, ecce abbas de sancto Aedmundo, qui gratiam domini regis
nostri efflagitare per nos non desistit." Cui rex: „Accedat ad me in crastino
in prato de Stanes, ibidemque gratia Dei et meritis uestris interpositis eius
negocium expedire attemptabimus.*[117]

Dieser Bericht veranschaulicht zum einen erneut die Funktion
Langtons im königlichen Rat als ein Fürsprecher dort nicht vertretener
Gruppierungen. Der Erzbischof nutzte sein politisches Gewicht, um die
Anliegen derer, die ihn um Hilfe baten, beim König zur Sprache zu
bringen und sich für sie einzusetzen. Die Erzählung ist aber vor allem
ein Beleg dafür, dass Johann am 10. Juni in Runnymede anzutreffen
war. Dort entschied er mit Sicherheit nicht allein über die Wahl Hughs.
Holt vermutet, die Verhandlungen der Gesandten Anfang Juni hätten
konkrete Ergebnisse produziert, die Johann dazu veranlasst hätten,
sich nun direkt mit den Vertretern der Rebellen zu treffen. Diese
Verhandlungsergebnisse könnten uns in Form der sogenannten *Artikel
der Barone* überliefert sein. Dieses Dokument war im Gegensatz zu
der *Unknown Charter* eine sehr detaillierte und elaborierte Fassung
der von den Rebellen erhobenen Forderungen. Nach der modernen
Edition umfasst sie 49 Artikel, die alle in überarbeiteter Form in die
Magna Carta übernommen wurden.[118] Die *Artikel der Barone* zeichnen sich aber vor allem dadurch aus, dass sie mit einem königlichen
Siegel versehen wurden, ein Vorgang, von Holt als „quite abnormal if
not unique" charakterisiert.[119] Denn obwohl die Artikel ein besiegeltes
Dokument waren, stellten sie noch keine Rechtsverleihung durch den
König dar. Sie waren vielmehr ein Versprechen Johanns, auf ihrer Basis
später eine rechtsgültige Urkunde zu erstellen, das er den Vertretern
der Barone am 10. Juni in Runnymede leistete.[120] Die eigenartige
Siegelung der Artikel sollte in erster Linie jene Rebellen, die nicht an
den Beratungen teilgenommen hatten, vom Willen des Königs überzeugen, ihre Forderungen nach den Monaten der Verzögerung und
Verschleppung tatsächlich anzuerkennen. Holt vermutet noch einen
weiteren Grund für die Anfertigung dieses einzigartigen Dokuments.
Auch die Rebellen selbst sollten an seinen Inhalt gebunden werden,

---

[117] *Chronicle of the Election of Hugh*, 170 und *Memorials of St. Edmund's Abbey*, 128.
[118] Die *Artikel der Barone* wurden von William Stubbs ediert, vgl. *Selected charters*,
284–291. Eine weitere Edition stammt von Holt, vgl. Holt, *Magna Carta*, 429–440.
[119] Holt, *Magna Carta*, 246.
[120] Ebd., 245–247; Warren, *King John*, 236; Cheney, Eve of Magna Carta, 325 und
Turner, *King John*, 236–237.

um weitere, im Raum stehende, radikalere Forderungen an den König von zukünftigen Beratungen auszuschließen.[121] Die Barone, die sich am 10. Juni mit Johann trafen, waren aber nicht als bevollmächtige Repräsentanten ihrer Bündnisgenossen aufgetreten. Um sich auch deren Konsens zu versichern, war eine Versammlung aller Barone notwendig. Auf deren Einberufung einigten sich beide Seiten schließlich für den 15. Juni in Runnymede.[122]

An dem vereinbarten Tag versammelten sich die gegnerischen Parteien in Runnymede und bauten auf der Wiese ihre Zelte in sicherem Abstand zueinander auf. Die Berichte der zeitgenössischen Chronisten erwecken den Eindruck, als sei die Atmosphäre dort äußerst angespannt gewesen.[123] Um das gegenseitige Misstrauen abzubauen, so vermutet Holt, verständigten sich beide Lager am 15. Juni nochmals feierlich auf die *Artikel der Barone* als Gesprächsgrundlage.[124] Vier Tage später, am 19. Juni, waren die Verhandlungen abgeschlossen. Die aufständischen Barone, die sich sechs Wochen zuvor vom König losgesagt hatten, erneuerten ihre Treueide gegenüber Johann.[125] Es ist zu betonen, dass allein dieser feierliche Akt das Ende des Krieges markierte, nicht eine etwaige Besiegelung der Magna Carta durch den König, auf deren Inhalt sich beide Parteien in den Tagen zuvor geeinigt hatten.[126] Wahrscheinlich hat es ein solches „Original" der Magna Carta, welches Johann unter den Augen der Magnaten besiegelt hatte, und welches die Barone als Siegestrophäe hätten mit nach Hause nehmen können, nie gegeben. Vermutlich hatte es zunächst nur einen nicht besiegelten Entwurf gegeben, der während der mehrtägigen Verhandlungen entstanden war. Die vier überlieferten Exemplare der Magna Carta wurden dagegen erst in den Tagen nach dem Friedensschluss von der königlichen Kanzlei als Abschriften der erwähnten Vorlage erstellt und besiegelt.[127] Um beide Seiten an deren Inhalt zu binden, war vom König und den Baronen ein Schwur geleistet worden, den auch die Magna Carta selbst in Artikel 63

---

[121] Holt, *Magna Carta*, 246–248.

[122] Dementsprechend wurde auch der Waffenstillstand am 10. Juni bis zum 15. des Monats verlängert, vgl. *Rot. Lit. Pat.*, 143.

[123] Radulphus de Coggeshall, *Chronicon*, 172 und Rogerus de Wendover, *Flores historiarum*, II, 135.

[124] Holt, *Magna Carta*, 248–249.

[125] *Rot. Lit. Pat.*, 143.

[126] Cheney, Eve of Magna Carta, 332 und Holt, *Magna Carta*, 252.

[127] Turner, *Magna Carta through the ages*, 64. Die Magna Carta von 1215 wurde von Stubbs ediert, vgl. *Selected charters*, 291–303. Eine neuere Edition, auf die ich mich im Folgenden beziehen werde, stammt von Holt, vgl. Holt, *Magna Carta*, 441–473.

der modernen Edition erwähnt.[128] Der Eid wurde aber mit Sicherheit erst nach Erneuerung der Treueide am 19. Juni geleistet. Ansonsten wären die Barone bei dem Schwur auf den Inhalt der Magna Carta noch im Zustand der Rebellion gegen den König gewesen. Dies aber hätte den Eindruck verstärkt, Johann habe der Urkunde nur unter dem Eindruck von massiver Gewalt zugestimmt.[129]

Welche Rolle spielte nun Langton bei den mehrwöchigen Verhandlungen, die schließlich in der Ausstellung der Magna Carta mündeten? Die Quellen zeichnen ein relativ eindeutiges Bild vom Erzbischof als „chief intermediary" im Mai und Juni 1215.[130] Wie in den die Monaten zuvor agierte er als Abgesandter des Königs, der gleichzeitig über gute Kontakte zu den Rebellen verfügte und daher als neutraler Vermittler die Verhandlungen leiten konnte. Den Annalen von Dunstable zufolge übernahm Langton direkt nach der Eroberung Londons auf mehreren Treffen mit den Rebellen die Verhandlungsführung.[131] Unterstützt wurde er dabei womöglich von seinem Bruder Simon Langton, für den, wie für den Erzbischof, ein Geleitschutzbrief ausgestellt wurde.[132] Daneben erging am 16. und nochmals am 27. Mai die Aufforderung des Königs an seine Gefolgsleute, Waffenstillstand zu halten, sobald Langton dies fordern sollte.[133] Den Darstellungen der zeitgenössischen Chronisten zufolge blieb der Erzbischof auch in Runnymede der Chefunterhändler. Coggeshall erzählt, dass dort Frieden zwischen dem König und den Baronen geschlossen wurde, *intervenientibus itaque archiepiscopo Cantuariensi cum pluribus coepiscopis et baronibus nonnullis*.[134] Auch der *Barnwell*-Chronist berichtet, dass vor allem mit Hilfe des Erzbischofs eine Einigung erzielt und der Frieden wiederhergestellt worden sei.[135] Wendover zählt in seiner Chronik die Großen an der Seite des Königs bei den Verhandlungen in Runnymede auf und erwähnt Langton an erster Stelle.[136] Das gleiche Bild von der Rolle des Erzbischofs als Chefunterhändler vermittelt auch die Fortsetzung der Chronik von

---

[128] Magna Carta 1215, in: Holt, *Magna Carta*, 472.
[129] Warren, *King John*, 236; Turner, *King John*, 237–238 und Holt, *Magna Carta*, 254.
[130] Holt, *Magna Carta*, 245.
[131] Annales de Dunstaplia, 43.
[132] *Rot. Lit. Pat.*, 142.
[133] Ebd.
[134] Radulphus de Coggeshall, *Chronicon*, 172.
[135] Walter of Coventry, *Historical collections*, 221.
[136] Rogerus de Wendover, *Flores historiarum*, II, 118.

Gervase von Canterbury und die Annalen von Southwark.[137] Es ist daher wenig überraschend, dass die *Artikel der Barone* später im Archiv der Erzbischöfe von Canterbury landeten. Offenbar nahm Langton in Runnymede das Dokument an sich, nachdem er es dort in seiner Funktion als Verhandlungsführer als Grundlage für die Ausarbeitung der Magna Carta verwendet hatte.[138]

Weitaus schwieriger zu beantworten ist die Frage, inwieweit Langton zunächst als Fürsprecher der Barone, später als Chefunterhändler für den Inhalt der Magna Carta verantwortlich war. Zunächst soll der Versuch einer Antwort für einzelne Artikel der Urkunde unternommen werden. Durch den Vergleich der Magna Carta mit ihrer Vorgängerversion, den *Artikeln der Barone* gewinnt man einen detaillierten Einblick in die Arbeitsprozesse in Runnymede und gleichzeitig erste Erkenntnisse über die inhaltliche Mitgestaltung durch Langton. So beauftragten die *Artikel der Barone* den Erzbischof und seine Suffragane mit der Klärung einiger Detailfragen. In Artikel 25 sollten sie entscheiden, ob dem König in der Frage unrechtmäßiger Enteignungen durch seinen Vater Heinrich II. sowie seinen Bruder Richard I. auf Grund seines Status als Kreuzfahrer ein Aufschub des Verfahrens gewährt werden sollte.[139] Der Erzbischof und seine Suffragane entschieden in Runnymede diese Frage positiv. Artikel 52 und 53 der Magna Carta gewährten König Johann den erwünschten Aufschub.[140] Die Artikel der Barone zeigen zudem, dass Langton auch an den Verhandlungen zwischen Johann und dem walisischen Fürsten Llywelyn ap Iorwerth sowie zwischen Johann und dem schottischen König Alexander II. beteiligt war, die parallel zu den Verhandlungen mit den englischen Baronen stattfanden.[141] Sowohl der Waliser als auch der Schotte versuchten die Schwäche des englischen Königs zu nutzen, um Verpflichtungen, die er ihnen in den Jahren zuvor abgepresst hatte, zu ihren Gunsten zu revidieren. So sahen die *Artikel der Barone* die Rückgabe walisischer Geiseln vor sowie jener Unterwerfungsurkunden, welche die walisischen Fürsten 1211 Johann nach ihrer demütigenden Niederlage ausgestellt hatten. Auch dem schottischen König wurde die Rückgabe seiner Geiseln versprochen

---

[137] Gervase of Canterbury, *Historical works*, II, 109 und *Annals of Southwark and Merton*, 49–50.
[138] Holt, *Magna Carta*, 245; Turner, *King John*, 236 und Cheney, *Eve of Magna Carta*, 325.
[139] *Selected charters*, 288 und Holt, *Magna Carta*, 286.
[140] Magna Carta 1215, in: Holt, *Magna Carta*, 464–466.
[141] J.B. Smith, Charters of the Welsh princes, 357.

sowie die Restauration all seiner Rechte und Freiheiten, wie sie auch den englischen Baronen gewährt wurden.[142] Diese beiden Artikel 45 und 46 wurden aber insofern unter Vorbehalt gestellt, als Langton mit weiteren, nicht namentlich genannten Kollegen prüfen sollte, inwieweit andere Urkunden ihrem Inhalt entgegenstünden.[143] Während der Erzbischof zu Gunsten Llywelyns entschied, und der entsprechende Artikel fast unverändert in die Magna Carta aufgenommen wurde, wurde die Restauration der Rechte und Freiheiten des schottischen Königs insoweit eingeschränkt, als keine Urkunde dem entgegenstehen durfte, die Alexanders Vater Wilhelm I. König Johann ausgestellt hatte.[144]

Die hier dargestellten Arbeitsprozesse dokumentieren eine eindeutige Verantwortung Langtons für den Inhalt und die Ausgestaltung der erwähnten Artikel. Diese Erkenntnis lässt sich aber nicht ohne weiteres auf andere Abschnitte der Magna Carta übertragen. Schließlich wurde Langton mit der Überprüfung der genannten Artikel aus ganz spezifischen Gründen und nicht nur wegen seiner Funktion als Vermittler beauftragt. Die Frage, ob Johann auf Grund seines Status als Kreuzfahrer der Aufschub eines Rechtverfahrens gewährt werden sollte, fiel in den Bereich der geistlichen Gerichtsbarkeit, und wurde daher Langton und seinen Suffraganen zur Entscheidung anvertraut.[145] Die Lösung der umstrittenen Aspekte zwischen Llywelyn und Johann wurde sehr wahrscheinlich dem Erzbischof überantwortet, weil er vermutlich seit 1213, als ihm die Ausarbeitung eines Friedensvertrages übertragen worden war, mit der Materie vertraut war.[146] Wenn sich auch eine solche eindeutige, inhaltliche Verantwortung des Erzbischofs für keinen anderen Abschnitt der Magna Carta beweisen lässt, so ist doch immerhin bei einigen Artikeln der dominierende Einfluss der englischen Prälaten mit Langton an der Spitze sehr plausibel.[147] An erster Stelle zu nennen ist Artikel 1 der Magna Carta, in der Johann der Kirche ihre Rechte und Freiheiten bestätigte. Dort wird auch explizit auf die von ihm im November 1214 ausgestellte Urkunde über freie Kirchenwahlen Bezug genommen.[148] Daneben waren zwei weitere Artikel für die

---

[142] *Selected charters*, 290.
[143] Ebd.
[144] Magna Carta 1215, in: Holt, *Magna Carta*, 468.
[145] Holt, *Magna Carta*, 287.
[146] J.B. Smith, Charters of the Welsh princes, 359.
[147] Cheney, Church and Magna Carta, 270.
[148] Magna Carta 1215, in: Holt, *Magna Carta*, 448–450 und Cheney, *Innocent III*, 377.

Kirche von großem Interesse. Artikel 22 beschränkte die Erhebung von
Strafzahlungen gegen einen Kleriker auf dessen weltlichen Besitz.[149]
Artikel 27 sicherte der Kirche die Kontrolle über den Besitz jener zu,
die ohne Testament verstorben waren.[150] Die historische Forschung
hat darüber hinaus versucht, Langton als möglichen Ideengeber für
einzelne weitere Artikel ins Gespräch zu bringen. John Baldwin etwa
macht darauf aufmerksam, dass die Artikel 4 bis 6 der Magna Carta, in
denen die Vormundschaft über Erben, ihre Heirat sowie die Aufsicht
über ihr Erbe geregelt werden, signifikante Parallelen zu Lehren von
Robert de Courson in Paris aufweisen, die in Runnymede außer Langton
wahrscheinlich nur wenigen Anwesenden bekannt waren.[151] Cheney
stellt eine Verbindung zwischen Artikel 40 der Magna Carta und dem
Kanon 52 der Bistumsgesetzgebung Langtons von 1213 oder 1214 her,
die beide die Käuflichkeit des Rechts verbieten.[152] Es lassen sich auch
Parallelen zwischen den Lehren Langtons als Pariser Magister und
einzelnen Artikeln der Magna Carta ziehen. Der Erzbischof hatte unter
anderem in seinen theologischen Schriften die Bedeutung königlichen
Handelns im Einklang mit gerichtlichen Urteilen betont. In Kapitel
39 der Magna Carta wird in diesem Sinne die Bestrafung eines freien
Mannes verboten, *nisi per legale judicium parium suorum vel per legem
terre*.[153] Auch die Überzeugung des Theologen, dass der König nicht
uneingeschränkt Abgaben erheben dürfe und nur im Rat mit seinen
Untertanen herrschen solle, finden sich in der Urkunde wieder, etwa
in Artikel 12, in dem erklärt wird, es dürfe kein Schildgeld erhoben
werden *nisi per commune consilium regni nostri*.[154]

Diese Beispiele führen zu der umfassenderen Frage, inwieweit
Langton für all jene weitreichenden, politischen Prinzipien in der

---

[149] Magna Carta 1215, in: Holt, *Magna Carta*, 456.

[150] Ebd., 458. Turner verweist noch auf Artikel 42, in dem der König all seinen
Untertanen gewährt, zu jeder Zeit das Königreich verlassen und zurückkehren zu
dürfen. Alleinige Ausnahme waren Zeiten des Krieges, vgl. Magna Carta 1215, in:
Holt, *Magna Carta*, 462. Die englischen Könige hatten zuvor häufig dem Klerus die
Reise nach Rom verwehrt, um die Kontrolle des Papstes über die englische Kirche zu
beschneiden, vgl. Turner, *Magna Carta through the ages*, 68.

[151] Baldwin, *Princes and Merchants*, I, 248–249 und Magna Carta 1215, in: Holt,
Magna Carta, 450–452.

[152] Magna Carta 1215, in: Holt, *Magna Carta*, 460; *Councils and synods*, 34 und
Holt, *Magna Carta*, 285.

[153] Magna Carta 1215, in: Holt, *Magna Carta*, 460 und vgl. oben, 52.

[154] Magna Carta 1215, in: Holt, *Magna Carta*, 454 und vgl. oben, 50 und 52–53.

Magna Carta verantwortlich war, die über die unmittelbaren lehnsrechtlichen Interessen der Barone hinausgingen. Die Antworten
der historischen Forschung sind sehr unterschiedlich. Natalie Fryde
etwa argumentiert, dass die der Magna Carta inhärente, wenn auch
nicht explizit formulierte Idee, wonach der König unter dem Gesetz
stehe, auf Langton zurückzuführen sei. Schon Johann von Salisbury
hatte das Prinzip in seinem *Policraticus* formuliert. Thomas Becket
griff später bei seinem Kampf gegen Heinrich II. diesen Gedanken
auf, dem schließlich auch Langton in Paris in seinen Überlegungen
zur beschränkten Königsherrschaft viel Platz einräumte.[155] Sidney
Painter ist etwas vorsichtiger, aber auch er glaubt, der Erzbischof sei
für die prominente Positionierung der berühmten Artikel 39 und 40
innerhalb Magna Carta verantwortlich, in denen jedem freien Mann
das Recht auf ein Gerichtsverfahren zugesichert wird, das ihn vor
willkürlichen Übergriffen auf seinen Besitz und seine Person schützte.
Aber Painter selbst gibt zu, dass er dafür keine Beweise habe: „I sim-
ply feel that it took a more than feudal mind to place this provision
ahead of those that were purely feudal in scope."[156] Dementsprechend
sieht Holt keine Beweise dafür, „that Langton was responsible for all
that was best in the Great Charter."[157] Er verweist darauf, dass die
Forderungen nach einer Herrschaft des Königs im Einklang mit den
Gesetzen und nach einer angemessenen Berücksichtigung der Großen
im Rat von den Baronen schon lange vor der Landung Langtons in
England 1213 erhoben wurden. Daneben war auch unter den Rittern
und kleineren, freien Landbesitzern der Ruf nach einer Ausweitung
der königlichen Gerichtsbarkeit und der Wiederherstellung der alten
Rechte und Freiheiten seit längerem deutlich vernehmbar. Die in der
Magna Carta enthaltenen Ideen von einem König unter dem Gesetz,
der seine Entscheidungen nach Beratung mit den Baronen fällt, die
als Vertreter der *communitas regni* auftreten, und der für einen freien
Zugang all seiner Untertanen zu den königlichen Gerichten sorgt, waren
daher keineswegs außerhalb des Gedankenhorizonts der weltlichen
Magnaten.[158] Für Holt ist Langton in Runnymede daher eher „mediator
and a moderator, rather than an originator".[159]

---

[155] Fryde, *Why Magna Carta*, 109–111 und vgl. oben, 50–52.
[156] Painter, *King John*, 315.
[157] Holt, *Magna Carta*, 281.
[158] Ebd., 294–295; ders., *Medieval government*, 179–202; Turner, *Magna Carta through the ages*, 71–77 und Valente, *Theory and practice*, 54.
[159] Holt, *Magna Carta*, 188.

Letztendlich lässt sich die Frage, inwieweit Langton für den Inhalt der Magna Carta verantwortlich war, bis auf einzelne Artikel, nicht eindeutig beantworten. Das bringt uns zu der in der vorliegenden Arbeit formulierten These zurück, der Erzbischof sei in erster Linie für die schriftliche Fixierung des Reformprogramms, zunächst als Fürsprecher der Barone, später als Vermittler verantwortlich gewesen. Als Theologe sah er in der schriftlichen Form von Gesetzen ein adäquates Mittel, um diesen Beständigkeit zu verleihen. Als Bischof, der selbst als Gesetzgeber tätig war, wusste er aber um die Schwierigkeit bei der Verbreitung und Bekanntmachung von Rechtstexten.[160] Dieser Prozess barg immer die Gefahr der Verfälschung und der Korrumpierung der Textinhalte. Martin Kaufhold zufolge könnten diese Bedenken Langton und seine Suffragane dazu veranlasst haben, sich in Runnymede der Bewahrung der schriftlichen Überlieferung der Magna Carta anzunehmen.[161] Dementsprechend stellte Langton zusammen mit dem Erzbischof von Dublin und weiteren englischen Bischöfen in Runnymede sogenannte *litterae testimoniales* aus, in denen sie den Wortlaut der Magna Carta beglaubigten, *ne huic forme predicte aliquid possit addi vel ab eadem aliquid possit subtrahi vel minui*.[162] Darüber hinaus war Langton zusammen mit dem englischen Episkopat in den folgenden Tagen für die Vervielfältigung der Urkunde verantwortlich. Den überlieferten Quellen nach zu urteilen, erstellte die königliche Kanzlei nicht von sich aus Kopien der Urkunde, um deren Inhalt durch königliche Amtsträger im ganzen Reich verlesen zu lassen. Vielmehr wurden Exemplare der Magna Carta nur auf Anfrage produziert, ein Vorgang, wie er auch für die Ausstellung anderer königlicher Privilegien bekannt ist.[163] Überliefert ist 1215 die Übergabe von Kopien der Magna Carta allein an geistliche Würdenträger: drei Exemplare erhielten die Bischöfe von Worcester und Lincoln, Elias von Dereham, der Seneschall des Erzbischofs, nahm sogar zehn in Empfang.[164] Offenbar hatte sich der Episkopat und an seiner Spitze der Erzbischof von Canterbury der Verbreitung der Magna Carta im Reich und ihrer Aufbewahrung in den Domkirchen angenommen. Diese Verantwortung für die Tradierung der Gesetze hatte Langton bereits als Magister der Theologie in seinem Kommentar zu

---

[160] Kaufhold, Erzbischöfe von Canterbury und die Magna Carta, 56–57.
[161] Ebd., 57–58.
[162] *Acta Stephani*, Nr. 16, 24 und Magna Carta 1215, in: Holt, *Magna Carta*, 472.
[163] Cheney, Eve of Magna Carta, 337–341.
[164] *Rot. Lit. Pat.*, 180.

Deuteronomium 17 der Kirche zugewiesen.[165] Im Sommer 1215 übernahm der englische Episkopat diese Funktion auch im Einverständnis
mit dem König und den Baronen. Denn die Magnaten selbst zeigten,
wie geschildert, kein großes Interesse an der Ausfertigung einer Magna
Carta für den eigenen Bedarf. Für sie war weniger der formulierte,
schriftlich fixierte Rechtstext von Bedeutung, als die prinzipielle Zusage
des Königs, sich an die ausgehandelte Vereinbarung zu halten und die
Barone in Zukunft vor wichtigen Entscheidungen als Berater hinzuzu-
ziehen. Im Zweifelsfall konnten sie sich an den Erzbischof wenden, der
über einen Text der Magna Carta verfügte und ihnen bei der Auslegung
helfen konnte.[166]

Die von Langton und dem Episkopat übernommene Verantwortung
für die Überlieferung des Textes der Magna Carta bestätigt die These,
die schriftliche Fixierung der baronialen Anliegen sei in erster Linie dem
Erzbischof und weniger den Baronen zu verdanken. Im Rahmen dieses
Prozesses aber hatte der Erzbischof durchaus die Möglichkeit, und dank
seiner Ausbildung in Paris fraglos das nötige intellektuelle Rüstzeug,
um die unter den Baronen zirkulierenden Ideen und Vorstellungen
zu beeinflussen, zu formen und weiterzuentwickeln, um aus einem
schlichten Forderungskatalog ein Reformprogramm zu schmieden,
welches nicht nur ihre lehnsrechtlichen Interessen wiedergab, sondern
auch weitergehende, politische Prinzipien beinhaltete. Langton mag
daher nicht notwendigerweise der Ideengeber hinter der Magna Carta
gewesen sein, aber der notwendige Beistand der unzufriedenen Barone,
der sie auf dem Weg zu einem schriftlich ausgearbeiteten Programm
leitete und führte.[167] Das Ergebnis dieses im Sommer 1213 begonne-
nen Prozesses war die Magna Carta, die er schließlich als Vermittler
in Runnymede als Grundlage für den Frieden zwischen König und
Baronen durchsetzte.

VII.4. *Das Scheitern der Magna Carta*

Die Magna Carta trat im Sommer 1215 nur für kurze Zeit in Kraft.
Schon zwei oder drei Wochen nach dem Friedenskuss in Runnymede

---

[165] D'Avray, Background, 428 und vgl. oben, 51.
[166] Kaufhold, Erzbischöfe von Canterbury und die Magna Carta, 59 und ders.,
Rhythmen politischer Reform, 78–79 und 85–87.
[167] Turner, *King John*, 192 und 239.

wandte sich König Johann mit der Bitte an den Papst in Rom, ihn vom Eid auf die Magna Carta zu lösen. Im August handelte Innozenz III. dementsprechend und annullierte die Urkunde. Im Herbst 1215 schließlich brach der Bürgerkrieg erneut aus. Die Magna Carta, das Ergebnis langjähriger Verhandlungen Langtons als Fürsprecher und Vermittler, war zunächst gescheitert.[168]

Die Verantwortung für den erneuten Ausbruch der Feindseligkeiten muss sowohl König Johann als auch den aufständischen Baronen angelastet werden. Der König hatte die Verhandlungen in Runnymede nach dem Verlust Londons nur als erzwungene Atempause betrachtet, die es ihm erlaubte, neue Kräfte für den Krieg gegen die Barone zu sammeln. Er hatte vermutlich nie die Absicht gehegt, sich länger als nötig an eine Vereinbarung binden zu lassen.[169] Die misstrauischen Barone auf der anderen Seite fürchteten ein solches taktisches Vorgehen des Königs. Sie reagierten ihrerseits mit einer drastischen Maßnahme und installierten die berühmte Sicherheitsklausel in der Magna Carta.[170] Artikel 61 ordnete die Wahl eines Ausschusses von 25 Baronen an, der die Wahrung des Friedens und die Achtung der Magna Carta durch den König und seine Amtsträger überwachen sollte. Die 25 Barone wurden dazu mit weitreichenden Sanktionsmitteln ausgestattet. Sie konnten die Burgen, Güter und Besitzungen des Königs konfiszieren, falls dieser auf berechtigte Klagen über Verstöße gegen die Magna Carta nicht innerhalb von 40 Tagen reagierte.[171] Mit anderen Worten wurden die Magnaten dazu ermächtigt, den König legal zu bekriegen. Der Artikel beschränkte damit die königliche Autorität in einem bisher unbekannten Ausmaß.[172] Schon für einen König mit einem weniger autoritären Herrschaftsanspruch als Johann wäre diese Sicherheitsklausel inakzeptabel gewesen.[173] Der Artikel aber sollte die Magna Carta als dauerhafte Friedensvereinbarung

---

[168] *Letters of Innocent III*, Nr. 1018, 170; Turner, *King John*, 247 und Holt, *Magna Carta*, 365–367.

[169] Holt, *Magna Carta*, 349–350.

[170] Alexander, *Three crises*, 110.

[171] Magna Carta 1215, in: Holt, *Magna Carta*, 469–472. Vorbild für den Ausschuss war vermutlich das Leitungsgremium der Stadt London, eine Art Stadtrat, der sich aus 24 *aldermen* und dem Bürgermeister zusammensetzte. Entsprechend wurden einige Mitglieder dieses Stadtrats in den Ausschuss der 25 Barone gewählt, vgl. Kaufhold, *Rhythmen politischer Reform*, 81–82.

[172] Turner, *Magna Carta through the ages*, 70.

[173] Für eine knappe Untersuchung über die Herrschaftskonzeption König Johanns vgl. Turner, King John's concept of royal authority, 157–178.

auch für moderatere Royalisten diskreditieren.[174] So wurde gerade dieses Instrument, das ursprünglich den König zur Achtung der Urkunde zwingen sollte, zu der schwersten Hypothek für den Frieden.

Die Barone verschärften die Situation zusätzlich dadurch, dass sie in das Gremium der 25 Barone nur ehemalige Rebellen wählten, während sie moderate Royalisten ignorierten.[175] Geradezu zwangsläufig entbrannte daher schon bald nach der Versammlung in Runnymede der Streit zwischen König Johann und den 25 Baronen über die Umsetzung der Magna Carta. Artikel 52, in dem Johann die Rückgabe von Besitzungen und Rechten an die Barone versprach, die er in der Vergangenheit unrechtmäßig eingezogen hatte, war in Runnymede nur sehr vage formuliert worden, um vermutlich eine schnelle Einigung der Konfliktparteien zu ermöglichen. Ähnliches galt für Artikel 55 über die Rückzahlung vom König unrechtmäßig erhobener *fines* und Strafzahlungen. In den folgenden Wochen war daher zu klären, wer tatsächlich sein Land zu Unrecht verloren hatte und wer auf Rückzahlungen Anspruch hatte, weil er vom König rechtswidrig mit Strafzahlungen belegt worden war. Der Magna Carta zufolge fiel die Klärung dieser strittigen Fragen in die Kompetenz der 25 Barone. Johann dagegen war nicht gewillt, sich ihrem Spruch zu beugen.[176]

Das in Artikel 61 verwirklichte Konzept einer institutionalisierten Kontrolle des Königs und seiner Amtsträger, um einer tyrannischen Herrschaft vorzubeugen, erwies sich in England als sehr wirkungsmächtig und wurde in den politischen Krisen des 13. Jahrhunderts wiederholt aufgegriffen, etwa im sogenannten *Barons' War*, als die rebellierenden Barone König Heinrich III. einen Ausschuss von 24 Baronen als kontrollierende Instanz zur Seite stellten.[177] Langton aber, so ist anzunehmen, lehnte zusammen mit den moderaten Magnaten den Ausschuss der 25 Barone ab. Er hatte sich zwar in seinen theologischen Schriften für eine Kontrolle des Monarchen ausgesprochen und eine Einbindung der Untertanen in die Regierung befürwortet, einem so weitreichen-

---

[174] Cheney, *Innocent III*, 377–378; Vincent, *Peter des Roches*, 121–122 und Turner, *King John*, 242.

[175] Für eine Auflistung der 25 Barone vgl. Cheney, Twenty-five barons, 307. Und vgl. Holt, *Magna Carta*, 478–480; Warren, *King John*, 259 und Turner, *Magna Carta through the ages*, 70.

[176] Magna Carta 1215, in: Holt, *Magna Carta*, 464–466 und Holt, *Magna Carta*, 340–344 und 347–348.

[177] Miethke, Widerstand, 742–743 und Kaufhold, *Rhythmen politischer Reform*, 80–81 und 106–113.

dem Widerstandsrecht aber, wie es Artikel 61 den Baronen einräumte, konnte er nicht zustimmen. König Johann war schließlich ein Vasall des Papstes, der zusätzlich das Kreuz genommen hatte. Zudem war, wie erwähnt, Artikel 61 nicht dazu geeignet, dem von Langton mit Mühe und Geduld ausgehandelten Frieden Dauer und Stabilität zu verleihen. Im Gegenteil, er trug, vor allem im Zusammenspiel mit den genannten Artikeln 52 und 55, wesentlich zum erneuten Ausbruch des Krieges bei. Dass Langton aber die Aufnahme der Sicherheitsklausel in die Magna Carta nicht verhindern konnte, offenbart deutlich die Grenzen seiner Autorität als Vermittler gegenüber den Baronen.

Trotz dieses Artikels gilt die Magna Carta in der Forschung als ein überwiegend ausgewogenes, moderates Dokument.[178] Sie war in einigen Bereichen weit weniger radikal als die *Artikel der Barone* oder die *Unknown Charter*.[179] So erhielt Johann als Kreuzfahrer nicht nur den erwähnten Aufschub für die Rückgabe jener Güter, deren Enteignung Heinrich II. und Richard I. angeordnet hatten. Auch über die Rodung von Wäldern, deren Deklarierung als königlicher Forst die beiden genannten Könige veranlasst hatten, sollte erst nach der Rückkehr Johanns vom Kreuzzug entschieden werden.[180] Diese Konzessionen an den König waren dem Einfluss Langtons geschuldet. Auch in anderen umstrittenen Fragen versuchte der Erzbischof als ausgleichender Faktor, als Puffer zwischen den Konfliktparteien zu wirken. So erhob die Magna Carta Langton zum Richter über die umstrittenen Strafzahlungen. Er sollte zusammen mit dem Gremium der 25 Barone entscheiden, welche *fines* und Strafzahlungen unrechtmäßig erhoben worden waren.[181] Auch der gleichzeitig mit der Magna Carta geschlossene Vertrag über die Zukunft Londons übertrug Langton eine Schlüsselrolle.[182] Während die Barone zunächst weiterhin über die Stadt verfügen sollten, wurde der Tower unter die Aufsicht des Erzbischofs von Canterbury gestellt. Falls bis zum 15. August 1215 alle Ansprüche gegenüber der Krone hinsichtlich der Restauration von Rechten und Gütern befriedigt seien, sollte London mit dem Tower an den König zurückfallen. Andernfalls

---

[178] Turner, *King John*, 249 und Powicke, *Langton*, 128.
[179] Holt, *Magna Carta*, 350–351.
[180] Magna Carta 1215, in: Holt, *Magna Carta*, 466.
[181] Ebd.
[182] Holt, *Magna Carta*, 263–264. Wenig überzeugend sind die Argumente, auf Grund derer einige Historiker den Vertrag auf die dritte Woche im Juli datieren, vgl. Richardson, Morrow of the Great Charter, 424 und Cheney, Twenty-five barons, 292–301.

bliebe die Stadt im Besitz der Barone und die Festung beim Erzbischof.[183] Langton hielt mit dem Tower den wichtigsten Teil Londons in seiner Hand und konnte auf diese Weise verhindern, dass eine der beiden Parteien gegen den Vertrag die Kontrolle über die gesamte Stadt gewinnen konnte.[184] Der Erzbischof, so lässt sich festhalten, bemühte sich während der Verhandlungen im Juni 1215 darum, auf die aufständischen Barone mäßigend einzuwirken. Aber die Rebellen waren in Runnymede in einer außerordentlich starken Position. Sie hatten London eingenommen und konnten sich über einen kräftigen Zulauf aus dem Lager ihres Feindes freuen. Zusätzlich waren sie äußerst verärgert über die monatelange Hinhaltetaktik des Königs und daher auf keinen Fall bereit, Johann ohne konkrete Zusagen ziehen zu lassen. Die Sicherheitsklausel war daher wahrscheinlich in ihren Augen die einzige Möglichkeit, Johann wirksam an die Vereinbarung binden zu können.[185] Langton konnte ihnen offenbar keine überzeugende Alternative zu Artikel 61 anbieten. Er stand zudem als Vermittler unter erheblichem Druck. Glaubt man einem Bericht des *Barnwell*-Chronisten, verließen einige *Northerners* die Verhandlungen in Runnymede, um den Krieg gegen den König weiterzuführen.[186] Der Erzbischof musste daher befürchten, dass er weitere Barone für den Frieden verlieren würde, wenn man ihnen in ihren Augen angemessene Sicherheiten verwehrte. Langton blieb daher allein die Hoffnung auf eine Zusammenarbeit der 25 Barone mit dem König, eine Hoffnung, die sich sehr schnell als trügerisch erweisen sollte.

Langton zog sich nach dem Friedensschluss in Runnymede Anfang Juli zunächst auf seine Güter zurück, vermutlich, um sich von den anstrengenden Verhandlungen der vergangenen Wochen zu erholen. Gänzlich zur Ruhe kam er auch dort nicht, er hatte sich schließlich seinen vernachlässigten Pflichten als Metropolit und Bischof zu widmen.[187] Zuvor hatte er die Versammlung der Magnaten des Reiches in

---

[183] *Foedera*, 133.
[184] Dem *Barnwell*-Chronisten zufolge erhielt der Erzbischof tatsächlich die Aufsicht über den Tower, vgl. Walter of Coventry, *Historical collections*, 221. Was mit dem Tower in den folgenden Monaten geschah, vor allem nach der Suspendierung Langtons im September 1215, ist nicht bekannt. Die Quellen erwähnen die Festung erst wieder bei ihrer Übergabe an den französischen Kronprinzen Ludwig im November 1216, vgl. Cheney, Twenty-five barons, 293.
[185] Cheney, Church and Magna Carta, 269.
[186] Walter of Coventry, *Historical collections*, 222.
[187] *Acta Stephani*, Nr. 18, 25–26; Nr. 19, 26–27 und Nr. 20, 27–28.

Runnymede dazu genutzt, die beiden walisischen Bischöfe von St. Davids und Bangor zu weihen.[188] Mitte Juli musste der Erzbischof dann erneut seine Vermittlungstätigkeit aufnehmen. Man war vermutlich noch in Runnymede überein gekommen, nicht geklärte Fragen auf einem weiteren Treffen am 16. Juli in Oxford zu klären. Die oben erläuterten Konfliktlinien lassen das Scheitern der Verhandlungen nahezu unvermeidlich erscheinen. Als einziges Ergebnis dieser Konferenz bleibt dementsprechend nur ein weiteres Auseinanderdriften der beiden Parteien zu konstatieren. Der König begann mit seinen Kriegsvorbereitungen und wandte sich, wie erwähnt, an den Papst mit der Bitte, ihn vom Eid auf die Magna Carta zu lösen.[189]

Langton, der den Frieden in nervenaufreibenden, mehrwöchigen Verhandlungen vermittelt hatte, versuchte die Magna Carta gegen die Extremisten auf beiden Seiten verzweifelt zu verteidigen. So beschuldigte der Erzbischof zusammen mit dem Erzbischof von Dublin und seinen Suffraganen auf der einen Seite die Barone, keine Sicherheiten für ihre zukünftige Treue gegenüber dem König geleistet zu haben, obwohl sie es ursprünglich versprochen hatten.[190] Zusätzlich verfasste der Erzbischof zusammen mit dem englischen Episkopat, möglicherweise auf dem Juli Treffen in Oxford auf Betreiben Johanns,[191] ein Schriftstück, in dem er Artikel 48 der Magna Carta über Regelungen bezüglich des königlichen Forstes zu Gunsten des Königs auslegte.[192] Auf der anderen Seite weigerte sich Langton, die aufständischen Barone zu exkommunizieren und das Interdikt über ihr Land zu verhängen, wie es der Papst in seinem Brief vom 18. Juni den rebellierenden Baronen angedroht hatte.[193] Hätte Langton der Order aus Rom Folge geleistet, wäre dies das unmittelbare Aus für seine Friedensvermittlung gewesen. Aber der Spielraum für eine erfolgreiche Vermittlung war spürbar verringert worden. Der König

---

[188] *CL Ms. D. & C. Chartae Antiquae C 115/75* und *C 115/146* und J. B. Smith, Charters of the Welsh princes, 357–358.

[189] Holt, *Magna Carta*, 365–367 und 489. In Oxford wurde auch die Umsetzung von Artikel 56, 57 und 58 der Magna Carta zwischen Llywelyn und König Johann verhandelt, vgl. *Rot. Lit. Pat.*, 150. Vermutlich erfüllte der König dort seine in der Urkunde geleisteten Versprechen. Zumindest ist eine unter anderem von Langton bezeugte Abschrift der Unterwerfungsurkunde Llywelyns von 1211 überliefert, die wahrscheinlich in Oxford dem walisischen Fürsten zurückgegeben wurde, vgl. *Additions to the Acta Stephani*, Nr. 41 und J. B. Smith, Charters of Welsh princes, 345 und 350–353.

[190] *Acta Stephani*, Nr. 17, 24–25.

[191] Richardson, Morrow of the Great Charter, 424–425 und Holt, *Magna Carta*, 487.

[192] *Foedera*, 134.

[193] *Letters of Innocent III*, Nr. 1013, 272 und Cheney, *Innocent III*, 374.

konnte wieder wie zu Anfang des Jahres jede Bitte um Zugeständnisse mit dem Hinweis auf die päpstlichen Mandate zurückweisen.

Dementsprechend wenig Aussicht auf Erfolg hatten daher die weiteren Verhandlungsrunden im August. Der *Barnwell*-Chronist berichtet recht ausführlich über die Vermittlungsbemühungen Langtons.[194] Der Erzbischof hatte ein Treffen in Oxford für den 16. August vorgeschlagen, um die Streitigkeiten zu schlichten. Doch König Johann hielt es nicht mehr für nötig, zu erscheinen. Auch eine Versammlung in Staines, die Langton und einige Bischöfe für den 28. August vorgeschlagen hatten, fand ohne Beteiligung des Königs statt.[195] Die Vermittlungsbemühungen des Erzbischofs scheiterten hier schon am Versuch, die abgerissene Kommunikation zwischen den verfeindeten Lagern wiederherzustellen. Der zweite Schritt, nämlich ein Austausch von Informationen, fand gar nicht mehr statt. Für diese Treffen sind demnach auch keine Ergebnisse überliefert. Nur einige *acta* des Erzbischofs sind auf uns gekommen, die dokumentieren, dass Langton die Versammlungen der Magnaten im August auch dazu nutzte, als Metropolit Hof zu halten.[196]

Um den Erzbischof als neutralen Vermittler wurde es zwischen den Fronten zusehends einsamer. Die Sicherheitsklausel, die ausschließliche Ernennung ehemaliger Rebellen in das Gremium der 25 Barone und die daraus resultierenden Konflikte trieben sukzessive auch die moderateren Kräfte an die Seite König Johanns. Womöglich wurden auch jene Bischöfe von dieser Bewegung erfasst, auf deren Unterstützung sich Langton in der Vergangenheit hatte stets verlassen können.[197] Während die Bischöfe aus London, Bath, Lincoln und Chichester im Juli und August 1215 zwar die Barone und ihr Verhalten kritisierten, sind von ihnen keine Gesten überliefert, die erkennen lassen, dass sie sich wie Langton auch gegenüber König Johann eine kritische Distanz bewahrten, die es ihnen ermöglicht hätte, weiterhin als neutrale Vermittler aufzutreten.[198] Folgerichtig standen sie, nachdem der Erzbischof suspendiert worden war, bei Ausbruch des Bürgerkriegs im

---

[194] Walter of Coventry, *Historical collections*, 222–223.

[195] Ebd., 223; Radulphus de Coggeshall, *Chronicon*, 173 und Holt, *Magna Carta*, 367–368.

[196] *Acta Stephani*, Nr. 22, 29; Nr. 23, 29–30 und Nr. 24, 31.

[197] Cheney, Church and Magna Carta, 270; Vincent, *Peter des Roches*, 121–122 und Turner, *King John*, 242.

[198] *Acta Stephani*, Nr. 17, 24–25 und *Foedera*, 134.

Lager des Königs, wie die für ihre Loyalität gegenüber Johann bekannten Bischöfe von Winchester, Worcester und Coventry.[199]

Langton selbst aber hielt hartnäckig an seiner Rolle als neutraler Vermittler fest, obwohl sein einsamer Kampf um die Magna Carta immer aussichtsloser wurde. Das wird auch durch sein Verhalten im Konflikt um *Rochester Castle* dokumentiert. Wie erwähnt, hatten sich König Johann und Langton im Sommer 1213 darauf geeinigt, die Festung für ein Jahr der Aufsicht des königlichen Amtsträgers Reginald de Cornhill zu unterstellen. Im August 1214 hatten beide der Verlängerung dieser Vereinbarung um ein Jahr zugestimmt, im April 1215 erneut um ein Jahr.[200] Am 25. Mai 1215 aber bat Johann Langton, die strategisch wichtige Burg seinem Vertrauten Hubert de Burgh, dem späteren Justiziar, und Philipp d'Albigny zu übergeben.[201] Der König zweifelte offenbar an der Loyalität Reginalds de Cornhill. Er war aber weiterhin bereit, die Rechte des Erzbischofs an der Burg anzuerkennen, und versprach ihre Rückgabe zu Ostern 1216. Doch Langton kam der Bitte des Königs nicht nach.[202] Am 9. August wandte sich Johann daher erneut an den Erzbischof und trug ihm diesmal auf, *Rochester Castle* Peter des Roches, dem Bischof von Winchester, zu überlassen.[203] Langton aber widersetzte sich auch der zweiten Anfrage des Königs. Schließlich öffnete Reginald Ende September, als Langton schon auf dem Weg nach Rom war, den rebellierenden Baronen die Tore der Festung.[204]

---

[199] Die Bischöfe von London und Bath tauchen in den königlichen Registern an der Seite der wichtigsten Verbündeten König Johanns und seines Sohnes Heinrichs III. auf, vgl. *Letters of Guala*, Nr. 83, 64 und Nr. 172, 141 und *Cartulary of Worcester*, Nr. 328, 175. Richard le Poore, der Freund Langtons und Bischof von Chichester, wurde sogar zum Vollstrecker des Testaments König Johanns ernannt und arbeitete im Bürgerkrieg eng mit dem Legaten Guala zusammen, vgl. *Foedera*, 144 und *Letters of Guala*, lii. Einzig das Verhältnis von Hugh, dem Bischof von Lincoln, zu Johann während des Bürgerkriegs ist nicht eindeutig zu klären. Wendover berichtet, Hugh habe nach dem Ende des Krieges 1000 Mark an den Papst und 100 Mark an den Legaten zahlen müssen, um sein Bistum wieder zu erhalten, vgl. Rogerus de Wendover, *Flores historiarum*, II, 225. Eine solche Zahlung von 100 Mark erfolgte aber erst im Frühjahr 1218, vermutlich als Gegenleistung für das Bemühen der Regentschaft, dem Bischof von Lincoln die Aufsicht über die Burg Newark zu sichern, vgl. *Letters of Guala*, Nr. 70, 56.

[200] *Lambeth Ms. 1212*, fol. 13 und Rowlands, Stephen Langton and Rochester Castle, 272.

[201] *Rot. Lit. Pat.*, 138.

[202] Rowlands, Stephen Langton and Rochester Castle, 273.

[203] Ebd., 181.

[204] Ebd., 268 und 272–275 und Holt, *Magna Carta*, 361–362.

Die Beweggründe des Erzbischofs für seinen Widerstand sind nicht
eindeutig. Langton könnte aber dem König die Übergabe der Burg
verweigert haben, um seine Arbeit als Vermittler nicht zusätzlich zu
erschweren. Schließlich hätten die Barone ihn, wäre er der Aufforderung
Johanns gefolgt, nicht mehr als neutralen Vermittler wahrgenommen.[205]
Daher scheint Langton auch allen Bestechungsversuchen des Königs im
Verlauf des Sommers widerstanden zu haben. Schon Ende Juni hatte
Johann ihm die Auszahlung von 1000 Mark zugesagt, möglicherweise
eine Rate der versprochenen Reparationsleistungen für die Schäden des
Interdikts.[206] Ende August, also noch kurz vor der Suspendierung des
Erzbischofs, scheint diese Zahlung sogar an einen Vertreter Langtons,
Richard de Glentham, erfolgt zu sein.[207] Wahrscheinlich am 18. Juli,
auf der Konferenz in Oxford, wies der König zusätzlich den Sheriff von
York an, Langton jene Lehen zu übergeben, die einst Hubert Walter
von William de Paynel erworben hatte, und die Johann im November
1214 dem Erzbischof bestätigt hatte.[208] Doch Johann erhielt für seine
Gunsterweise keine Gegenleistung. Die Burg Rochester ging an die
Barone verloren und musste erst vom König durch eine aufwen-
dige Belagerung zurückerobert werden. Die Wut Johanns über den
Widerstand Langtons ist daher nur allzu verständlich. In einem Brief
an Hubert de Burgh im November 1215 bezeichnet er den Erzbischof
als notorischen und offensichtlichen Verräter, der ihm auch in der
größten Not die Burg Rochester nicht übergeben habe.[209] In dem
gleichen Schreiben forderte Johann den Justiziar auf, die *temporalia*
des Erzbischofs einzuziehen, sollte dies durch das Recht gedeckt sein.
Zudem solle er mögliche Verbindungen Langtons zu den Rebellen
untersuchen und seine Ergebnisse nach Rom zum Papst senden.[210]
Inwieweit der König tatsächlich den weltlichen Besitz des Erzbischofs
einzog, soll an anderer Stelle eingehender untersucht werden.[211] Johann,
soviel bleibt festzuhalten, hatte auf die Unterstützung Langtons gehofft
und war bitter enttäuscht worden.

---

[205] Rowlands, Stephen Langton and Rochester Castle, 276.
[206] *Rot. Lit. Pat.*, 144.
[207] Ebd., 153.
[208] *Lambeth Ms. 1212*, fol. 106r.
[209] Galbraith, *Studies in the Public Record Office*, 161–162. Für eine englische Übersetzung des Briefes vgl. Warren, *King John*, 257.
[210] Galbraith, *Studies in the Public Record Office*, 161–162.
[211] Vgl. unten, 427.

Umso erfreuter war der König sicherlich über das Schreiben aus
Rom vom 7. Juli, welches schließlich die Suspendierung des aufsäs-
sigen Erzbischofs nach sich zog. Der Brief war wahrscheinlich eine
Antwort des Papstes auf die schon erwähnten Beschwerden Johanns
über Langton vom 29. Mai. Innozenz III. verkündete in diesem
Brief an seine drei ernannten Kommissare Peter des Roches, Simon,
den Abt von Reading, und Pandulf, den päpstlichen Gesandten, die
Exkommunikation der rebellierenden Barone. Dem Erzbischof und
seinen Bischöfen wurde befohlen, die päpstliche Sentenz zu verkünden. Sollte aber jemand seiner Order nicht Folge leisten, sollten die
Kommissare diesen suspendieren.[212] Das päpstliche Mandat manövrierte
Langton als Verhandlungsführer endgültig in eine ausweglose Lage.
Folgte er dem Befehl aus Rom, konnte er gegenüber den Baronen
nicht mehr als neutraler Vermittler auftreten, weigerte er sich aber, das
Mandat des Papstes umzusetzen, musste er mit seiner Suspendierung
rechnen. Beides würde das Ende seiner Tätigkeit als Friedensstifter
bedeuten. Die historiographischen Quellen variieren die Reaktionen des
Erzbischofs auf den Brief aus Rom leicht. Wendover berichtet, Langton
habe darauf bestanden, die Exkommunikation sei aus Unwissenheit
über die Wahrheit verkündet worden, er reise nun nach Rom, um
aus dem Mund des Papstes selbst zu erfahren, was jener wolle.[213] Ralf
von Coggeshall dagegen erzählt, Langton habe der Interpretation des
päpstlichen Mandates durch die Kommissare widersprochen und sich
geweigert, diejenigen zu exkommunizieren, die diese ausgewählt hatten.[214] Beide Berichte stimmen darin überein, dass der Erzbischof nicht
gewillt war, einen der Rebellen mit dem Kirchenbann zu belegen. Es
spricht sicherlich für die Charakterstärke Langtons, dass er sich auch
angesichts der drohenden Strafe treu blieb und sich bis zuletzt um
eine unabhängige und neutrale Position in dem Konflikt bemühte. Der
Frieden, für den er so lange gekämpft hatte, war aber nicht mehr zu
retten. Am 5. September schließlich suspendierten die Kommissare den
Erzbischof.[215] „Disconsolate and helpless, Langton set off at the end of
September for Rome".[216]

---

[212] *Selected Letters of Innocent III*, Nr. 80, 207–209 und Powicke, Bull ‚Miramur
plurimum', 87–93.
[213] Rogerus de Wendover, *Flores historiarum*, II, 155.
[214] Radulphus de Coggeshall, *Chronicon*, 174.
[215] Warren, *King John*, 245 und Holt, *Magna Carta*, 372–373.
[216] Warren, *King John*, 245.

KAPITEL VIII

LANGTON IN ROM 1215–1218

VIII.1. *Eine Bilanz der Jahre 1213 bis 1215 und Langtons
Zukunftsaussichten*

Als Langton sich Ende September 1215 nach seiner Suspendierung ein-
schiffte, um seine Reise nach Rom anzutreten, mag er an seine Ankunft
in England im Sommer 1213 gedacht und ein Resümee der vergangenen zwei Jahre gezogen haben. Er hatte als Neuling in der Politik
viel Lehrgeld zahlen müssen. Im Bewusstsein des Sieges der Kirche im
Frühjahr 1213, den Langton wahrscheinlich auch als einen persönlichen Triumph über König Johann empfunden hatte, war er nach sechs
langen Jahren im Exil nach England zurückgekehrt. Seinem großen
Vorbild Thomas Becket nacheifernd, versuchte er, ohne Rücksicht
auf die Interessen des Königs, die Rechte und Freiheiten der Kirche
durchzusetzen. Er rechnete fest mit der Unterstützung von Innozenz
III., der zuvor seine Promotion nach Canterbury energisch durchgesetzt
hatte, und verkannte dabei, dass sich nach der Unterwerfung Johanns
unter die päpstliche Oberlehensherrschaft seine Interessen fundamental
von jenen des Papstes unterschieden. Innozenz III. richtete in den darauffolgenden zwei Jahren seine ganze Aufmerksamkeit auf das Vierte
Laterankonzil, das den Höhepunkt seines Pontifikats bilden sollte. Zwei
große Ziele hatte er für das Vierte Lateranum ausgegeben, erstens die
Reform der Universalkirche und zweitens die Ausrufung eines neuen
Kreuzzugs zur Rückeroberung des Heiligen Landes.[1] König Johann, sein
neuer und geschätzter Lehnsmann, sollte eine Hauptrolle in diesem
Kreuzzug übernehmen. Dementsprechend kompromisslos unterstützte
ihn Innozenz III. nach ihrem Friedensschluss 1213. Langton musste
seine Ignoranz gegenüber diesen veränderten politischen Realitäten

---

[1] *Selected Letters of Innocent III*, Nr. 51, 144. Innozenz III. wiederholte diese zwei
Ziele in seiner Predigt, die er auf der Eröffnungssitzung des Vierten Lateranums hielt,
vgl. *Ryccardi de Sancto Germano notarii Chronica*, 39. Für die deutsche Übersetzung
der Predigt vgl. Foreville, *Lateran*, 391–396.

mit schmerzvollen Niederlagen in den Auseinandersetzungen um die Reparationsleistungen und um die Bischofswahlen bezahlen.

Im Herbst 1214 zeigte sich der Erzbischof aber durchaus lernfähig und zog erste Konsequenzen aus seinen Erfahrungen der vergangenen Monate. Dem Bemühen König Johanns nach einer engeren Zusammenarbeit gegenüber aufgeschlossen, agierte er, etwa bei der Wahl eines neuen Bischofs von Rochester, deutlich kompromissbereiter. In dem sich zuspitzenden Konflikt zwischen dem König und den unzufriedenen Baronen wandelte er sich von einem Fürsprecher der Magnaten zum Vermittler zwischen den Parteien. Zunächst war er in dieser Funktion erfolgreich und konnte in Runnymede einen Frieden auf Grundlage der Magna Carta vermitteln, die viele seiner Vorstellungen über gerechte Königsherrschaft aufgriff. Doch am Ende ignorierte er auch in diesem Konflikt die politischen Zwänge und zog nicht die notwendigen Konsequenzen. Er hielt unbeirrbar an seiner Position als Friedensstifter fest, als längst keine Chance auf Frieden mehr bestand und beide Seiten zum Krieg fest entschlossen waren. Dabei verlor er zunehmend das Vertrauen beider Konfliktparteien als Vermittler und zuletzt auch den Rückhalt seiner Verbündeten. Er hätte sich am Ende, wie die anderen, moderateren Kräfte auch, dem königlichen Lager anschließen müssen, um sich zumindest einen begrenzten Einfluss auf den Fortgang der Ereignisse sichern zu können. Aus dieser Position heraus hätte er möglicherweise mäßigend auf König Johann einwirken und längerfristig für den Frieden arbeiten können.

Sicherlich lässt sich aus diesem Verhalten eine gewisse Charakterstärke Langtons ablesen, die ihn daran hinderte, seine Überzeugungen zu verraten, in dem er die Barone, deren Fürsprecher er gewesen war, exkommunizierte und sich seinem alten Widersacher Johann anschloss, der die Magna Carta und die darin enthaltenen Beschränkungen seiner Herrschaft zutiefst ablehnte. Auf der anderen Seite aber kann man dem Erzbischof auch mangelnde Flexibilität und fehlendes Gespür für politische Notwendigkeiten vorwerfen. Wir werden im zweiten Teil der Arbeit sehen, dass Langton aus den Fehlern seiner ersten Pontifikatsjahre in England lernte und nach seiner Rückkehr aus Rom 1218 als Politiker taktisch klüger agierte. Er zeigte sich kompromissbereiter, vor allem aber sicherte er sich den Rückhalt mächtiger Verbündeter, sobald er eigene politische Projekte zu verwirklichen suchte.

Doch zunächst trat er im September 1215 die Fahrt nach Rom als suspendierter Erzbischof an. Wie bewertete er seine Zukunftsaussichten in diesem Amt? Er musste mit der Bestätigung seiner Suspendierung durch Papst Innozenz III. rechnen. Er konnte auf Grund der vergangenen Interventionen der Kurie in die englische Politik nicht darauf hoffen, den Papst persönlich vom Sinn und Erfolg seines vergangenen Engagements als Fürsprecher der Barone und als Vermittler überzeugen zu können. Sollte er dennoch in seinem Amt verbleiben, wie war es dann um seine Aussichten bestellt, in Zukunft die Politik in England erfolgreich mitgestalten zu können? Dort waren die Weichen auf Krieg gestellt. Die Funktion als Friedensstifter konnte er nicht mehr übernehmen, nachdem er das Vertrauen beider Konfliktparteien verloren hatte. Auch eine fruchtbare Zusammenarbeit mit Johann Ohneland im Bürgerkrieg und darüber hinaus schien ausgeschlossen, nachdem Langton sich bis zuletzt geweigert hatte, mit dem König zu paktieren. Zu tief saß das Misstrauen Johanns gegenüber dem Erzbischof, den er zuletzt als notorischen Verräter beschimpft hatte. Zudem hatten die letzten Jahre Langton deutlich vor Augen geführt, wie wenig Spielraum ihm als Erzbischof bei der Verfolgung seiner Interessen blieb, sobald der König zusammen mit dem Papst gegen ihn arbeitete. Diese Konstellation aber, davon musste Langton im September 1215 ausgehen, würde wahrscheinlich auch die nächsten Jahre über Bestand haben. Natürlich war ein Sieg der rebellierenden Barone über König Johann nicht ausgeschlossen. Die Aufständischen baten im Winter 1215 den französischen Kronprinzen Ludwig um Hilfe, der ab dem Frühjahr 1216 an ihrer Seite um die englische Krone kämpfte. Die Verbindung des Erzbischofs über seinen Bruder Simon zu dem Kapetinger wurde bereits thematisiert. Eine enge Zusammenarbeit wäre daher durchaus denkbar gewesen. Doch im September 1215 war die Intervention Ludwigs noch nicht abzusehen.

Angesichts dieser eher düsteren Zukunftsaussichten, möglicherweise enttäuscht und abgestoßen von der weltlichen Politik, vielleicht sogar seine Eignung und Befähigung für das Amt in Frage stellend, spielte Langton offenbar im Herbst 1215 mit dem Gedanken, von seinem Amt zurückzutreten. Ein deutliches Indiz für diese These ist ein Brief von Gerald von Wales an Langton, den sein Freund kurz vor dessen Abreise nach Rom verfasst haben muss.[2] Gerald berichtet darin von einem

---

[2] Der Brief findet sich in *Giraldi Cambrensis Opera*, I, 401–407. Teilweise übersetzt ist er von Harold Butler, vgl. *Autobiography of Gerald of Wales*, 358–360. Die Mehrheit der Historiker datiert den Brief auf den Spätsommer 1215, kurz bevor Langton nach Rom abreiste. Für Robert Bartlett dagegen stammt der Brief frühestens aus dem Jahr 1220, da er die Entstehung eines Werkes Geralds, *Speculum Ecclesiae*, auf das in dem

Gerücht, welches ihm von mehreren Personen zugetragen worden sei, wonach das Ziel der Reise Langtons nach Rom der Rücktritt von seinem Amt als Erzbischof sei, um das restliche Leben in der Einsamkeit als Eremit, als Kartäuser zu verbringen. Es lässt sich nicht mit letzter Sicherheit feststellen, inwieweit ein solches Gerücht der Wahrheit entsprach. Gerald immerhin muss es sehr ernst genommen haben, folgen doch auf mehreren Seiten eindringliche Appelle an Langton, diesen Lebensweg nicht einzuschlagen, sondern weiterhin sein Amt als Erzbischof zum Wohle der englischen Kirche auszuüben. Er geißelt gar einen solchen Rücktritt als ein Zeichen von Faulheit und Feigheit. Sollte er diesen Weg gehen, würde er seine Herde wieder den Zähnen des Wolfes, also der Tyrannei König Johanns, überlassen.[3] Zusätzlich versuchte Gerald die aktive Lebensform eines Prälaten im Dienste Gottes der zurückgezogenen eines Mönches und Eremiten als überlegen, als Gott wohlgefälliger darzustellen, würde doch der Prälat sich für die Verbreitung des Wort Gottes, für das Heil der Seelen aktiv einsetzen, während der Einsiedler nur auf sein eigenes Seelenheil bedacht sei.[4] Falls es solcher Appelle wirklich bedurfte, mag bei Langton gerade das letzte Argument seines Pariser Kommilitonen auf fruchtbaren Boden gefallen sein. Schließlich hatte er selbst als Magister der Theologie für eine Kombination von *contemplatio* und *actio* plädiert, um dem Wohl der Kirche dienen zu können.[5]

Über die Reise Langtons nach Rom ist kaum etwas bekannt. Einzig Matthäus Parisiensis berichtet in seiner Vita über den Erzbischof von der Fahrt in die Ewige Stadt. Langton musste, glaubt man dem Chronisten aus St. Albans, seine Reise in Oberitalien auf Grund einer Krankheit unterbrechen. Während dieses Aufenthalts soll er einen von Dämonen besessenen Mann geheilt haben.[6] Diese ausführliche

---

Brief Bezug genommen wird, auf das Jahr 1219 datiert, vgl. Bartlett, *Gerald of Wales*, 220. Zwar reiste Langton im Herbst 1220 erneut nach Rom, doch gab es zu diesem Zeitpunkt für ihn keinen Grund mehr, über einen Rücktritt von seinem Amt nachzudenken. Zusätzlich hat Richard Kay überzeugend dargelegt, dass Gerald die erste Fassung seines Werks *Speculum Ecclesiae* bereits 1212 begonnen hatte, es daher im Frühjahr 1215 Langton hatte präsentieren können. Seiner Meinung nach stammt deshalb der Brief aus der zweiten Septemberwoche 1215, kurz nachdem Langton suspendiert worden war, vgl. Kay, Gerald of Wales, 87.

[3] *Giraldi Cambrensis Opera*, I, 401.
[4] Ebd., 403–404.
[5] Smalley, *Bible in the Middle Ages*, 249–250; Powicke, *Langton*, 12 und 132–133 und Ferruolo, *Origins of the University*, 212.
[6] Matthaeus Parisiensis, *Vita sancti*, 323–326.

Schilderung der Dämonenaustreibung fügt sich in das Motiv der Vita:
Langton als Heiliger. Diese Geschichte ist hier nur von untergeordnetem Interesse. Die Krankheit Langtons ist aber als Indiz dafür zu
werten, wie viel Kraft die Reise den etwa 60-Jährigen gekostet haben
muss, wie geschwächt dieser vermutlich von den Anstrengungen der
letzten Monate bei seinem vergeblichen Kampf um Frieden war. Sein
fortgeschrittenes Alter zusammen mit seiner angeschlagenen Physis
könnte Langton darin bestärkt haben, einen Rücktritt ernsthaft in
Betracht zu ziehen.

VIII.2. *Die Bestätigung der Suspendierung durch Papst Innozenz III.*

Langton erreichte Rom Ende Oktober 1215. In der Stadt herrschte
Ausnahmezustand, aus allen Teilen der christlichen Welt waren kirch-
liche Würdenträger zum Vierten Laterankonzil angereist. Um die 400
Patriarchen, Erzbischöfe und Bischöfe und etwa 800 Äbte, Prioren und
Vertreter von Domkapiteln und Stiftskirchen sollen Rom in diesen
Tagen bevölkert haben.[7] Dazu zu rechnen ist die Entourage, die jeden
Prälaten begleitete. Allein aus England sollen daher, so vorsichtige
Schätzungen, 200 Männer zum Konzil gereist sein.[8] „It was surely the
largest peaceful invasion that Christian Rome had ever seen."[9]
    Langton wird den Trubel, der in der Stadt herrschte, kaum wahrge-
nommen haben. Er musste sich auf die bevorstehenden Verhandlungen
mit dem Papst konzentrieren, die noch vor Beginn des Laterankonzils
stattfinden sollten. Die Gesandten des Königs, darunter die Erzbischöfe
von Dublin und Bordeaux sowie Richard Marsh und der Abt von
Beaulieu, beschuldigten Langton, die Barone unterstützt zu haben, gar
die treibende Kraft der Rebellion gegen Johann gewesen zu sein. Zudem
habe sich der Erzbischof dem päpstlichen Mandat widersetzt und keinen
der rebellierenden Barone exkommuniziert.[10] Die Anklage knüpfte an

---

[7] Foreville, *Lateran*, 298. Die offizielle Liste der teilnehmenden Konzilsväter wurde
von Jakob Werner und Raymonde Foreville ediert, vgl. Werner, Teilnehmerliste des
Laterankonzils, 577–593 und Foreville, *Lateran*, 456–462.
[8] Cheney, *Innocent III*, 44–45.
[9] Moore, *Innocent III*, 229.
[10] *Foedera*, 138 und Walter of Coventry, *Historical collections*, 228. Matthäus Parisiensis berichtet als einziger Chronist von einer weiteren Anklage des Papstes gegen
Langton. Der Erzbischof habe sich öffentlich gegen die jährlichen Tributzahlungen des
päpstlichen Vasallen Johanns an seinen Lehnsherrn, den Papst, ausgesprochen, vgl.

die Berichterstattung der königlichen Partei nach Rom in den vergangenen Jahren an. Langton wird als Anführer der Rebellen porträtiert, dagegen wird seine Rolle als Vermittler im Frühjahr und Sommer 1215, der gegen den Krieg und für den Frieden kämpfte, negiert.

Inwieweit konnte Langton an der Kurie auf Beistand hoffen? Matthäus Parisiensis berichtet wiederholt von der Unterstützung, die der Erzbischof von den Kardinälen in Rom erhielt.[11] Es ist durchaus möglich, dass ein Teil des Kardinalkollegiums dem Erzbischof den Rücken stärkte, insbesondere jene Prälaten, die dem französischen König nahe standen. Wie groß jedoch ihre Zahl war, lässt sich nicht exakt feststellen.[12] Es bleibt aber festzuhalten, dass sie weder die Suspendierung des Erzbischofs noch die Exkommunikation der rebellierenden Barone durch den Papst verhindern konnten. Wendover zufolge scheint Langton selbst keinen Versuch mehr unternommen zu haben, sich im Rahmen einer groß angelegten Verteidigung für sein vergangenes Engagement zu rechtfertigen. Er legte keine förmliche Appellation ein,

---

Matthaeus Parisiensis, *Vita sancti*, 326. Wie erwähnt berichtet Parisiensis auch, dass Langton die Unterwerfung Johanns unter die Lehensherrschaft des Papstes als Fehler betrachtet habe, vgl. Matthaeus Parisiensis, *Historia Anglorum*, 146 und vgl. oben, 128. Die Ablehnung sowohl der Lehnsherrschaft als auch der Tributpflicht entsprach aber eher der Haltung des Chronisten als der des Erzbischofs. Es findet sich in keiner anderen Quelle ein Hinweis darauf, dass Langton den Tribut tatsächlich öffentlich abgelehnt hatte. Es ist aber nicht auszuschließen, dass König Johann den Erzbischof gegenüber dem Papst auch dieses Vergehens beschuldigte.

[11] Matthaeus Parisiensis, *Vita sancti*, 327. Der *Historia Anglorum* von Matthäus Parisiensis zufolge plante Innozenz III. sogar, Langton als Erzbischof abzusetzen. Erst auf Intervention der Kardinäle hätte der Papst diesen Plan aufgegeben, vgl. Matthaeus Parisiensis, *Historia Anglorum*, 174. Innozenz III. entfernte während seines Pontifikats zwar einige Prälaten aus ihren Ämtern, doch halte ich im Fall Langtons solche Überlegungen des Papstes für unwahrscheinlich. Sie würden der schnellen Aufhebung der Suspendierung Langtons durch den Papst widersprechen, vgl. Moore, *Innocent III*, 264.

[12] Die Kanzlei des französischen Königs führte Listen über das Kardinalskollegium, um die politischen Präferenzen der Kardinäle festzuhalten. Der französische König wollte wissen, welche Kardinäle ihm zugeneigt waren und welche eher auf Seiten seiner Gegner standen, um gezielt an der Kurie Einfluss ausüben zu können. Es sind zwei Listen überliefert, die zwischen 1216 und 1218 entstanden sind. Auf der einen sind sieben, auf der anderen sind zwölf Kardinäle aufgeführt, die die Kanzlei zur französischen Fraktion zählte. Werner Maleczek rät gegenüber diesen Listen zur Vorsicht. Sie wurden offenbar mit wenig Sorgfalt erstellt, da auf ihnen auch Kardinäle mit guten Kontakten zum englischen König auftauchen. Es war ohnehin für Zeitgenossen sehr schwierig, einen Kardinal über einen längeren Zeitraum einer politischen Fraktion fest zuordnen zu können. Man wusste und weiß auch heute zu wenig über die Verteilung der Macht, über Fraktionen und Machtkämpfe innerhalb des Kollegiums, vgl. Maleczek, *Papst und Kardinalskolleg*, 263–266 und vgl. Baldwin, Innocent III, 1006–1007.

sondern bat allein um die Aufhebung seiner Suspendierung.[13] Innozenz III. aber verweigerte ihm erwartungsgemäß diese Bitte und bestätigte in einem Brief vom 4. November 1215 an den Klerus und das Volk der Provinz Canterbury die Suspendierung des Erzbischofs. Langton, so der Papst in seinem Schreiben weiter, habe dieses Urteil demütig akzeptiert.[14]

Langton verhielt sich den Anklagen der königlichen Prokuratoren gegenüber merkwürdig passiv. Sein Verhalten steht in starkem Kontrast zu seinem hartnäckigen Kampf während der letzten Monate als neutraler Vermittler und seinem verzweifelten Bemühen um einen friedlichen Ausgleich. Das Verhalten des Erzbischofs ließe sich aber durch die bereits erläuterten Rücktrittsgedanken erklären. Eine aufwändige Verteidigung hätte sich nicht gelohnt, wenn er ohnehin ernsthaft in Betracht zog, sein Amt niederzulegen. Vermutlich war in Langton zusätzlich die Erkenntnis gereift, dass weiterer Widerstand sinnlos war, dieser sogar seine Lage weiter verschlechtern konnte.[15] Er mag schließlich akzeptiert haben, dass Innozenz III. für seine Überzeugungen, für die er lange gekämpft hatte, nicht zu gewinnen war.

Diese Strategie Langtons, auf eine weitere Konfrontation mit dem Papst und den königlichen Prokuratoren zu verzichten, trug sehr wahrscheinlich dazu bei, dass Innozenz III. erstaunlich bald seine Suspendierung aufhob. Vom 14. Januar 1216 ist eine Urkunde überliefert, die Langton in seiner Eigenschaft als Metropolit ausstellte.[16] Spätestens zu diesem Zeitpunkt musste der Papst also sein Urteil annulliert haben. Cheney vermutet, dies sei noch während des Konzils oder kurz darauf geschehen.[17] Die beiden Chronisten aus St. Albans berichten aber, die Aufhebung sei an die Bedingung geknüpft gewesen, wonach Langton zunächst nicht nach England hätte zurückkehren dürfen.[18] Der Brief des Papstes über die Suspendierung des Erzbischofs scheint dies zu bestätigen. Darin verfügte Innozenz III., dass die Suspendierung solange dauern werde, bis Langton sich durch ein anderes Versprechen an den Papst binden werde.[19] Dementsprechend berichten die Annalen

---

[13] Rogerus de Wendover, *Flores historiarum*, II, 159 und Cheney, *Innocent III*, 389.
[14] *Selected Letters of Innocent III*, Nr. 84, 220 und *Letters of Innocent III*, Nr. 1027, 172.
[15] Powicke, *Langton*, 134.
[16] *Acta Stephani*, Nr. 42, 56–58.
[17] Cheney, *Innocent III*, 389–390.
[18] Rogerus de Wendover, *Flores historiarum*, II, 174 und Matthaeus Parisiensis, *Historia Anglorum*, 174.
[19] *Selected Letters of Innocent III*, Nr. 84, 220.

von Southwark und Merton, dass der Erzbischof den Nachfolger von Innozenz III., Honorius III., erst um Erlaubnis gebeten habe, bevor er 1218 nach England zurückgekehrt sei.[20]

Dieser Verzicht Langtons auf eine vorzeitige Rückkehr nach England war möglicherweise ein Kompromiss, den der Papst und der Erzbischof zuvor gemeinsam ausgehandelt hatten. Beide Seiten konnten schließlich in naher Zukunft gut mit dieser Lösung leben. Innozenz III. stellte auf diese Weise sicher, dass Langton seine Pläne in England nicht länger durchkreuzen würde. Für den Papst besaß schließlich die schnelle Niederschlagung der Rebellion gegen seinen Lehnsmann König Johann oberste Priorität. Zu diesem Zweck schickte er zu Beginn des Jahres 1216 den Kardinallegaten Guala Bicchieri nach England, der mit dem geistlichen Schwert gegen die Rebellen vorgehen und die englische Kirche hinter dem König vereinigen sollte.[21] Der Papst könnte befürchtet haben, dass Langton, sollte er nach England zurückkehren, erneut die moderateren Kräfte hinter sich versammeln, damit die Autorität des Legaten schwächen und die päpstliche Politik einer kompromisslosen Unterstützung Johanns konterkarieren würde. Der Erzbischof könnte aber auch von sich aus auf eine baldige Rückkehr verzichtet haben. Er könnte angesichts seiner düsteren Zukunftsaussichten in England beschlossen haben, die weiteren Entwicklungen in England abzuwarten, um sich zu einem späteren Zeitpunkt gegen oder für einen Amtsverzicht zu entscheiden.

VIII.3. *Das Vierte Laterankonzil*

Zunächst aber nahm Langton als suspendierter Erzbischof am Vierten Laterankonzil teil.[22] Die beeindruckende Zahl der teilnehmenden Würdenträger wurde schon genannt. Der Papst hatte sich die allgemeinen Konzile der frühen Kirche zum Vorbild genommen. Die Christenheit als Ganzes sollte vertreten sein, da auf dem Konzil Angelegenheiten verhandelt werden sollten, von denen die Gemeinschaft aller Gläubigen

---

[20] *Annals of Southwark and Merton*, 53.
[21] Cheney, *Innocent III*, 40 und 391.
[22] Als Standardwerk über das Vierte Laterankonzil gilt immer noch die Arbeit von Raymonde Foreville, *Lateran*. Als kurze Einführung über das Vierte Lateranum und die Geschichte der Konzilien allgemein, vgl. Schatz, *Allgemeine Konzilien*; Bagliani, Römische Kirche und Jedin, *Kleine Konziliengeschichte*. Für eine deutsche Übersetzung der wichtigsten Texte und Briefe zum Vierten Lateranum, unter anderem die 70 Konstitutionen vgl. Foreville, *Lateran*, 385–449.

betroffen war.[23] So reisten neben dem Episkopat auch Äbte, Prioren, Vertreter von Domkapiteln und Kollegiatskirchen an sowie die General-oberen der großen Zisterzienser- und Prämonstratenserorden und die Großmeister des Templer- und Hospitaliterordens. Auch an die Hierarchie der Kirche des Ostens waren Einladungen verschickt wor-den. Dem Ruf aber folgten in erster Linie lateinische Würdenträger, sowohl aus dem orientalischen Episkopat als auch aus dem Patriarchat von Konstantinopel, während Vertreter der griechischen Riten in der Mehrzahl zu Hause blieben.[24] Und schließlich waren auch die weltlichen Herrscher Europas eingeladen worden, Repräsentanten nach Rom zu schicken. Viele kamen der Aufforderung nach. Dementsprechend waren den Quellen zufolge Legaten des byzantinischen Kaisers, von Friedrich II., dem König von Sizilien und gewählten römischen König sowie der Könige von Frankreich, England, Ungarn, Jerusalem, Zypern und Aragon angereist.[25] Das Vierte Lateranum besaß daher einen deutlich stärkeren ökumenischen Charakter als die Konzile zuvor. Es wurde von den Kanonisten des 13. Jahrhunderts zu Recht als *generale consilium* bezeichnet.[26]

Die Eröffnungssitzung des Konzils fand am 11. November statt, zwei weitere Vollversammlungen, an der alle Konzilsväter teilnahmen, folgten am 20. November sowie am 30. November die Schlusssitzung.[27] Innozenz III. aber hatte das Allgemeine Konzil nicht einberufen, um dem versammelten Klerus ein Forum zur Diskussion der anstehen-den Entscheidungen zu bieten. Seiner Vorstellung nach war es die eigentliche Aufgabe der Konzilsväter, auf den Vollversammlungen den Beschlüssen, die der Papst zuvor mit seinen engen Vertrauten verfasst hatte, zuzustimmen, um ihnen auf diese Weise größere Legitimation zu verleihen. Gleichzeitig erhoffte sich Innozenz III., durch die breite Repräsentation der Kirche auf dem Konzil die spätere Durchsetzung der Beschlüsse in den Kirchenprovinzen zu erleichtern, schließlich banden sich die verantwortlichen Prälaten durch ihre Akklamation an die Entscheidungen des Konzils.[28] Natürlich waren Kontroversen über einzelne Fragen nicht ausgeschlossen, diese scheinen sich aber eher in

[23] *Selected Letters of Innocent III*, Nr. 51, 145.
[24] Foreville, *Lateran*, 301–303 und Moore, *Innocent III*, 230.
[25] Matthaeus Parisiensis, *Historia Anglorum*, 167–168.
[26] Bolton, A show with a meaning, 57; Bagliani, Römische Kirche, 583 und Cheney, *Innocent III*, 44.
[27] Kuttner und García y García, A new eyewitness, 129, 147 und 154.
[28] Sayers, *Innocent III*, 97–98 und 100–101; Schatz, *Allgemeine Konzilien*, 108–109 und Schäfer, Innozenz III. und das 4. Laterankonzil, 110.

die kleineren Arbeitssitzungen verlagert zu haben, die zwischen den
Vollversammlungen stattfanden.[29]

Neben kirchlichen Angelegenheiten, wie der Neubesetzung des
vakanten Patriarchats von Konstantinopel und der Streit um den
Primatsanspruch des Erzbischofs von Toledo, waren auch weltliche
Konflikte, wie etwa der deutsche Thronstreit oder die Rebellion der
englischen Barone, Themen auf dem Vierten Lateranum. Im Mittelpunkt
aber standen die 70 beziehungsweise 71 Dekrete,[30] die auf der letzten
Sitzung des Konzils feierlich verkündet wurden und mit denen der
Papst einen bedeutenden Beitrag zur Reform der Universalkirche leisten wollte. Obwohl Innozenz III. vermutlich vor Beginn des IV. Lateranums mit einigen wenigen vertrauten Kardinälen und Klerikern die
Gesetzgebung ausgearbeitet hatte, die Statuten daher auf dem Konzil
vielleicht noch diskutiert, aber nicht mehr grundsätzlich überarbeitet
wurden, so waren die Konstitutionen dennoch nicht allein das Werk
der Kurie, nicht „counsels of perfection issuing from the brain of a
great pope".[31] Sie waren in gewisser Weise auch ein Gemeinschaftswerk,
das sich aus den Erfahrungen, Diskussionen und der Gesetzgebung
der gesamten Kirche speiste.[32] Denn zum einen fungierten die Dekrete
früherer Päpste und Konzilien als Quellen, etwa die Konstitutionen der
ersten drei Laterankonzile und „die im 12. Jahrhundert ausgestalteten
Rechtsinstrumente: das *Decretium Gratiani* und die ersten drei *compi-*

---

[29] Schatz, *Allgemeine Konzilien*, 108 und Bagliani, *Römische Kirche*, 584–585.
Ein anonymer deutscher Kleriker, der am Konzil teilnahm, berichtet neben den
Vollversammlungen von weiteren Sitzungen, auf denen die Vakanz des Patriarchenstuhls
von Konstantinopel, der Primatsanspruch des Erzbischofs von Toledo und der Fall des
Raimund VI. von Toulouse verhandelt wurden, vgl. Kuttner und García y García, A
new eyewitness, 124. Die Konzilsteilnehmer scheinen auch einen gewissen Einfluss
auf die Entscheidungen des Konzils gehabt zu haben und waren nicht nur willfährige
Helfer von Innozenz III. So konnte sich der Papst mit seiner Forderung nach festen
jährlichen Abgaben aller Kathedralkirchen zur finanziellen Unterstützung der Kurie
nicht gegen die Konzilsväter durchsetzen, vgl. Cheney, *Innocent III*, 396 und Moore,
Innocent III, 237. Die wichtigste Quelle für diese päpstliche Forderung ist das Werk
Speculum Ecclesiae von Gerald von Wales, vgl. *Giraldi Cambrensis Opera*, IV, 305. Über
diese Schrift, ihre Glaubwürdigkeit und ihre Datierung vgl. Kay, Gerald of Wales.
[30] In der Regel spricht man von 70 Konzilsdekreten. Als 71 Dekret gilt das päpstliche
Schreiben vom 14. Dezember 1215 *Ad liberandum*, welches zum nächsten Kreuzzug
aufruft und die Rechte der und Schutzmaßnahmen für die Kreuzfahrer erläutert, vgl.
Schäfer, Innozenz III. und das 4. Laterankonzil, 115 und Kuttner und García y García,
A new eyewitness, 156.
[31] Powicke, *Langton*, 51; Cheney, *Innocent III*, 46; Moore, *Innocent III*, 237 und
Kuttner und García y García, A new eyewitness, 164.
[32] Baldwin, Innocent III, 991–993 und Cheney, *Innocent III*, 48.

lationes antiquae".[33] Zum anderen spiegeln sich in den Konzilsdekreten von 1215 die Themen und Diskussionen an den theologischen und juristischen Schulen wider. Zu nennen wäre vor allem die Moraltheologie von Petrus Cantor und seinem Kreis.[34] Sowohl Robert de Courson, der als Kardinal am Konzil teilnahm, als auch Langton hatten als Magister die Diskussionen um die Reformen der Kirche an den Pariser Schulen maßgeblich mitgestaltet, als Prälaten später ihre Vorstellungen in eigene Gesetzgebungen umgesetzt. Die Statuten, die Langton 1213 oder 1214 für sein Erzbistum veröffentlicht hatte, waren auch mit Hinblick auf das bevorstehende Laterankonzil verfasst worden. Die Provinzstatuten von Robert de Courson fanden zum Teil sogar Eingang in die Gesetzgebung des Vierten Lateranums. Langton, insbesondere aber Robert de Courson, ist daher ein gewisser Einfluss auf die Entstehung der Konstitutionen einzuräumen.[35]

Wieweit aber einzelne Kardinäle oder Bischöfe vor oder auf dem Konzil selbst direkt die Gesetzgebung beeinflussten, lässt sich nicht feststellen. Robert de Courson gehörte zum engeren Kreis der Vertrauten um Innozenz III. und verfügte zusätzlich als Magister und Legat über große Erfahrungen im Bereich der Kirchenreformen.[36] Seine Mitarbeit bei der Formulierung der Laterandekrete liegt daher im Bereich des Möglichen, sie ist aber keinesfalls sicher, da er vermutlich vor dem Konzil beim Papst in Ungnade gefallen war.[37] Langton wird mögliche Diskussionen um die Gesetzgebung aufmerksam verfolgt haben, vielleicht war er als berühmter Theologe und Magister ein gefragter Gesprächspartner. Aber er gehörte nicht zum engeren Kreis der Kardinäle um den Papst. Sein zerrüttetes Verhältnis zu Innozenz III. wird ihn als Mitarbeiter disqualifiziert haben. Daher erscheint die Darstellung des *Barnwell*-Chronisten glaubwürdig, wonach Langton sich am Konzil kaum beteiligt und über die dort verhandelten Angelegenheiten geschwiegen habe, da er um seinen Verlust der päpstlichen Gunst gewusst habe.[38]

Im Folgenden sollen drei Themen, die auf dem Laterankonzil verhandelt wurden, einer detaillierten Analyse unterzogen werden. Alle waren sie von besonderer Relevanz für Langton, da sie ihm nochmals

---

[33] Bagliani, Römische Kirche, 586.
[34] Cheney, *Innocent III*, 47 und Baldwin, *Princes and Merchants*, I, 318.
[35] Baldwin, Innocent III, 991; Maleczek, *Papst und Kardinalskolleg*, 176; Moore, *Innocent III*, 237 und vgl. oben, 145–146.
[36] Maleczek, Kardinalskollegium unter Innocenz III, 128.
[37] Baldwin, Innocent III, 989.
[38] Walter of Coventry, *Historical collections*, 228.

seine Machtlosigkeit gegenüber dem Bündnis von Papst und englischem König vor Augen führten. Ein Thema war der Bürgerkrieg
in England. Innozenz III. hatte in einem Brief vom August 1215 die
Barone aufgefordert, die Magna Carta zu widerrufen und sich dem
König zu unterwerfen. Im Gegenzug sollten sie die Möglichkeit erhal-
ten, auf dem Laterankonzil ihre Anliegen vorzutragen, über die der
Papst entscheiden werde.[39] Die Quellen lassen keinen eindeutigen
Schluss zu, ob die Barone tatsächlich Prokuratoren zum Konzil sandten.[40] Nur der *Barnwell*-Chronist berichtet von der Anwesenheit einer
Gesandtschaft der Rebellen in Rom. Die Prokuratoren aber hätten ihre
Anliegen auf dem Konzil nicht vortragen können, da sie auf Grund ihrer
Exkommunikation erst gar nicht vorgelassen worden seien.[41] Ob nun
die Barone von sich aus auf eine Gesandtschaft nach Rom verzichteten
oder ob der Papst ihren Prokuratoren die Anhörung verweigerte, soviel
scheint festzustehen: Das päpstliche Angebot an die Barone vom August
1215 war durch die darauffolgenden politischen Ereignisse überholt.
Inzwischen war der Bürgerkrieg in England ausgebrochen und der Papst
hatte die Rebellen exkommunizieren lassen. Auf der letzten Sitzung des
Konzils am 30. November verkündete Innozenz III. daher erneut den
Bannspruch gegen die rebellierenden Barone und ihre Verbündeten.[42]
Dem *Barnwell*-Chronisten und dem zeitgenössischen, französischen
Geschichtsschreiber Guillaume le Breton zufolge erhob sich auf dem
Konzil Widerspruch gegen diese Entscheidung des Papstes, der aber
erfolglos blieb.[43] Mit Sicherheit wird die französische Fraktion auf
dem Laterankonzil gegen Johann Stellung bezogen und sich mit den
Rebellen solidarisiert haben.[44] Eine Intervention Langtons, der sich als
Fürsprecher der Barone in England noch gegen ihre Exkommunikation
gewehrt hatte, war dagegen angesichts seiner Zurückhaltung im Prozess
um die eigene Suspendierung nicht zu erwarten. Dementsprechend ist
in den Quellen auch kein Einspruch des Erzbischofs auf dem Konzil
überliefert.

Eine weitere Niederlage Langtons auf dem Laterankonzil war die
Wahl eines neuen Erzbischofs von York. Nach der gescheiterten *trans-*

---

[39] *Selected Letters of Innocent III*, 217–219.
[40] Sayers, *Innocent III*, 96.
[41] Walter of Coventry, *Historical collections*, 228.
[42] Kuttner und García y García, A new eyewitness, 157 und *Selected Letters of Innocent III*, Nr. 85, 221–223.
[43] Walter of Coventry, *Historical collections*, 228 und *Œuvres de Rigord*, 306.
[44] Cheney, *Innocent III*, 390.

latio von Peter des Roches nach York wollten die dortigen Kanoniker Simon Langton zum Erzbischof wählen, wohingegen König Johann Walter de Grey, den Bischof von Worcester, favorisierte. Den König muss die Aussicht, beide Metropolitansitze in England an die Gebrüder Langton zu verlieren, mit Schrecken erfüllt haben. Johann legte dementsprechend gegen jede Wahl eines Kandidaten aus dem Domkapitel oder eines jeden anderen, der nicht sein Vertrauen besaß, seine Appellation ein.[45] Als Simon Langton und einige Kanoniker aus York nach Rom reisten, verbot Innozenz III. daher Simon, die Wahl zum Erzbischof anzustreben. Aus einem Brief des Papstes vom 20. August 1215 ist zu schließen, dass Simon sich diesem Verbot widersetzt hatte, denn Innozenz III. verfügte, dass dessen Wahl ungültig sei. Des Weiteren forderte er die Kanoniker von York auf, Vertreter zum Laterankonzil zu schicken, um dort mit seiner Hilfe einen neuen Erzbischof zu wählen. Sollten sie der Aufforderung nicht Folge leisten, werde er selbst eine geeignete Person ernennen und ihren Ungehorsam bestrafen.[46] Auf dem Konzil in Rom erschienen daher einige Kanoniker als Repräsentanten ihres Domkapitels und wählten schließlich Walter de Grey zu ihrem Erzbischof.[47]

Die Wahl verdeutlicht, wie stark sich die Gewichte innerhalb des Beziehungsdreiecks aus Papst, König und Erzbischof verschoben hatten. 1206 hatte Innozenz III. die Wahl des Favoriten Johanns, John de Grey, zum Erzbischof von Canterbury annulliert und die Wahl Langtons mit aller Entschiedenheit durchgesetzt. 1215 dagegen annullierte der Papst die Wahl von Simon Langton, dem Bruder des mittlerweile in Ungnade gefallenen Erzbischofs von Canterbury, um nun die *translatio* von Walter de Grey nach York zu unterstützten, dem Neffen und Protegé von John de Grey. Cheney hat auf den ironischen Aspekt dieser Wahl hingewiesen.[48]

Insgesamt dokumentierte das Laterankonzil erneut die Ohnmacht Langtons in weltlichen, wie kirchlichen Angelegenheiten angesichts der Zusammenarbeit zwischen Papst und König. Die Niederlagen des Erzbischofs aber waren zugleich diplomatische Siege König Johanns an der Kurie. Dem Bericht Wendovers zufolge habe sich Johann über die Nachrichten aus Rom sehr gefreut und in der Abtei St. Albans

---

[45] *Rot. Lit. Pat.*, 141 und Cheney, *Innocent III*, 164.
[46] *Letters of Innocent III*, Nr. 1017, 170.
[47] Cheney, *Innocent III*, 165.
[48] Ebd., 394.

die Verlesung der Briefe über die Suspendierung Langtons befohlen sowie dem dortigen Konvent ihre Besiegelung aufgetragen, um sie zur Bekanntmachung an alle Kirchen Englands zu senden.[49]

VIII.4. *Die Auseinandersetzung zwischen Langton und dem Kloster St. Augustine, Canterbury*

Ein weiteres Thema, welches auf dem Laterankonzil diskutiert wurde, war die Auseinandersetzung um den kanonischen Gehorsamseid zwischen Langton und dem Kloster St. Augustine. Für seine Darstellung und Analyse ist ein zeitlicher Sprung zurück in die Jahre 1213 bis 1215 und darüber hinaus notwendig.

Konflikte zwischen dem Erzbischof von Canterbury und der benachbarten Benediktinerabtei waren nicht neu. Die Mönche von St. Augustine strebten seit über hundert Jahren die Exemtion ihrer Abtei von der diözesanen Jurisdiktion des Erzbischofs an. Sie versuchten sich, wie viele andere mächtige Klöster auch, der Aufsicht und Unterordnung unter die bischöfliche Amtsgewalt zu entziehen. Sie bevorzugten es, sich direkt der päpstlichen Jurisdiktion zu unterwerfen. Diese Pläne aber trafen auf den erbitterten Widerstand der Erzbischöfe, für die das Streben dieses Klosters direkt vor den Toren Canterburys nach Unabhängigkeit eine besondere Provokation darstellte. Die Exemtion der Abtei St. Augustine formte sich daher im Laufe von vielen Gerichtsprozessen heraus. Der Konflikt manifestierte sich in der Frage, ob der Abt dem Erzbischof einen kanonischen Gehorsamseid leisten müsse, bevor er von diesem die Weihe erhalten könne. Für das Pontifikat von Lanfranc ist dieser Streit erstmals dokumentiert. Unter Erzbischof Theobald Mitte des 12. Jahrhunderts folgten weitere Konfliktpunkte, etwa um Abgaben der Abtei an den Erzbischof für Salböl. Von weitaus größerer Bedeutung für die folgenden Jahrzehnte waren aber die Auseinandersetzungen um die Jurisdiktionsrechte über die Kirchen der Abtei.[50]

Der Konflikt um den Gehorsamseid erreichte während des Pontifikats von Erzbischof Richard einen neuen Höhepunkt. Der gewählte Abt Roger verweigerte 1177 dem Erzbischof den kanonischen Eid, woraufhin dieser das päpstliche Mandat, den Abt zu weihen, ignorierte. Schließlich

---

[49] Rogerus de Wendover, *Flores historiarum*, II, 161–162.
[50] John, Litigation of an exempt house, 392–394.

vollzog Papst Alexander III. zwei Jahre später die Konsekration des
Abtes selbst und verfügte in einer Urkunde vom 18. Februar 1179,
dass der Erzbischof von Canterbury in Zukunft den Abt auch ohne
vorherigen Gehorsamseid weihen müsse.[51] Trotz dieses Urteils war
der Konflikt nicht beendet. Erst 1183 einigten sich Erzbischof Richard
und der Abt Roger durch die Vermittlung des Königs. Wichtigster
Punkt der Vereinbarung war wiederum der Verzicht des Erzbischofs
auf den kanonischen Eid des Abtes. Dieser Verzicht aber galt nur für
Richard selbst, er band nicht dessen Nachfolger auf dem Erzstuhl in
Canterbury. Darüber hinaus behielt das Kloster das Patronatsrecht
über seine Kirchen sowie die *custodia* bei deren Vakanz, dagegen blieb
die *institutio*, also die Einsetzung der Kleriker in die *spiritualia* und
damit die geistliche Jurisdiktion, das Recht des Erzbischofs und seines
Archidiakons. Ihnen wurde aber verwehrt, Kleriker und Laien der
Kirchengemeinden des Klosters in Zukunft zu exkommunizieren und
die Kirchen mit einem Interdikt zu belegen.[52] Doch dieser ausgehandelte Kompromiss über die Jurisdiktionsrechte wurde unter Erzbischof
Hubert Walter von der Abtei erneut in Frage gestellt, ohne dass eine
neue Vereinbarung erzielt werden konnte.[53]

1212 starb Abt Roger.[54] Der Konflikt um den Gehorsamseid, der
während der 35-jährigen Amtszeit des Abtes geruht hatte, brach
nach dessen Tod erneut aus. Thomas Sprot, dem Chronisten aus St.
Augustine zufolge, wurde dessen Nachfolger Alexander noch im glei-
chen Jahr gewählt und am 18. Mai 1214 vom Papst in Rom geweiht.[55]
Diese Datierung wird durch andere Quellen widerlegt. Entgegen der
Darstellung des Chronisten aus St. Augustine verlief die Suche nach
einem neuen Abt nicht ohne Schwierigkeiten. Ein Mandat König
Johanns vom Juli 1213, als dieser sich auf seine Überfahrt nach Aquitanien vorbereitete, liefert den entsprechenden Hinweis. Darin forderte
Johann den Prior und den Konvent von St. Augustine auf, wegen der
Schwierigkeiten bei der Suche eines Nachfolgers für Abt Roger vor ihm
in Frankreich zu erscheinen, um dort in seiner Gegenwart die Wahl
zu vollziehen.[56] Der neue Abt Alexander wurde vermutlich kurze Zeit

---

[51] *JL*, Nr. 13294, 338; Thomas de Elham, *Historia*, 432–433 und *Historiae Anglicanae
Scriptores*, Sp. 1825.
[52] John, Litigation of an exempt house, 394–397.
[53] Cheney, *Innocent III*, 200–204 und John, Litigation of an exempt house, 398–409.
[54] *PRO E 164/27*, fol. 212r.
[55] *Historiae Anglicanae Scriptores*, Sp. 1865.
[56] *Rot. Lit. Claus.*, I, 150.

später gewählt, zumindest ist keine weitere Verzögerung überliefert.
Alexander erbat nach seiner Wahl mit Berufung auf die Privilegien
seines Hauses die Weihe vom Erzbischof in seinem Kloster, ohne
diesem vorher den Gehorsamseid leisten zu müssen. Langton aber
bestand auf den Eid und verweigerte daher die Konsekration, woraufhin
Alexander an den Papst in Rom appellierte.[57] Nach der Fortsetzung der
Chronik des Gervase von Canterbury weihte der Papst den gewählten
Abt Alexander am 22. Februar 1215.[58] Die Appellation des gewählten
Abtes wird daher wohl im Laufe des Jahres 1214 erfolgt sein. Der Papst
berichtete Langton von den Verhandlungen an der Kurie. Der gewählte
Abt Alexander sowie ein Magister R. als Prokurator Langtons seien
an der Kurie erschienen. Alexander habe darauf bestanden, dass der
Erzbischof ihn ohne den Gehorsamseid weihen müsse, und berief sich
dabei auf das bereits erwähnte Urteil von Papst Alexander III. vom 18.
Februar 1179. Der Prokurator dagegen habe versichert, Alexander III.
hätte sein Urteil später widerrufen, und habe als Beweis Abschriften
mehrerer Briefe vorgelegt.[59] Diese Schriften werden in dem päpstlichen
Mandat nicht näher identifiziert, sie sind aber wohl mit jenen angeblichen Briefen Alexanders III. gleichzusetzen, die Walter Holtzmann
in einem Register der Christ Church in Canterbury fand, und die auf
den 3. und 4. Mai 1179 datiert sind. In beiden Briefen weist der Papst
daraufhin, dass er durch zum Teil gefälschte Privilegien der Abtei
St. Augustine getäuscht worden sei und er daher sein Urteil vom 18.
Februar des gleichen Jahres widerrufe, die Erzbischöfe also weiterhin
Anspruch auf den Gehorsamseid des Abtes hätten.[60] Die Briefe gelten
in der heutigen Forschung als Fälschungen. Schließlich bestätigte der
Nachfolger Alexanders III. in Rom, Papst Lucius III., dessen Urteil vom
18. Februar 1179.[61] Auch Papst Innozenz III. war vermutlich von der

---

[57] *Historiae Anglicanae Scriptores*, Sp. 1865.
[58] Gervase of Canterbury, *Historical works*, II, 109.
[59] *Letters of Innocent III*, Nr. 1025, 273. Cheney datiert diesen Brief in seinem Werk
„Pope Innocent III and England" auf den späten Mai 1215, vgl. Cheney, *Innocent III*,
206, Anm. 108. In seiner früheren Edition der Briefe hatte er das Schreiben noch auf
den Oktober 1215 datiert, vgl. *Letters of Innocent III*, Nr. 1025, 171.
[60] *Papsturkunden in England*, Nr. 190, 388–389 und Nr. 191, 389–390 und Cheney,
Innocent III, 205.
[61] *JL*, Nr. 14659, 441 und Nr. 14660, 441. Cheney empfindet zudem auch den Tenor
der Briefe verdächtig. Er glaubt, die Mönche der Christ Church seien für die Fälschung
verantwortlich. Diese hätten mit Eifer gefälschte Urkunden hergestellt, um die Rechte
der Kirche von Canterbury zu verteidigen, vgl. Cheney, *Innocent III*, 205; ders., *Magna
Carta Beati Thome*, 78–104 und John, Litigation of an exempt house, 413, Anm. 4.

Authentizität der Briefe nicht gänzlich überzeugt. Sie provozierten aber offenbar an der Kurie Zweifel über die Eindeutigkeit der Entscheidungen Alexanders III. in diesem Fall, so dass Innozenz III. beschloss, den Abt zwar zu weihen, ohne aber über die Rechte des Erzbischofs abschließend zu entscheiden. Für ein endgültiges Urteil zitierte er beide Parteien nach Rom zum Laterankonzil im November 1215.[62]

Eine Lösung dieses Konflikts war damit zunächst vertagt worden. Daneben aber gab es weitere Streitpunkte, die verdeutlichen, wie spannungsreich die Beziehungen zwischen dem Erzbischof und der Abtei in den Jahren vor der Suspendierung Langtons waren. Eine Auseinandersetzung drehte sich um die Einrichtung von Vikariaten. Der Erzbischof verlangte offenbar nach seiner Rückkehr aus dem Exil eine bessere finanzielle Ausstattung solcher Vikariate in den Kirchen der Abtei St. Augustine und setzte gleich selbst eine entsprechende Höhe der für die Vikare zu reservierenden Einnahmen fest. Abt Alexander protestierte gegen das Vorgehen Langtons und bat den Papst um Hilfe. Innozenz III. war selbst ein Kirchenreformer, der auf dem IV. Lateranum das Dekret verkünden ließ, wonach der Pfarrklerus einen angemessenen Anteil des Zehnten erhalten solle. Doch wie groß dieser Anteil konkret zu sein habe, wurde auf dem Konzil nicht definiert.[63] So konnte sich Innozenz III. der Meinung aus St. Augustine anschließen, wonach die Vikariate von Langton zu großzügig ausgestattet worden seien. Er erteilte daher am 11. März 1215 dem Abt, Prior und Archidiakon von St. Albans das Mandat, angemessene Vikariate in den Kirchen von St. Augustine einzurichten.[64]

Ein weiterer Konflikt war die *institutio* der Kleriker in die Pfarrkirchen der Abtei St. Augustine durch den Erzbischof und seinen Archidiakon. Langton und Henry von Sandford verweigerten die Einsetzung von Geistlichen, die der Abt und Konvent ihnen zuvor präsentiert hatten. Die Gründe für ihren Widerstand sind nicht eindeutig. Das Recht der *institutio* hatten die Vorgänger Langtons schließlich gegen die Ansprüche der Abtei verteidigt.[65] Der Erzbischof könnte aber seine Weigerung benutzt haben, um in anderen strittigen Fragen, wie jene

---

[62] *Letters of Innocent III*, Nr. 1025, 273.

[63] *Constitutiones Concilii quarti Lateranensis*, Kap. 32, 75–77 und Foreville, *Lateran*, 423.

[64] *Letters of Innocent III*, Nr. 995, 166. Für den vollständigen Text vgl. *Acta Stephani*, App. I, Nr. 19, 156–157. Das Mandat ist auf den 11. März 1215 datiert. Es wurde also kurz nach der Weihe Alexanders am 22. Februar 1215 ausgestellt.

[65] John, Litigation of an exempt house, 392–397.

um die Einrichtung der Vikariate oder jene um den kanonischen Eid, Druck auf die Abtei auszuüben.[66] Innozenz III. jedoch befand das Vorgehen Langtons für unzulässig. Er verwies auf ein weiteres Urteil von Papst Alexander III. vom 16. Februar 1179, in dem sein Vorgänger den Mönchen von St. Augustine das Patronatsrecht über die Kirchen zuerkannte und dem Erzbischof die *institutio* der Kleriker befahl.[67] Das Mandat von Innozenz III. ist undatiert. Es könnte auf oder kurz nach dem Laterankonzil verfasst worden sein, auf dem auch die Frage des kanonischen Eides debattiert wurde. Wahrscheinlicher aber erscheint mir die Ausstellung des Mandats im März 1215, kurz nach der Weihe von Abt Alexander, als der Papst auch das Schreiben über die Einrichtung der Vikariate verfasste.[68]

Diese Erfolge der Abtei St. Augustine liegen in den guten Beziehungen zu König Johann und seinem Lehnsherrn Papst Innozenz III. begründet. So berichtet Thomas Sprot, dass Abt Alexander ein Jugendfreund und enger Vertrauter König Johanns war, der, wie der Chronist betont, an der Seite des Königs blieb, als fast alle anderen sich gegen Johann erhoben.[69] Alexander konnte diesen privilegierten Zugang zum König

---

[66] Schon unter Hubert Walter hatte der Archidiakon von Canterbury die Weigerung, von der Abtei präsentierte Kleriker einzusetzen, als Druckmittel gegen das Kloster verwendet, vgl. John, Litigation of an exempt house, 398.

[67] *Letters of Innocent III*, Nr. 1168, 281.

[68] Trotz dieser Auseinandersetzungen beauftragte Papst Innozenz III. Langton und Abt Alexander, zusammen mit dem Prior der Christ Church von Canterbury als Richter in einem Streitfall zwischen dem Abt und Konvent von La Coutore und dem Magister Hugh von Gloucester zu fungieren. Der Prozess hatte wahrscheinlich kaum Fortschritte erzielt, als sowohl Langton wie auch Alexander im September 1215 zum Laterankonzil aufbrachen. Der Erzbischof hatte im Sommer 1215 kaum Zeit gehabt, sich intensiver mit diesem Fall auseinanderzusetzen. Daneben hatte vermutlich das schwebende Verfahren in Rom sowie die Konflikte um die Vikariate und die *institutio* die Zusammenarbeit Langtons mit Alexander erschwert. Es verwundert daher nicht, dass sowohl der Erzbischof als auch der Abt nach dem Konzil 1215 eine weitere Beteiligung an diesem Fall ablehnten. Der Papst war gezwungen, als Ersatz den Prior des Dompriorats von Winchester, St. Swithuns, und einen Diakon von Winchester zu ernennen, vgl. *Cartulaire des Abbayes de Saint-Pierre de la Couture*, Nr. 261, 192–193.

[69] *Historiae Anglicanae Scriptores*, Sp. 1865. Tatsächlich blieb die Abtei auch während des Bürgerkrieges treu an der Seite König Johanns, später an der seines Sohnes, Heinrichs III. Auch ein Brief Ludwigs, des französischen Thronfolgers, an die Abtei veranlasste diese nicht, überzulaufen, im Gegenteil, der Abt verkündete den päpstlichen Bannspruch gegen Ludwig, woraufhin die Ländereien des Klosters von den Rebellen attackiert wurden, vgl. *BL Ms. Cotton Julius D ii*, fol. 121–122; *Historiae Anglicanae Scriptores*, Sp. 1868–1870 und *Letters of Guala*, xl. Ohnehin hatte König Johann ein gutes Verhältnis zur Abtei St. Augustine. So hatte er nach der Vertreibung der Mönche der Christ Church 1208 einige Mönche der Abtei St. Augustine in die Kathedrale von Canterbury beordert, um dort einen reibungslosen Fortgang des religiösen Lebens

gegen Langton einsetzen. Das verdeutlicht ein Eintrag in den *Pipe Rolls*, wonach 1213 oder 1214 der Abt für ein *palefridum* ein *writ* gegen den Erzbischof im Streit um 20 *acre* Moorland erhielt.[70] Dementsprechend gut waren auch die Beziehungen der Abtei zu Innozenz III. Als Indizien mögen zwei weitere päpstliche Bullen vom März 1215 zu Gunsten des Klosters genügen. Das erste Privileg vom 11. März schützte ihre Pensionen und ihre kirchlichen *beneficia* vor dem Zugriff der Magnaten.[71] Der zweiten Urkunde vom 13. März zufolge durften der Abt und die Mönche des Konvents nicht mehr zu Rechtsfällen zitiert werden, die mehr als drei Tagesreisen entfernt verhandelt wurden.[72] Die Beziehungen Langtons zum Papst hatten sich dagegen seit 1213 kontinuierlich verschlechtert, bis Innozenz III. ihn im Herbst 1215 von seinem Amt suspendierte.

Der suspendierte Erzbischof konnte daher auf dem Laterankonzil im Streit um den Gehorsamseid nicht mit einem päpstlichen Urteil zu seinen Gunsten rechnen. Die beste Strategie war es daher, den Prozess zu verzögern, um eine endgültige Entscheidung des Papstes zunächst zu verhindern. In einem Mandat an den Legaten Guala vom Frühjahr 1216 berichtet Innozenz III. von den Verhandlungen auf dem Laterankonzil. Während Abt Alexander sich sofort einverstanden gezeigt habe, den Fall abzuschließen, habe Langton argumentiert, dass er diesen Prozess im Moment nicht führen könne, da er einerseits wegen weiterer Angelegenheiten gebunden und andererseits nicht vorbereitet angereist sei.[73] Das waren mit Sicherheit nicht nur Ausreden, um den Prozess zu verzögern.[74] Es sei erneut an die Vermittlungstätigkeit des Erzbischofs seit Anfang des Jahres 1215 erinnert, für die er sich nun an der Kurie, neben diesem Prozess, zu rechtfertigen hatte.[75] Doch der Papst ließ diese Entschuldigungen nicht gelten. Er drohte Langton, den Konflikt zu Gunsten des Abtes zu entscheiden, sollte der Erzbischof sich nicht verteidigen. Daraufhin berief sich Langton auf das *ius communi*, wonach der Abt ihm als Bischof den kanonischen Eid schulde. Dieser wiederum entgegnete, er sei von dieser Pflicht auf Grund der Gründungsprivilegien

---

zu garantieren, vgl. Annales de S. Edmundi, 145 und Rogerus de Wendover, *Flores historiarum*, II, 39.

[70] *Great Roll of the Pipe 1214*, 32.
[71] *Letters of Innocent III*, Nr. 996, 270 und *Historiae Anglicanae Scriptores*, Sp. 1868.
[72] *Letters of Innocent III*, Nr. 998, 270.
[73] *Letters of Innocent III*, Nr. 1177, 281–282.
[74] *Historiae Anglicanae Scriptores*, Sp. 1866.
[75] Vgl. dazu Cheney, *Innocent III*, 206.

der Abtei und durch das Urteil von Papst Alexander III. entbunden. Zudem klagte der Abt Langton an, gegen die Privilegien der Abtei Kleriker und Laiendiener des Klosters zu exkommunizieren und ihre Kirchen mit dem Interdikt zu belegen. Langton bat daraufhin um eine Verlängerung des Prozesses, um sich mit den Mönchen seines Kathedralklosters zu beraten. Der Papst willigte schließlich ein und legte als neuen Termin Allerheiligen 1216 fest.[76]

Thomas Sprot hält sich in seiner Erzählung der Ereignisse fast wortgetreu an den Bericht des Papstes, mit einer Ausnahme, nämlich seinem, wie es Cheney formuliert, „picturesque account of the archbishop's humiliation".[77] Langton habe die erwähnten Transkripte der beiden Briefe, welche angeblich von Alexander III. stammten, hervorgeholt, um seine Argumentation zu stützen. Da er aber weder ein Original noch eine beglaubigte Kopie vorlegen konnte, und diese Briefe auch nach intensiver Suche nicht im Register der päpstlichen Kanzlei gefunden werden konnten, hätte sie Innozenz III. auf dem Konzil als Fälschungen deklariert, *non sine magna archiepiscopi confusione et erubescentia*.[78] Cheney vermutet, der Chronist aus St. Augustine habe diese Demütigung des Erzbischofs erfunden. Der Papst hätte kaum aus Höflichkeit gegenüber Langton diese Geschichte in seinem Brief an den Legaten Guala verschwiegen.[79] Dennoch spricht meines Erachtens einiges dafür, dass der Erzbischof die Transkripte auf dem Laterankonzil erneut vorlegte. Die Fälschungen wurden aber, entgegen der Darstellung von Sprot, vom Papst wiederum nicht eindeutig als solche erkannt und verworfen. Es blieben an der Kurie weiterhin Zweifel über die Endgültigkeit der Urteile Alexanders III. bestehen. Nur so ist zu erklären, warum Innozenz III. auf dem Laterankonzil wiederum kein abschließendes Urteil fällte, sondern weitere Untersuchungen und intensivere Nachforschungen anordnete. In den überlieferten Mandaten aus dem Frühjahr 1216 beauftragte er den Legaten Guala, mit seinem Siegel beglaubigte Abschriften von alten Urkunden und Privilegien der Abtei St. Augustine zu erstellen und diese nach Rom zu senden, da die Originale zu alt waren, um sie lesen, und zu zerbrechlich, um sie gefahrlos an die Kurie schicken zu können.[80]

---

[76] *Letters of Innocent III*, Nr. 1177, 281–282.
[77] Cheney, *Innocent III*, 206.
[78] *Historiae Anglicanae Scriptores*, Sp. 1867.
[79] Cheney, *Innocent III*, 206, Anm. 110.
[80] *Letters of Innocent III*, Nr. 1178, 282.

Darüber hinaus sollte Guala den Status des Klosters, vor allem mit Blick auf die Urteile Alexanders III., untersuchen.[81] Er erhielt zusätzlich den Auftrag, Langton und den Konvent der Christ Church in dem Fall zu verhören. Die Ergebnisse der Anhörung sollte er nach Rom senden und schließlich einen Termin festsetzen, an dem die beiden Parteien das Urteil des Papstes empfangen sollten.[82]

Warum erteilte Innozenz III. seinem Legaten Guala den Auftrag, Langton zu befragen, wo er doch dem Erzbischof die Rückreise nach England untersagt hatte? Rechnete der Papst im Frühjahr 1216, als er die Mandate ausstellte, mit einem baldigen Ende des Krieges? Oder hatte er etwa das Verbot einer Rückkehr Langtons nach England aufgehoben? Darauf deuten zwei *litterae de protectione patentes* an den Erzbischof vom 23. März 1217 hin, die William Marshal bezeugte, der nach dem Tod König Johanns als Regent für den noch minderjährigen Heinrich III. die Partei der Royalisten gegen die Rebellen anführte.[83] Doch Langton kehrte erst im Mai 1218 nach England zurück, was bedeuten würde, dass er zumindest das letzte Jahr freiwillig in Rom geblieben war.[84] Das wiederum würde die These stützen, der Erzbischof selbst hätte nach der Aufhebung seiner Suspendierung für eine Verlängerung seines Exils gestimmt. Es bleibt schließlich nur festzuhalten, dass der Legat, der auf Grund des Bürgerkriegs vermutlich ohnehin wenig Zeit in den Fall investieren konnte, ohne eine Anhörung Langtons den Prozess bis zum Tod von Innozenz III. am 16. Juli 1216 zu keinem Abschluss führte.[85]

Unter dem neuen Papst Honorius III. unternahmen Abt und Konvent von St. Augustine einen weiteren Anlauf, um den Prozess endgültig zu ihren Gunsten abzuschließen, doch erneut ohne Erfolg. Honorius III. verlängerte im März 1217 die Frist bis zu einer Urteilsverkündung bis Michaelis 1218.[86] Laut Sprot habe Langton um die Verlängerung des Prozesses mit der Begründung gebeten, er habe auf Grund des Krieges und seines Exils noch nicht die Gelegenheit gehabt, mit dem Konvent der Christ Church Rücksprache zu halten. Die Prokuratoren der Abtei

---

[81] *Letters of Innocent III*, Nr. 1179, 282.
[82] Ebd., Nr. 1177, 281–282.
[83] *Cal. Pat. Rolls*, I, 46.
[84] *Medieval Chronicle of Scotland*, 53 und *Annales of Southwark und Merton*, 53.
[85] Cheney, *Innocent III*, 206.
[86] *Reg. Hon.*, I, Nr. 435, 77; *Cal. Pap. Reg.*, 45 und *Historiae Anglicanae Scriptores*, Sp. 1871.

hätten entgegnet, dies sei eine fadenscheinige Ausrede, da der Erzbischof über Boten und Briefe mit seinem Konvent hätte kommunizieren können. *Set dominus papa magis archiepiscopo favens, eo quod Cardinalis erat, festum Michaelis pro termino peremptorio ei indulsit.*[87] Tatsächlich saß, wie ich weiter unten ausführlicher darstellen werde, mit Honorius III. kein Gegner Langtons mehr auf dem Stuhl Petri, sondern ein Partner, der für seine Belange durchaus aufgeschlossen war. So gelang es vermutlich dem Erzbischof mit päpstlicher Unterstützung, den Prozess über Michaelis 1218 hinaus, bis zum Tod von Abt Alexander im Jahr 1220 zu verschleppen.[88]

Fassen wir zusammen: Langton versuchte, wie seine Vorgänger auf dem Erzstuhl in Canterbury, seine Rechte als Diözesanbischof gegenüber St. Augustine zu verteidigen. Er erwies sich dabei als zäher Gegner, der die selbstbewusste und mächtige Benediktinerabtei unter Druck zu setzen versuchte, in dem er die *institutio* von Klerikern, die das Kloster präsentiert hatte, verweigerte und möglicherweise sogar ihre Kirchen mit Bannsprüchen belegte, und der, wissentlich oder unwissentlich, mit gefälschten Dokumenten argumentierte. Seine erzielten Ergebnisse aber waren letztendlich sehr durchwachsen. Er hatte zwar ein abschließendes Urteil des Papstes in der Frage des kanonischen Eides verhindern können, nicht aber die Weihe von Abt Alexander. In den Konflikten um die *institutio* und um die Vikariate hatte Innozenz III. klar gegen den Erzbischof entschieden. Ein Grund für diese Niederlagen waren die Urteile von Papst Alexander III., auf die Innozenz III. zurückgreifen konnte. Zusätzlich war Abt Alexander ein Gegner, der auf Augenhöhe mit Langton argumentieren konnte. Thomas Sprot bezeichnet Alexander als Magister der Theologie und charakterisiert ihn als gebildet und eloquent.[89] Der Abt verfügte daher offenbar über rhetorische Fähigkeiten, die denen des Erzbischofs ebenbürtig waren und die es ihm ermöglichten, persönlich einen Prozess an der Kurie erfolgreich führen zu können. Vor allem aber beeinträchtigte das gute Verhältnis von Abt Alexander zu Innozenz III. die Verhandlungsposition Langtons an der Kurie. Wie in anderen politischen Bereichen wurde der Erzbischof von

---

[87] *Historiae Anglicanae Scriptores*, Sp. 1871.

[88] Ebd. Über das weitere Verfahren in diesem Prozess ist nichts bekannt. Erst bei der Wahl des Nachfolgers Alexanders zum Abt von St. Augustine 1220/1221 taucht die Auseinandersetzung um den Gehorsamseid erneut in den Quellen auf, vgl. Cheney, *Innocent III*, 206–207 und vgl. unten, 289–290.

[89] *Historiae Anglicanae Scriptores*, Sp. 1864.

einem Bündnis seines Gegners mit dem Papst ausgebremst. Es blieb ihm daher nur die Möglichkeit, die Klärung der strittigen Angelegenheiten zu verzögern und auf ein ihm gewogeneres Umfeld zu hoffen.

Wir wissen leider nur sehr wenig über weitere Tätigkeiten Langtons in diesen etwas mehr als zwei Jahren vor seiner Rückkehr nach England im Mai 1218. Es sind neben der erwähnten Urkunde vom 14. Januar 1216 keine weiteren bischöflichen *acta* überliefert, die sich exklusiv diesem Zeitraum zuschreiben lassen.[90] Es ist daher anzunehmen, dass sich Langton erst nach seiner Rückkehr wieder seinen Pflichten als Bischof und Metropolit widmete. Dagegen ist für die beiden Jahre vor 1218, ähnlich wie für die Jahre seines ersten Exils, nicht auszuschließen, dass er sich wieder vermehrt seinen theologischen Studien zuwandte.[91]

Auch die Chronisten wissen nichts über Langtons Tätigkeit vor seiner Rückkehr nach England zu berichten. Die einzige Ausnahme ist Matthäus Parisiensis. Dieser schildert in seiner Vita eine Predigtreise Langtons, die der Erzbischof unternommen habe, als er sich 1218 auf dem Weg zurück nach England befand. In Italien und Teilen Frankreichs habe er gegen Häretiker gepredigt, die im Volksmund *Bugaros* genannt wurden, in Arras, St. Omer und in Teilen Flanderns gegen den Wucher. Dabei sei er von Robert de Courson begleitet worden.[92] Liebermann, der die erhaltenen Fragmente der Vita ediert hat, datiert diese Predigtreise, sollte sie denn stattgefunden haben, auf die Jahre 1216 und 1217. Er bezweifelt aber, dass Langton diese Reise gemeinsam mit Robert de Courson unternommen habe. Letzterer habe keine Zeit gehabt, in Flandern zu predigen, bezeugen doch die vielen, von Robert de Courson testierten, päpstlichen Privilegien dessen Anwesenheit in Rom in den Jahren 1216 und 1217.[93] Baldwin datiert daher diese gemeinsame Reise Langtons und de Coursons auf das Frühjahr 1213.[94]

---

[90] *Acta Stephani*, Nr. 42, 56–58, Nr. 43, 58–60 und Nr. 44, 60–61.
[91] Vgl. oben, 94.
[92] Matthaeus Parisiensis, *Vita sancti*, 327–328.
[93] Ebd., 320–322.
[94] Baldwin, *Princes and Merchants*, II, 12, Anm. 40.

KAPITEL IX

DER BÜRGERKRIEG UND DER REGENTSCHAFTSRAT
IN ENGLAND 1215 BIS 1219

IX.1. *Der Bürgerkrieg in England und der Friede von Kingston 1217*

Werfen wir nun einen Blick zurück auf die Ereignisse in England bis
zur Rückkehr Langtons 1218. Im September 1215 öffnete, wie erwähnt,
Reginald de Cornhill den rebellierenden Baronen die Tore der Burg
Rochester und schloss sich ihnen an. Das Kommando in der Festung
übernahm William d'Albigny, der Lord von Belvoir und sicherlich
einer der fähigsten militärischen Köpfe der Rebellen. Dennoch gelang
es König Johann nach großen Anstrengungen, am 30. November die
Besatzung zur Aufgabe zu bewegen und die Burg einzunehmen.[1]

Während der Belagerung der Festung hatten sich die aufständischen
Barone über eine Gesandtschaft mit der Bitte an den französischen
König Philipp Augustus und dessen Sohn Ludwig gewandt, sie gegen
den Tyrannen Johann Ohneland zu unterstützen. Dem Kronprinzen
boten sie zudem die englische Krone an. Während Philipp auf das Angebot eher zögerlich reagierte, war sein Sohn sehr viel aufgeschlossener
und schickte zunächst ein Vorauskommando französischer Ritter nach
England, die Ende November im von den Rebellen weiterhin besetzten
London landeten.[2] Im April 1216 entschieden sich König Philipp und
der Dauphin endgültig für eine Invasion. Sie versuchten diese vor dem
päpstlichen Legaten Guala zu rechtfertigen, indem sie einen Anspruch
Ludwigs auf die englische Krone konstruierten. Dem französischen
Kronprinzen gelang nach seiner Landung in England am 21. Mai 1216
die schnelle Eroberung des Südwestens. Besonders gravierend für König
Johann war der Verlust mächtiger Magnaten an das gegnerische Lager,

---

[1] Für eine Schilderung der Besatzung der Burg durch die Rebellen und der anschlie-
ßenden Belagerung durch König Johann vgl. Rogerus de Wendover, *Flores historiarum*,
II, 145–146 und 148–151; Radulphus de Coggeshall, *Chronicon*, 173–174; Walter of
Coventry, *Historical collections*, 226–227; Warren, *King John*, 246–247 und Painter,
King John, 362–363.
[2] Warren, *King John*, 248.

insbesondere solcher, denen er Teile der militärischen Verantwortung
übertragen hatte. So schloss sich unter anderem William Longsword,
der Earl von Salisbury und Halbbruder Johanns, dem Kapetinger an.
Auch wichtige königliche Amtsträger liefen zu Ludwig und den Rebellen über. Viele Barone betrachteten offenbar die Sache Johanns schon
als verloren und wollten ihre Stellung und ihren Besitz im Lager des
vermeintlichen Siegers sichern.[3]

Doch der englische König stand noch keineswegs als Verlierer des
Krieges fest. Die Mehrzahl der Burgen im Land wurde weiterhin von
loyalen Männern Johanns gehalten, die ihm allein ihren Aufstieg zu
verdanken hatten. Der bekannteste von ihnen war Fawkes de Breauté.
Auch der Westen Englands wurde von zwei treuen und zudem mili-
tärisch sehr erfahrenen Männern verteidigt, William Marshal und
Ranulf, dem Earl von Chester.[4] Zudem genoss König Johann die volle
Unterstützung der Kurie auch über den Tod von Innozenz III. am 16.
Juli 1216 hinaus. Einem Bericht des *Barnwell*-Chronisten zufolge hätten
viele Feinde Johanns gehofft, dass der neue Papst eine andere Politik
verfolgen würde, *nec in viis praedecessoris sui ambularet*.[5] Doch Papst
Honorius III. unterstützte weiterhin König Johann gegen Ludwig und
die rebellierenden Barone. Eine seiner ersten Amtshandlungen war,
die Position Gualas als Legat in England zu bestätigen.[6] Obwohl sich
Honorius III. zuweilen konzilianter präsentierte als sein Vorgänger, eine
Neuausrichtung der päpstlichen Politik hatte nicht stattgefunden.[7]

Der Ausgang des Krieges war daher völlig ungewiss, als König Johann
am 18. oder 19. Oktober 1216 in Croxton nach kurzer Krankheit
starb. Er fand in Worcester seine letzte Ruhestätte.[8] Nur einige Tage
später, am 28. Oktober, wurde sein erst neunjähriger Sohn Heinrich
III. zum englischen König gekrönt. Wegen des Bürgerkrieges fand die
Krönung nicht in Westminster statt, wie es die Tradition vorschrieb,
sondern in Glastonbury.[9] Vollzogen wurde dieser feierliche Akt auch

---

[3] Painter vermutet, auch der Earl von Warren sei im Sommer 1216 zum Lager der
Rebellen übergelaufen, vgl. Painter, *King John*, 375; Warren, *King John*, 251–252 und
Vincent, *Peter des Roches*, 126.
[4] Warren, *King John*, 252–253.
[5] Walter of Coventry, *Historical collections*, 231.
[6] *Reg. Hon.*, I, Nr. 6, 3 und Sayers, *Honorius III*, 171.
[7] Sayers, *Honorius III*, 167.
[8] Walter of Coventry, *Historical collections*, 231–232; *Foedera*, 144 und Warren,
King John, 254–255.
[9] Norgate, *Minority*, 2–6.

nicht vom Erzbischof von Canterbury, der ja in Rom weilte, sondern, wahrscheinlich mit der Unterstützung einiger Bischöfe und unter der Aufsicht des Legaten Guala, von Peter des Roches.[10] Sayers vermutet, Langton habe nicht gegen die Krönung protestiert, die auf die Rechte der Kirche von Canterbury keine Rücksicht nahm. Der Erzbischof habe vom Papst auch keine Garantien erhalten, dass die Krönung der englischen Könige weiterhin das Vorrecht des Metropoliten aus Canterbury blieb, zumindest ist dergleichen nicht überliefert.[11] Für den abwesenden Erzbischof übernahmen die Mönche der Christ Church die Verteidigung der Rechte Canterburys. So sah sich der Legat gezwungen, ihren Prior zusammen mit dem Abt von Westminster zu exkommunizieren, nachdem beide gegen den Legaten beim Papst wegen der Krönung appelliert hatten.[12]

Die alten Gefährten und Ratgeber König Johanns hielten auch unter seinem Sohn Heinrich III. zunächst die zentralen Machtpositionen im Reich besetzt.[13] So wurde William Marshal vom königlichen Rat zum Regenten ernannt, zum *rector regis et regni Angliae*.[14] Dieser überließ den minderjährigen König der Aufsicht von Peter des Roches, der schon seit 1212 inoffiziell die Rolle als Tutor Heinrichs übernommen hatte. Weitere Magnaten, die schon König Johann zu seinen wichtigsten Vertrauten gezählt hatte und die nun zum engen Kreis um den Regenten gehörten, waren der Earl von Chester, der Earl von Derby, die Barone William Brewer, Walter de Lacy und Fawkes de Breauté. Schließlich ist noch der Justiziar Hubert de Burgh zu erwähnen, der mit der Verteidigung Dovers beauftragt wurde, im Regentschaftsrat um William Marshal zunächst aber nur eine untergeordnete Rolle spielte.[15]

---

[10] Die Chronisten sind sich uneins darüber, wer die Krönung ausführte. Die besser informierten Chronisten berichten, dass Peter des Roches Heinrich III. gekrönt habe. Ein offizieller Bericht sah diese Aufgabe vom Legaten übernommen, vgl. *Letters of Guala*, Nr. 36, 28 und Cheney, *Innocent III*, 399. Die Teilnahme Langtons an der Krönung, wie es die Annalen von Burton und die Annalen von Bermundeseia berichten, ist aber auszuschließen, vgl. Annales de Burton, 224 und Annales de Bermundeseia, 454.

[11] Sayers, *Honorius III*, 167.

[12] *Letters of Guala*, Nr. 127, 93 und *Medieval Chronicle of Scotland*, 46.

[13] Vincent, *Peter des Roches*, 133.

[14] Für eine ausführliche Darstellung der Ernennung William Marshals zum Regenten und über die möglichen Gründe seiner Wahl vgl. Painter, *William Marshal*, 193–196.

[15] Powicke, *Henry III*, 2–3 und Ellis, *Hubert de Burgh*, 37–38 und 49.

Allen weltlichen Magnaten übergeordnet war der Legat Guala, der als Vertreter des Papstes in England agierte.[16] Honorius III. war nunmehr nicht mehr nur Lehnsherr, sondern auch der Vormund des minderjährigen Königs. Heinrich III. hatte bei der Krönung dem Papst das *homagium* geleistet und sich vier Tage später dem speziellen Schutz seines Lehnsherrn unterstellt, indem er das Kreuz genommen hatte.[17] Der Legat Guala hatte bei Amtsantritt zwei vornehmliche Aufgaben erteilt bekommen: für den Kreuzzug zu werben und den Frieden in England wiederherzustellen. Jetzt trat die Verantwortung für den minderjährigen König, das heißt insbesondere der Schutz und die Stärkung seiner Herrschaft, in den Mittelpunkt. Dementsprechend akzeptierte Honorius III. keine Grenzen für die Machtausübung seines Vertreters, des Legaten, in England.[18] Schon kurz nachdem er vom Tod Johanns erfahren hatte, übertrug er daher Guala die volle Amtsgewalt, alles zum Vorteil des Reiches und des Königs zu tun. Den Magnaten im Lager Heinrichs III. befahl er, sich dem Legaten demütig zu unterwerfen.[19] Der Aufgabenbereich Gualas beschränkte sich dabei keineswegs auf den geistlichen Bereich. Der Legat bestimmte in enger Absprache mit dem Papst in Rom, der die Grundlinien seines Handelns festlegte, auch die politische Richtung der Regentschaft.[20] Er war aber kaum in das politische Alltagsgeschäft involviert, sondern für die wichtigen, wegweisenden Entscheidungen verantwortlich, sei es für den Friedensvertrag im September 1217 oder für den erneuten Erlass der Magna Carta 1216 und 1217. Auch die ersten Initiativen zur Neuetablierung der königlichen Autorität im Reich nach Beendigung des Bürgerkriegs wurden von ihm angestoßen. Zusammen mit dem Regenten William Marshal war Guala daher bis zum Ende seiner Legation im November 1218 die zentrale Führungsgestalt in England.[21]

Die wichtigste Aufgabe des Regenten war es zunächst, den Bürgerkrieg zu gewinnen und damit die englische Krone für Heinrich III. zu sichern. Der Tod König Johanns war für die Royalisten nicht nur ein schwerer Verlust, er konnte auch als Chance gesehen werden. Mit

---

[16] Nicholas Vincent hat eine Edition der Briefe und Urkunden des Legaten Gualas vorgelegt. Dort findet sich auch eine kurze und prägnante Biographie über den Legaten, vgl. *Letters of Guala*, xxxi–lxxxviii.

[17] Ebd., xlii und D. Carpenter, *Minority*, 13.

[18] Fryde, Innocent III, 980; *Letters of Guala*, xxxix und D. Carpenter, *Minority*, 13.

[19] *Honorii Opera Omnia*, Nr. 179, Sp. 105–106.

[20] *Letters of Guala*, xlix und Cheney, *Innocent III*, 398–399.

[21] *Letters of Guala*, xlix–lii und D. Carpenter, *Minority*, 52–53.

Johann Ohneland war die Hassfigur vieler Rebellen gestorben, mit der
sie eine ganz persönliche Feindschaft verbunden hatte. Nun hatte ein
minderjähriger König den Thron bestiegen, der gänzlich unbefleckt von
der ungerechten, tyrannischen Herrschaft seines Vaters war. Zu ihm
konnten die Barone daher neue, unbelastete Beziehungen aufbauen. Auf
der anderen Seite war den Rebellen die Legitimität für ihren an Ludwig
gesandten Hilferuf verloren gegangen. Den französischen Thronfolger
hatte man ins Land geholt und ihm die Krone angeboten, um sie der
Tyrannei Johanns zu entreißen. Nun war der Tyrann aber tot. Die
Royalisten konnten daher ihren Kampf gegen die Rebellen zu einer
Verteidigung Englands gegen die Franzosen stilisieren.[22]

In den folgenden Monaten verfolgten der Legat und der Regent
eine zweigleisige Strategie. Auf der einen Seite bekämpften sie ihre
Gegner mit militärischen Mitteln, während der Papst ihre Feinde mit
kirchlichen Strafen belegte und ihnen selbst den Status als Kreuzfahrer
zuerkannte. Auf der anderen Seite versuchten sie, einzelne Rebellen
auf ihre Seite zu ziehen. Entsprechend sind an 18 Barone Geleitschutzbriefe für Gespräche mit dem Regenten William Marshal überliefert.[23]
Daneben stellten die Royalisten am 13. November 1216 eine revidierte
Fassung der Magna Carta aus. Die Urkunde wurde von Guala, elf
Bischöfen, William Marshal, den Earls von Chester und Derby, dem
Grafen von Aumale sowie Hubert de Burgh, William Brewer und 18
weiteren Magnaten und königlichen Amtsträgern bezeugt. Besiegelt
wurde sie vom Legaten und dem Regenten.[24] Dieser erneute Erlass der
Magna Carta war erst durch den Tod Johanns möglich geworden. Das
Ziel der Royalisten war sicherlich, durch den Erlass der Urkunde die
Front der Rebellen aufzubrechen und zumindest einige von ihnen für
Verhandlungen zu gewinnen. Die Ausstellung dokumentiert aber auch,
dass sogar die engsten Verbündeten Johanns Teilen der Magna Carta
aufgeschlossen gegenüber standen. Holt zufolge konnten sie nach dem
Tod des Königs endlich ihren wahren Ansichten Ausdruck verleihen.
Sie hatten nicht gegen die Urkunde gekämpft, sondern vielmehr für

---

[22] Warren, *King John*, 277 und D. Carpenter, *Minority*, 22.
[23] *Cal. Pat. Rolls*, I, 2–6; Powicke, *Henry III*, 6; D. Carpenter, *Minority*, 22 und
Painter, *William Marshal*, 205.
[24] Für eine Edition der Urkunde vgl. *English Historical Documents*, III, Nr. 22,
327–332 und *Selected charters*, 335–339.

den Erhalt des angevinischen Königreiches, vom dem sie Patronage und Ämter empfangen hatten.[25]

Guala hatte einen großen Anteil an der Neuveröffentlichung der Magna Carta. Die Fassung von 1216 hatte daher im Gegensatz zu der von 1215 die Unterstützung der römischen Kurie. Dennoch fehlt im ersten Kapitel der Magna Carta von 1216 der Bezug auf jene Urkunde König Johanns, in der dieser der Kirche freie kanonische Wahlen zugesichert hatte.[26] Auf den ersten Blick mag dies überraschen, schließlich waren freie Wahlen eine der zentralen Forderungen des Papsttums im 12. Jahrhundert gewesen. Doch 1216 bestand die Gefahr, dass mit Berufung auf diese Urkunde Johanns auch Anhänger Ludwigs in Kirchenämter gewählt werden konnten.[27] Die Magna Carta von 1215 war insgesamt umsichtig überarbeitet worden. Zunächst strich man jenen Artikel 61, der sich mit dem Gremium der 25 Barone befasste, die die Umsetzung der Urkunde durch den König überwachen sollten. Dieser Artikel war für die Royalisten eine unzulässige Beschränkung der königlichen Autorität gewesen, der in ihren Augen auch maßgeblich zum Ausbruch des Bürgerkrieges beigetragen hatte. Ein Ziel der Aussteller der Magna Carta von 1216 war es, die administrativen Rechte des jungen Königs möglichst unbeschadet zu lassen sowie seine Einnahmen nicht zu beschneiden. Man strich daher beispielsweise Artikel 25, der die Besteuerung von überschüssigen Einnahmen der Sheriffs zur Begleichung ihrer Grafschaftsabgaben regelte. Auch jene rückwirkenden Artikel über von König Johann unrechtmäßig erhobene *fines* und Strafzahlungen wurden fallengelassen. Ebenso wurden jene Abschnitte nicht übernommen, die sich gegen die „Fremden" im Land, vor allem am königlichen Hof, gerichtet hatten. Unter den Zeugen der Urkunde von 1216 waren einige Magnaten, die aus den angevinischen Festlandsbesitzungen stammten, etwa Peter des Roches oder Fawkes de Breauté, auf deren Beitrag zur Verteidigung des Landes nicht verzichtet werden konnte. Dagegen beließ man in der Urkunde alle Artikel, die sich mit lehnsrechtlichen Aspekten und Aufgaben des Rechtssystems befassten, darunter die berühmten Artikel 39 und 40 der Magna Carta von 1215. Einige Artikel wurden gegenüber 1215 korrigiert und präzisiert, was auf ein anhaltendes Interesse der administrativen und im

---

[25] Holt, *Magna Carta*, 378–379. Und vgl. D. Carpenter, *Minority*, 23–24.
[26] *English Historical Documents*, III, Nr. 22, 327.
[27] D. Carpenter, *Minority*, 23.

Recht geschulten Köpfe am Hof des Königs an der Urkunde hindeutet. Viele weitere Artikel, denen die Royalisten eher ablehnend gegenüber standen, wurden unter Vorbehalt aufgenommen, etwa jene über das Schildgeld sowie über die Eintreibung von Schulden. Über diese Artikel sollte eine große Versammlung aller Magnaten erneut verhandeln.[28]

Die Urkunde hatte damit weitgehend ihren radikalen, revolutionären Charakter gegenüber 1215 verloren. Sie war dennoch ein Versprechen der Royalisten auf eine Herrschaft entlang guter und gerechter Prinzipien. Sie besaß aber zunächst keinen definitiven Charakter, war nur ein Provisorium. Der erwähnte Hinweis im letzten Kapitel der Magna Carta, über einige Artikel auf einer größeren Versammlung von Magnaten weiter diskutieren zu wollen, war an die Rebellen gerichtet. Die Urkunde ist daher als ein Angebot an die Aufständischen zu verstehen, über einen Frieden und über die dann zu entwerfenden Prinzipien der Königsherrschaft gemeinsam zu verhandeln.[29]

Zunächst zeitigte die neue Strategie keine Erfolge. Bis zu der berühmten Schlacht in Lincoln am 20. Mai 1217 konnte sich keine der Konfliktparteien einen entscheidenden Kriegsvorteil erkämpfen.[30] Nach Lincoln aber, wo die Royalisten ohne viel Blutvergießen die Schlacht klar für sich entscheiden und viele Rebellen gefangen nehmen konnten, lief ein großer Teil der Aufständischen ins königliche Lager über.[31] Am 13. Juni einigte man sich daher auf einen Frieden, von dem aber die klerikalen Anhänger Ludwigs auf Wunsch des Legaten Gualas ausgeschlossen werden sollten. Vor allem auf Simon Langton, Elias von Dereham, Gervase von Heybridge, den Kanzler von St. Pauls, sowie Robert de St. Germain, den Kleriker des schottischen Königs Alexander II., hatte es Guala abgesehen. Ludwig aber verweigerte sich diesem Ansinnen, woraufhin der Friede zunächst scheiterte. Erst nachdem Hubert de Burgh im August einen großen Teil der französischen Flotte vernichtet

---

[28] Holt, *Magna Carta*, 381; Turner, *Magna Carta through the ages*, 81; Vincent, *Peter des Roches*, 135 und D. Carpenter, *Minority*, 24.

[29] Stacey, *Politics*, 3–4 und Turner, *Magna Carta through the ages*, 81.

[30] Vgl. zu dem weiterem Verlauf des Krieges D. Carpenter, *Minority*, 24–31; Powicke, *Henry III*, 7–11; Crouch, *William Marshal*, 128 und Norgate, *Minority*, 15–31.

[31] Für eine ausführliche Darstellung der Schlacht bei Lincoln vgl. Norgate, *Minority*, 31–46; Painter, *William Marshal*, 212–219; Crouch, *William Marshal*, 129–133 und D. Carpenter, *Minority*, 35–40.

hatte, die den Truppennachschub nach England über setzen sollte, lenkte Ludwig in dieser Frage ein.[32]

Der Friedensvertrag, der am 12. September auf einer Themse-Insel in der Nähe von Kingston vereinbart und acht Tage später in Lambeth von einer größeren Versammlung ratifiziert wurde, war für die rebellierenden Barone äußerst moderat gestaltet.[33] Ihnen wurde eine Amnestie gewährt, das heißt, sie durften ihre gesamten Ländereien und Rechte, welche sie vor dem Krieg besessen hatten, behalten, beziehungsweise hatten einen Anspruch darauf, sie nach ihrem Verlust im Bürgerkrieg zurückzubekommen. Sie wurden von der Verpflichtung befreit, Lösegeld für sich oder Verwandte in Gefangenschaft zu bezahlen. Nur Zahlungsverpflichtungen, die vor dem 12. September eingegangen worden waren, mussten erfüllt werden.[34] Auch dem französischen Kronprinzen Ludwig war man weit entgegengekommen. Er erhielt die Absolution. Zusätzlich wurden ihm alle ausstehenden Schulden ausbezahlt.[35] Daneben wurden ihm 10.000 Mark versprochen, offiziell, um seine in England erlittenen Verluste auszugleichen, in Wirklichkeit, um seine Abreise zu beschleunigen. So trat Ludwig schon am 23. September seine Rückreise nach Frankreich an.[36] Als Gegenleistung hatte er nur vage Versprechungen geleistet. Er würde versuchen, seinen Vater, König Philipp, davon zu überzeugen, erobertes angevinisches Territorium auf dem Festland zu restituieren, oder aber selbst, sobald er König sei, für die Rückgabe zu sorgen.[37] Allein der englische Klerus wurde, wie schon angemerkt, von den günstigen Friedensvereinbarungen ausgeschlossen. Die Kleriker konnten zwar ihre weltlichen Lehen zurückbekommen, nicht aber ihre kirchlichen Ämter und Pfründe. Die vier oben genannten aufständischen Kleriker, darunter Simon Langton, wurden gezwungen, England zu verlassen, um vom Papst die Absolution zu erbitten.[38]

Sicherlich gab es auf beiden Seiten Gruppen, die mit dem Vertrag unzufrieden waren. Die persönlichen Ambitionen einiger Rebellen

---

[32] D. Carpenter, *Minority*, 40–44 und Norgate, *Minority*, 46–55. Für Einzelheiten zur Rolle Hubert de Burghs bei der Seeschlacht vgl. Ellis, *Hubert de Burgh*, 40–45.

[33] Für eine ausführliche Darstellung der Verhandlungen und Fragen der Datierung vgl. J. B. Smith, Treaty of Lambeth, 563–565; Norgate, *Minority*, 55–60; Powicke, *Henry III*, 17 und D. Carpenter, *Minority*, 44–45.

[34] Für eine Edition des Vertrages vgl. J. B. Smith, Treaty of Lambeth, 575–579.

[35] *Annals of Southwark and Merton*, 53; Walter of Coventry, *Historical collections*, 239; Radulphus de Coggeshall, *Chronicon*, 186 und J. B. Smith, Treaty of Lambeth, 578.

[36] D. Carpenter, *Minority*, 45.

[37] Matthaeus Parisiensis, *Chronica Majora*, III, 31 und Annales de Dunstaplia, 81.

[38] *Letters of Guala*, Nr. 58, 44–45.

hatten sich nicht erfüllt, einige litten in der Folgezeit unter schweren finanziellen Lasten, die ihnen durch hohe Lösegeldforderungen ihrer Gegner auferlegt worden waren. Auf der anderen Seite gab es Royalisten, etwa den Earl von Chester und Peter des Roches, in deren Augen die Vereinbarung den ehemaligen Rebellen zu weit entgegenkam.[39] Letztendlich hatten sich die moderaten Kräfte durchgesetzt, an deren Spitze der Regent und der Legat standen. Die Gräben zwischen den Parteien im Bürgerkrieg waren ohnehin nicht allzu tief gewesen, der Krieg war insgesamt mit wenig Blutvergießen geführt worden. Die noch vorhandenen Gegensätze zwischen den ehemalige Kriegsparteien mussten nun so schnell wie möglich überwunden und das Reich geeint werden, um den Frieden dauerhaft sichern und die Autorität des jungen Königs wieder etablieren zu können. Mit dem moderaten Friedensvertrag war zumindest ein Anfang gemacht.[40]

IX.2. Die Aufgaben des Regentschaftsrates nach dem Krieg

Die Umsetzung jenes Friedensvertrages war eine der Hauptaufgaben der Regentschaft. In der Praxis bedeutete dies in erster Linie, dafür zu sorgen, dass die Barone und Ritter ihre während des Krieges verlorenen Besitzungen zurückerhielten. Dabei war mit dem Widerstand jener zu rechnen, die sich diese Besitzungen während des Krieges angeeignet hatten. Die zweite große Aufgabe der Regentschaft war es, die Autorität des Königs im Reich wieder herzustellen und seinen Herrschaftsanspruch durchzusetzen. In vielen Teilen des Reiches, insbesondere in jenen, die von den Rebellen kontrolliert worden waren, war im Krieg die Macht des Königs kaum noch wahrgenommen worden. Königliche Rechte waren nicht mehr eingefordert worden, die königliche Gerichtsbarkeit und die königliche Administration hatten nicht mehr in vollem Umfang gearbeitet. Auf der anderen Seite waren einige Royalisten im Krieg so mächtig geworden, dass sie kaum noch von der Regentschaft zu kontrollieren waren und eine unabhängige Politik betreiben konnten,

---

[39] D. Carpenter, *Minority*, 45–46. Matthäus Parisiensis zufolge bezeichnete König Heinrich III. Jahre später diesen großzügigen Frieden als Verrat William Marshals, vgl. Matthaeus Parisiensis, *Chronica Majora*, IV, 157. Auch wenn diese Geschichte vermutlich nicht der Wahrheit entspricht, könnte sie doch eine weit verbreitete Meinung unter den Royalisten wiedergeben, vgl. Painter, *William Marshal*, 225–226.
[40] D. Carpenter, *Minority*, 44–49 und Powicke, *Henry III*, 18–19.

die sich zuweilen auch gegen die königlichen Interessen richtete. Der
Kampf gegen diese zentrifugalen Tendenzen sollte mehrere Jahre in
Anspruch nehmen, erst 1225 war die Königsherrschaft Heinrichs III.
endgültig etabliert.[41]

Der erste Schritt zur Etablierung eines dauerhaften Friedens war
der erneute Erlass der Magna Carta im November 1217.[42] Gegenüber
der Fassung von 1216 gab es zwar weitere Modifikationen, in ihren
Grundzügen blieb die Urkunde aber die gleiche. Sie konnte ihren revolutionären Charakter von 1215 nicht zurückgewinnen. Jene Artikel, die
schon 1216 nicht mehr aufgenommen worden waren, blieben auch 1217
unberücksichtigt. Die Magnaten führten dagegen einige neue Artikel ein,
in erster Linie solche, die ihren eigenen Interessen gegen die unteren
sozialen Schichten zur Durchsetzung verhelfen sollten.[43] Die meisten
Artikel, die man 1216 zur weiteren Beratung vorgesehen hatte, wurden
nun stillschweigend fallen gelassen. Einzig Artikel 35 der Magna Carta
von 1215 griff man auf. Während man in der ursprünglichen Version
aber die Erhebung des Schildgeldes noch an einen allgemeinen Konsens
des Rates gebunden hatte, wurde 1217 nur bestimmt, dass das *scutagium* wie unter Heinrich II. erhoben werden solle, das hieß, weniger
regelmäßig und zu niedrigeren Sätzen als unter König Johann.[44] Am
deutlichsten limitiert blieb der König in der Ausübung seiner Lehnsrechte gegenüber den Kronvasallen. Die entsprechenden Artikel wurden
1216 aus der Magna Carta von 1215 übernommen, und blieben auch
der Version von 1217 erhalten. Die Urkunde blieb als Ganzes eine
Einschränkung der Königsmacht. Die Ausübung der Königsherrschaft
war seitdem an ein schriftliches Recht gebunden.[45]

Wirklich neue Restriktionen für den König gab es nur in Bezug
auf die königlichen Forste. Diese waren im angevinischen Reich eine
wichtige Einnahmequelle der Könige. Ein großer Teil des Waldes, auch
außerhalb des königlichen Eigenguts, galt als Eigentum des Königs.
Die Nutzung dieses Landes durch andere als den Herrscher war stark
limitiert. Rodung der Bäume etwa, um neues Ackerland zu gewinnen,
war verboten. Vergehen wurden vom König hart bestraft. Gerade

---

[41] D. Carpenter, *Minority*, 50 und Painter, *William Marshal*, 228.

[42] Für eine Edition der Magna Carta von 1217 vgl. *English Historical Documents*,
III, Nr. 23, 332–337 und *Selected charters*, 340–344.

[43] D. Carpenter, *Minority*, 60–61 und Painter, *William Marshal*, 232–233.

[44] *English Historical Documents*, III, Nr. 23, 337 und Painter, *William Marshal*, 233.

[45] Stacey, *Politics*, 5.

in Zeiten des Bevölkerungswachstums und des steigenden Bedarfs an landwirtschaftlichen Produkten wurden solche Beschränkungen als unangemessen und tyrannisch empfunden.[46] In der sogenannten *Charter of Forest* von 1217 wurde erstmals der Wald und seine Nutzung dem Recht unterstellt, nicht mehr dem Willen des Königs, laut Carpenter, "a radical new departure."[47] Sowohl in der Magna Carta von 1215 als auch in der von 1216 hatten sich mehrere Artikel mit dem umstrittenen Thema befasst, 1217 war nun eine ganze Urkunde dazu ausgearbeitet worden.[48] Sie setzte die Grenzen des königlichen Forstes weitaus restriktiver als die Magna Carta von 1215. Zweideutig blieb die Urkunde in Bezug auf die Grenzen des Waldes, die der Großvater Heinrichs III., Heinrich II., als königlichen Forst deklariert hatte.[49] Die Interpretation des entsprechenden Artikels führte im 13. Jahrhundert immer wieder zu neuen Auseinandersetzungen zwischen dem König und seinen Untertanen, und zu der wiederholt gestellten Forderung nach einer Bestätigung sowohl der *Charter of Forest* als auch der Magna Carta. Holt sieht gerade darin den Grund dafür, dass die Magna Carta ein Teil des politischen Lebens in England blieb.[50]

Aus der provisorischen Urkunde von 1216, die als Anreiz für die Rebellen zum Übertritt und als Gesprächsgrundlage hatte dienen sollen, war 1217 ein Dokument geworden, mit dem die Grenzen und Prinzipien der Herrschaft des Regenten und seiner Vertrauten während der Minderjährigkeit Heinrichs III. beschrieben wurden. Die Magna Carta trug damit zur Versöhnung der ehemaligen Rebellen mit dem neuen Regime bei und erhöhte die Akzeptanz der Regentschaft und damit die Autorität des Königs.[51]

Ein weiterer Schritt zum Frieden und zur Etablierung der Königsherrschaft war der Wiederaufbau einer effektiven Gerichtsbarkeit. Der Regentschaftsrat kam damit einer zentralen Forderung der Magna Carta, der nach mehr Rechtssprechung, entgegen.[52] Dazu gehörte die Wiedereröffnung der *King's Bench* in Westminster schon im Oktober

---

[46] D. Carpenter, *Minority*, 61–62.
[47] Ebd., 62 und Turner, *Magna Carta through the ages*, 82.
[48] Für eine Edition der Urkunde vgl. *Selected charters*, 344–348 und *English Historical Documents*, III, Nr. 24, 337–340.
[49] D. Carpenter, *Minority*, 62–63 und 89–91.
[50] Holt, *Magna Carta*, 385–386.
[51] Stacey, *Politics*, 4–5.
[52] Ebd., 9.

1217.[53] Ende 1218 wurde zudem ein *general eyre* auf den Weg gebracht, der ein Jahr später erfolgreich abgeschlossen werden konnte. Ein Grund für dessen baldige Initiierung war die große Anzahl von Streitfällen, die der Krieg gerade über Besitzverhältnisse generiert hatte. Da es solche Auseinandersetzungen in erster Linie zwischen Royalisten und ehemaligen Rebellen gab, war der *general eyre* auch ein Stück Friedenssicherung.[54] Die ehemaligen Aufständischen scheinen bald Vertrauen in die neue Gerichtsbarkeit gefasst zu haben, darauf deuten die vielen Prozesse hin, die von ihnen angestrengt wurden. Einen Beitrag dazu leistete der Regentschaftsrat, in dem er einige ehemalige Rebellen zu königlichen Richtern ernannte, darunter einen Ritter Langtons, John de Guestling.[55] Ein weiterer Grund für die Initiierung des *general eyre* waren die leeren Kassen des Königs. Die Strafzahlungen, die die Richter bei Strafprozessen auferlegten, sollten neues Geld in die königlichen Schatzkammern spülen. Wie auch bei anderen vom Regentschaftsrat erhobenen Abgaben war die Eintreibung dieser Strafgelder aber sehr schwierig. Vielfach erreichten diese nie den *exchequer*, auch weil sie zum Teil Inhabern von *franchises* zustanden.[56] So profitierte etwa Langton als Erzbischof von erhobenen Strafgeldern in den Grafschaften Sussex und Kent,[57] nachdem König Johann seinem Vorgänger das Privileg bestätigt hatte, wonach Strafzahlungen, die den Männern der Lehen der Kirche von Canterbury von Reiserichtern auferlegt worden waren, dem Erzbischof gehörten.[58] Insgesamt entschärfte aber der *general eyre* die schwierige Finanzsituation des Regentschaftsrates.[59]

Ein weiterer Schritt zur Stärkung der zentralen Königsautorität war der Wiederaufbau der königlichen Verwaltung, insbesondere des *exchequer*, der zentralen Finanzbehörde. Diese tagte erstmals wieder im November 1218.[60] Hier offenbart sich die ganze Schwäche des Regentschaftsrates in den ersten Jahren seit Friedensbeginn. Der König war pleite, neben außerordentlichen Abgaben, wie dem Schildgeld oder *auxilia*, also eigens erhobenen direkten Sondersteuern, flossen kaum

---

[53] Powicke, *Henry III*, 38 und D. Carpenter, *Minority*, 64–65.
[54] Stacey, *Politics*, 9 und Painter, *William Marshal*, 262.
[55] *Cal. Pat. Rolls*, I, 207–209 und D. Carpenter, *Minority*, 101–102.
[56] *Great Roll of the Pipe 1220*, xvii.
[57] *Great Roll of the Pipe 1219*, 141 und 143–144; *Great Roll of the Pipe 1220*, 160, 162 und 164 und *Great Roll of the Pipe 1221*, 114 und 207.
[58] Young, *Hubert Walter*, 73.
[59] D. Carpenter, *Minority*, 97; Powicke, *Henry III*, 29 und Stacey, *Politics*, 9.
[60] *Great Roll of the Pipe 1220*, xiv–xvi.

regelmäßige Einnahmen aus dem Krongut, aus dem Heimfallgut und anderen königlichen Rechten in den *exchequer*. In den ersten Jahren nach dem Krieg stagnierten die regelmäßigen Einnahmen auf einem Viertel des Vorkriegsniveaus.[61] Die Kriegsschäden waren sicherlich ein Grund, sie hatten die Produktivität in der Landwirtschaft erheblich eingeschränkt. Wichtiger aber war der erwähnte Autoritätsverlust in vielen Regionen, der dazu führte, dass traditionelle königliche Rechte verloren gegangen und Abgaben nicht erhoben worden waren. Man nutzte die Schwäche des Königs aus und bereicherte sich auf dessen Kosten. Dem Sheriff, der für die Durchsetzung der königlichen Rechte zuständig war, wurde vielfach Widerstand geleistet, gerade in den ehemaligen Rebellenhochburgen.[62]

Der Regentschaftsrat war daher nach dem Krieg stärker als üblich auf mächtige lokale Amtsträger angewiesen, um der Autorität und den Rechten des Königs Respekt zu verschaffen. Politische Macht setzte aber große finanzielle Ressourcen voraus. Der Regent musste daher zunächst akzeptieren, dass die Amtsträger weiterhin wie im Krieg die Gelder aus königlichen Rechten und Besitzungen, für deren Einsammlung sie zuständig waren, eigenmächtig ausgaben, anstatt sie wie üblich an den *exchequer* abzuführen.[63] So erschienen beim *adventus vicecomitatum* des *exchequer* im November 1217 gerade einmal vier Sheriffs zur Abrechnung, wobei sie keine Gelder an den *exchequer* überwiesen. Dies änderte sich erst allmählich im Laufe der nächsten Jahre.[64] Der zentralen Finanzbehörde war es somit nicht möglich, die Ausgabenpolitik der lokalen Amtsträger zu kontrollieren. Es bestand die Gefahr, dass die Sheriffs Gelder auch in die eigenen Taschen fließen ließen. Viele Magnaten hatten sich während des Krieges ohnehin eine starke Stellung in den Grafschaften erarbeitet. König Johann hatte ihnen die Aufsicht über zum Teil mehrere Burgen und Grafschaften übertragen, die sie mit den zugehörigen Geldern im Krieg selbstständig verwaltet hatten. Jetzt im Frieden herrschten sie über ihre Grafschaften

---

[61] D. Carpenter, *Minority*, 113 und Painter, *William Marshal*, 234–235.

[62] D. Carpenter, *Minority*, 50, 84 und 115.

[63] *Great Roll of the Pipe 1220*, xii–xiii.

[64] Anlässlich eines außerordentlichen *adventus vicecomitatum* im Januar 1218 erscheinen nur zwei Sheriffs, die aber kein Geld mitbrachten. Im Oktober 1218 erschienen immerhin schon 15 Sheriffs, deren eingezahlte Gelder aber bei weitem noch nicht das Vorkriegsniveau erreichten, vgl. D. Carpenter, *Minority*, 66, 70 und 93. Zum System des *exchequer*, dem *adventus vicecomitatum* während der Minderjährigkeit Heinrichs III. vgl. D. Carpenter, *Minority*, 110–112.

quasi unabhängig von königlicher Kontrolle. Diese Konzentration von
Machtmitteln in der Hand einzelner Barone stellte eine Gefahr für den
Frieden dar und war zugleich eine Herausforderung für die zentrale
Autorität des Königs.[65]

Auch nach dem Krieg profitierten vor allem diese lokalen Machthaber von der königlichen Patronage, erwarteten sie doch als diejenigen,
die dem jungen König Heinrich die Krone gesicherten hatten, eine
angemessene Belohnung. Doch durfte eine solche Patronage nicht auf
Kosten der Verlierer des Krieges, also der ehemaligen Rebellen, durchgesetzt werden. Dagegen sprach der Friedensvertrag. Daher mussten die
Ansprüche der Magnaten aus den Rechten und Besitzungen des Königs
befriedigt werden. Vielen lokalen Machthabern wurde daher in den
ersten Friedensjahren der Besitz von königlichem Eigengut, Heimfallgut oder Vormundschaften gewährt oder bestätigt. Dabei bestand die
Gefahr, dass die königlichen Rechte und Besitzungen auf Dauer dem
König entfremdet wurden, die Magnaten sich diese aneigneten und
zu erblichen Rechten ihrer Familien deklarierten. Diese Bereicherung
vieler Barone an königlichen Rechten und Gütern führte zu einem
weiteren Austrocknen der Ressourcen des Königs. Es bestand die ernst
zunehmende Gefahr, dass die Königsherrschaft ausblutete.[66]

Das langfristige Ziel der Regentschaft musste es daher sein, diesen
zentrifugalen Tendenzen entgegenzuwirken, indem man die königlichen
Machtressourcen wieder in die Hände des Königs legte. Dabei stieß die
Regentschaft erwartungsgemäß auf den Widerstand eines Großteils der
Magnaten, die die Rückgabe von Burgen, Grafschaften, von Land und
Rechten an den König verweigerten. Diesen Widerstand zu überwin-
den war äußerst schwierig und gelang, wie ich weiter unten darstellen
werde, dem Regenten William Marshal nur in Einzelfällen. Obwohl der
Earl von Pembroke bei den Magnaten hohes Ansehen genoss und der
Legat Guala mit der Rückendeckung des Papstes agierte, galten sie unter
den Magnaten doch eher als *primus inter pares*. Ihre Politik konnten
sie daher nur in enger Abstimmung mit den Großen des Reiches im
königlichen Rat gestalten und durchsetzen. Die Zusammensetzung
dieses Rates war nicht formalisiert und variierte. Er konnte aus den
wenigen *familiares regis* oder aus allen Magnaten des Reiches bestehen.

---

[65] Stacey, *Politics*, 10–11; Ellis, *Hubert de Burgh*, 58–59 und Powicke, *Henry III*,
48–51 und 55–56.
[66] D. Carpenter, *Minority*, 51, 55–56, 68, 84 und 117–118 und Stacey, *Politics*, 11–12.

Aus den historiographischen Quellen ist nicht immer ersichtlich, wer sich versammelte, da die Chronisten meist allgemein von *consilium* sprechen. Für wichtige, wegweisende Entscheidungen, etwa den Erlass der Magna Carta 1217, versammelte der Regent aber regelmäßig alle Großen des Reiches. Auf Grund dieser gewichtigen Rolle des Rates sind die Jahre der Minderjährigkeit Heinrichs III. für die englische Parlamentsgeschichte von so immenser Bedeutung.[67]

Den Konsens des Rates für eine Politik der Rückgewinnung königlicher Rechte zu gewinnen, war aber auf Grund der erläuterten Eigeninteressen der Magnaten für den Regenten kaum möglich. Die Barone waren nicht grundsätzlich gegen eine Stärkung der Königsherrschaft, viele von ihnen hatten König Johann schließlich ihren Aufstieg zu verdanken. Ging es jedoch um eine praktische Umsetzung dieser Politik, standen ihre eigenen Interessen im Vordergrund. Das galt eingeschränkt auch für William Marshal, der sich während seiner Regentschaft, wie seine Standesgenossen, an königlichen Rechten bereicherte.[68] Verschärft wurde dieser Egoismus durch die Konkurrenz der Magnaten untereinander, die gegeneinander um die königliche Patronage, um Besitz und Rechte zum Teil auch mit Gewalt kämpften. Da dem Regenten und dem Legaten auf Grund der leeren königlichen Schatzkammern die finanziellen Ressourcen fehlten, um eine unabhängige Politik verfolgen zu können, mussten sie Koalitionen schmieden, um auch unpopuläre Entscheidungen durchsetzen zu können. Verbündete fand man zwangsläufig unter ehemaligen Rebellen, die nur über wenige königliche Machtressourcen verfügten und daher von einer Politik der Restitution kaum betroffen waren.[69]

Während der Regentschaft William Marshals blieb es bei zaghaften Ansätzen, die königliche Autorität auch gegen Widerstände durchzusetzen. Die Umsetzung des Friedensvertrages war zwar im Ganzen gesehen erfolgreich verlaufen, doch einige Magnaten konnten sich

---

[67] D. Carpenter, *Minority*, 53–55 und Turner, *Magna Carta through the ages*, 84–85.

[68] Crouch, *William Marshal*, 136–138 und D. Carpenter, *Minority*, 68. Painter versucht, William Marshal in einem positiveren Licht erscheinen zu lassen, und betont, dass, von einer Ausnahme abgesehen, die in den Jahren der Regentschaft gewonnen Besitzungen und Privilegien dem minderjährigen König keine Nachteile bescherten, vgl. Painter, *William Marshal*, 266–274. Vincent zeigt sehr eindrucksvoll den Widerspruch bei Peter des Roches zwischen öffentlichem und privatem Interesse, vgl. Vincent, *Peter des Roches*, 149–152.

[69] Stacey, *Politics*, 10–11 und D. Carpenter, *Minority*, 86.

dauerhaft und erfolgreich gegen die Rückgabe von Burgen und Ländereien an die rechtmäßigen Besitzer wehren. Mit diesen Konflikten
hatten sich auch noch die Nachfolger von William Marshal auseinanderzusetzen.[70] Nur ein einziges Mal ging der Earl von Pembroke
während seiner Regentschaft gewaltsam gegen einen Kastellan vor,
der sich weigerte, die Burg Newark an den rechtmäßigen Besitzer, den
Bischof von Lincoln, zu übergeben. Nach kurzer Belagerung im Juli
1218 übergab der Kastellan Robert de Gaugy die Burg.[71] Das militärische Vorgehen war möglich gewesen, weil es dem Regenten gelungen
war, eine schlagkräftige Koalition, vor allem aus ehemaligen Rebellen,
gegen den königlichen Amtsträger zu schmieden. Solche militärischen
Aktionen waren aber gegen mächtigere Magnaten als de Gaugy, die
den Rückhalt einer größeren Anzahl von Verbündeten genossen, viel
schwieriger zu realisieren. Der Erfolg des Regenten im Sommer 1218
blieb daher eine Ausnahme.[72]

Entsprechend erfolglos blieben auch die vereinzelten Versuche William Marshals, die königlichen Machtressourcen zurückzugewinnen.
Im Gegenteil, während seiner Regentschaft ist ein stetiger Strom von
königlichen Rechten und Besitzungen an Magnaten und lokale Amtsträger zu konstatieren. So endete etwa die groß angelegte Initiative
zur Rückgewinnung des königlichen Eigenguts sowie des Heimfallguts
im September und Oktober 1217 in der Rückgabe der Güter an die
Magnaten.[73] Der Versuch, zwischen März und Mai 1218 einige Vormundschaften für den König zu sichern und einige renitente Sheriffs
abzusetzen, scheiterte schon im Ansatz.[74] Auch die vom Rat im Oktober
1217 beschlossene Erhebung eines Schildgeldes und die Erhebung eines
tallagium, also einer Steuer auf die Krondomäne, um die finanzielle
Situation des Königs zu verbessern, erbrachten nicht den erhofften
Erfolg. Dafür verantwortlich war insbesondere Peter des Roches, der
sich weigerte, das Schildgeld zu bezahlen und damit die Autorität des

---

[70] So belagerte der Regentschaftsrat 1220 die Burg Rockingham und 1221 die Burg
Bytham. Der Graf von Aumale hatte die Rückgabe der Festung Rockingham an den
König sowie die Übergabe Bythams an den rechtmäßigen Besitzer William de Coleville
verweigert, vgl. D. Carpenter, *Minority*, 198–199 und 227–234.
[71] Norgate, *Minority*, 99–102 und Painter, *William Marshal*, 247–248.
[72] D. Carpenter, *Minority*, 57–59 und 84–86.
[73] Ebd., 67–68 und *Great Roll of the Pipe 1220*, xxxiii–xxxiv. Dagegen bewertet
Painter diese Initiative durchaus als Erfolg, auch wenn er feststellen muss, dass viele
eingezogene Güter erneut an Magnaten ausgeteilt wurden, vgl. Painter, *William Marshal*, 238–239.
[74] D. Carpenter, *Minority*, 78.

Regentschaftsrates untergrub.[75] Sein Widerstand ist ein prägnantes Beispiel für die Schwächung des Regentschaftsrates durch eines seiner führenden Mitglieder, indem dieser seinen privaten Interessen den Vorrang gegenüber den königlichen einräumte.

Dennoch hatte der Regentschaftsrat unter William Marshal einige Erfolge vorzuweisen. Einer davon war die Versammlung der Großen im November 1218, an der auch Langton nach seiner Rückkehr aus dem Exil teilnahm. Dort beschloss man, Heinrich III. ein eigenes Siegel zu geben. Natürlich war dem 11–jährigen König damit keine Entscheidungsbefugnis übertragen worden. Das königliche Siegel sollte dem Regentschaftsrat aber mehr Autorität verleihen. Bisher hatte William Marshal die königlichen Briefe mit seinem privaten Siegel versehen. Die erste Urkunde, die mit dem neuen königlichen Siegel versehen wurde, befasste sich mit dessen Gebrauch. Es wurde verfügt, dass keine Privilegien bis zur Volljährigkeit Heinrichs III. ausgestellt werden dürfen, die ewige Rechtsdauer beanspruchten.[76] Damit wurde eine weitere Erosion königlicher Rechte verhindert. Kurzfristig aber beschränkte es den Handlungsspielraum des Regenten. Ohne solche Privilegien war es für ihn noch schwieriger, Magnaten für seine Politik gewinnen und Koalitionen schmieden zu können.[77] Laut Vincent barg das Verbot ein weiteres Problem, da die Frage nach dem Zeitpunkt der Volljährigkeit unbeantwortet blieb. Wer zu diesem unbestimmten Zeitpunkt aber die Kontrolle am Königshof ausübte, würde über die königliche Patronage mitentscheiden können. Die ohnehin schon vorhandene Konkurrenz der Magnaten um die Positionen am Hof wurde daher eher verschärft als gemildert.[78]

Der größte Erfolg der Regentschaft war die schnell fortschreitende Versöhnung zwischen ehemaligen Rebellen und Royalisten. So zog etwa der Earl von Chester, einer der führenden Royalisten, im Sommer 1218 mit einem ehemaligen Rebellen, John de Lacy, ins Heilige Land. Dort einigte sich der Earl mit einem seiner schärfsten Kontrahenten des

---

[75] Vincent, *Peter des Roches*, 151–152; D. Carpenter, *Minority*, 67 und 93–94; *Great Roll of the Pipe 1220*, xxii; *Great Roll of the Pipe 1218*, xviii und Painter, *William Marshal*, 236–238.

[76] *Cal. Pat. Rolls*, I, 177; D. Carpenter, *Minority*, 94–95; Norgate, *Minority*, 102–103 und Painter, *William Marshal*, 260–261.

[77] D. Carpenter, *Minority*, 95.

[78] Vincent, *Peter des Roches*, 159–160.

Krieges, dem Earl von Winchester, auf die Heirat ihrer gemeinsamen
Nichte mit John de Lacy.[79]

Dennoch das Land, in welches Langton im Mai 1218 zurückkehrte,
war und blieb noch für geraume Zeit ein Land im Unfrieden. Sheriffs,
Kastellans und lokale Machthaber konnten weiterhin eigenmächtig
Politik betreiben, sich ohne Bestrafung Befehlen und Anweisungen des
Regentschaftsrates widersetzen, königliche Rechte usurpieren und sich
zu guter Letzt gegenseitig bekämpfen. Die Bereitschaft des Regenten und
der ihn umgebenden Magnaten und Amtsträger, eine Politik der Rückgewinnung königlicher Machtressourcen entschieden voranzutreiben,
war insgesamt schwach geblieben. Es bedurfte Anstößen von außen,
damit die Etablierung der königlichen Autorität in den folgenden Jahren energischer verfolgt wurde. Diese Impulse gingen vom Lehnsherrn
und Vormund des minderjährigen englischen Königs, Papst Honorius
III., aus, der daran interessiert war, dass sein Vasall seine Rechte ungeschmälert zurückerhielt.[80] Erstmals erteilte der Papst im April 1219 dem
neuen Legaten Pandulf, der Guala Ende des Jahres 1218 abgelöst hatte,
das Mandat, seine Anstrengungen bezüglich der Rückgewinnung aller
Burgen, königlichen Eigenguts und aller Besitzungen, die rechtmäßig
dem König gehörten, zu intensivieren.[81] Auch in den nächsten Jahren
drängte der Papst wiederholt den Regentschaftsrat, den eingeschlagenen
Weg auch gegen große Widerstände weiter zu verfolgen. Die daraus
resultierenden Konflikte zwischen den Magnaten sowie zwischen lokalen
Machthabern und dem Regentschaftsrat prägten das Reich bis 1225 und
führten es mehrmals an den Abgrund eines Bürgerkriegs.[82]

Langton wurde nach seiner Rückkehr nach England im Mai 1218
in diese Konflikte involviert. Seine Rolle war in erster Linie die eines
Vermittlers, der den Frieden im Reich zu sichern suchte. Er hatte in
den nächsten Jahren großen Anteil daran, dass die Wiederherstellung
der königlichen Autorität erfolgreich abgeschlossen werden konnte.

---

[79] Walter of Coventry, *Historical collections*, 240–241; Annales de Waverleia, 289 und
292; Annales de Dunstaplia, 54 und 56 und D. Carpenter, *Minority*, 84 und 103.
[80] D. Carpenter, *Minority*, 397–398.
[81] *Reg. Hon.*, I, Nr. 2025, 334.
[82] D. Carpenter, *Minority*, 127 und Stacey, *Politics*, 12–13.

IX.3. Die englische Kirche während des Bürgerkriegs und in den ersten Friedensjahren

Bevor wir uns wieder der Hauptfigur dieser Arbeit, Stephen Langton, widmen, möchte ich noch kurz die Verhältnisse in der englischen Kirche in den Jahren 1215 bis 1219 vorstellen. Die prägendste Gestalt dieser Jahre war ohne Zweifel der Legat Guala. Er hatte, wie bereits dargestellt, vom Papst 1216 den Auftrag erhalten, den Frieden in England wiederherzustellen und die Autorität des minderjährigen Königs zu stärken. Dazu sollte er die Führung der englischen Kirche übernehmen, um sie als einen wichtigen Pfeiler der Herrschaft Heinrichs III. zu etablieren. Die Abwesenheit Langtons erleichterte es dem Legaten, diese Aufgaben wahrzunehmen. Da dem englischen Episkopat mit dem Erzbischof von Canterbury sein traditionelles Haupt fehlte, musste Guala mit keiner energischen Opposition unter den Bischöfen rechnen, zumindest mit keinem massiven Widerstand, wie ihn sein Vorgänger Nicholas von Tusculum etwa gegen seine Politik der Besetzung vakanter Bistümer erfahren hatte.[83] Guala war vom Papst mit weitreichenden Vollmachten ausgestattet worden, um die Loyalität der englischen Kirche zum König sicherzustellen. Ihm waren Mandate zur Besetzung vakanter Kirchen und Bistümer, zur Suspendierung von widerspenstigen Klerikern und zur Exkommunikation der Rebellen ausgestellt worden.[84]

Schon während des Bürgerkriegs hatte Guala mit der Suspendierung von Klerikern begonnen, die die aufständischen Barone unterstützt hatten, und deren Pfründe eingezogen. Diese Politik setzte er auch in den ersten Friedensjahren fort. Von der Absetzung und Exilierung Simon Langtons wurde bereits berichtet. Wie viele weitere Geistliche gemäß dem päpstlichen Mandat suspendiert wurden, lässt sich auf Grund der Quellenlage nur schwer abschätzen. Vincent geht von nicht mehr als hundert Klerikern aus.[85] Darüber hinaus begann Guala auch das Patronatsrecht über vakante Kirchen auszuüben, deren Patrone exkommuniziert worden waren. Er bevorzugte bei der Neuvergabe der

---

[83] *Letters of Guala*, xli.

[84] Ebd., Nr. 168, 137–139 und Gibbs und Lang, *Bishops and Reform*, 71–72.

[85] Die meisten dieser Fälle sind in der Diözese Lincoln überliefert. Das ist auf die bessere Quellenlage dort zurückzuführen. Doch nicht einmal die für die Diözese Lincoln überlieferten Zahlen dürfen als vollständig gelten, vgl. *Letters of Guala*, lxi–lxii und lxvii und Sayers, *Honorius III*, 171–172. Vincent benennt einige der Kleriker, deren Pfründe eingezogen wurden, vgl. *Letters of Guala*, lxiii–lxiv.

Benefizien italienische Kleriker, die in erster Linie aus seiner direkten
Umgebung stammten oder an der Kurie arbeiteten.[86] Schon Gualas
Vorgänger, Nicholas von Tusculum, hatte auf Anweisung von Papst
Innozenz III. römische Geistliche mit englischen Benefizien versorgt,
doch im Vergleich zu Guala in bescheidenem Umfang. Für die englischen Patrone bestand dabei die Gefahr, ihre Pfründe dauerhaft zu
verlieren, da die Päpste spätestens seit Innozenz III. den Anspruch
erhoben, die Präsentation zu einer Kirche ausüben zu dürfen, sobald der
vorherige Inhaber an der Kurie verstarb oder dort Ämter inne hatte.[87]
An dieser Vergabe von Pfründen sowie an den Prokurationen Gualas,
die sich zwar nicht durch Unverhältnismäßigkeit auszeichneten, aber
seit je eher auf Ablehnung des heimischen Klerus stießen, entzündete
sich wiederholt die Kritik an dem Legaten.[88] Da sein Nachfolger Pandulf als Legat keinen grundlegenden Politikwechsel vollzog, wurden
Legationen in England zunehmend kritisch gesehen. Dieser Umstand
half Langton sicherlich ein paar Jahre später, sich päpstliche Privilegien
zu sichern, die die Provisionspolitik der Päpste in England erheblich
einschränkten und vermutlich die Entsendung eines neuen Legaten auf
die Insel zu seinen Lebzeiten verboten.[89]

Der wichtigste Beitrag Gualas zur Stabilisierung der Herrschaft
Heinrichs III. war die Besetzung vakanter Bistümer mit ausgesprochen
treuen Royalisten, darunter einigen *curiales*. Er sicherte damit für die
nahe Zukunft die Zusammenarbeit des Episkopats mit der Regentschaft,
festigte den Status der Kirche als einer der wichtigsten Stützen der
Krone.[90] Unter den von Guala promovierten Bischöfen waren auch zwei
Prälaten mit einem zweifelhaften Ruf als Kleriker, zum einen Hugh, der
Abt von Beaulieu, der im August 1218 zum Bischof von Carlisle erhoben
wurde, sowie Richard Marsh, der im Juni 1217 zum Bischof von Durham ernannt wurde.[91] Beide waren enge Weggefährten König Johanns
gewesen. Sie hatten trotz seiner Exkommunikation nach 1209 eng mit

---

[86] Daneben setzte er auch königstreue englische Kleriker in vakante Kirchen ein und
berücksichtigte dabei auch die Wünsche einiger Magnaten und die Interessen einiger
Bischöfe, vgl. *Letters of Guala*, lxvii–lxviii.
[87] *Letters of Guala*, lxviii–lxxiii und Sayers, *Honorius III*, 179.
[88] *Letters of Guala*, lviii–lxi.
[89] *Reg. Hon.*, I, Nr. 3122, 511; *Lambeth Ms. 1212*, fol. 128 und Annales de Dunstaplia,
74. Ausführlicher werden diese Privilegien weiter unten besprochen, vgl. unten, 288.
[90] Gibbs und Lang, *Bishops and Reform*, 11–13.
[91] *Letters of Guala*, Nr. 12, 11 und Nr. 22, 17–18.

ihm zusammengearbeitet. Hugh hatte als Gesandter des Königs an den Verhandlungen um die Promotion Langtons an der Kurie im Winter 1212/1213 teilgenommen. Drei Jahre später auf dem Laterankonzil hatte er neben Richard Marsh als einer der königlichen Prokuratoren die Anklagen gegen den Erzbischof vertreten. Daneben war Hugh durch seinen luxuriösen Lebensstil und eine Reihe von weiteren Verfehlungen negativ aufgefallen, die schon zu seiner Suspendierung durch das Generalkapitel der Zisterzienser geführt hatten.[92] Die Nähe von Richard Marsh zu König Johann und sein gespanntes Verhältnis zu Langton ist bereits thematisiert worden.[93] Einen weniger zweifelhaften Ruf genossen William de Blois, der Archidiakon von Buckingham, der von Guala vermutlich im August 1218 zum Bischof von Worcester ernannt wurde, und Ranulph von Wareham, der im Dezember 1217 zum Bischof von Chichester promoviert wurde.[94] Dennoch waren auch diese beiden Prälaten eng mit König Johann verbunden gewesen. William stammte aus einer Familie, die schon lange in Diensten der englischen Könige stand.[95] Ranulph war der Offizial von John de Grey gewesen, dem Bischof von Norwich. Nach dem Tod des Bischofs übergab ihm König Johann die Aufsicht über das vakante Bistum. Nach der Promotion Pandulfs zum Bischof von Norwich diente er diesem als Offizial.[96]

Auch die überwiegende Mehrheit jener Bischöfe, die ihr Amt vor der Legation Gualas erhalten hatten, war eine zuverlässige Stütze der englischen Krone und der Regentschaft. Wie erwähnt, hatten sich im Spätsommer 1215 auch jene Bischöfe der Partei des Königs angeschlossen, die zu den Verbündeten Langtons zählten.[97] Nur zwei Bischöfe gehörten nicht zur königlichen Partei, unter anderem Giles de Braose, der Bischof von Hereford, der sich den Rebellen angeschlossen hatte.[98] Die Wahl eines Nachfolgers überließ Guala offenbar der freien

---

[92] Über die Tätigkeit Hughs als königlicher Gesandter während des Interdiktes 1208 bis 1213 vgl. *Letters of Innocent III*, Nr. 793, 131 und Nr. 905, 149–150 und *Cal. Pap. Reg.*, 39. Über seine Gesandtschaft zum Laterankonzil im November 1215 vgl. *Foedera*, 138; Rogerus de Wendover, *Flores historiarum*, II, 159 und vgl. oben, 195. Für einen Überblick über seine auch wenig ruhmreiche Zeit als Bischof vgl. Gibbs und Lang, *Bishops and Reform*, 7–8.

[93] Vgl. oben, 125.

[94] *Letters of Guala*, Nr. 139, 100; Nr. 18, 15–16; Nr. 19, 16–17 und Nr. 20, 17.

[95] Ebd., lii.

[96] Vincent, Election of Pandulph Verracclo, 143–144 und 157.

[97] Vgl. oben, 187, Anm. 199.

[98] Walter of Coventry, *Historical collections*, 219 und *E.E.A., Hereford 1079–1234*, xlvi.

Entscheidung des Domkapitels, das entgegen den Wünschen des Königs Hugh de Mapemore ernannte.[99] Auch im Bistum Ely hatte es nach dem Tod von Bischof Eustace im Februar 1215 einen Streit um die Nachfolge zwischen dem dortigen Konvent und König Johann gegeben. Entgegen dem Willen Johanns wurde Robert von York, ein Anhänger der Rebellen, zum Bischof gewählt, ohne aber die Weihe zu erhalten. Der Konflikt wurde erst unter dem Legaten Pandulf 1220 gelöst.[100]

Neben der Treue zum König zeichnete sich der englische Episkopat dieser Jahre dadurch aus, dass ihm viele Prälaten angehörten, die in der königlichen Administration und am Königshof gedient und dort reichlich Erfahrung gesammelt hatten.[101] Dies förderte und erleichterte die Zusammenarbeit zwischen dem Episkopat und dem Regentschaftsrat. So fungierten einige Bischöfe beispielsweise als Richter im *general eyre* 1218, darunter jene aus Durham, Lincoln, Rochester, Bath und Salisbury.[102] Einige Bischöfe waren sogar Teil des Regentschaftsrates. An erster Stelle zu nennen ist Peter des Roches als Tutor des Königs sowie Ralph de Neville als Kanzler und Bischof von Chichester ab 1222.[103] Auch Richard le Poore und Joscelin von Wells wurden unter der Anleitung und Führung Langtons ab 1224 Mitglieder des Regentschaftsrates.[104]

Langton sah sich dementsprechend bei seiner Rückkehr 1218 einem Episkopat gegenüber, dessen Zusammensetzung sich während seiner Abwesenheit stark verändert hatte, und das sich zu einer wichtigen Stütze der Regentschaft entwickelt hatte. Während Langton als suspendierter Erzbischof im Streit mit König Johann die Insel für fast zweieinhalb Jahre verlassen hatte, waren seine Suffragane dem königlichen Lager treu geblieben. Langton konnte daher nicht erwarten, nach seiner Rückkehr zeitnah die Führung des Episkopats übernehmen zu können. Er musste zunächst seine Autorität sowie Ansehen und Respekt zurückgewinnen, bevor er seine traditionelle Vorrangstellung gegenüber den

---

[99] *Letters of Guala*, liii.

[100] Ebd., 20–22.

[101] Zu nennen wären Hugh und Joscelin von Wells, die Bischöfe von Lincoln und Bath, Richard le Poore, der Bischof von Salisbury, Richard Marsh, der Bischof von Durham, und Walter de Grey, der Erzbischof von York, die in der königlichen Kanzlei gearbeitet haben. Die späteren Bischöfe von London und Norwich, Eustace de Fauconberg und Thomas Blundeville, arbeiteten als Kleriker im *exchequer*, vgl. Sayers, *Honorius III*, 176–177.

[102] *Cal. Pat. Rolls*, I, 207–209.

[103] *Letters of Guala*, lv und D. Carpenter, *Minority*, 53.

[104] Vgl. unten, 331.

Bischöfen im königlichen Rat wieder einnehmen konnte. Dabei hatte er aber mit erheblichem Widerstand einzelner Bischöfe zu rechnen. Zu denken ist an Hugh de Beaulieu, den Bischof von Carlisle, und Richard Marsh, den Bischof von Durham, beides alte Rivalen des Erzbischofs. Ein weiterer gefährlicher Widersacher Langtons war Walter de Grey. Der Kanzler König Johanns hatte sich bei seiner Erhebung zum Erzbischof von York 1215 gegen Simon Langton durchgesetzt. Zu den daraus resultierenden Spannungen gesellte sich zudem die traditionelle Rivalität zwischen den beiden englischen Metropoliten. Zusammen mit seinen beiden Suffraganbischöfen Richard Marsh und Hugh de Beaulieu konnte der Erzbischof von York versuchen, im Norden ein konkurrierendes Machtzentrum zur Kirche von Canterbury zu bilden. Der mächtigste Gegner Langtons im Episkopat blieb aber Peter des Roches, der in den ersten Jahren der Minderjährigkeit Heinrichs III. als dessen Tutor viel an Macht und politischem Einfluss gewonnen hatte. Auch in der englischen Hierarchie war er weiter aufgestiegen, er war 1218 sicherlich der mächtigste Bischof auf der Insel. Er profitierte dabei zunächst von der Abwesenheit des Erzbischofs von Canterbury und der engen Zusammenarbeit mit dem Legaten Guala, nach der Rückkehr Langtons von seinen guten Beziehungen zum Legaten Pandulf und dessen Vorrang gegenüber dem Erzbischof.[105]

Vermutlich am 18. November 1218 legte Guala sein Amt als Legat nieder, nachdem ein päpstliches Mandat vom 12. September seine Legation für beendet erklärt hatte.[106] Sein Nachfolger, der päpstliche Subdiakon Pandulf, setzte seine Arbeit für den Frieden und für eine Stabilisierung und Stärkung der Herrschaft Heinrichs III. fort. Er besetzte weiterhin vakante Bistümer mit königstreuen Klerikern und übernahm die Verfolgung ehemaliger geistlicher Rebellen.[107] Bis zu seiner Abberufung im Juni 1221 war er der führende Kopf der Regentschaft, insbesondere nach dem Tod des Regenten William Marshal im Mai 1219. Er war dabei aber viel stärker als Guala in das tagespolitische Geschäft involviert.[108]

Sayers sieht einen direkten Zusammenhang zwischen diesem Wechsel der Legaten und der Rückkehr Langtons im Mai 1218. Sie vermutet, aus Sicht des Papstes sei eine Zusammenarbeit zwischen dem Erzbischof

---

[105] Vincent, *Peter des Roches*, 165–171.
[106] *Letters of Guala*, xlii–xliii.
[107] Sayers, *Honorius III*, 171 und *Letters of Guala*, lxv.
[108] D. Carpenter, *Minority*, 128–134.

und dem Legaten Pandulf erfolgsversprechender gewesen. Guala hätte
als Kardinallegat im Gegensatz zum Subdiakon Pandulf über ein solches Maß an Autorität und Gewicht verfügt, dass Langton kaum der
Platz geblieben wäre, um sich in England wieder etablieren zu können.
Es hätte die Gefahr bestanden, dass sich der Erzbischof weiter dem
Episkopat entfremdet hätte.[109] Aber gegen eine harmonische Zusammenarbeit Pandulfs mit Langton sprach ihr Verhältnis in der Vergangenheit. Pandulf hatte im September 1215 den Erzbischof suspendiert
und in Rom die Klagen des Königs gegen ihn vertreten. So scheint
auch Honorius III. mit möglichen Auseinandersetzungen gerechnet
zu haben und versuchte, diese durch eine klare Überordnung Pandulfs
gegenüber dem Erzbischof zu vermeiden. Entsprechend befreite er
Pandulf als Bischofelekt von Norwich vom Gehorsam gegenüber dem
Erzbischof.[110] Daneben ist ein etwas rätselhaftes päpstliches Mandat
vom 4. September 1218 an die Bischöfe von Winchester, Salisbury und
Chichester überliefert, in dem diese aufgefordert werden, irrtümlich
von der Kurie ausgestellte Briefe, deren Inhalt Pandulf hätte schaden
können, zu annullieren.[111] Wer die Ausstellung dieser Briefe veranlasst
hatte, welche Gefahr sie für den neuen Legaten beinhalteten, wird
nicht erläutert. Es ist aber nicht auszuschließen, dass Langton an ihrer
Ausstellung während seines Aufenthalts in Rom beteiligt war, vielleicht
um seine eigene Position gegenüber Pandulf zu stärken.[112] Festzuhalten
bleibt, dass Honorius III. alles tat, um die Autorität des Legaten zu
stärken, um mögliche Kompetenzstreitigkeiten mit dem Erzbischof
von Anfang an zu verhindern.

Wahrscheinlich standen daher hinter dem Rückzug Gualas keine
irgendwie gearteten Überlegungen bezüglich einer zukünftigen Zusam-

---

[109] Sayers, *Honorius III*, 174–175.
[110] *Royal letters*, App. V, Nr. 6, 533. Die Gunst, die Pandulf bei Honorius III. genoss,
wird darüber hinaus spätestens im Januar 1217 durch die Verleihung des Titels eines
päpstlichen Kämmerers deutlich, vgl. Vincent, Election of Pandulph Verraclo, 158.
[111] *Reg. Hon.*, I, Nr. 1612, 269.
[112] Sayers, *Honorius III*, 175 Es könnte ein Zusammenhang zwischen diesen Briefen, deren Annullierung der Papst veranlasste, und einem Prozess um die Kirche von
Exminster bestehen. Diese Kirche hatte Papst Honorius III. zwischen 1216 und Juli
1218 dem späteren Legaten Pandulf übergeben. Nach Beschwerden eines gewissen
Magisters Adam Aaron, der selbst Ansprüche auf die Kirche erhob, war der Fall vom
Bischof von Exeter an die Kurie überwiesen worden. Im Juli 1218 wurde schließlich
Langton als Richter vom Papst beauftragt, den Fall zu entscheiden, vgl. *Reg. Hon.*, I,
Nr. 1525, 253; *Cal. Pap. Reg.*, 56–57 und *Letters of Guala*, Nr. 181, 146. Ob Langton
ein Urteil zu Ungunsten Pandulfs fällte, oder ob ihm vielleicht zuvor das Mandat zur
Entscheidung entzogen worden war, ist nicht bekannt.

menarbeit mit dem Erzbischof, sondern allein der persönliche Wunsch des Legaten, sein Amt niederzulegen. Guala scheint seiner Arbeit überdrüssig geworden zu sein.[113] Bei der Suche nach einem Nachfolger fiel dann fast zwangsläufig der Name Pandulfs. Der päpstliche Subdiakon kannte die englischen Verhältnisse durch zahlreiche Missionen besser als jeder andere an der Kurie und hatte Johann, dem Vater des minderjährigen Königs, nach dessen Unterwerfung 1213 treue Dienste geleistet.[114]

Die Politik in England wurde daher auch in den ersten Jahren nach der Rückkehr Langtons im Mai 1218 von einem päpstlichen Legaten maßgeblich bestimmt. In welchem Ausmaße dieser seine politischen Handlungsspielräume als Erzbischof beschneiden konnte, hatte Langton in den Jahren 1213 und 1214 schmerzlich erfahren müssen. Doch zunächst musste er sich mit der Anwesenheit und der Überordnung Pandulfs arrangieren. Erst einmal galt es, sich gegen die mächtige Konkurrenz innerhalb des englischen Episkopats durchzusetzen, seine Autorität als Erzbischof von Canterbury zu festigen und sich wieder als Machtzentrum der englischen Kirche zu behaupten. Erst wenn er den Klerus wieder hinter sich vereint hatte, und die Bischöfe seine Führung akzeptiert hatten, konnte er hoffen, den Papst von einem notwendigen Ende der Legation überzeugen zu können. Mit der Abberufung des Legaten hätte er dann nicht nur seine volle Amtsautorität als Metropolit, sondern auch seine politische Handlungsfreiheit zurückgewonnen. Ohne bischöfliche oder legatine Konkurrenz würde er im königlichen Rat wieder als Sprachrohr des Episkopats auftreten können. Er hätte seinen traditionellen Status als politisches Schwergewicht zurückerobert.

Die Rahmenbedingungen für eine Rückkehr an die Spitze der *ecclesia Anglicana* waren günstig. Zwei Ereignisse, die schon erwähnten Todesfälle von Papst Innozenz III. und König Johann im Jahr 1216, spielen dabei eine Schlüsselrolle. Ihre Folgen für den Erzbischof und seine Gestaltungsmöglichkeiten im Reich und in der englischen Kirche sollen im folgenden Kapitel dargestellt werden.

---

[113] *Reg. Hon.*, I, Nr. 1621, 270 und Vincent, Election of Pandulph Verracclo, 158.
[114] Norgate, *Minority*, 110–112.

KAPITEL X

LANGTONS RÜCKKEHR IN DIE ENGLISCHE POLITIK.
DIE JAHRE 1218–1220

X.1. Die Rahmenbedingungen für die Rückkehr Langtons nach England im Mai 1218

Wann sich Langton von seinen Rücktrittsgedanken endgültig löste und ab wann er eine Rückkehr nach England als Erzbischof von Canterbury erwog, darüber kann nur spekuliert werden, da aussagekräftige Quellen fehlen. Die Todesfälle seiner zwei wichtigsten Kontrahenten, Papst Innozenz III. und König Johann, waren mit Sicherheit wichtige Faktoren in seinen Überlegungen, schließlich eröffneten sie ihm neue Perspektiven in seinem Amt.

Der Tod von Papst Innozenz III. ermöglichte Langton einen Neuanfang an der Kurie. Natürlich trat Honorius III. nicht ganz unvoreingenommen vor den Erzbischof. Er war 1193 zum Kardinaldiakon ernannt worden und hatte an der Kurie die Konflikte zwischen dem Apostolischen Stuhl, der englischen Krone und der Kirche von Canterbury miterlebt.[1] Trotz aller Kontinuitäten der päpstlichen Politik saß aber eine neue Persönlichkeit auf dem Stuhl Petri, zu der Langton ein wesentlich unbelasteteres Verhältnis hatte. Der Aufbau guter und stabiler Beziehungen war möglich, und wurde zudem dadurch erleichtert, dass Langton nach dem Tod König Johanns die päpstliche Politik in England prinzipiell unterstützte. Er befürwortete, wie ich weiter unten zeigen werde, die Initiativen der Kurie zur Wiedererrichtung und Stärkung der zentralen Königsherrschaft. Grundlegende Konflikte über den Kurs der englischen Kirche gegenüber der Krone, wie sie der Erzbischof mit Innozenz III. ausgetragen hatte, führte er daher mit Honorius III. nicht mehr. Langton war nun durchaus bereit, selbst in sensiblen Punkten, wie den Bischofswahlen, die Kurie zu unterstützen und königstreuen Kandidaten in Kirchenämter zu verhelfen. Das

---

[1] Sayers, *Honorius III*, 1.

Verhältnis des Erzbischofs zum Apostolischen Stuhl wurde daher nach
dem Amtsantritt von Honorius III. auf ein neues Fundament gestellt.

Als Indizien für die deutlich bessere Beziehung des Erzbischofs zum
neuen Papst mögen zunächst jene Privilegien gelten, deren Ausstellung
Langton im Sommer 1216 erfolgreich zu Gunsten des Klosters Winch-
combe als Fürsprecher bei Honorius III. aushandelte.[2] Daneben konnte
sich der Erzbischof im Februar 1218 die Unterstützung des Papstes
bei der Pfründevergabe für seinen Kapelan Aaron sichern. Langton
erteilte mit päpstlicher Zustimmung seinem Kleriker einen Dispens
vom Verbot, mehrere Pfründe zu halten.[3] Auch für die folgenden Jahre
ist eine enge und erfolgreiche Zusammenarbeit zu konstatieren. Langton konnte sich vertrauensvoll mit seinen Anliegen und Bitten an die
Kurie wenden. Auf der anderen Seite war der Erzbischof auch Adressat
päpstlicher Mandate, die die Umsetzung päpstlicher Interessen in England zum Inhalt hatten.[4] In Rom saß nun wieder ein Partner Langtons,
mit dessen Unterstützung der Erzbischof im Regelfall rechnen konnte.
Die unter Innozenz III. stets latente Gefahr durch ein Bündnis seiner
Widersacher mit dem Papst kaltgestellt zu werden, war nun erheblich
kleiner geworden.

Mit dem englischen König war Langtons größter politischer Gegner
in England gestorben, mit dem eine weitere Zusammenarbeit nach der
Suspendierung des Erzbischofs kaum mehr möglich erschienen war.
Dagegen war sein Verhältnis zu dem minderjährigen Sohn Johanns,
Heinrich III., gänzlich unbelastet und konnte zukünftig positiv gestal-
tet werden. Zunächst aber besaßen seine Beziehungen zum Regenten
William Marshal, zum Legaten Guala sowie zu den mächtigsten
Royalisten Priorität, die das Inselreich seit dem Sieg über die Rebellen
regierten. Das gute Verhältnis des Erzbischofs zu Papst Honorius III.,
dem Vormund Heinrichs III., zwang den Regenten und insbesondere
den Legaten, freundschaftliche Beziehungen zu Langton aufzubauen.
Ein erstes Indiz für dieses Bemühen ist ihr Vorgehen gegen Hugh de
Balliol, einen Kastellan Johanns während des Krieges.[5] Dem Erzbischof
waren nach seiner Suspendierung jene erwähnten Lehen in Yorkshire

---

[2] Sayers, *Honorius III*, 189.

[3] *Reg. Hon.*, I, Nr. 998, 170 und Nr. 1117, 187–188.

[4] Zu beachten sind in erster Linie die päpstlichen Briefe zu Langtons Gunsten aus
dem Frühjahr 1219, vgl. *Cal. Pap. Reg.*, 62; *Reg. Hon.*, I, Nr. 1833, 304; *Original papal
documents*, Nr. 68, 37 und *Lambeth Ms. 1212*, fol. 126. Zur Rolle Langtons als päpstlicher Mandatsempfänger vgl. unten, 248–252.

[5] D. Carpenter, *Minority*, 20.

entzogen worden, die sein Vorgänger Hubert Walter von William de
Paynel erworben hatte, und die König Johann Langton erst im Novem-
ber 1214 bestätigt hatte.[6] Im Oktober 1217, kurz nach dem Frieden von
Kingston, wurde der Sheriff von York beauftragt, für die Rückgabe der
baronia an Langton zu sorgen, die im Krieg Hugh de Balliol übertragen
worden waren.[7] Doch de Balliol weigerte sich beharrlich, den Befehlen
des Sheriffs Folge zu leisten. In ähnlich gelagerten Fällen hatte sich der
Regentschaftsrat bei hartnäckigem Widerstand eines Magnaten mit der
Ausstellung weiterer Mandate begnügt, die zur Rückgabe ermahnten.[8]
Es spricht daher für ein großes Interesse des Regentschaftsrates an
der Gunst Langtons, dass William Marshal und seine Kollegen sich
entschieden, zusätzlichen Druck auf Hugh auszuüben, indem man im
September 1218 eines seiner Güter unter die gemeinsame Aufsicht eines
seiner Amtsträger und eines königlichen Bediensteten stellte und mit
dessen Entzug drohte.[9] Auf Bitten Langtons beauftragte zudem Papst
Honorius III. in einem Brief den Legaten, für die Rückgabe der Lehen
an den Erzbischof zu sorgen, notfalls auch mit kirchlichen Sanktionen
gegen Hugh de Balliol.[10] Im März 1219, auf Grund des anhaltenden
Widerstands, machte der Regentschaftsrat seine Drohung vom September 1218 wahr, entzog de Balliol sein Gut und übertrug es Langton.[11]
Schließlich lenkte Hugh de Balliol angesichts des nicht nachlassenden
Drucks ein und übergab am 26. April 1219 vor den Baronen des
exchequer dem Erzbischof die umstrittenen Lehen.[12]

Ein weiterer Brief aus der königlichen Kanzlei bestätigt den Eindruck,
der Regentschaftsrat habe sich gleich nach der Ankunft Langtons in

---

[6] Vgl. oben, 153.

[7] *Rot. Lit. Claus.*, I, 339 und 346.

[8] Ein weiteres Mandat an den Sheriff von York, ohne Verzögerung für eine Rückgabe
der Aufsicht an Langton zu sorgen, stammt vom 13. Mai 1218, vgl. *Rot. Lit. Claus.*,
I, 361. Allgemein hatte der Sheriff von York, Geoffrey de Neville, offenbar große
Schwierigkeiten, die Autorität des Königs gegen die Magnaten in seiner Grafschaft
durchzusetzen, vgl. D. Carpenter, *Minority*, 80.

[9] *CFR 1217–1218*, Nr. 203.

[10] *Lambeth Ms. 1212*, fol. 126.

[11] *Rot. Lit. Claus.*, I, 389. Hugh de Balliol selbst kämpfte um die Rückgabe seines
Guts Mere in Wiltshire, das der Earl von Salisbury entgegen den Anordnungen des
Regentschaftsrates zurückhielt, vgl. D. Carpenter, *Minority*, 88 und 162.

[12] *Transcript of Memoranda Rolls*, K.R., Nr. 2, fol. 4. Langton hatte damit aber noch
keineswegs die Aufsicht über das besagte Lehen sicher. Wie ich weiter unten darstellen
werde, sah sich der Erzbischof zwischen 1219 und 1221 vor Gericht den Klagen eines
gewissen Radulphus de Fay ausgesetzt, der selbst Ansprüche auf das Lehen erhob,
vgl. unten, 429.

England um ein freundschaftliches Verhältnis zu ihm bemüht. In einem Mandat vom 13. Mai 1218 werden Hubert de Burgh und William Marshal, der Sohn des Regenten, aufgefordert, die Rückgabe der Münzstätten in Canterbury an den Erzbischof sicher zu stellen.[13]

Langton stand diesem Bemühen des Regentschaftsrates um gute Beziehungen aufgeschlossen gegenüber, da er dessen Politikstil und dessen politische Ausrichtung, insbesondere das Engagement für eine Stärkung der zentralen Königsmacht, unterstützte. Er akzeptierte die Institution des Königtums, trotz aller Kritik an den Auswüchsen der Königsherrschaft. In seiner Predigt vom August 1213 hatte er den Königen die Aufgabe zugewiesen, die Kirche zu schützen.[14] Der Herrscher musste aber über ausreichend Macht verfügen, um den Klerus gegen Angriffe von außerhalb und innerhalb seines Reiches verteidigen zu können. Daher fand eine Politik, die sich der Rückgewinnung beziehungsweise Bewahrung königlicher Machtressourcen zum Ziel setzte, die Zustimmung Langtons. Carpenter verweist zudem auf die sich im 13. Jahrhundert etablierende Idee der Unveräußerlichkeit königlichen Eigenguts, die insbesondere im Episkopat Unterstützung fand, da die Bischöfe selbst dazu verpflichtet waren, die Güter ihrer Kirche zu erhalten und gegebenenfalls zu verteidigen.[15] Entsprechend wird in der von Langton 1222 in Oxford veröffentlichten Provinzgesetzgebung allen Personen die Exkommunikation angedroht, die dem König seine Rechte vorenthalten.[16]

Daneben hatte der Erlass der Magna Carta 1216 und 1217 offenbart, auf welcher Seite im Bürgerkrieg nach dem Tod König Johanns die moderaten Kräfte des Reiches standen. Deren Position hatte Langton zusammen mit William Marshal im Sommer 1215 vertreten. Sie hatten sich aber gegen die Extremisten unter den Rebellen sowie gegen einen König, der sich jedem Kompromiss verweigerte, nicht durchsetzen können. Der Erzbischof begrüßte daher mit Sicherheit die Ausstellung einer revidierten, weniger radikalen Fassung der Magna Carta 1216 und 1217.[17] Im weiteren Verlauf der Arbeit zeigt sich, dass Langton den Wiederaufbau der Königsherrschaft auch aktiv unterstützte. Er

---

[13] *Rot. Lit. Claus.*, I, 361.
[14] *Selected Sermons*, 48–49 und Unpublished document, 418.
[15] D. Carpenter, *Minority*, 264–265 und 286–287.
[16] *Councils and synods*, 106–107.
[17] D. Carpenter, *Minority*, 101.

war jedoch stets darauf bedacht, dass diese sich in den von der Magna Carta gesetzten Grenzen bewegte.

Daneben bestärkte der Erzbischof vermutlich den Regentschaftsrat in seiner Praxis, die Politik in Absprache und im Konsens mit allen Magnaten zu gestalten, da diese Art der Machtausübung seinen in den theologischen Schriften formulierten Überzeugungen von gerechter Herrschaft entsprach. Die Barone des Reiches besaßen so während der Minderjährigkeit Heinrichs III. außergewöhnlich große Gestaltungsspielräume. Das galt auch und besonders für Langton, der als Erzbischof von Canterbury einer der vornehmsten und mächtigsten Magnaten auf der Insel war. Seine Möglichkeiten, die Politik nach seinen Plänen und Idealen mitzugestalten, von ihm vertretene Herrschaftsprinzipien zu etablieren, waren somit nach 1218 weitaus größer als in den Jahren vor 1215, als König Johann das Reich mit wenigen Getreuen regierte. Langton konnte daher für seine Zukunft als Erzbischof vorsichtig optimistisch sein, als er, über zweieinhalb Jahre nach seinem demütigenden Abschied, der ihn über einen Rücktritt von seinem Amt hatte nachdenken lassen, im Mai 1218 in England landete.

X.2. *Langtons Rückkehr an die Spitze der englischen Kirche 1218 bis 1220*

Das wichtigste Ziel Langtons aber war es zunächst, als Erzbischof von Canterbury seine traditionelle Vorrangstellung im Episkopat zurückzugewinnen, eine Grundvoraussetzung, um das politische Potential seines Amtes voll ausschöpfen zu können. Von grundlegender Bedeutung für diese Rückkehr an die Spitze der englischen Kirche war die konstante Unterstützung aus Rom, von seinem neuen Partner Papst Honorius III.

Die päpstliche Rückendeckung für Langton offenbart sich zunächst in der Auseinandersetzung mit dessen nördlichem Rivalen, dem Erzbischof von York, um das Kreuztragen in der Provinz des jeweils anderen Metropoliten. Diese symbolische Handlung war das Relikt des seit über hundert Jahren ausgetragenen Konflikts zwischen den beiden englischen Erzbischöfen um den Primat. Das Kreuztragen in der Provinz des Rivalen sollte den Anspruch auf den umstrittenen, aber rechtlich irrelevanten Titel verdeutlichen. Auch der unmittelbare Vorgänger Langtons, Hubert Walter, hatte den Streit angeheizt, indem er 1194 in

Nottingham, in der Provinz York, sein Kreuz vor sich hertragen ließ.[18]
Der Konflikt prägte auch die Beziehungen Langtons zu seinem Rivalen
Walter de Grey. Dabei ging die Provokation stets von York aus. Das ist
nicht überraschend, wenn man bedenkt, dass der Erzbischof aus dem
Norden auf Grund säkularer politischer oder kirchlicher Verpflichtungen sehr viel häufiger in die südliche Kirchenprovinz reisen musste als
sein Gegenüber aus Canterbury in die nördliche.[19] Noch vor Langtons
Abreise nach England im Februar 1218 erteilte der Papst Walter de
Grey das Verbot, sein Kreuz beim Betreten der Provinz Canterbury
vor sich hertragen zu lassen.[20] De Grey zeigte sich offenbar von dem
päpstlichen Mandat unbeeindruckt, da Honorius III. sich nur ein Jahr
später dazu gezwungen sah, sein Verbot zu wiederholen. Er wandte
sich an den Legaten Pandulf mit dem Auftrag, den Erzbischof erneut
zu ermahnen, beim Betreten der Provinz Canterbury das Kreuz nicht
vor sich hertragen zu lassen.[21] Der päpstliche Brief ging auf Langtons
Initiative zurück, der wahrscheinlich hoffte, durch die zusätzliche
Autorität des Legaten in England seinem Recht zur Durchsetzung verhelfen zu können. Honorius III. bot in diesem Schreiben zwar Walter
de Grey an, sich für die Prüfung seiner Rechtsansprüche an die Kurie
zu wenden, bestätigte aber im Juni 1220 nach einer entsprechenden
Klage de Greys in Rom seine vorherigen Mandate.[22] Doch es dauerte
nicht lange, bis sich der Erzbischof von York erneut dem päpstlichen
Urteil widersetzte. Ende des Jahres 1220 empfing das Domkapitel von
Lincoln Walter de Grey, der bei der Prozession sein Kreuz vor sich
hertragen ließ.[23] Interessanterweise fand dieser erneute Verstoß statt,
als Langton in Rom an der Kurie weilte. Dort erreichte der Erzbischof
zum wiederholten Male ein an den Erzbischof von York gerichtetes,
päpstliches Verbot.[24] Schließlich scheint man auf eine Verhandlungslösung gesetzt zu haben, denn die beiden Metropoliten trafen sich 1222

---

[18] Cheney, *Hubert Walter*, 53–54.
[19] Ebd., 53.
[20] *Reg. Hon.*, I, Nr. 1067, 180.
[21] *Lambeth Ms. 1212*, fol. 126.
[22] *Lambeth Ms. 1212*, fol. 126r.
[23] Die Kirche von Lincoln wurde daraufhin von dem Offizial Langtons mit einem
Bannspruch belegt. Im Herbst 1221 wurde der Spruch aufgehoben, nachdem das
Domkapitel von Lincoln versprochen hatte, dem Mandat Langtons, der im Juni 1221
nach einem weiteren Aufenthalt in Rom nach England zurückgekehrt war, Folge
zu leisten. Was dieses Mandat beinhaltete, wird nicht spezifiziert, vgl. Annales de
Dunstaplia, 62.
[24] Ebd., 74.

in Lincoln, ohne aber eine Einigung erzielen zu können.[25] Vermutlich war der Konflikt um das Kreuztragen auch der Grund für de Greys Brief an Hubert de Burgh aus dem Jahr 1223, in dem er die Verschiebung seiner Reise nach London damit begründete, ein Treffen mit Langton vermeiden zu wollen, da ansonsten in der Gegenwart des Königs von Jerusalem ein Skandal drohe.[26] Über den Fortgang des Konflikts bis zum Tod Langtons 1228 schweigen die überlieferten Quellen. Wie ich weiter unten ausführen werde, ist aber Ende des Jahres 1223 angesichts einer großen politischen Krise im Königreich eine Annäherung zwischen den beiden Metropoliten zu konstatieren.[27] Möglicherweise legte man bei dieser Gelegenheit auch den Konflikt um das Kreuztragen bei.

Diese hier skizzierte Auseinandersetzung dokumentiert nicht nur die verlässliche Unterstützung, die Langton aus Rom genoss. Die Hartnäckigkeit, mit der sich Walter de Grey den päpstlichen Mandaten widersetzte, offenbart darüber hinaus die begrenzte Autorität, über die Langton nach seiner Rückkehr 1218 zunächst verfügte. Er wusste sich gegen die Übergriffe aus York nicht anders zu wehren, als weitere Hilferufe an den Papst und dessen Vertreter in England, den Legaten Pandulf, zu senden. Daneben aber lassen sich auch Indizien erkennen, die auf eine Stärkung der Autorität Langtons im Laufe der Jahre schließen lassen. So war es möglicherweise kein Zufall, dass de Grey 1220 einen weiteren Verstoß gegen die päpstlichen Mandate wagte, als Langton erneut, weit weg von England, in Rom weilte. 1222 schließlich scheint sich der Erzbischof von York auf Verhandlungen eingelassen zu haben, ab 1223 sind keine weiteren Verstöße de Greys mehr überliefert. Langton war zu diesem Zeitpunkt wieder das Machtzentrum der englischen Kirche, der seine Widersacher im Episkopat weitgehend isoliert hatte. Der Erzbischof aus York könnte daher weitere Auseinandersetzungen um eine rechtlich irrelevante Frage als kontraproduktiv erachtet haben.

Zunächst aber stand Langton nach seiner Rückkehr 1218 auch in seiner eigenen Kirchenprovinz mächtigen Rivalen gegenüber. Er bat daher im Februar 1218 Papst Honorius III. um die Ausstellung eines zweiten Mandats. Darin wird seinen Suffraganen befohlen, ihm, dem Erzbischof von Canterbury, Gehorsam und Ehrfurcht zu erweisen.[28] Empfänger

---

[25] *Annales de Dunstaplia*, 77.
[26] *Register of Walter Gray*, Nr. 21, 145–146.
[27] Vgl. unten, 334, Anm. 22.
[28] *Reg. Hon.*, I, Nr. 1105, 186.

dieses Mandats war unter anderem Peter des Roches, der Bischof von
Winchester. Der für Langton vielleicht gefährlichste Widersacher im
englischen Episkopat wurde vom Papst an seine Unterordnung unter
den Erzbischof erinnert. Dieser betrachtete es daher offenbar, auch als
Mitglied des Regentschaftsrates, für vernünftig, sich um gute Beziehungen zu Langton zu bemühen. Im Winter 1218 versuchte Peter des
Roches etwa, bestimmte Freiheiten und Rechte des Erzbischofs durch
ihn autorisierte, königliche Mandate gegenüber Reiserichtern des
erwähnten *general eyre* zu schützen. Er stellte zudem königliche Briefe
aus, in dem umstrittene Prozesse, in denen die Kirche von Canterbury
involviert war, verschoben wurden, um im königlichen Rat verhandelt
zu werden.[29] Noch besaß Langton nicht die Autorität in der englischen
Hierarchie, um des Roches wirklich gefährlich werden zu können.
Aber das päpstliche Mandat hatte diesem, wie allen anderen Bischöfen,
deutlich gemacht, dass Langton als Erzbischof von Canterbury wieder
die volle Rückendeckung der Kurie genoss. Ein Konflikt mit dem
Metropoliten bedeutete nun wieder das Risiko einer Auseinandersetzung mit dem Papst. Es konnte daher klüger sein, sich um Langton als
Verbündeten zu bemühen, als ihn zum Gegner zu haben.

Daneben stärkte Honorius III. die Autorität Langtons innerhalb der
englischen Kirche, indem er ihm wichtige Aufgaben in der Provinz
Canterbury übertrug. Prinzipiell blieb auch nach der Rückkehr Langtons
der Legat das Sprachrohr des Papstes auf den britischen Inseln. Er war
der Hauptverantwortliche für die Durchsetzung und Durchführung
der päpstlichen Politik in England. Dies galt insbesondere für weltliche Angelegenheiten. Päpstliche Mandate, die sich mit der Politik in
England auseinandersetzten, waren fast ausschließlich an den Legaten
gerichtet.[30] Auch Anordnungen aus Rom, die die englische Kirche
als Ganzes betrafen, hatten den Legaten als Adressaten.[31] Zudem war
der Legat nicht nur für England, sondern für die gesamten britischen
Inseln zuständig.[32]

---

[29] *Rot. Lit. Claus.*, I, 383–384 und Vincent, *Peter des Roches*, 171–172.
[30] Vgl. etwa *Reg. Hon.*, I, Nr. 2025, 334; Nr. 2453, 405; Nr. 2460, 407 und Nr. 2464, 407.
[31] Ein Beispiel für ein solches Mandat ist der Befehl des Papstes an Pandulf, darauf
zu achten, dass bei den Kirchenwahlen in England die königlichen Rechte geachtet
werden, vgl. *Reg. Hon.*, I, Nr. 2026, 334. In diesen Zusammenhang gehört ein weiterer Brief des Papstes, in dem er die Domkapitel in England und Wales ermahnt, nur
Kandidaten zu wählen, die in Treue zum König und der Römischen Kirche stehen,
vgl. *Reg. Hon.*, I, Nr. 2027, 335.
[32] Ebd., Nr. 2146, 355; Nr. 2245, 373 und Nr. 2287, 380.

Dagegen scheint der Papst die Zuständigkeit für die Provinz Canterbury zwischen dem Legaten und Langton aufgeteilt zu haben. An beide Prälaten gingen eine ganze Reihe päpstlicher Mandate, die kirchliche Angelegenheiten in dieser Provinz betrafen.[33] Dies waren zunächst Bitten des Papstes an Langton, einige Kleriker an der Kurie mit Pfründen zu versorgen. So beauftragte Honorius III. im Mai 1218 den Erzbischof zusammen mit den Bischöfen von Rochester und Salisbury, den Bischofelekt von Ely, Robert von York, dahingehend zu beeinflussen, dass er einem päpstlichen Schreiber, dem Magister Jakob, kirchliche Pfründe verleihe.[34] Schon kurze Zeit später sollte Langton für den Akoluth des Papstes, Alexander, kirchliche Pfründe beschaffen.[35] Schließlich erhielt er von Honorius III. das Mandat, den Neffen des verstorbenen Erzbischofs von Lyon mit Pfründen in seiner Provinz auszustatten, nachdem der Legat Guala diesem seine Pfründe in der Kirche von London entzogen hatte.[36] Langton wurde damit neben dem Legaten in die päpstliche Provisionspolitik in England eingebunden. Dies war sicherlich keine Aufgabe, die dem Erzbischof zu neuen Freunden im englischen Klerus verhalf. Langton setzte sich vermutlich deshalb bei seinem nächsten Romaufenthalt im Winter 1220/1221 für eine Einschränkung der päpstlichen Provisionspolitik ein.[37] Zunächst aber könnte eine erfolgreiche Durchsetzung solch unpopulärer Maßnahmen auch seine Autorität als Erzbischof gestärkt, ihm mehr Respekt innerhalb der Kirche verschafft haben.

Auf weitaus positivere Resonanz stieß dagegen mit Sicherheit seine Beteiligung an der *translatio* des Heiligen Wulfstan, Bischof von Worcester von 1062 bis 1095, die schon kurz nach seiner Rückkehr am 7. Juni 1218 in Worcester stattfand.[38] Der Fortsetzung der Chronik von Gervase von Canterbury zufolge leitete der Erzbischof die Feier und konnte sogar einen Arm des Heiligen als Reliquie für die Kirche von Canterbury sichern.[39] Es ist bemerkenswert, dass Wulfstan der von König Johann bevorzugte Heilige war, auf den er sich im Kampf gegen Innozenz III. um seine Rechte bei den Bischofswahlen mehrfach berufen hatte und

---

[33] Für einige päpstliche Mandate an den Legaten Pandulf, die ihm Aufgaben in der Provinz Canterbury übertrugen vgl. etwa *Reg. Hon.*, I, Nr. 2049, 338 und Nr. 2364, 392.
[34] Ebd., Nr. 1307, 216.
[35] Das Mandat stammt vom 10. Juli 1219, vgl. ebd., I, Nr. 1517, 251.
[36] Ebd., Nr. 2210, 367 und *Cal. Pap. Reg.*, 68.
[37] Vgl. unten, 288.
[38] William of Malmesbury, *Vita Wulfstani*, 184–185.
[39] Gervase of Canterbury, *Historical works*, II, 285.

neben dem er sich seinem letzten Willen gemäß begraben ließ.[40] Für die
Kirche dagegen besaß Wulfstan seine Bedeutung als Heiliger darin, dass
er König Wilhelm I. Widerstand geleistet hatte.[41] Trotzdem könnte die
Beteiligung an, möglicherweise gar die Leitung jener *translatio* durch
Langton als Signal an die Getreuen König Johanns zur Versöhnung
verstanden worden sein.

Von größerer Bedeutung für Langtons Bemühen, Akzeptanz und
Anerkennung in der englischen Kirche zurückzugewinnen, war das
Mandat des Papstes vom April 1219. Nachdem Honorius III. die
Bitte des englischen Episkopats erreicht hatte, Hugh von Avalon, den
verstorbenen Bischof von Lincoln, heilig zu sprechen, übertrug er
Langton sowie dem Bischof von Coventry und dem Abt von Fountains
die Aufgabe, im Rahmen des Kanonisierungsverfahrens das Leben
und die Wunder Hughs von Avalon zu untersuchen.[42] Wahrscheinlich noch vor Oktober 1219 befragte Langton zusammen mit John,
dem Abt von Fountains, in Lincoln Zeugen zu den Wundern.[43] Wie
lange die Kommission tagte, ist nicht bekannt, es scheinen aber so
viele Zeugen vor Langton und dem Abt erschienen zu sein, dass nicht
alle gehört und auch nur einige der vielen bezeugten Wunder in den
Bericht an den Papst aufgenommen werden konnten.[44] Es zeugt von
einem gewissenhaften Vorgehen, dass zur genaueren Untersuchung
vor Ort zweier Wunderheilungen zwei weitere, untergeordnete Kom-
missionen eingerichtet wurden.[45] Trotzdem konnte Langton schon im
November den Abschlussbericht über die Untersuchungsergebnisse an
die Kurie senden.[46] Zu seiner Unterstützung verfasste der Bischof von
London im Namen weiterer Suffragane einen Brief an den Papst, in
dem er mitteilte, dass die Bischöfe den Ergebnissen der Kommission
Glauben schenken und die Kanonisierung Hughs befürworten wür-

---

[40] *Foedera*, 144 und Mason, *St. Wulfstan of Worcester*, 281–282.

[41] Mason, *St. Wulfstan of Worcester*, 282.

[42] Canonization of St. Hugh, 90–91. Der Bischof von Coventry war zu dieser Zeit im
Heiligen Land und konnte daher diese Aufgabe nicht wahrnehmen, vgl. *Acta Stephani*,
Nr. 49, 65. Das Bemühen um eine Heiligsprechung hatte schon bald nach dem Tod
Hughs von Avalon begonnen. Das Verfahren wurde aber durch das Große Interdikt und
den späteren Bürgerkrieg verzögert, vgl. D.H. Farmer, *Saint Hugh of Lincoln*, 100.

[43] Canonization of St. Hugh, 88.

[44] *Metrical Life of St. Hugh*, Z. 1239–1251; *Shorter latin poems*, 79–80 und Canonization of St. Hugh, 96.

[45] Canonization of St. Hugh, 107–110.

[46] *Acta Stephani*, Nr. 49, 64–65 und Canonization of St. Hugh, 93–106.

den.[47] Auch der Nachfolger Hughs von Avalon in Lincoln, Hugh von Wells, bestätigte zusammen mit seinem Domkapitel die Sorgfalt, mit der die Kommission ihre Aufgabe erledigt hatte.[48] Hugh von Avalon wurde daraufhin vom Papst im Februar 1220 heilig gesprochen.[49] Das Kanonisierungsverfahren hatte demnach nicht einmal ein ganzes Jahr beansprucht, eine im Vergleich relativ kurze Zeit.[50] Die Wahrnehmung dieser sehr ehrenvollen Aufgabe und der allgemeine Zuspruch, den Langton für sein sorgfältiges und zudem sehr effizientes und schnelles Vorgehen von seinen Suffraganen erfuhr, trugen mit Sicherheit zur weiteren Stärkung seiner Autorität als Erzbischof bei.

Obwohl Honorius III. einem Legaten die Leitung des Reiches und der Kirche übertragen hatte, hatte er dennoch den Erzbischof in die Umsetzung päpstlicher Politik in England miteingebunden. Dieses Vorgehen war nicht selbstverständlich, wie der Vergleich zu den Jahren 1213 und 1214 dokumentiert. Damals hatte Papst Innozenz III. allein seinem Legaten Nicholas von Tusculum das Mandat zur Besetzung vakanter Bistümer erteilt. Dieser nutzte seine Autorität, um königstreue Kleriker einzusetzen, ohne dabei Rücksicht auf die Interessen der lokalen Hierarchie zu nehmen.[51] Dagegen wurde Langton nach seiner Rückkehr 1218 von Papst Honorius III. mit mehreren Bischofserhebungen betraut. Im Sommer 1218 war der königliche Kleriker William de Blois gegen den Widerstand des Konvents vom Legaten Guala zum Bischof von Worcester ernannt worden. Nach dem Bericht der Annalen von Worcester konnte aber erst Langton das dortige Kapitel überzeugen, seinen Widerstand gegen William aufzugeben, woraufhin dieser schließlich am 28. Oktober geweiht werden konnte.[52] Die nächste Promotion im Juli 1219 von William, dem Prior von Goldcliff, ins walisische Bistum Llandaff scheint Pandulf zwar ohne Beteiligung Langtons arrangiert zu haben,[53] bei zwei weiteren Bischofserhebungen arbeitete der Legat aber mit Langton zusammen. Gemeinsam mit dem Bischof von Salisbury

---

[47] *E.E.A., London 1189–1228*, Nr. 124, 114–115.
[48] *Acta of Hugh of Welles*, Nr. 127, 58.
[49] Canonization of St. Hugh, 114–117.
[50] D. H. Farmer, *Saint Hugh von Lincoln*, 101.
[51] Vgl. oben, 122–128.
[52] Annales de Wigornia, 410 und *Letters of Guala*, Nr. 139, 100.
[53] *Calendar of Ancient Correspondence concerning Wales*, 33. Die einzige weitere Bischofswahl in der Provinz Canterbury während Langtons Anwesenheit in England zwischen 1218 und 1220, neben jener in Llandaff im Juli 1218, der in Worcester im Sommer 1218 und jener in Ely im Januar 1220, war die Wahl Hugh Foliots zum Bischof von Hereford im Juni 1219. An der Wahl des Kanonikers von Hereford durch das dortige

erhielten sie im Mai 1219 von Honorius III. das Mandat, das Bistum
Ely neu zu besetzen.[54] Die Diözese war nach dem Tod von Bischof
Eustace im Februar 1215 Gegenstand langwieriger Auseinandersetzungen gewesen, die hier im Einzelnen nicht nachgezeichnet werden
sollen.[55] Zunächst hatte der Konvent von Ely, wahrscheinlich auf Druck
König Johanns, Geoffrey de Burgh, den Archidiakon von Norwich und
Bruder von Hubert de Burgh, gewählt, um kurze Zeit später in einer
zweiten Wahl Robert von York zu nominieren. Das Bistum blieb zwischen beiden Kandidaten umstritten, mehrere Appellationen erreichten
Rom, mehrmals wurde der Fall an Prälaten in England delegiert, bis
schließlich im Mai 1219 Honorius III. beide Wahlen annullierte.[56] Im
Januar 1220 einigten sich die drei vom Papst ernannten Kommissare
auf John, den Abt von Fountains.[57] Der Kandidat könnte von Langton
benannt worden sein, schließlich hatten beide erst im Herbst zuvor
erfolgreich in der Kommission zur Kanonisierung Hughs von Avalon
zusammengearbeitet und sich dort möglicherweise schätzen gelernt. Im
November 1219 erging wiederum ein päpstliches Mandat an Langton
und Pandulf, diesmal zusammen mit dem Bischof von Rochester die
Einsetzung eines gewissen Robert in das Bistum Lismore sicherzustellen.
Robert war vom Domkapitel einmütig gewählt worden, Langton mit
seinen beiden Kollegen sollte dafür sorgen, dass der Erzbischof von
Cashel die Wahl bestätigen und Robert weihen würde.[58]

Durch seinen persönlichen Einsatz für ihre Promotion war Langton
gegenüber William de Blois und John von Fountains in Vorleistung
getreten und durfte daher in Zukunft mit ihrer Loyalität rechnen. In
den folgenden Jahren versuchte Langton, weitere Bischöfe an sich
zu binden, um seine Autorität und Macht innerhalb des englischen
Episkopats zu festigen. Seine Aufmerksamkeit richtete er insbesondere

---

Domkapitel scheint weder Pandulf noch Langton beteiligt gewesen zu sein, vgl. *Cal. Pat. Rolls*, I, 191; Annales de Wigornia, 410–411 und Annales de Theokesberia, 64.

[54] *Reg. Hon.*, I, Nr. 2066, 341.

[55] Für eine kurze Zusammenfassung dieser komplexen Auseinandersetzung um das Bistum Ely nach dem Tod von Bischof Eustace im Februar 1215 vgl. *Letters of Guala*, Nr. 25, 20–22.

[56] *Reg. Hon.*, I, Nr. 2059, 340.

[57] *Royal letters*, Nr. 63, 74–75; Annales de Wigornia, 412 und *PRO SC 1*, I, Nr. 45.

[58] *Reg. Hon.*, I, Nr. 2246, 373. Auf die *temporalia* seines Bistums hatte der gewählte Bischof noch einige Monate zu warten, erst im Mai 1221 erging ein königliches Mandat an den Justiziar von Irland, dem gewählten Bischof die *temporalia* zu übergeben. Man berief sich unter anderem auf das päpstliche Mandat an Langton, Pandulf und Richard le Poore zu Gunsten des Bischofs, vgl. *Rot. Lit. Claus.*, I, 475–476.

auf Prälaten, die dem König am Hof oder der Verwaltung gedient hatten. Diese Kleriker verfügten über weit verzweigte Netzwerke, zu denen Langton als Magister aus Paris nur schwer Zugang erhielt. Sein Engagement für die Promotion von William de Blois wurde bereits geschildert. Daneben könnte der Erzbischof die gemeinsame Reise mit Richard Marsh im Herbst 1220 nach Rom dazu genutzt haben, sein zerrüttetes Verhältnis zum Bischof von Durham zu verbessern. Richard Marsh war von den Mönchen seines Kathedralklosters wegen mehrerer Vergehen beim Papst angeklagt worden und musste sich an der Kurie verteidigen.[59] Im Gegensatz zu dem Bischof von Durham, der seinen Karrierehöhepunkt schon überschritten hatte, gehörte dem königlichen Kleriker Ralph de Neville die Zukunft. Der aufstrebende *curialis*, der seine Karriere unter König Johann begonnen hatte, war seit 1218 der Bewahrer des königlichen Siegels und der eigentliche Kopf der königlichen Kanzlei. Er war in dieser Funktion sicherlich einer der wichtigsten und mächtigsten Männer im Regentschaftsrat.[60] Seine Gunst sicherte sich Langton, indem er sich zusammen mit dem Kardinal Guala und den Bischöfen von Salisbury und Rochester bei Honorius III. für einen päpstlichen Dispens an Ralph de Neville von dessen illegitimer Geburt einsetzte. Der Papst stellte im Januar 1220 eine entsprechende Urkunde aus und schuf damit die Voraussetzung für Ralphs Wahl zum Bischof von Chichester 1222.[61] Zudem befürwortete Langton, als er im Frühjahr 1221 an der Kurie weilte, zusammen mit dem Bischof von Salisbury und dem Kardinal Guala einen weiteren päpstlichen Dispens, der es Ralph de Neville erlaubte, neben seinen bisherigen, noch weitere Benefizien zu halten.[62] Wir werden in den nächsten Kapiteln sehen, dass sich Langton auch in den folgenden Jahren stets um die Gunst und Loyalität einzelner Bischöfe bemühte, indem er unter anderem ihre Promotion unterstützte. Zuweilen gelang es ihm auch, einen alten Bekannten oder ein Mitglied seiner *familia* auf einen Bischofsstuhl zu setzen. Er konnte sich auf diese Weise bis zu seinem Tod 1228 die Treue des Episkopats sichern.

Die Etablierung Langtons an der Spitze der englischen Kirche wurde daneben durch einige Todesfälle im Episkopat begünstigt. So starben

---

[59] Annales de Dunstaplia, 62; Walter of Coventry, *Historical collections*, 246–247; Annales de Waverleia, 294; *Reg. Hon.*, I, Nr. 3074, 503–504 und *Cal. Pap. Reg.*, 78.
[60] Young, *Neville family*, 66–67 und Stacey, *Politics*, 27.
[61] *Royal letters*, App. V, Nr. 8, 534; *Reg. Hon.*, I, Nr. 2311, 384 und *Cal. Pap. Reg.*, 70.
[62] *Reg. Hon.*, I, Nr. 3298, 538.

einige Bischofe, die mit Peter des Roches verbündet waren, ihm oder
den Legaten Nicholas von Tusculum und Guala ihre Promotion zu
verdanken hatten und nicht zu den Verbündeten Langtons zählten. Zu
nennen wäre etwa William von Cornhill, der Bischof von Coventry und
Lichfield, der im August 1223 starb, der aber schon seit dem Herbst
1221 auf Grund einer schweren Krankheit sein Amt nicht mehr hatte
ausüben können.[63] Im Juni 1223 starb zudem Hugh, der Bischof von
Carlisle,[64] im September des gleichen Jahres auch Simon von Apulia,
der Bischof von Exeter.[65] Auf der anderen Seite übten jene Bischöfe, die
schon vor 1215 zu den Verbündeten Langtons gehört hatten, wie die
Brüder Hugh und Joscelin von Wells und Benedikt von Sawston, ihre
Ämter noch über mehrere Jahre aus. Wie vor Langtons Suspendierung
war Richard le Poore auch nach 1218 der wichtigste Vertraute des
Erzbischofs im Episkopat. Der Bischof von Salisbury war sein Partner
bei der Umsetzung der päpstlichen Provisionspolitik in England, bei
der Promotion von John zum Bischof von Ely und bei der Patronage
von Ralph de Neville. Er war auch bei den wichtigen Ereignissen der
nächsten Jahre an der Seite des Erzbischofs zu finden. So assistierte er
Langton bei der *translatio* Beckets im Juli 1220 und war mit ihm zusammen einer der Magnaten, die die korrekte Umsetzung des Testaments
des Regenten William Marshal überwachen sollten.[66] Der Bischof von
Salisbury bildete daher zusammen mit seinen Kollegen aus Rochester
und Bath den inneren Kreis um Langton im Episkopat.

So gelang es dem Erzbischof in den Jahren nach 1218, seine mächtigsten Widersacher in der englischen Kirche, Walter de Grey und Peter
des Roches, zunehmend zu isolieren. Bezeichnenderweise standen die
ehemaligen Hofkleriker König Johanns, die Bischöfe Ralph de Neville
und Richard Marsh während der großen Krise zum Jahreswechsel
1223/1224 auf der Seite Langtons und nicht auf der von Peter des
Roches, dem mächtigsten *curialis* am Hof Johann Ohnelands, obwohl
dieser in der Vergangenheit die Karriere Ralph de Nevilles erheblich
gefördert hatte.[67]

---

[63] Annales de Waverleia, 295; *Reg. Hon.*, II, Nr. 4317, 128 und *Cal. Pap. Reg.*, 91.
[64] Annales de Waverleia, 298 und *E.E.A., Carlisle 1133–1292*, xxxix.
[65] *E.E.A., Exeter 1046–1184*, xlvi.
[66] Vgl. unten, 259 und 273–274. 1218 wurden Langton und Richard le Poore auch
zu Vollstreckern des Testaments eines gewissen William of Duston ernannt, vgl. *CFR
1217–1218*, Nr. 250–253.
[67] Vincent, *Peter des Roches*, 207.

Der Erzbischof agierte auf seinem Weg zurück an die Spitze der englischen Hierarchie weniger prinzipientreu als vor seiner Suspendierung
1215. Bei seiner mutmaßlichen Versöhnung mit Richard Marsh und
seiner Unterstützung für Ralph de Neville sah er etwa geflissentlich
über deren mangelnde Qualifikation als Kleriker für das Bischofsamt
hinweg. Über den schlechten Ruf des Bischofs von Durham wurde
bereits berichtet. Doch auch die spirituelle Eignung des zukünftigen
Bischofs von Chichester war nicht über alle Zweifel erhaben, trotz der
Versicherungen Langtons, Gualas und der Bischöfe von Salisbury und
Rochester gegenüber dem Papst, Ralph de Neville sei ein gelehrter und
ehrenhafter Charakter.[68] So verdankte der Kleriker seine Karriere allein
seinem weltlichen Dienst in der Verwaltung des Königs und entsprach
daher nicht dem Ideal eines Bischofs, wie es an den Pariser Schulen
proklamiert wurde, der sich, gelehrt in Theologie, in erster Linie dem
spirituellen Wohl seiner Herde widmete. Matthäus Parisiensis zufolge
soll sich auch Simon Langton 1231 anlässlich der Wahl Nevilles zum
Erzbischof von Canterbury abfällig über dessen spirituelle Qualifikation
geäußert haben, woraufhin Papst Gregor IX. dessen Wahl annullierte.[69]
Auch den Hofkleriker William de Blois gegen den eigentlichen Willen des Kathedralklosters von Worcester als Bischof durchzusetzen,
entsprach mit Sicherheit nicht der Auffassung eines Kirchenreformers
von freien, kanonischen Wahlen. Langton aber hatte als Politiker dazu
gelernt. Um größere Ziele in Angriff nehmen zu können, bedurfte es
kleinerer Kompromisse, für die es Prinzipien zu opfern galt. Langton
brauchte als Erzbischof von Canterbury einen loyalen Episkopat, als
dessen Stimme er im königlichen Rat auftreten konnte, um die Politik
in England nach den eigenen Vorstellungen mitgestalten zu können.
Hätte er sich gegen die Promotion königstreuer Kleriker gewandt und
kompromisslos freie, kanonische Wahlen eingefordert, hätte er zudem
einen Bruch mit Honorius III. riskiert, der sich dafür einsetzte, dass
die englische Kirche, wie unter seinem Vorgänger Innozenz III., eine
zentrale Stütze der Herrschaft Heinrichs III. blieb. Mit dem Ziel des
Papstes aber, die zentrale Königsherrschaft gegen die lokale Macht des
Adels zu stärken, identifizierte sich, wie erwähnt, Langton selbst.

---

[68] *Royal letters*, App. V, Nr. 8, 534.
[69] Matthaeus Parisiensis, *Historia Anglorum*, 337 und Gibbs und Lang, *Bishops and Reform*, 18 und 139.

X.3. *Die Krönung Heinrichs III. und die* translatio *Beckets 1220*

Die Krönung Heinrichs III. am 17. Mai 1220 in Westminster sowie die *translatio* Beckets am 7. Juli 1220 in Canterbury dokumentierten öffentlich den wiedergewonnen traditionellen Vorrang des Erzbischofs von Canterbury in der englischen Kirche. Die beiden Ereignisse bilden daher gewissermaßen den Abschluss in dem Bemühen Langtons, sich wieder an der Spitze der englischen Hierarchie zu etablieren. Die zeitliche Nähe der beiden Großereignisse, auf denen Langton eine Schlüsselrolle spielte, verstärkte mit Sicherheit den Eindruck auf die Zeitgenossen, die Kirche von Canterbury und ihr Oberhaupt hätten zu alter Würde und Größe zurückgefunden.[70]

Die Krönung am 17. Mai 1220 war bereits die zweite des jungen Königs, die erste hatte bald nach dem Tod seines Vaters im Oktober 1216 stattgefunden. Auf Grund des Krieges gegen den französischen Thronprinzen Ludwig, der selbst Ansprüche auf die englische Krone erhoben hatte, hatte William Marshal als Regent darauf gedrängt, Heinrich III. so bald wie möglich zu krönen.[71] Wie erwähnt wurde die Krönung dann nicht, wie die Tradition es vorschrieb, vom Erzbischof von Canterbury in Westminster vollzogen, sondern in Glastonbury von Peter des Roches unter der Aufsicht des Legaten. Der Regentschaftsrat hatte sich daher im Oktober 1219 zu einer zweiten Krönung entschlossen, um seine Autorität und die des Königs zu stärken.[72] Man sandte einen Boten nach Rom, um die Zustimmung des Papstes zu erhalten. Im April 1220 erreichte das päpstliche Einverständnis England.[73] Dem *Barnwell*-Chronisten zufolge einigten sich daraufhin Langton und der Legat Pandulf auf den 17. Mai 1220 als den Tag der Krönung.[74]

---

[70] Die zeitliche Nähe dieser beiden Ereignisse war aber eher dem Zufall als der detaillierten Planung Langtons geschuldet. An der Entscheidung des königlichen Rates im Oktober 1219, Heinrich III. erneut zu krönen, war Langton, wenn überhaupt, nur als einer von vielen Magnaten beteiligt. Die Quellen, die von dem Beschluss berichten, erwähnen den Erzbischof nicht eigens, vgl. *Rot. Lit. Claus.*, I, 408. Dagegen liefen die Planungen des Erzbischofs für die *translatio* schon seit mehreren Monaten. Auch das Datum hatte Langton höchstwahrscheinlich schon früh festgelegt, vgl. unten, 258–259. Der Erzbischof mag daher einer erneuten Krönung im Frühjahr 1220 mit Freuden zugestimmt haben, geplant für diese Zeit hatte er sie sicherlich nicht.

[71] Painter, *William Marshal*, 193.

[72] Norgate, *Minority*, 146–147.

[73] *Rot. Lit. Claus.*, I, 408; Walter of Coventry, *Historical collections*, 244; *Royal letters*, Nr. 85, 100–101 und D. Carpenter, *Minority*, 162 und 187.

[74] Walter of Coventry, *Historical collections*, 244.

An dem vereinbarten Termin krönte der Erzbischof Heinrich III. in Westminster. Teile der Krönungsinsignien waren zuvor neu angefertigt worden, da Johann seine *regalia* 1216 entweder aus Finanznot hatte verkaufen müssen, oder er sie bei der Überquerung des Flusses Wash verloren hatte.[75]

Den Annalen von Dunstable zufolge leisteten die Barone am Tag nach der Krönung Heinrichs III. einen Eid, wonach sie ihre Burgen und Vormundschaften in die Hände des Königs zurückgeben und in Zukunft zuverlässig die der Krone zustehenden Gelder an den *exchequer* überweisen würden. Sie verpflichteten sich zudem, gemeinsam gegen alle diejenigen vorzugehen, die gegen den Eid verstießen.[76] Dieses Versprechen der Barone war Teil der vom Regentschaftsrat forcierten Politik der Rückgewinnung königlicher Machtressourcen. So sandte Honorius III., wahrscheinlich auf Betreiben des Legaten, im selben Monat erneut Briefe nach England, in denen dieser unter anderem die Rückgabe königlicher Besitzungen, wie Burgen und Eigengut, befahl, und bei Verstößen kirchliche Strafen androhte.[77] Auch wenn der Eid zunächst nicht unmittelbar umgesetzt wurde, so scheint er doch in Verbindung mit der Krönung auf die Barone gewirkt zu haben. So gelang es dem Regentschaftsrat kurze Zeit darauf, die Kontrolle über die Burgen Rockingham und Sauvey zurückzugewinnen, gegen deren Herausgabe der Graf von Aumale lange Zeit Widerstand geleistet hatte.[78] Die Krönung gilt daher als Wendepunkt für die Minderjährigkeit Heinrichs III. Der Regentschaftsrat erlitt zwar auch weiterhin Rückschläge bei der Umsetzung des Programms zur Stärkung und Durchsetzung der Königsherrschaft, doch die Erfolge überwogen nun.[79] Die Krönungsfeier dokumentiert zudem, wieweit die Aussöhnung zwischen den verfeindeten Lagern des Bürgerkrieges mittlerweile vorangeschritten war, da sehr viele ehemalige Rebellen an der Zeremonie in friedlicher Atmosphäre teilnahmen.[80]

---

[75] Laut Carpenter summierten sich die Kosten für das Fest auf mindestens 760 Pfund, vgl. D. Carpenter, *Minority*, 188.

[76] Annales de Dunstaplia, 57.

[77] *Royal letters*, App. V, Nr. 9, 535–536 und D. Carpenter, *Minority*, 189–190.

[78] Eine kurze Biographie über William, den Grafen von Aumale, stammt von Ralph Turner, William de Forz, count of Aumale, 221–249.

[79] D. Carpenter, *Minority*, 187–190 und Stacey, *Politics*, 15–16.

[80] Walter of Coventry, *Historical collections*, 244 und D. Carpenter, *Minority*, 190–191.

Für Langton war die Krönung 1220 die Gelegenheit, seine zurück-
gewonnene Vorrangstellung innerhalb der englischen Kirche zu
demonstrieren. Die Krönung der englischen Könige war seit mehreren
Jahrhunderten ein Vorrecht der Erzbischöfe von Canterbury, welches
aber in den vergangenen Jahrhunderten immer wieder von ihren Rivalen
aus York beansprucht worden war. Die Wahrnehmung jenes Rechts
durch Langton 1220 ist daher mit der Formulierung eines Führungsan-
spruchs innerhalb der englischen Kirche gleichzusetzen. Es verwundert
somit nicht, dass den Annalen von Dunstable zufolge Walter de Grey
seine Teilnahme an der Krönungszeremonie mit der Begründung
abgesagt hatte, ihm sei verboten worden, sein Kreuz außerhalb seiner
Provinz vor sich hertragen zu lassen.[81] Mit Sicherheit hatte er ohnehin
wenig Lust verspürt, seinem Rivalen dabei zusehen zu müssen, wie
dieser jenes ehrenvolle Vorrecht der Kirche von Canterbury ausübte,
das seine Vorgänger für York beansprucht hatten.

Langton nutzte die Krönung zudem, die von ihm maßgeblich for-
cierte Kanonisierung Hughs von Avalon zu verkünden.[82] Dank seines
Engagements konnte ein weiterer englischer Bischof in den Heiligen-
kalender aufgenommen werden. Die Verkündung der Heiligsprechung
verlieh damit der Veranstaltung zusätzlichen Glanz, von dem ein nicht
unerheblicher Teil auf den Erzbischof von Canterbury fiel.

Für Langton von noch größerer Bedeutung, in ihrer Wirkungsmacht
der Krönung überlegen, war die *translatio* Beckets zwei Monate später,
am 7. Juli 1220 in Canterbury. Die Überführung der sterblichen Überreste des Heiligen fand 50 Jahre nach dessen Martyrium statt. Immer
wieder hatte in den Jahren nach seiner Kanonisierung die Translation
auf Grund einer Reihe von Unglücksfällen verschoben werden müssen.
Zunächst hatte die Kathedrale 1174 gebrannt, deren Wiederaufbau
zehn Jahre in Anspruch nahm, später folgte der Konflikt zwischen
Erzbischof Baldwin und den Mönchen der Christ Church. Schließlich
hatte das Große Interdikt unter König Johann dem Kapitel der Christ
Church finanzielle Verluste beschert, welche die Fertigstellung der
Kapelle der Heiligen Dreifaltigkeit weiter verzögert hatten, in der die
sterblichen Überreste Beckets ihre neue Ruhestätte finden sollten.[83] Es
ist nicht bekannt, seit wann Langton nach seiner Amtsübernahme die

---

[81] Annales de Dunstaplia, 57.
[82] Ebd., 83.
[83] Bolton, Jubilee of Canterbury, 158–159; Slocum, *Liturgies in honour of Thomas
Becket*, 240–242 und Duggan, Cult of St. Thomas, 38.

translatio plante. Zumindest seit 1218 muss es konkrete Pläne gegeben haben, schließlich erteilte Honorius III. dem Erzbischof im Januar 1219 die Erlaubnis für die *translatio*.[84] Möglicherweise hatte Langton schon in Rom den Entschluss gefasst, sah die richtige Zeit für ein solches Kirchenfest gekommen, nachdem er nun wieder um die Unterstützung der Kurie wusste, und das Reich nach den Verwerfungen unter König Johann nach Frieden und Stabilität suchte.[85] Die Idee, die *translatio* Beckets 50 Jahre nach dessen Martyrium als christliches Jubeljahr zu feiern, als ein Fest der Vergebung und Versöhnung, scheint ziemlich sicher auf Langton zurückzugehen.[86] Daher wählte der Erzbischof als Magister der Theologie für die Zeremonie nicht einfach den 50. Jahrestag des Martyriums, also den 29. Dezember 1220, sondern berechnete den Jubiläumstag nach den Vorgaben im 3. Buch Moses, wonach der Jubiläumstag auf den zehnten Tag des siebten Monats nach sieben mal sieben Jahren nach dem Martyrium fällt.[87] Es war ein Zufall von großer symbolischer Bedeutung, dass der 7. Juli im Jahr 1220 auf einen Dienstag fiel, auf jenen Wochentag, der im Leben Thomas Beckets eine solch herausragende Rolle gespielt hatte. Der Überlieferung nach war es jeweils ein Dienstag, an dem er geboren wurde, er aus Northampton floh, sein Exil in Frankreich erreichte, dort in Pontigny eine prophetische Vision hatte, aus dem Exil nach England zurückkehrte und schließlich von den königlichen Rittern in Canterbury erschlagen wurde.[88]

Einige Tage vor der öffentlichen Zeremonie führte Langton zusammen mit seinem Freund Richard le Poore sowie einigen Mönchen der Christ Church die private Exhumierung der sterblichen Überreste des Heiligen durch. Nach einer zeitgenössischen Quelle entnahmen ausgewählte Mönche die Reliquien dem alten Marmorsarg in der Krypta der Kathedrale, übergaben sie Langton, der sie in ein neues, hölzernes Reliquiar bettete, welches bei der öffentlichen Feier schließlich zu seinem neuen Platz in der Kapelle der Heiligen Dreifaltigkeit in der

---

[84] *Reg. Hon.*, I, Nr. 1830, 303–304; Nr. 1833, 304; Nr. 1840, 305 und Nr. 1841, 305 und *Cal. Pap. Reg.*, 62.

[85] Foreville, *Le Jubilé*, 7 und Eales, Political setting of the Becket translation, 130.

[86] Foreville, *Le Jubilé*, 10–11. Auch der 29. Dezember 1220, also der 50. Jahrestag seiner Ermordung, fiel auf einen Dienstag, vgl. Bolton, Jubilee of Canterbury, 159.

[87] Duggan, Cult of St. Thomas, 39. Die theologischen Hintergründe bei der Konzeption des Jubeljahres erläutert Kay Slocum, *Liturgies in honour of Thomas Becket*, 244–245.

[88] Slocum, *Liturgies in honour of Thomas Becket*, 247–252 und Reames, Reconstructing and Interpreting, 124–125.

Kathedrale überführt werden sollte. Dem Quellenbericht nach soll Langton aber zuvor einige Knochen des Heiligen entnommen haben, um sie bedeutenden Kirchen und Persönlichkeiten zu schenken.[89] Diese Darstellung wird durch weitere Quellen bestätigt, etwa durch die Erzählung des *Barnwell*-Chronisten, wonach Langton Papst Honorius III. bei seinem Besuch in Rom Ende 1220 einige Reliquien des Heiligen Thomas geschenkt habe.[90]

Am 7. Juli schließlich fand die feierliche Überführung der Reliquien unter der Aufsicht des Erzbischofs statt. In einer feierlichen Prozession, angeführt von dem Legaten Pandulf, Langton, dem Erzbischof von Reims und einem unbekannten Erzbischof aus Ungarn wurden die sterblichen Überreste des Heiligen Thomas in dem hölzernen Reliquiar aus der Krypta geführt und in einem aufwendig mit Gold und Edelsteinen geschmückten Schrein in der neuen Kapelle zur Heiligen Dreifaltigkeit aufgebahrt.[91] Der angereiste Erzbischof von Reims hielt anschließend die Messe.[92] An der Zeremonie nahmen neben drei Bischöfen aus der Provinz Reims fast der gesamte englische Episkopat teil, nur der Erzbischof von York war, wie zu erwarten, abwesend. Daneben war auch eine Reihe weltlicher Magnaten nach Canterbury gereist. Namentlich genannt sind in den Quellen der Justiziar Hubert de Burgh zusammen mit dem jungen König Heinrich III., daneben William Marshal, der Sohn des ehemaligen Regenten, welcher während der Feierlichkeiten für Ordnung in der Stadt sorgte, Berenguela, die Witwe von Richard Löwenherz sowie mehrere Magnaten aus Frankreich, darunter der Graf von Dreux.[93] Wie viele weitere Pilger anreisten, lässt sich kaum ermitteln. Den zeitgenössischen Chronisten zufolge war ihre Zahl enorm. Die nach Canterbury strömenden Massen waren offenbar

---

[89] *Materials for the history of Thomas Becket*, IV, 426–427.

[90] Walter of Coventry, *Historical collections*, 246–247. Einige französische Chronisten berichten, Langton habe auch der Kirche von Rouen Reliquien des Heiligen Thomas geschenkt, vgl. *Histoire du breviaire de Rouen*, 172. Es gibt dagegen eine weitere zeitgenössische Quelle über die private Exhumierung, die betont, dass nichts von den sterblichen Überresten des Heiligen entnommen wurde, vgl. *Monastic Breviary of Hyde Abbey*, fol. 287, lesson 11. Die Quelle bemüht sich offensichtlich, den von den Mönchen der Christ Church vehement vertretenen Standpunkt zu stärken, wonach nicht der kleinste Teil der Reliquien des Heiligen Thomas die Kathedrale von Canterbury verlassen habe, vgl. Reames, Remaking of a Saint, 28.

[91] Reames, Liturgical Offices, 585–586 und Foreville, *Le Jubilé*, 8–9.

[92] *Shorter latin poems*, 74 und Annales de Dunstaplia, 58.

[93] Walter of Coventry, *Historical collections*, 245; Annales de Dunstaplia, 58; *Histoire des ducs de Normandie*, 208–209; Robert of Gloucester, *Life and Martyrdom of Thomas Becket*, 125 und Reames, Liturgical Offices, 585–586.

kaum mit den Besucherzahlen anderer Großereignisse zu vergleichen. Die Feier der *translatio* war allein deshalb eine einzigartige Veranstaltung in England.[94] Die Pilgermassen zeigen, dass Becket zu Beginn des 13. Jahrhunderts zum wahrscheinlich populärsten Heiligen Englands aufgestiegen war. Die Verehrung Beckets hatte sich in den Jahren nach seinem Martyrium und der schon drei Jahre später erfolgten Heiligsprechung in der gesamten Christenheit ausgebreitet. Sein Grab in der Krypta der Kathedrale hatte schon vor der *translatio* Heerscharen von Pilgern aus ganz Europa nach Canterbury gelockt.[95]

Die Veranstaltung zeichnete sich aber nicht nur durch die hohe Besucherzahl aus, sondern darüber hinaus durch die detaillierten Planungen Langtons im Vorfeld und seine großzügige Gastfreundschaft. Nach den übereinstimmenden Schilderungen der Chronisten hatte der Erzbischof weder Kosten noch Mühen gescheut, um dieses Fest für die angereisten Pilger zu einem unvergesslichen Erlebnis werden zu lassen. Gerühmt und betont wird die außergewöhnliche Großzügigkeit des Erzbischofs. So habe Langton für die Versorgung der Pilger und ihrer Tiere auf allen seinen Ländereien von London bis nach Canterbury gesorgt und in Straßen der Stadt freien Wein für alle zur Verfügung gestellt.[96] Am beeindruckendsten sind die Berichte über die Verköstigung der Pilger im neuen großen Saal des erzbischöflichen Palastes, mit dessen Bau Hubert Walter begonnen hatte, und der nun rechtzeitig zu diesem außergewöhnlichen Ereignis fertiggestellt worden war.[97] Die Annalen von Dunstable etwa berichten von einem großen Gelage in dem für das Fest eigens errichteten Palast mit Gefäßen aus Gold und Silber sowie kostbaren Teppichen.[98] Nach der Aussage von Henry von Avranches, der als Mitglied der königlichen Entourage an den Festivitäten teilnahm,

---

[94] Den Annalen von Waverley zufolge kamen niemals zuvor so viele und so ehrenvolle Personen in England an einem Ort zusammen, vgl. Annales de Waverleia, 293. Laut dem *Barnwell*-Chronisten konnte sich kein Engländer daran erinnern, dass jemals zuvor eine solch große Anzahl von Armen und Reichen zusammengekommen wäre, vgl. Walter of Coventry, *Historical collections*, 246. In einer weiteren Quelle heißt es, dass so viele Besucher angereist seien, dass nicht alle in Canterbury, in den Vororten und nahen Dörfern hatten Unterkunft finden können, vgl. *Materials for the history of Thomas Becket*, IV, 427.

[95] Für eine Darstellung der Gründe der Popularität des Heiligen Beckets und der Verbreitung seiner Verehrung in ganz Europa vgl. Slocum, *Liturgies in honour of Thomas Becket*, 98–126 und Duggan, Cult of St. Thomas, 22–30.

[96] *Polychronicon Ranulphi Higden*, 200; Annales de Waverleia, 293 und *Chronicon Henrici Knighton*, 210.

[97] Tatton-Brown, Great Hall of the Archbishop's Palace, 112 und 117.

[98] Annales de Dunstaplia, 58.

hatte es schon vier Tage vor der eigentlichen *translatio* ein Festbankett
gegeben, an dem 3.300 Menschen teilnahmen, sicherlich eine typische
mittelalterliche Übertreibung.[99] Dem eigentlichen Bankett am Tag der
translatio widmete Henry von Avranches einen Großteil seines Gedichts.
Sehr detailliert beschreibt er die vielen teuren Speisen, welche die hohen
Herren genossen.[100] Auch bei der Gestaltung des neuen Schreins wurde
nicht gespart. Matthäus Parisiensis betont die teure Verkleidung aus
reinem Gold und Edelsteinen und die vollendete Kunstfertigkeit bei
seiner Herstellung, für die nach seinen Aussagen der Magister Walter
von Colchester, der Sakristan von St. Albans, und Elias von Dereham
verantwortlich waren.[101] Der *Barnwell*-Chronist ist so beeindruckt
von der Freigiebigkeit Langtons und der Würde des Festes allgemein,
dass seiner Meinung nach der Erzbischof dafür ins ewige Gedächtnis
eingehen werde.[102]

Die finanziellen Ausgaben des Erzbischofs für die Vorbereitung
sowie für das Ereignis selber müssen daher immens gewesen sein. So
hat zuletzt Richard Eales darauf hingewiesen, dass laut dem „Christ
Church Treasurers' Account", den zum Teil Eveleigh Woodruff ediert
hat, selbst der Kellermeister der Christ Church 1220 einen deutlichen
Ausgabensprung gegenüber 1219 zu bewältigen hatte, von 442 Pfund
auf 1.154 Pfund. Langton muss dagegen noch einen weitaus größeren
Anteil der Kosten übernommen haben.[103] Wie hoch diese waren, darauf
lässt die Aussage einiger Chronisten aus dem 14. Jahrhundert schließen, wonach noch der vierte Nachfolger von Langton in Canterbury,

---

[99] *Shorter latin poems*, 68 und 73. Die Identifizierung Henrys von Avranches als
Autor des Gedichts über die *translatio* wurde in den letzten Jahren in Zweifel gezogen,
unbestritten aber bleibt, dass es sich bei dem Gedicht um eine zeitgenössische Quelle
handelt, vgl. Townsend und Rigg, Matthew Paris' Anthology, 360.
[100] *Shorter latin poems*, 68–69 und 76–78.
[101] Matthaeus Parisiensis, *Historia Anglorum*, 242; Annales de Waverleia, 293 und
Vincent, Master Elias of Dereham, 142–143 und 152–153. Elias von Dereham war möglicherweise auch am Bau des neuen großen Saales im Palast des Erzbischofs beteiligt,
vgl. Tatton-Brown, Great Hall of the Archbishop's Palace, 117. Er hatte, nachdem er
wegen der Exkommunikation durch den Legaten Guala England 1217 hatte verlassen
müssen, im Februar 1219 die Erlaubnis des Papstes erhalten, nach England zurückzukehren und wieder in den Dienst Langtons einzutreten, vgl. *Reg. Hon.*, I, Nr. 1890,
312 und *Cal. Pap. Reg.*, 63.
[102] Walter of Coventry, *Historical collections*, 246.
[103] Eales, Political setting of the Becket translation, 138; Woodruff, Financial aspect of
the cult of St. Thomas, 18 und Mate, Indebtedness of Canterbury Cathedral Priory, 184.

Erzbischof Bonifaz von Savoyen, die Schulden tilgen musste, die sein Vorgänger für dieses verschwenderische Fest aufgenommen hatte.[104]

Der moderne Biograph von Erzbischof Bonifaz kritisiert entsprechend die Ausgaben Langtons für die *translatio* als unverantwortliche Geldverschwendung. Dieser habe das Fest organisiert „with a breathtaking disregard for the resources of the see."[105] In Langtons Augen dagegen waren die enormen Kosten vermutlich gut investiert. Wie schon erwähnt, würdigten die zeitgenössischen Chronisten die Anstrengungen des Erzbischofs, die das wahrscheinlich größte Kirchenfest im England des 13. Jahrhunderts ermöglicht hatten. Langton nutzte die *translatio* Beckets, um vor aller Welt die herausgehobene Stellung, die Würde und Größe der Kirche von Canterbury und ihres Oberhaupts darzustellen. Er war als Erzbischof von Amtes wegen der Nachfolger Beckets. Daneben aber hatte er sich persönlich von Beginn seines Pontifikats an in der Tradition des Heiligen gesehen. Er hatte seinen eigenen Kampf gegen König Johann um die *libertas ecclesiae* als Fortsetzung des Martyriums seines Vorgängers begriffen und ihn als solchen in der Öffentlichkeit inszeniert. Durch die prunkvolle Feier der *translatio* sollten seine zwischenzeitliche Suspendierung und der daraus resultierende Autoritätsverlust in Vergessenheit geraten. Die englische Kirche, so lautet die Botschaft, bedurfte nicht mehr der unmittelbaren Aufsicht und Kontrolle des Papstes, sie stand geordnet und geeint hinter dem Erzbischof von Canterbury. Honorius III. konnte seinen Legaten aus England nun wieder abziehen.[106]

Erneut gelingt es Matthäus Parisiensis, dem Erzbischof Worte in den Mund zu legen, die die Erleichterung eindrucksvoll wiedergeben, die Langton, nach dem Abschluss dieses für ihn so erfolgreich verlaufenen Festes, empfunden haben mag:

> *Nunc dimittis, Domine, servum tuum in pace, quia viderunt oculi, quod cor meum, longo desiderii sitiens proposito, thesaurizaverat.*[107]

Das Vermächtnis Langtons bestand aber nicht nur aus dieser einzigartigen Feier der *translatio* im Jahr 1220. Dem Erzbischof und Theologen

---

[104] *Chronicon Henrici Knighton*, 210; *Polychronicon Ranulph Higden*, 200 und Thomas de Burton, *Chronica monasterii de Melsa*, 406.
[105] Williams, *Boniface of Savoy*, 295–296.
[106] Powicke, *Langton*, 145–146; Sayers, *Honorius III*, 190; Slocum, *Liturgies in honour of Thomas Becket*, 242 und Bolton, *Jubilee of Canterbury*, 153.
[107] Matthaeus Parisiensis, *Vita sancti*, 329.

gelang es darüber hinaus, den 7. Juli als Tag der Translation neben
dem 29. Dezember als zweiten Heiligenfesttag Beckets zu etablieren,
der jedes Jahr in weiten Teilen Englands und Europas gefeiert wurde.
Auch die Einführung eines Jubeljahres für den Märtyrer, das bis 1470
alle fünfzig Jahre gefeiert wurde, war sein Verdienst.[108] Der Feier dieses
neuen Heiligenfesttages verdanken wir zwei Texte beziehungsweise
Textfragmente, die sich Langton oder einem Mitglied seiner *familia*
zuschreiben lassen. Über sie gewinnen wir einen Eindruck von dem
Bild, das Langton anlässlich der *translatio* vom Heiligen entwarf, und
von der Bedeutung, die er dessen Martyrium zuschrieb. Der erste Text
ist eine Predigt, ein *Tractatus*, der sich mit der *translatio* Beckets auseinandersetzt. Von der Länge und vom Inhalt her zu schließen, basiert
der überlieferte Text nicht allein auf der Predigt des Erzbischofs vom
7. Juli 1220, sondern gibt auch eine jener Predigten wieder, die Langton
an einem der Jahrestage der *translatio* nach 1222 hielt.[109] Daneben ist
das Fragment eines liturgischen Textes für das *officium* überliefert, das
anlässlich der *translatio* Beckets ab 1221 jährlich gefeiert wurde. Sherry
Reames hat kürzlich einen solchen Text aus mehreren Überlieferungen
rekonstruiert, der der Originalversion ihrer Ansicht nach am nächsten
kommt.[110] Man geht in der Forschung davon aus, dass die Liturgie,
wenn nicht von Langton selbst, doch aus seinem engsten Umfeld
stammt, und damit zentrale Gedanken des Erzbischofs zur *translatio*
enthält.[111] Ich möchte keine vollständige Analyse dieser Texte vorlegen,
es sollen nicht alle dort angesprochenen Themen und Gedanken zum
Martyrium Beckets dargelegt werden. Ein Großteil dieser Arbeit wurde
für die Predigt von Roberts, für den liturgischen Text unter anderem

---

[108] Slocum, *Liturgies in honour of Thomas Becket*, 242.

[109] Roberts vermutet, der überlieferte Text „was a latter amalgam of two stages of
Langton's preaching on Becket in 1220 and 1221" (*Selected Sermons*, 10). Reames hat
aber kürzlich darauf hingewiesen, dass Langton, folgt man der Chronologie in den
Chroniken, erst Mitte August 1221 aus Rom zurückkam, daher erst 1222, am zweiten
Jahrestag der *translatio*, in Canterbury hätte predigen können, vgl. Reames, Recon-
structing and Interpreting, 130.

[110] Reames, Reconstructing and Interpreting, 121–122 und 128 und dies., Remaking
of a Saint, 17–21. Für eine Übersetzung vgl. dies., Liturgical Offices, 578–591. Slocum
hat erst kürzlich sechs verschiedene, in mehreren Handschriften überlieferte Versionen
der Liturgie für jenes *officum* identifiziert, einige hat er in seinem Werk ediert, vgl.
Slocum, *Liturgies in honour of Thomas Becket*, 239–240 und 264–317.

[111] Zuletzt hat Reames bezweifelt, dass Langton der Autor der liturgischen Texte
war. Sie vermutet, ein oder mehrere Kleriker aus seinem Umfeld hätten die Texte
verfasst, vgl. Reames, Reconstructing and Interpreting, 163 und Duggan, Cult of St.
Thomas, 39.

von Reames und Kay Slocum übernommen.[112] Es soll nur auf einen
Aspekt aufmerksam gemacht werden, auf den zuletzt Reames und
Richard Eales hingewiesen haben, nämlich die *translatio* als ein Fest
der „nationalen" Versöhnung.

Wie erwähnt, hatte Langton das 50. Jubiläum des Martyriums als ein
christliches Jubeljahr konzipiert, in dem traditionell der Gedanke der
Reue und die Vergebung der Sünden im Mittelpunkt standen. Sünder
konnten in diesem Jahr nach der Vorstellung der Kirche unter gewissen Umständen vollständigen Ablass erhalten.[113] Der Erzbischof hatte
daher auch den Papst anlässlich der *translatio* um die Erlaubnis für
das Erteilen von Ablässen gebeten, so dass für alle Besucher schließlich
vom Papst, dem Legaten und den anwesenden Bischöfen insgesamt 540
Tage Ablass gewährt wurden. Honorius III. erhöhte Ende des Jahres
die Anzahl der Tage nochmals um ein Jahr. Das waren außerordentlich großzügige Ablässe, die normalerweise nur Kreuzfahrern gewährt
wurden.[114] Die *translatio* als christliches Jubeljahr war auch eines der
zentralen Themen in dem Tractatus. Verbunden wurde dieses mit der
Darlegung der Eigenschaften des Heiligen und dem Gewinn, welcher
sich aus dem Begehen von Heiligenfesttagen ziehen lässt. Auf die *translatio* Beckets bezogen, stand hier also die Vergebung der Sünden, die
ewige Erlösung, welche man durch die *translatio* des Heiligen erfahren
könne, im Mittelpunkt. Mehr oder weniger übergangen wurde die
Passion Beckets, sein Exil und sein Tod, insgesamt die Auseinandersetzung zwischen Kirche und König. Die Predigt konzentrierte sich auf
Becket als Heiligen und Märtyrer und nicht auf ihn als den Verteidiger
kirchlicher Freiheiten und Rechte.[115] Laut Roberts war diese Wahl des
Themenschwerpunkts dem Publikum auf der *translatio* geschuldet,
das sich nicht nur aus kirchlichen Würdenträgern, sondern auch aus
weltlichen Magnaten zusammensetzte. Langton wollte daher nicht die
vergangenen Konflikte zwischen weltlicher und kirchlicher Gewalt
betonen, sondern das Thema der Vergebung in den Vordergrund

---

[112] Vgl. dazu Roberts, Langton and his preaching on Thomas Becket, 77 und 79–82;
Reames, Reconstructing and Interpreting, 122–163; Slocum, *Liturgies in honour of
Thomas Becket*, 243–262 und Duggan, Cult of St. Thomas, 39–42.

[113] Roberts, Langton and his preaching on Thomas Becket, 80; Slocum, *Liturgies in
honour of Thomas Becket*, 244–245 und Foreville, Le Jubilé, 93.

[114] Walter of Coventry, *Historical collections*, 246; *Reg. Hon.*, I, Nr. 1841, 305 und
Nr. 2284, 477; Foreville, *Le Jubilé*, 37–45 und 165–166 und Duggan, Cult of St. Thomas, 39.

[115] Roberts, Langton and his preaching on Thomas Becket, 80–82.

stellen. Die Relevanz des Publikums für den Inhalt der Predigt wird
besonders deutlich, wenn man jene Predigt als Vergleich hinzuzieht, die
Langton vermutlich Ende 1220 in Rom vor dem Papst und der Kurie
hielt. Hier steht Becket als Kämpfer für die Freiheiten der Kirche im
Mittelpunkt.[116]

Die gleiche Stoßrichtung ist auch in den überlieferten Fragmen-
ten der liturgischen Texte für das *officium* zu erkennen. Diese Texte
setzen sich noch ausführlicher als der Tractatus mit dem Thema des
christlichen Jubeljahres auseinander. Dessen Bedeutung für Langton
fasst am prägnantesten Reames zusammen: „a time of national as well
as personal reconciliation, when old wounds and divisions could be
healed, old resentments transcended, old sins confessed and forgiven."[117]
Dementsprechend inklusiv ist auch der Charakter der übrigen Textinhalte, auch hier gibt es keine Anspielungen auf König Johann oder
andere Gegner der Kirche in der Vergangenheit, dagegen ergeht die
Aufforderung zur Sühne, Vergebung und Vereinigung, im Angesicht
des Schreins Beckets, des Heiligen und Märtyrers.[118]

Bezieht man die zeitlichen Umstände bei der Entstehung dieser Texte
mit ein, den nur langsam fortschreitenden Prozess der Befriedung
Englands nach dem Bürgerkrieg, die Schwierigkeiten bei der Wiedererrichtung der königlichen Autorität während der Minderjährigkeit
Heinrichs III., dann wird deutlich, warum Langton die *translatio* 1220
als Jubeljahr nach den Vorgaben des Alten Testaments konzipierte. Er
könnte England 1220 als ein sich in Aufruhr befindliches Land gesehen
haben, vergleichbar mit dem Israel, über das er im Alten Testament las,
ein Land, welches der Versöhnung bedurfte.[119] Die Feier des Märtyrers,
der ursprünglich im Kampf um die kirchlichen Freiheiten gegen die
weltliche Macht gefallen war, sollte daher das gesamte Reich, ganz England miteinschließen. So nahmen an der Zeremonie zu Ehren Beckets
neben Heinrich III., dessen reine Unschuld, auch von den Vergehen
seiner Vorväter an der Kirche, im liturgischen Text betont wird,[120]
auch kirchliche und weltliche Magnaten sowie das einfache Volk teil.
In der *lectio* 7 des liturgischen Textes zur *translatio* ergeht schließlich

---

[116] Roberts, Langton and his preaching on Thomas Becket, 81–85 und Bolton, Jubilee
of Canterbury, 160–162.
[117] Reames, Remaking of a Saint, 31.
[118] Dies., Reconstructing and Interpreting, 145–146 und dies., Remaking of a Saint,
27 und 33.
[119] Bolton, Jubilee of Canterbury, 155.
[120] Reames, Liturgical Offices, 583.

programmatisch an das ganze, wie es heißt, auserwählte englische Volk der Aufruf zur Freude angesichts des Martyriums Beckets. In der Übersetzung von Reames heißt es:

> Therefore let everyone rejoice together who has been found worthy to take part in such a translation. Let all the English people exult in the Lord, since the heavenly King particularly distinguished this people above others when He forechose from it a man without a spot, in order to make one of the English, set among the angels, an intercessor for the people's salvation.[121]

Langton nutzte die *translatio* zur Propagierung der Versöhnung und des Friedens im Reich. Dieser neue, inklusive Charakter der Becket-Verehrung, der die Patronage des Heiligen auf das ganze Reich ausdehnte, trug wesentlich zur fortwährenden Popularität des Heiligen im 13. Jahrhundert bei.[122] Im Juli 1220 aber verhalf die *translatio* Langton zu neuem Ansehen als überparteilicher Vermittler, der nicht nur an die Spitze der englischen Kirche zurückgekehrt war, sondern sich auch für den Frieden in England einsetzte, sowohl zwischen den rivalisierenden weltlichen Magnaten als auch zwischen Kirche und Krone.

Langtons Konzentration hatte also zunächst der Wiedergewinnung seiner Autorität als Erzbischof im englischen Episkopat gegolten. Die in diesem Zusammenhang wahrgenommenen Aufgaben fielen vornehmlich in seine Zuständigkeit als Metropolit der Provinz Canterbury. Wie viel Zeit er dagegen für seine Aufgaben und Pflichten als Diözesanbischof in seinem Erzbistum aufwendete, lässt sich kaum beantworten. Die überlieferten bischöflichen *acta* Langtons können nicht zur Klärung dieser Frage beitragen. Es ist nur ein Schriftstück überliefert, das er in seiner Eigenschaft als Diözesanbischof ausstellte und das sich mit großer Wahrscheinlichkeit auf die Jahre 1218 oder 1219 datieren lässt.[123] Es finden sich in den Quellen auch keine Hinweise auf eine Visitation des Erzbistums durch Langton oder eine Bistumssynode in diesen Jahren. Möglicherweise war die Erzdiözese trotz des Bürgerkriegs und der langen Abwesenheit des Erzbischofs weniger in Mitleidenschaft gezogen worden, als etwa durch den Konflikt zwischen

---

[121] Reames, Liturgical Offices, 586.

[122] Eales, Political setting of the Becket translation, 138 und Reames, Reconstructing and Interpreting, 145–146.

[123] Major datiert diese Urkunde über die Reduktion der Abtei Combwell auf einen Zeitraum zwischen 1216 und 1219. Es ist nicht auszuschließen, dass Langton die Urkunde noch vor 1218 in Rom ausstellte, viel wahrscheinlicher ist aber, dass er sie nach seiner Rückkehr in England besiegelte, vgl. *Acta Stephani*, Nr. 44, 60–61.

Kirche und König in den Jahren des Interdikts. So lässt sich zumindest sporadisch die Arbeit des Offizials Thomas de Freckenham als ständigen Vertreter des Erzbischofs in juristischen Angelegenheiten auch nach der Suspendierung Langtons in den königlichen Registern nachweisen. Ein königliches Schreiben vom April 1218 bezieht sich auf den Offizial als Vorsitzenden des erzbischöflichen Gerichts. Daneben sind zwei weitere königliche Briefe vom Oktober 1215 und März 1216 an diesen mit der Bitte der *institutio* zweier Kleriker in Kirchen überliefert, deren Patron der König war.[124] Im Gegensatz zu seinem ersten Exil scheint Langton nach seiner Suspendierung 1215 den Bischof von Rochester in dessen traditionelle Rolle als sein Stellvertreter eingesetzt zu haben. Jacob de Salvage, ein Kleriker Langtons, berichtet in einem undatierten Brief an seinen Erzbischof von der Anfrage Benedikts von Sawston, welche Rechte ihm aus seiner Tätigkeit als Vikar des Erzbischofs erwüchsen. Nach Beratung mit zwei weiteren Klerikern aus dem Haushalt Langtons, Elias von Dereham und Alexander von Relham, sei man zu dem Entschluss gekommen, dem Bischof würden 60 Schilling für drei Tage zustehen, also für den Tag der An- beziehungsweise Abreise, sowie für den Tag in Canterbury, an dem er die Amtsgeschäfte wahrnahm. Jacob de Salvage habe das Geld bereits ausgezahlt, für weitere Ausgaben benötige er aber die Zustimmung Langtons.[125] Eine solche Bezahlung des Bischofs von Rochester als Vikar war schon unter den Erzbischöfen Baldwin und Hubert Walter gängige Praxis und wurde 1253 auf Bitten des Bischofs von Rochester durch Erzbischof Bonifaz von Savoyen bestätigt.[126] Bischöfliche *acta*, die Benedikt von Sawston in Vertretung Langtons ausstellte, sind meines Wissens aber nicht überliefert.

Dennoch wird der langjährige Bürgerkrieg und die Besetzung Canterburys durch den französischen Kronprinzen Ludwig die Arbeit der erzbischöflichen Amtsträger erschwert haben. Gerade die Disziplin des Klerus wird in Zeiten des Bürgerkrieges gelitten haben, weil eine strikte Aufsicht und Kontrolle wie in Friedenszeiten nicht möglich war.[127] Thomas de Freckenham, offenbar ein Anhänger der aufständischen

---

[124] *Cal. Pat. Rolls*, I, 148 und 157.
[125] *Registrum Roffense*, 98.
[126] *BL Ms. Cotton Vespasian A xxii*, fol. 129r; Brett, Church at Rochester, 21 und Churchill, *Canterbury Administration*, I, 284–285.
[127] Gibbs und Lang, *Bishops and Reform*, 94–95.

Barone, war, wie bereits erwähnt, sogar in Gefangenschaft des Königs geraten.[128]

Auch wenn der Bürgerkrieg die Verwaltung des Erzbistums und seiner *spiritualia* nachhaltig behindert haben sollte, den wenigen Quellen nach zu schließen überließ Langton die Neuordnung in erster Linie seinen Amtsträgern. Im Mittelpunkt seiner Aufmerksamkeit standen die Vorbereitungen für die *translatio* Beckets im Juni 1220. Die Versorgung und Unterbringung so vieler Besucher erforderte im Vorfeld eine logistische Meisterleistung. Daneben galt es, die Feier selbst zu organisieren, unter anderem Briefe, Predigten und liturgische Texte für die *translatio* zu verfassen.[129] In den Hintergrund trat daher zunächst auch sein politisches Engagement.[130] Wie mehrfach angedeutet, war die Rückgewinnung seines traditionellen Vorrangs im englischen Episkopat die Voraussetzung, um auch in säkularen politischen Angelegenheiten wieder eine führende Rolle spielen zu können. Dementsprechend sporadisch war Langton vor seiner erneuten Romreise im Herbst 1220, deren Ziel das Ende der Legation Pandulfs war, am Königshof und auf Ratsversammlungen anzutreffen.

X.4. *Das politische Engagement Langtons in den Jahren 1218 bis 1220*

Während der knapp zweieinhalb Jahre zwischen seiner Rückkehr aus dem Exil 1218 und seiner Romreise im Herbst 1220 veränderte sich das Machtgefüge innerhalb des Regentschaftsrates erheblich. Im Frühjahr 1219 erkrankte der Regent William Marshal schwer. Anfang April versammelte er daher die Magnaten des Reiches um sich, um seine Nachfolge zu regeln.[131] Er vertraute dem Legaten Pandulf die Aufsicht über den minderjährigen König und das Reich an.[132] Nach seinem Tod am 17. Mai 1219 etablierte sich auf mehreren Ratsversammlungen ein Triumvirat als Regentschaftsrat, bestehend aus dem Legaten Pandulf,

---

[128] Vgl. oben, 158.
[129] Bolton, Jubilee of Canterbury, 155.
[130] Powicke, *Langton*, 143.
[131] Für eine ausführliche Darstellung der letzten Lebenswochen des Marshals vgl. Painter, *William Marshal*, 275–289.
[132] *Histoire de Guillaume le Maréchal*, Sp. 17949–18118; Painter, *William Marshal*, 276–279 und Crouch, *William Marshal*, 139.

dem Justiziar Hubert de Burgh und Peter des Roches.[133] Man einigte sich darauf, dem Justiziar die Hauptverantwortung für das politische Alltagsgeschäft zu übertragen. Diesem nur beigeordnet war Peter des Roches, der aber weiterhin als Tutor des Königs fungierte. Hubert de Burgh war somit in aller Regel derjenige, der über das Große Siegel verfügte und sowohl im *exchequer* als auch in der *King's bench* den Vorsitz führte. Er übernahm damit jene Funktionen, die er eigentlich *ex officio* als Justiziar längst hätte ausüben müssen. Doch während der Regentschaft William Marshals hatte er eine eher untergeordnete Rolle gespielt und weit weniger Einfluss ausgeübt als etwa Peter des Roches. Im Frühjahr 1219 aber setzte er sich an die Spitze der königlichen Verwaltung und konnte in den folgenden Jahren seine Machtstellung auf Kosten des Bischofs von Winchester weiter ausbauen.[134]

Carpenter vermutet, man habe Hubert de Burgh und nicht Peter des Roches die Hauptverantwortung für die Regierungsgeschäfte übertragen, weil die Magnaten vom Justiziar eine moderatere, eine eher auf Konsens mit den Großen ausgerichtete Politik erwartet hätten. An dem Bischof von Winchester haftete noch der Ruf, ein enger Vertrauter König Johanns gewesen zu sein, der als Justiziar dessen kontroverse Politik skrupellos durchgesetzt hatte. Er hatte nach dem Tod Johanns wenig getan, um sich von dessen Herrschaftsstil abzusetzen. Darüber hinaus galt ihm als Vertreter und Anführer jener Gruppe von Magnaten und *curiales*, die in der englischen Forschung als *aliens*, als „Fremde", bezeichnet werden, weil sie aus den angevinischen Festlandsbesitzungen stammten, das besondere Misstrauen der englischen Barone.[135] Und schließlich galt er nicht als Befürworter der Magna Carta. De Burgh dagegen hatte es geschafft, mit der Herrschaft König Johanns kaum identifiziert zu werden, weil er viele Jahre dem König auf dem Kontinent, abseits aller Querelen in England, gedient hatte. Daher hatte er schon 1215 auf Druck der Barone Peter des Roches als Justiziar abgelöst.[136]

In den ersten Monaten des Triumvirats arbeiteten Hubert de Burgh und Peter des Roches noch eng zusammen, etwa bei der Ausstellung

---

[133] Für Einzelheiten über die Errichtung des Triumvirats und über die Machtverhältnisse zwischen den drei Magnaten vgl. D. Carpenter, *Minority*, 107 und 128–140.

[134] Ebd., 131–135 und Norgate, *Minority*, 116–117.

[135] Vincent legt die Situation der *aliens* in England nach dem Tod König Johanns und die Rolle von Peter des Roches als deren Art Prokurator ausführlich dar, vgl. Vincent, *Peter des Roches*, 156–159.

[136] Ausführlicher dazu vgl. D. Carpenter, *Minority*, 135–142.

königlicher Briefe, erst allmählich, im Laufe der folgenden Jahre,
gewann der Justiziar sukzessive die alleinige Kontrolle über die Regierungsgeschäfte. Der Bischof musste dagegen seine Degradierung zum
Juniorpartner akzeptieren.[137] Beiden übergeordnet war der Legat Pandulf, der in der Nachfolge Gualas das Reich als Vertreter des Papstes
leitete. Die Entscheidungsfindung war durch die Dreiteilung der Macht
erschwert worden, vor allem, weil die drei Mitglieder des Triumvirats
häufig geographisch getrennt waren. Die drei Magnaten mussten daher
regelmäßig über Briefe miteinander kommunizieren, um ihre Politik
untereinander abstimmen zu können. Ein Teil dieser Korrespondenz
ist überliefert. Wichtige und wegweisende Entscheidungen konnten
aber weiterhin nicht allein vom Regentschaftsrat getroffen werden.
Wie der Regent William Marshal benötigte auch das Triumvirat den
Konsens der Magnaten. Der Große Rat behielt damit weiterhin seine
große Bedeutung.[138]

Wie erwähnt, hatte der Papst im April 1219 dem Legaten Pan-
dulf das Mandat erteilt, seine Anstrengungen zu intensivieren, die
zentrale Königsgewalt zu stärken.[139] Die Rückgewinnung königlicher
Machtressourcen wurde nun das klar formulierte, zentrale Ziel des
Regentschaftsrates. Zunächst aber konnte auch das Triumvirat keine
Erfolge nach Rom vermelden, seine Autorität wurde weiterhin durch
renitente Magnaten und lokale Machthaber in Frage gestellt. Sämtliche
Initiativen im ersten Jahr des Triumvirats scheiterten. So musste zum
Beispiel im Sommer 1219 eine Untersuchung über unerlaubte Rodun-
gen im königlichen Forst seit dem Tod König Johanns auf Grund
von massivem Widerstand eingestellt werden.[140] Die zweite Krönung
Heinrichs III. aber war die erwähnte Wende.[141] Der Eid der Barone
und weitere Mandate aus Rom gaben der Politik des Triumvirats neue
Impulse. Im Sommer 1220 gewann man die Kontrolle über die Burgen
Mitford, Rockingham und Sauvey zurück.[142] Im August 1220 beschloss
die Ratsversammlung in Oxford darüber hinaus eine Steuer für Poitou

---

[137] D. Carpenter, *Minority*, 132, 182–183 und 238 und Vincent, *Peter des Roches*, 183.
[138] D. Carpenter, *Minority*, 134.
[139] *Reg. Hon.*, I, Nr. 2025, 334.
[140] Für Einzelheiten über die Misserfolge des Triumvirats 1219/1220 vgl. D. Carpenter, *Minority*, 145–186.
[141] Für eine Übersicht über die Erfolge der Regentschaft nach der zweiten Krönung
Heinrichs III. und den weiter bestehenden Herausforderungen vgl. D. Carpenter,
Minority, 234–237.
[142] Ebd., 194–200 und Norgate, *Minority*, 154–156.

und die Lancierung einer Untersuchung, welche die Rückgewinnung des königlichen Eigenguts zum Ziel hatte. Auch wenn der Widerstand zahlreicher Magnaten gegen diese Beschlüsse das Triumvirat bald vor neue Probleme stellte, verfolgte der Regentschaftsrat dennoch erstmals konsequent eine konsistente Politik, um das selbst gesteckte Ziel der Rückgewinnung königlicher Machtressourcen umfassend durchzusetzen.[143] Die ersten wichtigen Schritte hatte der Regentschaftsrat damit 1220 vollzogen, die größeren Herausforderungen und Konflikte hatte er aber erst in den darauffolgenden Jahren zu bewältigen.

Langton unterstützte nach seiner Rückkehr aus Rom 1218 die Politik des Regentschaftsrates, ohne aber zunächst als aktiver Impulsgeber in Erscheinung zu treten. Seine anfangs untergeordnete Rolle in der Politik zeigt sich allein daran, dass er in den historiographischen Quellen nur äußerst selten im Zusammenhang mit den politischen Ereignissen dieser Jahre erwähnt wird. Sein vereinzeltes politisches Engagement ist daher nahezu ausschließlich in den Schriftrollen der königlichen Kanzlei überliefert. Einen Hinweis auf Langtons erstes politisches beziehungsweise militärisches Engagement für den Regentschaftsrat liefert eine zeitgenössische Liste von Magnaten, an die im Juli 1218 der Aufruf des Regenten William Marshals erging, sich mit einem bestimmten Kontingent an Rittern in Stamford zu versammeln, um die Burg Newark des renitenten Magnaten Robert de Gaugy zu belagern. Der Erzbischof ist mit 15 Rittern aufgelistet, wir wissen aber nicht, ob er dem Aufruf tatsächlich Folge leistete.[144]

Seinen ersten nachweisbaren politischen Auftritt hatte er auf der Versammlung der Magnaten im November 1218. Der Erzbischof ist einer der Zeugen jener Urkunde, die den zukünftigen Gebrauch des Großen Siegels bestimmte.[145] Zudem ernannte der Erzbischof zusammen mit William Marshal, Peter des Roches und Richard Marsh die Richter für den auf der Versammlung beschlossenen *general eyre*.[146] Die darauffolgenden Wochen waren offenbar die einzigen vor seiner erneuten Romreise im Herbst 1220, in denen Langton regelmäßig im Umfeld des Regenten und der wichtigsten Magnaten des Reiches anzutreffen war. Ende November oder Anfang Dezember 1218 nahm er neben dem Legaten und Peter des Roches an einem Treffen mit

---

[143] D. Carpenter, *Minority*, 206–207 und 222–225.
[144] Sanders, *Feudal military service*, 60 und 108–113.
[145] *Cal. Pat. Rolls*, I, 177.
[146] Ebd., 206–208.

Engelard de Cigogné und dem Earl von Warenne teil, um deren Streit um die Herrschaft über Surrey beizulegen.[147] Am 8. Dezember wurden dem Justiziar Hubert de Burgh in Anwesenheit Langtons, der Bischöfe von Winchester und London sowie des Regenten mehrere Burgen in Wales zugesprochen, auf die dieser gegen Reginald de Braose Anspruch erhoben hatte.[148]

Offenbar spielte Langton auf der großen Ratsversammlung im November und in den Wochen darauf eine durchaus gewichtige Rolle und war an mehreren Entscheidungen des Regentschaftsrates beteiligt. Welchen Anteil er am Inhalt der erzielten Beschlüsse hatte, wie bestimmend sein Einfluss im Rat war, geht aus den Quellen nicht hervor. Er nahm gemäß seines Ranges als Erzbischof von Canterbury an den Verhandlungen der Magnaten teil, wo er sich vermutlich auch zu Wort meldete. Langton hatte die politischen Veränderungen in England mit Sicherheit aus der Ferne in Rom verfolgt. Er war, so ist anzunehmen, durch Gesandte und Briefe über das politische Geschehen auf dem Laufenden gehalten worden. Aber es waren drei Jahre vergangen, seit er aktiv die englische Politik mitgestaltet hatte. Er war vom Papst suspendiert worden und hatte mit König Johann gebrochen. Er musste daher seine Autorität in politischen Fragen erst zurückgewinnen. Zudem konnte er 1218 noch nicht seine traditionelle Rolle im Königsrat bekleiden. Er konnte noch nicht als Erzbischof für den gesamten Episkopat sprechen. Es ist daher anzunehmen, dass sich Langton auf den Ratsversammlungen nach seiner Rückkehr aus Rom 1218 zunächst eher im Hintergrund hielt.

Nicht immer lässt sich Langtons Anwesenheit auf den großen Ratsversammlungen belegen. Aber noch schwerer ist es festzustellen, ob und in welcher Weise er an den dortigen Entscheidungsprozessen beteiligt war. So wird der Erzbischof auf den Versammlungen im Frühjahr 1219 nicht im Zusammenhang mit den politischen Beschlüssen zur Nachfolgeregelung für den Regenten William Marshal erwähnt. Der zeitgenössische Biograph des Earls von Pembroke berichtet nur, dass das Testament des Regenten dem Erzbischof sowie Peter des Roches und Richard le Poore überstellt worden sei, die dessen Umsetzung

---

[147] *Cal. Pat. Rolls*, I, 181. Für weitere Informationen zu dem Konflikt vgl. Vincent, *Peter des Roches*, 157.
[148] *Rot. Lit. Claus.*, I, 404.

überwachen sollten.[149] Zudem habe Langton nach dem Tod des Regenten die Vorbereitung für dessen Begräbnis übernommen und dieses am 20. Mai in der Kirche der Tempelritter in London geleitet, deren Orden William Marshal kurz vor seinem Tod noch beigetreten war.[150]

Abgesehen von einem Treffen mit mehreren Magnaten im Dezember 1219, das weiter unten thematisiert wird, war Langton erst knapp ein Jahr später, im März 1220, in Westminster wieder auf einer großen Ratsversammlung anzutreffen. Anlass waren die Verhandlungen mit dem französischen König über die Verlängerung des 1214 vereinbarten Waffenstillstandes. Ende Februar waren englische Boten mit einer französischen Gesandtschaft vom Kontinent zurück-gekehrt. Am 3. März konnten sich beide Seiten darauf einigen, den Waffenstillstand um vier Jahre zu verlängern. Zusammen mit Hubert de Burgh, Peter des Roches, den Earls von Warenne und Salisbury schwor Langton, für den Erhalt und die Achtung dieser Vereinbarung zu sorgen.[151] Sein Eid lässt auf eine aktive Beteiligung des Erzbischofs an den Verhandlungen schließen. Schließlich war es, wie erwähnt, eine der Aufgaben von Vermittlern, sich als Garanten der ausgehandelten Vereinbarung zur Verfügung zu stellen. Der Regentschaftsrat hatte Langton vermutlich zu den Friedensgesprächen herangezogen, weil er bei den französischen Gesandten als besonders vertrauenswürdiger Verhandlungspartner galt. Der Erzbischof hatte in Paris als Teil eines Kreises von Theologen gelehrt, der für seine Nähe zum französischen Königshof bekannt war. Daneben hatte er sich stets eine kritische Distanz zum ärgsten Feind des französischen Königs, zu König Johann Ohneland, bewahrt. Und schließlich hatte er über seinen Bruder Simon einen direkten Draht zum französischen Königshof. Nach einer Intervention des französischen Kronprinzen am Apostolischen Stuhl hatte Simon schon 1218 die Absolution des Papstes erhalten und war sogar zum päpstlichen Subdiakon ernannt worden. In den Jahren danach war er wahrscheinlich regelmäßiger Gast am französischen Hof, da ihm dort wiederholt die Gunst des Königs zuteil wurden.[152] Es war daher sicherlich kein

---

[149] *Histoire de Guillaume le Maréchal*, Sp. 18334–18342. Die drei Prälaten stellten wahrscheinlich den Testamentsvollstreckern Elias von Dereham zur Seite, der die Umsetzung des Testaments überwachen sollte, vgl. Crouch, *William Marshal*, 140.

[150] *Histoire de Guillaume le Maréchal*, Sp. 19022–19084 und Painter, *William Marshal*, 284–285 und 289.

[151] *Foedera*, 158–159; *Diplomatic Documents*, Nr. 67, 57–58 und D. Carpenter, *Minority*, 176–177.

[152] *Reg. Hon.*, I, Nr. 1377, 228 und Nr. 1397, 231–232 und Vincent, *Simon Langton*, 9.

Zufall, dass es wiederum der Erzbischof war, der drei Jahre später, nach dem Tod des französischen Königs Philipp Augustus, eine englische Gesandtschaft nach Frankreich leitete.[153]

Auch einen Monat später, auf einer weiteren Konferenz einiger Magnaten in London, trat Langton aktiv in Erscheinung, als er zusammen mit dem Legaten die Krönung Heinrichs III. auf den 17. Mai 1220 legte.[154] Dagegen bleibt unklar, ob der Erzbischof an den Verhandlungen Anfang Juli in Canterbury teilnahm, die im Anschluss an die *translatio* Beckets stattfanden. Beschlossen wurde die Verlegung des Großen Rates vom 14. Juli in London auf den 2. August in Oxford, da sich die Verhandlungen des Regentschaftsrates mit Hugh de Lusignan und seiner neuen Frau Isabella, der Mutter Heinrichs III., schwierig gestalteten. Langton wird in den königlichen Schreiben über diesen Beschluss nicht erwähnt, war aber natürlich zu dieser Zeit als Gastgeber der *translatio* in Canterbury anwesend.[155] Auf der großen Ratsversammlung am 2. August in Oxford ist seine Anwesenheit dagegen wieder verbürgt. Er wird in einer königlichen Urkunde als einer von mehreren Magnaten erwähnt, die sich als Garanten für das Wohlverhalten von William d'Albigny gegenüber dem König zur Verfügung stellten. Dem ehemaligen Rebellen wurden im Gegenzug die gestellten Geiseln zurückgegeben, die bis dahin seine Treue garantiert hatten.[156] Zusätzlich wurden dem Erzbischof in Oxford Marktrechte für zwei seiner Güter in Sussex und Kent verliehen.[157] Über weitere Aktivitäten Langtons auf der Ratsversammlung ist kaum etwas bekannt. Wir wissen nicht, welchen Anteil er an den beiden zentralen Entscheidungen der Konferenz hatte, eine Abgabe für Poitou zu erheben und eine Untersuchung über das königliche Eigengut zu starten. In dem Schreiben über die Abgabe wird allgemein vom Beschluss aller Magnaten und *fideles* des Reiches gesprochen.[158] Langton aber, so ist zu vermuten, befürwortete die Entscheidungen der Ratsversammlung. Diese waren schließlich Teil des

---

[153] Nach dem Bericht des *Barnwell*-Chronisten nutzte der Erzbischof die Versammlung der weltlichen Magnaten und kirchlichen Würdenträger am 8. März in London für die Weihe des Bischofs von Ely. Dagegen datiert die *Historia Eliensis* die Konsekration auf den 9. März, vgl. Walter of Coventry, *Historical collections*, 243–244; *Anglia Sacra*, 635 und *CL Ms. D. & C. Chartae Antiquae C 115/79*.
[154] Walter of Coventry, *Historical collections*, 244 und vgl. oben, 256.
[155] *Calendar of Ancient Correspondence concerning Wales*, 12 und *PRO SC 1*, II, Nr. 92.
[156] *Cal. Pat. Rolls*, I, 246.
[157] *CFR 1219–1220*, Nr. 212–213 und *Great Rolls of the Pipe 1220*, 69.
[158] *Rot. Lit. Claus.*, I, 437.

von ihm unterstützten Programms der Stärkung des Königs und seiner
Ressourcen. Zudem war er von den Beschlüssen selbst nicht betroffen,
da sich höchstwahrscheinlich kein königliches Eigengut in seiner Obhut
befand, welches er hätte zurückgeben müssen. Zudem war der Episkopat
von der beschlossenen Steuer ausgenommen.[159]

Langtons größtes, nachweisbares politisches Engagement dieser Jahre
war seine Beteiligung an den Verhandlungen mit Llywelyn. Dieser
hatte während des Bürgerkriegs auf der Seite der rebellierenden Barone
gestanden. Nach der Beendigung des Krieges hatten der walisische
Fürst und der Regent William Marshall im März 1218 den Vertrag
von Worcester geschlossen. Dieser bestätigte praktisch die territori-
alen Gewinne Llywelyns der letzten Jahre. Er wurde nur formal in die
bereits von ihm eroberten Burgen als Kastellan des Königs eingesetzt.
Llywelyn hatte aber versprochen, keine Feinde des englischen Königs
aufzunehmen und dafür zu sorgen, dass die Magnaten in Wales dem
König das *homagium* leisteten. Ungelöst blieb aber die Frage, wie
und wann die englischen Barone des Grenzlandes ihre verlorenen
Besitzungen zurückerhalten sollten. Der Regentschaftsrat widmete
sich nach 1218 wiederholt diesem unbewältigten Problem, so auch
Ende des Jahres 1219.[160] Anfang Dezember versammelten sich Hubert
de Burgh, Pandulf, die betroffenen Magnaten des Grenzlandes, der
Bischof des angrenzenden Bistums Hereford, sowie Langton, um über
die bevorstehenden Verhandlungen mit Llywelyn zu beraten. Der Erzbischof war vermutlich schon seit dem Herbst 1213 mit dem Konflikt
zwischen dem walisischen Fürsten und der englischen Krone vertraut.
De Burgh und Pandulf setzten daher sicherlich auf seine Erfahrungen
und Kenntnisse. Sie könnten das Hinzuziehen Langtons zusätzlich als
vertrauensbildende Maßnahme gegenüber Llywelyn betrachtet haben,
die zu konstruktiven Gesprächen beitragen sollte, schließlich war der
Erzbischof im Sommer 1215 dafür verantwortlich gewesen, dass die
Interessen des walisischen Fürsten in den entsprechenden Kapiteln
der Magna Carta vollständig berücksichtigt worden waren.[161] Die
versammelten Magnaten einigten sich schließlich auf ein Treffen mit
Llywelyn am 7. Januar 1220 in Worcester.[162] Zunächst weigerte sich der

---

[159] D. Carpenter, *Minority*, 206.
[160] Für weitere Einzelheiten vgl. R. Walker, Hubert de Burgh and Wales, 469–471;
D. Carpenter, *Minority*, 74–78 und Carr, *Medieval Wales*, 57.
[161] Vgl. oben, 175–176.
[162] *Rot. Lit. Claus.*, I, 434.

Waliser, dem Mandat Folge zu leisten, woraufhin Pandulf das Treffen
auf den 9. Februar verlegte. Kurz darauf musste er den Termin wegen
drängender Probleme in London erneut verschieben.[163] Schließlich
traf man sich Anfang Mai 1220 in Shrewsbury, kurz vor der Krönung
Heinrichs III. An den Verhandlungen nahm neben dem Triumvirat
und Llywelyn auch Langton teil.[164] Man einigte sich am 5. Mai auf
ein Abkommen, das dem Waliser erneut weit entgegen kam. Zudem
beschloss man einen Waffenstillstand bis Michaelmas 1220 sowie ein
weiteres Treffen am 2. August in Oxford.[165] Doch Llywelyn nutzte die
militärische Schwäche des Regentschaftsrates. Er hielt seine Zusagen
vom Mai nicht ein, blieb der Ratsversammlung Anfang August in
Oxford fern und traf sich stattdessen mit dem Earl von Chester, der
eben vom Kreuzzug zurückgekehrt war. Ihr Bündnis sollte zu einem
wichtigen politischen Faktor der nächsten Jahre werden. 1220 hielt
es Llywelyn den Rücken frei, um gegen ihren gemeinsamen Erzfeind
William Marshal, den Sohn des verstorbenen Regenten, in Südwales
vorzugehen. Llywelyn fügte dem Earl von Pembroke im August und
September eine empfindliche Niederlage zu und konnte daraufhin
Südwales nach seinen Vorstellungen neu ordnen.[166]

Der Überblick über die in den Quellen nachweisbaren politischen
Aktivitäten Langtons dokumentiert, dass er nach seiner Rückkehr
nicht zum Führungszirkel jener Magnaten gehörte, die das Inselreich
lenkten. Abgesehen von den Verhandlungen mit Llywelyn und mit der
französischen Gesandtschaft im März 1220, auf denen der Erzbischof
auf Grund seiner politischen Vergangenheit und seiner familiären
Kontakte eine prominente Rolle spielte, trat Langton auf den verschiedenen Ratsversammlungen dieser Jahre kaum in den Vordergrund. Der
Erzbischof verfolgte nichtsdestotrotz die politischen Vorgänge im Land
aufmerksam und versuchte seine Interessen zu wahren, indem er sich
wiederholt mit Bitten und Petitionen an die Entscheidungsträger am
königlichen Hof wandte. Vom Sommer 1219 sind zwei Briefe Langtons überliefert, die seine Einmischung in das tagespolitische Geschäft
dokumentieren. In einem an Hubert de Burgh gerichteten Brief bat

---

[163] *Calendar of Ancient Correspondence concerning Wales*, 2, 5–7.
[164] *Cal. Pat. Rolls*, I, 260–261 und *Calendar of Ancient Correspondence concerning
Wales*, 23.
[165] Für die Einzelheiten der Vereinbarung vgl. D. Carpenter, *Minority*, 191–192 und
R. Walker, Hubert de Burgh and Wales, 471.
[166] D. Carpenter, *Minority*, 192, 203, 212 und 217–219 und ders., *Struggle for Mastery*, 323–324.

der Erzbischof um die Sicherung des Eigentums von Geoffrey de Lucy in Hayles, nachdem diesem ein Gut enteignet worden war. Langton verwies auf dessen Status als Kreuzfahrer, durch den der Besitz nach den Statuten des Vierten Lateranum geschützt sei.[167] Hubert de Burgh und Peter des Roches kamen Langton entgegen und stellten am 21. Juli ein Mandat an den Sheriff von Gloucester aus, Geoffrey de Lucy die *mobilia* des Gutes zurückzugeben.[168] In einem weiteren Brief Ende Juli 1219 informierte Langton Peter des Roches und Hubert de Burgh über ein Treffen mit einigen Großen in Staines, die dort ein Turnier veranstalten wollten. Das Ereignis war für den 28. Juli geplant gewesen, bevor der Regentschaftsrat es verboten hatte. Die versammelten Magnaten erklärten dem Erzbischof und dem Bischof von London, sie würden sich Michaelmas erneut zu einem Turnier treffen. Sie würden zwar vorher den Legaten um Erlaubnis bitten, aber dennoch nicht auf das Turnier verzichten, sollte dieser oder jemand anderes ihnen ein Verbot erteilen.[169]

Sein Amt als Erzbischof verpflichtete Langton dazu, diese Briefe an das Triumvirat zu verfassen. Die Turniere in seiner Provinz verstießen gegen das Kirchenrecht. Das Vierte Lateranum hatte zudem den Besitz von Kreuzfahrern unter den speziellen Schutz der Kirche gestellt, ein Statut, für dessen Umsetzung er als Bischof verantwortlich war. Verstöße gegen diese Bestimmungen waren daher auch Angriffe auf seine Autorität als Erzbischof. Es ist aber nicht bekannt, ob Langton im Fall von Geoffrey de Lucy von sich aus aktiv wurde, oder der Baron sich an ihn als Fürsprecher gewandt hatte. Direkte persönliche Verbindungen zwischen beiden habe ich nicht entdecken können. War Geoffrey de Lucy an den Erzbischof herangetreten, musste er vermutet haben, dass Langton über ausreichend Autorität im königlichen Rat verfügte, um dort erfolgreich für ihn als Fürsprecher agieren zu können.

Der gute Draht, den Langton zum Regentschaftsrat besaß, wurde schon mehrfach betont. Die vielen königlichen Privilegien, die sich der Erzbischof seit 1218 sichern konnte, dokumentieren das gute Verhältnis.

---

[167] *Acta Stephani*, Nr. 45, 61.

[168] *Rot. Lit. Claus.*, I, 397.

[169] *Acta Stephani*, Nr. 46, 62. Immer wieder versammelten sich nach dem Bürgerkrieg Barone und Ritter zu Turnieren. Insbesondere der Legat Pandulf versuchte dagegen vorzugehen, waren für ihn doch die Turniere in instabilen Zeiten nur ein weiterer gefährlicher Unruheherd, vgl. Vincent, *Peter des Roches*, 174; D. Carpenter, *Minority*, 50, 149 und 215, Anm. 15; Denholm-Young, *Collected Papers*, 100–101 und Norgate, *Minority*, 96–97.

Daneben gibt es weitere Indizien, dass Langton trotz seiner langjährigen Abwesenheit, die ihn zu politischer Zurückhaltung zwang, bei den
Magnaten des Regentschaftsrates, insbesondere bei Hubert de Burgh,
Achtung und Respekt, vielleicht sogar ein gewisses Maß an politischer
Autorität genoss. In einem Brief von Anfang August 1219 antwortete
der Erzbischof auf die Bitte des Justiziars Hubert de Burgh um eine
Unterredung. Über den Gegenstand des geplanten Gesprächs ist aber
nichts bekannt.[170] Daneben sandte Langton dem Triumvirat sowie William Brewer und einigen anderen Beratern des Königs einen weiteren
Brief, dem er mehrere Schreiben beifügte, die ihm selbst zugestellt
worden waren. Die Magnaten sollten diese aufmerksam studieren, um
sie zum Vorteil des Königs einzusetzen. Auch hier ist der Inhalt der
Briefe nicht bekannt.[171] Die nächsten Kapitel aber werden zeigen, dass
der Erzbischof nach der Abberufung des Legaten Pandulf im Sommer
1221 die politische Zusammenarbeit mit Hubert de Burgh ausbaute,
während er gleichzeitig auf den Ratsversammlungen wieder vermehrt
politische Verantwortung übernahm.

---

[170] *Acta Stephani*, Nr. 47, 62–63. Möglicherweise wollte sich Hubert de Burgh mit
Langton über das Problem der illegalen Turniere unterhalten, schließlich hatte Langton
kurz zuvor gegen ein solches Turnier in Staines interveniert und darüber unter anderem
Hubert de Burgh Bericht erstattet, vgl. *Acta Stephani*, Nr. 46, 62–63.
[171] Ebd., Nr. 52, 67–68.

KAPITEL XI

LANGTON ALS VERMITTLER. DIE JAHRE 1220 BIS 1223

XI.1. *Langton in Rom 1220/1221 und die Abberufung des Legaten*

Als Langton im Oktober 1220 erneut nach Rom aufbrach, begleitet von Richard Marsh, dem Bischof von Durham, war sein vorrangiges Ziel, den Papst für die Abberufung des Legaten zu gewinnen.[1] Er hatte im Verlauf der letzten zweieinhalb Jahre seinen traditionellen Vorrang als Erzbischof von Canterbury im englischen Episkopat zurückgewonnen. Die beiden Großereignisse im Sommer 1220, die Krönung Heinrichs III. sowie die *translatio* Beckets, hatten diese Rückkehr Langtons an die Spitze der englischen Hierarchie dokumentiert. Er hatte bei dieser Gelegenheit aller Welt bewiesen, dass er als Erzbischof wieder in der Lage war, die Kirche in England eigenständig zu führen, die *ecclesia Anglicana* daher nicht länger der unmittelbaren Kontrolle eines Legaten bedurfte. Es war somit kein Zufall, dass Langton nach seiner Ankunft in Rom in einer Predigt, die er auf Einladung des Papstes vermutlich am 29. Dezember 1220 anlässlich des 50. Jahrestages des Martyriums Beckets hielt, die Größe und Bedeutung der englischen Kirche hervorhob, indem er unter anderem die englische Herkunft des Heiligen betonte.[2] Er verglich England mit einem Dorn, der zwar für die scharfe Verfolgung der Kirche verantwortlich sei, aber auch viele Märtyrer hervorgebracht habe, als letzte dieser „Rosen" Thomas Becket. Weitere „Rosen" seien daher von diesem Dorn, also England, in Zukunft zu erwarten.[3] Auch in der Liturgie für das *officium* zu dem Festtag der *translatio* werden, wie bereits geschildert, die Engländer als auserwähltes Volk tituliert, aus dem der Heilige erkoren wurde.[4]

---

[1] Annales de Dunstaplia, 62 und Annales de Waverleia, 294.

[2] Walter of Coventry, *Historical collections*, 246 und Roberts, Langton and his preaching on Thomas Becket, 82–83.

[3] Roberts, Langton and his preaching on Thomas Becket, 85 und Eales, Political setting of the Becket translation, 137.

[4] Reames, Liturgical Offices, 586; Duggan, Cult of St. Thomas, 39 und vgl. oben, 267.

Langton konnte in Rom Honorius III. darauf hinweisen, dass die Neuordnung der englischen Kirche nach dem Bürgerkrieg von Pandulf erfolgreich abgeschlossen worden war. Dieser hatte sie zusammen mit seinem Vorgänger Guala zu einer zuverlässigen Stütze der Regentschaft und des minderjährigen Königs umgestaltet. Der Erzbischof selbst hatte in den vergangen Jahren demonstriert, dass er die Kirche in diesem Sinne weiter zu führen gedachte, indem er königstreue Kleriker bei den Bischofswahlen unterstützt hatte. Sein gutes Verhältnis zum Papst würde die enge Anbindung der englischen Kirche an die Kurie auch in Zukunft gewährleisten. Es ist daher möglich, dass der Papst selbst, zumindest aus kirchenpolitischen Überlegungen heraus, vor Langtons Ankunft in Rom eine Abberufung des Legaten erwogen hatte.[5]

Doch der Rückzug des Legaten hatte auch eine säkulare, politische Dimension, die Honorius III. bei seinen Überlegungen mitberücksichtigten musste. Pandulf bildete nach dem Tod des Regenten William Marshal im Mai 1219 das Zentrum des Regentschaftsrates, er bestimmte nicht nur die politischen Zielvorgaben, sondern war im Vergleich zu seinem Vorgänger Guala auch viel stärker ins politische Alltagsgeschäft eingebunden. Er hatte zur weiteren Stabilisierung des Friedens und zur Stärkung der Königsherrschaft in hohem Maße beigetragen. Doch das von der Kurie anvisierte Ziel, alle königlichen Machtressourcen, insbesondere das Krongut sowie die Burgen zurückzugewinnen, war trotz erster Erfolge noch lange nicht erreicht.[6] Der Papst würde daher einem Ende der Legation in England nur zustimmen, wenn er davon überzeugt werden konnte, dass auch ohne die Unterstützung und Initiativen des Legaten der eingeschlagene Weg weiter fortgesetzt werden würde.

Wir besitzen keine Berichte über die Verhandlungen Langtons in Rom. Es sind daher keine Argumente des Erzbischofs überliefert, mit denen er Honorius III. schließlich von seinem Anliegen überzeugen

---

[5] Sayers argumentiert, die ausdrückliche Zustimmung des Papstes 1219 für die *translatio* Beckets 1220, mit der Langton dokumentierte, dass die englische Kirche nicht mehr die direkte päpstliche Kontrolle benötigte, zeige, dass auch Honorius III. schon länger mit dem Gedanken gespielt habe, den Legaten abzuziehen, vgl. Sayers, *Honorius III*, 189–191. Norgate vermutet, Pandulf habe, wie sein Vorgänger Guala, selbst um seine Abberufung gebeten. Der Grund sei seine Doppelbelastung als Legat und Bischofelekt gewesen, die er nach mehr als zwei Jahren nicht länger schultern wollte. Norgate glaubt sogar, der Legat habe über Langton die entsprechende Anfrage an den Papst gerichtet, vgl. Norgate, *Minority*, 171–172. Letzteres halte ich für ausgeschlossen, da vermutlich Pandulf hinter jenem Angriff stand, den mehrere englische Magnaten zur Jahreswende 1220/1221 gegen Langton richteten, der in Rom weilte, vgl. unten, 284–286.

[6] D. Carpenter, *Minority*, 254–255.

konnte. Seine Argumentationslinie lässt sich aber aus den äußeren Umständen indirekt erschließen. Eine Voraussetzung für den Abzug des Legaten war ein stabiler Frieden in England. Langton betonte daher vermutlich die weit fortgeschrittene Versöhnung der ehemaligen Kriegsgegner. Die Nachrichten über die Rebellion des Grafen von Aumale im Januar 1221, welche die Kurie im Februar oder März 1221 erreichten, konterkarierten aber das Bemühen des Erzbischofs, England als ein friedliches Königreich darzustellen.[7] Es ist anzunehmen, dass Langton diesen Aufstand zu einer Ausnahme deklarierte und die vielen weiteren, im Untergrund schwelenden Konflikte verschwieg. Er musste zusätzlich Honorius III. davon überzeugen, dass die führenden Magnaten der Regentschaft Pandulfs Politik einer Stärkung der Königsherrschaft fortsetzen würden. Langton brachte sich aber kaum als potentieller Nachfolger des Legaten am königlichen Hof ins Spiel, obwohl er in der Vergangenheit gezeigt hatte, dass er den Kurs Pandulfs unterstützte und ihn sicherlich fortsetzen würde. Ihm, wie vermutlich auch dem Papst, war aber bewusst, dass er nicht, beziehungsweise noch nicht, über die nötige Autorität am Königshof verfügte, trotz seiner nun unangefochtenen Vorrangstellung im Episkopat. Ihm fehlten im Vergleich zu Pandulf die nötige Erfahrung und ein weit verzweigtes Netzwerk am Hof. Der Legat hatte schon vor 1218 für die englische Krone gearbeitet, hatte daher Verbindungen zu vielen wichtigen königlichen Klerikern am Hof und dem *exchequer* aufbauen können. Er war bei seinem Amtsantritt als Legat mit den dortigen Geschäftsvorgängen vertraut. Langton dagegen war trotz seiner Vermittlungstätigkeit 1215 nie integraler Bestandteil des königlichen Hofes gewesen. Sein Verhältnis zu den *familiares regis* war auf Grund seiner skeptischen Haltung gegenüber König Johann nie sehr

---

[7] Die Rebellion endete mit der Eroberung der Burg Bytham durch den Regentschaftsrat. Für eine ausführliche Darstellung der Hintergründe und des Verlaufs der Rebellion sowie der möglichen Motive des Grafen von Aumale vgl. Turner, William de Forz, count of Aumale, 238–241; D. Carpenter, *Minority*, 229–233; Stacey, *Politics*, 21–24; *Great Roll of the Pipe 1221*, xxxvi–xxxviii; Norgate, *Minority*, 163–167 und Powicke, *Henry III*, 52–55. Möglicherweise stellte auch Langton ein Kontingent an Rittern bei der Belagerung Bythams. In einem königlichen Mandat vom Juli 1221 an den Sheriff von Kent heißt es, dass die Ritter und freien Landbesitzer, die Ritterlehen vom Bischof von Rochester halten, vom Schildgeld befreit seien, da der Bischof zusammen mit dem Erzbischof von Canterbury Ritter für das Heer in Bytham gestellt habe, vgl. *Rot. Lit. Claus.*, I, 465. In der *Pipe Roll* für das Jahr 1221 heißt es, Langton habe kein Schildgeld zahlen müssen, vgl. *Great Roll of the Pipe 1221*, 205. Doch Mitchell weist daraufhin, dass nicht notwendigerweise alle, die vom Schildgeld befreit wurden, Ritter gestellt hatten, vgl. Mitchell, *Studies in taxation*, 138–140.

eng gewesen. Langton, der seine Karriere als einer der wenigen Bischöfe nicht am Königshof begonnen hatte, war dort ein Außenseiter geblieben, dem, wie sich weiter unten zeigen wird, noch 1220 das Misstrauen altgedienter *curiales* entgegenschlug.[8] Der Erzbischof konnte daher Pandulf im Zentrum des Regentschaftsrates zunächst nicht ersetzen. Seine Rolle beschränkte sich somit in den nächsten Monaten auf die eines Beobachters, der die Politik des Regentschaftsrates von außen kritisch verfolgte und im Bedarfsfall intervenierte, wenn er die Interessen der Kirche, des Königs oder des Reiches für bedroht erachtete.

Es blieben daher als potentielle Nachfolger Pandulfs nur dessen Kollegen im Triumvirat, also der Justiziar Hubert de Burgh und dessen Rivale Peter des Roches. Es ist äußerst unwahrscheinlich, dass sich Langton beim Papst für seinen größten Konkurrenten im Episkopat einsetzte und den Bischof von Winchester als vollwertigen Ersatz für Pandulf an der Kurie präsentierte. Vielmehr warb der Erzbischof für Hubert de Burgh, der ihm in Bezug auf die politischen Ansichten sehr viel näher stand. Im Gegensatz zu Peter des Roches ist beim Justiziar eine gewisse Sympathie für die Magna Carta und ihre enthaltenen Ideen zu erkennen. Hubert de Burgh hatte zu den moderateren Anhängern König Johanns gehört.[9] Der Erzbischof könnte ihn daher an der Kurie als einen Magnaten vorgestellt haben, der mit Pandulf in der Vergangenheit die Stärkung der Königsherrschaft umsichtig betrieben hatte, der im Gegensatz zu des Roches auch das Vertrauen der ehemaligen Rebellen besaß und der daher am ehesten in der Lage war, die Politik des Legaten erfolgreich weiterzuführen. Im Notfall, so argumentierte vermutlich der Erzbischof gegenüber Honorius III., könne er selbst korrigierend eingreifen, sobald die Interessen des Papstes hinsichtlich seines englischen Vasallen, Heinrichs III., in Gefahr gerieten.

Gegen eine solche Werbung für Hubert de Burgh durch Langton an der Kurie spricht auf den ersten Blick ein Brief, den einige der mächtigsten Magnaten und *curiales* an Papst Honorius III. verfassten, darunter Hubert de Burgh, der Earl von Chester, Fawkes de Breauté, Philipp d'Albigny, der persönliche Lehrer und Tutor Heinrichs III., William de Cantilupe, der königliche Kämmerer, sowie Geoffrey de Neville, Brian de Lisle, Engelard de Cigogne und Hugh de Vivonne. In ihrem Schreiben wenden sie sich gegen die Rückkehr jener Kleriker, die durch kirchliche

---

[8] Vgl. unten, 284–286.
[9] D. Carpenter, *Minority*, 138–139.

Sentenzen aus England verbannt worden waren. Diese Geistlichen hätten weiterhin Verbündete in England, ihre Rückkehr würde daher zum erneuten Ausbruch eines Bürgerkriegs führen.[10] Das Schreiben richtete sich, ohne Namen zu nennen, aller Wahrscheinlichkeit nach gegen Simon Langton, den Bruder des Erzbischofs, der nach dem Frieden von Lambeth 1217 zusammen mit drei weiteren Klerikern aus England verbannt worden war. Nur von Simon weiß man aber sicher, dass er 1220 noch im Exil lebte.[11] In dem Brief heißt es weiter, dass diejenigen, die sich beim Papst für die Rückkehr dieser Kleriker einsetzten, darüber hinaus versuchen würden, die Kontrolle über Heinrich III. zu gewinnen.[12] Diese Stelle bezieht sich mit ziemlicher Sicherheit auf Stephen Langton, der, als dieser Brief verfasst wurde, in Rom weilte und dort vermutlich nicht nur für die Abberufung des Legaten, sondern auch für die Rückkehr seines Bruders nach England warb.[13]

Die Aussteller des Briefes zählten alle zu den treuesten Anhängern König Johanns. Eine Rückkehr Simon Langtons, einer der führenden geistlichen Köpfe der Rebellen, löste unter ihnen offenbar die Befürchtung aus, dieser könne angesichts des instabilen Friedens zu einem neuen Unruheherd werden, der die Unzufriedenen um sich scharen würde.[14] Darüber hinaus scheint der Angriff auch auf den älteren Bruder Simons zu zielen. Die Magnaten und *curiales* misstrauten dem Erzbischof offenbar weiterhin auf Grund seiner Vergangenheit als Gegner König Johanns und als langjähriger Fürsprecher der rebellierenden Barone, der über seinen Bruder Simon über ausgezeichnete Verbindungen an den französischen Hof verfügte. Sein erneuter Aufstieg nach 1218 erfüllte sie mit zunehmender Sorge, konnte der Erzbischof doch

---

[10] *Foedera*, 171.
[11] Elias von Dereham hatte, wie bereits erwähnt, im Februar 1219 die Erlaubnis zur Rückkehr nach England erhalten. Robert of St. Germain hatte im Juni 1218 die Absolution erhalten und war im März 1219 zurückgekehrt. Über das Schicksal des dritten Klerikers, Gervase von Heybridge, nach seiner Verbannung ist nichts bekannt, vgl. Denholm-Young, Letter from the Council, 90–91.
[12] *Foedera*, 171.
[13] Der überlieferte Brief ist undatiert. Über die Anwesenheit der Aussteller in England kann Denholm-Young den Entstehungszeitraum auf die Monate zwischen August 1220 und Januar 1221 begrenzen. Da der Brief auf Grund seines Inhalts eine Reaktion auf die Romreise Stephen Langtons war, wird er wohl im Dezember 1220 verfasst worden sein, vgl. Denholm-Young, Letter from the Council, 89–93.
[14] Denholm-Young, Letter from the Council, 94–96.

erneut zum Konkurrenten am königlichen Hof, auch um die Gunst des jungen Königs, werden.[15]

Der Historiker Noel Denholm-Young vermutet aber als eigentlichen Initiator hinter dem Brief den Legaten Pandulf. Er folgert dies unter anderem aus dem Latein des Schreibens, dessen Stil an die päpstliche Kanzlei erinnere. Seiner Ansicht nach wollte Pandulf in erster Linie Stephen Langton treffen, der in Rom um seine Abberufung als Legat warb. In dem Brief wird die Gefahr eines neuen Bürgerkriegs herauf-beschworen, der durch eine erneute Spaltung des Landes bei einer Rückkehr Simons ausgelöst werden würde. Damit widersprach das Schreiben der vermuteten Argumentation Langtons, der die Stabilität des Friedens in England betont hatte, um ein Ende der Legation zu erreichen.[16] Der Papst konnte aber seinen Legaten nicht abziehen, falls der Frieden tatsächlich so brüchig war. Er konnte die Verantwortung für die englische Kirche und das Reich keinem Erzbischof überlassen, der um die Rückkehr seines Bruders bat, von dem führende Magnaten in England einen erneuten Ausbruch der Feindseligkeiten befürchteten.

War Pandulf tatsächlich der Initiator des Briefes, lässt sich auch die Mitwirkung Hubert de Burghs erklären. Zunächst erscheint es merk-würdig, dass sich der Justiziar als moderater Royalist mit guten Verbin-dungen zu ehemaligen Rebellen, mit diesem harten Kern der Royalisten verbündete, um einen Angriff gegen den Erzbischof zu starten, mit dem er zuvor und auch danach gut zusammenarbeiten sollte. Der Legat aber war für Hubert de Burgh der wichtigste Verbündete im Kampf um die Vorherrschaft im Regentschaftsrat. Wie sich zeigen wird, arbeiteten Pandulf und der Justiziar ab dem Frühjahr 1221 eng bei der politischen Entmachtung von Peter des Roches zusammen.[17] Hubert de Burgh nahm daher eine vorübergehende Krise im Verhältnis zu Langton in Kauf. Darüber hinaus schloss sich der Justiziar mit seiner Unterzeichnung

---

[15] Es ist auffällig, dass eine der wichtigsten Personen am königlichen Hof den Brief nicht unterzeichnete, nämlich Ralph de Neville, der eigentliche Kopf der königlichen Kanzlei. Der Grund könnte gewesen sein, dass sich Langton, wie erwähnt, zuvor für dessen kirchliche Karriere eingesetzt hatte. Es wird daher auch kein Zufall sein, dass, kurz nach dem Aufenthalt des Erzbischofs in Rom, der Papst Ende April 1221 Ralph de Neville auf Grund der Fürsprache Langtons, Gualas und des Bischofs von Salisbury einen zweiten Dispens von dem Verbot erteilte, mehrere Pfründe zu halten, vgl. *Reg. Hon.*, I, Nr. 3298, 538 und vgl. oben, 253. Vermutlich hatte der Brief der Magnaten aus England dem Erzbischof erneut sehr deutlich vor Augen geführt, wie wichtig gute und enge Verbindungen zu den zentralen Figuren am Hof des Königs waren.

[16] Denholm-Young, Letter from the Council, 92–93.

[17] Vgl. unten, 291–294.

des Briefes einigen Magnaten an, die zu den potentiellen Verbündeten des Grafen von Aumale zählten. Dieser rebellierte, wie erwähnt, kurz darauf im Januar 1221 gewaltsam gegen den Regentschaftsrat, ohne dass jene Magnaten ihm zur Hilfe eilten.[18]

Ausgerechnet Hubert de Burgh, jener Magnat, für den sich Langton an der Kurie höchstwahrscheinlich eingesetzt hatte, griff ihn, wenn auch nur indirekt, an, bezweifelte die Ehrenhaftigkeit seiner Absichten, indem er ihm vorwarf, sich der Gunst des Königs zu bemächtigen. Zudem vermittelte der Brief den Eindruck, der Frieden in England sei sehr instabil, und widersprach damit direkt den Darstellungen des Erzbischofs. Trotzdem konnte Langton schließlich den Papst zu einem Ende der Legation Pandulfs bewegen, der Ende Juni, Anfang Juli 1221 in Westminster sein Amt niederlegte.[19] Dieser Coup gelang ihm meiner Ansicht nach, weil er weiterhin an Hubert de Burgh als potentiellen Nachfolger Pandulfs festhielt und von seinem zweiten Ziel, seinem Bruder die Rückkehr nach England zu ermöglichen, vorerst abrückte. Indem er sich von Simon, dem ehemaligen Rebellen, distanzierte, ließ er die Angriffe und Vorwürfe aus England ins Leere laufen. Er bewies, dass sein Ziel nicht die erneute Spaltung des Landes war, sondern er im Gegenteil dazu bereit war, die Regentschaft zum Wohle des gesamten Reiches und des Königs zu unterstützen, auch wenn dies hieß, eigene, familiäre Interessen zurückzustellen. Er demonstrierte seine Überparteilichkeit zusätzlich dadurch, dass er trotz der Angriffe aus England Hubert de Burgh weiterhin unterstützte. Die Strategie ging auf, wenn auch zum Leidwesen Simon Langtons, der weitere sechs Jahre auf seine Heimkehr warten musste.[20]

Daneben half dem Erzbischof bei seinen Verhandlungen in Rom sein gutes Verhältnis zu Honorius III. Trotzdem nahm der Papst die Warnungen aus England vor einem neuen Bürgerkrieg angesichts der Berichte über den Aufstand des Grafen von Aumale sehr ernst. Anstatt aber die Legation Pandulfs zu verlängern, nahm er Langton und seine Suffragane durch ein Mandat in die Verantwortung, für ein Ende der Konflikte und die Wiederherstellung des Friedens zu sorgen.[21] Darüber

---

[18] D. Carpenter, *Minority*, 228–229.

[19] Walter of Coventry, *Historical collections*, 250; Annales de Waverleia, 295 und Annales de Dunstaplia, 75.

[20] Simon Langton kehrte erst im Juli 1227 nach England zurück, vgl. *BL Ms. Cotton Julius D v*, fol. 26.

[21] *Reg. Hon.*, I, Nr. 3297, 537–538.

hinaus stärkte Honorius III. die politische Autorität des Erzbischofs in England, indem er ihn im Januar 1221 zusammen mit Richard le Poore beauftragte, das Abkommen zwischen Berenguela, der Witwe König Richards I. und Heinrich III. über die Morgengabe zu überwachen und es gegen jeden mit kirchlichen Sanktionen zu verteidigen.[22]

Schließlich hatte vermutlich auch die Unterstützung des Episkopats zum Erfolg Langtons in Rom beigetragen. Die Bischöfe sowie der gesamte englische Klerus sahen die Legation in England zunehmend skeptisch, vor allem auf Grund der legatinen Prokurationen und der päpstlichen Provisionspolitik, für deren Durchsetzung in erster Linie der Legat zuständig war.[23] Doch auch der Erzbischof war in den letzten Jahren vom Papst in die Versorgung römischer Kleriker mit englischen Pfründen eingebunden worden. Langton musste sich daher zunächst von der päpstlichen Provisionspolitik distanzieren. Tatsächlich konnte sich Langton in Rom im Februar 1221 ein Privileg sichern, wonach kirchliche Benefizien in England, die Kleriker der Kirche Italiens oder Roms in Händen hielten, nicht erneut von der Kurie verteilt werden durften, sondern an die englischen Patrone zurückfielen.[24]

Den Annalen von Dunstable zufolge erreichte Langton nicht nur das Ende der Legation Pandulfs, sondern erhielt darüber hinaus vom Papst das Versprechen, dass zu seinen Lebzeiten kein Legat mehr nach England gesandt werden würde.[25] Dieser Bericht wird zwar von keiner weiteren Quelle bestätigt, zumindest aber betrat bis zu Langtons Tod im Juli 1228 kein päpstlicher Legat mehr englischen Boden. Es bleibt festzuhalten, dass Honorius III. Langton im Frühjahr 1221 die alleinige Führung der englischen Kirche anvertraute und ihm gleichzeitig größere politische Verantwortung übertrug, die der Erzbischof nach seiner Rückkehr im Sommer 1221 sukzessive wahrnahm.

Langton nutzte seinen Romaufenthalt darüber hinaus, um sich weitere päpstliche Privilegien zu sichern. Er erhielt zum einen die Erlaubnis, vier seiner Kleriker, die der Kirche treu gedient hatten und zudem sehr gebildet waren, neben ihrem bisherigen ein weiteres Benefizium zu verleihen, welches aber mit seelsorgerischen Pflichten verbunden

---

[22] *Reg. Hon.*, I, Nr. 3012, 495. Ein weiteres päpstliches Mandat an die gleichen Empfänger mit ähnlichem Inhalt stammt vom 23. Mai 1221, vgl. ebd., Nr. 3394, 551.
[23] *Letters of Guala*, lviii–lxi und Vincent, *Peter des Roches*, 230.
[24] *Reg. Hon.*, I, Nr. 3122, 511 und *Lambeth Ms. 1212*, fol. 128.
[25] Annales de Dunstaplia, 74.

war.[26] Zusätzlich konnte er dem Magister William de Bardeney, dem Archidiakon von Wells, einen päpstlichen Dispens für seine illegitime Geburt auf Grund seines eminenten Wissens und weiterer Verdienste sichern.[27] William hatte sich vermutlich 1218 aus dem Dienst des Erzbischofs zurückgezogen und war vermutlich in die *familia* des Bischofs von Lincoln eingetreten, zumindest bezeugte er ab 1219 als Archidiakon von Wells mehrere Urkunden des Bischofs.[28] Die päpstlichen Urkunden sind zwei Beispiele von den wenigen überlieferten Fällen, in denen Langton seine Verbindungen dazu nutzte, aktuellen oder ehemaligen Mitgliedern seiner *familia* Privilegien zu sichern. Daneben konnte er den Papst dafür gewinnen, ihn bei der Verteidigung der Rechte und Besitzungen der Kirche von Canterbury zu unterstützen. So wandte sich Honorius III. an den Dekan, Archidiakon und Cantor von London mit dem Auftrag, in den nächsten zwei Jahren bei Vakanz oder der Abwesenheit des Erzbischofs die Kirche von Canterbury gegen alle Angriffe zu schützen.[29]

Weniger Erfolg hatte Langton an der Kurie in dem Konflikt um den Gehorsamseid mit dem Kloster St. Augustine, der nach dem Tod von Abt Alexander am 4. Oktober 1220 erneut ausgebrochen war.[30] Nachdem der Konvent über Wahlmänner einen neuen Abt gewählt hatte, ging dieser mit weiteren Mönchen im November 1220 nach London, um den *assens* des Königs und die Bestätigung des Legaten zu erbitten. Die königliche Zustimmung wurde ohne Umstände gewährt, der Legat dagegen ging zunächst im Dezember nach Canterbury, um dort schließlich nach gewissenhafter Prüfung der Wahl diese zu bestätigen. Die Hoffnung der Mönche, dass ihr Abt in Abwesenheit des Erzbischofs nun unverzüglich, ohne Eid geweiht würde, erfüllte sich nicht. Pandulf zog es vor, sich zunächst an den Papst zu wenden. Thomas Sprot zufolge unterstützte der Legat aber zusammen mit einigen weiteren weltlichen Magnaten den Anspruch des Klosters auf eine Weihe ohne vorherigen Gehorsamseid. Obwohl Pandulf zusätzlich für den Vollzug der Weihe in England plädierte, zitierte Honorius III. den gewählten Abt an die Kurie. Dieser musste sich daher im Frühjahr 1221 auf die

---

[26] *Reg. Hon.*, I, Nr. 3128, 512.
[27] Ebd., Nr. 3189, 521.
[28] *Acta of Hugh of Welles*, Nr. 117, Nr. 186–188, Nr. 203, Nr. 228, Nr. 230–234, Nr. 247, Nr. 248, Nr. 251, Nr. 253, Nr. 254 und Nr. 263.
[29] *Reg. Hon.*, I, Nr. 2886, 477 und *Cal. Pap. Reg.*, 77.
[30] Thomas de Elham, *Historia*, 14 und *Historiae Anglicanae Scriptores*, Sp. 1871.

beschwerliche Reise nach Rom begeben, im Gepäck weitere Briefe des
Legaten, des Königs, des Bischofs von Winchester und weiterer Magnaten, die den Papst und die Kardinäle von seiner Eignung für das Amt
überzeugen sollten. Er hatte Erfolg und wurde im April 1221 von einem
Kardinal im Auftrag des Papstes geweiht.[31] Es ist nicht bekannt, ob Langton in Rom versucht hatte, die Konsekration des Abtes zu verhindern.
Zumindest scheint Honorius III. den Streit um den Gehorsamseid auch
im April 1221 nicht verbindlich entschieden zu haben. Thomas Sprot
berichtet, Langton habe durch dilatorisches Taktieren erneut eine endgültige Entscheidung des Papstes verhindern können.[32] Trotzdem hatte
der Erzbischof in der Auseinandersetzung weiter an Boden verloren, da
der Abt von St. Augustine erneut ohne seine Beteiligung und ohne einen
Gehorsamseid geweiht worden war. Möglicherweise aber hatte Langton,
angesichts seiner eigentlichen Mission der Reise, die Abberufung des
Legaten zu erreichen, darauf verzichtet, seine Ansprüche gegenüber
Honorius III. allzu vehement zu vertreten, zumal der Papst, wie sein
Vorgänger Innozenz III., der Benediktinerabtei wohlgesonnen war. So
überließ Honorius III. im Mai 1221 dem neuen Abt einige kirchliche
Abgaben. Der Entschluss wurde vermutlich gefällt, nachdem Langton
Rom schon wieder verlassen hatte, da der Papst in einem Brief bekannt
gab, dass die Entscheidung ohne das Wissen des Erzbischofs und der
Kirche von Canterbury gefallen sei.[33]

Langton hatte Rom vermutlich Anfang April 1221 in Richtung Paris
verlassen. Er hatte zuvor von Honorius III. zusammen mit den Bischöfen von Troyes und Lisieux das Mandat erhalten, in Paris den Konflikt
zu schlichten, der zwischen dem Bischof und dem Kanzler von Paris
und den an der sich formierenden Universität tätigen Magistern um
deren Unabhängigkeit entbrannt war. Daneben sollten die Bischöfe
für die Umsetzung der Universitätsstatuen sorgen.[34] Die von ihnen
gefällten Urteile konnten aber die Auseinandersetzung nicht auf Dauer
beenden, im Gegenteil, der Konflikt entflammte noch heftiger nach
ihrer Abreise.[35] Darüber hinaus ist nichts über Langtons Tätigkeiten an
seiner alten Wirkungsstätte in diesen Monaten bekannt. Dabei wäre es
interessant zu erfahren, wie Langton die Entwicklung der Universität

---

[31] *Historiae Anglicanae Scriptores*, Sp. 1872–1876.
[32] *Historiae Anglicanae Scriptores*, Sp. 1876.
[33] *Lambeth Ms. 1212*, fol. 128r.
[34] *Chartularium Universitatis Parisiensis*, Nr. 41, 98–99 und *Reg. Hon.*, I, Nr. 3222, 526.
[35] *Chartularium Universitatis Parisiensis*, Nr. 45, 102–104 und *Reg. Hon.*, II, Nr. 4012, 75.

sah, ob er sich in diesen Monaten wieder intensiver der Theologie widmete und mit an den Pariser Schulen lehrenden Magistern in Kontakt trat. Der Erzbischof könnte zudem die Gelegenheit wahrgenommen haben, den französischen Königshof zu besuchen. Sein Bruder Simon war dort nach seiner Absolution durch den Papst 1218, wie erwähnt, regelmäßig anzutreffen.[36] Doch die überlieferten Quellen geben darüber keine Auskunft.

Im Juli oder August 1221 schließlich brach Langton in Paris auf und kehrte nach England zurück. Ohne einen ihm übergeordneten Legaten konnte er die englische Kirche wieder unangefochten anführen. Er begann damit, die gewonnenen Gestaltungsspielräume in der weltlichen Politik wieder stärker zu nutzen. Der zwischenzeitliche, während seiner Abwesenheit erfolgte, politische Sturz von Peter des Roches, seinem größten Rivalen im Episkopat, erleichterte es ihm, am Königshof und auf den Ratsversammlungen erneut eine prominentere Rolle zu übernehmen.

XI.2. *Der Bruch des Triumvirats 1221*

Im Jahr 1221 erfolgte der Bruch des Triumvirats, das seit dem Frühjahr 1219 die Geschicke Englands gelenkt hatte. Aber nicht die Abberufung Pandulfs als Legat hatte das Ende des Triumvirats eingeleitet, sondern die Entmachtung von Peter des Roches. Die Rivalität zwischen Hubert de Burgh und dem Bischof von Winchester, der sukzessive zum Juniorpartner des Justiziars degradiert worden war, war im Verlauf des Jahres 1220 immer größer geworden. Mit Hilfe des Legaten gelang es de Burgh im Frühjahr 1221, seinen Rivalen schließlich gänzlich aus dem Zentrum des Regentschaftsrates zu entfernen. Peter des Roches bezog einen Großteil seines Einflusses und seiner Macht am Königshof aus seiner Funktion als Tutor des jungen Königs. Der kommende 14. Geburtstag Heinrichs III. im Oktober 1221 war für seine Gegner ein willkommener Vorwand, ihn aus diesem Amt zu entfernen. Traditionell war jenes Alter die Grenze zwischen *pueritia* und *adolescentia*, im römischen Recht der Zeitpunkt, ab dem die Autorität des Tutors über seinen Schüler zu schwinden begann. Dennoch bestand keine rechtliche Notwendigkeit, Heinrich III. der Obhut des Bischofs zu entziehen.

---

[36] Vgl. oben, 274.

Vielmehr mussten der Legat und der Justiziar die Mehrheit der Magnaten von der praktischen Notwendigkeit dieses Vorgehens überzeugen.
Mit dem 14. Geburtstag war schließlich die Frage nach der Volljährigkeit
des Königs verbunden sowie die Frage nach dem Zeitpunkt, an dem
man ihm zumindest einen Teil der Regalienmacht übergeben konnte.
Zwar erreichte man der englischen Tradition nach die Volljährigkeit
erst mit 21 Jahren, dennoch konnte sich der Rechtsstatus Heinrichs
III. schon vorher ändern, war doch in der Vergangenheit die zeitliche
Gültigkeit vieler königlicher Privilegien und Schenkungen bis zum 14.
Geburtstag Heinrichs III. beschränkt worden.[37] Die Entscheidung über
eine eventuelle Änderung des Rechtsstatus lag in letzter Instanz aber
bei Honorius III., dem Lehnsherrn und Vormund Heinrichs III. Der
Papst entschied auf Basis von Berichten über eventuelle Fortschritte des
Königs in Bezug auf dessen Eigenständigkeit in Regierungsgeschäften,
die 1221 sicherlich festzustellen waren, auch wenn Heinrich III. noch
keine eigenen, unabhängigen Entscheidungen fällte. Eine Übertragung
zumindest von Teilen der Regalienmacht an den König in absehbarer
Zeit schien also im Bereich des Möglichen. Wer zu diesem Zeitpunkt
aber den dominierenden Einfluss auf Heinrich III. ausüben würde,
würde gegenüber seinen Konkurrenten einen großen Vorteil bei der
Verteilung der königlichen Patronage besitzen. Je näher dieser Zeitpunkt
also rückte, umso dringender wurde es für die Gegner des Bischofs,
den König seiner Obhut zu entziehen.[38]

Carpenter zufolge waren der Geburtstag Heinrichs III. und die damit
verbundenen Fragen das beherrschende Thema in den ersten Monaten
1221 am Königshof.[39] Hubert de Burgh gelang es schließlich, zusammen
mit Pandulf die Mehrheit der Magnaten für ihr Vorhaben zu gewinnen.
Hilfreich war die Unterstützung des Papstes, der schon ein Jahr zuvor
den Legaten aufgefordert hatte, Heinrich III. in die Hände eines Großen
zu geben, der das Vertrauen aller Vasallen des Königs besaß, ein sehr
deutliches päpstliches Misstrauensvotum gegen Peter des Roches.[40] Die
Abreise des Bischofs aus England im April 1221, um sich auf Pilgerfahrt
nach Santiago de Compostella zu begeben, könnte eine Reaktion auf
seine Niederlage gewesen sein. Es ist umstritten, ob er nach seiner Rückkehr im Juli 1221 nochmals die Aufsicht über den König zurückgewann

---

[37] Norgate, *Minority*, 73.
[38] D. Carpenter, *Minority*, 240–243 und Vincent, *Peter des Roches*, 208.
[39] D. Carpenter, *Minority*, 243.
[40] *Reg. Hon.*, I, Nr. 2429, 402 und D. Carpenter, *Minority*, 243.

und erst im Oktober, zum 14. Geburtstag Heinrichs III., endgültig sein Amt als Tutor niederlegte. Spätestens ab dem Herbst 1221 aber stand Peter des Roches nicht mehr im Zentrum des Regentschaftsrates. Er saß zwar weiterhin als Baron im *exchequer*, er hatte allerdings kaum noch Kontakt zum königlichen Hof. Er beglaubigte in den darauffolgenden drei Jahren nur noch drei königliche Schreiben. Damit hatte er auch die Kontrolle über die königliche Patronage verloren.[41] Daneben war Peter des Roches, wie bereits dargestellt, in der englischen Kirche zunehmend isoliert. Der einst mächtigste Widersacher Langtons im Episkopat war tief gefallen.

Es stellt sich daher die Frage, welchen Anteil der Erzbischof an der Entmachtung von Peter des Roches hatte. Eine unmittelbare Beteiligung Langtons, dessen Rückkehr aus Paris im Sommer 1221 mit der des Bischofs aus Compostella zusammenfiel, lässt sich nicht nachweisen. Es ist aber davon auszugehen, dass Langton, der sich gegenüber dem Papst für de Burgh eingesetzt hatte, die Absetzung von Peter des Roches als Tutor unterstützte.[42]

Die Abwesenheit des Bischofs von Winchester ab April 1221 nutzten der Justiziar und der Legat zum Angriff auf zwei seiner engsten Verbündeten, Peter de Maulay und Engelard de Cigogne. Die beiden Barone wurden auf Grund eines möglicherweise fingierten Vorwurfs, zusammen mit Peter des Roches einen Verrat am König geplant zu haben, inhaftiert. Sie wurden erst freigelassen, nachdem de Maulay die Burg Corfe dem König übergeben hatte. Der Angriff zielte in erster Linie auf den Bischof von Winchester, für den der Verlust dieser Burg eine erhebliche Schwächung bedeutete.[43] Dagegen konnte de Burgh seine Position weiter festigen. Er ging unter anderem ein Bündnis mit

---

[41] Vincent, *Peter des Roches*, 198–199 und 205–206 und D. Carpenter, *Minority*, 243 und 257–258.

[42] D. Carpenter, *Minority*, 258.

[43] Einer der Ankläger gegen Peter de Maulay war Richard de Mucegros. Vincent vermutet, ein Grund, warum dessen Vorwürfe ernst genommen wurden, seien die guten Beziehungen gewesen, die er zu einigen Großen am königlichen Hof, unter anderem zu William Marshal, unterhielt. Auch eine Verbindung zu Langton lässt sich nachweisen. Ein Verwandter Richards, Robert de Mucegros, hielt Land der Kirche von Canterbury und diente später als Steward des Erzbischofs, vgl. Vincent, *Peter des Roches*, 201. Eine direkte Beteiligung Langtons am Vorgehen gegen Peter de Maulay lässt sich aus dieser Verbindung aber nicht ableiten. Für weitere Einzelheiten des angeblichen Verrats de Maulays und über die Reaktion Hubert de Burghs vgl. D. Carpenter, *Minority*, 249–252; Stacey, *Politics*, 24–25; Vincent, *Peter des Roches*, 200–205 und Norgate, *Minority*, 169–171 und 178–180.

William Marshal, dem Earl von Pembroke, ein, indem er diesem die jüngste Schwester des Königs, Eleanor, versprach.[44]

Nach dem Fall von Peter des Roches, der Abberufung des Legaten Pandulf und dem daraus resultierenden Ende des Triumvirats blieb der Justiziar Hubert de Burgh als mächtigster Magnat am Königshof zurück. Wie Pandulf verfolgte auch er weiterhin das Ziel, die königlichen Machtressourcen zurückzugewinnen. Natürliche Verbündete fand er insbesondere unter ehemaligen Rebellen, die nur zu einem geringen Teil königliche Besitzungen in ihren Händen hielten und daher von der Politik de Burghs kaum betroffen waren. Auch William Marshal, der als Beitrag zu seinem Bündnis mit dem Justiziar die Burg Marlborough zurückgegeben hatte und damit keine königlichen Festungen mehr in seinen Händen hielt, konnte nun den Justiziar mit aller Kraft unterstützen, zumal einer seiner ärgsten Feinde, Fawkes de Breauté, fünf königliche Burgen hielt.[45] Fawkes de Breauté, wie viele weitere ehemalige treue Anhänger König Johanns, trieb dagegen die Angst um seine Besitzstände in Opposition zu Hubert de Burgh. Es bildeten sich 1221 langsam jene, sich feindlich gesinnten Lager heraus, welche die Politik und die Konflikte des Reiches in den nächsten Jahren prägten. Auf der einen Seite hatte sich Hubert de Burgh mit den Earls von Salisbury und Pembroke verbündet, ihnen gegenüber stand der Earl von Chester und Fawkes de Breauté. Letzteren angeschlossen hatte sich Peter des Roches mit seinen Verbündeten Peter de Maulay und Engelard de Cigogne und weiteren Magnaten, vor allem sogenannte *aliens*, die mit der Politik des Regentschaftsrates unzufrieden waren und sich zunehmend von den politischen Entscheidungen und der Patronage am Königshof ausgeschlossen fühlten.

Carpenter und Vincent zufolge waren die folgenden Konflikte aber nicht nur ein Kampf um Einfluss und Ressourcen. Die Auseinandersetzung beinhaltete darüber hinaus ein „nationales" Element. Die Unterscheidung zwischen aus Frankreich stammenden Baronen und jenen, die sich als *naturales*, also „Einheimische", bezeichneten, obwohl zuweilen auch erst seit wenigen Generationen in England ansässig,

---

[44] Für die vielfältigen Gründe für diese Allianz vgl. D. Carpenter, *Minority*, 244–246 und Norgate, *Minority*, 167–169. Daneben versuchte Hubert de Burgh, seine Position durch Zugeständnisse an den Earl von Surrey und den Grafen von Aumale zu festigen. Er konnte auch einen potentiellen Widersacher, John de Braose, für sich gewinnen, in dem er einen Ausgleich zwischen John und dessen Onkel Reginald arrangierte, vgl. D. Carpenter, *Minority*, 246.
[45] Ebd., 247–249.

wurde ihrer Meinung nach auch für die Zeitgenossen immer wichtiger. Die *naturales* sahen sich nach dem Ende des Bürgerkrieges zunehmend der Unterdrückung durch die *aliens* ausgesetzt. Diese wiederum sahen ihre Interessen vom Regentschaftsrat immer weniger berücksichtigt und traten daher auf die Seite von Peter des Roches, der die Funktion eines Art Schutzherrn für sie übernommen hatte.[46] Die beschriebenen Parteien bildeten aber keine starren Blöcke, es kam in den Jahren 1221 bis 1223 durchaus immer wieder zur Zusammenarbeit zwischen einzelnen Magnaten beider Lager.

XI.3. *Langton als Friedensstifter und Vermittler 1221–1222*

Langton ersetzte nach seiner Rückkehr nach England im Sommer 1221 nicht den Legaten Pandulf im Regentschaftsrat. Er trat zunächst nicht an die Seite des Justiziars Hubert de Burgh, um mit diesem gemeinsam die Politik des Reiches zu gestalten. Der Erzbischof war daher in den nächsten Jahren nur sporadisch am Königshof anzutreffen. Er schloss sich vorerst auch keinem der beiden sich herausbildenden politischen Lager an. Vielmehr scheint er seine Rolle als eine dem politischen Alltagsgeschäft abseits stehende und den politischen Grabenkämpfen übergeordnete Instanz gesehen zu haben, die nur dann mit all ihrer Autorität zu intervenieren gedachte, sobald sie ihre zentralen Interessen für gefährdet erachtete. Carpenter ist daher zuzustimmen, wenn er das von Holt bekannte Diktum, wonach Langton 1215 eher als „mediator and a moderator, rather than an originator"[47] agierte, auf die Jahre von 1221 bis 1224 anwendet.[48]

Das primäre Ziel Langtons war es, den Frieden in England zu bewahren, der durch die Gegensätze der beiden sich feindlich gesinnten Lager gefährdet war. Sein Engagement für den Frieden war nicht allein seinem Amt als Bischof geschuldet, das einen, dem christlichen Verständnis nach, zur Friedensliebe verpflichtete. Langton befürchtete darüber hinaus, der Papst könnte es im Falle kriegerischer Auseinandersetzungen wieder als notwendig erachten, einen Legaten nach England zu senden, der erneut seine Autorität als Erzbischof beschneiden und seinen

---

[46] D. Carpenter, *Minority*, 260–262 und Vincent, *Peter des Roches*, 156–163.
[47] Holt, *Magna Carta*, 188.
[48] D. Carpenter, *Minority*, 265.

politischen Einfluss mindern würde.[49] Es ist daher nicht notwendig, wie
es Powicke tut, Langton als einen Staatsmann zu verklären, der, von
hehren Grundsätzen geleitet, sich allein den „nationalen" Interessen,
also der Friedensbewahrung, verpflichtet fühlte.[50] Es ist für den Historiker nicht zu entscheiden, ob Langton diese Politik aus Eigeninteresse
oder eher mit Blick auf das Gemeinwohl verfolgte. Vermutlich hätte der
Erzbischof auf eine entsprechende Frage selbst keine eindeutige Antwort
geben können. Zumindest aber betonte Langton in der Öffentlichkeit
die Rolle des Erzbischofs von Canterbury als eine den Partikularinter-
essen übergeordnete Instanz, die sich vornehmlich dem Frieden und
dem Ausgleich im Königreich zu widmen hatte. Auf seine *quaestio*,
in der er sich auf den Erzbischof als Repräsentant aller Gläubigen
bezieht, habe ich bereits verwiesen.[51] Anlässlich der *translatio* Beckets
1220 hatte sich Langton zudem nach den Brüchen und Verwerfungen
des Interdikts und Bürgerkriegs zum Versöhner des Reiches stilisiert.[52]
Und auch seine Provinzgesetzgebung, die 1222 in Oxford veröffentlicht
wurde, hatte unter anderem die Bewahrung des Friedens in England
zum Ziel. In Kapitel 2 werden all diejenigen exkommuniziert, die den
Frieden des Reiches stören.[53]

Über Langtons Aktivitäten in den Sommermonaten 1221 nach seiner Rückkehr aus Rom ist nur wenig bekannt.[54] Möglicherweise aber
widmete er sich zunächst seinen Aufgaben in der Erzdiözese und Provinz Canterbury. Ein an Langton gerichtetes päpstliches Mandat vom
6. Juli 1221 könnte als Indiz dafür gelten. Darin wird der Erzbischof
aufgefordert, für die Umsetzung des auf dem Vierten Laterankonzil
erlassenen Dekrets über die Kleidungsvorschriften für Juden in seinem

---

[49] Stacey, *Politics*, 25.
[50] Powicke, *Langton*, 145–147. Vgl. auch Stacey, *Politics*, 25.
[51] Vgl. oben, 47–48.
[52] Vgl. oben, 265–267.
[53] *Councils and synods*, 106–107.
[54] Matthäus Parisiensis zufolge nahm Langton 1221 an der Hochzeit von Hubert
de Burgh und der Schwester des schottischen Königs, Margaret, teil, vgl. Matthaeus
Parisiensis, *Chronica Majora*, VI, 71. Er behauptet aber an anderer Stelle, die Hochzeit
hätte gleichzeitig mit der des schottischen Königs Alexander im Juni 1221 in York
stattgefunden, also zu einem Zeitpunkt, als Langton noch in Paris war, vgl. Matthaeus
Parisiensis, *Chronica Majora*, III, 66–67. Der *Barnwell*-Chronist legt die Hochzeit
Hubert de Burghs auf Ende des Jahres 1221, die Annalen von Dunstable dagegen
datieren das Ereignis auf das Jahr 1222, vgl. Walter of Coventry, *Historical collections*,
250 und Annales de Dunstaplia, 76.

Erzbistum zu sorgen.[55] In Artikel 68 der Lateranstatuten von 1215 war
beschlossen worden, dass die Juden, um sie wie die Sarazenen von den
Christen unterscheiden zu können, spezielle Kleidung zu tragen hätten.[56]
Hintergrund war die Angst vor sexuellem Kontakt zwischen Juden und
Christen.[57] Vincent zufolge aber stand hinter dem Erlass gleichzeitig der
Wille, die Juden zu degradieren und zu demütigen.[58] Artikel 68 war eine
der wenigen Dekrete des Laterankonzils, für deren Umsetzung sich der
Legat Guala in England einsetzte. Im März 1218 bestimmte der königliche Rat, dass Juden ein Paar weißer Rechtecke aus Stoff oder Pergament
auf ihrer Kleidung zu tragen hätten.[59] Doch scheint die Vorschrift nicht
durchgängig beachtet und durchgesetzt worden zu sein. Zum einen
nutzte der König, beziehungsweise die Magnaten der Regentschaft, das
Statut zu ihrem finanziellen Vorteil, indem sie den Juden die Möglichkeit einräumten, sich von der Kleiderordnung freizukaufen.[60] Allgemein
wurden die Laterandekrete, die den Umgang mit Juden zum Thema
hatten, in den Diözesen unterschiedlich strikt umgesetzt, abhängig von
der jeweiligen Haltung des Bischofs.[61] So scheint sich Peter des Roches
stärker auf die finanzielle Ausbeutung der Juden konzentriert zu haben,
was eine gewisse Toleranz ihnen gegenüber nach sich zog, während der
Bischof von Worcester eine sehr restriktive Linie verfolgte.[62] Langton
schloss sich offensichtlich der Politik seines Suffragans aus Worcester
an. Aus dem erwähnten päpstlichen Mandat lässt sich schließen, dass
der Erzbischof beim Papst während seines Romaufenthalts über die laxe

---

[55] *Lambeth Ms. 1212*, fol. 128. Vincent hat dieses päpstliche Mandat an Langton
als Anhang in seinem Aufsatz „Two papal letters on the wearing of the Jewish badge"
ediert, vgl. Vincent, Two papal letters, 220. Ich werde mich im Folgenden auf diese
Edition beziehen.
[56] *Constitutiones Concilii quarti Lateranensis*, Kap. 68, 107–108 und Foreville,
Lateran, 443.
[57] Dort heißt es: *ubique terrarum Iudei a Cristianis diversitate habitus distinguantur
ne illorum isti et istorum illi dampnabiliter possint mulieribus commisceri.* (Vincent,
Two papal letters, 220).
[58] Ebd., 213–214. Vgl. auch Richardson, *English Jewry*, 178.
[59] *Rot. Lit. Claus.*, I, 378 und Vincent, Two papal letters, 210. Dagegen glauben
Norgate sowie Gibbs und Lang, dass das königliche Mandat eher helfen sollte, die
Juden, die der Jurisdiktion des Königs unterstanden, zu schützen, indem das Klei-
dungsmerkmal sie kennzeichnete, vgl. Norgate, *Minority*, 97 und Gibbs und Lang,
Bishops and Reform, 135.
[60] Richardson, *English Jewry*, 179–181.
[61] Vincent, Two papal letters, 215–216 und ders., Jews, Poitevins, 120.
[62] Ders., Jews, Poitevins, 120–122; ders., *Peter des Roches*, 177–180 und Richardson,
English Jewry, 187–188.

Umsetzung der Kleidungsvorschrift geklagt hatte.[63] Langton wird sich
daher im Sommer 1221 für eine striktere Handhabung der Vorschrift in
seiner Diözese eingesetzt haben. Darüber hinaus könnte er gleichzeitig
mit den Klerikern seiner *familia* an der Ausarbeitung der Statuten für
das Provinzkapitel im April 1222 in Oxford gearbeitet haben. Unter
anderem beinhaltet die dort verabschiedete Gesetzgebung weitere einschränkende Bestimmungen für Juden.[64] Für deren Umsetzung trat
Langton später zusammen mit Pandulf, dem Bischof von Norwich,
sowie dem Bischof von Lincoln vehement ein.[65]

Es stellt sich die Frage, inwieweit der Erzbischof angesichts dieses
Vorgehens als besonders judenfeindlich gelten kann. Neben Indizien
für eine dezidiert antijüdische Einstellung findet Vincent auch Hinweise
auf eine gewisse Toleranz Langtons. Er verweist zum einen darauf, dass
der Erzbischof aus einer Familie in Lincoln stammte, die vermutlich
bei Juden verschuldet war, eine mögliche Ursache für die Predigten
Langtons gegen Wucher. Daneben finden sich in seinen theologischen
Schriften immer wieder antijüdische Polemiken, denen aber nicht mehr
Platz eingeräumt wurde als in den theologischen Werken seiner Pariser Kollegen. Tendenziell setzte Langton solche Polemiken eher selten
ein. Auf der anderen Seite griff er in seinen Kommentaren auf jüdi-
sche Exegese zurück, nutzte Erkenntnisse der Rabbiner für das eigene
Bibelstudium.[66] Zudem verfasste Langton einen Lebensbericht über
König Richard I., der zwar nicht überliefert ist, aber vom Chronisten
Ranulph Higden im 14. Jahrhundert als Vorlage verwendet wurde. In

---

[63] Vincent, Two papal letters, 220.
[64] *Councils and synods*, 120–121.
[65] Offenbar kurz nach dem Provinzkonzil in Oxford versuchten Langton und die
Bischöfe von Norwich und Lincoln, einen Handelsboykott gegen alle Juden in ihren
Diözesen durchzusetzen, die sich den Dekreten widersetzten. Die weltliche Macht
musste einschreiten und richtete ein Mandat an die königlichen Amtsträger in Canterbury, Lincoln, Oxford und Norwich, alle einzusperren, die den Handel mit Juden
verweigerten, vgl. *Rot. Lit. Claus.*, I, 567 und Vincent, Two papal letters, 215 und 217.
Richardson vermutet zudem, Langton habe sich schon kurz nach seiner Rückkehr
nach England 1218 zusammen mit einigen Bischöfen für restriktive Maßnahmen gegen
Juden, vor allen in Bezug auf deren Geldverleih, eingesetzt. Darauf lassen mehrere
königliche Mandate vom 19. Juni 1218 schließen, die verkündeten, dass die Juden
unter dem Schutz des Königs stünden, *non obstante aliqua prohibicione inde facta ab
episcopo Herefordiensi*. Zudem sollten die königlichen Amtsträger verhindern, dass die
Juden vor kirchlichen Gerichten angeklagt würden *occasione alicujus debiti*, vgl. *Cal.
Pat. Rolls*, I, 157; *Foedera*, 151 und Richardson, *English Jewry*, 182–183.
[66] Dahan, Exégèse et polemique, 141–148; Froehlich, Christian Interpretation,
507–508 und Vincent, Two papal letters, 217.

dieser Erzählung sind Berichte enthalten, die eine gewisse Sympathie für Juden erkennen lassen. Und schließlich zitiert Vincent aus einer Predigt Langtons, in der dieser behauptet, es sei zwar rechtens gegen Muslime und Häretiker zu kämpfen, aber nicht gegen Juden, denn nur Muslime und Häretiker seien schuldig, vom Glauben abgefallen zu sein, die Juden dagegen hätten nie an Christus geglaubt. Der geistige Hintergrund für diesen Gedankengang ist die Überzeugung sowohl im christlichen wie jüdischen Glauben, dass der Abfall vom rechten Glauben eine besonders schwere Sünde darstelle.[67]

Ende des Jahres 1221 war Langton wieder häufiger am Königshof anzutreffen. Der Anlass waren verstärkte Spannungen zwischen den beiden, bereits skizzierten, politischen Lagern, die Hubert de Burgh Ende September durch seine Initiative zur Rückgewinnung des königlichen Eigenguts hervorgerufen hatte. Der Justiziar hatte die Sheriffs in den Grafschaften angewiesen, alles Krongut, das Johann vor dem Bürgerkrieg besessen hatte, wie auch alles Heimfallgut, einzuziehen. Dieses Vorgehen war radikaler als eine ähnlich gelagerte Initiative im August 1220. Damals sollten die Sheriffs nur untersuchen, welche Ansprüche der König gelten machen konnte, ohne aber die entsprechenden Güter einzuziehen. Nun mussten die bisherigen Inhaber vor dem König erscheinen, um ihre Rechtsansprüche auf die umstrittenen Ländereien zu belegen. Die Beweislast war also umgekehrt worden.[68] Das Vorgehen des Justiziars war sicherlich das bestimmende Thema auf einer Versammlung der Magnaten in Westminster im Oktober 1221, auf der eigentlich über die zukünftige Politik in Poitou diskutiert werden sollte. Dort anwesend waren neben Langton und Hubert de Burgh, auch der Earl von Salisbury, von der gegnerischen Partei Peter des Roches und der Earl von Chester.[69] Anfang November trafen sich einige Große erneut am königlichen Hof. Der eigentliche Anlass war der Rücktritt von Geoffrey de Marsh vom Amt als Justiziar Irlands. Anwesend waren wiederum neben dem Erzbischof die führenden Vertreter beider Lager.[70] Die Initiative Hubert de Burghs scheiterte schließlich am Widerstand

---

[67] Vincent, Two papal letters, 217–218.

[68] D. Carpenter, *Minority*, 268–269.

[69] *Rot. Lit. Claus.*, I, 470. Für eine Darstellung der Vorgänge in Poitou und der entsprechenden Beschlüsse am englischen Königshof vgl. Norgate, *Minority*, 175–178 und D. Carpenter, *Minority*, 266–268.

[70] *Cal. Pat. Rolls*, I, 315–316. Über die Amtsführung Geoffreys de Marsh war die Regentschaft schon seit geraumer Zeit unzufrieden gewesen. Es hatte daher seit 1217 Versuche gegeben, ihn stärker zu kontrollieren, insbesondere seinen Umgang mit den

der Magnaten. Der Justiziar hatte es versäumt, sein Pläne zuvor mit den wichtigsten Großen, auch der gegnerischen Partei, abzustimmen.[71]

Durch seine Beteiligung an den Versammlungen am Hof im Herbst 1221 war der Erzbischof mit den Konfliktlinien vertraut, als sich im Dezember die Spannungen zwischen den beiden Lagern gefährlich zuspitzten und eine bewaffnete Auseinandersetzung drohte. Die unmittelbaren Ursachen für die Eskalation sind nicht eindeutig zu klären. Laut dem *Barnwell*-Chronisten soll es Gerüchte gegeben haben, wonach die „Fremden" um Peter des Roches versucht hätten, den Earl von Chester für ein Vorgehen gegen den König zu gewinnen. Als Reaktion habe Hubert de Burgh zusammen mit dem Earl von Salisbury sein Gefolge versammelt, um Heinrich III. verteidigen zu können.[72] Diese Darstellung ist äußerst tendenziös. Der englische Chronist stellt die verhassten „Fremden" als Unruhestifter dar, während der Justiziar als tapferer Beschützer des jungen Königs gefeiert wird. Die Wirklichkeit war komplizierter. Carpenter zählt mehrere mögliche Konfliktursachen auf, darunter einen Streit um die Aufsicht mehrerer Burgen zwischen Fawkes de Breauté, dem Earl von Chester und dem Earl von Salisbury. Möglicherweise stieß auch die geplante Hochzeit zwischen dem Earl von Pembroke und der Schwester des Königs auf Widerstand. Und schließlich gab es eine Auseinandersetzung um einen Wald in Northamptonshire, in der sich Fawkes de Breauté auf der einen und die verbündeten Earls von Salisbury und Pembroke auf der anderen Seite gegenüberstanden.[73] Die Auseinandersetzung um den Forst ist auch deshalb interessant, weil sie offenbart, dass die am Konflikt beteiligten Personen in den Kategorien von *aliens* und *naturales* dachten. Zwei überlieferte Briefe der Earls von Salisbury und Pembroke an den Justiziar, die ihn zum Eingreifen bewegen sollten, zeigen deutlich, dass de Breauté sich als „Fremder" begriff, der von den *naturales* angegriffen wurde, während der Earl von Salisbury das Vorgehen seines Widersachers als Angriff gegen alle *naturales* verstand.[74] Entgegen der Darstellung des *Barnwell*-Chronisten scheint sich Hubert de Burgh, obwohl er mit William Marshal und dem Earl von Salisbury sympathisierte,

---

königlichen Einnahmen, vgl. Otway-Ruthven, *Medieval Ireland*, 90 und Orpen, *Ireland under the Normans*, 22–25.

[71] D. Carpenter, *Minority*, 269–270.
[72] Walter of Coventry, *Historical collections*, 251.
[73] D. Carpenter, *Minority*, 271–272.
[74] *Royal letters*, Nr. 196, 220–221 und Nr. 197, 222 und D. Carpenter, *Minority*, 272–273.

zur Jahreswende um Neutralität bemüht zu haben. Ein Indiz ist das
Verhalten des Justiziars in dem Konflikt um die Rechte am besagten
Forst, indem er durch die Einsetzung einer Untersuchungskommission
eine neutrale Stellung bezog. Zudem arbeitete er noch im Verlauf des
Jahres 1222 eng mit Fawkes de Breauté zusammen.[75]

Dem *Barnwell*-Chronisten zufolge führte Langton im Januar 1222
die Konfliktparteien in London zusammen, drohte nach Beratung mit
seinen Suffraganen den Unruhestiftern mit der Exkommunikation
und erreichte schließlich die Wiederherstellung des Friedens zwischen
beiden Seiten.[76] Im Gegensatz zu seiner Friedensstiftung im Sommer
1215 griff der Erzbischof, dem Quellenbericht nach zu urteilen, 1222
ohne Mandat von einer der beiden Konfliktparteien vermittelnd ein.
Die Autorität für seine Eigeninitiative verdankte er sicherlich seiner seit
dem Ende der Legation Pandulfs unumstrittenen Führungsposition im
englischen Episkopat. Mit der Rückendeckung einer großen Mehrheit
der Bischöfe konnte Langton beide Seiten an den Verhandlungstisch
zwingen. Dort wurde er offenbar als unabhängiger Vermittler akzeptiert. Während 1215 seine engen Bindungen zu beiden Konfliktparteien
die Grundlage für seine erfolgreiche Friedensstiftung bildeten, war es
1222 sein von ihm selbst propagierter Ruf als eine den Parteien und
Grabenkämpfen übergeordnete Instanz, der es ihm ermöglichte, einen
für beide Seiten akzeptablen Kompromiss auszuhandeln. Langton
stand zwar grundsätzlich der Partei um William Marshal und dem
Earl von Salisbury näher, die als ehemalige Rebellen die Magna Carta
befürworteten und die Rückgewinnung königlicher Machtressourcen
unterstützten. Dennoch hatte der Erzbischof nach 1218 keine engen,
persönlichen Bindungen zu ihnen aufgebaut, so dass auch die Partei
um den Earl von Chester Langton als neutralen Vermittler akzeptieren
konnte. Kamp zufolge konnte ein Vermittler sogar „durchaus als das
Sprachrohr einer der Parteien in Erscheinung treten,"[77] es durften nur
während seiner Tätigkeit keine Zweifel an der Uneigennützigkeit seines
Handelns aufkommen, kein Verdacht auf eigene Interessenvertretung
entstehen.[78] Langton konnte 1222 als ein solcher uneigennütziger

---

[75] D. Carpenter, *Minority*, 273. Im Gegensatz dazu glaubt Stacey, dass Hubert de
Burgh eindeutig für den Earl von Salisbury Partei ergriff, vgl. Stacey, *Politics*, 26. Vgl.
auch Norgate, *Minority*, 181.

[76] Walter of Coventry, *Historical collections*, 251.

[77] Kamp, *Vermittler*, 99.

[78] Ebd., 89.

Vermittler glaubwürdig auftreten, weil er selbst keine königlichen Ländereien und Burgen besaß, und daher seine materiellen Interessen von dem Konflikt nicht betroffen waren. Seine Autorität als Anführer des Episkopats, sein Ansehen als neutrale, allein dem Frieden verpflichtete Instanz sowie seine intimen Kenntnisse des Konflikts, die er sich in den letzten Monaten am königlichen Hof hatte aneignen können, machten den Erzbischof daher zum geeigneten Vermittler, der die verfeindeten, kriegsbereiten Lager zum Frieden drängen und für einen in aller Augen gerechten Ausgleich sorgen konnte.[79] Natürlich war Langton als Friedensstifter auf den Willen zum Konsens und auf die Kompromissfähigkeit beider Lager angewiesen. Die grundsätzliche Bereitschaft zum Frieden war offenbar bei beiden Parteien vorhanden, das dokumentiert auch die ausgehandelte Vereinbarung. Diese lässt sich zwar nicht in allen Einzelheiten rekonstruieren, Carpenter aber hat gezeigt, dass vermutlich der Austausch von einigen Burgen, Grafschaften und Gütern zwischen den beiden Lagern beschlossen worden war.[80]

Der Frieden im Reich war damit zunächst gerettet. Langton konnte sich als Belohnung für seine erfolgreiche Vermittlung königliche Mandate sichern, wonach Strafzahlungen, mit denen seine Vasallen belegt worden waren, sowie eigene Zahlungsverpflichtungen gegenüber dem *exchequer* erst im Juni 1222 zu begleichen waren.[81] Die eigentlichen Ursachen des Konflikts aber waren durch die Vermittlung nicht beigelegt worden, die grundsätzlichen Gegensätze zwischen beiden Parteien bestanden nach wie vor. Der Konflikt schwelte im Untergrund weiter, bis er Ende 1223 heftiger als zuvor erneut ausbrach.

Das weitere politische Engagement Langtons blieb 1222 sehr überschaubar, nur ein weiterer Auftritt des Erzbischofs auf einer großen Ratsversammlung im Juni ist überliefert. Dort startete Hubert de Burgh eine neue Initiative zur Rückgewinnung des königlichen Eigenguts. Im Gegensatz zu den vorherigen Versuchen hatte der Justiziar dieses Mal sein Vorgehen sorgfältig vorbereitet.[82] Schon im Vorfeld der großen Ratsversammlung versuchte er durch Konzessionen an Magnaten aus beiden Lagern, den Konsens der Großen für seine Pläne sicherzustellen. Es half ihm, dass das Verhältnis beider Parteien nach der großen Krise

---

[79] Norgate, *Minority*, 181.
[80] D. Carpenter, *Minority*, 273–274.
[81] *Rot. Lit. Claus.*, I, 486 und *Transcript of Memoranda Rolls*, L.T.R., Nr. 4, fol. 3.
[82] D. Carpenter, *Minority*, 276–281.

um die Jahreswende von dem Willen zur Zusammenarbeit geprägt war.[83] Auf der Versammlung selbst machte der Justiziar den Magnaten und lokalen Herrschaften ein weiteres taktisches Zugeständnis. Er verschob den erst im April fortgesetzten *forest eyre* um ein Jahr, nachdem dieser in Yorkshire auf massiven Widerstand lokaler Barone und Ritter gestoßen war. Dank dieser Vorbereitungen des Justiziars beschlossen die versammelten Magnaten, darunter, wie es in dem entsprechenden Mandat vom 24. Juni heißt, der Erzbischof von Canterbury, die Bischöfe, der Justiziar Hubert de Burgh und die Earls sowie Barone, die Rückgabe des Kronguts an den König.[84] Schon zuvor hatten einige Magnaten, darunter der Earl von Salisbury und Engelard de Cigogne, mehrere Güter zurückgegeben, andere, wie der Earl von Pembroke, der Graf von Aumale und Fawkes de Breauté, folgten ihrem Beispiel. Auch wenn nicht alle Großen die in ihrer Aufsicht befindlichen Krongüter zurückgaben und einige königliche Ländereien erneut an Magnaten ausgegeben wurden, ist die Initiative im Sommer 1222 insgesamt als Erfolg zu werten, der sich auch in höheren Einnahmen des *exchequer* niederschlug.[85]

Die Gründe für den Erfolg sind vielfältig. Neben den Zugeständnissen des Justiziars haben sicherlich auch die moderaten Forderungen des Regentschaftsrats den Konsens der Großen befördert. So wurde nicht alles Eigengut zurückverlangt, das König Johann einst besessen hatte. Es wurden etwa solche Güter ausgenommen, die die englischen Könige an Magnaten als Teil ihrer Erbschaft verliehen hatten. Zudem verfügte nur eine kleine Minderheit unter den Großen über königliches Eigengut. Die meisten Magnaten aber, in erster Linie ehemalige Rebellen, hielten kein Krongut in ihren Händen. Sie stellten die Mehrheit auf dem königlichen Rat im Juni 1222. Mit ihrer Rückendeckung konnte der Justiziar daher Druck auf die privilegierte Minderheit ausüben.[86] Daneben aber hatte auch Langton einen großen Anteil am Erfolg. Er hatte zunächst mit seiner Vermittlung im Januar 1221 die Grundlage für eine weitere Zusammenarbeit der sich feindlich gesinnten Lager gelegt. Darüber hinaus konnte er als Anführer des Episkopats die

---

[83] *Great Roll of the Pipe 1221*, xxxvi.
[84] *CFR* 1221–1222, Nr. 213–214 und Nr. 216–219. Vermutlich auf dieser Ratsversammlung im Juni stellte Langton zudem mit den Bischöfen von Winchester, London, Salisbury und Chichester einen Brief aus, der Hugh de Lusignan Geleitschutz nach England garantierte, vgl. *Foedera*, 167–168 und *Cal. Pat. Rolls*, I, 334.
[85] D. Carpenter, *Minority*, 281–285 und *Great Roll of the Pipe 1220*, xxxvi.
[86] D. Carpenter, *Minority*, 287–289.

Unterstützung der Bischöfe für die Initiative de Burghs mobilisieren. Und schließlich konnte der Erzbischof als derjenige, der erst einige Monate zuvor seine Neutralität und Unabhängigkeit unter Beweis gestellt hatte, gegenüber noch skeptischen Magnaten glaubwürdig als Garant auftreten, der zusammen mit den Bischöfen dafür sorgen würde, dass bei der Verwirklichung der Initiative keines der Lager übervorteilt werden würde.

Über dieses vereinzelte Engagement hinaus blieb der Erzbischof 1222 politisch erstaunlich inaktiv, er hatte in diesem Jahr keinen weiteren politischen Auftritt. Er scheint sich auf seine pastoralen Verpflichtungen konzentriert zu haben, weil er diese möglicherweise für bedeutender erachtete als seine regelmäßige Anwesenheit am königlichen Hof. Nur wenn der Frieden akut gefährdet war oder eine in seinen Augen wichtige politische Initiative seine Unterstützung brauchte, griff Langton ins politische Geschehen ein. Ansonsten stand 1222 für den Erzbischof das für den 17. April geplante Provinzkapitel in der Abteikirche Osney im Vordergrund.[87]

XI.4. *Das Provinzkonzil von Oxford 1222*

Das Vierte Lateranum hatte festgelegt, dass jährlich ein Provinzkapitel unter dem Vorsitz des Metropoliten zu veranstalten sei, an dem alle Bischöfe unter Androhung ihrer Suspendierung und Absetzung teilzunehmen hatten. Der Papst betrachtete es als Aufgabe des Provinzkapitels, die kanonischen Gesetze, in erster Linie die Dekrete der päpstlichen Konzilien, zu veröffentlichen und darüber hinaus durch eine eigene Gesetzgebung auf die spezifischen Missstände in der Provinz zu reagieren.[88] Langton war wegen seines Aufenthaltes in Rom und seiner späteren Unterordnung unter die Autorität des Legaten bisher nicht in der Lage gewesen, dieser Verpflichtung nachzukommen. Daneben hatten es aber auch Guala und Pandulf versäumt, durch eigene Gesetzgebungen die Laterandekrete auf breiter Basis in die englische Kirche einzuführen.[89] Es waren daher bis zu dem Provinzkapitel 1222 nur einzelne Dekrete umgesetzt worden. So war in den vergangenen

---

[87] Annales de Oseneia, 62–63.
[88] *Constitutiones Concilii quarti Lateranensis*, Kap. 6, 53; Foreville, *Lateran*, 407 und Cheney, Legislation of the Medieval English Church, 199–200.
[89] *Councils and synods*, 49–52.

Jahren etwa um die Kleidungsvorschrift für Juden gerungen worden. Der Papst hatte zudem in mehreren Mandaten an einige englische Bischöfe die Umsetzung bestimmter Laterandekrete angemahnt.[90] Daneben hatten William de Blois und Richard le Poore für ihre Diözesen Statuten veröffentlicht, die einzelne Reformen des Vierten Lateranums aufgriffen und für ihr jeweiliges Bistum umsetzten.[91] Angesichts der Reformbedürftigkeit der englischen Kirche könnte Langton daher die Organisation eines Provinzkapitels nach seiner Rückkehr aus Rom 1221 als seine dringlichste Pflicht empfunden haben. Diese Prioritätensetzung würde auch sein geringes politisches Engagement in den Jahren 1221 und 1222 erklären.

Langton kam im April 1222 in Oxford seinen gesetzgeberischen Pflichten nach, die nach der modernen Edition von Cheney in Form von 60 Provinzstatuten überliefert sind.[92] Der Erzbischof nahm in seinen Konstitutionen aber nur einen Teil der Laterangesetzgebung auf. Seine Konzentration galt vor allem jenen Dekreten, die sich mit der Disziplin und der Lebensführung des Klerus auseinandersetzten, weniger solchen, die sich mit der Organisation und Verwaltung der Kirche befassten, etwa Dekreten über Bischofswahlen.[93] So wird in sieben der 60 Provinzstatuten das Vierte Laterankonzil erwähnt, in weiteren neun ist der Einfluss der päpstlichen Gesetzgebung von 1215 zu erkennen.[94] Die sehr allgemein verfassten päpstlichen Dekrete wurden aber den spezifischen englischen Gegebenheiten angepasst. Die Konstitutionen von 1222 gehören sicherlich zu den bedeutendsten Statuten der englischen Kirche im Mittelalter, sie wurden in den folgenden Jahrhunderten häufig rezipiert. Obwohl schon im 12. Jahrhundert auf Provinzkonzilien

---

[90] Powicke, *Langton*, 152. So ermahnte Honorius III. zwischen 1221 und 1223 wiederholt verschiedene englische Bischöfe, verheirateten Klerikern ihre Pfründe zu entziehen, sowie solchen, die die Pfründe von ihren Vätern übernommen hatten, vgl. Gibbs und Lang, *Bishops and Reform*, 160. Für einen Überblick über die Umsetzung der Laterandekrete in England nach 1215 vgl. Gibbs und Lang, *Bishops and Reform*, 131–173.

[91] Für eine Edition der Statuten vgl. *Councils and synods*, 52–96.

[92] Für eine Edition der Provinzstatuten von 1222 vgl. ebd., 106–125.

[93] Für einen Überblick über die Inhalte und Themen der kirchlichen Gesetzgebung in England nach 1215, unter anderem über die Konstitutionen von Oxford 1222 und ihre Verbindung mit den Statuten des Vierten Lateranums vgl. Gibbs und Lang, *Bishops and Reform*, 121–130.

[94] *Councils and synods*, 106–125. Gibbs und Lang dagegen zählen neun Dekrete, in denen das Vierte Lateranum namentlich genannt wird, und insgesamt sechzehn, in denen ein Einfluss der päpstlichen Gesetzgebung von 1215 zu erkennen ist, vgl. Gibbs und Lang, *Bishops and Reform*, 114.

Statuten erlassen worden waren, zuletzt von dem Vorgänger Langtons in Canterbury, Hubert Walter, im Jahr 1200, so begann dennoch für die Kanonisten des Spätmittelalters die Provinzgesetzgebung in England erst mit dem Konzil in Oxford 1222.[95]

Sprachen wir zuvor auch selbstverständlich von den Konstitutionen Langtons, so sagt dies, ähnlich wie für seine Bistumsgesetzgebung von 1213 oder 1214, nicht viel über seinen tatsächlichen persönlichen Anteil bei ihrer Erarbeitung aus. Der Erzbischof war zwar letztlich für den Inhalt der Provinzgesetzgebung verantwortlich, für ihren Erlass brauchte er aber die Zustimmung seiner Suffraganbischöfe. Das Verlesen der Statuten auf dem Konzil signalisierte den Konsens des Episkopats, band die Zuhörer an die Statuten und verlieh ihnen Rechtskraft.[96] Wieweit die Bischöfe auf dem Konzil in Oxford aber an der Ausarbeitung der Gesetzgebung beteiligt waren, ist schwer abzuschätzen. Es gibt keine Hinweise darauf, dass man sich an die Vorgaben des Vierten Lateranums hielt, wonach die Bischöfe für ihre Diözese geeignete Personen ernennen sollten, die über das Jahr Missstände und Reformbedürftiges notieren sollten, und deren Berichte schließlich auf dem nächsten Konzil die Grundlage für eine neue Gesetzgebung bilden sollten.[97] Die Chronisten berichten allein von der Verlesung und Veröffentlichung der Statuten auf dem Konzil 1222.[98] Es ist daher anzunehmen, dass die Konstitutionen im Vorfeld erarbeitet worden waren, und die Bischöfe in Oxford ihnen nur noch ihre Zustimmung erteilten. Inwieweit Langton die Ausarbeitung der Statuten den Gelehrten seiner *familia* überließ oder inwieweit andere Prälaten und ihre Mitarbeiter beteiligt waren, ist letztlich nicht zu klären. Eine persönliche Beteiligung des Erzbischofs ist zumindest sehr plausibel. Abgesehen von seinem mehrfach belegten Interesse an Kirchenreformen hatte sich Langton vor dem Konzil 1222 für die Um- und Durchsetzung einzelner Laterandekrete in England eingesetzt. Es sei erneut an den Schutz des Besitzes von Kreuzfahrern und an die Kleidungsvorschriften für Juden erinnert. Dabei könnte

---

[95] Cheney, Legislation of Medieval English Church, 389–390.

[96] Ebd., 209.

[97] *Constitutiones Concilii quarti Lateranensis*, Kap. 6, 53; Foreville, *Lateran*, 407 und Cheney, Legislation of Medieval English Church, 204.

[98] So schreibt etwa der *Barnwell*-Chronist, auf dem Provinzkonzil seien gewisse Statuten des Laterankonzils unter Innozenz III. mit einigen Zusätzen zur Reform des Klerus und Volkes ehrenvoll verlesen und veröffentlicht worden, vgl. Walter of Coventry, *Historical collections*, 251. Ähnlich äußern sich die Annalen von Dunstable, vgl. Annales de Dunstaplia, 76.

der Erzbischof wiederum den Rat seines gelehrten Freundes Richard le Poore gesucht haben. Beide arbeiteten in den Wochen vor dem Provinzkonzil als Richter in einem Prozess zusammen.[99] Auf die vielfachen Querverbindungen zwischen den verschiedenen Statuten Langtons und denen seines Suffragans aus Salisbury wurde bereits hingewiesen, so dass ihre Zusammenarbeit auch bei der Vorbereitung des Konzils 1222 plausibel erscheint, auch wenn für die Provinzstatuten die Synodalgesetzgebung le Poores nicht als direkte Quelle nachzuweisen ist.[100]

Neben der gesetzgeberischen hatte das Provinzkapitel auch eine juristische Funktion, der die zeitgenössischen Chronisten den Großteil ihrer Erzählung über das Konzil widmeten. Insbesondere der Prozess gegen einen Diakon, der aus Liebe zu einer Frau zum Judentum übergetreten war, erregte besonderes Interesse. Der Kleriker wurde auf dem Konzil von Langton degradiert und als Laie dem weltlichen Arm zur Bestrafung übergeben, der diesen schließlich dem Feuertod überließ.[101] Dieser Prozess ist insofern von Bedeutung, als er der erste eindeutig belegte Fall einer Todesstrafe für Häresie in England ist.[102] Weitere Degradierungen, die eines Diakons wegen Diebstahls und eines Priesters wegen Mordes, wurden auf dem Konzil vollzogen.[103] Daneben berichten mehrere Chronisten von der Bestrafung zweier Laien, die sich eines für heutige Ohren skurrilen Vergehens schuldig gemacht hatten. So soll eine Frau sich als die Heilige Mutter Maria ausgegeben haben und

---

[99] Vgl. unten, 309.

[100] Der oder die Autoren der Provinzgesetzgebung von 1222 griffen beim Verfassen des Statuts 16 nach der Edition Cheneys auf die Diözesanstatuten Langtons von 1213 oder 1214 zurück und nicht auf jene von Richard le Poore, der sich selbst bei der Gesetzgebung Langtons für das Bistum Canterbury bedient hatte, vgl. *Councils and synods*, 29, 81 und 110.

[101] Walter of Coventry, *Historical collections*, 251; *BL Ms. Cotton Julius D v*, fol. 24r und Annales de Dunstaplia, 76. Der Prior von Dunstable, ein möglicher Autor der dortigen Annalen, Richard Morins, war möglicherweise ein Augenzeuge der Ereignisse, da er wegen seines Amtes wahrscheinlich am Provinzkonzil teilgenommen hatte, vgl. Maitland, Deacon and the Jewess, 158. Laut Coggeshall vollstreckten die Diener von Fawkes de Breauté die Todesstrafe am dem ehemaligen Diakon, vgl. Radulphus de Coggeshall, *Chronicon*, 190–191. Auch Matthäus Parisiensis berichtet von der Beteiligung Fawkes de Breautés an der Exekution, vgl. Matthaeus Parisiensis, *Chronica Majora*, III, 71. Als Sheriff von Oxfordshire und damit als Vertreter der weltlichen Macht fiel die Vollstreckung in seinen Aufgabenbereich, vgl. *Great Roll of the Pipe 1218*, xv und *Great Roll of the Pipe 1224*, vii. Es war einer der seltenen Fälle, in denen Langton und de Breauté zusammenarbeiteten. Für einen weiteren Bericht über das Konzil, vgl. Chronicon Thomae Wykes, 63. In der Forschung wurde der Fall am ausführlichsten von Maitland behandelt, vgl. Maitland, Deacon and the Jewess, 153–165.

[102] *Councils and synods*, 100 und Maitland, Deacon and the Jewess, 153–155.

[103] Walter of Coventry, *Historical collections*, 251 und Annales de Dunstaplia, 76.

ein junger Mann als Jesus. Beide wurden mit lebenslanger Kerkerhaft
bestraft.[104] Möglicherweise nahm Langton auf dem Provinzkonzil, auf
dem üblicherweise neben dem Episkopat auch die wichtigsten Prälaten
der Provinz anwesend waren, auch den Rücktritt von einem gewissen
Nicholas als Abt von Burton entgegen. Zumindest ist für Ende April
1222 ein königliches Mandat überliefert, das auf die Niederlegung des
Amtes in die Hände des Erzbischofs Bezug nimmt.[105]

Wie erwähnt war 1215 auf dem Vierten Lateranum den Metropoliten die jährliche Feier eines Provinzkapitels vorgeschrieben worden.
Langton, so scheint es, setzte diese Vorschrift nach 1222 nicht um
und gehörte damit zur Mehrheit der Erzbischöfe in den westlichen
Kirchenprovinzen. Nur für das Jahr 1226 sind weitere, von Langton
einberufene, Kirchenversammlungen überliefert, an denen aber wahrscheinlich auch der Klerus der Provinz York teilnahm, und die sich
gegenüber klassischen Konzilien durch eine andere, nämlich weltliche
Zielsetzung auszeichneten. Nicht Kirchenreformen, nicht die Instruktion und Überwachung des Klerus durch neue Provinzstatuten war
ihre Aufgabe, sondern die Bewilligung einer Abgabe der Kirche, um
die Finanzprobleme der Krone zu lindern. Die historische Forschung
sieht in diesen Versammlungen den Beginn der sogenannten *convocationes*.[106] Roger Wendover zufolge wurde aber 1225 von Langton
und seinen Suffraganen ein Statut veröffentlicht, das Vorschriften für
Konkubinen von Priestern und Klerikern zum Inhalt hatte.[107] Es gibt
keine Hinweise darauf, dass 1225 ein Provinzkonzil im klassischen Sinne
stattfand. So beruft sich auch das Statut selbst nicht auf die Autorität
eines Konzils.[108] Es ist jedoch nicht auszuschließen, dass es auf einer der
vielen großen Ratsversammlungen 1225 von den Prälaten gemeinsam
erarbeitet wurde.[109] Es wurden bereits mehrere Treffen von weltlichen
und geistlichen Magnaten erwähnt, deren ursprüngliche Intention die
Verhandlung weltlicher, politischer Fragen war, die aber Langton zum

---

[104] Walter of Coventry, *Historical collections*, 251–252; Radulphus de Coggeshall,
Chronicon, 191; Annales de Dunstaplia, 76 und Chronicon Thomae Wykes, 63. Der
Wortlaut einiger Quellen ließe auch den Schluss zu, die beiden seien eingemauert
worden, doch eine solche Strafe wurde äußerst selten verhängt, vgl. Maitland, Deacon
and the Jewess, 165.
[105] *CFR* 1221–1222, Nr. 175–176.
[106] Gibbs und Lang, *Bishops and Reform*, 145. Eine ausführliche Darstellung dieser
Kirchenversammlungen 1226 folgt weiter unten, vgl. unten, 373–381.
[107] Rogerus de Wendover, *Flores historiarum*, II, 287.
[108] *Councils and synods*, 154.
[109] Cheney, Legislation of Medieval English Church, 400.

Anlass genommen hatte, um mit den versammelten Prälaten auch kirchliche Angelegenheiten zu verhandeln.[110]

Weitere Aktivitäten Langtons als Metropolit lassen sich für 1222 nur sehr vereinzelt nachweisen. In den Wochen vor dem Provinzkapitel in Oxford agierte Langton zusammen mit den Bischöfen Peter des Roches und Richard le Poore sowie Thomas, dem Prior von Merton, und Richard, dem Prior von Dunstable, als vom Papst delegierter Richter in einem Prozess zwischen dem Bischof von London, Eustace de Fauconberg, und dem Kapitel von St. Pauls auf der einen und der Abtei Westminster auf der anderen Seite. In ihrem Urteil bestätigten sie der Abtei großzügige Freiheitsrechte von der Jurisdiktion des Bischofs von London.[111] Das exakte Datum des Urteilsspruchs ist nicht überliefert, Major datiert aber die Urkunde zwischen den 25. März und 20. April 1222.[112] Langton und seine Richterkollegen könnten daher das Konzil in Oxford für die Verkündung ihres Urteils genutzt haben. Dieser Fall ist insofern interessant, als er als einer der wenigen Beispiele für eine Zusammenarbeit der Rivalen Langton und Peter des Roches gelten kann. Schon zuvor, im Sommer 1221, hatte sich der Bischof von Winchester offenbar um eine Annäherung an den Erzbischof bemüht. Er hatte einige Brüder des jungen Dominikanerordens nach England begleitet und diese zu Langton gesandt, der sich von ihren Predigten sehr beeindruckt zeigte.[113] Obwohl beide als Richter in dem Prozess gegen den Bischof von London entschieden, wirkte sich ihr Urteil nur negativ auf die Beziehungen zwischen Eustace de Fauconberg und Peter des Roches aus. So stand in der Krise 1223/1224 der Bischof von London auf der Seite Langtons und damit in Opposition zum Bischof von Winchester. Das ist umso erstaunlicher, als Peter des Roches lange Zeit als Patron von Eustace de Fauconberg fungiert und ihn bei seiner Karriere am Hof unterstützt hatte. Möglicherweise war ihr Verhältnis zusätzlich dadurch belastet worden, dass Peter des Roches und nicht der

---

[110] Vgl. oben, 161–163.

[111] *Acta Stephani*, Nr. 54, 69–73.

[112] Der 25. März war ab dem 11. Jahrhundert in der englischen Kirche der Jahresanfang, vgl. Grotefend, *Taschenbuch der Zeitrechnung*, 13. Der *terminus antequem* der Urkunde wird durch den Tod des Abtes von Westminster am 20. April 1222 definiert, vgl. *Acta Stephani*, Nr. 54, 73.

[113] Nicolas Trivet, *Annales*, 209.

Bischof von London im September 1223 von den Mönchen der Abtei Westminster erkoren wurde, deren neuen Abt zu weihen.[114]

Seit dem Herbst 1221 war Langton auch in den an Schärfe gewinnenden Konflikt zwischen dem Bischof von Worcester und dem Prior des dortigen Konvents involviert. Wie erwähnt, war William de Blois 1218 erst durch die Intervention des Erzbischofs vom Konvent als Bischof akzeptiert worden, ohne dass die grundsätzliche, gegenseitige Abneigung überwunden worden war. Schon 1220 hatte William de Blois erfolglos versucht, Simon, den Prior von Worcester abzusetzen. Im Herbst 1221 ging er gegen den Sakristan des Konvents vor und exkommunizierte drei Mönche, die aber von Langton die Absolution erhielten. Im Laufe des Jahres 1222 schließlich wurde Simon suspendiert, nachdem William de Blois in Rom vorstellig geworden war. Der Bischof ersetzte ihn durch William Norman.[115] Wieder griff der Erzbischof in den Konflikt zu Gunsten des Konvents ein, möglicherweise auf der Grundlage eines päpstlichen Mandats vom Juni 1222, welches ihn mit der Untersuchung des Konflikts beauftragte.[116] Er stellte den Konvent unter seinen speziellen Schutz und hob die Suspendierung Simons auf. Wieder wendeten sich beide Seiten nach Rom.[117] Erst Ende 1224 gelang es Langton schließlich, den Konflikt zu schlichten. Zusammen mit den Bischöfen von Bath und Lincoln, den Äbten von Reading und Evesham sowie seinem Kanzler Stephen von Ecton setzte er den Modus für die zukünftige Wahl eines Priors fest.[118] Im November 1224 schließlich wurde ein neuer Prior im Einklang mit der Vereinbarung gewählt.[119] Langton hatte also während des gesamten Konflikts den Konvent gegen den Bischof unterstützt, dessen Promotion er letztendlich erst ermöglicht hatte. Zusammen mit seinem erwähnten Urteil zu Gunsten der Abtei Westminster spricht dies gegen die von Vincent zuletzt geäußerte Einschätzung, Langton hätte als Erzbischof der monastischen Lebensform sehr kritisch gegenüber

---

[114] Vincent, *Peter des Roches*, 207–208. Für einen Überblick über die Karriere von Eustace de Fauconberg und dessen Verbindungen zu Peter des Roches vgl. *E.E.A.*, *Winchester 1205–1238*, 193–195.

[115] *Annales de Wigornia*, 411 und 414.

[116] *Reg. Hon.*, II, Nr. 4034, 79 und *Cal. Pap. Reg.*, 87.

[117] *Annales de Wigornia*, 415.

[118] *Acta Stephani*, App. III, 160–163.

[119] *Annales de Wigornia*, 417. Im Mai 1225 bestätigte Papst Honorius III. die von Langton und seinen Kollegen ausgehandelte Vereinbarung, vgl. *Reg. Hon.*, II, Nr. 5462, 333.

gestanden, insbesondere Domkapiteln mit monastischer Kommunität.[120] Bedenkt man, dass gerade Eustace von Fauconberg als königlicher Schatzmeister und als am Königshof sehr einflussreicher Bischof ein wichtiger Verbündeter Langtons war, wiegt das Engagement des Erzbischofs für die Abtei Westminster umso schwerer.[121]

Zuletzt möchte ich ein päpstliches Mandat vom 26. März 1222 erwähnen, in dem Papst Honorius III. Langton ermahnte, als Erzbischof Visitationen in der Provinz Canterbury durchzuführen, er habe diese Pflicht bisher vernachlässigt.[122] Dieser päpstliche Vorwurf klingt erstaunlich angesichts Langtons Ruf als Kirchenreformer. Zunächst können als Erklärung die gleichen Argumente genannt werden, die schon als Begründung für das verspätete Provinzkapitel fast sieben Jahre nach dem Vierten Laterankonzil gedient hatten. Langton war erst 1218 nach England zurückgekehrt und war bis 1221 dem Legaten untergeordnet gewesen. Es gibt aber möglicherweise noch einen weiteren Grund für das Zögern des Erzbischofs, seiner Pflicht nachzukommen. Im 12. Jahrhundert waren Visitationen der Provinz von den Metropoliten äußerst selten durchgeführt worden. Auch im 13. Jahrhundert stießen die Erzbischöfe beim Versuch, die Bistümer ihrer Provinz zu visitieren, immer wieder auf den Widerstand der Suffragane, obwohl die Päpste ihnen wiederholt dieses Recht bestätigten.[123] So erntete auch Langtons Vorgänger Hubert Walter bei seinen Visitationen vehemente Kritik und wurde beim Papst als exzessiver und autoritärer Visitor verunglimpft.[124] Langton wollte daher möglicherweise in den ersten Jahren nach 1218, als er sich um seine Rückkehr an die Spitze der englischen Kirche bemühte, keinen Konflikt mit seinen Suffraganen riskieren. Geht man von dieser These aus, könnte der Papst sein Mandat vom März 1222 sogar erst auf Bitten Langtons ausgestellt haben, der sich zusätzliche Autorität für eine zukünftige Visitation sichern wollte.

---

[120] Vincent beruft sich unter anderem auf eine Aussage Geralds von Wales, wonach Langton erklärt habe, Mönche eines Kathedralklosters würden, wenn man ihnen die freie Wahl ließe, immer einen Mönch zum Bischof wählen. Aber nur die wenigsten Mönche seien qualifiziert genug, um als Bischöfe Erfolg zu haben, vgl. *Giraldi Cambrensis Opera*, IV, 75 und Vincent, *Stephen Langton*, 25–26.

[121] *E.E.A., Winchester 1205–1238*, 194. William de Blois dagegen scheint sich nach seiner Promotion 1218 kaum politisch engagiert zu haben. Sein Interesse galt offensichtlich ausschließlich seinen Pflichten als Bischof seiner Diözese, vgl. *E.E.A., Worcester 1218–1268*, xxvi–xxvii.

[122] *Reg. Hon.*, II, Nr. 3891, 57 und *Cal. Pap. Reg.*, 86.

[123] Cheney, *Episcopal visitation*, 133–134.

[124] Young, *Hubert Walter*, 98 und Cheney, *Hubert Walter*, 69–70.

Es finden sich aber in den Quellen keine Indizien, dass der Erzbischof
in den folgenden Jahren seine Provinz visitierte. Es wurde bereits auf
das Problem der Nachweisbarkeit von Visitationen in den überlieferten
Quellen hingewiesen.[125] Es ist daher nicht auszuschließen, dass Langton
dem päpstlichen Auftrag Folge leistete, nur beweisen lässt es sich nicht.
Der Erzbischof könnte auch noch nach 1222 den Konflikt mit seinen
Suffraganen gescheut haben, oder ihm fehlte schlicht die Zeit für ein
solch aufwendiges Reiseprogramm. Wie die nächsten Kapitel zeigen
werden, nahmen seine politischen Verpflichtungen ab Mitte des Jahres 1223 zu und blieben die nächsten zwei Jahre auf konstant hohem
Niveau. Als er sich 1226 allmählich aus der Politik zurückzuziehen
begann, war er bereits um die 70 Jahre alt, vielleicht schon zu alt, um
sich den Reisestrapazen einer Visitation zu unterziehen.

XI.5. *Die Annäherung zwischen Langton und Hubert de Burgh 1223*

Anfang des Jahres 1223 sah sich Langton erneut zu einer Intervention
in die englische Politik gezwungen. Der Anlass war wiederum eine
politische Initiative Hubert de Burghs zur Stärkung der zentralen
Königsmacht. Am 30. Januar 1223 wurden Mandate an die englischen
Sheriffs ausgestellt, in denen eine landesweite Untersuchung über jene
Rechte und Freiheiten angeordnet wurde, die König Johann zu Beginn
des Bürgerkriegs besessen hatte. In Zukunft, so die weiteren Befehle,
solle dafür gesorgt werden, dass Heinrich III. diese wahrnehmen
könne.[126] Diese Initiative hatte zuvor, folgt man der Erzählung Roger
Wendovers, auf einer Versammlung der Magnaten im Januar 1223 in
Westminster zu einer heftigen Auseinandersetzung geführt. Das Vorhaben des Justiziars löste offenbar bei den Magnaten die Befürchtung
aus, dass eine Rückkehr zur autoritären Herrschaftsausübung wie
unter König Johann bevorstehe. Langton, so der Chronist, habe auf
dieser Versammlung mit Unterstützung vieler Barone vom König die
Bestätigung der Magna Carta als Gegenleistung verlangt. Dagegen soll
William Brewer, ein führender *curialis*, Einspruch mit der Begründung
erhoben haben, dass die Freiheiten, die der Erzbischof fordere, *quia*

---

[125] Vgl. oben, 144–145.
[126] *Foedera*, 168.

violenter extortae fuerunt, non debent de jure observari.[127] Langton habe daraufhin geantwortet, wenn William den König liebe, solle er nicht den Frieden des Reiches stören. Schließlich habe sich der junge König eingeschaltet und die Freiheiten mündlich bestätigt. Daraufhin hätten die Sheriffs Briefe für die Einsetzung einer Untersuchungskommission über jene Rechte und Freiheiten erhalten, über die einst Heinrich II., der Großvater von Heinrich III., verfügt hatte.[128]

Viel ist in der Forschung über diese Erzählung Wendovers diskutiert worden. Es wurde etwa daraufhin gewiesen, dass der Chronist im Zusammenhang mit der Untersuchung von den Freiheiten Heinrichs II. spricht, das überlieferte königliche Mandat vom 30. Januar 1223 dagegen von Rechten und Freiheiten König Johanns.[129] Im Allgemeinen wurde die Geschichte Wendovers aber als im Kern richtig akzeptiert, auch wenn Norgate und Holt eine Verlegung der Ereignisse auf Anfang des Jahres 1224 vorgeschlagen haben. Dagegen hält Carpenter am Januar 1223 fest.[130] Ich möchte nur ein weiteres Argument vorbringen, das die These Carpenters unterstützt. Der von dem Chronisten aus St. Albans in seiner Erzählung zum Ausdruck gebrachte Dissens zwischen Langton und den Magnaten auf der einen und den Vertretern des Regentschaftsrates auf der anderen Seite erscheint im Januar 1223 möglich, ist ein Jahr später dagegen viel weniger wahrscheinlich. Wie ich weiter unten

---

[127] Rogerus de Wendover, *Flores historiarum*, II, 269.
[128] Ebd.
[129] Holt, *Magna Carta*, 378.
[130] Für eine Zusammenfassung der Argumente sowohl für das Jahr 1223 als auch für das Jahr 1224 vgl. D. Carpenter, *Minority*, 297 und Holt, *Magna Carta*, 378. Nur die wichtigsten Argumente beider Seiten sollen hier kurz wiederholt werden. Norgate zeigt, dass der Königshof 1223 entgegen der Darstellung Wendovers nicht am 13. Januar in London weilte, dafür aber am 13. Januar 1224, vgl. Norgate, *Minority*, 215–216. Holt weist zudem daraufhin, dass das königliche Schreiben vom 30. Januar 1223 keinen Hinweis darauf enthält, dass die Magnaten dem Inhalt im Vorfeld ihren Konsens erteilt hätten. Zudem habe man im April 1223 nicht beschlossen, die Ergebnisse der Untersuchung zu annullieren, sondern nur, sie zunächst nicht umzusetzen. Daher sei es durchaus plausibel, dass die Magnaten noch im Januar 1224 der Initiative des Justiziars, also der Untersuchung, Widerstand leisteten, vgl. Holt, *Magna Carta*, 378 und Norgate, *Minority*, 216. Carpenter dagegen zeigt, dass die Geschichte Wendovers über die Versammlung chronologisch richtig eingefügt ist in Erzählungen, die in den Dezember 1222 und in den Januar 1223 gehören. Der Chronist berichtet, dass der König Weihnachten in Oxford gefeiert habe, bevor er zur Versammlung nach London aufgebrochen sei. Nach der Versammlung seien die Sheriffs über die Untersuchung unterrichtet worden. Dies geschah durch eben jene überlieferten Mandate vom 30. Januar 1223, vgl. D. Carpenter, *Minority*, 297. Sicherlich beinhaltet die Geschichte Wendovers einige Ungereimtheiten, aber die Argumente pro 1224 sind nicht stärker als jene pro 1223, um eine Verlegung der Geschichte um ein Jahr zu rechtfertigen.

ausführlich darlegen werde, schloss sich der Erzbischof zur Jahreswende 1223/1224 Hubert de Burgh und seinen Getreuen an, zu denen auch der in der Erzählung Wendovers genannte William Brewer gehörte. Langton entschied sich für die Partei um den Justiziar und gegen jene des Earls von Chester und gestaltete im Januar 1224 im Zentrum des Regentschaftsrates die Politik aktiv mit.[131] Ein solches Vorhaben de Burghs, wie jenes über die Untersuchung der königlichen Rechte, hätte Langton 1224 daher mitgetragen und es von vornherein mitgestaltet. Er hätte sich dagegen kaum an die Spitze des Protestes gestellt und die Bedingungen formuliert, unter denen die Initiative gestartet werden konnte. Dagegen hatte sich Langton 1223 noch keiner der Parteien angeschlossen. Er hatte sich politisch nur engagiert, wenn er um seine Interessen fürchtete. Dies war offensichtlich im Januar 1223 erneut der Fall. Der Frieden im Reich war durch das Vorhaben des Justiziars und durch den Widerstand der Magnaten bedroht. Zudem könnte auch der Erzbischof eine Wiederkehr der verhassten Herrschaftspraktiken König Johanns befürchtet haben. Eine Bestätigung der Magna Carta und der *Forest Charter* sollte sicherstellen, dass auch die wieder erstarkte Königsherrschaft die erkämpften Freiheiten und Rechte der Barone respektieren würde. Indem Langton als Verfechter der Magna Carta auftrat, sorgte er für einen Ausgleich zwischen dem Interesse des Königs an einer starken, zentralen Autorität und dem Wunsch der Barone nach Freiheiten und gesicherten Rechten. Der Friede in England war somit, zumindest vorerst, gesichert.

Wahrscheinlich trafen Langton und sein Gefolge bei Hubert de Burgh mit der Forderung nach einer Bestätigung der Urkunden auf wenig Widerstand. Schließlich sicherte sich der Justiziar durch sein Entgegenkommen die weitere Unterstützung durch die ehemaligen Rebellen, auf die er bei seinem Programm zur Rückgewinnung der königlichen Burgen und Grafschaften grundsätzlich angewiesen war. Der Justiziar war sowieso kein ausgewiesener Gegner der Magna Carta und konnte ihrer Bestätigung daher leichter zustimmen als einige andere *curiales*, wie William Brewer, die zu den treuesten Anhängern König Johanns gehört hatten.[132]

Im Frühjahr 1223 gewann die Frage nach dem Ende der Minderjährigkeit Heinrichs III. erneut an Aktualität. Damit eng verknüpft war

---

[131] Vgl. unten, 329–344.
[132] D. Carpenter, *Struggle for Mastery*, 307.

die Frage, wer zu diesem Zeitpunkt die Kontrolle am Hof und über
den König ausüben würde. Der Auslöser war eine Reihe von Briefen,
die Papst Honorius III. im April 1223 an die Magnaten des Reiches
sandte. Darin wurden die Großen erneut aufgefordert, Heinrich III.
alle königlichen Ländereien und Burgen, die sie in Aufsicht hielten,
zurückzugeben. Neu war nun die damit verbundene Aufforderung des
Papstes, die Kontrolle über das Reich dem jungen König zu übergeben,
und das Siegel nach seinem Willen zu gebrauchen.[133] Obwohl Honorius III. Heinrich III. damit nicht für volljährig erklärte, waren diese
päpstlichen Briefe von immenser Bedeutung, da ihre Umsetzung den
status quo im Machtgefüge des Reiches sprengen würde. Insbesondere
die Organisation und die Machtverhältnisse am königlichen Hof waren
betroffen.[134]

Damit stellt sich die Frage, wer den Papst um die Briefe gebeten hatte.
Powicke vermutet, dass für die Ausstellung der päpstlichen Mandate
jene verantwortlich waren, die keiner der rivalisierenden Parteien um
den Justiziar und dem Earl von Chester angehörten. Seiner Ansicht
nach deutet daher alles auf Langton und die Bischöfe als Urheber jener
Briefe hin.[135] Er verweist auf ein weiteres, nicht überliefertes, nur von
Roger Wendover erwähntes, päpstliches Schreiben an den Erzbischof
und seine Suffragane, das ihnen eine zentrale Rolle bei der Umsetzung
der genannten päpstlichen Mandate zuweist. Der englische Episkopat
wird darin von Honorius III. zur Instanz ernannt, die die Rückgabe

---

[133] Das wichtigste dieser päpstlichen Mandate ist an Hubert de Burgh, Peter des
Roches und William Brewer gerichtet. Die drei Magnaten werden aufgefordert, sicherzustellen, dass dem König die Kontrolle über das Reich und über das Große Siegel
übergeben wird. Zudem sollen sie alle königlichen Ländereien und Burgen, die sich
in ihrer Aufsicht befinden, zurückgeben. Zusätzlich sollen sie dafür sorgen, dass auch
die anderen Magnaten ihrem Beispiel folgen. Drei weitere überlieferte päpstliche Briefe
wiederholen dieses Mandat an die drei genannten *curiales*. Der Brief an die Earls und
Barone des Reiches beinhaltet zudem die Aufforderung, dem König treu zu dienen und
ihn gegen seine Feinde zu unterstützen, sonst drohe ihnen die Exkommunikation. Die
beiden anderen Briefe sind an Ralph de Neville sowie den Earl von Chester gerichtet.
Möglicherweise wurde ein Brief mit dem gleichen Wortlaut wie jener an den Earl von
Chester auch an Peter des Roches gesandt. Die Briefe sind im Red Book of the Exchequer
auf das Jahr 1227 falsch datiert. Norgate hat sie als erste auf das Jahr 1223 umdatiert,
vgl. Norgate, *Minority*, 286–290 und D. Carpenter, *Minority*, 302–303, Anm. 4.
[134] D. Carpenter, *Minority*, 301–302; Vincent, *Peter des Roches*, 208–209 und Ellis,
Hubert de Burgh, 74.
[135] Powicke, *Henry III*, 57. Ellis folgt der Argumentation Powickes, auch sie hält
Langton und seine Suffragane für die Urheber der Briefe, vgl. Ellis, *Hubert de Burgh*,
73–74.

aller königlichen Ländereien und Burgen überwachen soll.[136] Carpenter
aber glaubt trotz dieses Briefes, dass der Papst für die Umsetzung seiner
Befehle den Justiziar, Peter des Roches und William Brewer erkoren
hatte. Das zentrale überlieferte päpstliche Mandat, auf das sich auch die
anderen, päpstlichen Schreiben vom April 1223 beziehen, ist an diese
drei Magnaten gerichtet. Es enthält unter anderem die Anweisung, für
die Rückgabe der königlichen Besitzungen durch die anderen Magnaten
zu sorgen. Aus diesem Grund glaubt Carpenter nicht, dass Langton und
die Bischöfe die Urheber dieser Briefe waren.[137] Diese Ansicht gewinnt
an Überzeugungskraft, wenn man, wie zuletzt Vincent, darauf aufmerksam macht, dass der Erzbischof, ähnlich wie Hubert de Burgh, kein
Interesse daran hatte, den bestehenden status quo zu ändern. Hubert de
Burgh war der mächtigste Mann am Königshof, er besaß die Kontrolle
über den König und das Siegel, während Langton sich wieder an der
Spitze der englischen Kirche etabliert hatte.[138] Die Briefe musste aber
jemand angefordert haben, der mit der aktuellen Situation unzufrieden
war und sich von den Mandaten einen Machtgewinn versprach. Dies
galt für Peter des Roches, der 1221 als Tutor des Königs abgesetzt und
am königlichen Hof von Hubert de Burgh ausmanövriert worden war.
Die päpstlichen Mandate sollten den König und das königliche Siegel
der Kontrolle des Justiziars entreißen und dem Bischof von Winchester
die Möglichkeit eröffnen, sich wieder neu am Königshof positionieren
zu können. Carpenter zeigt, dass Peter des Roches möglicherweise schon
ab dem Frühjahr 1222 versucht hatte, durch eine Gesandtschaft in Rom
den Papst von der Ausstellung solcher Mandate zu überzeugen.[139]

Die päpstlichen Briefe erreichten England etwa Mitte Mai 1223. An
eine Umsetzung der darin enthaltenen Befehle war zunächst nicht zu
denken, weil zwei Ereignisse die ganze Aufmerksamkeit des Regentschaftsrates beanspruchten, zum einen der erneute Kriegsausbruch
in Wales, zum anderen der Tod des französischen Königs Philipp

---

[136] Rogerus de Wendover, *Flores historiarum*, II, 273. Norgate glaubt nicht, dass
dieser päpstliche Brief an Langton und seine Suffragane zusammen mit den weiteren
Mandaten im April 1223 ausgestellt wurde, vgl. Norgate, *Minority*, 205–206. Carpenter
aber hält ihre Argumente nicht für stichhaltig, schließlich sind Inhalt und Zielsetzung
der Mandate sehr ähnlich, vgl. D. Carpenter, *Minority*, 302–303, Anm. 4.
[137] D. Carpenter, *Minority*, 302–303.
[138] Vincent, *Peter des Roches*, 209.
[139] D. Carpenter, *Minority*, 303–304 und Vincent, *Peter des Roches*, 209–211. Auch
Norgate sieht tendenziell eher in Peter des Roches den Initiator für die Ausstellung
der Briefe vom April 1223, vgl. Norgate, *Minority*, 200–201 und 208–209.

Augustus, der in England die Hoffnung auf den Rückgewinn der Normandie nährte, da der Thronfolger Ludwig VIII. nach dem Bürgerkrieg 1217 die Rückgabe versprochen hatte. Aber die Briefe des Papstes und ihr explosiver Inhalt waren nicht vergessen. Nicht nur Peter des Roches, auch Hubert de Burgh konnte jederzeit versuchen, sie gegen seine Gegner einzusetzen. Der Zeitpunkt aber war klug zu wählen. Man musste sicherstellen, dass man bei der Implementierung der Mandate die dominierende Kraft am königlichen Hof war. „The combatants circled round each other with the papal mandate lying on the floor like a gleaming knife. Who would reach out to grab it first?"[140]

Es war daher vermutlich kein Zufall, dass Langton erstmals nach der Ratsversammlung im Januar wieder Mitte Mai 1223 in Verbindung mit dem königlichen Hof nachzuweisen ist, also kurz nachdem die päpstlichen Briefe England erreicht hatten. Dem Erzbischof wird in einem, von Hubert de Burgh ausgestellten, königlichen Schreiben eine Geldleihe von 200 Mark gewährt.[141] Auch Langton hatte wahrscheinlich die Bedeutung der päpstlichen Mandate erkannt. Sie würden über kurz oder lang den schwelenden Konflikt zwischen den beiden verfeindeten Lagern zuspitzen, ihn möglicherweise zu einer endgültigen Entscheidung führen. Denn wer in den nächsten Monaten die Kontrolle am Hof gewann, würde die Briefe in seinem Sinne umsetzen und damit seinen Gegnern den entscheidenden Schlag zufügen können. Für Langton bedeuteten diese Briefe daher, dass er seine Rolle als neutraler Beobachter, der nur gelegentlich, in erster Linie als Vermittler, ins politische Geschehen eingriff, aufgeben musste. Es galt, sich nun am königlichen Hof zu positionieren und Bündnisse zu schmieden, um über den Zeitpunkt und die Art der Umsetzung der päpstlichen Mandate mitbestimmen zu können. Langtons Erfahrungen aus dem Sommer 1215 mögen bei seiner Entscheidung eine gewisse Rolle gespielt haben. Damals hatte er sich bis zuletzt um eine neutrale, vermittelnde Haltung bemüht, bis er schließlich, verlassen von allen Verbündeten, den Kampf um den Frieden und die Magna Carta verloren und am Ende durch die päpstliche Suspendierung einen kompletten Machtverlust erlitten hatte.

Der Erzbischof konnte sich eigentlich nur für Hubert de Burgh als Bündnispartner entscheiden. Der Justiziar galt, wie wiederholt festgestellt wurde, als einer der moderatesten Anhänger König Johanns, der

---

[140] D. Carpenter, *Minority*, 306. Vgl. auch Vincent, *Peter des Roches*, 211.
[141] *Rot. Lit. Claus.*, I, 547.

sich den Interessen der Barone gegenüber aufgeschlossen präsentiert hatte. Langton hatte ihm zudem in der Vergangenheit für seine Politik der Rückgewinnung königlicher Machtressourcen schon mehrfach seine Unterstützung zukommen lassen. In den folgenden Monaten nun strebte der Erzbischof ein Bündnis mit Hubert de Burgh an, das über die bisherige sporadische Kooperation hinausging. Er unterstützte den Justiziar bei seinem Kampf gegen die Partei des Earls von Chester um die Vorherrschaft am königlichen Hof, indem er im Krieg mit Llywelyn als sein Verbündeter auftrat. Aus dieser Auseinandersetzung ging Hubert de Burgh schließlich soweit gestärkt hervor, dass er den entscheidenden Schlag gegen das Lager des Earls von Chester wagen konnte.

Zunächst trat Langton noch als Vermittler in dem Konflikt mit dem walisischen Fürsten Llywelyn in Erscheinung. Es war bereits von dessen erfolgreichen Kriegszügen im Sommer 1220 berichtet worden, die den Earl von Pembroke in Südwales nahezu isoliert hatten. William Marshal konnte im Frühjahr 1223 schließlich zu einem Gegenschlag ausholen und eroberte im April und Mai Südwales gegen Llywelyn zurück.[142] Anfang Juli arrangierte Langton ein Treffen zwischen dem Earl von Pembroke und seinem walisischen Widersacher in Ludlow, doch die Verhandlungen scheiterten und der Krieg wurde fortgesetzt.[143] Hubert de Burgh ließ daraufhin William Marshal die uneingeschränkte Unterstützung der Regentschaft zuteil werden und unterstellte ihm und seinem Verbündeten, dem Earl von Salisbury, ein großes Heer. Das Vorgehen des Justiziars stieß unter den englischen Magnaten nicht auf einhellige Zustimmung, insbesondere unter seinen Rivalen, Peter des Roches, Fawkes de Breauté, dem Erzfeind William Marshals, sowie dem Earl von Chester, seit 1218 ein enger Verbündeter Llywelyns, regte sich vermutlich Widerspruch.[144] Es ist daher bemerkenswert, dass Langton nach dem gescheiterten Treffen in Ludlow offenbar seine Rolle als ausgleichender Vermittler aufgab und einseitig für Hubert de Burgh und seine Verbündeten Partei ergriff, indem er Llywelyn exkommunizierte und seine Ländereien unter das Interdikt stellte.[145] Es ist nicht

---

[142] Für Einzelheiten dazu vgl. D. Carpenter, *Minority*, 307–308; R. Walker, Hubert de Burgh and Wales, 474 und Stacey, *Politics*, 26–27.

[143] *Cal. Pat. Rolls*, II, 376; *Brut y Tywysogion*, 313–315 und D. Carpenter, *Minority*, 308.

[144] *Calendar of Ancient Correspondence concerning Wales*, 4 und R. Walker, Hubert de Burgh and Wales, 474–475.

[145] *Royal letters*, Nr. 191, 213.

bekannt, ob vielleicht unangemessene Forderungen Llywelyns in Ludlow den Erzbischof soweit verärgert hatten, dass Langton den Glauben an eine einvernehmliche Lösung verloren hatte. Seine offene Parteinahme bleibt aber ein ungewöhnlicher Schritt angesichts der Tatsache, dass er in den Jahren zuvor als Vermittler gegolten hatte, der sich gegenüber den Anliegen des walisischen Fürsten sehr aufgeschlossen gezeigt hatte. Erinnert sei an seine Vermittlungstätigkeit im Sommer 1215 und im Mai 1220.[146] Die Exkommunikation Llywelyns setzte vor allem dessen englische Verbündete unter Druck, sich nicht für ihn zu engagieren, zumal Papst Honorius III. den kirchlichen Bannspruch bestätigen sollte.[147] Es ist daher durchaus berechtigt, in der Unterstützung Langtons für den Earl von Pembroke und seine Verbündeten einen ersten bewussten Schritt in der Preisgabe seiner allseits geachteten Neutralität und Unabhängigkeit zu sehen. Es war der erste entschiedene Schritt einer Annäherung an das Lager des Justiziars, auf Kosten seines Verhältnisses zur Partei um den Earl von Chester.

Am 14. Juli 1223 war der französische König Philipp Augustus gestorben. Schon kurze Zeit darauf, am 28. Juli, entschied man in England, Langton sowie die Bischöfe von Salisbury und London als Gesandte nach Frankreich zu schicken, um den Thronfolger Ludwig VIII. an sein nach dem Bürgerkrieg erteiltes Versprechen zu erinnern, die Normandie dem englischen König zurückzugeben. Daneben sollte Langton den Erzbischof von Reims bedrängen, Ludwig erst zu krönen, nachdem dieser sein Versprechen eingelöst habe.[148] Der Erzbischof von Canterbury war mit Sicherheit wegen seiner guten Kontakte zum französischen Königshof zum Gesandten ernannt worden, auf Grund derer er schon an den Verhandlungen über eine Verlängerung des französisch-englischen Waffenstillstands im März 1220 teilgenommen hatte.[149] Daneben unterhielt Langton gute Beziehungen zu seinem

---

[146] Vgl. oben, 175–176 und 276–277.

[147] *Reg. Hon.*, II, Nr. 4517, 166 und Nr. 4518, 166; *Cal. Pap. Reg.*, 93 und *Royal letters*, Nr. 191, 212–214.

[148] *Cal. Pat. Rolls*, I, 406; *Rot. Lit. Claus.*, I, 556; *Annales de Dunstaplia*, 81 und Radulphus de Coggeshall, *Chronicon*, 197.

[149] Das Verhältnis Langtons zu Ludwig VIII. war offenbar so gut, dass der französische König ihm 1224 nach der Eroberung von La Rochelle das *homagium* und die Dienste eines Bürgers der Stadt und seiner Erben verlieh, vgl. *Veterum scriptorum et monumentorum*, Sp. 1191. Vincent hat darauf aufmerksam gemacht, dass dieses Privileg nur als Kopie in Frankreich überliefert ist, möglicherweise weil die Schenkung angesichts des englisch-französischen Krieges um Poitou Langton sehr unangenehm war, vgl. Vincent, *Simon Langton*, 10.

Amtskollegen, dem Erzbischof von Reims. Guillaume de Joinville hatte
schließlich im Juni 1220 anlässlich der *translatio* Beckets die Messe in
der Kathedrale von Canterbury gelesen.[150] Am englischen Königshof
hoffte man vermutlich, diese persönliche Verbindung zum eigenen
Vorteil nutzen zu können. Langton wählte neben seinem engsten Vertrauten im Episkopat, Richard le Poore, auch Eustace de Fauconberg
als Begleiter aus. Das kann als Indiz dafür gelten, dass der Erzbischof
und sein Suffragan aus London schon im Sommer 1223 ein vertrauensvolles Verhältnis zueinander hatten, trotz des für den Bischof nachtei-
ligen Urteilsspruchs im April 1222. Doch ihre diplomatische Mission
scheiterte. Sie erreichten den französischen Hof erst, nachdem Ludwig
VIII. bereits gekrönt worden war.[151] Auf die an ihn herangetragenen
Forderungen antwortete der französische König seinerseits mit der
Drohung einer Invasion Englands.[152]

Für Langton persönlich alarmierender als diese diplomatische Niederlage, mit der, nüchtern betrachtet, zu rechnen gewesen war, waren die
Entwicklungen während seiner Abwesenheit am englischen Königshof.
Dort schienen mittlerweile die alten Widersacher Hubert de Burgh und
Peter des Roches eine gewisse Verständigung erreicht zu haben. Die
Aussicht auf die Rückgewinnung der Normandie hatte die Vertreter
der rivalisierenden Lager zu einer neuen Geschlossenheit veranlasst. In
der Hoffnung auf einen Aufstand in den ehemaligen Kontinentalbesitzungen versammelte man ein Heer zur Invasion Frankreichs. Carpenter
vermutet, Peter des Roches hätte sich mit Blick auf diesen Feldzug damit
einverstanden erklärt, den Papst um die Annullierung der Mandate vom
April 1223 zu bitten. Die neuen Mandate aus Rom vom 20. November
erreichten England aber zu spät, um den Ablauf der Ereignisse noch
beeinflussen zu können.[153] Die gescheiterte diplomatische Mission
Langtons und das Ausbleiben einer Erhebung in Frankreich ließ am
englischen Hof schließlich die Erkenntnis reifen, dass das Unterfangen
zur Rückgewinnung der Normandie keine Aussicht auf Erfolg hatte.

---

[150] Vgl. oben, 260.
[151] Den Annalen von Dunstable zufolge hatten ungünstige Winde auf dem Kanal
Langton und seine beiden Suffragane über eine Woche aufgehalten, vgl. Annales de
Dunstaplia, 81.
[152] Ebd., 81–82 und Rogerus de Wendover, *Flores historiarum*, II, 271.
[153] D. Carpenter, *Minority*, 310. Dagegen glaubt Norgate, dass weder Hubert de
Burgh noch Peter des Roches für diese Initiative zur Annullierung der päpstlichen
Briefe vom April 1223 verantwortlich waren. Sie benennt aber keine Alternativen, vgl.
Norgate, *Minority*, 205.

Die Invasion Frankreichs wurde abgesagt.[154] Trotz dieser Ernüchterung hatte die Annäherung zwischen dem Justiziar und dem Bischof von Winchester weiter Bestand. Peter des Roches nutzte offensichtlich die Abwesenheit seines Konkurrenten im Episkopat, um seine Position auf dessen Kosten zu stärken. Am 24. August 1223 wurde ihm durch ein königliches Schreiben, autorisiert durch den Justiziar in Anwesenheit des Earls von Chester und William Brewers, die Aufsicht über das vakante Bistum Coventry übertragen.[155] Schon im September 1221 hatte William von Cornhill, der Bischof von Coventry, einen Schlaganfall erlitten, der ihn fortan lähmte.[156] Er war deshalb kaum mehr in der Lage gewesen, seine bischöflichen Pflichten und Aufgaben wahrzunehmen. Aber erst im Frühjahr 1223 hatte Langton die Aufsicht über das Bistum Coventry erhalten. Im April 1223 beauftragte ihn ein päpstliches Mandat, die Wahl eines geeigneten Nachfolgers durch das Kathedralkloster von Coventry sicherzustellen und den abgesetzten Bischof mit einer Pension aus den Gütern des Bistums zu versorgen.[157] In einem Eintrag in den *Fine Rolls* vom Juni 1223 heißt es zudem, das Bistum Coventry befände sich in *manu sua*, welches korrigiert wurde in *sub regimine suo*. Der Erzbischof habe daher dem neuen Aufseher des vakanten Bistums Carlisle alles zu übergeben, was zu diesem Bistum gehöre und in der Diözese Coventry liege.[158] Langton, so scheint es, verwaltete also nicht nur die *spiritualia*, sondern auch die *temporalia* des Bistums Coventry, als nach dem Tod von William von Cornhill am 19. August 1223 das königliche Mandat zu Gunsten von Peter des Roches ausgestellt wurde.[159] Langton nahm den Verlust des Bistums, die Niederlage gegen den Bischof von Winchester, nicht widerstandslos hin und behinderte dessen Amtsträger bei der Eintreibung der ihm zustehenden Gelder aus der Diözese Coventry.[160] Die sich hier andeutenden Anfänge einer neuen Allianz zwischen Hubert de Burgh und Peter des Roches waren

---

[154] D. Carpenter, *Minority*, 310–311.

[155] *Cal. Pat. Rolls*, I, 382 und *CFR 1222–1223*, Nr. 248.

[156] Annales de Waverleia, 295 und Vincent, *Peter des Roches*, 207.

[157] *Reg. Hon.*, II, Nr. 4317, 128 und *Cal. Pap. Reg.*, 91.

[158] *CFR 1222–1223*, Nr. 203.

[159] Zum Tod William von Cornhill vgl. *Anglia Sacra*, 437. Es sind einige *acta* überliefert, die Langton mit ziemlicher Sicherheit in seiner Funktion als Aufseher des vakanten Bistums Coventry 1223 ausstellte, etwa ein Schutzbrief Langtons an die Kanoniker des Priorats Stone in der Diözese Coventry oder mehrere Bestätigungsurkunden an das Kathedralkloster von Coventry, vgl. *Acta Stephani*, Nr. 58, 75–76 und *Additions to the Acta Stephani*, Nr. 10–12.

[160] *Rot. Lit. Claus.*, I, 629.

für Langtons seit 1218 mühsam errichteten Machtposition im Reich durchaus gefährlich. Sollte es dem Bischof gelingen, sich mit Hilfe des Justiziars erneut im Zentrum des königlichen Hofes zu etablieren, erwuchs dem Erzbischof wieder ein sehr mächtiger Konkurrent im Episkopat. Sein unangefochtener Vorrang in der englischen Kirche, die Basis für seine politische Macht, war damit erneut gefährdet.

Langton gelang es aber nach der Rückkehr aus Frankreich, seine guten Beziehungen zu Hubert de Burgh zu stabilisieren. Etwa zur gleichen Zeit wie der Erzbischof, Ende August, spätestens Anfang September, landete ein prominenter Gast auf der Insel, Johann von Brienne. Der König von Jerusalem befand sich auf der Rundreise durch Westeuropa, um für einen neuen Kreuzzug im Heiligen Land zu werben, er besuchte neben England auch Frankreich, das Deutsche Reich sowie Spanien.[161] Johann von Brienne wurde zunächst in Canterbury von Heinrich III. und Langton empfangen, wo er auch den neuen Schrein von Thomas Becket besuchte.[162] Um den 8. September fand ein weiterer ehrenvoller Empfang in London statt.[163] Auf dieser Versammlung der Magnaten konnte sich der Erzbischof durch die Unterstützung Hubert de Burghs ein wichtiges königliches Privileg sichern. In einem vom Justiziar autorisierten Schreiben werden die Sheriffs mehrerer Grafschaften aufgefordert, die Güter und Besitzungen von William of Fambridge, einem verstorbenen Ritter aus Essex, an Langton zu übergeben, nachdem der König ihm die Vormundschaft über Alice, die Tochter und Erbin Williams, verliehen hatte.[164] Der Erzbischof hatte wahrscheinlich vornehmlich aus familiären Interessen um das Erbe jenes Ritters gebeten, denn er hatte zusammen mit der Vormundschaft auch das *maritagium* erhalten, also das Recht, die Erbin zu verheiraten. Es war daher sicherlich kein Zufall, dass spätestens 1227, wahrscheinlich aber schon früher, ein Verwandter des Erzbischofs, der eingangs der Arbeit

---

[161] Böhm, *Johann von Brienne*, 65–73.

[162] *Willelmi Chronica Andrensis*, 763; Annales de Dunstaplia, 85 und *PRO E 372/67*, fol. 7.

[163] Walter of Coventry, *Historical collections*, 252 und Annales de Dunstaplia, 85. Dort wurden dem König von Jerusalem Gelder zur Unterstützung des Kreuzzugs zugesagt. Die versprochene Summe aber entsprach wahrscheinlich nicht seinen Erwartungen. Zudem wurden die Gelder nach ihrer Eintreibung teilweise vom englischen Hof für andere Zwecke verwandt, vgl. Annales de Dunstaplia, 85 und Vincent, *Peter des Roches*, 238.

[164] *Rot. Lit. Claus.*, I, 563 und *PRO C 72/4*, fol. 2 und fol. 3r.

erwähnte Stephen Langton der Jüngere, Alice of Fambridge ehelichte.[165]
Der Metropolit konnte seinem Verwandten in seiner Eigenschaft als
Vormund der zukünftigen Ehefrau ein reiches Erbe sichern. Gilbert de
Tany, ein bedeutender Ritter aus Essex, der während des Bürgerkriegs
zumindest zeitweise auf der Seite der Rebellen gegen König Johann
gekämpft hatte, war im Laufe des Jahres 1222 verstorben und hinterließ siebeneinhalb Ritterlehen.[166] Drei Erbparteien werden in den *Pipe
Rolls* geführt, die jeweils ein Drittel des Erbes, also zweieinhalb Lehen
erhielten.[167] Einer der Erben war William of Fambridge, an dessen
Stelle nach seinem Tod die Tochter Alice trat.[168] Zwei weitere Erben
Gilberts waren ein gewisser Adam de Lege und seine Frau Matilda, die
im November 1223 aber ihren Erbschaftsanteil an Stephen Langton
den Jüngeren und seine Frau Alice abtraten.[169] Die Hintergründe für
diesen Verzicht lassen sich aus den Quellen nicht erschließen, es ist aber
anzunehmen, dass der Erzbischof seine Macht und seinen politischen
Einfluss im Interesse des wahrscheinlich noch minderjährigen Ehepaars
eingesetzt hatte. Er sollte damit als Vormund von Alice zusätzlich zum
Erbe ihres Vaters über zwei Drittel aus der Hinterlassenschaft Gilberts,
also über insgesamt fünf Ritterlehen, verfügen.[170] Das königliche Privileg von 1223 gestaltete sich daher für Langton auch finanziell äußerst
lukrativ, zumal er seine Aufsicht über das Erbe wahrscheinlich bis
1227, also fast vier Jahre, ausüben sollte. Ein genaues Datum für die
Übergabe der Erbschaft ist nicht überliefert, aber in den *Pipe Rolls* für
das Jahr 1227 wird erstmals Stephen Langton der Jüngere und nicht
mehr der Erzbischof als derjenige genannt, der gegenüber dem König

---

[165] In den Aufzeichnungen der Reiserichter des *general eyre* 1227 wird die Eheschlie-
ßung der beiden erwähnt, vgl. *PRO JUST 1/229*, fol. 14r. Aber schon in den königlichen
Dokumenten über einen Prozess 1223 ist von Stephen Langton und seiner Frau Alice
die Rede, vgl. *Curia Regis Rolls*, XI, Nr. 1173, 238. Aber erst 1227, so wird sich weiter
unten zeigen, beendete der Erzbischof seine Aufsicht über das Erbe von Alice of Fambridge, vgl. unten, 323–324. Wahrscheinlich wurden daher Stephen Langton und Alice
1223 miteinander verheiratet, als beide noch minderjährig waren.

[166] *Rot. Lit. Claus.*, I, 265.

[167] *PRO E 372/67*, fol. 4.

[168] Ebd. und *Great Roll of the Pipe 1224*, 114.

[169] *Feet of Fines for Essex*, 67.

[170] *Great Roll of the Pipe 1224*, 100, 113–114 und 117. Eine Klage der Witwe von
William of Fambridge, Matilda, gegen Langton um einen Teil des Erbes wurde beigelegt,
indem Langton ihr Land und Abgaben versprach, sie im Gegenzug ihre Ansprüche
fallen ließ, vgl. *Curia Regis Rolls*, XI, 269.

für die Schulden, die Gilbert de Tany den Erben hinterlassen hatte, verantwortlich war.[171]

Das königliche Privileg über die Vormundschaft im September 1223 an Langton war daher sicherlich als Ausgleich für den Verlust der Aufsicht über das Bistum Coventry gedacht.[172] Hubert de Burgh, so scheint es, wollte eine Annäherung an Peter des Roches nicht auf Kosten seiner Beziehungen zu Langton. Wie auch in den Jahren und Monaten zuvor, versuchte der Justiziar, sich alle Optionen offen zu halten. Obwohl seine prinzipielle Unterstützung dem Earl von Pembroke und dem Earl von Salisbury galt, hatte er nie die Verbindung zum gegnerischen Lager abreißen lassen und hatte weiterhin mit potentiellen Widersachern, wie Fawkes de Breauté, zusammengearbeitet.[173] Noch waren die Fronten zwischen den Lagern in Bewegung, kein Bündnis fest geschmiedet. Langton war daher bemüht, auch in den folgenden Wochen engen Kontakt zum königlichen Hof zu halten, mit dem Ziel, seine dortige Machtposition auszubauen. Das hieß in erster Linie, weiter an seinem Bündnis mit Hubert de Burgh zu arbeiten.

Nach dem Treffen mit dem König von Jerusalem in London wandten sich Hubert de Burgh und der König erneut Llywelyn und dem Krieg in Wales zu. Mitte September versammelte man ein königliches Heer und befreite kurze Zeit darauf die Burg Builth von der Belagerung Llywelyns, um daraufhin weiter nordwärts nach Montgomery zu ziehen, dieses unter englische Kontrolle zu bringen und dort eine neue Burg zu errichten, die, strategisch klug gewählt, dem walisischen Fürsten den Weg nach England versperren sollte.[174] Es ist gut möglich, dass Langton den Justiziar und den König seit London begleitete und auch ein eigenes Kontingent an Rittern für den Heerzug stellte.[175] Auf jeden

---

[171] *Great Roll of the Pipe 1224*, 100, 113–114 und 117; *PRO E 372/69*, fol. 8 und *E 372/71*, fol. 12. In den *Pipe Rolls* aus dem Jahr 1229 wird Stephen Langton der Jüngere auch als einer der Erben Gilbert de Tanys aufgezählt, neben einem gewissen Nicholas de Beauchamp, vgl. *PRO E 372/73*, fol. 14r. Letzterer war vermutlich an die Stelle des ursprünglichen Erben, Ralph de Beauchamp, getreten, vgl. *PRO E 372/67*, fol. 4. Das Gut Fambridge verpachtete Stephen Langton der Jüngere 1229 für vier Jahre an Ranulf le Breton, vgl. *CFR 1231–1232*, Nr. 263.

[172] Darüber hinaus wurden dem Erzbischof 20 Pfund ausgezahlt, die er zuvor dem König in Canterbury geliehen hatte, vgl. *Rot. Lit. Claus.*, I, 562.

[173] So schlug Hubert de Burgh mit Hilfe von Fawkes de Breauté im August 1222 die Unruhen in London nieder, vgl. Ellis, *Hubert de Burgh*, 69–72.

[174] R. Walker, Hubert de Burgh and Wales, 475; D. Carpenter, *Minority*, 311–313 und Ellis, *Hubert de Burgh*, 90.

[175] Langton scheint vom Schildgeld für den Heerzug nach Wales befreit worden zu sein, soweit die überlieferte, aber stark beschädigte *Scutage Roll* diesen Schluss zulässt,

Fall ist seine Anwesenheit Ende September in Montgomery überliefert.[176] Dort unterwarf sich am 7. Oktober Llywelyn dem englischen König, woraufhin ihm Langton die Absolution erteilte.[177] Bei der Ausarbeitung der Friedensvereinbarung übernahm der Erzbischof offenbar eine führende Funktion. So setzte er den Zeitpunkt fest, bis zu dem Llywelyn Heinrich III. für die Schäden, die er ihm zugefügt hatte, aufzukommen hatte.[178] Die militärische Überlegenheit des englischen Königs während der letzten Wochen schlug sich in der getroffenen Vereinbarung nieder. Der walisische Fürst und seine Anhänger durften nur jenes Land behalten, welches sie schon vor dem Krieg als Lehen gehalten hatten. Montgomery ging an Heinrich III., während Südwales der Aufsicht des Earls von Pembroke überlassen wurde.[179] Es war ein großer Sieg für William Marshal, Hubert de Burgh und ihre Verbündeten. Sie hatten für den englischen König die Kontrolle über Wales zurückgewonnen. Dagegen war es eine herbe Niederlage für das Lager um den Earl von Chester, dem wichtigsten Verbündeten Llywelyns und Gegner des Justiziars.[180] Langton hatte einen wesentlichen Anteil am Ausgang des Krieges. Er hatte mit seiner Exkommunikation den Druck auf Llywelyn und vor allem auf dessen englische Verbündete erhöht, er hatte wahrscheinlich den Heerzug des Königs im September begleitet und war schließlich an der Ausarbeitung der für den walisischen Fürsten harten Friedensbedingungen beteiligt gewesen. Der Erzbischof hatte in diesem Krieg offen Partei für Hubert de Burgh ergriffen und sich damit gegen den Earl von Chester gestellt. Die Weichen für ein Bündnis mit dem Justiziar waren gestellt.

Doch Langton hatte sich neben seinen weltlichen Belangen auch um den Frieden in seiner Kirchenprovinz Canterbury zu kümmern, auch in solch turbulenten Monaten wie im Spätsommer 1223. Nach dem Tod Williams von Cornhill im August war der Konflikt um die Wahl eines neuen Bischofs zwischen den Mönchen von Coventry und den

---

vgl. *PRO C72/3*, fol. 3; *Great Roll of the Pipe 1224*, 113–114 und Chew, *English Ecclesiastical Tenants-in-Chief and Knight Service*, 52.

[176] Einer seiner Urkunden zufolge war Langton um den 29. September in Montgomery, also seitdem das königliche Heer dort lagerte, vgl. *Acta Stephani*, Nr. 64, 86.

[177] *Cal. Pat. Rolls*, I, 411 und *Annales de Dunstaplia*, 83.

[178] *Cal. Pat. Rolls*, I, 411 und *Rot. Lit. Claus.*, I, 574. Zudem setzte sich Langton, offenbar im Gegensatz zu der ausgehandelten Vereinbarung zwischen Llywelyn und dem König, für die Freilassung der Gefangenen Llywelyns ein, vgl. *Cal. Pat. Rolls*, I, 386.

[179] D. Carpenter, *Minority*, 313–314. Ellis dagegen spricht von einer versöhnlichen Vereinbarung, vgl. Ellis, *Hubert de Burgh*, 90–91.

[180] D. Carpenter, *Minority*, 314–315.

Kanonikern von Lichfield erneut entbrannt.[181] Während die Mönche
darauf bestanden, das Wahlrecht exklusiv zu besitzen, beanspruchten
die Kanoniker eine Beteiligung am Wahlprozedere. Der König, dem
der Konflikt in Montgomery vorgetragen wurde, wich einer eindeutigen Entscheidung aus, indem er all jenen die Erlaubnis zur Wahl
erteilte, die nach dem Gewohnheitsrecht beteiligt werden mussten.
Die Kanoniker aus Lichfield hatten schon vor der Versammlung in
Montgomery in Anwesenheit Langtons an den Papst appelliert, um ihr
Recht an der Wahl anzuzeigen. Nun taten sie es erneut vor dem Erzbischof, um zu verhindern, dass die Mönche ohne sie zur Wahl schreiten
würden.[182] Der Konflikt nahm während der folgenden zwei Monate die
Aufmerksamkeit Langtons immer wieder in Anspruch, ohne dass wir
feststellen können, wann und wo genau sich der Erzbischof erneut der
Angelegenheit widmete. Die Mönche zeigten sich jedenfalls von den
Vorgängen in Montgomery wenig beeindruckt und wählten kurz darauf
ihren Prior zum neuen Bischof von Coventry. Diesen präsentierten sie
Langton, um von ihm die Approbation ihrer Wahl zu erhalten. Doch der
Erzbischof verweigerte ihnen seine Zustimmung und verwies auf den
fehlenden *assens* des Königs sowie auf die Appellation der Kanoniker
nach Rom. Schließlich zitierte Langton Prokuratoren beider Parteien zu
sich, möglicherweise nach Lambeth, um ihnen die Gelegenheit zu geben,
ihre Ansprüche darzulegen und deren Rechtmäßigkeit zu beweisen.[183]
Die Kanoniker luden mehrere Zeugen vor, darunter den Bischof von
Lincoln, den Archidiakon von Nottingham und John de Bardeney.[184]
Die Mönche schienen mit dem Vorgehen Langtons unzufrieden, appellierten daher selbst an den Papst und verließen schließlich den Hof
des Erzbischofs. Nach einigem Zögern, offensichtlich auch unter dem

---

[181] Der Verlauf dieses Konflikts wird in einer Urkunde Langtons geschildert, in der
der Erzbischof die Wahl des Priors des Kathedralklosters von Coventry zum neuen
Bischof annullierte, vgl. *Acta Stephani*, Nr. 61, 78–83. Ähnlich wird der Verlauf bei
Thomas Chesterfield geschildert, vgl. *Anglia Sacra*, 437–438. Vgl. auch Annales de
Dunstaplia, 90.
[182] Am 12. März 1224 bezeugte Langton den Kanonikern schriftlich ihre beiden
Appellationen an den Papst. In dem entsprechenden Schreiben heißt es, die erste
Appellation hätte stattgefunden, als der Dekan von Lichfield *circa finem autumpni* in
Mortlake den Erzbischof vom Tod Williams von Cornhill unterrichtet habe, vgl. *Acta
Stephani*, Nr. 64, 85–86.
[183] *Anglia Sacra*, 437.
[184] *Acta Stephani*, Nr. 61, 80. Es ist nicht bekannt, ob John de Bardeney ein Verwandter von William de Bardeney, eines bereits erwähnten Mitglieds der *familia* Langtons,
war, vgl. oben, 85 und 289.

Druck der Prokuratoren aus Lichfield, die weiter in seiner Umgebung ausgeharrt hatten, entschied sich Langton nach Beratung mit einigen Bischöfen am 29. November für die Annullierung der Wahl des Priors von Coventry.[185] Um dem Konvent seine Entscheidung mitzuteilen, schickte er seinen Offizial Alexander von Maltham.[186] Papst Honorius III. bestätigte im Frühjahr des folgenden Jahres die Entscheidung Langtons und ernannte Alexander von Stavensby zum Nachfolger Williams von Cornhill.[187] Der neue Bischof von Coventry, der am 14. April in Rom seine Weihe erhielt, war höchstwahrscheinlich ein Mitglied der *familia* Langtons gewesen, möglicherweise auch sein Schüler in Paris. Der Papst könnte daher seine Wahl auf Rat und Wunsch des Erzbischofs hin getroffen haben.[188] Langton hatte mit Alexander von Stavensby, einem Reformbischof, der sich darüber hinaus auch politisch engagierte, einen weiteren engen Verbündeten im Episkopat gewonnen, auf dessen Unterstützung er sich in Zukunft verlassen konnte.

Kommen wir zurück zu den Ereignissen im Winter 1223. Während Langton sich unter anderem der Auseinandersetzung um die Bischofs-wahl in Coventry widmete, versuchte Hubert de Burgh, seine Erfolge in Wales auch für die englische Politik zu nutzen. Der Justiziar hatte seine Machtposition am königlichen Hof weiter gefestigt. Der junge König war sicherlich beeindruckt von dem siegreichen Kriegszug des Justiziars und seiner Verbündeten gegen Llywelyn. Es war daher der richtige Zeitpunkt gekommen, die Briefe des Papstes vom April 1223 umzusetzen. Hubert de Burgh konnte sich auf der einen Seite seines dominierenden Einflusses am Hof und auf den König sicher sein und daher damit rechnen, auch nach der Übergabe des Siegels an Heinrich III. die königliche Patronage kontrollieren zu können, während er auf der anderen Seite seine Gegner mit Hilfe des päpstlichen Mandats über die Rückgewinnung der Burgen und Grafschaften weiter schwächen konnte. Anfang November ließ er einen Testballon steigen, indem er gezielt zwei Magnaten auswählte, um von ihnen den Rücktritt von ihrem Amt als Sheriff zu verlangen. Von beiden war nur wenig Widerstand zu erwarten, einer von ihnen, Ralph Musard, war ein Verbündeter

---

[185] *Acta Stephani*, Nr. 61, 82–83.

[186] *Anglia Sacra*, 438.

[187] Ebd. und Annales de Dunstaplia, 90. Die neueste, wenn auch sehr knappe Bio-graphie über Alexander von Stavensby stammt von Vincent, vgl. Vincent, Alexander of Stainsby, 615–640.

[188] Vincent hat detailliert die verschiedenen Verbindungen zwischen Langton und von Stavensby dargelegt, vgl. Vincent, Alexander of Stainsby, 619–624 und 629.

William Marshals, der offensichtlich zuvor in die Pläne eingeweiht
worden war. Sein Amtsverzicht war dementsprechend auch nur vordergründig vollzogen worden, da Musard seine Grafschaft noch über
das gesamte Jahr 1224 hielt.[189]

Der Regentschaftsrat hatte schon zuvor mehrmals von einzelnen
Magnaten die Rückgabe von Burgen und Grafschaften gefordert, ohne
dass dieses Vorgehen eine Mehrzahl von Magnaten zur offenen Rebellion veranlasst hatte. Im November 1223 aber kam es zum Aufstand.
Die Gegner des Justiziars fürchteten, Hubert de Burgh würde sie nun
vollständig entmachten, indem er ihnen nach seinen jüngsten Erfolgen
nicht nur ihre Burgen und Grafschaften raubte, sondern ihnen den
Zugang zum König weiter erschweren und sie auf diese Weise von
der königlichen Patronage ausschließen würde. Der Justiziar hätte sich
dann endgültig als unumschränkter Herrscher am Königshof etabliert.[190]
Am 9. November floh der Justiziar zusammen mit dem König nach
Gloucester, während der Earl von Chester zusammen mit dem Grafen
von Aumale, Fawkes de Breauté und weiteren Magnaten den Tower
belagerte. Hubert de Burgh, an seiner Seite die Earls von Pembroke
und Salisbury sowie William Brewer, sammelten ihrerseits militärische
Kräfte, um am 27. November nach London zurückzukehren. Angesichts
des anrückenden Heeres zogen sich der Earl von Chester und seine
Alliierten zunächst nach Waltham zurück.[191]

---

[189] D. Carpenter, *Minority*, 314–317 und Stacey, *Politics*, 28.
[190] Walter of Coventry, *Historical collections*, 261 und Stacey, *Politics*, 27–28.
[191] D. Carpenter, *Minority*, 318–320; Vincent, *Peter des Roches*, 212–213 und Ellis, *Hubert de Burgh*, 75.

KAPITEL XII

LANGTON IM ZENTRUM DES
REGENTSCHAFTSRATES 1223–1226

XII.1. *Das Bündnis zwischen Langton und Hubert de Burgh*
und die Rückgewinnung der königlichen Burgen und Grafschaften
im Dezember 1223

Erneut stand England kurz vor dem Ausbruch eines Bürgerkriegs und
wie schon zur Jahreswende 1221/1222 schritt Langton zusammen mit
seinen Suffraganen vermittelnd ein, um den Frieden im Reich zu retten.
Der Erzbischof weilte Ende November in Clerkenwell, wo er die Urkunde
über die Annullierung der Wahl des Priors von Coventry zum Bischof
ausgestellt hatte.[1] Für den 3. Dezember ist ein königliches Mandat aus
Gloucester überliefert, das die Dissidenten um den Earl von Chester
aufforderte, sich am nächsten Tag entweder in Gloucester, Clerkenwell
oder London mit dem König zu Verhandlungen zu treffen.[2] Langton
stand offenbar mit dem Justiziar in Gloucester in Verbindung, und,
glaubt man den Annalen von Dunstable und dem Bericht von Fawkes
de Breauté, fand schließlich die Versammlung in London auf Initiative
des Erzbischofs und seiner Suffragane statt.[3] Die Verhandlungen liefen
ab dem 4. Dezember über mehrere Tage, scheiterten aber schließlich.[4]
Die Annalen von Dunstable liefern einen dramatischen Bericht der
Ereignisse. Das Lager um den Earl von Chester habe Hubert de Burgh
auf der Versammlung in Anwesenheit Heinrichs III. angeklagt, die
Schätze des Königs zu verschwenden und das Volk zu unterdrücken.
Der Justiziar habe seinerseits mit Vorwürfen gegen Peter des Roches
geantwortet, den er als Verräter am König und Reich bezeichnete und
für alles Schlechte, was zur Zeit der Herrschaft König Johanns und
Heinrichs geschehen sei, verantwortlich machte. Der Bischof wiederum
habe de Burgh gedroht, mit aller Macht seinen Sturz zu betreiben, und

---

[1] *Acta Stephani*, Nr. 61, 83.
[2] *Cal. Pat. Rolls*, I, 481–482.
[3] Annales de Dunstaplia, 84 und Walter of Coventry, *Historical collections*, 261–262.
[4] D. Carpenter, *Minority*, 320 und Vincent, *Peter des Roches*, 213.

habe schließlich zusammen mit seinen Verbündeten die Versammlung
verlassen.[5] Nach dem Bericht von Fawkes de Breauté gelang es Langton
am 6. Dezember zumindest, einen Waffenstillstand bis zum 20. Januar
1224 auszuhandeln.[6] Doch die Gefahr eines Bürgerkriegs war damit
keineswegs gebannt. Im Gegenteil, die Dissidenten um den Earl von
Chester fassten, nachdem sie als Reaktion auf die gescheiterten Verhandlungen London verlassen hatten, den Plan, sich zu Weihnachten
in voller Rüstung und kampfbereit in Northampton zu versammeln.[7]
Darüber hinaus schickten sie Gesandte nach Rom, die beim Papst für
die Entsendung eines Legaten werben sollten.[8]

Zur gleichen Zeit, in jener bedrohlichen Atmosphäre einer bevorstehenden kriegerischen Auseinandersetzung, trat Langton endgültig
als Verbündeter an die Seite des Justiziars Hubert de Burgh. Das neue
Bündnis offenbarte sich in der gemeinsamen Umsetzung der päpstlichen
Briefe vom April 1223. Zunächst wurde dem jungen König das Große
Siegel übergeben. Am 10. Dezember 1223 autorisierte Heinrich III.
erstmals selbst ein Schreiben in Anwesenheit des Erzbischofs, Hubert
de Burghs und der Bischöfe von Bath und Salisbury.[9] Fortan blieb das
Siegel beim König. Der Justiziar trat nur noch in Ausnahmefällen als
Aussteller königlicher Mandate auf. Mit der Übergabe des Siegels war
aber keine Erklärung der Volljährigkeit Heinrichs III. verbunden, die
Gültigkeit seiner Privilegien und Schenkungen war weiterhin zeitlich
beschränkt. Hubert de Burgh und Langton hatten den Zeitpunkt für
diesen Schritt klug gewählt. Sie hatten das Siegel übergeben, nachdem
die Magnaten des gegnerischen Lagers, als Verräter denunziert, London bereits verlassen hatten. Sie waren als die mächtigsten Männer
am königlichen Hof zurückgeblieben. Es bestand also keine Gefahr,
nach der Umsetzung der päpstlichen Mandate die Kontrolle über den
König und damit über das Siegel zu verlieren. Zusammen mit ihren
Verbündeten übten Langton und Hubert de Burgh in den nächsten
Jahren den dominierenden Einfluss auf den jungen König aus. Ihre
Gegner dagegen verloren den Zugang zu Heinrich III. Peter des Roches
autorisierte in den folgenden neun Jahren kein königliches Schreiben

---

[5] Annales de Dunstaplia, 84.
[6] Walter of Coventry, *Historical collections*, 261–262.
[7] D. Carpenter, *Minority*, 324.
[8] Walter of Coventry, *Historical collections*, 262–263; Annales de Dunstaplia, 89–90
und Carpenter, *Minority*, 325.
[9] *Rot. Lit. Claus.*, I, 578.

mehr, seine Verbündeten, wie der Earl von Chester, waren in den nächsten Wochen gar nicht und die nächsten Jahre nur noch selten am königlichen Hof anzutreffen.[10]

Am 19. Dezember wurde in einem königlichen Brief an die römische Kurie dieses neue Bündnis zwischen Langton und Hubert de Burgh öffentlich verkündet.[11] Es hatte die nächsten Jahre Bestand, bis sich der Erzbischof zu Beginn des Jahres 1227 weitgehend aus der weltlichen Politik zurückzog. Langton war aber trotz seines Bündnisses mit dem Justiziar nur selten in das politische Alltagsgeschäft involviert. Seine politischen Auftritte in den Quellen bleiben daher weiterhin vornehmlich auf große und bedeutende Ereignisse beschränkt. Aber im Unterschied zu den Jahren zuvor gestaltete Langton die Politik nun aktiv nach seinen Vorstellungen mit und war an den Entscheidungsprozessen am Hof von Beginn an beteiligt. Seine Verbindung zum Königshof waren Richard le Poore und Joscelin von Wells, die Bischöfe von Salisbury und Bath, die dort in den nächsten Jahren stets an der Seite Hubert de Burghs präsent waren.[12] Das vertrauensvolle Verhältnis zwischen Langton und seinem ehemaligen Schüler le Poore wurde bereits thematisiert. Aber auch zu Joscelin von Wells, einem der dienstältesten Bischöfe, unterhielt er seit ihrem gemeinsamen Exil in Frankreich gute Beziehungen. Langton konnte durch die beiden Prälaten, als seine Vertreter am Hof, auf die Politikgestaltung Einfluss nehmen und die Politik sowie Initiativen des Justiziars, der auch weiterhin das Machtzentrum im Reich bildete, kontrollieren.

Das Bündnis zwischen dem Justiziar und dem Erzbischof hatte sich schon im Sommer 1223 abgezeichnet, seitdem die päpstlichen Briefe vom April 1223 England erreicht hatten. Langton war gezwungen gewesen, seine weitgehend unabhängige Position am Hof aufzugeben, um sich für den zu erwartenden Machtkampf zu positionieren. Eine feste Allianz war man zunächst nicht eingegangen, auch weil sich Hubert de Burgh weiterhin alle Optionen offen halten wollte. So hatte der Justiziar etwa die Verbindung zu seinem Rivalen des Roches nicht abreißen lassen und sich mit der Übertragung des vakanten Bistums Coventry im August an den Bischof sogar um eine Annäherung bemüht.[13] Meiner Ansicht nach ist vor diesem Hintergrund auch ein königliches, vom

---

[10] D. Carpenter, *Minority*, 321–322.
[11] *Foedera*, 171.
[12] D. Carpenter, *Minority*, 322–323.
[13] Vgl. oben, 321.

Justiziar am 8. November 1223 autorisiertes Schreiben zu interpretieren. Darin wird berichtet, Amtsträger des Erzbischofs hätten das Eintreiben von Geldern aus den Archidiakonaten des vakanten Bistums Coventry verhindert, die nach altem Recht dem König zuständen. Langton solle daher dafür sorgen, dass der Aufseher über das Bistum, also Peter des Roches, diese Gelder erhalte.[14] Carpenter schlussfolgert aus diesem Brief, es habe noch Anfang November 1223 einen Bruch in den Beziehungen zwischen dem Erzbischof und dem Justiziar gegeben. Das Bündnis der beiden im Dezember hätte sich also nicht in den Monaten zuvor angebahnt, es sei allein der politischen Situation Anfang Dezember geschuldet.[15] Meiner Ansicht nach ist dieses Schreiben dagegen eher als Indiz dafür zu werten, dass Hubert de Burgh angesichts der Zuspitzung des Konflikts versuchte, noch einen Tag bevor er am 9. November aus London fliehen musste, mit einem Zugeständnis den Bischof von Winchester auf seine Seite zu ziehen.[16] Sein Bemühen zeigte möglicherweise Wirkung. Peter des Roches ist nicht unter den Magnaten in Waltham zu finden, denen ein Geleitschutzbrief am 3. Dezember für die Verhandlungen in London ausgestellt wurde. Möglicherweise hatte sich der Bischof der Rebellion gegen den Justiziar noch nicht angeschlossen, als Langton beide Parteien zu einem Treffen nach Westminster bat. Ein vom Justiziar am 4. Dezember autorisiertes königliches Schreiben, in dem des Roches die Kirche von Henly zur freien Verfügung überlassen wird, könnte daher als letzter Versuch Hubert de Burghs interpretiert werden, den Bischof zumindest zur Neutralität zu bewegen.[17]

Ein solches Werben des Justiziars um des Roches setzt aber nicht notwendigerweise eine Distanz zu Langton voraus. Der schon geschilderte, im Frühjahr 1223 beginnende Prozess einer Annäherung zwischen dem Erzbischof und dem Justiziar spricht auch gegen ein belastetes Verhältnis der beiden im November. Ein Ausdruck ihrer guten Beziehungen ist ein königliches Mandat, das am 24. Oktober, also nur wenige Tage vor dem oben erwähnten Schreiben über die Gelder aus dem Bistum Coventry, von de Burgh ausgestellt wurde, und dem Schatzmeister den

---

[14] *Rot. Lit. Claus.*, I, 629.

[15] D. Carpenter, *Minority*, 318 und 323–324.

[16] Carpenter stellt fest, dass es keinen Hinweis darauf gebe, dass Peter des Roches um diesen Brief gebeten habe, vgl. D. Carpenter, *Minority*, 318, Anm. 10. Es ist aber auch nicht auszuschließen, dass sich der Bischof von Winchester mit einer solchen Bitte an den Justiziar gewandt hatte, vgl. Vincent, *Peter des Roches*, 212.

[17] *Cal. Pat. Rolls*, I, 416.

Befehl erteilt, dem Erzbischof 100 Pfund als Geldleihe auszuzahlen.[18] Etwa zur gleichen Zeit wurde zudem William Brewer, der Neffe des gleichnamigen *curialis*, zum Bischof von Exeter gewählt, nachdem sein Onkel die Aufsicht über das vakante Bistum inne gehabt hatte.[19] Es ist daher durchaus denkbar, dass Langton und Hubert de Burgh die Promotion des jungen Brewers gemeinsam arrangiert hatten, um dessen Onkel für das eigene Lager zu gewinnen.[20] Insgesamt sprechen die Indizien also für ein gutes Verhältnis des Erzbischofs zum Justiziar Anfang November 1223. Die erwähnten Zugeständnisse an des Roches spiegeln nur die bis zuletzt gehegte Hoffnung de Burghs wider, sich zumindest die Neutralität seines alten Rivalen erkaufen zu können.

Die möglichen Gründe des Justiziars, das Bündnis mit Langton, dem seit Monaten der Weg bereitet wurde, schließlich Anfang Dezember 1223 einzugehen, lassen sich nur indirekt erschließen. Der endgültige Bruch mit dem Bischof von Winchester, die gescheiterten Verhandlungen Anfang Dezember und der drohende Bürgerkrieg ließen Hubert de Burgh erkennen, dass er auf breite Unterstützung unter den Großen des Reiches angewiesen war, wollte er die päpstlichen Mandate erfolgreich durchsetzen, auch gegen den Widerstand der Dissidenten um den Earl von Chester. Ein Bündnis mit dem Erzbischof konnte ihm diese Unterstützung sichern und seine Gegner im Reich isolieren. Der Justiziar war sich offensichtlich der Bedeutung Langtons als Bündnisgenosse bewusst, war er doch bereit, seine Politik vom Erzbischof stärker als in den Jahren zuvor durch dessen Vertreter am Hof, die Bischöfe von Salisbury und Bath, kontrollieren zu lassen.[21] Schließlich brachte Langton den Großteil des englischen Episkopats in die Allianz mit ein. Um den Erzbischof hatte sich eine Anzahl ihm treu ergebener Suffragane gruppiert, darunter der Bischof von Salisbury und die Bischöfe von Bath, Lincoln, Rochester und Ely. Die Prälaten hatten nicht nur in kirchlichen Angelegenheiten eng zusammengearbeitet, sie hatten auch in den politischen Konflikten der letzten Jahre, etwa zur Jahreswende 1221/1222 oder im Frühjahr 1223, Langton stets unterstützt. Doch auch über diese Gruppe hinaus konnte sich der Erzbischof auf die Loyalität

---

[18] *Rot. Lit. Claus.*, I, 566.

[19] König Heinrich III. übergab am 13. September William Brewer die Aufsicht über die *temporalia* des vakanten Bistums Exeter, am 25. November 1223 erteilte er der Wahl des Neffen von William Brewer zum neuen Bischof von Exeter seine Approbation, vgl. *CFR 1222–1223*, Nr. 272 und *Cal. Pat. Rolls*, I, 415–416.

[20] Vincent, *Peter des Roches*, 230–231.

[21] D. Carpenter, *Minority*, 323.

des Episkopats verlassen. In den darauffolgenden Monaten erscheinen die meisten Bischöfe an der Seite Langtons und Hubert de Burghs, sei es als Zeugen wichtiger Verträge und königlicher Mandate, sei es bei der Umsetzung der Vereinbarung über die Neuverteilung der königlichen Burgen Ende Dezember 1223. Auch Prälaten, zu denen Langton in der Vergangenheit ein belastetes Verhältnis gehabt hatte, wie Pandulf, der Bischof von Norwich, oder der Erzbischof von York, scheinen sein Bündnis mit Hubert de Burgh unterstützt, zumindest aber nicht offen für die gegnerische Seite Partei ergriffen zu haben. Einzig Peter des Roches schloss sich den Dissidenten um den Earl von Chester an.[22]

Daneben konnte der Erzbischof Hubert de Burgh dabei helfen, die Unterstützung jener weltlichen Magnaten zu gewinnen, die sich bisher keinem der verfeindeten Lager angeschlossen hatten. Langton hatte sich in den letzten drei Jahren um den Erhalt des Friedens bemüht, als eine

---

[22] Um sich die Unterstützung des Bischofs von London, eines der mächtigsten Prälaten, zu sichern, wurde auf Initiative Hubert de Burghs und Langtons am 8. Dezember 1223 Eustace de Fauconberg die Aufsicht über die Burg Colchester anvertraut, vgl. *Cal. Pat. Rolls*, I, 417. Als Zeugen verschiedener Verträge und königlicher Briefe tauchen in den nächsten Monaten neben Langton und de Burgh die Bischöfe von London, Bath, Salisbury, Lincoln, Rochester, Durham und Ely auf, vgl. *Cal. Pat. Rolls*, I, 422 und 483. An der Neuverteilung der Burgen waren darüber hinaus die Bischöfe von Norwich, Hereford und der Erzbischof von York beteiligt, vgl. *Cal. Pat. Rolls*, I, 417–419. Walter de Grey stand zudem im Sommer 1224 bei der Belagerung der Burg Bedford vermutlich treu an der Seite Hubert de Burghs und Langtons, schließlich konnte er sich als Belohnung einige Privilegien sichern, etwa die Aufsicht über ein Gut, welches zuvor dem gestürzten Fawkes de Breauté gehört hatte, vgl. *CFR 1224–1225*, Nr. 7 und *CFR 1223–1224*, Nr. 270. Nicht erwähnt wurden bisher die Bischöfe von Coventry, Chichester, Exeter, Worcester, Carlisle und Winchester. Das Bistum Coventry war zu dieser Zeit noch vakant, aber mit Alexander von Stavensby wurde im Frühjahr 1224 ein Vertrauter Langtons vom Papst zum Bischof ernannt. Ralph de Neville, der Bischof von Chichester, war als königlicher Kanzler ein wichtiger Verbündeter des Justiziars. Auch an der Treue des neu gewählten Bischofs von Exeter, William Brewer, gegenüber dem Regime de Burghs, dem auch sein Onkel angehörte, ist kaum zu zweifeln. Die unpolitische Haltung Williams de Blois, des Bischofs von Worcester, wurde bereits erwähnt. Der neu gewählte Bischof von Carlisle, Walter Mauclerc, war ein königlicher Kleriker, der schon König Johann treu gedient hatte, unter anderem als Gesandter an der Kurie während des Konflikts mit den Baronen, vgl. Cheney, *Innocent III*, 367–378. 1222 wurde er zum Sheriff von Cumberland ernannt, vgl. D. Carpenter, *Minority*, 275. Hätte Mauclerc enge Verbindungen zum Lager des Earls von Chester unterhalten, wäre am 7. Dezember 1223 kaum das Mandat an Langton ausgestellt worden, die Benefizien des Bistums Carlisle in der Diözese Coventry dem gewählten Bischof zu überlassen, vgl. *Rot. Lit. Claus.*, I, 578. Zudem arbeitete der Bischof im Sommer 1224 bei der Belagerung Bedfords offenbar eng mit Langton zusammen. Fawkes de Breauté zufolge war Mauclerc einer der Boten, die Langton zu ihm sandte, um über seine Unterwerfung und Absolution zu verhandeln, vgl. Walter of Coventry, *Historical collections*, 268. Es bleibt allein Peter des Roches, der Bischof von Winchester, der sich eindeutig den Dissidenten um den Earl von Chester angeschlossen hatte.

von beiden Parteien unabhängige Instanz. Er hatte sich daher unter den Großen den Ruf als ein Mann des Ausgleichs erworben. Es half ihm, dass er bei den Auseinandersetzungen der letzten Jahre um Ländereien, Burgen und Ämter keine eigenen materiellen Interessen verfolgt hatte, zumindest nicht in Konkurrenz zu anderen großen Magnaten des Reiches. Zusätzlich war sein Name untrennbar mit der Magna Carta verbunden. Er hatte als Fürsprecher der Barone und später als Vermittler einen wesentlichen Anteil an der Entstehung der Urkunde. Auch 1215 war er als Mann des Ausgleichs in Erscheinung getreten, der den Frieden und die Magna Carta gegen extremistische Tendenzen auf beiden Seiten hatte retten wollen. Nach seiner Rückkehr aus Rom hatte er sich zudem erfolgreich für ihre Bestätigung durch Heinrich III. eingesetzt. Aber auch der Justiziar selbst galt als moderater Royalist, der seine Politik in den vergangenen Jahren nach den Prinzipien der Magna Carta ausgerichtet hatte und England im Konsens der Magnaten führte. Das Bündnis des Justiziars mit dem Erzbischof konnte daher von den Großen als Versicherung dafür betrachtet werden, dass die Herrschaft Heinrichs III. unter der Anleitung Langtons und Hubert de Burghs sich in den Grenzen der Magna Carta bewegen, keine Rückkehr zu Zuständen wie unter König Johann drohen und eine integrative Politik verfolgt werden würde, die keinen Magnaten auf Dauer ausschloss.[23] Hubert de Burgh selbst versuchte diese Vorzüge seines Regierungsstils zu betonen, indem er, dem Bericht der Annalen von Dunstable zufolge, auf der Versammlung Anfang Dezember Peter des Roches vorwarf, er sei für alles Schlechte während der Herrschaft König Johanns und Heinrichs verantwortlich.[24] Es ist daher nicht verwunderlich, dass die Dissidenten um den Earl von Chester unter den Magnaten isoliert blieben, und ihre Partei sich überwiegend aus ehemaligen treuen Anhängern König Johanns zusammensetzte.[25]

Auch Langton versprach sich von dem Bündnis mit Hubert de Burgh die Sicherung seiner Machtstellung. Nach den gescheiterten Verhandlungen Anfang Dezember in London eröffnete sich ihm zusammen mit dem Justiziar die Möglichkeit, die päpstlichen Mandate vom April 1223 dem eigenen Vorteil entsprechend umzusetzen. Das gegnerische Lager hatte den königlichen Hof verlassen, die Neugestaltung der dortigen

---

[23] D. Carpenter, *Minority*, 334–337 und 341 und Vincent, *Peter des Roches*, 260.
[24] Annales de Dunstaplia, 84.
[25] D. Carpenter, *Minority*, 320.

Strukturen nach der Übergabe des Großen Siegels an Heinrich III.
lag daher allein in ihren Händen. Sollte es auch gelingen, den zweiten
Teil der päpstlichen Mandate, also jenen über die Rückgewinnung der
königlichen Burgen und Grafschaften, zu implementieren, wäre das
vom Papst seit 1218 formulierte Programm zur Wiedererrichtung der
Königsherrschaft nach mehreren Anläufen erfolgreich abgeschlossen.
Auf diese Weise aber hätte man auch die wichtigste Ursache für die
schweren Konflikte der letzten Jahre zwischen den verfeindeten Parteien
beseitigt. Der Frieden im Reich wäre in Zukunft weitaus stabiler. Das
war natürlich ganz im Sinne des Erzbischofs. Dessen machtpolitische
Stellung im Reich Anfang Dezember 1223 war schließlich vor allem
dadurch gefährdet, dass die Gesandten des Earls von Chester an der
Kurie um die Entsendung eines päpstlichen Legaten baten. Die Krisen der vergangenen Jahre, die nun in einen Bürgerkrieg zu münden
drohten, waren überzeugende Argumente für eine weitere Legation in
England.[26]

Gab es für Langton Alternativen zu dem Bündnis mit Hubert de
Burgh? Er hätte als Vermittler, der weiterhin nur lose Beziehungen
zum Justiziar unterhielt, versuchen können, den Konflikt zu schlichten.
Die gescheiterten Verhandlungen Anfang Dezember überzeugten ihn
aber wahrscheinlich, wie wenig Aussicht auf Erfolg er als dritte, weit-
gehend unabhängige Kraft bei einer Friedensvermittlung haben würde.
Die Briefe von Papst Honorius III. hatten den seit Jahren schwelenden
Konflikt zwischen den verfeindeten Lagern soweit zugespitzt, dass kein
Raum mehr für einen ausgleichenden Kompromiss blieb. Hubert de
Burgh sah am Jahresende 1223 die große Chance, mit den päpstlichen
Mandaten in seiner Hand den entscheidenden Schlag gegen seine Geg-
ner führen zu können. Dagegen fühlten sich der Earl von Chester und
seine Verbündeten durch den Justiziar soweit in ihrer Machtstellung
bedroht, dass sie dessen Absetzung als einzigen Ausweg betrachteten.
Ein starkes Bündnis zwischen de Burgh und Langton, das den Groß-
teil der Magnaten hinter sich vereinigte, hatte aber gute Chancen, die
Rebellion der Partei um den Earl von Chester gegen die Umsetzung
der päpstlichen Mandate schon im Keim zu ersticken, das päpstliche
Programm zur Wiedererrichtung der Königsherrschaft endgültig

---

[26] Stacey, *Politics*, 25–26.

abzuschließen und damit den Frieden dauerhaft zu sichern.[27] Daneben hatte eine Allianz gegenüber einer losen Kooperation für Langton den Vorteil, dass er in Zukunft zusammen mit dem Justiziar das Entscheidungszentrum am königlichen Hof bilden und damit über weitaus mehr Gestaltungsmacht als die Jahre zuvor verfügen würde. Der Erzbischof konnte auf diese Weise die Politik de Burghs besser kontrollieren. Er konnte sich insbesondere dafür einsetzen, dass auch gegenüber der Partei des Earls von Chester ein konzilianter und integrativer Politikstil verfolgt werden würde, der eine erneute, dauerhafte Spaltung in England verhindern und zur Sicherung des Friedens beitragen würde.

Und schließlich versprach ein Bündnis mit dem Justiziar auch die gemeinsame Kontrolle der königlichen Patronage. Schon am 29. Dezember wurde in Anwesenheit Hubert de Burghs sowie der beiden Bischöfe von Bath und Salisbury ein königliches Mandat ausgestellt, das Langton die Wahrnehmung seiner *libertas* erlaubte, wie sie er und seine Amtsvorgänger unter den Königen Heinrich II., Richard I. und Johann bis zum Bürgerkrieg genossen hatten.[28] Vermutlich noch wichtiger für den Erzbischof war das königliche Schreiben vom 30. Dezember. Darin erteilt Heinrich III. Simon Langton die Erlaubnis,

---

[27] Carpenter betont eher die Gegnerschaft Langtons zu der Partei um den Earl von Chester, die den Erzbischof in ein Bündnis mit Hubert de Burgh getrieben habe. Langton habe den Earl und dessen Verbündete als die eigentlichen Unruhestifter des Königreiches betrachtet, gegen die er den Justiziar habe unterstützen müssen. Daneben macht Carpenter darauf aufmerksam, dass viele Verbündeten des Earls sogenannte *aliens* waren. Seiner Ansicht nach könne Langton, der sich auch über seine englische Geburt definiert habe, den Konflikt als eine Auseinandersetzung zwischen *aliens* und *naturales* betrachtet haben, bei der er sich auf die Seite des Justiziars schlug. Aber Carpenter selbst sieht darin nur einen nachgeordneten Grund für das Bündnis Langtons mit Hubert de Burgh, vgl. D. Carpenter, *Minority*, 324–325. Meines Erachtens sind die Aussagen des Erzbischofs über die englische Geburt Beckets in seiner Predigt 1220, die Carpenter zitiert, eher so aufzufassen, dass Langton die Unabhängigkeit, die eigenständige Größe der englischen Kirche gegenüber dem Papst betonen wollte. Sie können daher kaum als Hinweise darauf verstanden werden, dass für Langton der Gegensatz zwischen *naturales* und *aliens* ein wichtiger politischer Faktor war. Auch bei der Interpretation des von Carpenter aufgegriffenen Zitats aus der *querimonia* von Fawkes de Breauté ist Vorsicht geboten. Der gestürzte Magnat gibt dort eine Predigt des Erzbischofs wieder, in der Langton den *aliens* Angriffe auf die *naturales* vorwirft, vgl. Walter of Coventry, *Historical collections*, 268–269. Fawkes de Breauté, der, wie bereits dargestellt, selbst in den Kategorien von *aliens* und *naturales* dachte, entwirft in seiner Schrift ein sehr negatives Bild Langtons, dem er die Hauptverantwortung für seinen Sturz im Sommer 1224 anlastete. Es ist daher durchaus möglich, dass er dem Erzbischof die Worte der Predigt in den Mund legte.

[28] *Rot. Lit. Claus.*, I, 580. Für eine ausführliche Erläuterung der *libertas* des Erzbischofs vgl. du Boulay, *Lordship of Canterbury*, 277–316.

nach England zurückzukehren, da dessen Bruder, der Erzbischof in Treue und Glauben mit dem König verbunden sei.[29] Drei Jahre zuvor hatte Hubert de Burgh die Rückkehr Simon Langtons noch verhindern wollen, nun bezeugte er selbst die Ausstellung dieses königlichen Mandates. „How times had changed."[30]

Nach der Übergabe des Siegels an den König begannen Langton und de Burgh mit den Vorbereitungen für die Rückgewinnung der königlichen Burgen und Grafschaften. Zunächst widmeten sie sich dem Kampf um die Gunst des Papstes in Rom. Der Erzbischof wusste aus eigener, leidvoller Erfahrung, wie wichtig die Unterstützung der Kurie für die politische Auseinandersetzung in England sein konnte. Sie schickten daher Gesandte nach Rom, die dem Papst eine eigene Darstellung der vergangenen Ereignisse und der jetzigen Situation liefern und die Propaganda der gegnerischen Prokuratoren bekämpfen sollten.[31] Neben den königlichen Gesandten, Stephen de Lucy[32] und Godfrey of Crowcombe, schickte man mehrere Briefe über Eilboten an die Kurie, um den Papst und die Kardinäle für die eigene Seite zu gewinnen.[33] In diesen bereits erwähnten Briefen vom 19. Dezember werden die gegnerischen Magnaten als Rebellen und Unruhestifter denunziert. Diese würden ihm, so wird Honorius III. gewarnt, ein falsches Bild der Lage im Reich vermitteln wollen. Dagegen würde sich die Allianz aus de Burgh, Langton, den Bischöfen sowie weiterer Magnaten dafür einsetzen, dass dem König, gemäß den päpstlichen Mandaten, die freie Verfügung über die Burgen zurückgegeben werde. Schließlich wird die Umsicht des Erzbischofs und seiner Suffragane gelobt und an den Papst die Bitte gerichtet, Mandate für kirchliche Sanktionen gegen die Rebellen auszustellen. Am Ende des Briefes wird Honorius III. erneut gewarnt, dass das gegnerische Lager, aus Feindschaft zum

---

[29] *Rot. Lit. Claus.*, I, 630.
[30] D. Carpenter, *Minority*, 342.
[31] *Cal. Pat. Rolls*, I, 481; *Rot. Lit. Claus.*, I, 578–579 und *Foedera*, 171.
[32] Sein Bruder Philipp de Lucy erhielt am 15. März 1224 vom Papst einen Dispens für seine illegitime Geburt auf Grund seiner theologischen Leistungen und, wie es im Mandat heißt, nicht zuletzt auf Grund der Bitten Langtons und der Bischöfe von Bath, Lincoln, Salisbury, Norwich sowie der gewählten Bischöfe von Exeter und Chichester, vgl. *Reg. Hon.*, II, Nr. 4868, 227 und *Cal. Pap. Reg.*, 95. Möglicherweise hatte Stephen de Lucy sich beim Papst für seinen Bruder eingesetzt, vielleicht auch Langton und die anderen Bischöfe um Unterstützung gebeten, vgl. *E.E.A., Winchester 1205–1238*, 200.
[33] *Foedera*, 171 und *Diplomatic Documents*, Nr. 136, 92–93.

König und seinen Getreuen, den Papst zu anderen Entscheidungen verleiten möchte.[34]

Zu Weihnachten schließlich versammelten Heinrich III., der Justiziar und Langton ihre Verbündeten in Northampton, während die Dissidenten, die ursprünglich ihr Treffen am gleichen Ort geplant hatten, nach Leicester auswichen.[35] Es trafen sich in Northampton offenbar eine so beindruckende Anzahl von Magnaten, dass die Annalen von Dunstable das dortige Weihnachtsfest ob seiner Größe als ziemlich einzigartig charakterisieren, nicht zu vergleichen mit denen unter König Johann und denen, die noch folgen sollten.[36] In den königlichen Briefen vom 19. Dezember ist eine Liste der Verbündeten de Burghs und Langtons enthalten, die von den beiden Earls von Salisbury und Pembroke angeführt wird.[37] Die Versammlung zu Weihnachten war eine Demonstration der Stärke, auch weil viele Magnaten mit einer große Anzahl von Rittern in ihrem Gefolge angereist waren.[38]

Nach Weihnachten gingen de Burgh und Langton in die Offensive. Der Erzbischof exkommunizierte zusammen mit seinen Suffraganen all jene, die den Frieden im Reich brachen, aber noch ohne konkrete Namen zu nennen. Gleichzeitig wurden Boten nach Leicester gesandt, um die Magnaten um den Earl von Chester aufzufordern, vor dem König in Northampton zu erscheinen.[39] Langton gelang es schließlich, nach den übereinstimmenden Berichten der Annalen von Dunstable und der *querimonia* von Fawkes de Breauté, den Earl von Chester und seine Verbündeten zur Rückgabe ihrer Burgen zu bewegen. Fawkes de Breauté zufolge drohte der Erzbischof ihnen einerseits mit der Exkommunikation, während er andererseits ihre Forderung akzeptierte, wonach auch die Partei um Hubert de Burgh ihre Burgen zurückzugeben habe, und eine gerechte Neuverteilung der Burgen versprach.[40] Den Dokumenten der königlichen Kanzlei ist zu entnehmen, dass in der Tat die Magnaten beider Lager am 30. Dezember die Aufsicht über ihre Burgen und

---

[34] *Foedera*, 171.

[35] Annales de Dunstaplia, 84 und Rogerus de Wendover, *Flores historiarum*, II, 276.

[36] Annales de Dunstaplia, 84.

[37] *Foedera*, 171.

[38] Ellis, *Hubert de Burgh*, 76–77 und D. Carpenter, *Minority*, 326.

[39] Rogerus de Wendover, *Flores historiarum*, II, 276; Annales de Dunstaplia, 84 und Walter of Coventry, *Historical collections*, 262.

[40] Walter of Coventry, *Historical collections*, 262 und Annales de Dunstaplia, 84.

Grafschaften niederlegten.[41] Ihre anschließende Neuverteilung übernahm, laut Fawkes de Breauté in seiner *querimonia*, der Erzbischof.[42]
Langton bemühte sich dabei offenbar um Fairness. Den Großteil der
Burgen und Grafschaften legte er in die Hände jener Magnaten, die er
vermutlich für am neutralsten und vertrauenswürdigsten hielt, seine
Suffragane.[43] Auch sich selbst übertrug er die Aufsicht einiger Burgen,
von Engelard de Cigogne die Burgen Windsor und Odiham, von Hubert
de Burgh die Burgen von Dover und Canterbury.[44] Sicherlich mögen der
Earl von Chester und seine Verbündeten die Neutralität des Episkopats
wegen des Bündnisses zwischen Langton und Hubert de Burgh eher
skeptisch bewertet haben, dennoch ist dem Erzbischof nicht der Wille
zum vermittelnden Ausgleich abzusprechen.[45]

Der wichtigste Grund für den Erfolg Langtons und Hubert de
Burghs Ende Dezember war ihre militärische Überlegenheit. Das
erkannte schon Wendover.[46] Seiner Erzählung nach waren der Earl
von Chester und seine Verbündeten zu Verhandlungen und schließlich
zur Aufgabe ihrer Burgen bereit, weil sie erkennen mussten, dass das
gegnerische Lager über weitaus stärkere militärische Kräfte verfügte als
sie selbst.[47] Das Bündnis zwischen dem Justiziar und dem Erzbischof
hatte sich ausgezahlt. Sie hatten die Partei um den Earl von Chester
isoliert und sie durch ihre zahlenmäßige Überlegenheit zum Aufgeben gezwungen. Langton war demnach in Northampton auch nicht
als Vermittler zwischen den Lagern aufgetreten, sondern zunächst als
Verhandlungsführer der Partei um Hubert de Burgh, der schließlich die
Forderung der Gegenseite akzeptierte, wonach die päpstlichen Mandate
über die Rückgabe der königlichen Burgen und Grafschaften für alle
Magnaten zu gelten hatten. Trotz seines Bündnisses mit dem Justiziar
traute die Partei um den Earl von Chester in ihrer Zwangslage dem
Erzbischof offenbar am ehesten zu, im zweiten Schritt eine für beide
Seiten gerechte Neuverteilung vorzunehmen. Sicherlich spielte dabei
das Ansehen Langtons als überparteiliche Instanz, das er sich durch
viele Vermittlungstätigkeiten in der Vergangenheit erworben und auch
selbst propagiert hatte, eine wichtige Rolle. Der Erzbischof wurde damit

---

[41] *Cal. Pat. Rolls*, I, 417–419.
[42] Walter of Coventry, *Historical collections*, 262.
[43] *Cal. Pat. Rolls*, I, 417–419.
[44] Ebd.
[45] D. Carpenter, *Minority*, 327.
[46] D. Carpenter, *Minority*, 326 und 333 und Ellis, *Hubert de Burgh*, 77.
[47] Rogerus de Wendover, *Flores historiarum*, II, 276–277.

zu einer Art Schiedsrichter, der die Burgen nach eigenem Gutdünken, für beide Parteien verbindlich, an die Magnaten neu verteilte. Zunächst konnte er das in ihn gesetzte Vertrauen bestätigen, in dem er den Großteil der Burgen und Grafschaften seinen Suffraganen zuteilte, die am ehesten als neutral angesehen werden konnten.

XII.2. Der Fall von Fawkes de Breauté 1224

Langton, Hubert de Burgh und ihre Verbündeten am königlichen Hof betrieben in den nächsten Monaten keine stringente Politik gegenüber der geschlagenen Partei um den Earl von Chester. Man schwankte zwischen Versöhnung und Bestrafung.[48] Während einige der weltlichen Magnaten, wie etwa die beiden Earls von Salisbury und Pembroke oder der Justiziar selbst, die Früchte ihres Sieges ernten wollten, das hieß, sich auch auf Kosten der besiegten Gegner zu bereichern, um diese weiter zu schwächen, verfolgte Langton, der sich schon Ende Dezember bei den Verhandlungen kompromissbereit gezeigt hatte, auch in den folgenden Wochen eine eher versöhnliche Linie. Doch konnte sich der Erzbischof am königlichen Hof mit seiner auf Ausgleich ausgerichteten Politik zunächst nicht durchsetzen.

Während der Earl von Chester und die meisten seiner Verbündeten im Januar 1224 ihren Teil der Vereinbarung vom vorherigen Dezember erfüllten und ihre Burgen tatsächlich räumten, blieben viele der Magnaten um Hubert de Burgh, wie dieser selbst, in den ihrigen, oder erhielten sie bald zurück. Darüber hinaus konnten sich einige Große aus dem Lager des Justiziars in den nächsten Monaten Aufsichten über Burgen und Grafschaften sichern, die die Magnaten der Partei um den Earl von Chester gerade erst geräumt hatten. Hubert de Burgh und seine Verbündeten konnten auf diese Weise nicht nur ihre bisherige Machtposition in den Grafschaften sichern, sondern diese sogar auf Kosten ihrer Gegner ausbauen.[49] Die Wut der Verlierer über diese Ungleichbehandlung traf natürlich auch und in erster Linie Langton,

---

[48] D. Carpenter, *Minority*, 342.

[49] Ebd., 327–328 und Vincent, *Peter des Roches*, 214. Dagegen sieht Norgate eine weniger dramatische Ungleichbehandlung beider Seiten sowohl bei der Rückgabe als auch bei der Neuverteilung der Burgen. Sie übersieht aber, dass viele Burgen und Grafschaften, die die Partei des Earls von Chester geräumt hatte, in den folgenden Monaten von Hubert de Burgh und seinen Verbündeten übernommen wurden, vgl. Norgate, *Minority*, 213–214.

von dem man als eine Art Schiedsrichter nicht nur Ende Dezember
eine Gleichbehandlung beider Parteien bei der Neuverteilung erwartet
hatte, sondern auch die tatsächliche Durchsetzung der Vereinbarung
auf beiden Seiten. Die Vehemenz, mit der Fawkes de Breauté in seiner
querimonia Langton Scheinheiligkeit und Betrug vorwirft, kann als
Indiz dafür gelten, wie groß das im nachhinein enttäuschte Vertrauen
der Partei um den Earl von Chester in den Erzbischof gewesen war.[50]
Die Anschuldigungen waren aber insofern unberechtigt, als Langton
sich offensichtlich hartnäckig darum bemühte, die von ihm maßgeblich
gestaltete Vereinbarung am Leben zu erhalten. So wehrte er sich einige
Zeit gegen die Weitergabe der erst kürzlich übernommenen Burgen
Windsor und Odiham,[51] bis er schließlich Anfang Februar seinen
Widerstand aufgab, und einem Vertrauten von Hubert de Burgh, Osbert
Giffard, die beiden Burgen aushändigte.[52] Carpenter zufolge war es
nicht überraschend, dass der Erzbischof im Februar dem Druck seiner
Verbündeten nachgab und die Bereicherung seiner Bündnisgenossen
auf Kosten ihrer Gegner zuließ.[53] Er macht darauf aufmerksam, dass
der Earl von Chester und seine Verbündeten ihre Niederlage von Ende
Dezember nicht akzeptiert hatten, sondern in den nächsten Monaten
an der Kurie über ihren Gesandten Robert Passelewe weiter für die
Entsendung eines Legaten warben. Anfang Februar verschärften sich die
Spannungen zwischen den verfeindeten Lagern erneut, nachdem beide
Seiten ihre Burgen mit Blick auf mögliche kriegerische Auseinandersetzungen aufgerüstet hatten.[54] Eine weitere Stärkung seiner Verbündeten
erschien dem Erzbischof daher zu diesem Zeitpunkt sinnvoll.

---

[50] Walter of Coventry, *Historical collections*, 262–263.

[51] Am 12. Januar erhielt Langton das Mandat, die Burgen Windsor und Odiham
an William de Rughedon zu übergeben, der sie dann an Hubert de Burgh weitergeben
sollte, vgl. *Cal. Pat. Rolls*, I, 420. Der Erzbischof kam aber offenbar der Aufforderung
nicht nach, vgl. D. Carpenter, *Minority*, 328.

[52] *Cal. Pat. Rolls*, I, 421. Während Langton aber über die Burgen Windsor und
Odiham die tatsächliche Kontrolle ausübte, hatte er zu Gunsten des Justiziars über die
Festung Dover stets nur die nominelle Aufsicht inne. Dass Langton die Burg Odiham
tatsächlich hielt, zeigt ein königliches Mandat vom 15. Januar, das dem Erzbischof
den Auftrag erteilte, Güter von Engelard de Cigogne aus der Burg Odiham an diesen
zurückzugeben, vgl. *Rot. Lit. Claus.*, I, 581. Für die Burg Windsor ist eine Abrechnung
mit dem Erzbischof in den *Pipe Rolls* für den Zeitraum vom 4. Januar bis 6. Februar
erhalten, vgl. *Great Roll of the Pipe 1224*, 236 und *PRO E 368/7*, fol. 11. Nach Dover
sandte Langton nur einen Ritter, der dem von Hubert de Burgh dort eingesetzten
Kastellan Gehorsam schuldete, vgl. *Cal. Pat. Rolls*, I, 425.

[53] D. Carpenter, *Minority*, 328.

[54] Ebd., 346–348 und Vincent, *Peter des Roches*, 215.

Auf der großen Ratsversammlung Mitte Januar aber, an der die wichtigsten Verbündeten des neuen Regimes um Hubert de Burgh teilnahmen, während der Earl von Chester und sein Lager der Veranstaltung fernblieben, wehrte sich Langton noch gegen die Weitergabe der sich in seiner Obhut befindlichen Burgen.[55] Das Hauptaugenmerk der Versammlung lag aber auf den politischen Entwicklungen in Poitou. Zur Beratung stand eine neue Vereinbarung an, die Geoffrey de Neville im Auftrag des Regentschaftsrates mit Hugh de Lusignan seit Oktober 1223 ausgehandelt hatte. Schließlich ratifizierte der König, unter anderem in Anwesenheit Langtons, eine wahrscheinlich leicht veränderte Version dieser Vereinbarung.[56]

Der Erzbischof war in den folgenden Monaten immer dann am königlichen Hof anzutreffen, wenn dort wichtige Entscheidung zu treffen waren, sei es bezüglich des weiteren Vorgehens gegen die Dissidenten um den Earl von Chester oder bezüglich der Wahrnehmung königlicher Interessen außerhalb Englands, etwa in Poitou oder Irland. Es ist aber anzunehmen, dass Langton in seiner Abwesenheit über die Vorgänge am Hof unterrichtet wurde und möglicherweise auch einzelne Entscheidungen mit ihm vorher abgesprochen wurden. Die Kommunikation lief wahrscheinlich über die beiden Bischöfe von Salisbury und Bath. Es ist aber keine Korrespondenz zwischen den Prälaten überliefert. Über die Tätigkeiten Langtons während seiner Abwesenheit vom königlichen Hof ist kaum etwas bekannt, es gibt aber Hinweise darauf, dass er die Wochen nutzte, um sich auf seine Aufgaben als Metropolit und Bischof zu konzentrieren.[57] Möglicherweise nutzte er auch die Versammlung Mitte Januar für die Wahrnehmung kirchenpolitischer Pflichten. Um diese Zeit schloss Langton zusammen mit Richard le Poore einen Fall ab, den der Papst an sie delegiert hatte. Sie belegten den Ritter Fulk von Rycote und seine Gefolgsleute mit der Exkommunikation, die solange gelten sollte, bis diese für ihr begangenes Unrecht an den Kanonikern von St. Frideswide in Oxford Entschädigungen gezahlt hätten.[58]

---

[55] *Cal. Pat. Rolls*, I, 420.

[56] Ebd., 422 und D. Carpenter, *Minority*, 344–345.

[57] Es ist beispielsweise nachzuweisen, dass Langton, kurz bevor er Mitte März wieder zum königlichen Hof in Reading stieß, auf seinem Gut in South Malling zwei Urkunden in seiner Eigenschaft als Metropolit und Bischof ausstellte, vgl. *Acta Stephani*, Nr. 64, 85–86 und Nr. 65, 86–87.

[58] Ebd., Nr. 62, 83–85.

Darüber hinaus konnte sich Langton in London eine weitere Geldleihe des Königs von über 500 Mark sichern.[59]

Erst Anfang Februar ist der Erzbischof erneut am Hof nachzuweisen, unter anderem bei der Ausstellung königlicher Privilegien an den Bischof von Ely und an den Prior von Barnwell.[60] Wie erwähnt nahmen um diese Zeit die Spannungen in England wieder zu. Dies zeigt sich nicht nur in der Übertragung der Burgen Odiham und Windsor durch Langton an seinen Verbündeten de Burgh, auch der Beschluss vom 6. Februar, einem so wichtigen Bündnisgenossen wie William Marshal seine schon seit dem Frühjahr 1221 versprochene Braut Eleanor, die Schwester Heinrichs III., zu übergeben, ist ein Beleg dafür.[61] An dieser Vereinbarung war auch der Erzbischof beteiligt, dem der Papst schon im Juni 1222 zusammen mit Richard le Poore das Mandat erteilt hatte, für die Übergabe Eleanors an William Marshal zu sorgen, so wie es dem Earl von Pandulf und de Burgh versprochen worden war. William hatte sich zuvor nach Rom gewandt, nachdem, wie es im päpstlichen Schreiben heißt, einige eifersüchtige Personen die Heirat zu verhindern versucht hätten.[62] Obwohl keine Namen genannt werden, so sind hinter dem Widerstand doch der Earl von Chester und Fawkes de Breauté, die größten Konkurrenten des Marshals, zu vermuten.[63] Es kann als Indiz für das damalige Ansehen Langtons als unabhängige, überparteiliche Instanz gelten, dass Honorius III. dem Erzbischof zusammen mit seinem Vertrauten le Poore am ehesten die Umsetzung seines Mandats zutraute. Doch die beiden Bischöfe hatten zunächst keinen Erfolg. Möglicherweise hatte Langton sich gescheut, zuviel Druck auf den Earl von Chester auszuüben, aus Angst um seinen allseits geachteten Status als unabhängige Instanz, zumal der Papst die Umsetzung seines Mandats an die Bedingung geknüpft hatte, wenig Aufsehen zu erregen.[64]

Der sich wieder verschärfende Konflikt zwischen den gegnerischen Lagern führte Ende Februar und Anfang März zu einer neuen Offensive de Burghs und seiner Verbündeten gegen die Dissidenten um den Earl von Chester, die in erster Linie Fawkes de Breauté traf. Ihm, wie

---

[59] *Rot. Lit. Claus.*, I, 581. Als Rückzahlungstermin wurde zwar Ostern 1224 vereinbart, tatsächlich zurückzahlen sollte Langton die 500 Mark aber erst am 26. Mai 1224, vgl. *Cal. Pat. Rolls*, I, 441.

[60] *Rot. Lit. Claus.*, I, 583 und *CFR 1223–1224*, Nr. 67.

[61] *Cal. Pat. Rolls*, I, 426 und *Diplomatic Documents*, Nr. 140, 95–96.

[62] *Reg. Hon.*, II, Nr. 4047, 81 und *Cal. Pap. Reg.*, 88.

[63] D. Carpenter, *Minority*, 271–272.

[64] *Reg. Hon.*, II, Nr. 4047, 81 und *Cal. Pap. Reg.*, 88.

einigen weiteren Magnaten, wurden verschiedene Besitzungen, Burgen und Güter entzogen.[65] Langton war wegen seiner Abwesenheit vom königlichen Hof vermutlich an dem Vorgehen zunächst nicht unmittelbar beteiligt.[66] Es ist aber davon auszugehen, dass er der Initiative seines Bündnisgenossen Hubert de Burgh zugestimmt hatte, sie sich also die Verantwortung teilten.[67] Schließlich war Langton Mitte März selbst an der Ausstellung zweier Briefe Heinrichs III. gegen Fawkes de Breauté beteiligt. In einem der Schreiben wurde de Breauté erneut zur Aufgabe der Burg Plympton aufgefordert.[68] Darüber hinaus wurde ihm in einem weiteren Brief befohlen, an dessen Ausstellung nur Langton beteiligt war, seinen Stiefsohn, den Erben des Earldoms von Devon, an Heinrich III. zu übergeben.[69] Hubert de Burgh dagegen konnte seine Machtstellung weiter ausbauen, nachdem in einem, vom Erzbischof sowie den Bischöfen von Bath und Salisbury attestierten, königlichen Mandat der Bischof von Rochester zur Rückgabe der Burg Rochester an Hubert de Burgh aufgefordert worden war.[70] Daneben widmeten sich die Magnaten auf dem Treffen Ende März erneut dem Ringen um eine Vereinbarung mit Hugh de Lusignan. Man entschied sich, dessen jüngste Forderungen zu akzeptieren, die er als Reaktion auf den ihm Mitte Januar angebotenen Vertrag gestellt hatte.[71] Der Erzbischof stellte sich als Bürge der neuen Vereinbarung zur Verfügung.[72] Dies muss als Indiz dafür gewertet werden, dass Langton bei den Verhandlungen eine wichtige Rolle übernommen hatte. Neben Poitou kümmerten sich der Erzbischof und der Justiziar auch um die Interessen des Königs in Irland. Sie vereinbarten im März zusammen mit den Bischöfen von London, Bath, Salisbury und Ely sowie den Earls von Pembroke und Salisbury, Walter de Lacy mit dem Auftrag auf die Insel zu schicken,

---

[65] D. Carpenter, *Minority*, 346–347.

[66] Abgesehen von einem kurzen Aufenthalt am Hof um den 23. Februar war Langton dort erst wieder ab Mitte März für längere Zeit anwesend. In den königlichen Registern ist ein Schreiben überliefert, das in Anwesenheit Langtons am 23. Februar ausgestellt wurde, vgl. *Rot. Lit. Claus.*, I, 586. Drei Tage zuvor hatte der Erzbischof ein Haus in London vom König zurückerhalten, vgl. *Rot. Lit. Claus.*, I, 585.

[67] D. Carpenter, *Minority*, 346–347.

[68] *Cal. Pat. Rolls*, I, 430.

[69] Ebd.

[70] Ebd.

[71] Ebd., 431–432. Für Einzelheiten der Vereinbarung und für eine kurze Darstellung der Vorgeschichte vgl. D. Carpenter, *Minority*, 345 und 348–349 und Norgate, *Minority*, 219–220.

[72] *Acta Stephani*, Nr. 69, 89–90 und *Cal. Pat. Rolls*, I, 432.

seinen Bruder Hugh de Lacy zu bekämpfen, der dort seit dem Frühjahr 1223 gewaltsam versuchte, seine Herrschaft in Ulster wieder zu
errichten.[73] Die Erfolge Hugh de Lacys nötigten Heinrich III. und seine
Berater, weitere Maßnahmen zu ergreifen. Im Mai wandte man sich
an William Marshal, der am 23. April Eleanor geheiratet hatte,[74] und
ernannte ihn zum neuen Justiziar in Irland, in der Hoffnung, Hugh de
Lacy damit endgültig besiegen zu können.[75]

Ende April schließlich gelang es Langton, sich mit seiner auf Versöhnung ausgerichteten Haltung am königlichen Hof durchzusetzen.
Laut Fawkes de Breauté versammelten sich auf dessen Initiative hin
die Magnaten beider Lager in London, um Frieden zu schließen.[76] Die
Versöhnung beinhaltete die Rückgabe von Gütern, die vielen Magnaten
erst Ende Februar und Anfang März entzogen worden waren.[77] Auch
Fawkes de Breauté erhielt das Gut Moresk in Cornwall zurück.[78] Dieser
bewertete aber die Friedensinitiative Langtons im Nachhinein äußerst
kritisch. Er argwöhnt in seiner *querimonia*, die einzige Motivation des
Erzbischofs sei es gewesen, die Entsendung eines päpstlichen Legaten
nach England zu verhindern. Langton habe dem Papst einen stabilen
Frieden in England nur vorgegaukelt, um schließlich ohne Kontrolle
aus Rom seinen Sturz betreiben zu können, der schon ein paar Tage
nach der Versammlung Ende April mit einer Reihe von Anklagen und
Attacken gegen ihn begann.[79] Fawkes de Breauté ist insofern beizupflich-
ten, als Langton bei seinen Entscheidungen sicherlich die Vorgänge an
der Kurie im Blick behielt, wo weiterhin die Gesandten beider Seiten um
die Gunst des Papstes rangen und versuchten, ihn von der jeweils eigenen Darstellung zur Lage im Reich zu überzeugen.[80] Robert Passelewe

---

[73] *Cal. Pat. Rolls*, I, 483 und 432. Beide Brüder hatten auf Grund ihres Widerstandes gegen König Johann 1210 ihre Herrschaften in Irland verloren, Walter de Lacy
seine Herrschaft über Meath, Hugh de Lacy über Ulster. Während aber Walter seine
Besitzungen kurz nach dem Tod König Johanns zurückerhalten hatte, waren die
Verhandlungen über Ulster zwischen Hugh und dem Regentschaftsrat 1222 endgültig
gescheitert. Hugh de Lacy hatte sich daraufhin 1223 entschlossen, seine Herrschaft in
Ulster mit Gewalt wieder zu errichten, vgl. Otway-Ruthven, *Medieval Ireland*, 79–80,
86 und 91 und Lydon, *Lordship of Ireland*, 69–70, 72 und 77–79.
[74] Gervase of Canterbury, *Historical works*, II, 113.
[75] *Cal. Pat. Rolls*, I, 437–438 und Lydon, Expansion and consolidation, 159.
[76] Walter of Coventry, *Historical collections*, 263.
[77] D. Carpenter, *Minority*, 349–350.
[78] *Rot. Lit. Claus.*, I, 595.
[79] Walter of Coventry, *Historical collections*, 263–264.
[80] Walter of Coventry, *Historical collections*, 262–263 und Annales de Dunstaplia,
89–90.

und Robert von Kent, die Boten der Partei um den Earl von Chester, konnten mittlerweile erste Erfolge vorweisen. Ihnen gelang es, Honorius III. über die Vorgänge in England soweit zu beunruhigen, dass dieser Mitte März einen Brief an Heinrich III. verfasste, in dem der König ermahnt wird, alle seine Untertanen gleich zu behandeln und keinen seiner Vasallen durch die Rückgewinnung der königlichen Besitzungen in seinen Rechten zu verletzen.[81] Das Schreiben war ein Warnsignal an den Justiziar, Langton und ihre Verbündeten, die Entmachtung und Demütigung des Gegners nicht noch weiter voranzutreiben. Es drohte sonst die Entsendung eines päpstlichen Legaten, mit dessen Hilfe das Lager um den Earl von Chester möglicherweise wieder seine alte Machtposition zurückgewinnen konnte. Der Brief von Honorius III. wird England Mitte April erreicht haben und könnte daher der unmittelbare Auslöser für die Friedenskonferenz Ende des Monats gewesen sein.[82] Langton konnte nun mit Hilfe des päpstlichen Mandats den Justiziar und die verbündeten Magnaten davon überzeugen, dass sie den Bogen zuletzt überspannt hatten und es nun endlich an der Zeit sei, wieder zu einem versöhnlicheren Kurs gegenüber der gegnerischen Partei zurückzufinden. Ansonsten wäre nicht nur seine Position als Anführer des englischen Episkopats gefährdet. Es drohte auch der Verlust der erst kürzlich gewonnen Burgen und Grafschaften. Langton beeilte sich folgerichtig nach der erfolgreich verlaufenen Versammlung Ende April, den Papst über den nun wiederhergestellten Frieden in England zu unterrichten, woraufhin Honorius III. von der Entsendung eines Legaten absah. Der Papst, so bringt es ein späteres, päpstliches Schreiben an Langton zum Ausdruck, vertraute eher den Boten des Erzbischofs, die von einem stabilen Frieden in England berichteten, als den Gesandten der Partei um den Earl von Chester, die Honorius III. bedrängten, einen Legaten zu senden, da sich das Inselreich in Aufruhr befände.[83] Langton konnte sich offenbar weiterhin auf seinen guten Draht zum Papst verlassen.

Der Erzbischof war also mit Sicherheit nicht die treibende Kraft hinter dem Sturz von Fawkes de Breauté. Schließlich war er aus den oben genannten Gründen an einem langfristigen Frieden in England interessiert, der durch eine Auseinandersetzung mit einem so mächtigen

---

[81] *Royal letters*, App. V, Nr. 16, 540–541.
[82] D. Carpenter, *Minority*, 350–351.
[83] Walter of Coventry, *Historical collections*, 263, *Royal letters*, App. V, Nr. 19, 543–544 und *Cal. Pap. Reg.*, 99.

Magnaten wie de Breauté erneut massiv gefährdet war.[84] Die Initiativen, die in dem Sturz de Breautés mündeten, gingen daher eher von seinen langjährigen Erzfeinden, dem Earl von Pembroke sowie William de Beauchamp und Hugh de Neville aus, die sich materiellen Gewinn vom Sturz ihres Gegners versprachen und die in Hubert de Burgh einen willfährigen Helfer besaßen.[85] Schon kurz nach der Versammlung Ende April führten sie ihren ersten Schlag gegen Fawkes de Breauté. Er wurde angeklagt, vor acht Jahren den Frieden des Königs gebrochen zu haben. Dem Sheriff von Bedfordshire wurde befohlen, ihn vor das Grafschaftsgericht zu zitieren und ihn zu ächten, falls er nicht erscheinen sollte.[86] Fawkes de Breauté erkannte die Schwere der Anklage. Sollte er des Kapitalverbrechens schuldig gesprochen werden, kam dies seiner vollständigen Vernichtung gleich. Er reagierte daher mit der Befestigung und Bewaffnung der Burg Plympton, welche er weiter gegen den Befehl des Königs hielt, sowie der Burg Bedford. Seine Gegner wiederum antworteten mit neuen Angriffen. Ende Mai wurden die Besitzungen, die er erst Ende April auf der Versammlung wiedererhalten hatte, erneut eingezogen. Zugleich beschloss man, Richter zu ernennen, vor denen am 10. Juni in Dunstable Anklagen wegen unrechtmäßiger Enteignungen in Bedfordshire und Buckinghamshire gehört werden sollten, also in jenen Grafschaften, in denen Fawkes de Breauté Sheriff gewesen war. Seinen zahlreichen Gegnern, die er sich in seiner Amtszeit gemacht hatte, wurde damit die Gelegenheit zur Rache gegeben. De Breauté wurde in 16 Fällen anklagt und zu hohen Schadensersatzzahlungen verurteilt.[87]

Während dieser Attacken auf Fawkes de Breauté erreichte eine beunruhigende Nachricht aus Frankreich den englischen Hof. Als der Justiziar zusammen mit Heinrich III. auf dem Weg nach Shrewsbury war, um sich mit Llywelyn zu treffen, erhielt er am 9. Mai vermutlich von Langton die Nachricht, wonach der französische König Ludwig VIII. die Verlängerung eines Waffenstillstands abgelehnt hatte, und nun mit seinem Heer, welches er ursprünglich für einen Krieg gegen

---

[84] D. Carpenter, *Minority*, 352. Carpenter vermutet, Langton habe nicht nur aus Angst vor der Entsendung eines neuen Legaten, sondern auch um des Friedens willen für eine Versöhnung beider Lager gekämpft. Er verweist auf die vielen Friedensvermittlungen in der Vita des Erzbischofs, vgl. D. Carpenter, *Minority*, 351.

[85] Ebd., 352–355 und 356–357 und Stacey, *Politics*, 30–31.

[86] *Rot. Lit. Claus.*, II, 72–73; Norgate, *Minority*, 230 und D. Carpenter, *Minority*, 351–352.

[87] D. Carpenter, *Minority*, 356–357 und Norgate, *Minority*, 231.

den Grafen von Toulouse aufgestellt hatte, vor einer Invasion nach Poitou stand.[88] Als erste Reaktion schickte man Geoffrey de Neville mit Geld ausgestattet nach La Rochelle, um die Verteidigung von Poitou zu stärken. Ansonsten verließ man sich zunächst auf das Bündnis mit Hugh de Lusignan, der sich Ludwig VIII. entgegenstellen würde.[89] Erst am 2. Juni erreichte die Hiobsbotschaft Heinrich III. und seine Berater, dass Hugh de Lusignan sich trotz der bestehenden Verträge mit dem englischen König, trotz einer erst kürzlich an diesen getätigten Schuldenrückzahlung von 1.400 Mark sowie einer Geldleihe von über 200 Mark,[90] mit Ludwig VIII. verbündet hatte, der ihm ein großzügiges Angebot unterbreitet hatte. Eine französische Invasion schien nun kurz bevorzustehen.[91] Am englischen Hof reagierte man sofort. Nach der Aussage von Heinrich III. berief man für den 16. Juni eine Versammlung nach Northampton ein, um über Maßnahmen zur Verteidigung von Poitou zu beraten.[92]

Doch dort stand zunächst, wieder auf Initiative Langtons, die Versöhnung der beiden verfeindeten Lager im Mittelpunkt. Honorius III. hatte zwar auf Grund der Berichte Langtons von der Entsendung eines päpstlichen Legaten Abstand genommen, die Gegenseite erreichte aber über ihre Prokuratoren an der Kurie zumindest die Ausstellung eines weiteren päpstlichen Mahnschreibens an den englischen Hof. Wie

---

[88] *Rot. Lit. Claus.*, I, 631 und D. Carpenter, *Minority*, 355.

[89] D. Carpenter, *Minority*, 355 und Norgate, *Minority*, 221–222.

[90] *Cal. Pat. Rolls*, I, 436 und 438–439.

[91] Für die Einzelheiten der Vereinbarung zwischen Hugh de Lusignan und Ludwig VIII. vgl. D. Carpenter, *Minority*, 358.

[92] *Royal letters*, Nr. 199, 224. In der Geschichtswissenschaft war es lange umstritten, welches Ziel diese Versammlung in Northampton hatte. Die ältere Forschung, etwa Norgate, glaubte weitgehend den Anklagen aus der *querimonia* von Fawkes de Breauté, wonach der König sein Heer in Northampton versammelt habe, um gegen ihn vorzugehen. Daher habe man auch die Armee weit entfernt von einem Seehafen aufgestellt, anstatt, wie für Überseeexpeditionen üblich, in Portsmouth, vgl. Walter of Coventry, *Historical collections*, 264 und 269 und Norgate, *Minority*, 222 und 235–236. Auch Stacey folgte noch der Argumentation Norgates, vgl. Stacey, *Politics*, 31. Dagegen zeigte zuletzt Carpenter mit überzeugenden Argumenten, dass die ursprüngliche Intention des Treffens in Northampton nicht der Sturz de Breautés, nicht die Belagerung Bedfords war. Seiner Ansicht nach wurde gar kein Heer in Northampton versammelt, sondern man wollte dort, wie schon Heinrich III. schrieb, zunächst über Maßnahmen zur Verteidigung von Poitou beraten. Es musste nach den schockierenden Nachrichten aus Frankreich ein viel größeres Heer aufgestellt werden, als man noch im Mai gedacht hatte. Dessen Finanzierung aber musste zunächst mit dem Konsens aller Magnaten beschlossen werden. Sollte also tatsächlich die Beratung finanzieller Fragen der eigentliche Grund für das Treffen gewesen sein, war Northampton als Versammlungsort günstiger gelegen als Portsmouth, vgl. D. Carpenter, *Minority*, 359–360.

Heinrich III. in einem späteren Brief an Honorius III. über die Ereignisse in Northampton berichtet, bat Langton im Einklang mit dem päpstlichen Mandat den König, den Earl von Chester und seine Verbündeten wieder in den königlichen Rat aufzunehmen.[93] In Northampton anwesend war allem Anschein nach auch Fawkes de Breauté, gegen den die Klage wegen des Kapitalverbrechens wahrscheinlich schon zu diesem Zeitpunkt fallengelassen worden war. Damit hatte sich auch für ihn die Chance zur Versöhnung mit dem Regime um den Justiziar aufgetan.[94] Zu seinem Unglück aber nahm sein Bruder William de Breauté, der wie Fawkes wegen Enteignungen angeklagt worden war, am 17. Juni den königlichen Richter Henry de Braybrooke gefangen, als dieser sich auf dem Weg nach Northampton befand. Die Beteuerung von Fawkes de Breauté erscheint glaubwürdig, nicht in das Verbrechen seines Bruders eingeweiht gewesen zu sein, hatte er doch zu diesem Zeitpunkt keinen Grund mehr für einen solchen Akt der Rebellion, nachdem die größte Bedrohung für ihn, die Anklage wegen Friedensbruchs, nicht mehr bestand.[95] Aber auch wenn er nicht hinter dem Vergehen seines Bruders stand, so scheint er ihn doch im Nachhinein mit aller Macht unterstützt zu haben. Seine späteren Angaben, den Rat in Northampton verlassen zu haben, um für die Freilassung des Richters zu sorgen, seinen Bruder aber nicht gefunden zu haben, wirken wenig glaubwürdig.[96] Es ist anzunehmen, dass William de Breauté sich nach der Gefangennahme des Richters nach Bedford zurückzog, wo ihn später auch das Heer Heinrichs III. fand. Vielmehr scheint Fawkes de Breauté alles auf eine Karte gesetzt zu haben. Er vertraute auf die Stärke seiner Burgen, die solange halten sollten, bis seine Verbündeten sich zu seiner Unterstützung zusammengefunden hatten, und der Papst in Rom zu seinen Gunsten intervenieren würde. Sein Ziel war nun der Sturz des Regimes von Hubert de Burgh.[97] Der versammelte königliche Rat in Northampton reagierte am 19. Juni mit dem Beschluss zur Belagerung von Bedford. Einen Tag später war die Burg, deren Herausgabe William de Breauté verweigerte, von königlichen Truppen umschlossen. Fawkes de Breauté selbst war geflohen.[98]

---

[93] *Royal letters*, Nr. 199, 224–225 und D. Carpenter, *Minority*, 360.
[94] D. Carpenter, *Minority*, 360–361.
[95] Walter of Coventry, *Historical collections*, 264; Norgate, *Minority*, 231 und D. Carpenter, *Minority*, 360–361.
[96] Walter of Coventry, *Historical collections*, 264.
[97] D. Carpenter, *Minority*, 361–362.
[98] Ebd., 362.

Langton hatte diese erneute bewaffnete Auseinandersetzung nicht verhindern können, er hatte schließlich das Kräftemessen im königlichen Rat um den richtigen Kurs gegenüber den Magnaten um den Earl von Chester verloren. Er hatte zwar Ende April noch, wahrscheinlich mit Hilfe des päpstlichen Mahnschreibens an Heinrich III., den Justiziar und seine Verbündeten auf eine versöhnlichere Haltung gegenüber dem gegnerischen Lager einschwören können, doch schon kurze Zeit später begannen erneut die Attacken auf Fawkes de Breauté. Carpenter vermutet, William Marshal hätte als Gegenleistung für sein Engagement in Irland sowie für seine Zustimmung zur Inklusion de Breautés in die Vereinbarung Ende April, die Erlaubnis erhalten, die Angriffe gegen Fawkes de Breauté, vor allem die Anklage wegen des Kapitalverbrechens, weiter voranzutreiben.[99] Mitte Juni, zu Beginn der Versammlung in Northampton hatte Langton sich offenbar nochmals mit seinem auf Versöhnung ausgerichteten Kurs durchgesetzt, möglicherweise wieder mit Hilfe eines Schreibens von Honorius III., das die Magnaten am Hof zur Kompromissbereitschaft ermahnte. Auch Fawkes de Breauté scheint man das Angebot zur Versöhnung unterbreitet zu haben, indem man die Klage wegen Friedensbruch fallen ließ. Als sich dieser aber der Rebellion seines Bruders anschloss, sicherlich bedingt durch die bitteren Erfahrungen der letzten Monate, war die Chance auf eine friedliche Lösung verwirkt. Diejenigen, die den Fall Fawkes de Breautés seit langem wünschten, hatten nun die besseren Argumente auf ihrer Seite, um die letzten Zweifler im königlichen Rat auf ihre Seite zu ziehen. In seiner *querimonia* vermittelt der Gestürzte den Eindruck, der Beschluss zur Belagerung Bedfords sei von einigen wenigen, und zwar seinen Feinden unter den Magnaten, initiiert worden und schließlich durch Überrumpelung der Mehrheit zustande gekommen, noch bevor das Verhandlungspotential zur Gänze ausgeschöpft war.[100] In Wahrheit hatte Fawkes de Breauté selbst keine Verhandlungslösung mehr gesucht, die Vorladungen des Königs ignoriert und sich zur Rebellion entschlossen. Der Erzbischof, der sich lange hartnäckig für den Frieden eingesetzt hatte, konnte sich nun, angesichts des Verrats am König, kaum mehr für eine Versöhnung mit Fawkes de Breauté aussprechen. Auch den Magnaten aus dem Lager des Earls von Chester fiel es nun sehr schwer, sich weiterhin für ihren Verbündeten einzusetzen. Der

---

[99] D. Carpenter, *Minority*, 355.
[100] Walter of Coventry, *Historical collections*, 265.

Beschluss zur Belagerung Bedfords wurde daher sicherlich einstimmig getroffen, wie auch Wendover in seiner Erzählung betont.[101] Diese Einstimmigkeit könnte dem Erzbischof seine Entscheidung erleichtert haben, die folgende Belagerung mit aller Macht zu unterstützen. Es wurde bereits eingangs der Arbeit auf seine *quaestio* verwiesen, in der er diskutiert, wann die Vasallen ihrem König bei der Belagerung einer Burg die Gefolgschaft verweigern dürfen. Er kommt zu dem Schluss, sie müssten ihrem Herrn folgen, sobald der Entschluss zum Angriff im Rat gemeinsam von König und Vasallen getroffen würde.[102]

Mit dem Beschluss zur Belagerung Bedfords entschied man sich aber gleichzeitig gegen eine sofortige Hilfe für das durch den französischen König in Bedrängnis geratene Poitou, über die ursprünglich in Northampton beraten werden sollte. Ohne militärische Unterstützung aus England überrannte Ludwig VIII. während der nächsten vier Wochen Poitou. Die ältere Forschung hat die Entscheidung des königlichen Rates kritisiert, sich auf die Bekämpfung von Fawkes de Breauté zu konzentrieren, während man Poitou vergaß.[103] Doch Carpenter wies darauf hin, dass den beteiligten Personen die Alternativen durchaus bewusst waren.[104] In einem Brief an Honorius III. rechtfertigt Heinrich III. die Belagerung der Burg Bedford damit, er habe Schlimmeres verhindern wollen, auch wenn dies hieß, wichtige Angelegenheiten, wie jene in Poitou, zunächst hinten anzustellen.[105] In eine ähnliche Richtung argumentierte später auch Hubert de Burgh: *Et si Falco impune evasisset et castrum non esset captum, turbatum esset regnum plus quam fuit.*[106] Glaubt man den Vorwürfen des Papstes, der die Entscheidung zur Belagerung heftig kritisierte, hatte Langton diesen Beschluss mitgetragen. *Ubi est enim tuae abundantia sapientiae*, klagt Honorius III. den Erzbischof an, *si tui consilii est, ut rex cum suis guerram incipiat, dum videt externos sibi guerram inferre?*[107] Doch Langton und wahrscheinlich eine Reihe weiterer Magnaten am Hof hatten sich den Sturz Fawkes de Breautés nicht zum Ziel gesetzt, ihn nicht aktiv betrieben. Mitte Juni aber, nachdem sich Fawkes der Rebellion seines Bruders angeschlossen hatte, gab es keine Alternative mehr zu einem entschlossenen Vorgehen

---

[101] Rogerus de Wendover, *Flores historiarum*, II, 279.
[102] Vgl. oben, 52.
[103] Norgate, *Minority*, 233 und Ellis, *Hubert de Burgh*, 81.
[104] D. Carpenter, *Minority*, 362–363.
[105] *Royal letters*, Nr. 199, 226.
[106] Matthaeus Parisiensis, *Chronica Majora*, VI, 67.
[107] *Royal letters*, Nr. 19, 544 und *Cal. Pap. Reg.*, 99.

gegen ihn. Hätte man ihn ungestraft gelassen, hätte die Autorität des
Königs, die man zuletzt durch die Rückgewinnung der Burgen und
Grafschaften gestärkt hatte, erneut massiv Schaden genommen.

Die Belagerung der Burg Bedford sollte acht Wochen dauern.[108] Langton war vermutlich von Anfang am Kriegsschauplatz anwesend, war
möglicherweise einer der führenden Strategen dieses Krieges. Diesen
Eindruck zumindest vermittelt Fawkes de Breauté in seiner *querimonia*.
Zunächst exkommunizierte der Erzbischof die Burgbesatzung sowie
Fawkes de Breauté selbst und all jene, die ihm Unterstützung leisteten.[109] Wie de Breauté selbst erkannte, war es das Ziel Langtons, ihn
zu isolieren und ihn jeglicher Unterstützung zu berauben.[110] Daneben
einigte sich Langton mit seinen Suffraganen und weiteren in Bedford
versammelten Prälaten darauf, den König in Form einer außerordentlichen Abgabe finanziell zu unterstützen.[111] Die Abgabe betrug eine halbe
Mark auf das Ackerland des Eigenguts der Prälaten sowie zwei Schilling
auf das Ackerland ihrer *tenants*.[112] Bis zum 28. Oktober wurden 2.377
Pfund eingesammelt. Die Erträge waren damit fast so hoch wie jene, die
die Steuer auf das Ackerland 1220 erbracht hatte. Für Carpenter gibt es
daher kaum einen größeren Beweis für die Stärke des Bündnisses zwischen Kirche und Krone 1224.[113] Heinrich III. musste aber versprechen,
dass diese Abgabe keinen Präzedenzfall bilden würde.[114] Das Versprechen hatte der König vermutlich auf die Bitte Langtons hin geleistet,
der als Magister der Theologie in Paris gelehrt hatte, dass die Kirche
dem König finanzielle Unterstützung gewähren dürfe, wenn es einer
gerechten Sache diene und nicht die Gefahr bestehe, dass aus dieser
einmaligen Abgabe eine regelmäßige werde.[115] Wieweit der Erzbischof

---

[108] Für Einzelheiten über diese Belagerung vgl. Ellis, *Hubert de Burgh*, 81–82; Powicke,
Henry III, 64 und Norgate, *Minority*, 242–243.

[109] Rogerus de Wendover, *Flores historiarum*, II, 279 und Walter of Coventry, *Historical collections*, 265.

[110] Walter of Coventry, *Historical collections*, 266.

[111] Annales de Dunstaplia, 86 und Walter of Coventry, *Historical collections*, 254.

[112] *Cal. Pat. Rolls*, I, 464–465 und *CFR* 1223–1224, Nr. 406. Langton zahlte über
seinen Seneschall Robert von Ruxley insgesamt 400 Pfund als *carucagium* aus dem
Erzbistum Canterbury an den König, vgl. *Cal. Pat. Rolls*, I, 475. Noch im März 1225
wurden Gelder an den König über seinen Kleriker Ascelinus überwiesen, vgl. *Cal.
Pat. Rolls*, I, 512.

[113] D. Carpenter, *Minority*, 365. Für weitere Einzelheiten über das in Bedford
erhobene *carucagium* sowie über das *scutagium* vgl. Mitchell, *Studies in taxation*,
148–159.

[114] *Cal. Pat. Rolls*, I, 465.

[115] Powicke, *Langton*, 92–93 und 157–158.

an der militärischen Organisation beteiligt war, ist nicht eindeutig zu klären. Er stellte aber höchstwahrscheinlich ein eigenes Kontingent an Rittern zur Verfügung, wie die anderen weltlichen und geistlichen Magnaten auch.[116] Fawkes de Breauté klagt aber darüber hinaus einige Bischöfe an, selbst kriegerisch aktiv geworden zu sein: *Tantaque fuit castri capiendi cupido, sive libido, quod ad perjectum lapidum aliqui episcoporum episcopalem facerent benedictionem.*[117] Angesichts des Alters Langtons und seiner Unerfahrenheit im Kriegshandwerk ist aber davon auszugehen, dass der Erzbischof sich auf die strategischen Planungen im Umfeld der Belagerung konzentrierte und die eigentliche Kriegsführung Experten, wie Hubert de Burgh und den Earls von Salisbury und Pembroke, überließ.

Dagegen bemühte sich Langton offenbar während der Belagerung um die Einbindung des Earls von Chester und seiner Verbündeten in die Koalition gegen Fawkes de Breauté. Für Ende Juni ist ein königliches Schreiben überliefert, das, wie es heißt, auf Drängen des Earls von Chester und Langtons ausgestellt wurde, und Robert Passelewe sowie Robert von Kent die Rückkehr nach England erlaubte und für ihre Sicherheit garantierte.[118] Die beiden Männer waren als Prokuratoren des Earls von Chester an der Kurie tätig gewesen. Daher war jenes Mandat nicht nur eine Konzession Langtons an den Earl, sondern gleichzeitig auch ein Zugeständnis des Earls an den Erzbischof, in Zukunft nicht weiter für die Entsendung eines Legaten zu werben.[119] Der Earl von Chester war darüber hinaus neben Langton und weiteren Magnaten als

---

[116] Coggeshall schreibt, dass der Erzbischof eiligst zur Belagerung stieß *cum potenti virtute*, vgl. Radulphus de Coggeshall, *Chronicon*, 206. Zudem hätten der Erzbischof, die Bischöfe und Äbte den König mit Geld und Männern unterstützt, vgl. Radulphus de Coggeshall, *Chronicon*, 206–207. Vgl. auch *Rot. Lit. Claus.*, II, 16. Langton erhielt zudem das Schildgeld aus den Lehen in Essex und Sussex, die Alice, die Tochter und Erbin von William of Fambridge, vom König hielt, und die der Erzbischof in seiner Aufsicht hatte, vgl. *PRO C 72/4*, fol. 2.

[117] Walter of Coventry, *Historical collections*, 266.

[118] *Cal. Pat. Rolls*, I, 447. Schon Anfang Mai 1224, also im Zuge des von Langton vermittelten Ausgleichs zwischen den verfeindeten Lagern Ende April, war die Partei um Hubert de Burgh Robert Passelewe entgegen gekommen, als man ihm einen Aufschub für die Rückzahlung seiner Schulden gewährte, vgl. *CFR 1223–1224*, Nr. 171. Während der Belagerung Bedfords war Langton an der Ausstellung weiterer königlicher Mandate beteiligt, etwa an der Verleihung von Privilegien an die Stadt Bordeaux am 10. Juli und 2. August, vgl. *Cal. Pat. Rolls*, I, 449–450 und 458. Weitere königliche Mandate, die in Anwesenheit Langtons ausgestellt wurden, stammen vom 17. und 20. Juli sowie 2. und 13. August, vgl. *Cal. Pat. Rolls*, I, 453–454, 458 und 489 und *Rot. Lit. Claus.*, I, 612 und 637.

[119] D. Carpenter, *Minority*, 263.

Mitglied des königlichen Rates an der Ausstellung mehrerer Privilegien an die Stadt Bordeaux am 10. Juli beteiligt.[120] Zudem stellte der Erzbischof möglicherweise während der Belagerung Bedfords eine Urkunde zur Bestätigung der Besitzungen und Freiheiten des Dompriorats St. Swithuns in Winchester aus.[121] Etwa zur gleichen Zeit veröffentlichte der Bischof von Winchester selbst eine Exkommunikation gegen alle, die die Rechte seiner Kirche bedrohten.[122] Peter des Roches fürchtete offenbar auf Grund der politischen Situation um seine Rechte und Besitzungen. Langton könnte daher seine Urkunde an das Dompriorat von Winchester als Geste des guten Willens gegenüber des Roches gedacht haben.[123] Zusätzlich wurden Peter des Roches neben weiteren Magnaten aus dem Kreis um den Earl von Chester während dieser Wochen der Belagerung einige Privilegien ausgestellt.[124] Diese konziliante Politik des Justiziars und des Erzbischofs war insofern erfolgreich, als dass Fawkes de Breauté isoliert blieb und keiner aus dem Lager um den Earl von Chester ihm aktive, das heißt militärische Hilfe leistete. Doch schon die Annalen aus Dunstable argwöhnen, dass sie ihre Unterstützung während der Belagerung für den König nur sehr widerwillig leisteten, obwohl sie dem Aufruf gefolgt waren. Entsprechend wird in der Chronik auch berichtet, dass Peter des Roches und der Earl von Chester das königliche Lager in Bedford bald mit der Begründung verließen, sie fühlten sich vom inneren Beraterkreis um den König ausgeschlossen.[125] Sie, wie ihre Verbündeten, waren mit dem militärischen Vorgehen gegen Fawkes de Breauté nicht einverstanden, sondern sympathisierten im Gegenteil insgeheim mit dem in Bedrängnis geratenen Magnaten. Dies bezeugt auch ein Brief des Earls von Chester.[126] Sie wagten es aber nicht mehr, auch aus Angst vor dem eigenen Ruin, aktiv Widerstand gegen de Burgh und seine Verbündeten zu leisten.[127]

---

[120] *Cal. Pat. Rolls*, I, 449–450
[121] Der Datierungszeitraum der Urkunde, die erst kürzlich von Vincent entdeckt wurde, lässt sich nur auf das Jahr 1224 beschränken, vgl. *Additions to the Acta Stephani*, Nr. 3.
[122] Annales de Wintonia, 84.
[123] Peter des Roches dagegen könnte die Ausstellung der Urkunde als unbotmäßige Einmischung in seine Angelegenheiten abgelehnt haben, vgl. Vincent, *Peter des Roches*, 217.
[124] *Rot. Lit. Claus.*, I, 606, 608 und 611 und *CFR 1223–1224*, Nr. 234 und Nr. 238.
[125] Annales de Dunstaplia, 87.
[126] *Royal Letters*, Nr. 204, 233–235.
[127] D. Carpenter, *Minority*, 363–364.

Am 15. Dezember schließlich ergab sich die Besatzung der Burg Bedford den Belagerern und erhielt die Absolution des Erzbischofs.[128] Für das folgende Geschehen sollte Fawkes de Breauté später in der Hauptsache Langton und die Bischöfe verantwortlich machen. In seiner *querimonia* heißt es, der Erzbischof habe zusammen mit seinen Suffraganen aus Lincoln, Bath und Chichester den Zorn des jungen, unerfahrenen Königs angestachelt. Auf die Frage Heinrichs III., wie mit den Gefangenen zu verfahren sei, habe Langton ihn grimmig an den Justiziar verwiesen. Der Erzbischof, so der Vorwurf de Breautés, habe somit nicht als *pastor patriae sed tyrannus* agiert.[129] Der Bischof von Bath habe zudem argumentiert, dass, wenn man die Gefangenen der Burg Bytham damals hingerichtet hätte, diese Besatzung niemals die Burg Bedford gegen den Willen des Königs gehalten hätte.[130] Schließlich wurden William de Breauté und alle seine Männer, insgesamt etwa 80 Personen, nach den übereinstimmenden Berichten der Chronisten gehängt.[131] Ob es der Aufhetzung des Königs durch Langton und die Bischöfe bedurfte, darf zumindest bezweifelt werden, schließlich überliefert Roger Wendover den vom König vor der Belagerung geleisteten Eid, die gesamte Besatzung zu hängen, falls die Burg mit Gewalt genommen werden müsse.[132] Es ist aber anzunehmen, dass die Hinrichtung mit dem Einverständnis der versammelten Prälaten vollzogen wurde. Der Erzbischof hatte, seitdem sich Fawkes de Breauté der Rebellion seines Bruders angeschlossen hatte, das harte Vorgehen gegen diesen kompromisslos unterstützt und war schließlich einer der führenden, wenn vermutlich auch nicht militärischen Strategen im Lager des Königs vor Bedford gewesen. Er hatte für die Belagerung gestimmt, da er befürchtete, die königliche Autorität würde erneut Schaden nehmen und dabei billigend in Kauf genommen, dass Poitou zunächst schutzlos sich selbst überlassen wurde. Es war daher nur konsequent, nun auch bei der Bestrafung ein Exempel zu statuieren, als Warnung für potentielle Nachahmer. Der überlieferte Ausspruch des Bischofs von Bath mag

---

[128] Matthaeus Parisiensis, *Historia Anglorum*, 264; Annales de Dunstaplia, 89 und Walter of Coventry, *Historical collections*, 267.
[129] Walter of Coventry, *Historical collections*, 267–268.
[130] Ebd., 268.
[131] Ebd., 254; Annales de Dunstaplia, 88; Radulphus de Coggeshall, *Chronicon*, 207; Rogerus de Wendover, *Flores historiarum*, II, 281 und Gervase of Canterbury, *Historical works*, II, 114. Norgate hat die Quellen zusammengestellt, die über die Anzahl der Gehängten berichten, vgl. Norgate, *Minority*, 296–298.
[132] Rogerus de Wendover, *Flores historiarum*, II, 280.

für die allgemeine Überzeugung im königlichen Rat stehen: Hätte man schon früher härter durchgegriffen, etwa nach den Belagerungen von Newark, Rockingham oder Bytham, hätte man eine solche Rebellion wie in Bedford verhindern können.[133] Dass die Belagerung lange acht Wochen dauerte, in denen man Poitou an den französischen König verlor, wird sicherlich zur Härte des Urteils beigetragen haben.[134]

Fawkes de Breauté war zu Beginn der Belagerung auf die Güter des Earls von Chester geflohen, von dort zwischenzeitlich zu Llywelyn, ohne aber die erhoffte Hilfe und Unterstützung zu erhalten.[135] Schon vor dem Ende der Belagerung Bedfords hatte er über den Earl von Chester und über Alexander von Stavensby, dem neuen Bischof von Coventry, seine Bereitschaft zur Unterwerfung erkennen lassen.[136] Am 12. August wurde ihm von Langton und seinen Suffraganen freies Geleit zugesichert, um mit seiner *familia* nach Northampton zu kommen.[137] Schließlich unterwarf er sich am 19. August bei Elstow oder Kempston, in der Nähe von Bedford, der Gnade des Königs.[138] Laut der *querimonia* wurde er daraufhin nach London geführt, um dort in einer öffentlichen, für ihn demütigenden Zeremonie von Langton am 25. August die Absolution zu erhalten. In seiner Schilderung der

---

[133] D. Carpenter, *Minority*, 366–367.

[134] Vincent, *Peter des Roches*, 218.

[135] Ellis, *Hubert de Burgh*, 82.; Alexander, *Ranulf of Chester*, 90 und Norgate, *Minority*, 239–243.

[136] Alexander von Stavensby war nach seiner Bischofsweihe in Rom spätestens seit Mai 1224 wieder in England, vgl. Vincent, Alexander of Stainsby, 629. Er scheint während der Belagerung Bedfords neben dem Earl von Chester eine Art Vermittlerfunktion zwischen Fawkes de Breauté und Heinrich III. übernommen zu haben, vgl. Walter of Coventry, *Historical collections*, 266–267 und Rogerus de Wendover, *Flores historiarum*, II, 281. Gibbs und Lang glauben, Honorius III. habe Alexander möglicherweise mit Blick auf diese Vermittlerfunktion zum Bischof ernannt. Der Papst habe geplant, mit seiner Hilfe den Erzbischof, mit dessen Vorgehen gegen Fawkes de Breauté er unzufrieden war, stärker zu kontrollieren, vgl. Gibbs und Lang, *Bishops and Reform*, 30–31. Sayers folgt ihnen in ihrer Argumentation, vgl. Sayers, *Honorius III*, 177. Vincent aber sieht keine Anhaltspunkte dafür, dass de Stavensby Langtons Politik gegenüber Fawkes de Breauté kontrollierte. Der Bischof von Coventry war vielmehr ein Freund, vielleicht ein Protegé des Erzbischofs, der seine Wahl vielleicht sogar der Fürsprache Langtons zu verdanken hatte, vgl. Vincent, Alexander of Stainsby, 630 und vgl. oben, 351. Alexander aber könnte man zum Vermittler ernannt haben, weil er als einziger Bischof von den Konflikten der letzten Monate und Jahre relativ unbelastet war, Fawkes de Breauté ihm daher mehr als anderen Prälaten ein gewissen Vertrauen entgegen bringen konnte. Daneben besaß er auch zur gegnerischen Seite, insbesondere zu Langton, gute Verbindungen. Beides zusammen waren ideale Voraussetzungen für eine erfolgreiche Vermittlung.

[137] *Cal. Pat. Rolls*, I, 461.

[138] *Foedera*, 175 und D. Carpenter, *Minority*, 367.

Ereignisse wird erneut der große Hass deutlich, den Fawkes de Breauté gegenüber dem Erzbischof entwickelt hatte. Langton habe anlässlich der Zeremonie eine Predigt ans Volk gehalten, die eine Schande für die Kirche sei und nur so strotzte vor blasphemischen Aussagen. Um den Papst ein Bild der Verwerflichkeit des Erzbischofs zu liefern, gibt Fawkes de Breauté eine Passage der Predigt angeblich wortwörtlich wieder, in der der Erzbischof die Engländer gegen die Fremden im Land aufwiegelte.[139] Abgesehen vom eigentlichen Akt der Absolution darf der Wahrheitsgehalt dieser Geschichte bezweifelt werden. Zu sehr spricht aus ihr die Enttäuschung und die Wut über den Erzbischof, der sich in den Augen von Fawkes de Breauté nur vordergründig für den Frieden und die Versöhnung in England eingesetzt habe, der sich zwar als *pastor patriae* gerierte, in Wahrheit aber ein *tyrannus* sei, der von Anfang an seinen Sturz betrieben habe.

Nach seiner Absolution wurde Fawkes de Breauté der Aufsicht des Bischofs von London übergeben, bis schließlich Ende Oktober ein abschließendes Urteil über sein weiteres Schicksal gefällt wurde. Angesichts seiner Verdienste für König Johann und dessen Sohn Heinrich III. verschonte der königliche Rat sein Leben. Er musste aber England für immer verlassen und verlor all seine Besitzungen an die Krone.[140] Vor seiner Abreise musste er angeblich Langton versprechen, nicht beim Papst vorstellig zu werden und gegen seine Behandlung zu klagen.[141] Sollte er das Versprechen wirklich geleistet haben, so brach er es. Auf seinem Weg nach Rom wurde Fawkes de Breauté vom französischen König gefangen genommen, konnte aber um Ostern seine Reise an die Kurie fortsetzen.[142] Dort kämpfte er in den nächsten Monaten und Jahren mit Hilfe von Robert Passelewe und dem Magister John de Limoges, dem Gesandten von Peter des Roches, um seine Rehabilitation und suchte den Papst für die Entsendung eines päpstlichen Legaten zu gewinnen.[143] Ein Mittel in diesem Kampf war seine schon mehrfach

---

[139] Walter of Coventry, *Historical collections*, 268–269.

[140] Walter of Coventry, *Historical collections*, 270; Rogerus de Wendover, *Flores historiarum*, II, 285; Annales de Dunstaplia, 89; Radulphus de Coggeshall, *Chronicon*, 208; *Cal. Pat. Rolls*, I, 478–479; D. Carpenter, *Minority*, 367 und Norgate, *Minority*, 247–248.

[141] Walter of Coventry, *Historical collections*, 270.

[142] D. Carpenter, *Minority*, 367–368. Für eine ausführlichere Darstellung der letzten Lebensmonate von Fawkes de Breauté vgl. Norgate, *Minority*, 248–249.

[143] *Diplomatic Documents*, Nr. 182, 121–123 und Vincent, *Peter des Roches*, 222.

zitierte *querimonia*, die er dem Papst vorlegte und die wahrscheinlich Robert Passelewe in seinem Auftrag verfasst hatte.[144]

Die Gesandten aus dem Lager des Earls von Chester hatten schon im Sommer 1224 den Papst zunehmend für ihre Anliegen gewinnen können. Die beiden päpstlichen Briefe von Anfang August zu Gunsten Fawkes de Breautés zeugen davon. Dort stellt Honorius III., wie bereits erwähnt, offen die Weisheit Langtons in Frage, weil er dem König zur Belagerung von Bedford geraten habe. Der Erzbischof wird ermahnt, die Exkommunikation gegen de Breauté aufzuheben und zusammen mit dem Justiziar und weiteren Beratern am Hof auf Heinrich III. einzuwirken, damit die Belagerung Bedfords beendet werde.[145] Die Briefe erreichten England erst Anfang September, also zu spät, um Fawkes de Breauté zu retten. Aber sie waren für Langton Mahnung genug, sich wieder intensiver um die Gunst des Papstes zu bemühen. Dementsprechend schickte er Anfang September einen eigenen Gesandten, einen Kleriker mit Namen Albert, nach Rom, der dort für ihn die Verhandlungen führen sollte.[146] Die nächsten Jahre sind weitere königliche Gesandte an der Kurie und in Frankreich anzutreffen, darunter der Kanzler Langtons, Stephen de Ecton, Godfrey of Crowcombe und Stephen de Lucy, die schon seit längerem für Langton und Hubert de Burgh in Rom tätig waren, sowie Alexander von Stavensby, der Bischof von Coventry, und Petrus Saracenus.[147] Die Gesandten wandten sich in ihrem diplomatischen Ringen gegen Fawkes de Breauté auch an Simon Langton. Der Bruder des Erzbischofs sollte seine guten Kontakte zu Ludwig VIII. dazu nutzen, den französischen König für eine Verlängerung der Haft de Breautés zu gewinnen, den er in Burgund festgenommen hatte.[148] Alles in allem agierten die Prokuratoren des englischen Königs an der Kurie recht erfolgreich. Es gelang Fawkes de Breauté und seinen Freunden an der Kurie zwar, Honorius III. zu überreden, 1225 einen päpstlichen Boten, Otto, nach England zu schicken, der sich dort für die Belange des Exilanten einsetzen sollte, vor der Entsendung eines Legaten schreckte der Papst dennoch zurück.[149] Die Reise Ottos blieb wirkungslos, ebenso

---

[144] D. Carpenter, *Minority*, 368 und Norgate, *Minority*, 248.
[145] *Royal letters*, Nr. 19, 544 und *Cal. Pap. Reg.*, 99.
[146] *Cal. Pat. Rolls*, I, 472.
[147] *Diplomatic Documents*, Nr. 182, 121–123 und Nr. 203, 136–138 und *Cal. Pat. Rolls*, I, 545. Für einen anschaulichen Bericht über die Tätigkeiten der königlichen Prokuratoren an der Kurie vgl. *Diplomatic Documents*, Nr. 153, 104–106.
[148] Ebd., Nr. 182, 121–123.
[149] Vincent, *Peter des Roches*, 224 und *Councils and synods*, 155.

die Briefe des Papstes aus dem Sommer 1226, in denen er Langton
und weitere Magnaten, darunter dem Earl von Chester, den Auftrag
erteilte, für eine Aussöhnung Fawkes de Breautés mit Heinrich III. und
für eine Rückgabe seiner Besitzungen zu sorgen.[150] Fawkes de Breauté
starb 1226 schließlich als gebrochener Mann in Rom. Ein päpstlicher
Legat, auf dem die Hoffnungen von Peter des Roches, dem Earl von
Chester und ihren Verbündeten ruhten, der die Macht Langtons und
des Justiziars hätte gefährden können, wurde vom Papst auch in den
nächsten Jahren nicht nach England gesandt.[151]

Im Sommer 1224 hatten Langton und der Justiziar die letzte und
größte Herausforderung für die Herrschaft Heinrichs III. während
seiner Minderjährigkeit mit der Belagerung Bedfords gemeistert. „It
concluded the triumph of central government over the centrifugal
forces which had threatened to pull Angevin kingship apart."[152] Langton
hatte den Sturz von Fawkes de Breauté nicht betrieben, im Gegenteil,
der Erzbischof hatte sich bis zum Schluss für die Versöhnung beider
Lager eingesetzt, Fawkes de Breauté eingeschlossen. Aber es gelang ihm
nicht, jene Kräfte einzudämmen, welche die Vernichtung de Breautés
vorantrieben, sodass dieser sich schließlich in die Rebellion gedrängt
fühlte. Ab diesem Zeitpunkt aber hatte Langton zusammen mit dem
Justiziar dessen Unterwerfung konsequent, ja unerbittlich betrieben
und damit die Autorität des jungen Königs nicht nur gewahrt, sondern
gestärkt. Freilich ging dieses Vorgehen auf Kosten der englischen Herrschaft über Poitou, die man, wie sich herausstellen sollte, auf Dauer an
den französischen König verloren hatte. Aber nicht nur Heinrich III.,
sondern auch der Justiziar und seine Verbündeten gingen gestärkt aus
dem Kampf hervor. Vom Earl von Chester und seinen Bündnisgenossen
ging in den nächsten Jahren keine Gefahr mehr für ihre Macht am Hof
aus. Sie blieben dort in absehbarer Zeit ohne Konkurrenz.[153]

Für das restliche Jahr ist Langtons Anwesenheit am Königshof noch
einmal Ende September sowie Ende Oktober, anlässlich des Urteils-

---

[150] *Royal letters*, Nr. 23, 547 und *Cal. Pap. Reg.*, 112.

[151] Alexander, *Ranulf of Chester*, 91; D. Carpenter, *Minority*, 368 und Vincent, *Peter des Roches*, 222.

[152] D. Carpenter, *Minority*, 369–370.

[153] Der Earl von Chester etwa kehrte nach dem Fall von Fawkes de Breauté erst im Sommer 1227 auf die große politische Bühne zurück, vgl. Alexander, *Ranulf of Chester*, 93–94; Stacey, *Politics*, 32–34 und Ellis, *Hubert de Burgh*, 84 und 108.

spruchs gegen Fawkes de Breauté, überliefert.[154] Zu diesen Gelegenheiten wurden ihm einige Privilegien ausgestellt. Neben zwei Geldleihen von jeweils über 100 Mark,[155] einem Geldgeschenk von 60 Mark,[156] wurden ihm auch 20 Fässer Wein überlassen.[157] Schon Ende August war ihm die Aufsicht über alle Ländereien übertragen worden, die Robert le Noreis, ein Gefolgsmann von Fawkes de Breauté,[158] in den Grafschaften Norfolk, Kent und Essex hielt.[159] Schließlich finden sich in den Registern noch zwei Mandate, die auf Bitten des Erzbischofs ausgestellt wurden, und in denen Kaufmännern der Handel in England erlaubt wurde.[160] Im Vergleich zu den Privilegien an Hubert de Burgh nehmen sich die königlichen Gunstbeweise an Langton eher bescheiden aus.[161] Dennoch zeigen die aufgeführten Privilegien, dass sich sein Bündnis mit Hubert de Burgh, seine Unterstützung der Belagerung Bedfords für den Erzbischof auch materiell auszahlte.

Da für September bis Dezember 1224 keine politischen Tätigkeiten Langtons mehr nachzuweisen sind, könnte man schlussfolgern, dass er sich wieder vornehmlich seinen Pflichten als Bischof und Metropolit widmete. Neben einer Bestätigungsurkunde an das Kloster Mont-Saint-Michel vom September 1224 über einige Kirchen in der Diözese Exeter,[162] ist aber nur das bereits erwähnte Urteil Langtons in dem

---

[154] Es ist ein königliches Mandat überliefert, das am 23. September 1224 in Anwesenheit Langtons und Hubert de Burghs ausgestellt wurde. Es erteilt einem gewissen Michael de Amblie die Erlaubnis, Handel in England zu treiben, vgl. *Cal. Pat. Rolls*, I, 472.

[155] *Rot. Lit. Claus.*, I, 647.

[156] Ebd., 654.

[157] Ebd., 647.

[158] *Cal. Pat. Rolls*, I, 461.

[159] CFR 1223–1224, Nr. 338. Ende September nahm der König offenbar Robert le Noreis wieder in seine Gnade auf und erstattete ihm zumindest einen Teil seiner früheren Besitzungen zurück. So wurde dem Sheriff von Norfolk befohlen, Noreis seine Ländereien ohne Verzögerung zurückzugeben, vgl. *Rot. Lit. Claus.*, I, 622 und 647.

[160] *Cal. Pat. Rolls*, I, 478 und 492. Zu diesen französischen Kaufmännern, also zu Michael de Amblie, William Herveus und den Brüdern Imbertus und William Bokebrun aus Chaource, unterhielt Langton offenbar enge Beziehungen, sind doch auch in den folgenden Jahren königliche Mandate überliefert, die ihnen auf Bitten des Erzbischofs den Handel in England erlaubten, vgl. *Rot. Lit. Claus.*, II, 83 und *Cal. Pat. Rolls*, II, 16, 35 und 183. Die Beziehungen Langtons zu den Kaufmännern sind ein weiterer Aspekt seiner vielfachen Verbindungen nach Frankreich.

[161] Hubert de Burgh hatte im Mai 1224 zwei Güter in Dorset und eines in Leicester erhalten, im August hatte er die Aufsicht über die Ländereien und Besitzungen des verstorbenen Earls von Arundel übertragen bekommen, vgl. Ellis, *Hubert de Burgh*, 85.

[162] *Additions to the Acta Stephani*, Nr. 27.

Konflikt zwischen dem Bischof und dem Dompriorat von Worcester
von Anfang Oktober überliefert.[163]

XII.3. *Der Fünfzehnte und die Bestätigung der Magna Carta 1225*

Langton war nach der Eroberung Bedfords und dem Fall von Fawkes
de Breauté weitaus seltener am königlichen Hof anzutreffen als in den
Monaten zuvor. Das Dreivierteljahr zwischen seinem Eintritt in das
Bündnis mit Hubert de Burgh im Dezember 1223 und der Absolution
Fawkes de Breautés Ende August 1224 blieb die politisch aktivste Zeit
Langtons nach seiner Rückkehr aus Rom 1218, nur zu vergleichen
mit jenen ereignisreichen Monaten 1215, in denen er zwischen König
Johann und den rebellierenden Baronen vermittelt hatte. Sein politisches
Engagement trat nun zunehmend hinter seinem Wirken als Metropolit
und Bischof zurück. Im Frühjahr 1225 stand aber noch einmal die
weltliche Politik im Mittelpunkt seines Interesses, als Heinrich III. die
Magna Carta, nachdem er sie 1223 nur mündlich bestätigt hatte, im
Besitz des Großen Siegels erneut ausstellte und sie damit zum Fundament seiner Herrschaft machte.

Der Anlass war das Bemühen des Regimes um Hubert de Burgh,
nach der Niederschlagung der Rebellion von Fawkes de Breauté die an
Ludwig VIII. und seine Verbündeten verlorenen Festlandsbesitzungen
zurückzuerobern. Neben Poitou hatte der englische König auch Teile
der Gascogne an seinen französischen Rivalen abtreten müssen. Ludwig VIII. hatte sich aber nicht selbst an den Eroberungen beteiligt,
sondern Hugh de Lusignan sowie dem neuen Seneschall von Poitou,
Geoffrey de Builli, den Einmarsch in die Gascogne überlassen.[164] Trotz
des Verlustes einiger Städte blieben mit Bordeaux und Bayonne die
wichtigsten Stützpunkte der Region in der Hand des englischen Königs.
Zudem war die Herrschaft der französischen Alliierten über die von
ihnen eroberten Teile der Gascogne keineswegs stabil, so dass Heinrich
III. gute Chancen hatte, sie zurückzugewinnen, vorausgesetzt, er war
bereit, ausreichend Truppen und finanzielle Ressourcen zur Verfügung
zu stellen.[165] Auf einer Ratsversammlung Ende März vertraute man

---

[163] *Acta Stephani*, App. III, 160–163 und Annales de Wigornia, 416–417.
[164] Für eine ausführliche Darstellung der Eroberung Poitous durch den französischen
König vgl. D. Carpenter, *Minority*, 370–374.
[165] Ebd., 374–375.

Richard von Cornwall, dem gerade 16-jährigen Bruder des englischen Königs, die Führung des Heerzuges in der Gascogne an. Zur Seite stellte man ihm einen erfahrenen Magnaten, den Earl von Salisbury, der die inoffizielle Leitung des Unternehmens übernahm.[166] Zur finanziellen Ausstattung der Expedition auf dem Festland wurde auf einer Ratsversammlung Anfang Februar die Erhebung des Fünfzehnten auf alle *mobilia*, sowohl der Laien als auch des Klerus, beschlossen. Als Gegenleistung stellte Heinrich III. die Magna Carta sowie die Urkunde über die Forstrechte unter seinem Siegel aus.[167]

Auf Grund des Bündnisses zwischen Langton und Hubert de Burgh ist davon auszugehen, dass die Bestätigung der Magna Carta 1225 eine im Vorfeld der Ratsversammlung zwischen dem Erzbischof und dem Justiziar ausgehandelte Gegenleistung für den Fünfzehnten war und nicht, wie im Januar 1223, eine spontane Forderung Langtons angesichts der Pläne Hubert de Burghs, die auf Widerstand der versammelten Magnaten stießen. Dementsprechend setzte sich der Erzbischof offenbar nicht nur für die erneute Ausstellung der Magna Carta durch Heinrich III. ein, sondern unterstützte mit all seiner Autorität ebenso die Erhebung des Fünfzehnten. Nach dem Bericht des *Barnwell*-Chronisten verpflichtete Langton alle Untertanen des Königs unter Androhung der Exkommunikation die Abgabe zu zahlen, die Erhebung nicht zu behindern und nicht zu betrügen.[168] Die Erzählungen der Chronisten enthalten dementsprechend auch keine Berichte über spontane Proteste auf der Ratsversammlung Anfang Februar gegen die Erhebung des Fünfzehnten, wie sie Roger Wendover für den Januar 1223 überliefert hatte. Der Chronist aus St. Albans, die Annalen von Dunstable sowie der *Barnwell*-Chronist berichten übereinstimmend nur von längeren Beratungen Langtons, der Bischöfe und der Barone.[169] Die Chronisten sind sich aber uneins über die Chronologie der Ereignisse. Während Wendover berichtet, die Beschlüsse über den Fünfzehnten und über die Bestätigung der Magna Carta seien schon zu Weihnachten 1224 gefasst worden, glauben die Annalen von Winchester, eine Einigung sei erst Mitte Januar 1225 erzielt worden.[170] Der *Barnwell*-Chronist

---

[166] *Cal. Pat. Rolls*, I, 516; *Rot. Lit. Claus.*, II, 16; Denholm-Young, *Richard of Cornwall*, 4; D. Carpenter, *Minority*, 376–377 und Norgate, *Minority*, 252.
[167] Cazel, The fifteenth, 67.
[168] Walter of Coventry, *Historical collections*, 257.
[169] Rogerus de Wendover, *Flores historiarum*, II, 282; Annales de Dunstaplia, 93 und Walter of Coventry, *Historical collections*, 256.
[170] Rogerus de Wendover, *Flores historiarum*, II, 282 und Annales de Wintonia, 84.

schließlich nennt den 2. Februar als Datum der Ratsversammlung und kommt damit vermutlich der Wahrheit am nächsten, da die Magna Carta am 11. Februar und das königliche Mandat über die Erhebung des Fünfzehnten am 15. Februar 1225 ausgestellt wurden.[171] Zusammen mit den Aussagen der Chronisten über die langen Beratungen können diese unterschiedlichen Datierungen als Indiz dafür gelten, dass über die Erhebung des Fünfzehnten und über eine mögliche Bestätigung der Magna Carta schon eine geraume Zeit vor der Versammlung im Februar, vielleicht schon seit Weihnachten verhandelt wurde. Hubert de Burgh, Langton und ihre Verbündeten am königlichen Hof hatten vermutlich seit Januar um die Modalitäten der Vereinbarung gerungen, anschließend bei den Großen um Zustimmung geworben, bis schließlich Anfang, Mitte Februar ein breiter Konsens erzielt werden konnte.

Die Bedenken skeptischer Magnaten hatten der Erzbischof und der Justiziar wahrscheinlich zusätzlich mit dem Hinweis auf die dringliche Notwendigkeit der finanziellen Unterstützung für die Krone ausgeräumt. Schließlich ging es nicht nur um die Rückeroberung verlorener Besitzungen auf dem Kontinent. Die Berater des Königs konnten den geplanten Feldzug gegen den französischen König glaubwürdig als Verteidigung Englands verkaufen, indem sie an die Drohungen Ludwigs VIII. aus dem Sommer 1223 erinnerten. Damals hatte der französische König eine erneute Invasion Englands angekündigt.[172] Langton selbst hatte als Magister der Theologie in Paris finanzielle Hilfen an den König für rechtens erklärt, sobald ein Fall von *necessitas* vorliege. Diese Notwendigkeit, so könnte der Erzbischof im Frühjahr 1225 argumentiert haben, bestand angesichts der akuten Bedrohung Englands.[173]

Mit dieser Art der Legitimierung des Fünfzehnten stand wahrscheinlich eine weitere Konzession an die Magnaten in Verbindung. Sollten die Barone das Argument der dringlichen Notwendigkeit als stichhaltig akzeptiert haben, könnten sie als Konsequenz gefordert haben, dass die Erträge aus dem Fünfzehnten auch tatsächlich allein für die Bekämpfung des französischen Königs verwendet würden. Um diese Zweckbindung der Gelder sicherzustellen, wurden die Bischöfe von Bath und Salisbury in einen speziellen *exchequer* eingesetzt. Die beiden Prälaten waren in

---

[171] Walter of Coventry, *Historical collections*, 256; *Cal. Pat. Rolls*, I, 560–561 und Mitchell, *Studies in taxation*, 160. Holt hat die Magna Carta von 1225 ediert, vgl. Holt, *Magna Carta*, 501–511.
[172] D. Carpenter, *Minority*, 379.
[173] D'Avray, *Background*, 431–432.

den folgenden Monaten sowohl für die Einsammlung des Fünfzehnten als auch für die Auszahlung der Gelder zuständig und verantwortlich. Heinrich III. oder Hubert de Burgh mussten daher Gelder, die sie aus diesem Fonds erhielten und zweckentfremdeten, an die Bischöfe zurückzahlen.[174] Langton unterstützte mit Sicherheit dieses Zugeständnis an die Magnaten. Er war möglicherweise sogar der eigentliche Initiator, schließlich wurden gerade seine beiden Verbindungsmänner am Hof, Richard le Poore und Joscelin von Wells, mit der Betreuung der Gelder beauftragt.

Der Fünfzehnte war ein großer Erfolg, insgesamt brachte er Heinrich III. etwa 60.000 Mark zusätzlich ein, ein Beweis dafür, über welches Maß an Autorität der König mittlerweile wieder in ganz England verfügte.[175] Langton nutzte seinen großen Einfluss am königlichen Hof und sicherte dem englischen Klerus Privilegien bei der Erhebung des Fünfzehnten. Ursprünglich war der Kirche erlaubt worden, die Erhebung der Abgabe auf ihrem Eigengut durch eigene Bailiffs durchführen zu lassen.[176] Auf die Bitte des Erzbischofs hin wurde dieses Privileg auf die Besitzungen ihrer freien Landbesitzer ausgedehnt. Ausgenommen aber waren weiterhin die Besitzungen solcher Männer, die Kirchengüter gegen Ritterdienste hielten.[177] Auch einige Äbte und Prioren gewannen die Zustimmung des Königs, die Schätzungen von ihren eigenen Bailiffs durchführen zu lassen, aber in Begleitung eines Amtsträgers des Bischofs oder eines königlichen Klerikers.[178]

Langton überwies als einziger Magnat einen Teil des Fünfzehnten, insgesamt 949 Pfund und 11 Denare, direkt an die königliche Schatzkammer[179] und damit an den beiden eigentlich zuständigen Bischöfen von Bath und Salisbury vorbei, die den Geldtransfer aber auf ihren Abrechnungen über den Fünfzehnten notierten.[180] Ein Teil dieses

---

[174] Mitchell, *Studies in taxation*, 167–168; Cazel, The fifteenth, 67 und D. Carpenter, *Minority*, 379.

[175] Cazel, The fifteenth, 69–71 und D. Carpenter, *Minority*, 380–381.

[176] *Cal. Pat. Rolls*, I, 560. Für einen Überblick über die Modalitäten der Erhebung und der Einsammlung des Fünfzehnten vgl. Mitchell, *Studies in taxation*, 164–168.

[177] *Cal. Pat. Rolls*, I, 572–573.

[178] Ebd., 525 und 572 und Mitchell, *Studies in taxation*, 166–167. Langton wurde es zudem gestattet, die Schätzung des Fünfzehnten auf die Besitzungen des Kathedralklosters Christ Church in Essex durch seine eigenen Bailiffs durchführen zu lassen, vgl. *Rot. Lit. Claus.*, II, 33.

[179] Cazel, The fifteenth, 74–75 und *PRO E 372/70*, fol. 13.

[180] Cazel, The fifteenth, 68. 666 Pfund und 13 Denare zahlte Langton an die beiden Bischöfe und den extra eingerichteten *exchequer*, vgl. Cazel, The fifteenth, 74–75.

Geldes, insgesamt 254 Pfund, 11 Schillinge und 12 Denare, war für Richard von Cornwall in Poitou als Soforthilfe bestimmt.[181] Im Juni 1225 wurden weitere Magnaten mit Geldern aus dem Fünfzehnten Langtons finanziell unterstützt. 300 Mark flossen an John Marshal und 200 Mark an William Marshal, die beide für den König in Irland aktiv waren.[182] 50 Mark erhielten die Gesandten des Königs in Frankreich, Stephen de Lucy und Godfrey of Crowcombe, für ihre Unkosten.[183] Diese Überweisungen an dem möglicherweise von Langton selbst speziell für den Fünfzehnten eingerichteten *exchequer* vorbei unterstreichen seine Ausnahmestellung am königlichen Hof und verdeutlichen das Vertrauen, das ihm von den Magnaten entgegengebracht wurde. Für die Privilegierung des Erzbischofs spricht auch der spätere Umgang mit seinen Schulden aus dem Fünfzehnten, die er ab 1227 in jährlichen Raten abbezahlen durfte.[184] Weshalb aber gestattete es Langton, dass ein Teil der Erträge aus dem von ihm entrichteten Fünfzehnten an Magnaten floss, die nicht in direkter Verbindung mit dem Kämpfen auf dem europäischen Festland standen, dass also dieses Geld entgegen dem Sinne der Vereinbarung vom Februar 1225 zweckentfremdet wurde? Möglicherweise bestanden Sachzwänge, etwa akuter Geldbedarf, denen kurzfristig nur mit den Erträgen aus dem Fünfzehnten des Erzbischofs

---

[181] *Cal. Pat. Rolls*, I, 531 und *PRO E 372/70*, fol. 13.

[182] *Calendar of documents relating to Ireland, 1171–1251*, Nr. 1118, 170 und Nr. 1140, 173 und Annales de Dunstaplia, 92. John Marshal etwa hatte sich im Oktober 1224 aus Irland an Hubert de Burgh mit der dringenden Bitte nach finanzieller Unterstützung gewandt, vgl. *PRO SC 1*, I, Nr. 141.

[183] *CFR 1224–1225*, Nr. 207.

[184] Anfang September 1226 erhält Langton zunächst die Erlaubnis, seine Schulden, unter anderem die noch ausstehenden Gelder aus dem Fünfzehnten, in jährlichen Raten von 200 Pfund abzubezahlen, vgl. *CFR 1225–1226*, Nr. 262 und *PRO E 368/9*, fol. 1r. Kurz darauf konnte er mit Zustimmung des Königs 400 Pfund seiner Schulden William de Eynsford übertragen, die jährlichen Raten des Erzbischofs wurden auf 100 Pfund gesenkt, vgl. *CFR 1225–1226*, Nr. 297 und 313; *PRO E 368/9*, fol. 1r und *PRO E 159/9*, fol. 4. Schließlich konnte Langton weitere Schulden an den König stornieren, indem er 200 Mark an Richard de Argentium übertrug. Die restlichen Schulden von etwa 300 Pfund sollte er in den nächsten zwei Jahren in Raten von 100 Mark abbezahlen, vgl. *CFR 1226–1227*, Nr. 254; *PRO E 372/70*, fol. 9r und fol. 13 und *PRO E 159/9*, fol. 4 und fol. 11r. In seinem letzten Lebensjahr zahlte Langton die vereinbarten Raten, nach seinem Tod tilgten seine Testamentsvollstrecker ein Teil der Schulden, den Rest erbte sein Nachfolger als Erzbischof von Canterbury, vgl. *PRO E 372/71*, fol. 8; *PRO E 372/72*, fol. 13r. und *PRO E 159/10*, fol. 1. Auch William de Eynsford und Richard de Argentium begannen mit der Rückzahlung ihrer übernommenen Schulden. Von William de Eynsford übernahm schließlich William von St. Johann die ausstehenden Schulden, vgl. *PRO E 372/71*, fol. 8 und fol. 12; *PRO E 372/72*, fol. 7r, fol. 8 und fol. 13r; *CFR 1227–1228*, Nr. 306 und *CFR 1228–1229*, Nr. 29.

begegnet werden konnte. Wir wissen aber nicht, ob diese Gelder später in den Fonds zurückgezahlt wurden, der von den beiden Bischöfen verwaltet wurde.

Der überwiegende Teil der Gelder aus dem Fünfzehnten floss jedoch in den Feldzug auf dem Kontinent. Als im Juni 1225 der Heerzug zu scheitern drohte, weil die finanziellen Ressourcen allmählich erschöpft waren, konnte Heinrich III. dank des Fünfzehnten seinem Bruder Richard Cornwall weitere Gelder schicken. Mitte August erreichte das erste Schiff mit 6.000 Mark Silber beladen das Festland, bis Ende August 1226 wurden 52.341 Mark aus dem Fünfzehnten für die Rückeroberung der Gascogne ausgegeben.[185] Während man die Herrschaft des englischen Königs über die gesamte Gascogne neu etablierte, wurden aber keine ernsthaften Versuche unternommen, Poitou zurückzuerobern, weil dort mit einer direkten Intervention Ludwigs VIII. zu rechnen gewesen wäre.[186] Parallel zu den Heerzügen versuchte der englische Königshof neue Bündnisgenossen gegen den französischen König zu gewinnen. Langton übernahm bei den Verhandlungen mit dem Herzog von Österreich über eine Heirat von dessen Tochter mit Heinrich III. einen führenden Part. Die Briefe des Königs vom 3. Januar 1225 an den Herzog von Österreich, die diesen über die englische Gesandtschaft informierten, die Heinrich III. für die Verhandlungen über eine Heiratsallianz sandte, sind nur vom Erzbischof namentlich bezeugt.[187] Daneben wurde auch über eine Heirat zwischen Heinrichs Schwester Isabella und dem Sohn von Kaiser Friedrich II., dem römischen König Heinrich, verhandelt. Beide Initiativen blieben aber letztendlich ohne Erfolg.[188]

Die Magna Carta hatte im Februar 1225 ihre endgültige Form erhalten. Alle späteren Neuveröffentlichungen waren Bestätigungen der Urkunde in der Fassung von 1225. Die Version von 1225 selbst war gegenüber jener von 1217 kaum noch verändert worden. Es wurde eine neue Präambel hinzugefügt, in der es heißt, der König habe die Urkunde *spontanea et bona voluntate* gewährt, nicht mehr, wie es 1217 heißt, auf Grund des Rates des Legaten, der Bischöfe, Earls und

---

[185] *Roll of divers accounts*, 54–63 und D. Carpenter, *Minority*, 377–378.
[186] Norgate, *Minority*, 254 und D. Carpenter, *Minority*, 378.
[187] *Foedera*, 176 und *Cal. Pat. Rolls*, I, 501.
[188] Norgate, *Minority*, 252–253; Powicke, *Henry III*, 159 und Vincent, *Peter des Roches*, 240.

Barone.[189] Man versuchte mit dieser neuen Formulierung die Problematik zu umgehen, dass Heinrich III. noch keine Urkunden mit ewiger Rechtsdauer ausstellen konnte, da er noch nicht volljährig war. Der König hatte 1223 zwar schon einen Teil seiner Regalienmacht erhalten, zudem war die Ausstellung der Urkunde 1225 das Ergebnis von Verhandlungen zwischen dem König und seinen Vasallen, es war also keinerlei Zwang auf den Herrscher ausgeübt worden, dennoch blieb eine Restunsicherheit über den Status und die Gültigkeit der Magna Carta bestehen, bis Heinrich III. sie schließlich 1237, nun seit langem volljährig, erneut bestätigte.[190] Da die Urkunde 1225 inhaltlich gegenüber jener Version von 1217 nicht verändert worden war, war Artikel 1 nicht in der ursprünglichen Fassung von 1215, sondern nur in der verkürzten Form, ohne Verweis auf die Urkunde Johanns über freie Kirchenwahlen, aufgenommen worden.[191] Langton, der 1215 zusammen mit den Bischöfen für Artikel 1 verantwortlich gewesen war, wird sich 1225, so muss man eigentlich annehmen, für die ursprüngliche Fassung eingesetzt haben, nachdem er 1216 und 1217 an den Neufassungen nicht beteiligt gewesen war. Warum er keinen Erfolg hatte, darüber kann nur spekuliert werden. Möglicherweise befürchtete Hubert de Burgh, dass, sollte er der Forderung des Erzbischofs nachgeben, auch andere Magnaten weitere Nachbesserungen fordern würden. Somit hätte die Gefahr bestanden, dass langwierige Verhandlungen eine Erhebung des Fünfzehnten verzögerten. Vielleicht aber hatte Langton selbst gar keinen Anlass gesehen, den expliziten Bezug auf freie Kirchenwahlen wieder aufzunehmen, schließlich waren in den vergangenen Jahren, vermutlich unter seiner Anleitung und häufig im Konsens mit Vertretern des Regentschaftsrates, Kandidaten zu Bischöfen gewählt worden, die seine Unterstützung hatten.[192]

Die Praxis, wonach der König die Magna Carta zusammen mit der Waldcharter als Gegenleistung für den Konsens der Magnaten zur Erhebung von Abgaben ausstellte, wiederholte sich im Laufe des 13. Jahrhunderts, so schon 1237, als Heinrich III. erneut eine Abgabe auf alle *mobilia* forderte.[193] Holt zufolge besaß die Magna Carta seither

---

[189] Magna Carta 1225, in: Holt, *Magna Carta*, 501–502 und Turner, *Magna Carta through the ages*, 86–87.
[190] D. Carpenter, *Minority*, 383 und Holt, *Magna Carta*, 393.
[191] Magna Carta 1215, in: Holt, *Magna Carta*, 448–451.
[192] Für die Bischofswahlen in der Provinz Canterbury zwischen 1220 und 1228 vgl. unten, 397–401.
[193] Turner, *Magna Carta through the ages*, 86.

eine doppelte Geschichte.[194] Sie wurde einerseits zusammen mit der Waldcharter zum Bestandteil des englischen Rechts, auf die sich insbesondere der niedere Adel, die Ritter und *tenants* in den Grafschaften bei ihren Konflikten sowohl mit königlichen Amtsträgern als auch mit ihren Lehnsherrn, den Baronen, beriefen.[195] Eine Voraussetzung für die Verankerung der Urkunde in der englischen Rechtskultur war ihre breite Bekanntmachung. Im Gegensatz zu 1215, als sich der englische Episkopat der Bewahrung und Verbreitung der Magna Carta angenommen hatte, sorgte 1225 der König selbst für ihre Bekanntmachung im ganzen Land. Kopien der Magna Carta und der Waldcharter wurden in alle Grafschaften gesandt und die Sheriffs mit ihrer Publizierung beauftragt.[196] Schon 1217 war man ähnlich verfahren, als den Sheriffs befohlen worden war, die Urkunden in den Grafschaftsgerichten verlesen zu lassen.[197] Daneben entwickelte sich die Magna Carta im Verlauf des 13. Jahrhunderts zu einer Art Banner, „under which discontented subjects rallied against their king".[198] Der Ruf nach ihrer Bestätigung wurde nun ein fundamentaler Bestandteil politischer Reformbewegungen. Unter dem Banner der Magna Carta wurde nicht nur die Überzeugung propagiert, dass der König unter dem Gesetz stehe, sondern von den unzufriedenen Baronen auch wieder vermehrt die Forderung nach politischer Mitbestimmung erhoben. Heinrich III. akzeptierte zwar grundsätzlich die Kapitel der Magna Carta als Grenzen seiner Herrschaft. Nachdem er sich aber 1234 endgültig von den Fesseln der Minderjährigkeit gelöst hatte, und jene Herrschaftsjahre begannen, die in der englischen Forschung als *personal rule* umschrieben werden, verließ er sich beim Regieren, wie einst sein Vater Johann, auf einen kleinen Kreis sozialer Aufsteiger am Hof, denen er auch bevorzugt Ämter übertrug und seine Patronage zuteil werden ließ. Die Barone, die während der Minderjährigkeit Heinrichs III. in hohem Maße in die Politikgestaltung eingebunden worden waren, wurden nun wieder weitgehend von der Beratung des Königs ausgeschlossen.[199] Das Resultat war der erneute Ruf der Magnaten nach institutioneller Mitbestimmung, um den Monarchen kontrollieren und ihn zur Einhaltung der

---

[194] Holt, *Magna Carta*, 397.
[195] Ebd., 390–393 und D. Carpenter, *Struggle for Mastery*, 308–309.
[196] Rogerus de Wendover, *Flores historiarum*, II, 282–283; Walter of Coventry, *Historical collections*, 256 und *Rot. Lit. Claus.*, II, 70 und 73.
[197] *Rot. Lit. Claus.*, I, 336 und 377 und Turner, *Magna Carta through the ages*, 83.
[198] Turner, *Magna Carta through the ages*, 2–3.
[199] Turner, *Magna Carta through the ages*, 88–90 und D. Carpenter, *Minority*, 404–412.

Gesetze zwingen zu können. Die Magna Carta in der Fassung von 1215 hatte ein solches Konzept der institutionalisierten Kontrolle durch den Ausschuss der 25 Barone auf radikale Weise umgesetzt. Die Versionen der Urkunde von 1216, 1217 und 1225 dagegen hatten Artikel 61 fallen gelassen und auch die Erhebung des Schildgeldes nicht mehr vom Konsens der Großen abhängig gemacht. Das hieß aber nicht, dass die Barone auf den Anspruch verzichtet hatten, vom König in allen wichtigen Fragen gehört zu werden. Sie hatten nur auf eine Institutionalisierung der Kontrolle verzichtet, weil sie während der Minderjährigkeit Heinrichs III. nicht um ihren Status als wichtigste Berater des Königs hatten fürchten müssen. Erst als Heinrich III. während seiner *personal rule* den Baronen ihr Mitspracherecht im königlichen Rat verweigerte, wurden diese Forderungen mit Berufung auf die Magna Carta wieder artikuliert. Kaufhold zufolge lässt sich darin ein Rhythmus politischer Krisen im 13. Jahrhundert erkennen: „Das Potential der Widerstandstradition, die im Artikel 61 der Magna Carta einen ersten historischen Ausdruck fand, wurde immer dann aktiviert, wenn die bedeutenden Untertanen des englischen Königs seine Herrschaftspraxis als willkürlich empfanden. Die institutionellen Garantien, die sie dann für die Kontrolle des Königs vorsahen, dienten der Vermeidung solcher Krisen in der Zukunft, und sie verschwanden zunächst wieder, wenn die aktuelle Zuspitzung überwunden war.“[200]

Langton hatte die politische Idee von einer vom Recht begrenzten Königsherrschaft, die den Willen der Untertanen einband, schon als Theologe in Paris vertreten und dort aus dem illegitimen Ursprung des Königtums die Notwendigkeit einer Beschränkung der Herrschaft des Monarchen abgeleitet. Nach seiner Ankunft in England 1213 hatte er als Fürsprecher der unzufriedenen Barone diese Vorstellungen in einem schriftlichen Reformprogramm fixiert, das im Sommer 1215 als Grundlage für die Magna Carta diente. Die Urkunde erwies sich als so wirkungsmächtig, dass die königstreuen Magnaten sie in einer Neufassung 1216 und 1217 wiederveröffentlichten. Nach seiner Rückkehr aus Rom 1218 nutzte der Erzbischof seine wiedergewonnenen politischen Gestaltungsspielräume, um sich zweimal für eine Bestätigung der Magna Carta durch Heinrich III. einzusetzen. 1225 verlieh er der Urkunde zusätzliche Autorität, indem er zusammen mit seinen

---

[200] Kaufhold, *Rhythmen politischer Reform*, 103, 95–97 und 106–113. Vgl. dazu auch Turner, *Magna Carta through the ages*, 89–98 und Holt, *Magna Carta*, 396–397.

Suffraganen jeden feierlich mit der Exkommunikation belegte, der sich gegen sie wendete.[201]

Wie d'Avray in seinem Beitrag über die Wurzeln der Magna Carta darlegt, folgten die Erzbischöfe von Canterbury im 13. Jahrhundert dem Beispiel Langtons. Sie pflegten, wie ihr Vorgänger, einen kritischen Umgang mit der Krone, setzten sich mit ihrer Autorität für die Bewahrung und Achtung der Magna Carta ein und trugen damit dazu bei, dass der Gedanke einer beschränkten Königsherrschaft fortlebte.[202] Als etwa 1237 die Urkunde von Heinrich III. bestätigt wurde, veröffentlichte der damalige Erzbischof von Canterbury, Edmund von Abingdon, möglicherweise ein Schüler Langtons in Paris,[203] erneut den Bannspruch seines Vorgängers.[204] Auch als nach 1250 die Unzufriedenheit unter den Baronen über die Herrschaftsmethoden Heinrichs III. wieder stärker wurde, exkommunizierte Erzbischof Bonifaz von Savoyen 1253 all jene, die sich gegen die Magna Carta wendeten.[205] Nur ein Jahr später bestätigte zudem Papst Innozenz IV. den Bannspruch Langtons.[206] Zuletzt sei an John Peckham erinnert, der gleich nach seiner Ernennung zum Erzbischof 1279 ein Provinzkapitel einberief, auf dem die öffentliche Ausstellung der Magna Carta in allen Kathedral- und Kollegiatskirchen der Provinz beschlossen wurde.[207] Der englische Episkopat, an seiner Spitze der Erzbischof von Canterbury, entwickelte sich zu einer Instanz, die das Ideal einer beschränkten Königsherrschaft weitertrug, das seinen Ausdruck in der Magna Carta fand.

Im Zusammenhang mit der weiteren Entwicklung der Magna Carta während der Herrschaftsjahre Heinrichs III. sei die Frage gestellt, inwieweit Langton sich persönlich an der Erziehung des jungen Königs beteiligt und versucht hatte, diesen mit den grundlegenden Ideen der Magna Carta vertraut zu machen. Dabei gilt es zunächst, das persönliche Verhältnis zwischen dem Erzbischof und dem König zu klären. In den Quellen sind kaum verwertbare Aussagen zu finden. Der *Barnwell*-Chronist zumindest berichtet von einer herzlichen Zuneigung, die Langton gegenüber dem jungen König wegen dessen Unschuld

---

[201]   Annales de Theokesberia, 68; Annales de Wigornia, 417; Matthaeus Parisiensis, *Chronica Majora*, III, 382 und *Councils and synods*, 205–207.

[202]   D'Avray, Background, 433–434 und Holt, *Magna Carta*, 396.

[203]   Lawrence, *St. Edmund*, 122.

[204]   *Councils and synods*, 205–207.

[205]   Turner, *Magna Carta through the ages*, 93.

[206]   *Councils and synods*, 474–475.

[207]   Kaufhold, Erzbischöfe von Canterbury und die Magna Carta, 50–51.

empfunden habe.[208] Aus den überlieferten Textfragmenten des *officium* für die *translatio* Beckets, die vermutlich aus der Feder des Erzbischofs stammen, lässt sich ein ähnliches Bild von Heinrich III. entnehmen, nämlich das Portrait eines jungen, gänzlich unschuldigen Königs.[209] Langton könnte daher mit dem jungen Monarchen die Hoffnung auf eine gerechte Königsherrschaft verbunden und in ihm eine Art Gegenbild zu seinem Vater König Johann gesehen haben. Möglicherweise hatte der Erzbischof den jungen Heinrich III. tatsächlich zunächst für seine Ideale und Überzeugungen gewinnen können. Als Indiz kann die Erzählung Wendovers über die Bestätigung der Magna Carta 1223 dienen. Der Chronist berichtet dort von einem Einschreiten des Königs, der, als er den Ärger Langtons über die Intervention William Brewers gewahr wurde, zusicherte, die Freiheiten auch in Zukunft zu beachten.[210] Der 15-jährige Heinrich III. akzeptierte offenbar Langton als Autorität in dieser politischen Auseinandersetzung um die Bestätigung der Magna Carta. Als Erwachsener aber, der sich von den Einflüssen der Magnaten aus der Ära seiner Minderjährigkeit befreit hatte, herrschte er ohne Einbindung der und häufig auch ohne Rücksicht auf die Barone und beging damit die gleichen Fehler wie sein Vater Johann, vor denen der alte Erzbischof ihn vermutlich gewarnt hatte.

Allein zwei weitere politische Auftritte Langtons sind für das Jahr 1225 überliefert. Der Erzbischof war zum einen mit einer Reihe weiterer Magnaten an den Verhandlungen beteiligt, die Anfang Mai zu einer Vereinbarung zwischen Heinrich III. und der Gräfin von Augi über die Burg von Hastings führten.[211] Mitte August ist ein weiterer, kurzer Aufenthalt Langtons am königlichen Hof überliefert. In seiner Anwesenheit wurde dem Erzbischof von Dublin, der dem König als Justiziar in Irland gedient hatte, ein Privileg ausgestellt.[212] Bei dieser Gelegenheit übertrug Heinrich III. Langton *ad opus fratris Walteri,*

---

[208] Walter of Coventry, *Historical collections*, 244.

[209] Vgl. oben, 266.

[210] Rogerus de Wendover, *Flores historiarum*, II, 269 und vgl. oben, 312–313.

[211] *Foedera*, 180 und *Cal. Pat. Rolls*, I, 579.

[212] *Cal. Pat. Rolls*, I, 544. William Marshal hatte im Mai 1224 das Amt als Justiziar von Irland vom Erzbischof von Dublin übernommen und nach seiner Ankunft im August 1224 den Kampf gegen Hugh de Lacy fortgesetzt. Dieser unterwarf sich schließlich im Oktober und wurde daraufhin zurück nach England gesandt. Der Earl von Pembroke setzte sich bei Heinrich III. für ihn ein, doch erst im Mai 1225 wurde die Herrschaft über Ulster seinem Bruder Walter de Lacy zur Aufsicht übergeben, ein Jahr später schließlich an Hugh de Lacy selbst, vgl. Orpen, *Ireland under the Normans*, 42–48 und Otway-Ruthven, *Medieval Ireland*, 91–92. Den Annalen von Dunstable zufolge hatte

also zu Gunsten seines älteren Bruders Walter Langton, die Aufsicht über die Lehen des erwähnten Nicholas de Anesty in der Grafschaft Essex und die Vormundschaft über dessen Tochter und Erbin Denise, inklusive des *maritagium*.[213] Kurz darauf wurde zusätzlich ein königliches Mandat ausgestellt, das die Übergabe der Burg Anesty an Robert von Ruxley, den Seneschall des Erzbischofs, anordnete.[214] Die Gebrüder Langton hatten sich offenbar um das königliche Privileg bemüht, um Walter ein Erbe zu sichern, das neben hohem materiellen Gewinn auch den sozialen Aufstieg versprach.[215] Sie hatten sich beim Werben um das Erbe aber gegen einen einflussreichen Konkurrenten durchsetzen müssen. William Marshal hatte sich an Joscelin von Wells, den Bischof von Bath, mit der Bitte gewandt, bei der Vergabe der Aufsicht über das Erbe Anestys zu seinen Gunsten auf den König einzuwirken oder zumindest eine Entscheidung zu verzögern, bis er selbst mit dem König habe sprechen können.[216] Doch obwohl der Earl von Pembroke ein mächtiger Verbündeter Hubert de Burghs war, hatte er gegenüber dem Erzbischof schließlich das Nachsehen. So heiratete Walter Langton spätestens 1226 die Erbtochter Denise.[217] Das verliehene Privileg Heinrichs III. verdeutlicht daher zum einen den Status und das hohe Ansehen, das Stephen Langton trotz seines beginnenden Rückzugs aus der Politik weiterhin am Hof des Königs genoss. Zum anderen ist es ein weiterer Beleg für den ausgesprochenen Familiensinn des Erzbischofs, der 1225 seinem Bruder Walter am Königshof auch wertvolle Unterstützung in einem Rechtsstreit um mehrere Lehen leistete.[218]

XII.4. *Die Kirchenversammlungen 1226*

1226 war das letzte Jahr, in dem Langton über eine Reihe von Kirchenversammlungen die Politik Englands maßgeblich mitgestaltete. Wie bereits erwähnt, war es Fawkes de Breauté und den Vertretern der Partei um den Earl von Chester an der Kurie gelungen, Honorius III.

Langton dem exkommunizierten Hugh de Lacy nach dessen Rückkehr aus Irland die Absolution erteilt, vgl. Annales de Dunstaplia, 92.

[213] *Rot. Lit. Claus.*, II, 57.
[214] *Cal. Pat. Rolls*, I, 543.
[215] Powicke, *Langton*, 7.
[216] *PRO SC 1*, II, Nr. 19.
[217] *PRO E 372/70*, fol. 2r.
[218] *Curia Regis Rolls*, XII, 5 und 189–190.

für die Entsendung eines päpstlichen Boten zu gewinnen. Der *nuncio* des Papstes, Otto, erreichte im September 1225 England.[219] Sein Auftrag lautete, für eine Versöhnung zwischen Heinrich III. und Fawkes de Breauté und für die Rehabilitierung des gestürzten Magnaten zu sorgen. Darüber hinaus sollte Otto die englischen Prälaten für ein wichtiges Vorhaben des Papstes gewinnen, mit dem dieser die stets prekäre finanzielle Lage der Kurie verbessern wollte. Honorius III. griff dabei auf Pläne seines unmittelbaren Vorgängers zurück. Innozenz III. hatte auf dem Vierten Lateranum vorgeschlagen, dass jede Kathedralkirche zehn Prozent ihrer Einnahmen an Rom abführen solle.[220] Seine Pläne wurden aber von den Konzilsvätern abgelehnt. Sein Nachfolger erbat nun von jeder Kirchenprovinz die Reservierung einer Pfründe in allen Kathedral- und Stiftskirchen für die Kurie sowie eine äquivalente feste Abgabe des Episkopats und der Klöster, deren Höhe sich nach dem Reichtum der Betroffenen richten sollte. Die Einnahmen sollten dazu dienen, die Amtsträger in Rom zu bezahlen, die damit in Zukunft nicht mehr auf Geschenke und Gunsterweise der zahlreichen Bittsteller und Prozessparteien angewiesen wären. Honorius III. gedachte so die in Rom stets wuchernde Korruption zu bekämpfen, welche europaweit bittere Klagen provozierte und das Ansehen der Kurie stark beschädigte.[221]

Um über diesen Vorschlag des Papstes zu beraten, berief Langton im November 1225 eine Kirchenversammlung für den 6. Januar 1226 nach London ein.[222] Er sandte sein Mandat an seinen Suffragan aus London, der die anderen Bischöfe der Provinz Canterbury für das geplante Treffen einladen sollte, die ihrerseits wiederum die Dekane, Archidiakone und Häupter der religiösen Häuser ihrer Diözese zur Versammlung einbestellen sollten.[223] Ein entsprechendes Mandat des Bischofs von London an den Bischof von Salisbury ist überliefert, ebenso ein Mandat Richard le Poores an den Dekan seines Domkapitels.[224] Diese Form der Kommunikation des Erzbischofs mit seiner Provinz hatte sich spätestens

---

[219] *Councils and synods*, 155; *Royal letters*, Nr. 221, 265–269; Nr. 222, 269 und Nr. 223, 270–271 und *Diplomatic Documents*, Nr. 190, 127–128.

[220] *Giraldi Cambrensis Opera*, IV, 305 und Cheney, *Innocent III*, 396.

[221] Walter of Coventry, *Historical collections*, 274–276; *Register of S. Osmund*, II, 366–369; *Councils and synods*, 155 und Lunt, *Financial relations of the papacy*, 179–184.

[222] Langton und der päpstliche Bote Otto waren sich schon im Sommer 1225 begegnet, als sie zusammen mit einigen Earls und Klerikern als Gäste von Peter des Roches auf dessen Gütern Twyford und Farnham weilten, vgl. Vincent, *Peter des Roches*, 224.

[223] *Acta Stephani*, Nr. 79, 99.

[224] *E.E.A., Salisbury 1078–1217*, Nr. 366, 349–350.

im 13. Jahrhundert etabliert. Der Metropolit kontaktierte über den Bischof von London, der seit dem 12. Jahrhundert als Dekan der Provinz Canterbury bezeichnet wurde, alle weiteren Suffragane und informierte sie auf diese Weise über seine Pläne. Die drei erwähnten Mandate vom November 1225 sind die frühesten überlieferten Beispiele.[225]

Die Kirchenversammlung am 6. Januar endete ohne greifbares Ergebnis. Heinrich III. war nach Weihnachten schwer erkrankt, woraufhin Langton und weitere Bischöfe am Krankenbett des Königs in Marlborough blieben, während der restliche Episkopat in London zusammentraf. Die versammelten Prälaten nahmen die Abwesenheit ihres Metropoliten zum Anlass, die Entscheidung über die Bitte des Papstes auf ein späteres Treffen zu vertagen.[226] Im Februar 1226 startete Langton einen erneuten Anlauf und sandte wiederum ein Mandat an den Bischof von London, alle Bischöfe, Äbte, Prioren, Dekane von Dom- und Stiftskirchen, Archidiakone sowie Prokuratoren von Kathedralen, Kollegiatskirchen und religiösen Häusern für den 3. Mai in London zu versammeln, um über die Vorschläge des Papstes zu beraten.[227] Das Treffen fand aber ohne den päpstlichen Boten statt. Nach dem Bericht Wendovers gelang es Langton, die Kurie zur Ausstellung mehrerer Briefe zu bewegen, die Otto zurückbeorderten, der schließlich England im April 1226 verließ.[228] Dessen Mission scheiterte vollständig. Der am 3. Mai versammelte Klerus lehnte die Bitte des Papstes ab.[229] Die englische Kirche folgte damit dem Beispiel der französischen Geistlichen, die schon am 30. November 1225 in Bourges dem päpstlichen Vorschlag eine abschlägige Antwort erteilt hatten.[230]

---

[225] Churchill, *Canterbury Administration*, I, 355.

[226] *Register of S. Osmund*, II, 45 und Rogerus de Wendover, *Flores historiarum*, II, 295–297.

[227] *Acta Stephani*, Nr. 83, 102–103. Wiederum sind entsprechende Mandate des Bischofs von London an seinen Kollegen aus Salisbury und des Bischofs von Salisbury an den Dekan seines Domkapitels überliefert, vgl. *E.E.A., Salisbury 1078–1217*, Nr. 367, 350–351.

[228] Rogerus de Wendover, *Flores historiarum*, II, 304 und Lunt, *Financial relations of the papacy*, 186, Anm. 2.

[229] Es ist kein offizielles Dokument überliefert, das die Absage an den Papst enthält. Die Chronisten aber berichten übereinstimmend von der Ablehnung der päpstlichen Vorschläge, vgl. *Register of S. Osmund*, II, 51; Annales de Dunstaplia, 99; Rogerus de Wendover, *Flores historiarum*, II, 304–305 und Walter of Coventry, *Historical collections*, 279.

[230] Walter of Coventry, *Historical collections*, 276–279; Rogerus de Wendover, *Flores historiarum*, II, 299–304; *Councils and synods*, 156 und Lunt, *Financial relations of the papacy*, 186.

Heinrich III., der an der Versammlung am 3. Mai in London teilnahm, unterstützte zusammen mit den weltlichen Magnaten die Ablehnung der päpstlichen Vorschläge durch den Klerus. Seine Amtsträger hatten vermutlich den Erfolg der Mission Ottos von Anfang hintertrieben.[231] Dahinter standen wahrscheinlich handfeste Eigeninteressen. Heinrich III. selbst hatte nämlich spätestens im Frühjahr 1226 die englische Kirche mit der Bitte nach einer weiteren Abgabe bedrängt. Die Vorschläge des Papstes bedeuteten daher eine unliebsame Konkurrenz bei dem Werben um finanzielle Unterstützung.[232] Der König konnte sich aber bei seinen eigenen Forderungen auf ein Mandat von Honorius III. berufen. Der Papst hatte schon im Februar 1225 auf Bitten Heinrichs III. und seiner Berater den englischen Klerus dazu aufgerufen, proportional zu seinem Einkommen einen finanziellen Beitrag zur Unterstützung des Königs zu leisten.[233] Von der Erhebung des Fünfzehnten im Frühjahr 1225 war aber nur ein Teil der Kirche betroffen gewesen, denn allein die weltlichen Lehen und das Eigengut der Bischöfe, Äbte, Prioren und weiterer Ordensgeistlicher waren besteuert worden. Heinrich III. wandte sich daher Ende Mai mit einer entsprechenden Bitte zur finanziellen Hilfe an die Kirche. Die Bischöfe sollten den Klerus ihrer Diözese versammeln und diesen überzeugen, eine Abgabe an den König zu leisten.[234] Zuvor hatte sich Heinrich III. die Zustimmung Langtons gesichert, möglicherweise auf jener Versammlung am 3. Mai, auf der der versammelte Klerus mit der Rückendeckung des Königs die Vorschläge des Papstes zurückwies. Er sicherte nicht nur zu, dass die geforderte Abgabe keinen Präzedenzfall bilden solle, sondern bewilligte Langton und der Kirche als Gegenleistung auch den Zehnten aus dem Heu und den Erzeugnissen der Mühlen auf seinem Eigengut und versprach, die Magnaten von einer ähnlichen Schenkung zu überzeugen.[235] Möglicherweise erhielt Heinrich III. auf seine Schreiben zunächst nicht die erhofften Reaktionen und bat daher Langton bei einem seiner nur noch äußerst seltenen Aufenthalte am königlichen Hof im Juli, selbst tätig zu werden.[236] Zumindest verfasste der Erzbischof Anfang Juli eine

---

[231] Rogerus de Wendover, *Flores historiarum*, II, 295–297 und 304–305; Walter of Coventry, *Historical collections*, 279 und Annales de Oseneia, 66–67.
[232] Barker, *Dominican order and convocation*, 47–48.
[233] *Cal. Pat. Rolls*, I, 585 und *Councils and synods*, 160.
[234] *Rot. Lit. Claus.*, II, 152.
[235] Ebd. und *BL Ms. Cotton Julius D v*, fol. 24r–25.
[236] Es ist ein königliches Mandat überliefert, das am 2. Juli 1226 in Anwesenheit Langtons ausgestellt wurde, vgl. *Cal. Pat. Rolls*, II, 49–50.

Aufforderung an seine Suffragane, die Kleriker ihrer Diözese von der Notwendigkeit einer finanziellen Hilfe an den König zu überzeugen.[237] Er schlug den Zwölften oder Vierzehnten als Abgabe vor.[238] Heinrich III. und Langton hatten also zunächst keine Kirchenversammlung der gesamten Provinz vorgesehen, um über die Bitte des Königs zu entscheiden. Jede Diözese sollte ursprünglich darüber einzeln befinden, bis das Domkapitel von Salisbury sich im August 1226 an seinen Bischof wandte und eine Konzilsentscheidung über diese Abgabe forderte.[239] Seine Bitte wurde erhört und eine Versammlung für den 13. Oktober einberufen.[240] Dort entschied man, den Sechzehnten von allen Kirchen, Pfründen und korporativen Vermögen zu erheben, von denen der Fünfzehnte 1225 nicht erhoben worden war.[241] Heinrich III. versprach erneut, dass aus dieser einmaligen Abgabe der Kirche keinerlei Verpflichtung für die Zukunft entstehen solle, der Sechzehnte kein Präzedenzfall sei, der nun zur Gewohnheit werde. Das entsprach der Anforderung, die Langton als Theologe für die Besteuerung von Kirchengütern aufgestellt hatte.[242]

Die drei Kirchenversammlungen des Jahres 1226 waren keine Provinzsynoden im klassischen Sinn, wie sie Langton im April 1222 in Oxford einberufen hatte. Der Erzbischof und seine Suffragane nahmen 1226 keine legislativen und judikativen Aufgaben wahr, wie sie das kanonische Recht für Provinzsynoden vorsah. Es stand nicht die *correctio* des Klerus im Mittelpunkt und es wurden keine Provinzstatuten erlassen.[243] Langton versammelte 1226 den Klerus aus einem anderen, konkreten Anlass, um nämlich mit ihm über die Anfragen des Papstes, beziehungsweise des Königs nach finanzieller Hilfe zu beraten. Solche Zusammenkünfte fanden im Laufe des 13. und 14. Jahrhunderts regelmäßig statt, da Heinrich III., dessen Nachfolger sowie die Päpste wiederholt mit finanziellen Forderungen an die englische Kirche herantraten.[244] Sie wurden zu einer festen Institution, auf denen

[237] *Acta Stephani*, Nr. 88, 106–107 und Walter of Coventry, *Historical collections*, 257.
[238] *Acta Stephani*, Nr. 89, 107–108.
[239] *Councils and synods*, 163.
[240] *Register of S. Osmund*, II, 62–63 und *Councils and synods*, 163–164.
[241] *Acta Stephani*, Nr. 94, 112–113.
[242] *Cal. Pat. Rolls*, II, 64; *Lambeth Ms. 1212*, fol. 31r und vgl. oben, 50.
[243] Kemp, Origins of the Canterbury convocation, 132; Gibbs und Lang, *Bishops and Reform*, 145; Cheney, Legislation of the Medieval English Church, 199–200 und Churchill, *Canterbury Administration*, I, 361.
[244] Kemp, *Counsel and Consent*, 69–71 und Denton, Clergy and Parliament, 93.

der Klerus ohne Beteiligung des Königs und weltlicher Magnaten über Steueranfragen entschied. Für diese Art der Kirchenversammlung, deren Einberufung ein konkreter Anlass, meist finanzielle Fragen, zu Grunde lag, etablierte sich im Laufe der Zeit der Begriff *convocatio* oder *congregatio*.[245] Ab etwa der Mitte des 14. Jahrhunderts wurde die Trennung zwischen *convocatio* und klassischer Provinzsynode unschärfer. In Zukunft wurden auf den Kirchenversammlungen finanzielle Fragen neben Angelegenheiten rein kirchlicher Natur verhandelt.[246]

Die Bedeutung der Versammlungen 1226, und später der *convocatio*, bestand darin, dass der Teilnehmerkreis gegenüber den vorherigen Provinzkonzilien signifikant ausgeweitet wurde. An den Versammlungen am 3. Mai sowie am 13. Oktober 1226 nahmen erstmals neben den Prälaten, Dekanen und Archidiakonen auch Prokuratoren von Kathedral- und Stiftskirchen sowie von Ordenshäusern teil.[247] Diese neue Stufe der Repräsentation des Klerus auf den Kirchenversammlungen 1226 lag in dem Anlass ihrer Einberufung begründet: der Beratung und Entscheidung über die vom Papst und König erhobenen finanziellen Forderungen. In der Kirche begann sich der Gedanke zu etablieren, wonach die Teilnahme an Konzilien für all diejenigen verbindlich sei, die von den dort verhandelten Angelegenheiten direkt betroffen waren. Innozenz III. hatte anlässlich des Laterankonzils 1215 die Kapitel der Kathedralen und Kirchen aufgefordert, Vertreter nach Rom zu schicken, mit der Begründung, die dort diskutierten Angelegenheiten würden auch sie betreffen.[248] Das Domkapitel von Sens beschwerte sich 1216 bei dessen Nachfolger Honorius III. darüber, dass der Erzbischof von Sens und seine Suffragane ihren Prokuratoren auf dem Provinzkonzil verweigert hätten, an den dortigen Beratungen teilzunehmen, obwohl dort Angelegenheiten diskutiert worden seien, die das Kapitel betrafen. Honorius III. betrachtete diese Beschwerden als wohlbegründet und erklärte in einem Brief vom 25. Februar 1217, dass Domkapitel zu solchen Provinzkapiteln eingeladen werden müssten und ihren Vertretern die Teilnahme an den Beratungen zu gestatten sei, gerade an solchen, in

---

[245] Gibbs und Lang, *Bishops and Reform*, 145; Kemp, Origins of the Canterbury convocation, 138 und Robinson, Convocation of Canterbury, 93–94.

[246] Kemp, Origins of the Canterbury convocation, 143 und ders., Archbishop in Convocation, 25–26.

[247] *Acta Stephani*, Nr. 83, 102; *E.E.A., Salisbury 1078–1217*, Nr. 366, 349 und Nr. 367, 350 und *Councils and synods*, 155 und 159.

[248] *Selected Letters of Innocent III*, Nr. 51, 146.

den Themen verhandelt würden, die sie direkt beträfen.[249] Dieses Prinzip der Repräsentation galt insbesondere in einem Bereich, der für den Klerus zunehmend wichtiger wurde, nämlich die Besteuerung ihres Besitzes durch Könige und Päpste. Repräsentation sollte dort zugleich auch das Prinzip des Konsenses beinhalten. Der wachsende Reichtum der Kirche im 12. Jahrhundert hatte zu größeren Begehrlichkeiten seitens der weltlichen Herrscher geführt, auch die *spiritualia* zu besteuern.[250] Als Abwehr und Reaktion darauf hatte das Dritte Lateranum unter Androhung der Exkommunikation weltlichen Herrschern verboten, Abgaben vom Klerus und der Kirche zu erheben. Das Konzil hatte aber eingeräumt, dass der Bischof gemeinsam mit seinem Klerus in Zeiten großer Not dem König eine Abgabe gewähren dürfe.[251] Auf dem Vierten Lateranum wurden die Vorschriften noch einmal verschärft, in dem nun der Papst einer solchen finanziellen, freiwillig vom Bischof und seinem Klerus gewährten Abgabe, zuvor sein Plazet geben musste.[252] Bei der Interpretation dieser Dekrete waren sich die Kanonisten einig. Sowohl der Bischof als auch jene Geistlichen, die von den Abgaben betroffen waren, hatten der finanziellen Hilfe zuzustimmen.[253] Der Klerus musste also nicht nur auf den entsprechenden Versammlungen über Steuerfragen vertreten sein, sondern seine Zustimmung war einzuholen. Es galt das bekannte Prinzip des römischen Rechts: *Quod omnes tangit ab omnibus approbari debet*.[254]

Langton bemühte sich offenbar um eine Umsetzung dieses Prinzips in der Praxis. Der Papst hatte um die Reservierung einer Pfründe in jeder Kathedral- und Stiftskirche für die Kurie gebeten. Dementsprechend berief der Erzbischof für die Versammlung am 3. Mai Vertreter der Kapitel der Kathedral- und Stiftskirchen ein, die, so das entsprechende Mandat, *plene instructi* erscheinen sollten, um über das Anliegen des Papstes zu entscheiden.[255] Auch bezüglich der Anfrage des Königs suchte Langton den Konsens des niederen Klerus sicherzustellen, der von einer

---

[249] *Reg. Hon.*, I, Nr. 373, 66 und Kemp, *Counsel and Consent*, 43–44.

[250] Kemp, *Counsel and Consent*, 56–57 und Denton, Clergy and Parliament, 103.

[251] Foreville, *Lateran*, 257.

[252] *Constitutiones Concilii quarti Lateranensis*, Kap. 46, 85–86 und Foreville, *Lateran*, 429–430.

[253] Kemp, Origins of the Canterbury convocation, 139 und Lunt, Consent of the English lower clergy, 168.

[254] Powicke, *Langton*, 157 und Weske, *Convocation of the clergy*, 41.

[255] *Acta Stephani*, Nr. 83, 102.

Abgabe auf die *spiritualia* besonders betroffen war. Der Erzbischof war mit Heinrich III. übereingekommen, dass die einzelnen Bischöfe mit dem Klerus ihrer Diözese über die Höhe und die Art der Abgabe entscheiden sollten.[256] Dies schloss neben den Ordenshäusern sowie den Kathedral- und Stiftskirchen theoretisch auch den Pfarrklerus des Bistums mit ein. Auf Initiative des Domkapitels von Salisbury wurde die Entscheidung aber einer Kirchenversammlung der Provinz überlassen. Während die Kathedral- und Stiftskirchen sowie Ordenshäuser angewiesen wurden, einen Vertreter nach London zu schicken, nahmen dort aber höchstwahrscheinlich keine Vertreter des Pfarrklerus teil.[257]

Die Kanoniker in Salisbury hatten erkannt, dass die Domkapitel der Provinz ihre Interessen auf einem Konzil besser gemeinsam vertreten konnten, als wenn sie getrennt auf Bistumssynoden über die Abgabe hätten entscheiden müssen.[258] Wie weit fortgeschritten und ausdifferenziert das System der Repräsentation in der englischen Kirche bereits war, zeigen die im Register des Domkapitels von Salisbury überlieferten Dokumente bezüglich der Versammlung am 13. Oktober. Die Kanoniker stellten ihren Prokuratoren präzise Bedingungen, aufgelistet in 11 Punkten, die erfüllt sein mussten, um einer Abgabe zustimmen zu dürfen.[259]

Das System der Repräsentation sollte sich im Laufe der nächsten Jahrzehnte weiterentwickeln, schon bald war auch der Pfarrklerus auf den Kirchenversammlungen durch Prokuratoren vertreten und damit der gesamte Klerus repräsentiert.[260] Die von Langton einberufenen Kirchenversammlungen 1226 markieren in der Forschung den Beginn dieser Entwicklung. Es stellt sich daher die Frage nach dem genuinen Anteil Langtons an diesem Prozess. Ernest Barker hat die Bedeutung Langtons sicherlich überschätzt, als er vermutete, das Prinzip der Repräsentation

---

[256] *Rot. Lit. Claus.*, II, 152 und *Acta Stephani*, Nr. 88, 107 und Nr. 89, 108. Der englische Klerus konnte nur über die Höhe und die Art der Abgabe an den König entscheiden. Er konnte aber die Bitte Heinrichs III. um finanzielle Unterstützung nicht an sich zurückweisen, da das päpstliche Mandat vom Februar 1225 bindend war, vgl. *Councils and synods*, 159 und Lunt, Consent of the English lower clergy, 122.

[257] Lunt gibt zu bedenken, dass der Pfarrklerus seinen jeweiligen an der Versammlung teilnehmenden Archidiakon zuvor instruiert haben könnte. Diese Praxis ist für spätere Kirchenversammlungen, etwa 1257 und 1258, überliefert, vgl. Lunt, Consent of the English lower clergy, 123.

[258] Ebd.

[259] *Register of S. Osmund*, II, 63–65 und Weske, *Convocation of the clergy*, 202–203.

[260] Weske, *Convocation of the clergy*, 204.

habe durch den Erzbischof Einzug in England gehalten. Langton habe in engem Kontakt zum Orden der Dominikaner gestanden, von denen er das System der Repräsentation auf ihren Provinzkapiteln übernommen habe.[261] Die These wurde in der Forschung heftig angezweifelt.[262] Formen der Repräsentation gab es zu Beginn des 13. Jahrhunderts in allen Kirchenprovinzen Europas, in England wurden sie auch schon von weltlichen Institutionen praktiziert.[263] Die Idee einer einzigen Quelle, eines singulären Ausgangspunktes für die Entwicklung der Repräsentation auf den *convocationes* ist daher wenig überzeugend. Langton, so bleibt festzuhalten, war, wie in vielen anderen Bereichen, ein äußerst fortschrittlicher Prälat, der sich der Idee der Repräsentation gegenüber aufgeschlossen zeigte und sich um deren Umsetzung auf den Kirchenversammlungen 1226 bemühte. Schließlich hatte er als Theologe in Paris auch vom König gefordert, bei der Erhebung von Abgaben das Prinzip *Quod omnes tangit ab omnibus approbari debet* umzusetzen.[264]

Von unmittelbarer Bedeutung für die englische Geschichte war das Engagement Langtons 1226 insofern, als dass der Erzbischof mit der Erhebung des Sechszehnten nochmals einen wichtigen Beitrag zur Stärkung und Stabilisierung der Herrschaft Heinrichs III. geleistet hatte. Diese finanzielle Hilfe war nebenbei das Ergebnis einer engen Zusammenarbeit zwischen Papst, englischem König und dem Erzbischof von Canterbury gewesen. Auch auf einem anderen Feld sollte sich 1226 das gute Verhältnis der drei als fruchtbar erweisen. Wiederum hatte sich Heinrich III. mit einer Bitte nach Rom gewandt, wiederum hatte Honorius III. Langton um eine Lösung des Problems gebeten. Die englische Kirche verbot die Leistung von verschiedenen Eiden zwischen Advent und dem 13. Januar sowie ab Ende Januar bis zwei Wochen nach Ostern.[265] Der König beklagte sich beim Papst möglicherweise mit Hinblick auf einen geplanten *general eyre* über das Verbot, da es die Rechtssprechung stark behinderte. Honorius III. bat daraufhin Langton im Februar 1225 dafür zu sorgen, dass in von ihm bestimmten Ausnahmefällen auch in jenen Zeiträumen Eidesleistungen

---

[261] Barker, *Dominican order and convocation*, 46–47.
[262] Weske, *Convocation of the clergy*, 196–197 und Denton, Clergy and Parliament, 93.
[263] Holt, Prehistory of Parliament, 4–28 und Weske, *Convocation of the clergy*, 196–197.
[264] Vgl. oben, 52–53.
[265] Cheney (Hrsg.), *Handbook of Dates*, 65–66.

zugelassen seien.[266] Ende Oktober 1226 schließlich gestand der Erzbischof nach Beratungen mit seinen Suffraganen Heinrich III. zu, dass vor dessen Reiserichtern in bestimmten Fällen Eidesleistungen auch zu den ansonsten verbotenen Zeiträumen möglich seien. Die Regelung sollte für ein Jahr gelten.[267]

---

[266] *Reg. Hon.*, II, Nr. 5396, 303 und *Cal. Pap. Reg.*, 100.
[267] *Cal. Pat. Rolls*, II, 67; *Lambeth Ms. 1212*, fol. 31 und *Rot. Lit. Claus.*, II, 157. Noch 1275 schließen die Statuten von Westminster mit der Bitte des Königs an die Bischöfe, die Beschränkung der Eidesleistung in dringenden Fällen aufzuheben, aber ohne Erfolg. Ausnahmen wurden weiterhin nur von einzelnen Bischöfen gewährt, vgl. Cheney (Hrsg.), *Handbook of Dates*, 66.

KAPITEL XIII

LANGTONS RÜCKZUG AUS DER POLITIK 1226–1228

Fred Cazel hat 1964 den letzten beiden Lebensjahren Langtons eigens eine ausführliche Studie gewidmet, die bezüglich der Berücksichtigung und Auswertung der relevanten Quellen heute noch maßgeblich ist.[1] Einige Schlussfolgerungen erscheinen mir aber angesichts neuer Forschungsergebnisse zur Minderjährigkeit Heinrichs III. und angesichts meiner eigenen Arbeit zu Langton korrekturbedürftig. Das betrifft insbesondere die Einschätzungen Cazels zum politischen Engagement des Erzbischofs in seinen beiden letzten Lebensjahren, dem sich die Arbeit im nun folgenden Kapitel widmen wird.

Langton hatte schon im Verlauf des Jahres 1225 den Königshof immer seltener besucht, um die Jahreswende 1226/1227 schließlich hatte er seinen letzten überlieferten Auftritt dort. Der Anlass seines Kommens im Dezember 1226 war zunächst das Bemühen am englischen Hof, neue Bündnisse gegen den neuen französischen König zu schmieden. Im Januar 1227 besuchte Langton die große Ratsversammlung in Oxford, auf der die Minderjährigkeit Heinrichs III. ein Ende fand.

Am 8. November 1226 war der französische König Ludwig VIII. gestorben. Sein Tod hatte in England erneut die Hoffnung auf eine Rückeroberung der verlorenen Festlandsbesitzungen entfacht. Der französische Dauphin, Ludwig IX., war beim Tod seines Vaters erst zehn Jahre alt. Ähnlich wie die englischen Magnaten im Oktober 1216 reagierten die Großen in Frankreich auf diese unsichere Situation mit einer hastigen Krönung des Thronfolgers.[2] In England dagegen startete man eine diplomatische Initiative. Zunächst sandte man eine Gesandtschaft an die Großen der Normandie, Anjou und Poitou und an den Herzog der Bretagne, die eine Invasion Heinrichs III. ankündigen sollte.[3] Daneben versuchte man durch eine Reihe von Konzessionen an Hugh de Lusignan und seine Frau Isabella, die Königsmutter, sowie an das Haus Thours neue Allianzen gegen den französischen König zu schmieden.

---

[1] Vgl. Cazel, Last years, 673–697.
[2] Norgate, *Minority*, 264 und Vincent, *Peter des Roches*, 225.
[3] Rogerus de Wendover, *Flores historiarum*, II, 316.

Die dazu aufgesetzten Urkunden vom 18. Dezember 1226 wurden von einer Reihe von Bischöfen und Magnaten, darunter Langton, bezeugt. Der Erzbischof stellte sich darüber hinaus als Garant eines solchen Bündnisses zur Verfügung.[4] Diese Initiativen blieben jedoch ohne Erfolg, zumal man am englischen Hof letztlich vor einer kriegerischen Auseinandersetzung gegen Frankreich zurückschreckte. Am 18. März 1227 wurde daher ein Waffenstillstand zwischen Richard von Cornwall auf der einen Seite und Ludwig IX., seiner Mutter Blanche und Hugh de Lusignan auf der anderen geschlossen.[5]

Zuvor, auf einer Ratsversammlung im Januar 1227 in Oxford, hatte Heinrich III. nach Beratung mit Langton, den Bischöfen, den Äbten, Earls und Baronen in einem königlichen Schreiben angekündigt, künftig Urkunden unter seinem eigenen Siegel auszustellen.[6] Damit hatte sich der König von der letzten Restriktion seiner Herrschaft befreit. In Zukunft unterlag die Gültigkeit seiner ausgestellten Privilegien keiner zeitlichen Beschränkung mehr. Mit diesem Schritt war aber keine offizielle Verkündung seiner Volljährigkeit verbunden. Wer für die Initiative die Verantwortung trug, etwa Hubert de Burgh, um als einflussreichster Berater des Königs nun in vollem Umfang von dessen Patronage profitieren zu können, ist letztendlich nicht zu klären.[7] Carpenter vermutet einen Zusammenhang zwischen dem inoffiziellen Ende der Minderjährigkeit Heinrichs III. und dem Tod Ludwigs VIII. Demnach sollte die Autorität des englischen Königs gestärkt werden, um den Initiativen auf dem Kontinent mehr Kraft zu verleihen.[8] Cazel betont, ein solcher Schritt habe nicht ohne die Zustimmung Langtons vollzogen werden können. Als Konzession aber habe der Erzbischof ein Entgegenkommen des Königs in der Frage der Rückkehr seines Bruders Simon nach England verlangt.[9] Daher habe Heinrich III. auf der Ratsversammlung in Oxford einen Schutzbrief an Simon Langton ausgestellt.[10] Cazel setzt offenbar voraus, dass der Erzbischof zunächst

---

[4] *Cal. Pat. Rolls*, II, 98–100, 102 und 152–153.
[5] Norgate, *Minority*, 265 und Ellis, *Hubert de Burgh*, 100.
[6] *Rot. Lit. Claus.*, II, 207.
[7] Ellis, *Hubert de Burgh*, 109. Cazel hält finanzielle Gründe für plausibel, schließlich ließ Heinrich III., nachdem er sich die volle Regalienmacht angeeignet hatte, verlautbaren, dass er Schenkungen und Privilegien erneuern, beziehungsweise neue ausstellen werde, natürlich gegen entsprechende Bezahlung, vgl. Cazel, Last years, 678. Vgl. auch Stacey, *Politics*, 34–35 und Norgate, *Minority*, 265–267.
[8] D. Carpenter, *Minority*, 389.
[9] Cazel, Last years, 678–679.
[10] *Cal. Pat. Rolls*, II, 106.

mit den Plänen Heinrichs III. und Hubert de Burghs nicht einverstanden war. Er begründet die Ablehnung Langtons unter anderem damit,
dass zusammen mit dem inoffiziellen Beginn der Volljährigkeit des
Königs auch Konzessionen einkassiert wurden, die 1225 mit der Bestätigung der Waldcharter gewährt worden waren. Die Untersuchungen
in den Grafschaften durch dort ansässige Ritter über die Grenzen des
königlichen Forstes hatten 1225, ähnlich wie die Jahre zuvor, für den
König sehr nachteilige Ergebnisse produziert. Aber im Gegensatz zu
den vorherigen Jahren hatte der Justiziar 1225 die Sheriffs angewiesen,
die Ergebnisse umzusetzen. Zwei Jahre später versuchte Hubert de
Burgh nun, dieses Zugeständnis an die lokalen Magnaten rückgängig
zu machen.[11] Cazel vermutet, dem Erzbischof als eigentlichem Autor
sowohl der Magna Carta als auch der Waldcharter habe dieses Vorgehen
des Justiziars nicht gefallen können.[12] Ich halte diese Schlussfolgerung
für nicht zwingend. Langton, der an der Erarbeitung der Waldcharter
1217 nicht unmittelbar beteiligt war, könnte im Gegenteil das Bemühen Hubert de Burghs unterstützt haben, die Rechte Heinrichs III.
gegen die exzessiven Ansprüche des lokalen Adels zu stärken, zumal
der Justiziar durch sein Vorgehen die Waldcharter nicht außer Kraft
setzte, sondern nur versuchte, die dort enthaltenen Artikel stärker
im Sinne des Königs auszulegen.[13] Langton aber, das hat diese Arbeit
gezeigt, unterstützte durchaus die Stärkung der Königsherrschaft in
den Grenzen der Magna Carta und der Waldcharter. Daneben muss
der Schutzbrief Heinrichs III. an Simon Langton nicht zwingend als
Gegenleistung für den Konsens des Erzbischofs zur Beendigung der
Minderjährigkeit betrachtet werden. Schließlich hatte der König schon
einen Monat zuvor, am 7. Dezember 1226, einen Brief verfasst, in
dem er den Papst bat, Simon Langton die Rückkehr nach England zu
erlauben, da dessen Bruder, der Erzbischof, der eine große Stütze des
Königreichs sei, darum gebeten habe.[14]

Es gibt daher keinen überzeugenden Anlass zu der Vermutung,
Langton habe sich gegen die Übertragung der vollen Regalienmacht an
Heinrich III. gesperrt, sein Konsens habe daher durch Gegenleistungen
erst gewonnen werden müssen. Der Erzbischof nutzte vielmehr den
inoffiziellen Beginn der Volljährigkeit des Königs, den er in den letzten

---

[11] D. Carpenter, *Minority*, 384–385 und 392–393.
[12] Cazel, Last years, 678.
[13] D. Carpenter, *Minority*, 392–393.
[14] *Registres de Grégoire IX*, I, Nr. 83, Sp. 43.

Jahren eng begleitet und dessen Herrschaft er zu stärken und zu stabilisieren versucht hatte, als Gelegenheit, sich vom königlichen Hof zu
verabschieden. Er wusste Heinrich III. in guten Händen. Mit Hubert
de Burgh, der nach dem Abgang Langtons als mächtigster Magnat am
Hof zurückblieb,[15] hatte er in den vergangenen Jahren vertrauensvoll
zusammengearbeitet. Daneben blieben auch seine beiden wichtigsten
Verbündeten im Episkopat, die Bischöfe von Bath und Salisbury, in
der Umgebung des Königs. Langton, der 1227 schon die 70 Jahre
überschritten hatte und vermutlich durch altersbedingte Krankheiten
geschwächt war, konnte sich nun an seinem Lebensabend mit gutem
Gewissen seinen Aufgaben in der Diözese und Provinz Canterbury
widmen.[16]

    Natürlich brach die Kommunikation mit dem König und seinem Hof
nicht gänzlich ab. Sein Interesse für die Politik in England wird nicht
plötzlich eingeschlafen sein. Über die Bischöfe von Salisbury und Bath
besaß Langton weiterhin einen direkten Draht zum königlichen Hof,
der ihn über die Geschehnisse dort auf dem Laufenden halten konnte.
Möglicherweise, darauf macht Cazel aufmerksam, wandten sich Heinrich III. und Hubert de Burgh an Langton auch nach dessen Rückzug
aus der Politik, um den Rat eines erfahrenen Staatsmannes einzuholen.
Dafür sprechen nach Ansicht Cazels drei Besuche des Königs mit seinem
Justiziar in Canterbury zwischen dem Januar 1227 und Langtons Tod
am 8. oder 9. Juli 1228. Der erste Aufenthalt ist für den 26. Februar
1227 überliefert, sechs Wochen nach dem Ratstreffen in Oxford. Ein
Anlass ist nicht bekannt.[17] Der zweite Besuch begann am 30. Oktober
1227 und dauerte eine Woche, in der sich Heinrich III. mit dem Grafen
von Flandern traf, der erst kürzlich aus französischer Gefangenschaft
entlassen worden war, in der dieser sich seit Bouvines 1214 befunden
hatte.[18] Die dritte Reise des Königs nach Canterbury fand kurz vor dem
Tod des Erzbischofs statt. Heinrich III. unterzeichnete dort am 6. Juli
1228 einen zuvor ausgehandelten Waffenstillstandsvertrag mit Frankreich.[19] Cazel vermutet, die Wahl Canterburys sowohl als Tagungsort
mit dem Grafen von Flandern als auch als Ort zur Besprechung des

---

[15] D. Carpenter, *Minority*, 391 und Stacey, *Politics*, 34–35.

[16] Langton war im Mai 1227 offenbar durch eine schwere Krankheit ans Bett gefesselt.
Es wurden daher vier Ritter zu ihm gesandt, um seine Aussage in einem Prozess um
die Rechte an einer Kirche aufzunehmen, vgl. *Curia Regis Rolls*, XIII, Nr. 142, 33.

[17] Cazel, Last years, 683.

[18] *Calendar of Liberate Rolls*, 57–58; *PRO E 372/72*, fol. 13r und Cazel, Last years, 683.

[19] *Foedera*, 192.

Waffenstillstandsvertrages habe in direktem Zusammenhang mit der dortigen Anwesenheit des Erzbischofs gestanden, der den König und die Magnaten in diplomatischen Fragen beraten konnte.[20] Auf Grund der politischen Erfahrung Langtons und seiner vielfältigen Verbindungen nach Frankreich ist dies nicht auszuschließen. Dennoch könnte Heinrich III. Canterbury zur Unterredung mit dem flandrischen Grafen auch nur deshalb gewählt haben, weil die Residenz der Erzbischöfe bequem vom Festland aus zu erreichen war.[21] Daneben stellt sich die Frage, inwieweit sich Langton an den Gesprächen über den Waffenstillstandsvertrag noch beteiligen, gar Entscheidendes beitragen konnte, da er vermutlich einen Tag später todkrank zu seinem Gut nach Slindon aufbrach, wo er kurz darauf verstarb.[22]

Gänzlich zu widersprechen ist der Vermutung Cazels, Langton habe im Sommer 1227 entscheidend zur Beilegung des Konflikts zwischen Heinrich III. und dessen Bruder Richard von Cornwall beigetragen. Der nach seinen Erfolgen in der Gascogne im Mai heimgekehrte Richard rebellierte gegen seinen Bruder, nachdem er den Befehl erhalten hatte, ein Gut in Cornwall an einen Kleriker des Königs und die Herrschaft über Berkhamsted an einen Neffen Hubert de Burghs abzugeben. Er versammelte einige Barone um sich, darunter William Marshal und die Earls von Chester und Gloucester, die mit dem dominierenden Einfluss Hubert de Burghs am Königshof unzufrieden waren. Es gelang schließlich Heinrich III. zusammen mit dem Justiziar im August auf einer Versammlung in Northampton, Richard durch einige Zugeständnisse zu beschwichtigen und damit die Revolte zu beenden.[23] Cazel ist durchaus zuzustimmen, dass Langton als bedeutender Magnat, insbesondere aber auf Grund seines großen Prestiges eine Schlüsselfunktion bei der Vermittlung und Beilegung der Auseinandersetzung hätte übernehmen können.[24] Nur gibt es in den Quellen keine Hinweise auf eine solche Tätigkeit des Erzbischofs im Sommer 1227, die Anwesenheit Langtons in Northampton ist nirgends überliefert, wie Cazel selbst eingestehen

---

[20] Cazel, Last years, 683–684.

[21] Ebd., 683.

[22] *BL Ms. Cotton Julius D v*, fol. 26r; Gervase of Canterbury, *Historical works*, II, 115 und Cazel, Last years, 692.

[23] Für einen Überblick über die Ereignisse im Zusammenhang mit der Rebellion Richards von Cornwall vgl. Denholm-Young, *Richard of Cornwall*, 8–14; Vincent, *Peter des Roches*, 265–266 und Ellis, *Hubert de Burgh*, 111–112.

[24] Cazel, Last years, 679.

muss.[25] Wiederum ist ein königliches Schreiben zu Gunsten Simon Langtons, ausgestellt am 28. Juli, also 10 Tage vor dem Treffen in Northampton, der Ausgangspunkt seiner Argumentationskette. Der Erzbischof habe Heinrich III. darum gebeten, Simon wieder in seine Gnade aufzunehmen. Als Gegenleistung habe Langton seinen Einfluss im gegnerischen Lager geltend gemacht und eine Kapitulation Richards erreicht.[26] Dieses hier von Cazel erneut vermutete *quid pro quo* erscheint mir angesichts der Tatsache, dass kein Chronist eine Beteiligung Langtons an den Verhandlungen in Northampton erwähnt, nicht überzeugend genug. Auch Roger Wendover, der ausführlich über die Rebellion Richards berichtet, erwähnt den Erzbischof nicht, dessen politischen Tätigkeiten er ansonsten in seiner Chronik viel Platz einräumt.

Ein aktives politisches Engagement Langtons nach dem Januar 1227 lässt sich also nicht mehr schlüssig nachweisen. Der König und seine Berater mögen bei ihm als erfahrenem Staatsmann zuweilen noch Rat gesucht haben, eine kraftraubende und an den Nerven zehrende Vermittlungstätigkeit, wie sie im Sommer 1227 in Northampton nötig gewesen wäre, wird sich der Erzbischof auf Grund seines Alters und seines wahrscheinlich schon angeschlagenen Gesundheitszustandes nicht mehr zugemutet haben. Seine nachweisbaren Kontakte zum Hof beschränkten sich seit dem Januar 1227 fast ausschließlich auf die Sicherung von königlichen Gunsterweisen. Darunter fiel auch sein Bemühen, die Rückkehr seines Bruders nach England zu sichern. Schon im Dezember 1223, nachdem Langton sein Bündnis mit Hubert de Burgh eingegangen war, hatte er die Ausstellung eines königlichen Schreibens zu Gunsten seines Bruders erwirkt. Trotz dieses Briefes war Simon Langton nicht nach England zurückgekehrt. Papst Honorius III. könnte ihm die Heimkehr verwehrt haben. Es besteht aber auch die Möglichkeit, dass Simon sein Exil freiwillig verlängert und beschlossen hatte, für absehbare Zeit am Hof des französischen Königs zu bleiben, wo er im Gegensatz zu England hohes Ansehen und ein sicheres Einkommen genoss. Nach dem Tod seines Förderers Ludwig VIII. aber könnte die unsichere Situation am französischen Hof ihn veranlasst haben, sich an seinen einflussreichen Bruder zu wenden.[27] Die vom Erzbischof veranlassten königlichen Schreiben vom 7. Dezember 1226

---

[25] Cazel, Last years, 680, Anm. 5.
[26] Ebd., 679–680.
[27] Vincent, *Simon Langton*, 11.

und von Anfang Januar 1227 wurden bereits erwähnt. Stephen Langton
zweifelte offenbar nicht im Geringsten am Erfolg seiner Bemühungen,
denn er übertrug seinem Bruder noch in dessen Abwesenheit das Amt
des Archidiakons von Canterbury, das vakant war, nachdem Henry de
Sandford zum Bischof von Rochester promoviert worden war.[28] Doch
die Rückkehr Simons verlief nicht reibungslos. Trotz der königlichen
Briefe zu Gunsten des neuen Archidiakons von Canterbury formierte
sich in England Widerstand gegen seine Rückkehr. Ralph de Neville,
der Bischof von Chichester, versuchte über einen Prokurator in Rom,
den neuen Papst von der Gefahr zu überzeugen, die weiterhin von
Simon Langton für den Frieden in England ausging. Er suchte dabei
die Unterstützung eines alten Widersachers Simons, des Kardinals
Guala.[29] Der Widerstand Ralph de Nevilles mag überraschen, war er
doch zu Beginn seiner Karriere vom Erzbischof gefördert worden. Er
hatte zudem im Dezember 1221 als einer der wenigen *curiales* den
Brief gegen Simon Langton nicht unterschrieben.[30] Seit spätestens 1227
aber stritten sich der Bischof von Chichester und Stephen Langton
um Ländereien, etwa um Weideland in Aldingeburn.[31] Auf Grund der
Unterstützung, welche die Gebrüder Langton sowohl am englischen
Königshof als auch an der römischen Kurie genossen, hatten die Gegner
Simons mit ihrem Widerstand keine Chance.[32] Am 19. Mai schließlich
erteilte der neue Papst Gregor IX. Simon die Erlaubnis, nach England
zurückzukehren.[33] Der Archidiakon von Canterbury landete daraufhin
am 25. Juli in Dover, drei Tage später wurde er, wie bereits erwähnt,
vom König in dessen Gnade aufgenommen.[34]

Langton nutzte seinen privilegierten Zugang am Königshof auch, um
sich und Mitgliedern seiner *familia* materielle Vorteile zu sichern.[35] So

---

[28] *BL Ms. Cotton Julius D v*, fol. 26.

[29] Um diese Zeit weilte auch der Bischof von Coventry und enge Freund des Erzbischofs, Alexander von Stavensby, als Gesandter an der Kurie in Rom, vgl. *Diplomatic Documents*, Nr. 203, 136–138.

[30] Vgl. oben, 286, Anm. 15.

[31] *Royal letters*, Nr. 253, 307–309. Auch nach Langtons Tod setzten sich die Besitzstreitigkeiten zwischen der Kirche von Canterbury und dem Bischof von Chichester fort, etwa um den Grenzverlauf der Güter in Pagham, vgl. *Letters to Ralph de Neville*, 74–75 und *Cal. Pat. Rolls*, II, 229.

[32] *Diplomatic Documents*, Nr. 203, 137.

[33] *Registres de Grégoire IX*, I, Nr. 84, Sp. 44 und Nr. 85, Sp. 44.

[34] *BL Ms. Cotton Julius D v*, fol. 26.

[35] Am 20. August 1226 schenkte Heinrich III. Langton vier Hirsche, vgl. *Rot. Lit. Claus.*, II, 134. Kurz zuvor, am 20. Juli 1226, waren dem Erzbischofs anlässlich der *translatio* Beckets schon fünf Hirsche vom König geschenkt worden, vgl. *Rot. Lit.*

erhielt der Erzbischof nach dem Tod Williams von Mandeville am 8. Januar 1227 die Aufsicht über zwei Güter des Earls in Essex.[36] Geoffrey de Mandeville, der Bruder Williams, hatte, wie erwähnt, König Johann für die Heirat von Isabella von Gloucester 20.000 Mark versprochen, von denen er die Hälfte seit November 1214 an Langton auszahlen musste. Nach dem Tod Geoffreys 1216 hatte William die noch ausstehenden Schulden seines Bruders übernommen. Es war vereinbart worden, dass William, wie zuvor sein Bruder, jährlich 100 Pfund aus den beiden erwähnten Gütern in Essex an den Erzbischof zur Schuldentilgung zahlen musste.[37] Noch 1235 aber hatte die Schwester von Geoffrey und William, Maude de Mandeville, gegenüber der Kirche von Canterbury Schulden von über 7.000 Mark.[38] Um die Jahreswende 1227/1228 gelang es Langton zudem auf Grund seines ausgezeichneten Verhältnisses zu Heinrich III., seine weitreichenden weltlichen Jurisdiktionsrechte, die unter dem Begriff *libertas* zusammengefasst wurden, gegen Amtsträger des Königs zu verteidigen.[39] Die Bailiffs des Sheriffs von Kent und königliche Reiserichter, die die Grafschaft anlässlich eines *general eyre* im September und Oktober 1227 besuchten, waren mit den Bailiffs des Erzbischofs über dessen Rechte in Streit geraten. Wie Cazel in seinem Aufsatz überzeugend darlegt, wurde daraus aber kein persönlicher Konflikt zwischen Heinrich III. und Langton, wie es die Annalen von Dunstable postulieren.[40] Der Erzbischof konnte sich vielmehr vertrauensvoll an den König wenden, der schließlich im April den Sheriff von Kent und seine Amtsträger anwies, die Rechte des Erzbischofs zu achten, wie sie diesem in Westminster zuvor bestätigt worden waren.[41]

Claus., II, 122. Am 13. August des gleichen Jahres bestätigte Heinrich III. auf Bitten Langtons dessen Kämmerer Richard Camblanus Ländereien, die eine gewisse Isabella Musard vom Erzbischof gehalten hatte, ihr aber auf Grund eines begangenen Mordes entzogen worden waren, vgl. *Rot. Lit. Claus.*, 132; *PRO JUST 1/358*, fol. 22; *Cal. Ch. Rolls*, 44 und *Curia Regis Rolls*, XIII, Nr. 746, 150–151.

[36] *CFR 1226–1227*, Nr. 84 und Annales de Wigornia, 420.

[37] *CFR 1226–1227*, Nr. 84 und D. Carpenter, *Minority*, 264.

[38] *Cal. Ch. Rolls*, 196.

[39] Ich werde im Folgenden nicht in allen Einzelheiten den Konflikt um die *libertas* des Erzbischofs im Herbst 1227 und Frühjahr 1228 darstellen. Für eine ausführliche Analyse vgl. Cazel, Last years, 674–677.

[40] Annales de Dunstaplia, 107 und Cazel, Last years, 674–677.

[41] *Cal. Cl. Rolls*, I, 35.

KAPITEL XIV

LANGTON ALS ERZBISCHOF IN SEINER ERZDIÖZESE UND PROVINZ CANTERBURY 1225–1228

XIV.1. *Langton als unumstrittener Führer der englischen Kirche*

Langton konzentrierte sich ab dem Frühjahr 1225 zunehmend auf seine Pflichten und Aufgaben in der Provinz und im Erzbistum Canterbury. Als Indiz dafür kann neben seinen selteneren politischen Auftritten am Königshof auch die signifikante Zunahme von überlieferten *acta* gelten, die er in seiner Eigenschaft als Metropolit und Diözesanbischof ausstellte.[1] Seine kirchenpolitischen Tätigkeiten lassen sich aber auch in anderen Quellen nachweisen. Ende September 1225 nahm Langton an dem wahrscheinlich bedeutendsten Kirchenfest des Jahres teil, an der Weihe der Altäre in der neuen Kathedrale von Salisbury. Der Erzbischof hatte zwar im April 1220 bei der Grundsteinlegung seines Freundes Richard le Poore nicht anwesend sein können, den Bau der Kathedrale aber insofern unterstützt, als er im Mai 1220 einen Ablass von 30 Tagen für all diejenigen gewährte, die der Fabrik der Kathedrale von Salisbury spendeten.[2] Möglicherweise war Langton auch indirekt an der architektonischen Gestaltung der Kirche beteiligt. Der Kunsthistorikerin Virginia Jansen zufolge wurde die Kathedrale von Salisbury sowie verwandte Gebäude, etwa der Palast des Erzbischofs in Canterbury, in einem architektonischen Stil erbaut, der die Reformideale Langtons, seines Schülers Richard le Poore und ihres Pariser Theologenkreises widerspiegelt. Inspiriert durch die Architektur des Reformordens der

---

[1] Während für die vier Jahre von 1221 bis 1224 circa 25 *acta* überliefert sind, die Langton in seiner Eigenschaft als Metropolit und Diözesanbischof ausstellte, sind es für die Jahre ab 1225 bis zu seinem Tod im Juni 1228 etwa 50 Stück, vgl. *Acta Stephani*, 68–163 und *Additions to the Acta Stephani*, Nr. 1–44.

[2] *Acta Stephani*, Nr. 50, 65–66. Am 28. April 1220 war der Grundstein für die neue Kirche gelegt worden. Langton hatte wahrscheinlich auf Grund der Verhandlungen mit Llywelyn in Shrewsbury seinem Freund Richard le Poore absagen müssen. Der Bischof von Salisbury hatte die ersten fünf Steine für die neue Kirche verlegt, den ersten zu Ehren des Papstes, den zweiten zu Ehren Langtons, den dritten für sich selbst, den vierten für den Earl von Salisbury und den fünften für dessen Frau, vgl. *Register of S. Osmund*, II, cx und 13.

Zisterzienser, deren Kunst der Erzbischof während seines Exils in Pontigny hatte bewundern können, zeichnet sich der Stil durch Klarheit und Reduzierung aus, ein Stil, der jeden Überfluss vermeidet.[3]

Einem zeitgenössischen Bericht zufolge, den vermutlich William de Wanda, der damalige Dekan von Salisbury verfasste[4], weihte Richard le Poore zunächst in einer privaten Zeremonie zusammen mit Langton und dem Erzbischof von Dublin die drei Altäre der neu errichteten Kathedrale. Am Tag darauf wurde die öffentliche Feier begangen. Langton hielt zunächst eine Predigt, anschließend betrat man in einer Prozession die neue Kathedrale, um dort den Gottesdienst zu feiern. Neben vielen Baronen und Rittern nahmen an den Festivitäten auch die Bischöfe von Durham, Bath, Rochester und Evreaux teil.[5]

Nicolas Vincent hat zuletzt gemutmaßt, Langton habe 1220 mit der *translatio* Beckets eine neue Begeisterung für die Entdeckung von Reliquien englischer Heiliger ausgelöst. Für die folgenden Jahre ist dementsprechend eine Reihe von Translationen überliefert, unter anderem der Reliquien des Heiligen Augustinus in Canterbury.[6] Seit März 1224 war Langton in einen Streit um das Grab des Heiligen Birinus involviert. Die Kanoniker der Abtei Dorchester waren 1223 auf ein Grab gestoßen, welches sie als das des Heiligen Birinus, eines Missionars der Westsachsen, identifizierten, und an dem in den folgenden Monaten Wundererscheinungen registriert wurden.[7] Die Kanoniker teilten dem Papst ihre Entdeckung mit, der daraufhin im März 1224 Langton mit der Überwachung der *translatio* beauftragte.[8] Die Kanoniker des Dompriorats von Winchester behaupteten aber mittlerweile mit Berufung auf Bedas *Historia Ecclesiastica*, dass der Körper des Heiligen um 700 von Dorchester nach Winchester transferiert worden sei. Die Abtei Dorchester konterte offenbar mit dem Argument, Beda habe sich geirrt und Birinus mit einem gewissen Bertinus, einem Bischof der Westsachsen, verwechselt. Papst Honorius III. ließ sich überzeugen und erteilte im August 1225 Langton erneut das Mandat, den Kanonikern aus

---

[3] Jansen, Cistercian Threads, 342–349.
[4] *Register of S. Osmund*, I, x.
[5] Ebd., II, 39–40.
[6] *Historiae Anglicanae Scriptores*, Sp. 1876 und Vincent, *Peter des Roches*, 243.
[7] Für eine ausführliche Darstellung der Ereignisse und Konflikte im Zusammenhang mit der Entdeckung dieses angeblichen Grabes des Heiligen Birinus vgl. Vincent, *Peter des Roches*, 244–245.
[8] *Reg. Hon.*, II, Nr. 4847, 223 und *Cal. Pap. Reg.*, 95.

Dorchester die *translatio* zu gestatten.[9] Es ist nicht überliefert, ob der Erzbischof dem päpstlichen Auftrag Folge leistete. Die Abtei Dorchester zumindest hielt ihre Ansprüche aufrecht und errichtete einen Schrein für den Heiligen, während man in Winchester weiterhin um Ablässe für den dortigen Altar des Heiligen Birinus warb.[10]

Im November 1225 schließlich hatte der letzte Akt um die Auseinandersetzung zwischen dem Kloster St. Augustine und Langton um die Weihe des Abtes und um den Gehorsamseid begonnen. Anfang November war Hugh, der Abt des Benediktinerklosters, gestorben und im Januar 1226 wurde Robert de Bello, der Schatzmeister der Abtei, zu seinem Nachfolger gewählt.[11] Der Bericht von Thomas Sprot über die nun folgenden Ereignisse muss kritisch beurteilt werden, da sich in ihm einige Irrtümer nachweisen lassen. So lässt der Chronist seine Geschichte ein Jahr früher beginnen. Seiner Erzählung nach starb Abt Hugh schon im November 1224. Er widerspricht damit der Chronologie in den königlichen Registern. Seinem weiteren Bericht nach habe Langton dem gewählten Abt erneut die Weihe verweigert, weil dieser den Gehorsamseid nicht habe leisten wollen. Robert de Bello habe daraufhin wie sein Vorgänger die kostspielige und mühsame Reise nach Rom antreten müssen. Dort habe der gewählte Abt feststellen müssen, dass der Erzbischof auch an der Kurie ein Mann mit Macht und Einfluss war. Langton sei es gelungen, *ut vir inibi potens opere et sermone*, das Anliegen Roberts zu torpedieren.[12] Dieser habe sich schließlich nur mit massiver Bestechung zu wehren gewusst. Er habe auf Bitten von Papst Gregor IX. dem Kloster Montis Mirtetus die Pfründe der Kirche von Littlebourne überlassen, woraufhin er auf Befehl des Papstes an Christi Himmelfahrt 1225 vom Kardinalbischof Patricius von Alba geweiht worden sei.[13]

Zunächst ist festzuhalten, dass Hugo von Segni, der spätere Papst Gregor IX., erst im März 1227 Honorius III. auf dem Apostolischen Stuhl folgte. Als Papst hatte Hugo demnach die Weihe Roberts nicht unterstützt. Zudem wurden die Pfründe der Kirche von Littlebourne erst 1238 auf Betreiben Gregors IX von Robert de Bello dem Kloster

---

[9] *Reg. Hon.*, II, Nr. 5601, 359–360 und *Cal. Pap. Reg.*, 103.
[10] Vincent, *Peter des Roches*, 245.
[11] *Cal. Pat. Rolls*, II, 2 und 12; CFR 1225–1226, Nr. 15 und *Historiae Anglicanae Scriptores*, Sp. 1879.
[12] *Historiae Anglicanae Scriptores*, Sp. 1879.
[13] Ebd., Sp. 1879–1880.

Montis Mirtetus übertragen.[14] Es ist also nur denkbar, dass Hugo von
Segni sich 1226 als Kardinal von Ostia für die Weihe Roberts einsetzte
und dieser ihm als Gegenleistung die Pfründe versprach, sobald deren
momentaner Inhaber sterben sollte. Einen solchen Zusammenhang
zwischen der Weihe 1226 und der Schenkung 1238 stellt auch William
Thorne her, der Chronist aus St. Augustine, der die Erzählung von
Thomas Sprot fortsetzte.[15] Langton zumindest hatte auch die letzte
Auseinandersetzung um den Gehorsamseid gegen die Abtei St. Augustine verloren. Sein Nachfolger in Canterbury, Erzbischof Edmund von
Abingdon, ließ schließlich 1237 in einer Vereinbarung mit dem Kloster
den Anspruch auf den Eid endgültig fallen.[16]

1226 hatte Langton auf den verschiedenen Kirchenversammlungen
noch einmal die Gelegenheit gehabt, als unumstrittener Führer der
ecclesia Anglicana aufzutreten. Ein Grund für seinen unangefochtenen
Vorrang war sein ungebrochen gutes Verhältnis zu Honorius III., das
bis zu dessen Tod am 18. März 1227 Bestand hatte.[17] Der Papst war
ein Förderer, Freund und Partner Langtons, auf dessen Unterstützung
sich der Erzbischof in den letzten elf Jahren hatte meistens verlassen
können. Insbesondere nach seiner Rückkehr aus Rom 1218 waren die
guten Kontakte zur römischen Kurie für Langton von unschätzbarem
Wert gewesen, als Honorius III. ihn auf seinem Weg zurück an Spitze
des englischen Episkopats tatkräftig unterstützt hatte. Die zuletzt
zwischen ihnen aufgetretenen Meinungsverschiedenheiten, etwa über
das Vorgehen Langtons gegen Fawkes de Breauté oder über die Pläne
des Papstes, feste Abgaben der Kirchenprovinzen an die Kurie einzuführen, hatten ihr gutes Verhältnis nicht nachhaltig beschädigt. In
anderen Bereichen arbeiteten sie weiterhin eng zusammen. So bestätigte
Honorius III. im Mai 1225 das von Langton und weiteren Prälaten
ausgehandelte Abkommen zwischen dem Bischof und dem Konvent
von Worcester über die Ernennung des Priors.[18] 1226 entsprach der
Erzbischof den Bitten des Papstes, als er sich für eine finanzielle Abgabe
der Kirche an die Krone einsetzte und in der Frage der Eidesleistungen
dem König entgegenkam. Ende Oktober 1226 schließlich bat Honorius

---

[14] *CL D. & C. Chartae Antiquae L 389A.*
[15] *Historiae Anglicanae Scriptores*, Sp. 2106–2107.
[16] John, Litigation of an exempt house, 413, Anm. 4 und Boggis, *History of St.
Augustine's*, 66–67.
[17] Roberg, Honorius III., Sp. 121.
[18] *Reg. Hon.*, II, Nr. 5462, 333 und *Cal. Pap. Reg.*, 103.

III. Langton, einen gewissen Lando zu unterstützen, der als Prokurator des kürzlich verstorbenen päpstlichen Subdiakons und Bischofs von Norwich, Pandulf, dessen Testament vollstrecken sollte.[19]

Dieses ausgezeichnete Verhältnis des Erzbischofs zur Kurie in Rom überstand auch den Wechsel auf dem Apostolischen Stuhl. Am 19. März 1227 wurde Hugo von Segni zum Papst gewählt, der sich den Namen Gregor IX. gab.[20] Hugo war ein Neffe von Innozenz III. und war 1196 zum Kardinaldiakon und 1206 von seinem Onkel zum Kardinalbischof von Ostia ernannt worden. Sowohl unter Innozenz III. als auch unter dessen Nachfolger Honorius III. war er mit mehreren Legationen betraut worden, unter anderem nach Deutschland. Über sein Verhältnis zu Langton oder über eventuelle Kontakte zum Erzbischof während seiner Zeit als Kardinal ist nichts bekannt.[21] Während der knapp fünfzehn Monate zwischen der Papstswahl und dem Tod Langtons waren Gregor IX. und der Erzbischof aber um gute Zusammenarbeit bemüht. Das zeigt sich zunächst am erfolgreichen Werben des Erzbischofs in Rom für eine Rückkehr Simon Langtons nach England. Trotz des erwähnten Widerstandes gegen diese Pläne erteilte Gregor IX. nur zwei Monate nach seinem Amtsantritt dem seit fast zehn Jahren exilierten Simon Langton die ersehnte Erlaubnis zur Rückkehr in die Heimat. In den folgenden Monaten lassen sich weitere Indizien für ein ausgesprochen gutes Verhältnis zwischen Stephen Langton und dem neuen Papst finden. So ermahnte Gregor IX. auf Bitten des Erzbischofs im November 1227 die englischen Prälaten, jährlich das Fest des Heiligen König Edward zu begehen.[22] Im darauffolgenden Januar 1228 bestätigte der Papst jene Urkunde, mit der sein Vorgänger Innozenz III. das Privileg König Johanns bestätigt hatte, in der dieser der englischen Kirche freie, kanonische Wahlen zugesichert hatte.[23] Die Initiative zur Bestätigung der Urkunde könnte von Langton ausgegangen sein, zumindest ist eine Abschrift der päpstlichen Bulle in einem Register im Archiv der Erzbischöfe in Lambeth überliefert.[24]

---

[19] *Reg. Hon.*, II, Nr. 6033, 441 und *Cal. Pap. Reg.*, 113.
[20] Sibilia, *Gregorio IX*, 17–18.
[21] Für eine kurze Biographie über Hugo von Segni, bevor er 1227 zum Papst gewählt wurde, vgl. Brem, *Papst Gregor IX.*
[22] *Foedera*, 188 und *Original papal documents*, Nr. 125, 61.
[23] *Foedera*, 188.
[24] *Lambeth Ms. 1212*, fol. 128r–129r. Weitere Abschriften befinden sich in mehreren Registern der Christ Church in Canterbury, vgl. *CL D. & C. Register I*, fol. 43–44r und *BL Ms. Cotton Galba E iv*, fol. 53r.

Auf der anderen Seite wandte sich Gregor IX. schon kurz nach seinem Amtsantritt mit mehreren Anfragen an Langton. So forderte er den Erzbischof Ende April 1227 auf, die Bitte seines Vorgängers Honorius III. zu erfüllen und den Magister Michael Scotus in seiner Provinz mit Pfründen auszustatten.[25] Anfang Mai wandte er sich erneut an Langton. Der Erzbischof solle dafür sorgen, dass einem Schreiber des Papstes eine Kirche in der Diözese Norwich, auf die dieser einen Rechtsanspruch habe, ausgehändigt werde.[26]

Neben seinen guten Verbindungen nach Rom hatte sich Langton seit der Abberufung des Legaten Pandulf auch die Kontrolle über den Episkopat erhalten können. Ihm war unter den Bischöfen kein neuer Konkurrent um den Führungsanspruch in der englischen Kirche erwachsen. Der überwiegende Teil des Episkopats hatte seine Politik stets unterstützt. Während der großen Krise 1223/1224 hatten sich alle Bischöfe, mit Ausnahme von Peter des Roches, dem Lager des Erzbischofs angeschlossen.[27] Doch auch Langtons Verhältnis gegenüber dem Bischof von Winchester scheint sich in den Jahren vor dessen Aufbruch zum Kreuzzug im Juni 1227 verbessert oder zumindest entspannt zu haben. So standen die beiden Prälaten seit 1225 verschiedentlich in Kontakt. Auch mehrere persönliche Treffen sind in den Quellen überliefert, die sich als Indiz für einen gewissen Grad der Versöhnung deuten lassen. Am 16. Juni 1225 etwa trafen sich Gesandte des Bischofs von Winchester mit Langton in Southwark. Daneben wurde der Erzbischof auf den Gütern von Peter des Roches in Farnham und Taunton als Gast empfangen.[28] Möglicherweise nahm Langton auch bei der erwähnten Auseinandersetzung um das Grab des Heiligen Birinus Rücksicht auf Peter des Roches und dessen Kathedralkloster und verweigerte oder verzögerte zumindest die *translatio* des Heiligen in der Abtei Dorchester.[29] Im Mai 1227, kurz vor seinem Aufbruch ins Heilige Land, nahm der Bischof von Winchester an der Konsekration des neuen Bischofs von Rochester, Henry de Sandford, in Canterbury teil. Seine Anwesenheit dort kann wiederum durchaus als Geste der Versöhnung gewertet werden.[30] Und schließlich vertraute Papst Gregor

---

[25] *Registres de Grégoire IX*, I, Nr. 61, Sp. 32.
[26] Ebd., Nr. 81, Sp. 42–43.
[27] Vgl. oben, 334, Anm. 22.
[28] Vincent, *Peter des Roches*, 243.
[29] Vgl. oben, 392–393.
[30] *Anglia Sacra*, 348 und Rogerus de Wendover, *Flores historiarum*, II, 320.

IX. die Diözese Winchester während der Abwesenheit von Peter des
Roches dem Schutz gerade jener Bischöfe an, die als besonders enge
Vertraute Langtons galten, nämlich Richard le Poore und Alexander
von Stavensby.[31]

Der Erzbischof hatte darüber hinaus nach dem Ende der Legation
Pandulfs einen maßgeblichen Anteil bei der Auswahl der Kandidaten
für die Bischofswahlen der Provinz Canterbury. Die Quellen berichten
zwar bei keiner Wahl von einer direkten Einmischung Langtons, doch
lassen sich für alle gewählten Bischöfe Verbindungen zu ihrem Metropoliten solcher Art nachweisen, die seine aktive Unterstützung ihrer
Promotion sehr plausibel erscheinen lassen. Über die Umstände, die
zur Ernennung von Alexander von Stavensby in Rom zum Bischof von
Coventry und Lichfield geführt hatten, wurde bereits berichtet. Gleiches
gilt für die Promotion William Brewers zum Bischof von Exeter im
November 1223.[32] Im Juni 1225 wurde Geoffrey de Burgh, Archidiakon
von Norwich und ein Bruder von Hubert de Burgh, nach 1215 zum
zweiten Mal zum Bischof von Ely gewählt.[33] Während Langton die erste
Wahl nach langem Rechtsstreit noch annulliert hatte, weihte er Ende
Juni 1225 den Bischofelekt in Westminster.[34] Angesichts des Bündnisses zwischen Langton und Hubert de Burgh ist anzunehmen, dass sie
sich gemeinsam für die Promotion Geoffreys eingesetzt hatten. Eine
ähnliche Zusammenarbeit der Bündnispartner dürfte auch zur Wahl
von Thomas Blundeville, einem Neffen des Justiziars, im November
1226 zum Bischof von Norwich geführt haben.[35] Blundeville hatte seine
Karriere als Kleriker am Königshof begonnen.[36] Im September 1224 war
er unter anderem beauftragt worden, Albert, dem Kleriker Langtons,
eine sichere Reise nach Rom zu gewährleisten.[37] Darüber hinaus hatte
er, zumindest als Bischof von Norwich, ein sehr gutes Verhältnis zu
Langtons Kathedralkloster, der Christ Church in Canterbury.[38]

---

[31] *Reg. Hon.*, II, Nr. 6222, 476 und Vincent, *Peter des Roches*, 243.
[32] Vgl. oben, 325–327 und 333.
[33] *Cal. Pat. Rolls*, II, 91 und Annales de Waverleia, 301.
[34] Annales de Waverleia, 310 und *Anglia Sacra*, 635.
[35] *E.E.A., Norwich 1215–1243*, xxv und Annales de Theokesberia, 69.
[36] *E.E.A., Norwich 1215–1243*, xxv.
[37] *Cal. Pat. Rolls*, I, 472.
[38] So ist eine Schenkung von Thomas Blundeville nur zwei Monate nach seiner
Weihe zum Bischof von Norwich an das Priorat Christ Church überliefert, vgl. *CL
D. & C. Register B*, fol. 219r. Im August 1227 überließ sein Domkapitel von Norwich
den Mönchen der Christ Church den Zehnten aus dem Dorf Deopham, vgl. *CL D.
& C. Register B*, fol. 219. Zudem wurde der Todestag Blundevilles von den Mönchen

Die letzte Bischofswahl der Provinz Canterbury während Langtons Pontifikat fand in Rochester statt. Edmund von Hadenham, Mönch und Chronist des Kathedralklosters in Rochester aus der zweiten Hälfte des 13. Jahrhunderts, liefert einen Bericht über die Wahl eines Nachfolgers für Benedikt von Sawston, der am 21. Dezember 1226 verstorben war.[39] Nachdem der Erzbischof die Wahlerlaubnis erteilt hatte, versammelten sich am 26. Dezember die Mönche in Rochester und wählten einstimmig den Archidiakon von Canterbury, Henry de Sandford, zu ihrem neuen Bischof. Langton bestätigte, nachdem ihm die Wahl mitgeteilt worden war, den Gewählten. Er dankte, so die Erzählung des Chronisten aus Rochester, dem Herrn *pro persona Electi et pro Capituli nostri concordia*.[40] Glaubt man Edmund von Hadenham, hatte also der eigentliche Wahlakt, wie schon 12 Jahre zuvor, ohne den Erzbischof, den Patron der Diözese Rochester, stattgefunden. Aber wie schon 1214 hatte Langton im Vorfeld die Mönche zur Wahl seines Kandidaten verpflichtet. Der Chronist aus Rochester erwähnt zwar eine solche vorherige Determinierung des Wahlausganges nicht, dennoch ist eine Einmischung des Erzbischofs sehr plausibel, da für Langton Henry de Sandford der ideale Nachfolger Benedikts war. Der neue Bischof von Rochester hatte über ein Jahrzehnt dem Erzbischof als Archidiakon von Canterbury treu gedient. Langton konnte daher auch in Zukunft mit seiner Loyalität als Bischof rechnen. Zugleich konnte er Sandford mit der Promotion für seine vergangenen Dienste belohnen. Von vielleicht noch größerer Bedeutung war aber die Tatsache, dass durch die Wahl das lukrative Amt des Archidiakons vakant wurde, das der Erzbischof mit seinem Bruder Simon Langton, dessen Rückkehr nach England er vorbereitete, der aber dort über keine Einkünfte verfügte, besetzen konnte. Der Erzbischof, so ist daher zu vermuten, verzichtete auf sein tradiertes Recht, der Wahl beizuwohnen. Als Gegenleistung aber sicherten ihm die Mönche aus Rochester die Wahl seines Favoriten zu.

Hatte Langton auf Grund dieses Kompromisses mit einem reibungslosen Verlauf der Promotion Henry de Sandford gerechnet, sah er sich getäuscht. Aber nicht die Mönche aus Rochester, sondern jene seines eigenen Kathedralklosters in Canterbury durchkreuzten seine Pläne, indem sie gegen die Wahl Sandfords appellierten und damit dessen

---

der Christ Church mit den gleichen Ehren begangen wie jener eines Erzbischofs von Canterbury, vgl. Cazel, Last years, 681.
   [39] *Anglia Sacra*, 347.
   [40] Ebd.

Amtsantritt verzögerten. Sie rechtfertigten ihren Einspruch damit, dass nach dem Tod Benedikts von Sawston dessen Bischofsstab nicht nach Canterbury gesandt worden sei, wo er, den Mönchen zufolge, in der Kathedrale auf dem Altar aufgebahrt werden müsse.[41] Der Hintergrund für diese Appellation war eine Einigung zwischen Erzbischof Richard von Dover und den beiden Kathedralklöstern aus Rochester und Canterbury aus dem 12. Jahrhundert. 1182 war ein gewisser Gualeranus in Anwesenheit des Erzbischofs von Canterbury von den Mönchen aus Rochester in Rochester gewählt worden. Die Mönche der Christ Church sahen darin eine Verletzung ihrer Rechte, forderten sie doch, dass der Wahlakt in ihrem *capitulum* stattzufinden habe. Zusätzlich missachtete der Erzbischof ein weiteres vom Kathedralkloster beanspruchtes Recht, in dem er den Bischofelekt nicht in Canterbury, sondern in Frankreich weihte. Der Konflikt wurde durch die Übereinkunft gelöst, dass in Zukunft jeder neue Bischof von Rochester seinen Gehorsamseid in der Kathedrale von Canterbury zu leisten habe, dort auch den Bischofsstab vom Altar erhalte, der nach seinem Tod sofort zurück nach Canterbury zu bringen sei.[42]

Nach der Appellation der Mönche aus Canterbury lud Langton Prokuratoren beider Parteien zu sich auf sein Gut Maidstone ein, wo man sich schließlich Anfang Februar 1227 auf die Ernennung von Schiedsrichtern einigte, die den Konflikt über den Verbleib des Bischofsstabs während einer Vakanz des Bistums Rochester verbindlich entscheiden sollten.[43] Mit Verweis auf die Gefahr, die, wie es in der Urkunde Langtons heißt, der Kirche von Rochester während einer Vakanz drohe, konnte der Erzbischof den Konvent der Christ Church überzeugen, der Wahl Henry de Sandfords zuzustimmen, unter der Voraussetzung aber, dass seine Weihe erst nach der Entscheidung der Schiedsrichter vollzogen werde.[44] Dem Erzbischof, so wird deutlich, war einerseits daran gelegen, die Promotion seines Archidiakons zum Bischof von Rochester zu einem erfolgreichen Ende zu führen. Auf der anderen Seite wollte er die Mönche seines Kathedralklosters nicht brüskieren, da sich sein Verhältnis zu ihnen ohnehin, wie wir weiter unten sehen

---

[41] *BL Ms. Cotton Julius D v*, fol. 25; *Acta Stephani*, Nr. 100, 117–118 und *Anglia Sacra*, 347–348.

[42] Gervase of Canterbury, *Historical works*, I, 306–307; Churchill, *Canterbury Administration*, I, 281–282 und Bennett, *Jurisdiction of the archbishop*, 119–120.

[43] *Acta Stephani*, Nr. 100, 118.

[44] Ebd., Nr. 100, 117–119; *Anglia Sacra*, 347–348 und *BL Ms. Cotton Julius D v*, fol. 25–25r.

werden, in einer Krise befand. Die Weihe Henry de Sandford wurde
schließlich am 9. Mai 1227 durch Langton in seiner Kapelle in Canterbury vollzogen.[45] Wenige Tage zuvor hatten die Schiedsrichter in
London gegen die Appellation der Mönche aus Canterbury entschieden
und deren Forderungen abgelehnt.[46]

Möglicherweise aber hatte das Kathedralkloster nicht allein wegen
des Bischofsstabs gegen die Wahl Sandfords appelliert. Langton zufolge
hatten sich die Mönche der Christ Church auch an ihn gewandt,
*propter aliam causam scilicet quia disposicio Roffensis episcopatus ad
archiepiscopum Cant' scilicet ad nos pertinet ut dicunt.*[47] Schon 1220
hatte sich das Kathedralkloster eine päpstliche Urkunde sichern können,
in der Honorius III. der Kirche von Canterbury die Verfügungsgewalt,
dispositio, über das Bistum Rochester während einer Vakanz bestätigte.[48]
Offenbar versuchten die Mönche aus Rochester trotz dieser Papstbulle,
stärker an der Verwaltung ihres vakanten Bistums beteiligt zu werden.
In den Quellen sind jedoch keine Hinweise überliefert, dass Langton
auf diese Herausforderung reagierte. Dagegen sandten die Mönche der
Christ Church nach der Weihe Sandfords Vertreter nach Rom, um die
Rechte ihrer Kirche gegen die Konkurrenz aus Rochester weiter zu verteidigen.[49] Auch die Annalen von Dover vermitteln den Eindruck, als
habe sich insbesondere das Kathedralkloster um die Rechte der Kirche
von Canterbury gesorgt. Sie berichten, die Mönche hätten auch deshalb
gegen die Wahl Sandfords Einspruch erhoben, weil Langton, dem als
Erzbischof die Einsetzung und Absetzung des Bischofs von Rochester
zukomme, auf Grund alten Rechts beim Wahlakt hätte anwesend sein
müssen.[50] Damit aber stellten die Mönche eben jenen Kompromiss in
Frage, den Langton mit dem Kathedralkloster von Rochester ausgehan-

---

[45] *CL D. & C. Chartae Antiquae C 115/86*; Gervase of Canterbury, *Historical works*,
II, 115 und *Anglia Sacra*, 347–348.
[46] *Registrum Roffense*, 57–58 und *Anglia Sacra*, 348.
[47] *Acta Stephani*, Nr. 100, 118.
[48] *CL D. & C. Register I*, fol. 39r.
[49] Diesen Schluss zumindest lassen die Annalen von Dover zu, die berichten, dass
nach der Weihe sowohl die Mönche aus Canterbury als auch jene aus Rochester auf
Grund der umstrittenen Unterordnung der Kirche Rochesters unter jene Canterburys
Boten nach Rom gesandt hätten, vgl. *BL Ms. Cotton Julius D v*, fol. 26. Im Zuge der
endgültigen Entscheidung des Papstes über das Wahlrecht in Rochester 1238 befasste
man sich an der Kurie auch wieder mit jenen Fragen, die aus dem Status des Erzbischofs
als Patron von Rochester resultierten, unter anderem mit der Frage, wer die Amtsträger
des Bistums Rochester während einer Vakanz ernennen dürfe, vgl. *Registres de Grégoire
IX*, II, Nr. 4372, 1033 und Bennett, *Jurisdiction of the archbishop*, 127.
[50] *BL Ms. Cotton Julius D v*, fol. 25.

delt hatte, um die Promotion Sandfords sicherzustellen. Der Erzbischof ignorierte daher einen solchen Protest der Christ Church, wenn es ihn tatsächlich gegeben hatte, und ließ allein die Appellation wegen des Bischofsstabs zu.

Die Mönche der Christ Church treten in den Quellen als die eigentlichen Kämpfer für die tradierten Rechte ihrer Kirche auf, während Langton offenbar eher dazu bereit war, diese für kurzfristige Erfolge und familiäre Interessen zu opfern. Das Kathedralkonvent als transpersonale Institution reagierte auch in den folgenden Jahrzehnten und Jahrhunderten sensibler auf Bedrohungen für die Freiheiten der Kirche von Canterbury als die einzelnen Erzbischöfe, die stärker ihren unmittelbaren, persönlichen Vorteil im Blick hatten.[51] Langtons Kompromiss mit den Mönchen aus Rochester trug schließlich dazu bei, dass seine Nachfolger in Canterbury ihre besonderen Partizipationsrechte an der Bischofswahl in Rochester endgültig verloren. Die Mönche aus Rochester argumentierten einige Jahre später bei ihrer Auseinandersetzung mit Edmund von Abingdon, sie hätten das alleinige Wahlrecht auch deshalb inne, weil in den vergangenen 52 Jahren die Bischöfe kanonisch vom Kapitel in Rochester, ohne Beteiligung des Erzbischofs, gewählt worden seien.[52] Dagegen versicherte Edmund dem Papst, sein Vorgänger Langton habe aus Unwissenheit um seine Rechte als Erzbischof dem Kapitel die Wahl überlassen.[53] Gregor IX entschied den Konflikt letztendlich zu Gunsten der Mönche aus Rochester und sprach 1238 dem Erzbischof von Canterbury in Zukunft alle Rechte an der Bischofswahl in Rochester ab, die über die Rechte in seiner Funktion als Metropolit hinausgingen.[54]

1226 aber hatte sich Langton durch den ausgehandelten Kompromiss einen inoffiziellen, aber ausschlaggebenden Einfluss auf die Wahl in Rochester erhalten können, einen Einfluss, den er nach 1222 auch über die anderen Bischofswahlen der Provinz Canterbury ausübte. Da er sich bis zu seinem Tod auch ein gutes Verhältnis zur römischen Kurie bewahren konnte, geriet seine Kontrolle über den englischen Episkopat nach dem Ende der Legation Pandulfs nie in Gefahr.

---

[51] Dobson, Monks of Canterbury, 76.
[52] *Anglia Sacra*, 384–387 und Gibbs und Lang, *Bishops and Reform*, 75.
[53] *Anglia Sacra*, 801.
[54] Gibbs und Lang, *Bishops and Reform*, 74–76; Churchill, *Canterbury Administration*, I, 283–284 und Bennett, *Jurisdiction of the archbishop*, 125–127.

XIV.2. *Langtons Verhältnis zum Kathedralkloster Christ Church*

Die Erzbischöfe von Canterbury im ersten Jahrhundert nach der normannischen Eroberung fungierten noch *de iure* und *de facto* als Äbte
ihres Kathedralklosters.[55] Die vielfältigen, im Laufe des Jahrhunderts
weiter wachsenden Verpflichtungen eines Metropoliten aber ließen
ihnen immer weniger Raum für ein gemeinsames Leben mit den Mönchen in Gemeinschaft. Der Erzbischof entwickelte sich daher im Verlauf
des 12. Jahrhunderts zum Titularabt seines Kathedralklosters, während
der Prior der Christ Church sukzessive die Aufgaben und Pflichten eines
Abtes im Kloster und gegenüber der Mönchsgemeinschaft übernahm.
Der Prior blieb jedoch dem Erzbischof verantwortlich und auch die
Mönche waren weiterhin direkt seiner Autorität unterworfen.[56] Das
Kathedralkloster strebte aber nach mehr Unabhängigkeit von der Aufsicht und direkten Kontrolle des Erzbischofs. Eine Folge, aber zugleich
auch eine der wichtigsten Ursachen dieses Emanzipationsstrebens war
die Etablierung einer eigenen *mensa*, der *mensa capitularis*, die, getrennt
von der *mensa episcopalis*, ab der Mitte des 12. Jahrhunderts von den
Mönchen eigenständig verwaltet wurde.[57] Diese Emanzipationsprozesse
verliefen natürlich nicht reibungslos. Der Metropolit wehrte sich gegen
den Verlust seiner traditionellen Rechte als Abt des Kathedralklosters.
Die Folge waren schwere Auseinandersetzungen im 12. und 13. Jahrhundert, die zum Teil das Verhältnis des Erzbischofs zur Christ Church
nachhaltig beschädigten.[58]

Im nun folgenden Kapitel soll untersucht werden, inwieweit auch
Langtons Beziehungen als Erzbischof und Titularabt zu den Mönchen
seiner Kathedrale in Canterbury durch diese Konflikte geprägt waren.
Ein potentielles Konfliktfeld war die Wahl des Priors und weiterer
obedientaries, also Amtsträger, der Christ Church, also etwa des Sub-
priors, Kantors und Messners. Nach heftigen Kontroversen unter Erzbischof Theobald hatte Papst Alexander III. 1174 den Mönchen das
Recht verliehen, während einer Sedisvakanz des Erzbistums Canterbury
ihren Prior selbst zu wählen.[59] Sein Nachfolger Urban III. bestätigte

---

[55] R. Smith, *Canterbury Cathedral*, 4 und Bennett, *Jurisdiction of the archbishop*,
74–75.
[56] R. Smith, *Canterbury Cathedral*, 4; Bennett, *Jurisdiction of the archbishop*, 76;
Dobson, Monks of Canterbury, 72 und Crosby, *Bishop and chapter*, 91–93.
[57] Crosby, *Bishop and chapter*, 3 und 67–73.
[58] Ebd., 78–85.
[59] *Papsturkunden in England*, Nr. 131, 323.

1187 im Zuge weiterer Auseinandersetzungen unter Erzbischof Baldwin die Praxis, wonach der Erzbischof den Prior, Subprior, Kantor, Messner, Cellerar, Kämmerer und drei Bedienstete der Christ Church ernannte. Er sollte dabei jedoch den Rat des Priors und des Konvents berücksichtigen. Die restlichen, weniger bedeutenden *obedientaries* durfte der Prior aber in Absprache mit den älteren Mönchen wählen, ohne dass er den *assens* seines Titularabts einholen musste.[60] Beide Urkunden, sowohl jene von Alexander III. als auch die von Urban III., bestätigte Honorius III. auf Bitten der Christ Church im Dezember 1219.[61] Möglicherweise ging der Ausstellung dieser päpstlichen Bullen eine Auseinandersetzung zwischen Langton und den Mönchen der Christ Church um die Ämterbesetzung innerhalb des Priorats voraus. Diesen Schluss lässt zumindest eine Beschwerde zu, die die Mönche 1236 an den Nachfolger Langtons, Edmund von Abingdon, richteten. Darin wird Edmund vorgeworfen, sich wie seine Vorgänger Langton und Richard le Grant ungerechtfertigterweise in die Ernennung von *obedientaries* und Bediensteten eingemischt zu haben. So habe Edmund den Sakristan, Cellerar und Kämmerer sowie drei Bedienstete ernannt und damit die Rechte der Mönche verletzt.[62] Den päpstlichen Urkunden gemäß aber fielen diese Ämterbesetzungen in den Aufgabenbereich des Erzbischofs. Die Mönche versuchten offensichtlich, ihr Wahlrecht auszuweiten. Sollte es solche Vorstöße des Kathedralklosters schon während Langtons Pontifikat gegeben haben, so gelang es dem Erzbischof, diese zurückzuweisen, ohne dass ein ernsthafter Konflikt entbrannte, der die Beziehung zwischen dem Titularabt und den Mönchen dauerhaft belastet und ihre Zusammenarbeit in anderen Bereichen erschwert hätte. Entsprechend konfliktfrei verliefen offenbar auch die Wahlen eines neuen Priors der Christ Church 1213 und 1222. Zumindest sind in den Quellen keine Kontroversen überliefert.[63] Während des Pontifikats

---

[60] *Papsturkunden in England*, Nr. 251, 447–448; R. Smith, *Canterbury Cathedral*, 33 und Dobson, Monks of Canterbury, 88–89.

[61] *CL D. & C. Register I*, fol. 38 und fol. 39r–40r. Die Urkunde Urbans III. über die Ernennung der Amtsträger hatte schon Innozenz III. der Christ Church 1200 bestätigt, vgl. *Letters of Innocent III*, Nr. 237, 39–40.

[62] Wallace, *St. Edmund of Canterbury*, 488–489 und *CL D. & C. Chartae Antiquae A 168*.

[63] Gervase of Canterbury, *Historical works*, II, 108 und 112. Greatrex vermutet sogar, Prior Walter sei im Juni oder Juli 1213, also in jenen turbulenten Monaten, als sowohl die Mönche der Christ Church als auch der Erzbischof die Rückkehr nach England vorbereiteten, vom Konvent ohne Beteiligung Langtons gewählt worden, vgl. Greatrex, *Biographical register*, 312 und Le Neve, *Fasti Ecclesiae Anglicanae*, II, 11.

Edmunds von Abingdon gewann die Auseinandersetzung um die Wahl
des Priors dagegen wieder an Schärfe, woraufhin Papst Gregor IX.
schließlich den Mönchen der Christ Church das Recht gewährte, ihren
Prior auch *sede plena* zu wählen.[64]

Weitere Streitpunkte kreisten um den Status des Priorats St. Martin
in Dover. Erzbischof Theobald hatte Mitte des 12. Jahrhunderts das
Haus seinem Kathedralkloster und dessen Kontrolle unterstellt. Das
Priorat wurde zu einer Zelle der Christ Church, die aber unter der
Verfügungsgewalt, *dispositio*, des Erzbischofs stand.[65] Schon bald entwickelten sich erste Auseinandersetzungen zwischen den Mönchen aus
Canterbury und jenen aus Dover um die Rechte des Mutterhauses an
seiner Zelle. Gleichzeitig geriet Erzbischof Baldwin mit den Mönchen
der Christ Church über die Ernennung des Priors von Dover in Konflikt.[66] Diese Kontroversen gewannen im Laufe des 13. Jahrhunderts
an Schärfe, weil sich das Priorat St. Martin in seinem Streben nach
mehr Unabhängigkeit wiederholt mit der Bitte um Unterstützung an
die Erzbischöfe wandte. Die häufige Folge war eine weitere Belastung
des ohnehin schon angespannten Verhältnisses zwischen Titularabt
und seinem Kathedralkloster.[67]

Auch für Langtons Amtszeit ist ein solcher Konflikt um Rechtsfragen
zwischen St. Martin und der Christ Church überliefert. Das Mutterhaus
und seine Zelle stritten darüber, nach welchem Verfahren das Priorat
in Dover neue Mönche aufnehmen dürfe. Der Erzbischof wurde zum
Vermittler ernannt, der aber diese Funktion dazu nutzte, um die Mönche seiner Kathedrale für sich einzunehmen. Die Urkunde Gregors IX.,
die von der Auseinandersetzung und der erfolgreichen Schlichtung
Langtons berichtet, und mit der der Papst die erreichte Einigung 1230
bestätigte, gibt keine Auskunft über den Inhalt der Vereinbarung. Sie
muss aber zur Zufriedenheit der Mönche aus Canterbury ausgefallen
sein, ansonsten hätten sie den Papst kaum um eine Bestätigung gebeten.[68] Langton, so ist daher zu vermuten, hatte bei seiner Vermittlung

---

[64] Historical Manuscripts Commission, *Eighth report*, 317; R. Smith, *Canterbury Cathedral*, 7 und Wallace, *St. Edmund of Canterbury*, 279–301.
[65] Haines, *Dover Priory*, 72–73.
[66] Ebd., 77 und 79.
[67] Für Einzelheiten über die Konflikte im 13. Jahrhundert um das Priorat St. Martin vgl. insbesondere Haines, *Dover Priory*, 80–110; Heale, *Dependent priories*, 102–103; Churchill, *Canterbury Administration*, I, 122–123 und Douie, *Archbishop Pecham*, 185–189.
[68] *BL Ms. Additional 6159*, fol. 284r.

vor allem Rücksicht auf die Interessen und Ansprüche seines Kathedralklosters genommen.[69] Angesichts der Datierung des päpstlichen
Schreibens auf das Jahr 1230 ist anzunehmen, dass die Vermittlung
Langtons während seiner letzten Lebensjahre stattgefunden hatte. Wie
ich im Laufe des Kapitels darstellen werde, geriet sein Verhältnis zum
Priorat Christ Church Ende 1226 in eine Krise, um deren Entschärfung
er sich in den Monaten darauf bemühte. Sein Eingreifen zu Gunsten
seines Kathedralklosters im Streit mit St. Martin mag daher auch eine
Reaktion auf diese Krise gewesen sein. Inwieweit seine Parteinahme die
Beziehungen zu den Mönchen in Dover belastete, ist nicht bekannt.
Aber es sind zwei *acta* Langtons überliefert, die auf ein ansonsten
einträchtiges Verhältnis hindeuten. Der Erzbischof bestätigte etwa
St. Martin 1227 die Pensionen mehrerer Kirchen und bewilligte dem
Priorat die *appropriation* der Kirchen von Appledore und Coldred.[70]
Beide Urkunden wurden zudem vom Prior und Konvent der Christ
Church bestätigt.[71]

Die Wahl des Priors von Dover führte während Langtons Pontifikat
zu keiner Auseinandersetzung zwischen Titularabt und Kathedralkloster. Papst Gregor IX. bestätigte zwar die Urkunde seines Vorgängers
Alexander III., in der neben der Überordnung der Christ Church über
St. Martin dem Erzbischof das Recht zur Ernennung und Absetzung
des Priors von St. Martin zuerkannt wurde.[72] Doch Langton erhielt
wahrscheinlich nicht die Gelegenheit, dieses Privileg wahrzunehmen.
Über die Umstände der Wahl Reginalds de Schepeya, eines Mönchs
der Christ Church, zum Prior von St. Martin ist kaum etwas bekannt.[73]
Langton und die Mönche lebten 1212 noch im Exil, der Prior in St.
Bertin und die Mönche verteilt auf mehrere französische und flämische
Klöster, während der Erzbischof an verschiedenen Orten weilte, unter
anderem in Pontigny und Rom.[74] Die Mönche des Priorats St. Martin

---

[69] 1219 hatte Honorius III. festgelegt, dass St. Martin ohne die Zustimmung des Priors
und Kapitels der Christ Church keine neuen Mitglieder aufnehmen dürfe, vgl. *CL D. &
C. Register I*, fol. 40r. In einer späteren Vereinbarung von 1235 zwischen dem Priorat
St. Martin und der Christ Church wurde festgelegt, dass neue Mitglieder, bevor sie in
St. Martin aufgenommen werden duften, sowohl durch den Prior der Christ Church
als auch von jeweils zwei Mönchen aus beiden Prioraten geprüft werden mussten, vgl.
BL Ms. Additional 6159, fol. 287r–288 und Haines, *Dover Priory*, 82–83.

[70] *Acta Stephani*, Nr. 106, 124 und Nr. 121, 138.

[71] *Lambeth Ms. 241*, fol. 4, fol. 48, fol. 148r und fol. 225–225r.

[72] *CL D. & C. Register I*, fol. 47r und fol. 109.

[73] *BL Ms. Cotton Julius D v*, fol. 24r.

[74] *Letters of Innocent III*, Nr. 767, 126 und Willelmi Chronica Andrensis, 740–741.

dagegen waren nach dem Ausbruch der Feindseligkeiten zwischen Johann und Innozenz III. in Dover geblieben. Wie Reginald unter diesen Umständen zum Prior gewählt wurde, wie er sein Amt antrat, lässt sich nicht klären. Sein Nachfolger wurde dagegen nach Langtons Tod wahrscheinlich im Juli 1229 durch ein Mandat Richard le Grants, dem neuen Erzbischof, gewählt.[75]

Die schwerste und zum Teil gewalttätig ausgetragene Auseinandersetzung hatte zwischen dem Kathedralkloster und den beiden unmittelbaren Vorgängern Langtons in Canterbury, Baldwin und Hubert Walter, stattgefunden. Der Konflikt hatte sich an den Plänen der Erzbischöfe entzündet, ein Kollegiatsstift zu gründen. Dahinter stand die Überlegung, mit den Pfründen einer solchen Kirche verdiente Kleriker am Hof des Erzbischofs versorgen zu können. Mit der Vergabe solcher *beneficia* an Geistliche der römischen Kurie sowie an Kleriker des königlichen Hofes hätten die Erzbischöfe zusätzlich ein Mittel besessen, um sich politischen Einfluss und Macht zu sichern. Zudem waren Säkularkanoniker für den Dienst in der erzbischöflichen Verwaltung geeigneter als die in ihrer Lebensführung durch die Ordensregel eingeschränkten Benediktinermönche.[76] Die Mönche der Christ Church betrachteten aber solche Pläne als direkte Bedrohung für ihren Status als Metropolitankirche. Sie fürchteten, der Erzbischof würde in Zukunft die neue Kirche als seine Kathedrale nutzen. Als Folge würden sie ihre besonderen Privilegien, etwa das Recht, den Metropoliten zu wählen, verlieren.[77] Als Erzbischof Baldwin im März 1190 ins Heilige Land aufbrach, wo er wenige Monate später starb, war

---

[75] Reginald de Schepeya starb entweder 1228 oder 1229. Die Annalen von Dover geben das Jahr 1228 als Todesjahr an. Da aber sein Tod in den Annalen am Ende der Einträge für das Jahr 1228 erwähnt wird, Reginald aber am 1. Februar starb, könnte sein Todesjahr auch 1229 gewesen sein. Diese Vermutung wird bestärkt durch die Tatsache, dass die Annalen die Wahl des Nachfolgers auf Ende Juni 1229 datieren, vgl. *BL Ms. Cotton Julius D v*, fol. 27r–28; *BL Arundel Ms. 68*, fol. 15 und Knowles, Brooke und London (Hrsg.), *Heads of Religious Houses*, 88. Der Name seines Nachfolgers ist umstritten. Die Quellen nennen ihn entweder William de Dover oder William de Staunford. Charles Haines glaubt, William wurde von Langton ernannt, obwohl er dessen Amtsantritt auf den Juli 1229 datiert, vgl. Haines, *Dover Priory*, 211. Den Annalen von Dover zufolge war William vor seiner Wahl *poenitentiarius domini Cantuariensis*, vgl. *BL Ms. Cotton Julius D v*, fol. 28.

[76] Cheney, *From Becket to Langton*, 122; Cheney, *Hubert Walter*, 137 und Gibson, Norman and Angevins, 66.

[77] Gibson, Norman and Angevins, 66–67; E. Carpenter, *Cantuar*, 85–86 und Bennett, *Jurisdiction of the archbishop*, 79.

der Konflikt noch nicht entschieden.[78] Sein Nachfolger Hubert Walter nahm die Pläne wieder auf. Das Kollegiatsstift sollte aber nicht mehr in Hackington, sondern in Lambeth gegründet werden. Zudem präsentierte sich Walter konzilianter als Baldwin und sicherte den Mönchen ihre traditionellen Rechte zu, unter anderem ihr Wahlrecht. Nachdem die Mönche mit der Unterstützung von Papst Innozenz III. aber an ihrem kompromisslosen Widerstand festhielten, musste Hubert Walter sein Projekt einer Kollegiatkirche begraben. Er erhielt nur die Erlaubnis, ein Konvent von Regularkanonikern des Prämonstratenserordens in Lambeth zu gründen, das aber nicht mit Land der Christ Church ausgestattet werden durfte.[79]

Langton griff das Projekt zur Gründung eines Kollegiatsstifts nicht wieder auf. Er unternahm keinerlei Schritte in diese Richtung, ja hatte vermutlich eine Wiederbelebung der Pläne zu keinem Zeitpunkt in Erwägung gezogen. Der vollständige Verzicht Langtons auf dieses provokative Vorhaben war sicherlich einer der wichtigsten Gründe für seine vergleichsweise guten und stabilen Beziehungen zu den Mönchen seines Kathedralklosters. Als Beweis für diese These können die Ereignisse Ende des Jahres 1226 gelten, als die Beziehungen zwischen Langton und den Mönchen für kurze Zeit in eine ernsthafte Krise gerieten. Auslöser war das Vorhaben des Erzbischofs, mehrere Ordinationen in der Kapelle auf seinem Gut Lambeth vorzunehmen. Dem Bericht der Annalen von Dover zufolge appellierten die Mönche der Christ Church gegen diese Ordinationen. Langton reagierte offenbar ziemlich erbost über den unerwarteten Widerstand. Er nahm zwar von den Ordinationen in seiner Kapelle Abstand, beauftragte aber nun den Bischof von London, diese in der Kathedrale St. Pauls auszuführen.[80] Die Reaktion des Kathedralklosters auf die geplanten Ordinationen in Lambeth ist nur vor dem Hintergrund der vergangenen Konflikte um die Gründung eines Kollegiatsstifts zu verstehen. Die Erinnerungen der Mönche an das in ihren Augen damals erlittene Unrecht waren offensichtlich noch sehr präsent, sodass sie auf jeden, auch vermeintlichen Schritt zur Neubelebung der Pläne zur Errichtung einer Stiftskirche

---

[78] Gibson, Norman and Angevins, 66–67 und Bennett, *Jurisdiction of the archbishop*, 79–80.

[79] Cheney, *Hubert Walter*, 138–149; Crosby, *Bishop and chapter*, 98–99; E. Carpenter, *Cantuar*, 86 und Bennett, *Jurisdiction of the archbishop*, 83–88.

[80] *BL Ms. Cotton Julius D v*, fol. 25.

in Lambeth nervös und äußerst gereizt reagierten.[81] Es blieb aber die einzige ernsthafte Krise, die zwischen Langton und seinem Kathedralkloster überliefert ist.

Langton versuchte offenbar, im Gegensatz zu seinen Vorgängern und zu vielen seiner Nachfolger in Canterbury, Konflikte mit seinem Kathedralkloster zu vermeiden.[82] Er nahm Rücksicht auf die Befindlichkeiten und Interessen der Mönche und verzichtete darauf, seine Rechte mit allen Mitteln durchzusetzen. Er scheint dem Prior und den Mönchen auch mehr Freiräume bei der Verwaltung und Klärung innerer Angelegenheiten gelassen zu haben, zumindest ist keine Einmischung Langtons als Abt in die Belange des Klosters überliefert. Entsprechend sahen die Mönche ihn nicht als Bedrohung ihrer Eigenständigkeit und betrachteten ihn nicht als Gefahr für ihre Rechte. Auf diese Weise konnte ein Grundvertrauen zwischen Langton und dem Konvent entstehen.[83] Dazu beigetragen hatte sicherlich die gemeinsame Erfahrung des langjährigen Exils in Frankreich und die gemeinsame Gegnerschaft zu König Johann.[84]

Wie groß dieses Vertrauen der Mönche gegenüber Langton tatsächlich war, zeigt sich an der sensiblen Frage, wo der Erzbischof von Canterbury seine Suffragane zu weihen habe. Der Prior und der Konvent der Christ Church erhoben den Anspruch, die Bischofsweihen hätten in der Kathedrale von Canterbury stattzufinden.[85] Langton aber musste, wie auch sein Vorgänger Hubert Walter, diese Forderung der Mönche wiederholt ignorieren. Er weihte während seiner gesamten Amtszeit nur bei zwei Gelegenheiten vier Bischöfe in der Kathedrale von Canterbury.[86] Der Erzbischof handelte aber nicht aus dem Willen heraus, die Mönche zu brüskieren, sondern er unterstand vielmehr praktischen

---

[81] Cazel, Last years, 681 und Dobson, Monks of Canterbury, 73.

[82] So berichten etwa die Annalen von Dover von schweren Auseinandersetzungen zwischen Langtons Nachfolger Richard le Grant und den Mönchen der Christ Church, die sich um nicht näher spezifizierte Rechte drehten, vgl. *BL Ms. Cotton Julius D v*, fol. 28.

[83] Dagegen hatten etwa Baldwin und Hubert Walter versucht, sich eine größere und striktere Kontrolle über das Kathedralkloster zu erhalten, und den Mönchen gegenüber stets ihre Überordnung betont. Entsprechend wurden sie von den Mönchen stärker als Bedrohung für ihre Freiheiten wahrgenommen, vgl. Crosby, *Bishop and chapter*, 80 und 100 und Bennett, *Jurisdiction of the archbishop*, 78.

[84] Cazel, Last years, 681.

[85] Churchill, *Canterbury Administration*, I, 273–274 und Cazel, Last years, 680–681.

[86] Cazel, Last years, 681 und Stubbs, *Registrum Sacrum Anglicanum*, 54–56. Hubert Walter weihte während seiner Amtszeit 14 Bischöfe, allein neun von ihnen in Westminster, vgl. Cheney, *Hubert Walter*, 60–61.

Zwängen. Auf Grund seiner vielfältigen Verpflichtungen, sowohl als
weltlicher Politiker als auch als Metropolit, bereiste Langton häufig
das Königreich und war nur wenige Wochen oder Monate im Jahr in
Canterbury. Langton hätte daher kaum die Zeit gefunden, für jede der
insgesamt 19 Konsekrationen während seines Pontifikats extra nach
Canterbury zu reisen. Er nutzte daher über die Jahre die verschiedenen
Treffen des englischen Episkopats, um dort, unabhängig vom Ort der
Zusammenkunft, Bischöfe zu weihen.[87] Diese Praxis Langtons hatte
aber offenbar keine Auseinandersetzung mit seinem Kathedralkloster
zur Folge. Der wichtigste Grund dafür war sicherlich der Verzicht des
Erzbischofs, die Pläne seiner Vorgänger aufzugreifen und ein Kollegiatsstift zu gründen. Die Forderung, dass die Suffragane in ihrer Kathedrale
geweiht werden müssten, vertraten die Mönche immer dann besonders
vehement, sobald sie um den Status ihrer Kirche als Metropolitankirche
fürchten mussten.[88] Es ist daher mit Sicherheit kein Zufall, dass sie erst
wieder unter Edmund von Abingdon kategorisch auf die Bischofsweihe
in ihrer Kathedrale bestanden und diesen Anspruch sogar durch eine
Fälschung untermauern wollten. Sie produzierten eine Urkunde, mit
der angeblich Thomas Becket seinem Kathedralkloster dieses Recht
zugesichert hatte.[89] Schließlich griff erst Edmund von Abingdon das
Projekt aus dem 12. Jahrhundert wieder auf, als er in Maidstone die
Gründung einer neuen Stiftskirche plante.[90] Langton dagegen besaß das
grundsätzliche Vertrauen der Mönche, so dass diese ohne Angst um
ihren Status und ihre Privilegien auf die Wahrnehmung dieses Rechts
zumindest zeitweise verzichten konnten. Diese These wird durch die
bereits erwähnte Krise ihrer Beziehungen zur Jahreswende 1226/1227
untermauert, als die Mönche dieses Vertrauen in Langton kurzfristig
verloren hatten. So stammen gerade aus diesem Zeitraum zwei der drei
überlieferten *cautiones*, in denen Langton der Christ Church zusicherte,
dass die Weihen des Bischofs von Norwich im Dezember 1226 sowie
des Bischofs von Rochester im Mai 1227 außerhalb der Kathedrale von
Canterbury keinen Präzedenzfall bildeten und nicht zum Nachteil ihrer

---

[87] Vgl. oben, 160–161, 184–185 und 275, Anm. 153.
[88] Cheney, Magna Carta Beati Thome, 91.
[89] Cheney hat die Argumente gesammelt, die darauf schließen lassen, dass die
angebliche Urkunde Beckets eine Fälschung ist, die in der Christ Church während des
Pontifikats Edmunds von Abingdon entstand, vgl. Cheney, Magna Carta Beati Thome,
78–104 und Dobson, Monks of Canterbury, 76.
[90] Dobson, Monks of Canterbury, 73–74.

Rechte seien.[91] Die Mönche hatten offenbar auf Grund ihrer krisenhaften Beziehung zu Langton in jenen Monaten nicht mehr ohne Weiteres auf ihren Anspruch verzichten wollen. In diesem Zusammenhang ist es auch bemerkenswert, dass zwei der drei Bischofsweihen, die während Langtons Abwesenheit vollzogen wurden, in Canterbury stattfanden, und für die Weihe in Westminster eine *cautio* an die Christ Church überliefert ist.[92] Die Mönche bestanden ganz offensichtlich gegenüber den Vertretern des Erzbischofs kompromissloser auf ihre Rechte als gegenüber Langton.

Entsprechend finden sich in den Quellen immer wieder Indizien für eine gute Zusammenarbeit Langtons mit dem Kathedralkloster während seines Pontifikats. Zahlreiche *acta* des Erzbischofs wurden etwa durch eigene Urkunden des Priors und des Konvents der Christ Church bestätigt.[93] Im Frühjahr 1228 agierten Langton und der Prior zusammen mit dem Abt von St. Augustine als Zeugen einer Vereinbarung über die Präsentation zur Kirche von Compton.[94] Daneben unterstützte Langton sein Kathedralkloster auf verschiedenen Wegen. Die Hilfe des Erzbischofs konnte finanzieller Natur sein, indem er den Mönchen Geld lieh[95], oder sein Seneschall Robert von Ruxley sich als Bürge für die Begleichung der Schulden des Priors von Canterbury gegenüber dem König zur Verfügung stellte.[96] Langton übertrug den Mönchen seiner Kathedrale zudem die Kirche von St. Dunstan in Ost-London und bestätigte ihnen die *appropriation* einer Kapelle der Kirche von Eynsford in Farningham. In beiden Fällen richtete Langton ein Vikariat ein.[97] Im Juli 1225 und im Mai 1226 bestätigte der Erzbischof den Mönchen zwei weitere Schenkungen. Der Rektor der Kirche von Bocking hatte dem Kathedralkloster Land mit einer Mühle überlassen. Die Nonnen des Klosters St. Sepulchre in Canterbury hatten der Christ Church die Einnahmen aus mehreren Häusern in London übertragen, die diese

---

[91] *Acta Stephani*, Nr. 96, 114 und Nr. 104, 121–122.
[92] *CL D. & C. Chartae Antiquae C 115/84, C 115/76* und *C 125/2*.
[93] *Lambeth Ms. 241*, fol. 4, fol. 48, fol. 184r und fol. 225–225r; *Registrum Roffense*, 413; *Chartulary Boxgrove*, Nr. 75, 61; *CL D. & C. Chartae Antiquae F 5; Lambeth Register Warham*, I, fol. 132r, fol. 138 und fol. 158r und *Cartulary of St. Gregory*, 17.
[94] *Acta Stephani*, Nr. 116, 134–135.
[95] Die Mönche zahlten 1223 die 300 Mark zurück, die ihnen Langton möglicherweise 1215 geliehen hatte, vgl. *Acta Stephani*, Nr. 66, 87 und Mate, Indebtedness of Canterbury Cathedral Priory, 194.
[96] *Transkript of Memoranda Rolls*, K.R., Nr. 2, fol. 8 und Nr. 3, fol. 2.
[97] *Acta Stephani*, Nr. 78, 97–98 und Nr. 128, 143.

selbst von Langton elf Jahre zuvor geschenkt bekommen hatten.[98]
Zudem ist nicht auszuschließen, dass einige königliche Gunsterweise
an die Mönche der Christ Church durch die Intervention Langtons am
Hof ausgestellt wurden. Insbesondere in jenen Monaten und Jahren,
in denen er zusammen mit Hubert de Burgh das politische Entscheidungszentrum am Königshof bildete, könnte er seinen Einfluss auch
zu Gunsten des Kathedralklosters geltend gemacht haben. So fällt etwa
die Ausstellung des königlichen Mandats vom Oktober 1224, in dem
den königlichen Bailiffs und Untertanen aufgetragen wird, die Mönche
der Christ Church und ihren Besitz zu schützen, in einen Zeitraum, in
dem auch Langton sich vermehrt königliche Privilegien sichern konnte.[99]
Auch der Verzicht Heinrichs III. vom März 1227 auf das *furragium* in
Kent könnte einer gemeinsamen Initiative Langtons und der Mönche
geschuldet sein, an der auch das Kloster St. Augustine und das Priorat
St. Martin in Dover beteiligt waren.[100]

Wie schnell und gründlich Langton die erwähnte Krise seiner Beziehungen zum Kathedralkloster meisterte, zeigen die von ihm im Dezember 1227 gestalteten Verwaltungsreformen innerhalb der Erzdiözese
Canterbury. Wie erwähnt, war sein Bruder Simon Langton im Juni 1227
nach England zurückgekehrt. Schon zuvor hatte der Erzbischof ihm das
seit der Promotion Henrys de Sandford zum Bischof von Rochester
vakante Archidiakonat von Canterbury übertragen. Im Dezember 1227
nun stärkte er das Amt durch die Übertragung weiterer Befugnisse
und neuer Einnahmequellen. Langton übertrug seinem Bruder Simon
und dessen Nachfolgern als Archidiakon die Kirchen von Teynham und
Hackington, die ihnen hohe Einkünfte bescherten.[101] Daneben verlieh
der Erzbischof dem Archidiakon das Recht, die Diakone der Erzdiözese

---

[98] *Acta Stephani*, Nr. 28, 38–39; Nr. 29, 38–39; Nr. 73, 93 und Nr. 85, 104.

[99] *CL D. & C. Chartae Antiquae C 32* und vgl. oben, 386–387. Für weitere Königsurkunden zu Gunsten der Christ Church nach 1223 vgl. *Rot. Lit. Claus.*, II, 34, 175
und 180. 1221 gab das Kathedralkloster 189 Mark aus für Geschenke an den Legaten,
Langton und den Justiziar Hubert de Burgh, vgl. Mate, Indebtedness of Canterbury
Cathedral Priory, 194.

[100] Mit *furragium* war das Recht des königlichen Konstablers der Burg Dover
gemeint, Viehfutter für die Pferde der Burgbesatzung in Kent einzutreiben, vgl. *Historiae
Anglicanae Scriptores*, Sp. 1880. Thorne zufolge wurde das königliche Privileg in drei
Teile geteilt, von denen jeweils eines das Kathedralkloster Christ Church, die Abtei
St. Augustine und das Priorat St. Martin erhielten. Den Annalen von Dover zufolge
erhielten alle drei Häuser eine besiegelte Abschrift der königlichen Urkunde, vgl.
Historiae Anglicanae Scriptores, Sp. 1880–1181; *BL Ms. Cotton Julius D v*, fol. 25r und
BL Ms. Cotton Claudius D x, fol. 60.

[101] *Acta Stephani*, Nr. 113, 130–131.

zu ernennen, eine Aufgabe, welche bisher dem Offizial des Erzbischofs zugefallen war.[102] Und schließlich hob er die Exemtion mehrerer Kirchen und Kapellen von der Jurisdiktion des Archidiakons auf und verfügte, dass zukünftig alle Kirchen der Erzdiözese Canterbury, die dem Patronatsrecht des Erzbischofs oder dem seines Kathedralklosters unterstanden, der Gerichtsbarkeit des Archidiakons unterliegen sollten.[103] Ein Grund für diese Verwaltungsreformen mag das administrative Interesse Langtons gewesen sein, die disziplinarische Gewalt des Archidiakons zu stärken. Es war aber mit Sicherheit kein Zufall, dass der Erzbischof diese Reformen erst umsetzte, nachdem er seinen Bruder Simon zum Archidiakon ernannt hatte. Stephen Langton, darauf hat zuletzt Vincent verwiesen, hatte die Notwendigkeit erkannt, seinen weiterhin in England umstrittenen, teilweise auch verhassten Bruder finanziell abzusichern. Die beiden Kirchen, die er ihm im Dezember 1227 übertrug, blieben auch die einzigen *beneficia*, die Simon bis zu seinem Tod in England erhielt.[104]

Diese Verwaltungsreformen hatte der Erzbischof aber nicht ohne die Zustimmung des Kathedralklosters durchsetzen können. Nun zahlte sich das langjährige Bemühen Langtons um ein gutes Verhältnis zu den Mönchen der Christ Church aus. Dennoch musste er ihnen im Dezember 1227 noch einige zusätzliche Konzessionen machen. Er versprach zusammen mit seinem Bruder Simon Langton dem Kathedralkloster, dass ihm auch weiterhin ein Zehnter aus der Pfarrgemeinde Teynham zustünde.[105] Zentral für das Einverständnis der Mönche zu den Plänen des Erzbischofs war aber mit Sicherheit die Aufhebung der Exemtion jener Kirchen, denen seine Vorgänger Baldwin und Hubert Walter im Zuge der Pläne zur Errichtung eines Kollegiatsstifts diesen Status verliehen hatten. In der Urkunde Langtons über die Ausweitung der Jurisdiktionsrechte des Archidiakons werden diese Kirchen eigens

---

[102] *Acta Stephani*, Nr. 113, 130–131. Für einen Überblick über die Aufgaben der in der englischen Forschung sogenannten *rural deans* vgl. Cheney, *From Becket to Langton*, 147 und Churchill, *Canterbury Administration*, I, 41–42.

[103] *Acta Stephani*, Nr. 112, 129–130 und *BL Ms. Cotton Julius D v*, fol. 26f. In einem Mandat an die Rektoren der Kirchen der Erzdiözese Canterbury verkündete Langton die Erweiterung der Jurisdiktionsrechte des Archidiakons und ermahnte sie zum Gehorsam diesem gegenüber, vgl. *Acta Stephani*, Nr. 111, 128–129.

[104] Vincent, *Simon Langton*, 12.

[105] *CL D. & C. Chartae Antiquae E 118* und *Acta Stephani*, Nr. 115, 133–134.

erwähnt.[106] Mit diesem Schritt, so Cazel, „Stephen Langton implicitly ratified the papal condemnations of these efforts to replace or rival Christ Church with other archiepiscopal churches."[107] Um abschließend alle Bedenken der Mönche zu zerstreuen, gab der Archidiakon zusätzlich die Zusage, in der Kirche von Hackington nichts zum Nachteil der Christ Church zu veranlassen.[108]

Trotz dieser Zugeständnisse hätten die Mönche wohl kaum den Reformen zugestimmt, wenn sie geahnt hätten, welche Konflikte sie in Zukunft mit Simon Langton austragen mussten, der viele ihrer Privilegien in Frage stellte und seine Rechte auf ihre Kosten erweiterte. Simon unterstützte als Archidiakon etwa die Pläne Edmunds von Abingdon, eine Kollegiatskirche in Maidstone zu errichten. 1241 schließlich gelang es ihm, den Mönchen der Christ Church Konzessionen abzutrotzen, die den Archidiakon in einem bisher unbekannten Ausmaß an der Verwaltung der vakanten Erzdiözese beteiligten.[109] Es verwundert daher nicht, dass die Mönche Simon als *archidiabolus* verunglimpften, ein Chronist aus Canterbury ihn mit Ahitofel verglich, dem heimtückischen und aufrührerischen Berater von Abschalom, dem Sohn König Davids.[110] Während der letzten Lebensmonate Stephen Langtons aber waren diese Konflikte noch nicht absehbar. Das Verhältnis des Erzbischofs zu seinem Kathedralkloster hatte sich nach der kurzen Krise um die Jahreswende 1226/1227 wieder stabilisiert und blieb bis zu seinem Tod im Juli 1228 einträchtig.

Betrachten wir zum Schluss noch das Verhältnis Langtons zu einigen Klöstern seines Erzbistums, über welche die Erzbischöfe traditionell eine besondere Art der Herrschaft beanspruchten. Innozenz III. hatte in einem Privileg 1199 an Hubert Walter die Abteien Boxley, Combwell und Faversham sowie die Priorate von Leeds und St. Gregory zum Eigentum der Erzdiözese deklariert.[111] Welche konkreten Rechte die Erzbischöfe auf Grund dieser Urkunden für sich reklamierten und welche

---

[106] *Acta Stephani*, Nr. 122, 129–130. Auch der Schreiber der Annalen von Dover benennt eigens diese Kirchen, die Langtons Vorgänger Baldwin und Hubert Walter von der Jurisdiktion des Archidiakons befreit hatten, vgl. *BL Ms. Cotton Julius D v*, fol. 26r.

[107] Cazel, Last years, 682.

[108] *CL D. & C. Chartae Antiquae H 100.*

[109] Lawrence, *St. Edmund*, 164–168 und Vincent, *Simon Langton*, 12.

[110] Gervase of Canterbury, *Historical works*, II, 132; *CL D. & C. Chartae Antiquae M 364/4* und Vincent, *Simon Langton*, 12.

[111] *Letters of Innocent III*, Nr. 160, 28.

Folgen sich daraus für die bischöfliche Aufsicht und Kontrolle über
diese Klöster ergaben, bleibt weitgehend unklar.[112] Wie Hubert Walter
scheint auch Langton zu den genannten Häusern keine besonders privilegierten Beziehungen unterhalten zu haben.[113] Eine Ausnahme war
das sehr freundschaftliche Verhältnis Langtons zu den Kanonikern von
St. Gregory. Das Priorat war das drittgrößte Haus in Canterbury nach
der Abtei St. Augustine und dem Kathedralkloster Christ Church.[114] Es
war eine Gründung Lanfrancs gegen Ende des 11. Jahrhunderts, was
die traditionell enge Bindung der Erzbischöfe an dieses Haus erklärt.[115]
Hubert Walter hatte, wie viele seiner Vorgänger, in einer Urkunde
das Priorat St. Gregory als zu seinem *dominium* gehörig deklariert.[116]
Zumindest ab der zweiten Hälfte des 13. Jahrhunderts reklamierten
die Erzbischöfe die Aufsicht nicht nur über die *spiritualia*, sondern
auch über die *temporalia* während der Vakanz des Priorats für sich.[117]
In seinen Mauern richteten die Erzbischöfe zudem im Verlauf des 13.
Jahrhunderts ihr Archiv ein.[118] Möglicherweise hatte schon Langton
damit begonnen, schließlich wurden in St. Gregory auch die *Artikel der
Barone* aufbewahrt, die der Erzbischof dort deponiert haben könnte,
nachdem er sie im Juni 1215 an sich genommen hatte.[119]

   Die Kanoniker von St. Gregory profitierten während Langtons Pontifikat von seiner besonderen Zuwendung. Zunächst sind zwei Schenkungen des Erzbischofs überliefert. 1215 überließ er den Kanonikern

---

[112] Cheney, *Hubert Walter*, 56.
[113] Während für die Zisterzienserabtei Boxley keine Urkunde Langtons überliefert
ist, für die Benediktinerabtei Faversham nur zwei Bestätigungsurkunden, ist für das
Kanonikerstift Leeds immerhin eine Schenkung des Erzbischofs auf uns gekommen.
Langton überließ den Augustiner-Chorherren eine Pension von 20 Schilling aus der
Kirche von Easling mit Zustimmung des Patrons von Easling, vgl. *Lambeth Register
Warham*, I, fol. 114r–115 und *Acta Stephani*, Nr. 127, 143. Etwas mehr ist über die
Beziehungen Langtons zur der Abtei Combwell bekannt. Nach seiner Rückkehr aus
Rom 1218 degradierte Langton die Abtei mit dem Konsens des Stifters zu einem Priorat. Im August 1225 stellte er Combwell einen Schutzbrief aus. In den Jahren darauf
bestätigte er dem Priorat zudem den Zehnten aus Capenesse, vgl. *Acta Stephani*, Nr.
74, 93–94; Nr. 75, 94–95 und Nr. 122, 139.
[114] *Cartulary of St. Gregory*, xi. Für neue Erkenntnisse über das Priorat St. Gregory,
basierend auf Ausgrabungen in Canterbury, vgl. Tatton-Brown, St. Gregory's Priory,
41–52.
[115] *Cartulary of St. Gregory*, ix und Young, *Hubert Walter*, 83.
[116] Cheney, *Hubert Walter*, 56 und Sayers, Medieval care and custody, 104.
[117] Churchill, *Canterbury Administration*, I, 123.
[118] Sayers, Medieval care and custody, 103–106.
[119] Tatton-Brown, St. Gregory's Priory, 50, Anm. 23.

gegen eine jährliche Abgabe von einer halben Mark Silber sein Land in Tuniford, das an ihre Güter angrenzte. Die Schenkung beinhaltete eine Straße von Westgate nach Thanington, was die künftige Beförderung der Waren zwischen ihren Besitzungen erleichterte.[120] Im Februar oder März 1227 schenkte Langton ihnen einen vor der Stadt gelegenen Garten mit mehreren Gebäuden darin, der vormals dem Archidiakon von Canterbury gehört hatte und vermutlich direkt an ihr Priorat anschloss.[121] Neben diesen Schenkungen spricht aber vor allen die Translation der beiden Heiligen Mildred und Eadburg, die Langton im Priorat St. Gregory 1224 leitete, für ein besonders enges Verhältnis des Erzbischofs zu den Kanonikern.[122] Seit über eineinhalb Jahrhunderten stritt das Priorat mit den Mönchen von St. Augustine, welche Kirche im Besitz der echten Reliquien der Heiligen Mildred war.[123] Langton stärkte durch die feierliche Translation die Ansprüche der Kanoniker und verlieh ihnen seine Autorität als Metropolit. Die Leitung der *translatio* mag daher für den Erzbischof eine besondere Genugtuung gewesen sein, schließlich war sie auch eine heftige Ohrfeige für die mächtige Benediktinerabtei St. Augustine, gegen die Langton in der Vergangenheit so manche bittere Niederlage hatte einstecken müssen.

Langton, so lässt sich festhalten, konnte stabile, überwiegend harmonische Beziehungen zu den religiösen Häusern seines Erzbistums etablieren. Das meist friedliche Verhältnis zu den Mönchen der Christ

---

[120] *Acta Stephani*, Nr. 39, 52–53 und *Cartulary of St. Gregory*, xiii. Der Prior und das Konvent der Christ Church bestätigten die Schenkung Langtons, vgl. *Cartulary of St. Gregory*, 9. Im gleichen Jahr bestätigte der Erzbischof dem Priorat St. Gregory auch die Schenkung eines gewissen Amisius von Bettenham, vgl. *Acta Stephani*, Nr. 40, 53–54.

[121] *Acta Stephani*, Nr. 103, 121. Die Kanoniker von St. Gregory mussten sich aber verpflichten, die Kapelle, die zu dem Garten gehörte und deren Bau Thomas Becket als Archidiakon veranlasst haben soll, zu erhalten, sowie die Wasserleitung des Kathedralklosters in Stand zu halten, vgl. *Acta Stephani*, xviii und Nr. 103, 121; *CL D. & C. Chartae Antiquae W 225*; *Cartulary of St. Gregory*, 16–17 und Tatton-Brown, St. Gregory's Priory, 50, Anm. 22.

[122] *BL Ms. Cotton Julius D v*, fol. 24r.

[123] *Cartulary of St. Gregory*, xii. Die Heilige Mildred war Anfang des 8. Jahrhunderts Äbtissin des Klosters Minster in Thanet gewesen. 1035 überführte Aelstan, Abt von St. Augustine, ihre sterblichen Überreste in seine Klosterkirche, wo in den folgenden Jahrhunderten ihre Verehrung einige Bedeutung erlangte. Kurz nach seiner Gründung 1084 oder 1085 durch Erzbischof Lanfranc erhob das Priorat St. Gregory den rivalisierenden Anspruch, über die echten Reliquien der Heiligen Mildred zu verfügen, die ihm das Kloster Lyminge zusammen mit den sterblichen Überresten einer gewissen Heiligen Eadburg geschenkt hatte. Eadburg identifizierten die Kanoniker als die Nachfolgerin Mildreds als Äbtissin, vgl. Rollason, *Mildrith Legend*, 62–68.

Church ist durchaus bemerkenswert, wenn man es mit den zum Teil
schweren Auseinandersetzungen vergleicht, die viele Erzbischöfe vor
und nach Langton mit dem Kathedralkloster austragen mussten. Sein
Verhältnis zur Abtei St. Augustine dagegen folgte traditionellen Mustern
und war von schweren Konflikten geprägt. Aber auch diese Beziehungen
gerieten nach seiner Rückkehr aus Rom 1218 in ruhigeres Fahrwasser.
Nur die nicht abschließend geklärte Frage den Gehorsamseid betreffend
führte bei den Wahlen eines neuen Abtes zu kurzfristigen Auseinandersetzungen, die jeweils mit der Weihe des Abtes in Rom endeten.

Überblickt man Langtons Tätigkeit als Erzbischof in seiner Provinz
und im Erzbistum Canterbury, bleibt ein in Teilaspekten widersprüchliches Bild. Das gilt zum einen für sein Engagement bei der Verteidigung der geistlichen Rechte und Freiheiten der Kirche von Canterbury.
Gegenüber der Abtei St. Augustine hatte Langton verbissen seine Rechte
verteidigt, obwohl seine Erfolgsaussichten gegen eine Koalition des
Klosters mit König Johann und Papst Innozenz III. sehr gering waren.
Dagegen verzichtete er aus politischem Opportunismus auf das traditionelle Recht des Erzbischofs, bei der Wahl des Bischofs von Rochester
den Vorsitz zu führen. Auch die Frage, ob er seinem an den Pariser
Schulen erworbenen Ruf als Kirchenreformer gerecht wurde, kann nicht
eindeutig beantwortet werden. Zunächst hatte sich Langton vehement
für die *libertas ecclesiae* eingesetzt. Er trat für freie kanonische Wahlen
ohne Einmischung des Königs ein und unterstützte dabei Kandidaten,
die sich durch Gelehrsamkeit und nicht durch die Nähe zum Herrscher
auszeichneten. Nach seiner Rückkehr aus Rom 1218 aber verfolgte er
aus politischer Rücksichtnahme in Bezug auf die Kirchenwahlen eine
pragmatischere Linie. Auch seine alltägliche Arbeit als Bischof zeichnete sich nicht durch außergewöhnlich reformerisches Engagement
aus. Es wurde aber bereits auf die Probleme bei der Bewertung dieser
Arbeit angesichts der lückenhaften Überlieferung hingewiesen.[124] Es ist
auch nicht abschließend zu entscheiden, ob Langton als Visitor tätig
wurde. Es gibt in den Quellen zwar keine eindeutigen Beweise, dass
Langton seine Provinz und sein Erzbistum visitierte, doch sind solche
Visitationen im 12. und 13. Jahrhundert in den Quellen allgemein
schwer nachzuweisen. Zumindest als Gesetzgeber war er reformerisch
tätig, 1213 oder 1214 als Diözesanbischof, 1222 als Metropolit. Seine
Provinzgesetzgebung war neben der *translatio* Beckets seine herausra-

---

[124] Vgl. oben, 73–75.

gendste Leistung als Metropolit und Bischof, für die er viel Zeit und Kraft investierte. Die Translation Beckets und die Provinzstatuten als Quelle und Vorbild für weitere Gesetzgebungen in England bleiben Langtons wichtigstes Vermächtnis in der englischen Kirche.

KAPITEL XV

LANGTON UND DIE *TEMPORALIA* DER KIRCHE
VON CANTERBURY 1213–1228

Langton war, wie eingangs der Arbeit erwähnt, als Erzbischof von
Canterbury einer der reichsten und damit mächtigsten Vasallen des
englischen Königs. Francis du Boulay hat in seiner wegweisenden
Monographie „The Lordship of Canterbury" die *temporalia* der Kir-
che von Canterbury vorgestellt und ihre Entwicklung während des
Mittelalters nachgezeichnet. Ich werde mich daher im nun folgenden
Kapitel darauf beschränken, die Herrschaft über die *temporalia* während
Langtons Pontifikat zu analysieren.

Es stellt sich zunächst die grundsätzliche Frage nach der persönlichen Beteiligung Langtons an der Verwaltung der *temporalia* seines
Erzbistums. In welchem Umfang und wie detailliert bestimmte er
durch eigene Vorgaben die Politik in diesem Bereich, oder anders formuliert, wie selbstständig konnten seine Seneschalle, die als Vertreter
des Erzbischofs die weltlichen Güter verwalteten, ihre Arbeit gestalten?
Langton, so ist zunächst festzuhalten, hatte bei seinem Amtsantritt
keinerlei Erfahrung in der Aufsicht großer Ländereien. Er verfügte
über keine Kenntnisse in der Administration von Finanzen in der
Größenordnung, wie er sie in Canterbury vorfand. Er hatte nicht wie
sein direkter Vorgänger Hubert Walter als Justiziar oder wie Thomas
Becket als Kanzler am königlichen Hof gearbeitet und so administra-
tive Erfahrungen sammeln können.[1] Er hatte sich als Magister der
Theologie in Paris nur abstrakt mit der Erhebung von Diensten und
Abgaben beschäftigt, sich aber nie konkret mit Fragen nach effizienter
Verwaltung und ähnlichem auseinandersetzen müssen. Es ist daher
davon auszugehen, dass Langton zumindest in den Anfangsjahren seines
Pontifikats die Aufsicht über die *temporalia* erfahreneren Männern an
seinem Hof überließ, wie etwa seinem Seneschall Elias von Dereham.[2]
Möglicherweise wird Langton im Laufe der Zeit mit seinen Amtsträgern

---

[1] Cheney, *Hubert Walter*, 49 und Barlow, *Thomas Becket*, 83.
[2] Major stellt die Seneschalle Langtons, die sich in den Quellen nachweisen lassen,
kurz vor, vgl. Major, Familia, 540–549.

allgemeine Zielvorgaben formuliert haben. Dennoch wird er vermutlich auch in späteren Jahren Detailfragen der freien Entscheidung seiner Seneschalle und Bailiffs überlassen haben.

Ein Problem ist die fragmentarische Überlieferung, vor allem aber das Fehlen eines erzbischöflichen Registers, was die möglichen Erkenntnisziele dieses Kapitels stark limitiert. So finden sich unter den von Kathleen Major zusammengestellten *Acta Stephani* nur fünf Dokumente, die auf die Verwaltung der Kirchengüter Bezug nehmen.[3] Größere Bedeutung besitzt daher die zu Beginn der Arbeit erwähnte Handschrift Lambeth Ms. 1212, die eine Kollektion von Abschriften verschiedener Urkunden und Dokumente mit Bezug zu den *temporalia* der Erzbischöfe beinhaltet. Die Handschrift wurde im Verlauf des 13. Jahrhunderts erstellt.[4] Sie ist das Resultat der Abspaltung der *mensa capitularis* von der *mensa episcopalis* im 12. Jahrhundert. Im Zuge dieses Prozesses begann man, getrennte Aufzeichnungen über die jeweiligen Güter und Einnahmen zu führen. Die Urkundenabschriften der erwähnten Handschrift bezeugen daher das Bemühen der erzbischöflichen Kanzlei, für das sich sukzessive formierende, eigenständige Archiv des Metropoliten eigene Urkundenbücher zu erstellen.[5] Neben diesem Kartular erweisen sich einige königliche Register für die Analyse der Herrschaft Langtons über die *temporalia* als nützlich, in erster Linie jene, die die Rechtstätigkeit der königlichen Gerichte dokumentieren, darunter Prozesse um weltlichen Besitz, wie etwa die *Curia Regis Rolls*, die *Justices Itinerant Rolls* und die *Feet of Fines*. Während die *Curia Regis Rolls* Dokumente der Prozesse der *King's Bench* und des *Court of Common Pleas* in Westminster beinhalten, finden sich in den *Justices Itinerant Rolls* Aufzeichnungen über die Tätigkeit der Reiserichter in den Grafschaften. Die sogenannten *Feet of Fines* halten abschließende Vereinbarungen der Prozessparteien zur Beilegung von Besitzstreitig-keiten fest.[6]

Die überlieferten Urkunden und Prozessakten können aber keine Grundlage für eine detaillierte Darstellung über die Art und die Metho-den der Bewirtschaftung und der Verwaltung der einzelnen Güter wäh-rend Langtons Pontifikat bilden. Fragen nach der Höhe der Abgaben

---

[3] *Acta Stephani*, xvi.
[4] Bu Boulay, Archbishop as territorial magnate, 56–62.
[5] Ebd., 63.
[6] Kluxen, *Verfassungsgeschichte*, 165–155 und 191 und Public Record Office, *Contents of the Public Record Office*, 123–124 und 135–136.

und den Ausmaßen der von den *tenants* zu leistenden Dienste etwa, also über die Höhe und Art der Belastung, ja über die Ausbeutung der Güter durch den Erzbischof lassen sich durch diese Quellen nicht beantworten. Für 1284 und 1285 ist zwar eine Erhebung überliefert, die Erzbischof Peckham über Abgaben und Dienste auf seinen Ländereien veranlasste. Die überlieferten Aufzeichnungen nehmen zum Teil auch Bezug auf eine frühere Untersuchung des Seneschalls Elias von Dereham, die dieser wahrscheinlich im Auftrag Langtons 1213 oder 1214 leitete, die dortigen Verweise sind aber zu sporadisch, um einen aussagekräftigen Vergleich zwischen den Belastungen während Langtons Pontifikat zu jenen 70 Jahre später ziehen zu können.[7] Abgesehen davon wäre es auch bei ausreichendem Datenmaterial nicht möglich, die Frage zu beantworten, wie von den betroffenen *tenants* die Herrschaft einzelner Erzbischöfe empfunden wurde.[8] Die Beherrschten kommen in den Quellen nur selten zu Wort. So bleibt uns allein die Aussage eines gewissen Thomas de Luminges, des Diebstahls im Kloster St. Albans angeklagt, der 1220 vor Gericht des Königs behauptete, er kenne keinen größeren Dieb als Robert de Bermondsey, den Seneschall des Erzbischofs.[9] Doch inwieweit ist der Aussage eines schließlich durch den Strang zum Tode verurteilten Diebes zu glauben? Bezog sich dessen Anklage gegen die Person Robert de Bermondsey oder gegen dessen Amtsführung als Seneschall? Wenn letzteres der Fall war, ging hier ein einzelner Seneschall des Erzbischofs außergewöhnlich hart und rücksichtslos gegen die *tenants* vor, ohne dass Langton davon wusste, oder agierte de Bermondsey im Gegenteil auf Anweisung des Erzbischofs? Es fehlen die Quellen, um diese Fragen beantworten zu können. Allgemein lassen sich daher spezifische Charakteristika bei der Bewirtschaftung der Güter während Langtons Pontifikat nur sehr schwer feststellen.[10]

Du Boulay konnte zumindest auf einen Trend verweisen, der sich zu Beginn des 13. Jahrhunderts bei der Bewirtschaftung der Ländereien durchsetzte. Bis ins späte 12. Jahrhundert hatten die Erzbischöfe ihre

---

[7] Kenneth Witney hat die schriftlichen Aufzeichnungen dieser Erhebung während des Pontifikats Peckhams ediert, vgl. *Survey of Archbishop Pecham's Kentish Manors*. Für einzelne Hinweise auf die frühere Erhebung unter Erzbischof Langton, vgl. *Survey of Archbishop Pecham's Kentish Manors*, 43–44, 156, 187, 199–200, 205, 208, 250, 315–316, 328, 331 und 339.

[8] Du Boulay, *Lordship of Canterbury*, 164.

[9] *Curia Regis Rolls*, VIII, 396.

[10] Du Boulay, *Lordship of Canterbury*, 248.

Güter, die nicht an Ritter belehnt worden waren, an einzelne Personen
gegen eine feste Abgabe verpachtet, meistens Männer mit einer gewissen lokalen Bedeutung und sozialen Stellung. Diese Pächter, *firmarii*
genannt, standen als Mittelspersonen zwischen den Erzbischöfen und
den *tenants*. Auf Grund der ökonomischen Veränderungen aber war
diese Form der Bewirtschaftung für die Erzbischöfe zunehmend weniger rentabel geworden. Das Bevölkerungswachstum hatte Ende des 12.
Jahrhunderts Preissteigerungen, insbesondere bei Agrarprodukten, zur
Folge.[11] Während sich die Pächter auch dank steigender Produktivität
über höhere Gewinne freuen konnten, hatten die Erzbischöfe wegen
der festgesetzten Abgaben keinen Anteil am Aufschwung, im Gegenteil,
sie hatten finanzielle Einbußen auf Grund der Inflation zu verkraften.
Daher begannen sie am Ende des 12. Jahrhunderts, die Güter wieder
unter ihre direkte Verwaltung zurückzuholen und damit die Mittels-
männer auszuschalten.[12] Diesen Prozess hatte du Boulay zufolge Hubert
Walter gewaltig vorangetrieben, aber vermutlich nicht abgeschlossen,
so dass auch sein Nachfolger Langton noch mit diesen Umstruktu-
rierungsmaßnahmen beschäftigt war.[13] Die erwähnte Untersuchung
seines Seneschalls Elias von Dereham 1213 könnte auch durch eben
jene Umstrukturierungen veranlasst worden sein.[14] Die ökonomischen
Veränderungen Ende des 12. Jahrhunderts führten darüber hinaus zu
einem verstärkten Handel zwischen den Landbesitzern um Ackerland.
Durch die Preissteigerung für Agrarprodukte war natürlich auch Agrar-
land wertvoller geworden. Während sich daher die reicheren Magnaten größere Ländereien zusammenkaufen konnten, mussten ärmere

---

[11] Für einen Überblick über die ökonomischen Entwicklungen und das Bevölkerungswachstum von der normannischen Eroberung bis 1260 vgl. Britnell, *Britain and
Ireland*, 71–84. David L. Farmer hat sich einen Namen durch Forschungen zur Preisentwicklung im englischen Mittelalter gemacht, vgl. etwa D. L. Farmer, Prices and
Wages, 716–720. Eine jüngere Studie von Latimer wirft zwar einen differenzierteren
Blick auf die Preisentwicklungen zu Beginn des 13. Jahrhunderts, bestätigt aber die
älteren Forschungsergebnisse, wonach die Lebensmittelpreise, aber auch die Preise
für Wolle und Blei, insbesondere während der ersten Herrschaftsjahre König Johanns
stark stiegen, vgl. Latimer, Early thirteenth-century prices, 41–54.
[12] Du Boulay, *Lordship of Canterbury*, 197–205. Aber nicht nur der Erzbischof
von Canterbury, auch die meisten anderen großen Landbesitzer in England Ende des
12. Jahrhunderts, kirchliche wie weltliche, zogen verpachtetes Land wieder ein und
unterstellten es ihrer direkten Bewirtschaftung, vgl. Britnell, *Britain and Ireland*, 227.
[13] Du Boulay, *Lordship of Canterbury*, 205 und 248 und Cheney, *Hubert Walter*, 50.
[14] *Survey of Archbishop Pecham's Kentish Manors*, ix und du Boulay, *Lordship of
Canterbury*, 248.

Landbesitzer ihre häufig kleinen und unrentablen Güter verkaufen.[15] Auch Langton folgte offenbar der wirtschaftlichen *ratio* und erwarb Land. Zumindest sind zwei solcher Käufe des Erzbischofs überliefert. Zwischen 1218 und 1228 überließen die Brüder Thomas und John de Wadenhale dem Erzbischof für 30 Mark Moorland zwischen Essex und Kent, für weitere 40 Mark kaufte Langton Thomas de Bending mehrere Ländereien, darunter Moor- und Brachland, ab.[16] In beiden Fällen musste zumindest ein Teil des erworbenen Landes noch kultiviert werden, aber auf Grund der Preisentwicklung scheinen sich die Investitionen rentiert zu haben. Die Neuerschließung von Ackerland war auf Grund der Bevölkerungsentwicklung ein weiteres typisches Phänomen des 13. Jahrhunderts.[17] Dementsprechend sind für Langtons Pontifikat einige Prozesse vor königlichen Richtern um Moore und Brachland überliefert, die der Erzbischof meist gegen eine Zahlung an die gegnerische Partei für sich entschied.[18] Zur Gewinnung neuen Ackerlands wurden häufig auch Wälder gerodet, die Kultivierung des gewonnen Landes überließ der Erzbischof seinen *tenants* gegen Abgaben und Dienste.[19] Langton oder seine Seneschalle, soviel bleibt in Bezug auf die Bewirtschaftung der Güter festzuhalten, agierten im Einklang mit den ökonomischen Entwicklungen, suchten durch Direktbewirtschaftung die Rentabilität der Ländereien zu steigern und durch Investitionen und Neuerschließungen den Wert der *temporalia* zu mehren.

Aus dem zuletzt genannten Punkt, dem Wert der weltlichen Besitzungen des Erzbischofs, möchte ich eine umfassendere Fragestellung ableiten, die für das weitere Kapitel den Interessenschwerpunkt bilden soll, inwieweit Langton nämlich der im Mittelalter geltenden Kirchendoktrin gerecht wurde und als Erzbischof die weltlichen Rechte und

---

[15] Du Boulay, *Lordship of Canterbury*, 135–136.

[16] *Lambeth Ms. 1212*, fol. 41, fol. 49 und fol. 110. Thomas de Wadenhale hielt ein Ritterlehen des Erzbischofs, vgl. *Red Book of the Exchequer*, 470. Thomas de Bending stammte aus einer bedeutenden Familie von Landbesitzern in Kent, vgl. du Boulay, *Lordship of Canterbury*, 386. Dem Kaufgeschäft mit Thomas de Bending scheint ein längerer, auch vor Gericht ausgetragener Streit vorausgegangen zu sein, zumindest versprach Thomas in seiner überlieferten Urkunde, alle Prozesse gegen Langton einzustellen, vgl. *Lambeth Ms. 1212*, fol. 41 und fol. 110.

[17] Britnell, *Britain and Ireland*, 72–73 und du Boulay, *Lordship of Canterbury*, 136–138.

[18] *Calendar of Kent Feet of Fines*, 52 und *Acta Stephani*, Nr. 8, 14–17.

[19] So überließ Langton etwa Robert de Horsted zwei *acre* gerodetes Land zur Errichtung eines Weihers und einer Mühle. Der Erzbischof erhielt im Gegenzug Abgaben und konnte den Weiher zum Fischfang nutzen, vgl. *Lambeth Ms. 1212*, fol. 49r und fol. 112 und du Boulay, *Lordship of Canterbury*, 136–138.

Besitzungen seiner Kirche verteidigte und inwieweit es ihm gelang, verlorene *temporalia* zurückzugewinnen und neue hinzuzufügen. Diese weniger ins Detail zielende Frage bezüglich der Herrschaft Langtons über die *temporalia* glaube ich mit Hilfe der genannten, zur Verfügung stehenden Quellen, also in erster Linie unter Berücksichtigung des Lambeth Ms. 1212, sowie einer Reihe königlicher Register in einem befriedigenden Maße beantworten zu können. Um eine Vorstellung vom Wert der *temporalia* des Erzbistums zu gewinnen, empfiehlt sich ein Blick in die königlichen *Pipe Rolls*.[20] Während der Vakanz von Bistümern oder Abteien fiel der weltliche Besitz in die Hände des Königs.[21] Die von ihm zur Verwaltung der *temporalia* eingesetzten Amtsträger mussten die gewonnen Einnahmen über den *exchequer* abrechnen. Dieser Prozess fand seinen Niederschlag in den genannten *Pipe Rolls*.[22] Für die etwa 15 Monate vom 24. Juni 1205 bis zum 29. September 1206 findet sich dort für das vakante Erzbistum Canterbury die Summe von 5.169 Pfund. Zieht man die 1.065 Pfund für das vom König erhobene *tallagium* ab, weitere 1.000 Pfund, die wahrscheinlich nicht zu den regelmäßigen Einnahmen des Erzbistums gehörten, sowie 829 Pfund, die vermutlich als Kosten für die Verwaltung der Güter anfielen,[23] bleibt die weiterhin beeindruckende Summe von 2.275 Pfund. Dagegen konnte König Johann für den Zeitraum zwischen dem 25. März 1211 und dem 24. Juni 1212 nur noch Nettoeinnahmen von über 1.760 Pfund verbuchen, ohne *tallagium* 1.576 Pfund. Rechnet man beide Summen auf ein Jahr um, hatte Johann ohne *tallagium* zunächst etwa 1.820 Pfund pro Jahr aus dem vakanten Erzbistum gewonnen, fünf Jahre später nur noch circa 1.182 Pfund.[24]

---

[20] Howell, *Regalian Right*, 211.
[21] Zu Beginn des 13. Jahrhunderts gab es noch keine allgemein gültige Definition des Begriffs *temporalia*. Verständlicherweise hatte der König eine andere Interpretation davon, was die *temporalia* beinhaltete, als die Kirche. So wurden etwa 1236 von Heinrich III. die Gaben für den Schrein des Heiligen Wulfstan als Teil der weltlichen Einnahmen des Bistums Worcester deklariert. Auch Einkünfte eines Bischof *de ecclesiis appropriatis episcopatui* wurden vom König zu den *temporalia* gezählt, vgl. Howell, *Regalian Right*, 111–116. Daneben beanspruchte der König im 13. Jahrhundert auch das Recht der Präsentation zu Kirchen und Pfründen *sede vacante* mit der Begründung für sich, dieses Recht sei integraler Bestandteil der *temporalia* eines Bistums, vgl. Howell, *Regalian Right*, 190–193.
[22] Ebd., 101.
[23] Ebd., 214.
[24] Die Zahlen habe ich von Margaret Howell übernommen, vgl. Howell, *Regalian Right*, 214–215.

Bevor man diese Zahlen interpretieren kann, müssen zwei grundsätzliche Überlegungen angestellt werden. Zunächst ist anzumerken, dass nur für Vakanzen, die im Regelfall kaum länger als ein Jahr dauerten, Daten über das Einkommen aus dem Erzbistum Canterbury überliefert sind.[25] Es lässt sich daher kein Durchschnittseinkommen für einen Zeitraum von mehreren Jahren oder Jahrzehnten errechnen. Daher kann nicht ausgeschlossen werden, dass die überlieferten Zahlen vom Durchschnitt erheblich nach oben oder unten abweichen. Eine Dürre zum Beispiel während einer Vakanz hätte eine Missernte zur Folge gehabt, die sich in den Zahlen der *Pipe Rolls* niedergeschlagen hätte, und so heute den Eindruck vom tatsächlichen Wert der *temporalia* verfälschen würde.[26] Zusätzlich gilt es zu bedenken, dass dem König, der die Aufsicht über die weltlichen Besitzungen für einen überschaubaren Zeitraum inne hatte, nicht daran gelegen war, nachhaltig zu wirtschaften. Sein Ziel war es, in einer kurzen Zeit möglichst viel Profit aus den Ländereien herauszupressen, ohne auf deren langfristige Produktivität Rücksicht zu nehmen. So wurde häufig der Viehbestand verkauft, Fischteiche geleert, Wälder gerodet, Vorräte geplündert und in den Parkanlagen gewildert, während kein Geld für den Erhalt der Infrastruktur investiert wurde und die Gebäude auf den Gütern verfielen. Daneben wurden die *tenants* durch außerordentliche Abgaben, wie das *tallagium*, ausgepresst. Die in den *Pipe Rolls* überlieferten Zahlen liegen daher tendenziell eher über dem Einkommen, mit dem der Erzbischof jährlich grundsätzlich rechnen durfte.[27] Auch König Johann plünderte nach dem Tod Hubert Walters 1205 die Ressourcen des Erzbistums Canterbury. Er erhob ein außergewöhnlich hohes *tallagium* von über 1000 Pfund, das die *tenants* des Erzbistums offenbar finanziell so stark belastete, dass sie dem König fünf Jahre später nur noch ein *tallagium* von 184 Pfund überweisen konnten. Zusätzlich ließ Johann Teile des erzbischöflichen Waldes roden, den Wildbestand plündern und veräußerte vermutlich die kompletten Kornvorräte. Nur so lässt sich die in den *Pipe Rolls* überlieferte, außerordentliche hohe Summe von über

---

[25] Für das Bistum Winchester dagegen sind ab etwa 1200 die sogenannten *Winchester Pipe Rolls* überliefert, die die Abrechnungen der bischöflichen Amtsträger über ihre Einnahmen aus den Gütern des Bistums aufzeichneten, vgl. Vincent, *Peter des Roches*, 2.

[26] Young, *Hubert Walter*, 71.

[27] Howell, *Regalien Right*, 50–52, 117–119 und 142–146 und Williams, *Boniface of Savoy*, 296, 311 und 314.

1.000 Pfund aus dem Verkauf von Korn erklären.[28] Diese zusätzlichen Einnahmen durch die Plünderung der vorgefundenen Ressourcen und die damit verbundene, sinkende Produktivität der Güter sind vermutlich die wichtigsten Erklärungen für das in den *Pipe Rolls* dokumentierte signifikante Einkommensgefälle zwischen 1205/1206 und 1211/1212.

Langton aber fand nach seiner Rückkehr 1213 nicht nur geplünderte Güter vor, er hatte sich auch mit dem Verlust von Land und Rechten an Magnaten, lokale Ritter und an den König selbst auseinanderzusetzen, die seine Abwesenheit genutzt hatten, um sich Güter und Privilegien anzueignen. Daneben waren vermutlich während seines langen Exils auch Dienste und Abgaben von den *tenants* nicht im vollen Umfang geleistet worden. Die Gefahr bestand, dass solche Verpflichtungen gegenüber dem Erzbischof auch in Zukunft negiert wurden. Langton reagierte, indem er schon bald nach seiner Rückkehr aus dem Exil die bereits erwähnte, detaillierte Untersuchung bei Elias von Dereham in Auftrag gab, die ihm einen Überblick über die Ländereien des Erzbistums und die mit ihnen verbundenen Rechte verschaffen sollte, um dann im zweiten Schritt auf dieser Grundlage entfremdetes Kirchenvermögen wieder einfordern und sich aneignen zu können.[29]

Wie erfolgreich Langton die Restauration des entfremdeten Kirchenvermögens gestalten konnte und welche Fortschritte er beim Wiederaufbau seiner Güter erzielte, ist schwer abzuschätzen. Die zwei Jahre bis zu seiner Suspendierung im September 1215 reichten aber vermutlich nicht aus, um die Produktivität seiner Ländereien wieder auf das Niveau von 1205 zu heben. Wie bereits ausführlich geschildert wurde, war es Langton nicht gelungen, den König vor der Aufhebung des Interdikts zu Reparationszahlungen an die Kirche in einer Höhe zu verpflichten, mit denen die Schäden, Plünderungen und die entgangenen Einnahmen aus den Kirchengütern hätten kompensiert werden können.[30] Auch die Untersuchung des Elias von Dereham und die Umsetzung ihrer Ergebnisse werden wahrscheinlich mehr als zwei Jahre in Anspruch genommen haben. Erschwerend kam hinzu, dass Langton auf Grund seines kritischen Verhältnisses zu König Johann nur mit begrenzter Unterstützung der königlichen Verwaltung und Gerichtsbarkeit rechnen durfte. Johann selbst hatte trotz seiner grundsätzlichen Restituierung

---

[28] *Great Roll of the Pipe 1206*, 54 und vgl. oben, 113.
[29] Du Boulay, *Lordship of Canterbury*, 267.
[30] Vgl. oben, 118–122.

allen Kirchenbesitzes 1213 dem Erzbischof zunächst einige Rechte vorenthalten. Erst im Verlauf der nächsten zwei Jahre bestätigte er Langton einige dieser Privilegien erneut.[31]

Die trotz dieser Einschränkungen erzielten Erfolge bei der Restaurierung der *temporalia* gerieten durch die Suspendierung Langtons und durch den Bürgerkrieg in England erneut in Gefahr. Schon bald nach der Abreise des Erzbischofs nach Rom im September 1215 versuchte König Johann, die Kirchengüter des Erzbistums wieder einzuziehen.[32] Inwieweit ihm dieses Vorhaben trotz des Bürgerkriegs gelang, lässt sich aus den Quellen nicht eindeutig rekonstruieren, da keine *Pipe Rolls* für den Zeitraum des Krieges überliefert sind. Zumindest über einen Teil der *temporalia* aber konnten sich Johann und nach seinem Tod, der Regent William Marshal, die Kontrolle während des Krieges sichern. So wurden die erst im November 1214 dem Erzbischof bestätigten Lehen in der Grafschaft Yorkshire Hugh de Balliol übergeben.[33] Im Februar 1216 wurde einem gewissen Robert de Barewill einem königlichen Mandat entsprechend ein Gut in Audewerc überlassen, das dieser inne gehabt hatte, bevor er es an Langton verloren hatte.[34] Auch über die Münzstätten des Erzbischofs in Canterbury konnten die königlichen Amtsträger zumindest eine Zeitlang verfügen.[35] Andere Kirchengüter des Erzbischofs unterstanden aber offenbar weiterhin der Verwaltung seiner Seneschalle. Darauf deuten zumindest zwei Mandate aus dem Herbst 1215 oder dem Frühjahr 1216 hin, die davon berichten, dass der Seneschall des Erzbischofs auf Bitten des Justiziars Hubert de Burgh der Stadt Canterbury Holz zur Befestigung der Verteidigungsanlagen verkauft habe.[36] Im Frühjahr 1216 eroberte schließlich der französische Kronprinz den Südosten Englands, im Juli 1216 auch Canterbury. Die Gefahr, die von den Eroberern für den Besitz des Erzbischofs ausging, war vermutlich vergleichsweise gering, schließlich gehörte Simon Langton, der Bruder des Erzbischofs, als Kanzler zum Gefolge Ludwigs. Auch Elias von Dereham hatte sich dem französischen Dauphin

---

[31] *Lambeth Ms. 1212*, fol. 105–105r und fol. 106r; *Rot. Chart.*, 202 und vgl. oben, 119, 153 und 188.
[32] *Rot. Lit. Pat.*, 154–155; Galbraith, *Studies in the Public Record Office*, 136–137 und 161–162 und vgl. oben, 205.
[33] *Rot. Lit. Claus.*, I, 339 und 361.
[34] Ebd., 248.
[35] Ebd., 361.
[36] *Lambeth Ms. 1212*, fol. 50, fol. 58r und fol. 112r.

angeschlossen.[37] Dennoch ist nicht auszuschließen, dass auch Güter
des Erzbischofs im wechselvollen Verlauf des Krieges, insbesondere
von Truppen König Johanns, geplündert und verwüstet wurden, auch
wenn wir das Ausmaß der Zerstörungen nicht kennen.[38] Zudem war in
Kriegszeiten keine ähnlich effiziente Verwaltung der Ländereien wie ihm
Frieden möglich. Der Bürgerkrieg hatte daher mit Sicherheit erhebliche
Einkommenseinbußen und einen weiteren Wertverlust der Güter zur
Folge, auch wenn sich die Verluste nicht genau beziffern lassen.

Der Erzbischof, beziehungsweise seine Amtsträger hatten aber
möglicherweise schon während des Krieges begonnen, wahrscheinlich
auf Grundlage der erwähnten Untersuchung von Elias von Dereham,
sich Ländereien und Rechte wieder anzueignen und entfremdetes
Eigengut wieder unter ihre direkte Verwaltung zu holen. Darauf deuten zumindest die vielen Klagen wegen *novel disseisin* hin, die gegen
Langton 1219 und in den Jahren danach erhoben wurden. Die *tenants*
des Erzbischofs nutzten die nach dem Krieg wieder errichtete königliche Gerichtsbarkeit, um sich gegen Übergriffe Langtons auf den von
ihnen beanspruchten Besitz zu wehren. Der Erzbischof konnte aber
offenbar seine Rechtsansprüche zum Teil so gut belegen, dass etwa
die Lehnsmänner William de Faleis und Ingram de Praers ihre Klagen
zurückzogen. Dagegen konnte Adam de Bending, wahrscheinlich ein
Verwandter des erwähnten Thomas de Bending, einen Vergleich mit
Langton aushandeln, wonach er auf ein umstrittenes Gut und Moorland
verzichtete, als Entschädigung aber Land erhielt, für das er Abgaben
und einen halben Ritterdienst zu leisten hatte.[39] Auch ein gewisser
Richard de Pagham klagte gegen den Erzbischof um die Herausgabe
von Land, das er als sein Erbe beanspruchte. Die Klage hatte er noch
unter König Johann eingereicht, sie war aber wegen des Bürgerkriegs
nicht zur Verhandlung gekommen. Pagham verzichtete schließlich

---

[37] Vgl. oben, 158 und 221–222. Vincent vermutet, auch die Mönche der Christ
Church hätten freundschaftliche Beziehungen zum französischen Kronprinzen Ludwig
und den Rebellen unterhalten, vgl. *Letters of Guala*, Nr. 11, 10–11. Dagegen stand die
Abtei St. Augustine treu an der Seite König Johanns und hatte unter den Plünderungen
ihrer Güter durch die Truppen des französischen Kronprinzen zu leiden, vgl. *Historiae
Anglicanae Scriptores*, Sp. 1870.
[38] Für Ende des 13. Jahrhunderts ist etwa eine Auflistung der Bau- und Reparatur-
maßnahmen auf den Gütern der Christ Church von Canterbury für mehrere Jahrzehnte
überliefert, vgl. *BL Ms. Cotton Galba E iv*, fol. 101–108.
[39] *Curia Regis Rolls*, VIII, 8, 33, 39, 126, 196, 210, 354 und 394; *Curia Regis Rolls*,
IX, 46, 128–129 und 176; *Lambeth Ms. 1212*, fol. 49r und *Receipt rolls*, Nr. 1786, 63
und Nr. 4488, 153.

auf die umstrittenen Ländereien, erhielt aber, ähnlich wie Adam de Bending, als Ausgleich ein Stück Land, für das er nun Ritterdienste zu leisten hatte.[40] 1219 wurde Langton zudem von einem gewissen Radulphus de Fay verklagt, der jene Ritterlehen in Yorkshire für sich beanspruchte, die der Erzbischof 1214 von König Johann bestätigt bekommen, während des Bürgerkriegs aber verloren und erst Anfang 1219 von Hugh de Balliol zurückerhalten hatte. De Fay zog schließlich seine Ansprüche gegen eine Zahlung Langtons von 100 Mark zurück.[41] Auch in den nächsten Jahren sah sich der Erzbischof wiederholt Klagen ausgesetzt, unter anderem von einer Muriella de Cramesham, deren Anspruch auf einige Ländereien er aber mit einer Schenkungsurkunde, die an Hubert Walter ausgestellt worden war, zurückweisen konnte.[42] Daneben musste er gegen mehrere Prozessparteien, unter anderem gegen das Domkapitel von St. Pauls in London und gegen Sibilla, die Frau von William von Ferrer, sein Präsentationsrecht zu verschiedenen Kirchen verteidigen.[43]

Langton konnte, von wenigen Ausnahmen abgesehen, die Klagen abwehren und seine Rechtstitel verteidigen. Zuweilen aber war er genötigt Kompromisse einzugehen, etwa die gegnerische Prozesspartei mit Land zu entschädigen. Er erhielt für diese Politik die ausdrückliche Unterstützung der Kurie. In einem Brief vom 18. März 1221 erteilte Honorius III. Langton die Erlaubnis, Land des Erzbistums abzugeben, um Prozesse gegen ihn zu beenden, beziehungsweise um solche zu verhindern.[44] Langton hatte dem Papst offenbar die Schwierigkeiten erläutert, auf die er bei einer Rückgewinnung entfremdeten Kirchenvermögens stieß, da sich die *tenants* durch den Zugang zur königlichen Gerichtsbarkeit gegen Übergriffe ihrer Herren wirkungsvoll wehren konnten.[45] Honorius III. erlaubte dem Erzbischof daher eine flexible Auslegung der Kirchendoktrin, die eigentlich auch das Verpachten und

---

[40] *Great Roll of the Pipe 1218*, 21; *Rot. Lit. Claus.*, I, 404–405; *Curia Regis Rolls*, VIII, 8, 40, 295 und 319; *Curia Regis Rolls*, IX, 236; *Lambeth Ms. 1212*, fol. 112 und *Receipt rolls*, Nr. 1361, 49 und Nr. 3633, 128.

[41] *Curia Regis Rolls*, VIII, 8, 45–46 und 365; *Curia Regis Rolls*, IX, 177–178 und 371 und *Curia Regis Rolls*, X, 21–22.

[42] *Curia Regis Rolls*, VIII, 273, 319, 339–340 und 354 und *Rot. Lit. Claus.*, I, 556.

[43] *Curia Regis Rolls*, XI, 398 und 456; *Curia Regis Rolls*, XII, 78, 85, 88, 179–180, 274, 304–305 und 373; *Acta Stephani*, Nr. 82, 101–102; *Curia Regis Rolls*, XIII, 33 und 78–79; *Lambeth Ms. 1212*, fol. 49; *PRO JUST 1/358*, fol. 28; *Curia Regis Rolls*, XX, 213–215 und *Cal. Pat. Rolls*, II, 212.

[44] *Reg. Hon.*, I, Nr. 3188, 520.

[45] Turner, *Magna Carta through the ages*, 14.

Tauschen von Land verbot, da das Kirchengut nicht wie Privateigen-
tum behandelt werden durfte, sondern ungemindert erhalten und jede
Entfremdung verhindert werden musste.[46]

Die Rückgewinnung entfremdeten Kirchenvermögens blieb während
des gesamten Pontifikats eine zentrale Aufgabe Langtons und seiner
Amtsträger, wie ein Mandat von Honorius III. bezeugt, in dem der
Papst noch 1226 den Erzbischof aufforderte, Güter, *ad mensam et
dignitatem suam spectantia*, zurückzuholen, die unter seinen Vorgängern und während der Abwesenheit Langtons unrechtmäßig veräußert
oder entwendet worden waren.[47] Dabei nutzte der Erzbischof zuweilen
selbst die königlichen Gerichte, um verlorene Ländereien und Rechte
einzuklagen. So zog er 1225 gegen den erwähnten Ingram de Praers
vor Gericht, da dieser ihm für Land in Sautwod zwei Ritterdienste und
100 Schilling pro Jahr schuldete. Der Prozess wurde 1227 nach dem
Tod de Praers eingestellt.[48] Schon 1220 hatte Langton den ehemaligen
Rebellen John fitz Robert zweimal auf die Zahlung von jeweils 40
Pfund verklagt, als Gegenleistung für Waren, die dieser, möglicherweise
während des Bürgerkriegs, für den Erzbischof gelagert hatte.[49] 1228
schließlich stritten sich Langton und sein Vasall Galfrey de Scalar um
ein Ritterlehen, das der Erzbischof seinem Kämmerer Ralf übergeben
hatte. Man einigte sich am Ende darauf, dass de Scalar für das Lehen
von Ralf das *homagium* empfangen solle.[50]

Daneben setzte der Erzbischof seinen privilegierten Zugang zum
König ein, um seine *temporalia* zu verteidigen. Vor seiner Suspendierung 1215 hatte Langton insbesondere die Schwächeperioden des Königs
genutzt, in denen Johann die Unterstützung des Episkopats suchte, um
sich materielle Vorteile zu sichern. So bestätigte der König im Oktober
1213 Langton das Recht an den Münzstätten und Wechselstuben in
Canterbury und die Aufsicht über die Häfen Sandwich, Hythe und
Romney. Im November 1214 bekam der Erzbischof neben den Lehen in
Yorkshire die Patronage über das Bistum Rochester bestätigt.[51] Im März
1215 ermahnte Johann zudem den Abt von St. Albans, die Freiheiten
des Erzbischofs von Canterbury zu respektieren.[52] Auch nach seiner

---

[46] Du Boulay, *Lordship of Canterbury*, 195.
[47] *Reg. Hon.*, II, Nr. 5820, 402 und *Lambeth Ms. 1212*, fol. 128r.
[48] *Curia Regis Rolls*, XII, 34, 37, 114, 301 und 489–490 und *PRO JUST 1/358*, fol. 1.
[49] *Curia Regis Rolls*, IX, 121 und 183.
[50] Ebd., XIII, 102–103, 125 und 155.
[51] Vgl. oben, 119 und 153–154.
[52] *Rot. Lit. Claus.*, I, 191.

Rückkehr nach England 1218 versuchte Langton seinen wachsenden Einfluss am Königshof dazu zu nutzen, entfremdetes Kirchenvermögen zurückzuholen, Rechte zu verteidigen und neue Privilegien zu gewinnen. Entsprechend erhielt er im Februar 1224 ein Haus in London zurück, das in den Besitz des Königs gelangt war.[53] Im Dezember 1223 wurde Langton von Heinrich III. die *libertas* bestätigt, wie sie seine Vorgänger zu Zeiten Heinrichs II. und Richards I. und er selbst bis zum Bürgerkrieg wahrgenommen hatten.[54] Vier Jahre später half Heinrich III. dem Erzbischof, diese Freiheiten gegen Übergriffe königlicher Reiserichter und Bailiffs zu schützen. Die meisten der zahlreichen von Heinrich III. an Langton verliehenen Privilegien wurden bereits erwähnt, darunter die Verleihung von Marktrechten 1220 und die Vormundschaft über die Erbin von William of Fambridge.[55] Nicht erwähnt wurde bisher ein weiteres Marktrecht in Uckfield auf dem Gut des Erzbischofs in South Malling, welches Langton 1223 erhielt.[56]

Für eine abschließende Bilanz bietet sich erneut der Blick in die königlichen *Pipe Rolls* an. Die Nettoeinnahmen aus dem vakanten Erzbistum nach dem Tod Langtons zwischen dem 17. Juli 1228 und dem 31. März 1229 summieren sich in den *Pipe Rolls* auf 1.386 Pfund, wiederum ohne *tallagium* auf 720 Pfund. Rechnet man diese Summe auf ein Jahr hoch, erhält man 1.080 Pfund.[57] Das ist im Vergleich zu den für 1205/1206 überlieferten Zahlen ein sehr niedriges Einkommen des Königs aus den *temporalia* des Erzbistums. Ein Grund waren sicherlich die Vorkehrungen, die Langton in seinem Testament getroffen hatte, um eine erneute Plünderung der Güter nach seinem Tod zu verhindern. Seinem Nachfolger sollten keine leeren Kornspeicher übergeben werden. Dementsprechend wurden seinem letzten Willen gemäß auf Anweisung Heinrichs III. seinen Testamentsvollstreckern, Alexander von Stavensby, Henry de Sandford, Thomas de Freckenham und Elias von Dereham, nach seinem Tod im Juli 1228 die gesamte Getreideernte des vergangenen Jahres sowie das Vieh und alle weiteren Waren, die zu den erzbischöflichen Ländereien gehörten, übergeben.[58] Daneben zahlten

---

[53] *Rot. Lit. Claus.*, I, 585.
[54] Ebd., 580.
[55] Vgl. oben, 275 und 322–324.
[56] *Transcript of Memoranda Rolls*, L.T.R., Nr. 5, fol. 9.
[57] Howell, *Regalian Right*, 214–215.
[58] *Cal. Cl. Rolls*, 68 und 110. Die vom König ernannten Aufseher des Erzbistums, Betram de Crioil und Alan Poinant, wurden zudem damit beauftragt, der Klause Sarre

die Testamentsvollstrecker dem König 300 Mark, um auch die gesamte Getreide- und Weinernte aus dem Herbst 1228 zu erhalten.[59]

Doch die Gewinne des Königs aus dem Erzbistum 1228/1229 erreichten auch nicht das Niveau der Jahre 1211/1212, als die Ländereien schon über mehrere Jahre vom König geplündert worden waren. Auch die Einnahmen während der folgenden Vakanzen, 1231/1232 und 1270–1272, lagen signifikant höher, obwohl die verstorbenen Erzbischöfe ähnliche Vorkehrungen wie einst Langton getroffen hatten. Es muss daher für das bescheidene Einkommen 1228/1229 noch weitere Gründe geben.[60] Vermutlich hatten sich die Güter des Erzbischofs auch nach über zehn Jahren noch nicht vollständig von den Plünderungen und Verwüstungen des Interdikts und des Bürgerkriegs erholt. Vincent zeigt anhand der überlieferten *Winchester Pipe Rolls*, dass es Peter des Roches dagegen schon bald nach dem Ende des Bürgerkriegs gelungen war, das Einkommen aus den Gütern seines Bistums sogar über das Vorkriegsniveau zu heben.[61] Warum die Ländereien des Erzbistums nach 1217 nicht ähnlich prosperierten, ist schwierig einzuschätzen. Für den Wiederaufbau der Güter musste man zunächst investieren, etwa den Viehbestand aufstocken, Saatgut kaufen und Gebäude sanieren.[62] Möglicherweise tätigte Langton solche Investitionen nicht in dem nötigen Umfang, weil er nach seiner Rückkehr 1218 andere Prioritäten setzte und sich ganz auf die *translatio* Beckets konzentrierte. Dieses Kirchenfest verschlang enorme Geldsummen, die daher für die Restauration seiner Güter fehlten. Zudem könnte der Erzbischof seine geplünderten Ländereien, die dringender Erholung bedurften, weiterhin über ein vernünftiges Maß hinaus belastet haben, um die Kosten der *translatio* zu decken. Doch auch so überstiegen die Ausgaben die Einnahmen. Langton musste, wie erwähnt, hohe Schulden aufnehmen, mit deren Tilgung noch Erzbischof Bonifaz von Savoyen beschäftigt war. Diese Thesen über eine Vernachlässigung der Güter durch Langton lassen sich zwar nicht beweisen, soviel aber lässt sich angesichts der in den *Pipe Rolls* überlieferten Zahlen, trotz der erläuterten Schwierigkeiten

---

de Assini alles Korn und weitere Güter zu übergeben, die Langton ihr in seinem Testament vermacht hatte, vgl. *Cal. Cl. Rolls*, 73 und *CFR 1227–1228*, Nr. 222.

[59] *CFR 1228–1229*, Nr. 20. Die Aufseher des Erzbistums mussten sich für die Bestellung der Felder im neuen Jahr Saatgut von den Testamentsvollstreckern kaufen, da diesen ja alles Korn übergeben worden war, vgl. *Calendar of Liberate Rolls*, 178–179.

[60] Howell, *Regalian Right*, 73–74 und 215.

[61] Vincent, *Peter des Roches*, 146–149.

[62] Ebd., 147–148.

bei ihrer Interpretation, festhalten: Langton war es bis zu seinem Tod nicht gelungen, die Ländereien des Erzbistums, möglicherweise auf Grund anderer Prioritätensetzung, in einem ähnlich guten Zustand zu hinterlassen wie sein Vorgänger Hubert Walter.[63]

Dennoch ist Langton das Bemühen nicht abzusprechen, der Kirchendoktrin gerecht zu werden und die *temporalia* ungeschmälert zu erhalten. Das dokumentieren zunächst seine im Testament getroffenen Vorkehrungen, um einer Plünderung der Güter nach seinem Tod vorzubeugen. Er zeigte darüber hinaus durchaus Einsatz bei der Rückgewinnung entfremdeten Kirchenvermögens, wie die zahlreichen Prozesse belegen. Auch zur Mehrung der *temporalia* trug er bei. Herausragend ist sicherlich die Patronage über das Bistum Rochester, die König Johann ihm 1214 bestätigte. Doch im Vergleich zu den Erfolgen anderer Prälaten ist seine Bilanz relativ bescheiden. Peter des Roches etwa konnte sich nach 1216 fast ein Dutzend Marktrechte sichern. Langtons Vorgänger in Canterbury, Hubert Walter, erwarb so erfolgreich neue *temporalia*, dass er bei einigen Zeitgenossen sogar als habgierig galt.[64] Langton gehörte daher in seiner Eigenschaft als Herrscher über die *temporalia* der Kirche von Canterbury sicherlich zu den weniger erfolgreichen Erzbischöfen.

---

[63] Cheney, *Hubert Walter*, 50.
[64] Young, *Hubert Walter*, 76–77 und Vincent, *Peter des Roches*, 190–195 und 227–228.

SCHLUSSBETRACHTUNG

Am 8. oder 9. Juli 1228 starb Langton auf seinem Gut in Slindon in der Grafschaft Essex und wurde einige Tage später vor dem Altar des Heiligen Michael in der Kathedrale von Canterbury beerdigt.[1] Mit dem Erzbischof starb eine prägende Figur der politischen Geschichte Englands zu Beginn des 13. Jahrhunderts. Langtons Wahl und Weihe zum Erzbischof von Canterbury löste den Konflikt zwischen Papst Innozenz III. und König Johann aus, in dessen Verlauf das Interdikt über England verhängt wurde. Nach dem Einlenken Johanns und dem Friedenschluss im Frühjahr 1213 zwischen König und Kirche nutzte Langton seine zunächst starke Stellung am Hof, um als Fürsprecher der mit der Herrschaft Johanns unzufriedenen Barone aufzutreten. Zusammen mit ihnen arbeitete er ein schriftliches Reformprogramm aus, das als Grundlage für die Magna Carta diente, die Langton im Juni 1215 auf der Wiese in Runnymede zwischen dem König und den rebellierenden Baronen vermittelte. Nach seiner Suspendierung im September 1215 und seiner mehrjährigen Abwesenheit aus England musste Langton nach seiner Rückkehr 1218 zunächst seinen Anspruch auf die Führung der englischen Kirche wieder durchsetzen. Nach dem Abzug des Legaten 1221 war er dann wieder das unumstrittene Haupt der *ecclesia Anglicana* und konnte am Hof und auf den großen Ratsversammlungen als Sprecher des englischen Episkopats auftreten. Seine wiedergewonnenen Gestaltungsspielräume nutzte er, um sich zum einen für die Bestätigung der Magna Carta 1223 und 1225 durch Heinrich III. einzusetzen, zum anderen, um den Frieden in England und die Herrschaft des minderjährigen Königs zu stabilisieren. Im Bündnis mit Hubert de Burgh meisterte Langton die letzte große Herausforderung für die Autorität des jungen Königs und half dabei, 1224 die Rebellion Fawkes de Breautés niederzuschlagen. Damit war

---

[1] Für diese Datierung beziehe ich mich auf Cazel, der die vorhandenen Quellen, die über den Tod Langtons berichten, ausgewertet, deren zum Teil widersprüchliche Aussagen überprüft und gegeneinander abgewogen hat, vgl. Cazel, Last years, 685–694.

die Konsolidierung der Königsherrschaft nach den Verwerfungen des Bürgerkriegs abgeschlossen.

Ich möchte zum Abschluss der vorliegenden Arbeit meinen Fokus auf die Persönlichkeit Langtons richten, um seine Biographie abzuschließen. Zwei zentrale Fähigkeiten zeichneten ihn als Erzbischof aus, die Rückschlüsse auf seinen Charakter erlauben. Langton brachte zum einen auf theoretischer Basis als Magister der Theologie entwickelte politische Ideen und Überzeugungen in sein Amt mit ein, aus denen er Zielsetzungen für seine Tätigkeit als Erzbischof ableitete. Zum anderen eignete er sich im Verlauf seines Pontifikats besondere diplomatische Fähigkeiten an. Zu Beginn seiner Amtszeit hatte Langton noch versucht, in den Spuren seines großen Vorbilds, des Märtyrers Thomas Becket zu wandeln. Während seines sechsjährigen Exils in Frankreich hatte er sich zu einem neuen, unbeugsamen Becket stilisiert, der aufopferungsvoll einen ähnlich gefährlichen Kampf gegen die weltliche Macht führte. Auch nach dem Friedensschluss zwischen Papst Innozenz III. und König Johann trat Langton als Nachfolger Beckets auf, der zunächst kompromisslos freie, kanonische Wahlen forderte und jegliche Berücksichtigung königlicher Interessen ablehnte. Ebenso beharrte er gegenüber dem König auf vollständige Reparationszahlungen vor der Aufhebung des Interdikts und verweigerte sich jedem Kompromiss. Daneben forderte er auch gegenüber der Abtei St. Augustine seine Rechte als Erzbischof offensiv ein und pflegte einen insgesamt sehr konfrontativen Stil im Umgang mit seinen Widersachern. Überblickt man sein politisches Auftreten in den ersten Monaten nach seiner Rückkehr aus dem Exil, muss man Langton sicherlich Überheblichkeit und Naivität eines politisch unerfahrenen Gelehrten vorwerfen, der, geblendet von dem Sieg über König Johann, die sich wandelnden politischen Realitäten ignorierte und missachtete. Doch Langton, und das unterschied ihn von seinem berühmten Vorgänger Becket, erwies sich als äußerst lernfähig, wandelbar und flexibel. Er erkannte, dass er durch Konfrontation langfristig als Erzbischof keinen Erfolg haben würde und zog die notwendigen Konsequenzen. Er war nicht zu stolz, um seinen bisherigen Weg zu überdenken und einen neuen einzuschlagen. Er trat nach 1214, insbesondere aber nach seiner Rückkehr aus Rom 1218 weitaus konzilianter und diplomatischer auf, zeigte sich zu Kompromissen bereit, um politisch handlungsfähig zu bleiben und um sich neue Gestaltungsspielräume zu eröffnen. Er handelte dabei zuweilen auch gegen seine eigentlichen Überzeugungen, um übergeordnete politische Ziele erreichen zu können. So war er im Herbst 1214 bereit, König Johann entgegenzukommen und ihm ein Mitspracherecht bei der Kandidatenwahlwahl in Rochester einzuräumen, um ihre Aussöhnung zu befördern, die es ihm später ermöglichte, zwischen dem König und den rebellierenden Baronen zu vermitteln. Nach seiner Rückkehr aus Rom 1218 unterstützte er Kandidaten für Bischofswahlen, die eigentlich nicht seinen Ansprüchen als Reformbischof entsprachen, um sich wieder als Haupt der *ecclesia Anglicana* zu etablieren.

Hier wird ein Aspekt der Persönlichkeit Langtons deutlich, der in starkem Kontrast zum Charakter Thomas Beckets, seinem verehrten Vorbild, stand. Er war kein Märtyrer, der unbeirrbar, trotz aller politischen Zwänge, stets an seinen Überzeugungen festhielt, seine Standpunkte kompromisslos vertrat und seinen Gegnern auch in nachgeordneten Fragen keine Zugeständnisse machte. Er zog daher nicht wie Becket, der durch seine stolze, halsstarrige und konfrontative Art zuweilen auch den Frust ihm wohlgesonnener Gefährten provozierte, die Feindschaft, gar den tödlichen Hass einer großen Anzahl von Gegnern auf sich. Langton besaß nicht den übertriebenen Stolz und das unerschütterliche Ego seines Vorgängers. Er war keine polarisierende Persönlichkeit. Extreme Reaktionen rief Langton bei den Menschen nur in Ausnahmefällen hervor. Die Verwünschungen, die König Johann und Fawkes de Breauté gegen ihn ausstießen, waren eher das Resultat falscher Erwartungen und tiefer Enttäuschung. Johann hatte gehofft, dass Langton seine neutrale Rolle als Vermittler aufgeben und sich ihm anschließen würde. Fawkes de Breauté dagegen hatte während der konfliktreichen Monate 1223/1224 auf die integrative Kraft des Erzbischofs gesetzt und war enttäuscht worden, als Langton sich mit seiner auf Ausgleich ausgerichteten Haltung am Hof nicht hatte durchsetzen können.

Langtons eigentliche Fähigkeit bestand also darin, Menschen einzubinden und widersprechende Interessen auszugleichen. Dazu bedurfte es eines sicheren und geduldigen, aber keineswegs fordernden und arroganten Auftretens. Seine Stärke lag daher in der von ihm während seines Pontifikats mehrfach übernommenen Funktion als politischer Vermittler.

Er verlor dabei aber nie seine eigenen politischen Ziele aus dem Blick, die sich nicht allein auf bloßen Machterhalt beschränkten. Er war kein prinzipienloser Opportunist. Langton hatte erfahren müssen, dass Macht notwendig war, um politisch erfolgreich agieren zu können.

Er hatte auch gelernt, dass er als Erzbischof diese Macht eher durch Diplomatie als durch Konfrontation erlangen konnte. Insbesondere nach 1218 hatte Langton sehr umsichtig und zielstrebig daran gearbeitet, seinen traditionellen Vorrang im englischen Episkopat zurückzugewinnen, der ihm politische Gestaltungsmöglichkeiten eröffnete. 1223 war er in ein Bündnis mit dem Justiziar Hubert de Burgh eingetreten, mit dem er fortan das politische Entscheidungszentrum im Reich bildete. Aber Macht war für Langton niemals Selbstzweck. Er setzte sie ein, um politische Ziele und Ideen zu verfolgen, die sich in seinen theologischen Schriften widerspiegeln. Er hatte sich für einen Frieden auf der Basis der Magna Carta eingesetzt, die seine als Theologe formulierten Ideen zu gerechter Königsherrschaft aufgriffen. Nach 1220 hatte er seine politische Macht genutzt, um die Herrschaft des minderjährigen Königs Heinrich III. in den Grenzen der Magna Carta zu stärken.

Langton war als Theologe kein origineller Kopf, der Neues formulierte, eigenständige Ideen entwickelte und neue, unabhängige Wege einschlug.[2] Dieser Mangel an Kreativität offenbart sich auch während seines Pontifikats, als er weder als Erzbischof in seiner Provinz und Diözese Canterbury noch als Baron weltlicher Besitzungen neue Wege ging, sondern traditionellen Mustern verhaftet blieb. Er trat als Magister in Paris eher als Kompilator in Erscheinung, der bereits Gedachtes zusammenführte und aufbereitete. Nichtsdestotrotz entwickelte er in seinen Schriften einen politischen Ideenhorizont, der den Rahmen seines späteren politischen Handelns als Erzbischof vorgab. Entsprechend sollte er seine politischen Ziele trotz der vielen politisch notwendigen Kompromisse nicht aus den Augen verlieren. So hatte seine Kompromissbereitschaft durchaus Grenzen. Im September 1215 nahm er seine Suspendierung in Kauf, anstatt das in ihn gesetzte Vertrauen als Vermittler und den von ihm ausgehandelten Frieden auf der Basis der Magna Carta zu verraten. Er spielte sogar mit dem Gedanken, sein Amt als Erzbischof aufzugeben und das bescheidene, zurückgezogene Leben als Eremit zu führen. Die impliziten Vorwürfe von Fawkes de Breauté in seiner *querimonia*, Langton sei machtversessen, er würde seine Pflicht als Bischof zum Frieden und zur Wahrhaftigkeit vernachlässigen, nur um seine Macht zu sichern, geben daher ein von Frust und Enttäuschung verzerrtes Bild Langtons wieder.

---

[2] Powicke, *Langton*, 160 und Vincent, *Stephen Langton*, 21–22.

Dennoch war Langton kein Heiliger, der sein Amt nur als göttliche Pflicht begriff, um dem Wohle der Kirche und dem Königreich zu dienen. Er setzte seine Macht und seinen Einfluss am Königshof durchaus auch für eigene materielle Interessen ein, insbesondere aber zu Gunsten seiner Familie. Entsprechend sicherte er seinen beiden Brüdern, Walter und Simon Langton sowie einem weiteren, gleichnamigen Verwandten den sozialen Aufstieg.

Langton war also kein Mann der Extreme und vermutlich auch kein Charismatiker wie Becket. Das ist sicherlich einer der Gründe, warum er nicht die Aufmerksamkeit erfahren hat, die seinem berühmten Vorgänger zuteil wurde. Langton war ein kluger, aber keineswegs brillanter Theologe, als Erzbischof erwies er sich als zuweilen standhaft, aber nicht als sturköpfig, er agierte flexibel und kompromissbereit, war aber kein Opportunist. Er war nicht machtversessen, nutzte aber den gewonnenen politischen Einfluss durchaus auch zum eigenen, persönlichen Vorteil. Langton war im besten Sinne ein Mann der Mitte, ohne jedoch mittelmäßig gewesen zu sein. Seine Erfolge als Politiker sprechen für sich.

QUELLEN- UND LITERATURVERZEICHNIS

1. *Ungedruckte Quellen*

Cathedral Library, Canterbury

Ms. D. & C. Chartae Antiquae A 168
Ms. D. & C. Chartae Antiquae C 32
Ms. D. & C. Chartae Antiquae C 115
Ms. D. & C. Chartae Antiquae C 125
Ms. D. & C. Chartae Antiquae E 118
Ms. D. & C. Chartae Antiquae F 5
Ms. D. & C. Chartae Antiquae H 100
Ms. D. & C. Chartae Antiquae L 351
Ms. D. & C. Chartae Antiquae L 389A
Ms. D. & C. Chartae Antiquae M 364
Ms. D. & C. Chartae Antiquae W 225
D. & C. Register B
D. & C. Register I

British Library, London

Ms. Additional 6159 (*Estate Book* der Christ Church, Canterbury)
Ms. Arundel 68 (Register der Christ Church, Canterbury)
Ms. Cotton Claudius D x (Kartular der Abtei St. Augustine, Canterbury, das soge-
    nannte *Red Book*)
Ms. Cotton Galba E iv (Register der Christ Church, Canterbury)
Ms. Cotton Julius D v (Annalen von Dover)
Ms. Cotton Julius D ii (Kartular der Abtei St. Augustine, Canterbury)
Ms. Cotton Vespasian A xxii (Register des Kathedralklosters St. Andreas, Rochester)

Lambeth Palace Library, London

Ms. 1212 (Kartular des Erzbistums Canterbury)
Ms. 241 (Register des Priorats St. Martin in Dover)
Register des Erzbischofs Simon Islip
Register des Erzbischofs Warham I

Public Record Office, London

C 60 (Fine Rolls)
C 72 (Scutage Rolls)
C.P. 25 (Feet of Fines)
E 159 (Memoranda Rolls, King's Remembrancer)
E 164/27 (Kartular der Abtei St. Augustine, Canterbury, das sogenannte *White Book*)
E 368 (Memoranda Rolls, Lord Treasurer's Remembrancer)
E 372 (Pipe Rolls)
JUST 1 (Justices Itinerant Plea Rolls)
SC 1 (Ancient Correspondence)

2. Gedruckte Quellen

[The] Acta of Hugh of Wells, Bishop of Lincoln 1209–1235, ediert von David M. Smith, Woodbridge und Rochester 2000.

Acta Stephani Langton Cantuariensis Archiepiscopi A.D. 1207–1228, ediert von Kathleen Major, Oxford 1950.

Additions to the Acta Stephani Langton, ediert von Nicholas Vincent (vorgelegt auf der Konferenz in Paris vom 13. bis 15. September 2006 mit dem Titel „Étienne Langton, prédicateur, bibliste et théologien"; bisher unveröffentlicht)

Albericus monachus de Tribus Fontibus, Chronica, ediert von Paul Scheffer-Boichorst (MGH SS XXIII), 631–950.

Anglia Sacra, sive collectio historiarum, partim antiquitus, partim recenter scriptarum, de archiepiscopis et episcopis Angliae, a prima fidei Christianae susceptione ad annum 1540. Band I: De archiepiscopis et episcopis ecclesiarum cathedralium, quas monachi possederunt, ediert von Henry Wharton, London 1691.

[The] Anglo-Saxon Chronicles, ediert und übersetzt von Michael Swanton, 2. überarb. Aufl., London 2000.

Annales de Burton (A.D. 1004–1263), in: Henry R. Luard (Hrsg.), Annales Monastici (A.D. 1–1432), Band I, London 1864, 183–500.

Annales de Margan (A.D. 1066–1232), in: Henry R. Luard (Hrsg.), Annales Monastici (A.D. 1–1432), Band I, London 1864, 3–40.

Annales de Theokesberia (A.D. 1066–1263), in: Henry R. Luard (Hrsg.), Annales Monastici (A.D. 1–1432), Band I, London 1864, 43–180.

Annales monasterii de Bermundeseia (A.D. 1042–1432), in: Henry R. Luard (Hrsg.), Annales Monastici (A.D. 1–1432), Band III, London 1866, 423–487.

Annales monasterii de Oseneia (A.D. 1016–1297), in: Henry R. Luard (Hrsg.), Annales Monastici (A.D. 1–1432), Band IV, London 1869, 3–352.

Annales monasterii de Waverleia (A.D. 1–1291), in: Henry R. Luard (Hrsg.), Annales Monastici (A.D. 1– 1432), Band II, London 1865, 129–411.

Annales monasterii de Wintonia (A.D. 519–1277), in: Henry R. Luard (Hrsg.), Annales Monastici (A.D. 1–1432), Band II, London 1865, 3–125.

Annales prioratus de Dunstaplia (A.D. 1–1297), in: Henry R. Luard (Hrsg.), Annales Monastici (A.D. 1–1432), Band III, London 1866, 3–408.

Annales prioratus de Wigornia (A.D. 1–1377), in: Henry R. Luard (Hrsg.), Annales Monastici (A.D. 1–1432), Band IV, London 1869, 355–564.

Annales S. Edmundi a. 1–1212, in: Felix Liebermann (Hrsg.), Ungedruckte anglonormannische Geschichtsquellen, Straßburg 1879, 97–155.

[The] annals of Southwark and Merton, ediert von M. Tyson, in: Surrey Archaeological Collections 36 (1925), 24–57.

[The] Autobiography of Gerald of Wales, ediert von Harold Edgeworth Butler, Woodbridge u.a. 2005.

Beda Venerabilis, Historia ecclesiastica gentis Anglorum, Edition nach Bertram Colgrave und R. A. B. Mynors, übersetzt von Günter Spitzbart, Band I und II, Darmstadt 1982.

Brut y Tywysogion or the Chronicle of the Princes of Wales, ediert von John Williams ab Ithel, London 1860.

Caesarius de Heisterbach, Dialogus miraculorum, Band I., ediert von Joseph Strange, Köln, Bonn und Brüssel 1851.

Calendar of Ancient Correspondence concerning Wales, ediert von J. Goronwy Edwards, Cardiff 1935.

Calendar of the Charter Rolls preserved in the Public Record Office, Band I, Henry III, A.D. 1226–1257, London 1903, ND Nendeln 1972 (RS).

Calendar of Close Rolls of the reign of Henry III. preserved in the Public Record Office, Band I (A.D. 1227–1231) und Band III (1234–1237), London 1902–1908, ND Nendeln 1970 (RS).

Calendar of documents relating to Ireland preserved in the Public Record Office, Band I, 1171–1251, ediert von H. S. Sweetman, London 1875, ND Nendeln 1974 (RS).

Calendar of Entries in the Papal Registers relating to Great Britain and Ireland, Band I, 1198–1304, ediert von William Henry Bliss, London 1893.

Calendar of the Fine Rolls of the reign of Henry III, preserved in The National Archives, Band I, 1 to 8 Henry III, 1216–1224, und Band II, 9 to 18 Henry III, 1224–1234, Woodbridge 2007 und 2008.

Calendar of the Liberate Rolls preserved in the Public Record Office, Henry III, Band I, A.D. 1226–1240, London 1916 (RS).

Calendar of Kent Feet of Fines to the end of Henry III's reign, Band I, ediert von Irene J. Churchill, Ralph Griffin und F.W. Hardman, Ashford 1939.

Calendar of Patent Rolls preserved in the Public Record Office, Henry III, Band I, A.D. 1216–1225 und Band II, A.D. 1225–1232, London 1901–1903, ND Nendeln 1971 (RS).

[The] Canonization of St. Hugh of Lincoln, ediert von Dom Hugh Farmer, in: *Lincolnshire Architectural and Archaeological Society, Reports and Papers*, Band 5, Teil 2 (1956), 86–117.

Cartulaire des Abbayes de Saint-Pierre de la Couture et de Saint-Pierre de Solesmes, ediert von den Benediktinern von Solesmes unter der Aufsicht von M. P. d'Albert duc de Chaulnes, Le Mans 1881.

Cartularium saxonicum: a collection of charters relating to Anglo-Saxon history, Band I (A.D. 430–839), ediert von Walter de Gray Birch, London und New York 1885, ND 1964.

Cartulary of the priory of St. Gregory, Canterbury, ediert von Audrey M. Woodcock, London 1956.

[The] Cartulary of Worcester Cathedral Priory (Register I), ediert von Reginald R. Darlington, London 1968.

[La] Chanson de la Croisade Albigeoise, Band III, Le poème de l'auteur anonyme, 2ᵉ partie, ediert von Eugène Martin-Chabot, Paris 1961.

Chartularium Universitatis Parisiensis sub auspiciis Consilii generalis facultatum Parisiensium, Band I *(Ab anno 1200 usque ad annum 1286)*, ediert von Henry Denifle, Paris 1889.

[The] chartulary of Boxgrove Priory (Chartularium monasterii de Boxgrave in comitatu Sussexiae, fundati a Roberto de Haya), ediert und übersetzt von Lindsay Fleming (Sussex Record Society, Band 59), Lewes 1960.

[The] Chronicle of John of Worcester, Band III: *the annals from 1067 to 1140 with the Gloucester interpolations and the continuation to 1141*, ediert und übersetzt von Patrick McGurk, Oxford 1998.

[The] Chronicle of the Election of Hugh abbot of Bury St Edmunds and later bishop of Ely, ediert von Rodney M. Thomson, Oxford 1974.

Rogerus de Hovedene, *Chronica*, Band III und IV, ediert von William Stubbs, London 1870/71, ND Nendeln 1964 (RS).

Chronicon Abbatiae de Evesham, ad annum 1418, ediert von William Dunn Macray, London 1863 (RS).

Chronicon Henrici Knighton vel Cnitthon Monachi Leycestrensis, ediert von Joseph Rawson Lumby, London 1895, ND Nendeln 1965 (RS).

Chronicon vulgo dictum chronicon Thomae Wykes (A.D. 1066–1289), in: Henry R. Luard (Hrsg.), *Annales Monastici (A.D. 1–1432)*, Band IV, London 1869, 6–319.

Constitutiones Concilii quarti Lateranensis una cum Commentariis glossatorum, ediert von Antonio García y García, Vatikan 1981.

Councils and synods with other documents relating to the English Church, II, A.D. 1205–1313, Band 2, ediert von Frederick M. Powicke und Christopher R. Cheney, Oxford 1964.

Curia Regis Rolls of the reign of Henry III. preserved in the Public Record Office, Band VIII, 3–4 Henry III, Band IX, 4–5 Henry III, Band X, 5–6 Henry III, Band XI, 7–9

Henry III, Band XII, 9–10 Henry, Band XIII, 11–14 Henry (1227–1230), Band XX, 34–35 Henry (1250), London 1932–1959.

Diplomatic Documents preserved in the Public Record Office, Band I (1101–1272), ediert von Pierre Chaplais, London 1964, ND Nendeln 1976 (RS).

Eadmer, *Historia Novorum in Anglia et opuscula duo de Vita Sancti Anselmi et quibusdam miraculis ejus*, ediert von Martin Rule, London 1884, ND Nendeln 1965 (RS).

Edward, king and martyr, ediert von Christine E. Fell, Leeds 1971.

English Episcopal Acta, Band II, Canterbury 1162–1190, ediert von Christopher R. Cheney und Bridgette E. A. Jones, London 1986.

English Episcopal Acta, Band VII, Hereford 1079–1234, ediert von Julia Barrow, Oxford 1993.

English Episcopal Acta, Band IX, Winchester 1205–1238, ediert von Nicolas Vincent, Oxford 1994.

English Episcopal Acta, Band XI, Exeter 1046–1184, ediert von Frank Barlow, Oxford 1996.

English Episcopal Acta, Band XIII, Worcester 1218–1268, ediert von Philippa M. Hoskin, Oxford 1997.

English Episcopa Acta, Band XVIII, Salisbury 1078–1217, ediert B.R. Kemp, Oxford 1999.

English Episcopal Acta, Band XXI, Norwich 1215–1243, ediert von Christopher Harper-Bill, Oxford 2000.

English Episcopal Acta, Band XXVI, London 1189–1228, ediert von David P. Johnson, Oxford 2003.

English Episcopa Acta, Band XXVII, York 1189–1212, ediert von Marie Lovatt, Oxford 2004.

English Episcopa Acta, Band XXX, Carlisle 1133–1292, ediert von David M. Smith, Oxford 2005.

English Historical Documents, Band I (c. 500–1042), ediert von Dorothy Whitelock, Band II (1042–1189), ediert von David C. Douglas und George W. Greenaway, Band III. (1189–1327), ediert von Harry Rothwell, 2. Aufl., London und New York 1996.

Epistolae Cantuarienses, the letters of the prior and convent of Christ Church, Canterbury. From A.D. 1187 to A.D. 1199, ediert von William Stubbs (Chronicles and Memorials of the reign of Richard I, Band II), London 1865 (RS).

Excerpta e rotulis finium in Turri Londinensi asservatis, Henrico tertio rege A.D. 1216–1272, Band I A.D. 1216–1246, ediert von Charles Roberts, London 1835.

Feet of Fines for Essex, Band I (A.D. 1182–A.D. 1272), ediert von R.E.G. Kirk, Colchester 1899–1910.

Florence of Worcester, *Chronicon*, Band I, ediert von Benjamin Thorpe, London 1848, ND Vaduz 1964.

[Un] fragment du compte de l'Hôtel du prince Louis de France pour le terme de la Purification, 1213, ediert von R. Fawtier in: *Le Moyen Age, 3 série*, Band 4 (1933), 225–250.

Foedera, Conventiones, Litterae et cujuscunque generis Acta Publica, ediert von Thomas Rymer, neue Edition, Band I.1. (1066–1272), ediert von Adam Clark und Frederick Holbrooke, London 1816.

Gervase of Canterbury, *The historical works*, Band I *(The Chronicles of the reigns of Stephen, Henry II., and Richard I.)* und Band II *(The minor works compromising the gesta regum with its continuation, the actus pontificum, and the mappa mundi)*, ediert von William Stubbs, London 1879/88, ND Nendeln 1965 (RS).

[Die] *Gesetze der Angelsachsen*, Band 1, ediert von Felix Liebermann, Halle 1903, ND Aalen 1960.

Giraldi Cambrensis Opera, Band I: De rebus a se gestis; libri III.; invectionum libellus, symbolum electorum, ediert von J. S. Brewer, London 1861, ND Nendeln 1966 (RS).

Giraldi Cambrensis Opera, Band III: I. De invectionibus, lib. IV; II. De Menevensi ecclesiae dialogus; III. Vita S. David, ediert von J. S. Brewer, London 1863, ND Nendeln 1966 (RS).

Giraldi Cambrensis Opera, Band IV: Speculum ecclesiae; de vita Galfridi archiepiscopi Eboracensis: sive certamina Galfridi Eboracensis archiepiscopi, ediert von J. S. Brewer, London 1873, ND Nendeln 1964 (RS).

Giraldi Cambrensis Opera, Band VI: Itinerarium Kambriae et descriptio Kambriae, ediert von James F. Dimock, London 1868, ND Nendeln 1964 (RS).

Giraldi Cambrensis Opera, Band VII: Vita S. Remigii et Vita S. Hugonis, ediert von James F. Dimock, London 1877, ND Nendeln 1964 (RS).

[The] Great Roll of the Pipe for the eighth year of the Reign of King John, Michaelmas 1206, ediert von Doris M. Stenton, London 1942.

[The] Great Roll of the Pipe for the sixteenth year of the Reign of King John, Michaelmas 1214, ediert von Patricia M. Barnes, London 1962.

[The] Great Roll of the Pipe for the second year of the Reign of King Henry III, Michaelmas 1218, ediert von E. Pauline Ebden, London 1972.

[The] Great Roll of the Pipe for the third year of the Reign of King Henry III, Michaelmas 1219, ediert von James C. Holt, Einleitung von B.E. Harris, London 1976.

[The] Great Roll of the Pipe for the fourth year of the Reign of King Henry III, Michaelmas 1220, ediert von B.E. Harris, London 1987.

[The] Great Roll of the Pipe for the fifth year of the Reign of King Henry III, Michaelmas 1221, ediert von David Crook, London 1990.

[The] Great Roll of the Pipe for the eighth year of the Reign of King Henry III, Michaelmas 1224, ediert von Emilie Amt, London 2005.

L'histoire de Guillaume le Maréchal. Comte de Striguil et de Pembroke. Régent d'Angleterre de 1216 à 1219, Band II, ediert von Paul Meyer, Paris 1894.

Histoire des ducs de Normandie et des rois d'Angleterre, ediert von Francisque Michel, Paris 1840.

Histoire du breviaire de Rouen, ediert von Armand Romain Collette, Rouen 1902.

Historiae Anglicanae Scriptores X, ediert von Roger Twysden, London 1652.

Historical Manuscripts Commission (Hrsg.), *Eighth report of the Royal Commission on Historical Manuscripts*, London 1881.

—— (Hrsg.), *Report on manuscripts in various collections*, Band I.: *Berwick-upon-Tweed, Burford and Lostwithiel corporations; the counties of Wilts and Worcester; the bishop of Chichester and the deans and chapters of Chichester, Canterbury and Salisbury*, London 1901.

Honorii III Romani Pontificis Opera Omnia, Band II, ediert von C. Horoy (Medii Aevi Bibliotheca Patristica ab anno 1217 ad Concilii Tridentini tempora), Paris 1879.

Custumale Roffense, from the original manuscript in the archives of the Dean and Chapter of Rochester; to which are added memorials of that cathedral church; and some account of the remains of churches, chapels, chantries etc.; whose instruments of foundation andendowment are for the most part contained in the Registrum Roffense, ediert von John Thorpe, London 1788.

[The] letters and charters of Cardinal Guala Bicchieri, papal legate in England 1216–1218, ediert von Nicolas Vincent, Woodbridge 1996.

[The] Letters of Lanfranc Archbishop of Canterbury, ediert und übersetzt von Helen Clover und Margaret Gibson, Oxford 1979.

[The] Letters of Pope Innocent III (1198–1216) concerning England and Wales, ediert von Christopher R. Cheney und Mary G. Cheney, Oxford 1967.

Letters to Ralph de Neville, bishop of Chichester (1222–24), and chancellor to king Henry III., ediert von W.H. Blaauw, in: *Sussex archaeological collections relating to the history and antiquities of the counties of East and West Sussex 3* (1850), 35–76.

Master Stephen Langton preaches to the People and Clergy: Sermon Texts from Twelfth-Century Paris, ediert von Phyllis B. Roberts, in: Traditio 36 (1980), 237–268.

Materials for the history of Thomas Becket, archbishop of Canterbury (canonized by pope Alexander III., A.D. 1173), Band IV *(anonymous lives, quadrilogus etc.)*, ediert von James Craigie Robertson, Band VII *(epistles, DXXXI.–DCCCVIII.)*, ediert von James Craigie Robertson und J. Brigstocke Sheppard, London 1879–1885, ND Nendeln 1965 (RS).

Matthaeus Parisiensis, *Historia Anglorum, sive, ut vulgo dicitur, Historia Minor. Item, ejusdem Abbreviatio Chronicorum Angliae*, ediert von Frederic Madden, Band II (A.D. 1189–1245), London 1866.

——, *Chronica Majora*, Band II, III, IV und VI, ediert von Henry R. Luard, London 1874–1882, ND Nendeln 1964 (RS).

——, Vita sancti Stephani archiepiscopi Cantuariensis, in: Felix Liebermann (Hrsg.), *Unge druckte anglo–normannische Geschichtsquellen*, Straßburg 1879, 318–329.

[A] Medieval Chronicle of Scotland: the Chronicle of Melrose, ediert und übersetzt von Joseph Stevenson, London 1850, ND Dyfed 1991.

Memorials of Saint Dunstan, archbishop of Canterbury, ediert von William Stubbs, London 1874, ND Nendeln 1965 (RS).

Memorials of St. Edmund's Abbey, Band II, ediert von Thomas Arnold, London 1892 (RS).

Metrical Life of St. Hugh, Bishop of Lincoln, ediert von J. F. Dimock, Lincoln 1960.

Monastic Breviary of Hyde Abbey, Winchester, Band VI, ediert von J.B.L. Tolhurst, London 1939.

Nicolas Trivet, *Annales sex regum Angliae, qui a comitibus Andegavensibus originem traxerunt (A.D. MCXXXVI–MCCCVII)*, ediert von Thomas Hog, London 1845.

Œuvres de Rigord et de Guillaume le Breton. Historiens de Philippe-Auguste, Band I, Chroniques de Rigord et de Guillaume le Breton, ediert von François Delaborde, Paris 1882.

Original papal documents in England and Wales from the accession of Pope Innocent III tothe death of Pope Benedict XI (1198–1304), ediert von Jane E. Sayers, Oxford 1999.

Papsturkunden in England, Band II: *Die kirchlichen Archive und Bibliotheken, 2: Texte*, ediert von Walter Holtzmann (Abhandlungen der Gesellschaft der Wissenschaften zu Göttingen, philologisch-historische Klasse, dritte Folge, Nr.15), Berlin 1936.

[A] partial edition of Stephen Langton's summa and quaestiones with parallels from Andrew Sunesen's hexameron, ediert von Sten Ebbesen und Lars Boje Mortensen, in: *Cahiers de l'institut du moyen-âge grec et latin* 49 (1985), 25–224.

Petri Vallium Sarnii Monachi Historia Albigensis, Band I, ediert von Pascal Guébin und Ernest Lyon, Paris 1926.

Polychronicon Ranulphi Higden monachi Cestrensis; together with the English translation of John Trevisa and of an unknown writer of the fifteenth century, Band VIII, ediert von Joseph Rawson Lumby, London 1882 (RS).

Radulphus de Coggeshall, *Chronicon Anglicanum*, ediert Joseph Stevenson, London 1875, ND New York 1965 (RS).

Receipt rolls for the fourth, fifth and sixth years of the reign of King Henry III Easter 1220, 1221, 1222 (receipt rolls 3B, 4 and 5), now first printed from the originals in the National Archives: Public Record Office, ediert von Nicholas Barratt, London 2003.

[The] Red Book of the Exchequer, Band II, ediert von Hubert Hall, London 1896.

Regesta Honorii Papae III, Band I und II, ediert von Petrus Pressutti, Rom 1888–1895, ND Hildesheim und New York 1978.

Regesta Pontificum Romanorum ab condita ecclesia ad annum post Christum natum MCXCVIII, ediert von Philipp Jaffé, 2. Aufl. korrigiert unter Aufsicht von Wilhelm Wattenbach von S. Loewenfeld, F. Kaltenbrunner und P. Ewald, Band II (ab anno MCXLIII ad annum MCXCVIII), Leipzig 1888, ND Graz 1956.

[Die] Register Innocenz' III., Band VIII, *8. Pontifikatsjahr, 1205/1206, Texte und Indices*, bearbeitet von Othmar Hageneder und Andrea Sommerlechner gemeinsam mit Christoph Egger, Rainer Murauer und Herwig Weigl, Wien 2001.

[The] Register of S. Osmund, Band I und II, ediert von W. H. Rich Jones, London 1883–1884 (RS).

[The] register, or rolls, of Walter Gray, lord archbishop of York. Appendices of illustrative documents, ediert von James Raine (The publications of the Surtees Society, Band 56), Durham 1872.

[Les] Registres de Grégoire IX, recueil des bulles de ce pape, Band I, *années I à VIII (1227–1235)*, Band II, *années IX à XII (1235–1239)*, ediert von Lucien Auvray, Paris 1896 und 1907.

[The] Registrum Antiquissimum of the Cathedral Church of Lincoln, Band I und V, ediert von Charles Wilmer Foster und Kathleen Major, Hereford 1931–1973.

Registrum Roffense, or a collection of ancient records, charters, and instruments of divers kinds necessary for illustrating the ecclesiastical history and antiquities of the diocese and cathedral church of Rochester, ediert von John Thorpe, London 1769.

Robert of Gloucester, *The life and Martyrdom of Thomas Becket, archbishop of Canterbury. From the series of lives and legends now proved to have been composed by Robert of Gloucester*, ediert von William Henry Black, London 1845.

Rogerus de Wendover, *Liber qui dicitur flores historiarum ab anno Domini MCLIV, annoque Henrici Anglorum Regis secundi primo*, Band II und III, ediert von Henry G. Hewlett, London 1875 (RS).

Roll of divers accounts for the early years of the reign of Henry III, ediert von Fred A. Cazel, London 1982 (RS).

Rotuli Chartarum in Turri Londinensi asservati, Band I.1, *ab anno 1199 ad annum 1216*, ediert von Thomas Duffus Hardy, London 1837.

Rotuli de Liberate ac de Misis et Praestitis, regnante Johanne, ediert von Thomas Duffus Hardy, London 1835.

Rotuli de Oblatis et Finibus in Turri Londinensi asservati, tempore Regis Johannis, ediert von Thomas Duffus Hardy, London 1835.

Rotuli Hugonis de Welles, episcopi Lincolniensis, A.D. MCCIX–MCCXXXV, Band I, *Diocese of Lincoln*, ediert von W. P. W. Phillimore, London 1909.

Rotuli Litterarum Clausarum in Turri Londinensi asservati, Band I *(ab anno 1204 ad annum 1224)* und Band II *(ab anno 1224 ad annum 1227)*, ediert von Thomas Duffus Hardy, London 1833 und 1844.

Rotuli Litterarum Patentium in Turri Londinensi asservati, Band I.1 (1201–1216), ediert von Thomas Duffus Hardy, London 1835.

Royal and other historical letters illustrative of the reign of Henry III. from the originals in the Public Record Office, Band I (1216–1235), ediert von Walter Waddington Shirley, London 1862 (RS).

Ryccardi de Sancto Germano notarii Chronica, ediert von Georg Heinrich Pertz (MGH SS rer. Germ.), Hannover 1864.

Sachsenspiegel Landrecht, ediert von Karl August Eckhardt (MGH Fontes iuris N.S. I.I), 3. Aufl., Göttingen und Frankfurt 1973.

Selected charters and other illustrations of English constitutional history from the earliest times to the reign of Edward the First, ediert von William Stubbs, 9. Aufl. überarbeitet von H. W. C. Davis, Oxford 1951.

Selected Letters of Pope Innocent III concerning England (1198–1216), ediert von Christopher R. Cheney und W. H. Semple, London 1953.

Selected Sermons of Stephen Langton, ediert von Phyllis B. Roberts, Toronto 1980.

[Der] Sentenzenkommentar des Kardinals Stephen Langton, ediert von Artur Michael Landgraf, 2. Aufl., Münster 1995.

[The] shorter latin poems of Master Henry of Avranches relating to England, ediert von Josiah Cox Russell und John Paul Heironimus, Cambridge (Massachusetts) 1935, ND New York 1970.

Stephen Langton. Commentary on the Book of Chronicles, ediert von Avrom Saltman, Ramat-Gan 1978.

[The] Survey of Archbishop Pecham's Kentish Manors 1283–85, ediert und übersetzt von Kenneth Witney, Maidstone 2000.

S. Anselmi Cantuariensis archiepiscopi opera omnia, Band IV: *continens epistolarum libri secundi, primam partem*, ediert von Francis S. Schmitt, Edinburgh 1949.

S. Gregorii magni, registrum epistularum libri I–VII und *registrum epistularum libri VIII–XIV*, ediert von Dag Norberg (Corpus Christianorum, Series Latina, Band CXL und CXL A), Turnholt 1982.

Thomas de Burton, *Chronica monasterii de Melsa, a fundatione usque ad annum 1396*, Band I, ediert von Edward A. Bond, London 1866 (RS).

Thomas de Elham, *Historia monasterii S. Augustini Cantuariensis*, ediert von Charles Hardwick, London 1858 (RS).

Transcript of the K.R. Memoranda Rolls, Nr. 1–5 and L.T.R. Memoranda Roll, Nr. 1–4 (un-veröffentlicht; einsehbar im PRO).

[An] unpublished document on the Great Interdict (1207–1213), ediert von George Lacombe, in: The Catholic Historical Review 14 (1930), 408–420.

Veterum scriptorum et monumentorum historicorum, dogmaticorum, moralium; amplissima collectio, Band 1: *complectens regum et principum, aliorumque virorum illustrium epistolas et diplomata bene multa*, ediert von Edmund Martene und Ursin Durand, Paris 1724, ND New York 1968.

Vita Lanfranci, ediert von Margaret Gibson, in: Giulio D'Onofrio (Hrsg.), *Lanfranco di Pavia e l'Europa del secolo XI nel IX centenario della morte (1089–1989)*, Rom 1993, 661–715.

Walter of Coventry, *Historical collections*, Band II, ediert von William Stubbs, London 1873, ND Nendeln 1965 (RS).

Willelmi Chronica Andrensis, ediert von Johannes Heller, in: *MGH SS XXIV*, Stuttgart 1879, ND 1975, 684–773.

William of Malmesbury, *Gesta Regum Anglorum. The history of the English kings*, Band I, ediert und übersetzt von R.A.B. Mynors, überarbeitet von Rodney M. Thomson und M. Winterbottom, Oxford 1998.

——, *The Vita Wulfstani, to which are added the extant abridgments of his work and the miracles and translation of St. Wulfstan*, ediert von Reginald R. Darlington, London 1928.

William of Newburgh, Historia Rerum Anglicarum, libri I–IV (A.D. 1066–1194) und libri V (A.D. 1194–1198), in: Richard Howlett (Hrsg.), *Chronicles of the reigns of Stephen, Henry II., and Richard I.*, Band I und II, London 1884/85, ND Nendeln, 1964 (RS).

William Thorne's Chronicle of Saint Augustine's Abbey Canterbury, ediert von A.H. Davis, Oxford 1934.

3. Literaturverzeichnis

Alexander, James W., *Ranulf of Chester: A relic of the conquest*, Athens 1983.

Alexander, Michael Van Cleave, *Three crises in early English history: personalities and politics during the Norman conquest, the reign of King John and the Wars of the Roses*, Lanham, New York und Oxford 1998.

Althoff, Gerd und Hermann Kamp, Die Bösen schrecken, die Guten belohnen. Bedingungen, Praxis und Legitimation mittelalterlicher Herrschaft, in: Gerd Althoff, Hans—Werner Goetz, Ernst Schubert (Hrsg.): *Menschen im Schatten der Kathedrale. Neuigkeiten aus dem Mittelalter*, Darmstadt 1998, 1–100.

Antl, Louis, An Introduction to the *Quaestiones Theologicae* of Stephen Langton, in: *Franciscan Studies* 12 (1952), 151–175.

Bagliani, Agostino Paravicini, Die römische Kirche von Innozenz III. bis Gregor IX., in: André Vauchez (Hrsg.), *Geschichte des Christentums*, Band 5, *Machtfülle des*

Papsttums (1054–1274). Deutsche Ausgabe bearbeitet und herausgegeben von Odilo Engels unter Mitarbeit von Georgios Makris und Ludwig Vones, Freiburg, Basel und Wien 1994, 555–614.

Baldwin, John W., Master Stephen Langton, Future Archbishop of Canterbury: The Paris Schools and Magna Carta, in: *EHR* 123 (2008), 811–846.

——, *Masters, Princes and Merchants: The Social Views of Peter the Chanter and his Circle*, Band I und II, Princeton 1970.

——, "Tibi et regno tuo specialiter nos teneri fatemur." Innocent III, Philip Augustus and France, in: Andrea Sommerlechner (Hrsg.), *Innocenzo III. Urbs et orbis. Atti del Congresso Internazionale Roma, 9–15 settembre 1998*, Band II, Rom 2003, 985–1007.

Barker, Ernest, *The Dominican order and convocation: a study of the growth of representation in the church during the thirteenth century*, Oxford 1913.

Barlow, Frank, English kings and the church (1066–1154), in: *Medieval History* 3 (1993), 171–177.

——, *The English church 1000–1066. A history of the later Anglo-Saxon church*, 2. Aufl., London und New York 1979.

——, *The English church 1066–1154. A history of the Anglo-Norman church*, London und New York 1979.

——, *Thomas Becket*, London 1987.

Barron, Caroline M., *London in the later Middle Ages: government and people, 1200–1500*, Oxford u.a. 2004.

Bartlett, *Robert, England under the Norman and Angevin Kings (1075–1225)*, Oxford 2000.

——, *Gerald of Wales 1146–1223*, Oxford 1982.

Bennett, Austin P., *The jurisdiction of the archbishop of Canterbury. An historico-juridical study*, Rom 1958.

Böhm, Ludwig, *Johann von Brienne: Koenig von Jerusalem – Kaiser von Konstantinopel (um 1170–1237)*, Heidelberg 1938.

Boggis, Robert James Edmund, *A history of St. Augustine's monastery, Canterbury*, Canterbury 1901.

Bolton, Brenda M., A show with a meaning: Innocent III's approach to the Fourth Lateran Council, 1215, in: Dies. (Hrsg.), *Innocent III: Studies on Papal Authority and Pastoral Care*, Aldershot, Brookfield 1995, 53–67.

——, The Jubilee of Canterbury, in: Walter Brandmüller (Hrsg.), *I Giubilei nella storia della chiesa. Atti del Congresso internazionale in collaborazione con l'École Française de Rome sotto il patrocinio del Comitato Centrale per il Giubileo del 2000* (Roma, Istituto Patristico Augustinianum, 23–26 giugno 1999), Vatikan 2001, 148–163.

Brem, Ernst, *Papst Gregor IX. bis zum Beginn seines Pontifikats. Ein biographischer Ver such*, Heidelberg 1911.

Brett, Martin, Gundulf and the Cathedral Communities of Canterbury and Rochester, in: Richard Eales und Richard Sharpe (Hrsg.), *Canterbury and the Norman Conquest. Churches, Saints and Scholars 1066–1109*, London und Rio Grande 1995, 15–25.

——, The Church at Rochester, 604–1185, in: Nigel Yates (Hrsg.), *Fabric and Faith. A history of Rochester Cathedral 604–1994*, Woodbridge 1996, 1–27.

——, *The English church under Henry I*, London u.a. 1975.

Britnell, Richard, *Britain and Ireland 1050–1530. Economy and Society* (Economic and Social History of Britain), Oxford 2004.

Brooke, Christopher Nugent Lawrence, *London 800–1216: the shaping of a city*, London 1975.

Brooks, Nicholas, *Anglo-Saxon Myths: State and Church, 400–1066*, London und Rio Grande 2000.

——, *The Early History of the Church of Canterbury. Christ Church from 597 to 1066*, Leicester 1984.

Brown, R. Allen, A List of Castles, 1154–1216, in: *EHR* 79 (1959), 249–280.

Buc, Philippe, *L'ambiguïté du livre. Prince, pouvoir, et peuple dans les commentaires de la bible au Moyen Âge*, Paris 1994.

——, Principes gentium dominantur eorum: Princely Power Between Legitimacy and Illegitimacy in Twelfth-Century Exegesis, in: Thomas N. Bisson (Hrsg.), *Cultures of Power. Lordship, Status, and Process in Twelfth-Century Europe*, Philadelphia 1995, 310–328.

Carpenter, David A., Abbot Ralph of Coggeshall's Account of the Last Years of King Richard and the First Years of King John, in: *EHR* 113 (1998), 1210–1230.

——, *The Minority of Henry III*, Berkeley and Los Angeles 1990.

——, *The struggle for mastery: Britain 1066–1284*, London 2003.

Carpenter, Edward, Cantuar. *The Archbishops in their Office*, 3. Aufl., London 1997.

Carr, Anthony D., *Medieval Wales*, Basingstoke 1995.

Caviness, Madeline Harrison, Conflicts Between *Regnum* and *Sacerdotium* as Reflected in a Canterbury Psalter of ca. 1215, in: *The Art Bulletin* 61 (1979), 38–58.

Cazel, Fred A. Jr., The fifteenth of 1225, in: *BIHR* 34 (1961), 67–81.

——, The last years of Stephen Langton, in: *EHR* 79 (1964), 673–697.

Chadwick, Henry, Gregory the Great and the mission to the Anglos-Saxons, in: *Gregorio Magno e il suo tempo. XIX Incontro di studiosi dell'antichità Christina in collaborazione con l'Ecole Française de Rome, Roma, 9–12 maggio 1990*, Band I, Studi storici, Rom 1991, 199–212.

Cheney, Christopher R., A recent view of the General Interdict on England, 1208–1214, in: Geoffrey John Cuming (Hrsg.), *Studies in Church History*, Band III, Leiden 1966, 159–168.

——, *English Synodalia of the thirteenth century*, London 1941, ND 1968.

——, *Episcopal visitation of monasteries in the 13th century*, 2. überarb. Aufl., Philadelphia 1983.

——, *From Becket to Langton. English Church Government 1170–1213*, Manchester 1956.

—— (Hrsg.), *Handbook of dates for students of English history*, London 1948.

——, *Hubert Walter*, London 1967.

——, King John and the papal interdict, in: Ders. (Hrsg.), *The Papacy and England 12th–14th Centuries. Historical and legal studies*, London 1982, Kap. IX, 295–317.

——, King John's reaction to the interdict on England, in: Ders. (Hrsg.), *The Papacy and England 12th–14th Centuries. Historical and legal studies*, London 1982, Kap. X, 129–150.

——, Legislation of the Medieval English Church, in: *EHR* 50 (1935), 193–224 und 385–417.

——, Magna Carta Beati Thome: another Canterbury forgery, in: Ders. (Hrsg.), *Medieval texts and studies*, Oxford 1973, 78–110.

——, Notes on the making of the Dunstable Annals AD 33 to 1242, in: T. A. Sandquist and M. R. Powicke (Hrsg.), *Essays in medieval history presented to Bertie Wilkinson*, Toronto 1969, 79–98.

——, *Pope Innocent III and England*, Stuttgart 1976.

——, Statute-Making in the English Church in the thirteenth century, in: Stephan Kuttner und J. Joseph Ryan (Hrsg.), *Proceedings of the Second International Congress of Medieval Canon Law, Boston College, 12–16 August 1963*, Vatikan 1965, 399–414.

——, The alleged deposition of king John, in: Ders. (Hrsg.), *The Papacy and England 12th–14th Centuries. Historical and legal studies*, London 1982, Kap. XII, 100–116.

——, The church and Magna Carta, in: Ders. (Hrsg.), *The Papacy and England 12th–14th Centuries. Historical and legal studies*, London 1982, Kap. XV, 266–272.

——, The earliest English diocesan statutes, in: Ders. (Hrsg.), *The English Church and its Laws 12th–14th Centuries*, London 1982, Kap. VII, 1–29.

——, The eve of Magna Carta, in: Ders. (Hrsg.), *The Papacy and England 12th–14th Centuries. Historical and legal studies*, London 1982, Kap. XIII, 311–341.

——, The twenty-five barons of Magna Carta, in: *Bulletin of the John Rylands University Library* 50 (1968), 280–307.

Chew, Helena M., *The English Ecclesiastical Tenants-in-Chief and Knight Service. Especially in the Thirteenth and Fourteenth Centuries*, Oxford 1932.

Chrimes, Stanley B., *An Introduction to the Administrative History of Medieval England*, 3. Aufl., Oxford 1966.

Churchill, Irene Josephine, *Canterbury Administration: the administrative machinery of the archbishopric of Canterbury illustrated from original records*, Band I und II, London 1933.

Clanchy, Michael T., *England and Its Rulers 1066–1272: Foreign Lordship and National Identity*, 2. erw. Aufl., Oxford und Malden 1998.

Colish, Marcia L., From the Sentence Collection to the "Sentence" Commentary and the "Summa": Parisian Scholastic Theology, 1130–1215, in: Jacqueline Hamesse (Hrsg.), *Manuels, programmes de cours et technique d'enseignement dans les universités médiévales*, Louvain-la-Neuve 1994, 9–29.

——, The Development of Lombardian Theology, 1160–1215, in: Jan Willem Drijvers (Hrsg.), *Centres of learning. Learning and location in pre-modern Europe and the Near East*, Leiden u.a. 1995, 207–216.

Courtenay, William J., The Institutionalization of theology in: John van Engen (Hrsg.), *Learning Institutionalized. Teaching in the Medieval University*, Notre-Dame (Indiana) 2000, 245–256.

Cowdrey, Herbert E. J., *Lanfranc. Scholar, monk, archbishop*, Oxford 2003.

Crosby, Everett U., *Bishop and chapter in twelfth-century England. A study of the "mensa episcopalis"*, 2. Aufl., Cambridge 2002.

Crouch, David, *William Marshal. Knighthood, War and Chivalry, 1147–1219*, 2. überarbeitete Aufl., London u.a. 2002.

Csendes, Peter, Register/I. Deutsches Reich, in: *LMA* 7, Stuttgart und Weimar 1999, Sp. 581–582.

Dahan, Gilbert, Exégèse et polémique dans les Commentaires de la Genèse d'Étienne Langton, in: Ders. (Hrsg.), *Les Juifs au regard de l'histoire. Mélange en l'honneur de Bernhard Blumenkranz*, Paris 1985, 129–148.

——, Genres, forms and various methods in Christian exegesis of the Middle Ages, in: Magne Saebo (Hrsg.), *Hebrew Bible/Old Testament. The History of its Interpretation*, Band I, 2: *The Middle Ages*, Göttingen 2000, 196–236.

Daniell, Christopher, *From Norman Conquest to Magna Carta: England 1066–1215*, London 2003.

Davies, Wendy und Paul Fouracre (Hrsg.), *The Settlement of Disputes in Early Medieval Europe*, Cambridge 1986.

D'Avray, David L., "Magna Carta": its Background in Stephen Langton's Academic Biblical Exegesis and its Episcopal Reception, in: *Studi medievali*, 3 ser., 38 (1997), 423–438.

Denholm-Young, Noel, A Letter from the Council to Pope Honorius III, 1220–1, in: *EHR* 60 (1945), 88–96.

——, *Richard of Cornwall*, Oxford 1947.

——, *Collected Papers*, Cardiff 1969.

Denton, Jeffrey H., The clergy and Parliament in the thirteenth and fourteenth centuries, in: Ders. und Richard G. Davies (Hrsg.), *The English Parliament in the Middle Ages*, Manchester 1981, 88–108.

D'Esneval, Amaury, Images de la vie universitaire parisienne dans l'œuvre d'Etienne Langton (vers 1150–1228), in: *Bulletin de la société de l'histoire de Paris* 103–104 (1976–1977), 35–48.

——, La survivance de saint Thomas Becket à travers son quatrième successeur, Étienne Langton, in: Raymonde Foreville (Hrsg.), *Thomas Becket. Actes du Colloque international de Sédières, 19-24 aout 1973*, Paris 1975, 111–114.

——, Le perfectionnement d'un instrument de travail au début du XIIIe siècle: les trois glossaires bibliques d'Étienne Langton, in: Geneviève Hasenohr und Jean Longère (Hrsg.), *Culture et travail intellectuel dans l'occident médiéval. Bilan des „Colloques d'humanisme médiéval" (1960–1980) fondés par le R. P. Hubert*, Paris 1981, 163–175.

——, L'inspiration biblique d'Étienne Langton, d'après le commentaire sur Ruth et les Interprétations nominaux Hebraicorum, in: *Revue d'histoire de l'Église de France* 68 (1977), 202–204.

Dobson, Barrie, The monks of Canterbury in the later Middle Ages, 1220–1540, in: Patrick Collinson, Nigel Ramsey und Margaret Sparks (Hrsg.), *A history of Canterbury cathedral*, Oxford 1995, 69–153.

Douie, Decima L., *Archbishop Pecham*, Oxford 1952.

Du Boulay, Francis R. H., *The Lordship of Canterbury. An essay on medieval society*, London und Edinburgh 1966.

——, The Archbishop as territorial magnate, in: Ders., Eric Waldram Kemp und Irene J. Churchill (Hrsg.), *Mediaeval Records of the Archbishops of Canterbury. A course of public lectures delivered in Lambeth Palace Library in 1960*, London 1962, 50–70.

Duggan, Anne J., The cult of St. Thomas Becket in the thirteenth century, in: Meryl Jancey (Hrsg.), *St. Thomas Cantilupe, Bishop of Hereford: Essays in his Honour*, Hereford 1982, 21–44.

Eales, Richard, The political setting of the Becket translation of 1220, in: Diana Wood (Hrsg.), *Martyrs and Martyrologies*, Cambridge 1993, 127–139.

Ebbesen, Sten, The Semantics of the Trinity according to Stephen Langton and Andrew Sunesen, in: Jean Jolivet (Hrsg.), *Gilbert de Poitiers et ses contemporains. Aux origines de la „logica modernorum"; actes du septième symposium européen d'histoire de la logique et de la sémantique médiévales; Poitiers 17–22 juin 1985*, Neapel 1987, 401–435.

Ellis, Clarence, *Hubert de Burgh: a study in constancy*, London 1952.

Engen, John van, Studying Scripture in the Early University, in: Robert E. Lerner (Hrsg.), *Neue Richtungen in der hoch- und spätmittelalterlichen Bibelexegese*, München 1996, 17–38.

Farmer, David Hugh, *Saint Hugh of Lincoln*, London 1985.

Farmer, David L., Prices and Wages, in: Herbert E. Hallam (Hrsg.), *The Agrarian History of England and Wales*, Band II, 1042–1348, Cambridge 1988, 715–817.

Ferruolo, Stephen C., *The Origins of the University. The schools of Paris and their critics 1100–1215*, Stanford 1985.

Foreville, Raymonde, *Lateran I–IV*, Mainz 1970.

——, *Le Jubilé de Saint Thomas Becket: du XIIIe au XVe siècle (1220–1470): Étude et documents*, Paris 1958.

Fouracre, Paul, Conclusion, in: Ders. und Wendy Davies (Hrsg.), *The Settlement of Disputes in Early Medieval Europe*, Cambridge 1986, 214–228.

Froehlich, Karlfried, Christian Interpretation of the Old Testament in the High Middle Ages, in: Magne Saebo (Hrsg.), *Hebrew Bible/Old Testament. The History of its Interpretation*, Band I, 2: *The Middle Ages*, Göttingen 2000, 496–558.

Fryde, Natalie, Innocent III, England and the modernization of European international politics, in: Andrea Sommerlechner (Hrsg.), *Innocenzo III. Urbs et orbis. Atti del Congresso Internazionale Roma, 9–15 settembre 1998*, Band II, Rom 2003, 971–984.

——, *Why Magna Carta? Angevin England revisited*, Münster 2001.

——, The roots of Magna Carta. Opposition to the Plantagenets, in: Joseph Canning und Otto Gerhard Oexle (Hrsg.), *Political Thought and the Realities of Power in the Middle Ages/ Politisches Denken und die Wirklichkeit der Macht im Mittelalter*, Göttingen 1998, 53–65.

Galbraith, Vivian Hunter, *Studies in the Public Record Office*, London und New York 1948, ND 1949.

——, Roger Wendover and Matthew Paris, in: Ders. (Hrsg.), *Kings and Chroniclers. Essays in English Medieval History*, London 1982, Kap. X, 5–48.

Gameson, Richard, Augustine of Canterbury: Context and Achievement, in: Ders. (Hrsg.), *St Augustine and the conversion of England*, Stroud 1999, 1–40.

Gibbs, Marion und Jane Lang, *Bishops and Reform, 1215–1272. With special reference to the Lateran council of 1215*, 2. Aufl., London 1962.

Gibson, Margaret T., *Lanfranc of Bec*, Oxford 1978.

——, Normans and Angevins, 1070–1220, in: Patrick Collinson, Nigel Ramsay und Margaret Sparks (Hrsg.), *A History of Canterbury Cathedral*, Oxford 1995, 38–68.

Gillingham, John, Historians Without Hindsight: Coggeshall, Diceto and Howden on the Early Years of John's Reign, in: S. D. Church (Hrsg.), *King John: New Interpretations*, Woodbridge 1999, 1–26.

——, *The Angevin Empire*, London 1984.

Gransden, Antonia, *Historical Writing in England*, Band I, *c. 550 to c. 1307*, und Band II, *c. 1307 to the Early Sixteenth Century*, London und Henley 1974 und 1982.

——, The abbey of Bury St. Edmunds and the national politics in the reign of King John and Henry III, in: *Monastic Studies* 2 (1990), 67–86.

Greatrex, Joan, *Biographical register of the English cathedral priories of the province of Canterbury, c. 1066 to 1540*, Oxford 1997.

Gregory, Alys L., Indices of Rubrics and Incipits in the principal Manuscripts of the Questiones of Stephen Langton, in: *Archives d'histoire doctrinale et littéraire du moyenâge* 5 (1930), 221–266.

——, The Cambridge Manuscripts of the Questiones of Stephen Langton, in: *The New Scholasticism* 4 (1930), 165–226.

Grosjean, Paul, La date du Colloque de Whitby, in: *Analecta Bollandiana* 78 (1960), 233–274.

Grotefend, Hermann, *Taschenbuch der Zeitrechnung des deutschen Mittelalters und der Neuzeit*, 14. Aufl., Hannover 2007.

Haines, Charles Reginald, *Dover Priory: a history of the priory of St. Mary the Virgin and St. Martin of the New Work*, Cambridge 1930.

Harper-Bill, Christopher, John and the Church of Rome, in: S. D. Church (Hrsg.), *King John: New Interpretations*, Woodbridge 1999, 289–315.

Heale, Martin, *The dependent priories of medieval English monasteries*, Woodbridge 2004.

Helmholz, Richard Henry, *The Oxford History of the Laws of England*, Band I.: *The Canon Law and Ecclesiastical Jurisdiction from 597 to the 1640s*, Oxford u.a. 2004.

Holden, Brock W., King John, the Braoses, and the Celtic fringe, 1207–1216, in: *Albion* 33 (2001), 1–23.

Hollister, C. Warren, Denis Bethell Memorial Lecture V: William Rufus, Henry I, and the Anglo-Norman church, in: *Peritia* 6–7 (1987–8), 119–140.

—— und John W. Baldwin, The Rise of Administrative Kingship: Henry I and Philip Augustus, in: *The American Historical Review* 83 (1978), 867–905.

Holt, James C., *Magna Carta*, 2. überarb. und erw. Aufl., Cambridge 1992.

——, *Magna Carta and medieval government*, London und Ronceverte 1985.

——, *The Northerners. A study in the reign of King John*, 2. überarb. Aufl., Oxford 1992.

——, The Prehistory of Parliament, in: Jeffrey H. Denton und Richard G. Davies (Hrsg.), *The English Parliament in the Middle Ages*, Manchester 1981, 1–28.

Howell, Margaret, *Regalian Right in Medieval England*, London 1962.

Jansen, Virginia, Cistercian Threads in the Fabric of Canterbury and Salisbury Cathedrals, in: Terryl N. Kinder (Hrsg.), *Perspectives for an Architecture of Solitude: Essays on Cistercians, Art and Architecture in Honour of Peter Fergusson*, Turnhout 2004, 341–349.

Jedin, Hubert, *Kleine Konziliengeschichte*, 8. Aufl., Freiburg, Basel und Wien 1978.

John, Eric, The litigation of an exempt house, St Augustine's Canterbury, 1182–1237, in: *Bulletin of the John Rylands University Library* 39 (1957), 390–415.

Kamp, Hermann, *Friedensstifter und Vermittler im Mittelalter*, Darmstadt 2001.

Kaufhold, Martin, *Deutsches Interregnum und europäische Politik. Konfliktlösungen und Entscheidungsstrukturen 1230–1280* (MGH Schriften 49), Hannover 2000.

——, Die gelehrten Erzbischöfe von Canterbury und die Magna Carta im 13. Jahrhundert, in: Ders. (Hrsg.), *Politische Reflexion in der Welt des Späten Mittelalters/ Political thought in the age of scholasticism. Essays in honour of Jürgen Miethke*, Leiden und Boston 2004, 43–64.

——, *Die Rhythmen politischer Reform im späten Mittelalter. Institutioneller Wandel in Deutschland, England und an der Kurie 1198–1400 im Vergleich* (Mittelalter-Forschungen 23), Ostfildern 2008.

——, *Gladius Spiritualis. Das päpstliche Interdikt über Deutschland in der Regierungszeit Ludwigs des Bayern (1324–1347)*, Heidelberg 1994.

——, *Wendepunkte des Mittelalters. Von der Kaiserkrönung Karls des Großen bis zur Entdeckung Amerikas*, Ostfildern 2004.

Kay, Richard, Gerald of Wales and the Fourth Lateran Council, in: *Viator* 29 (1998), S.79–93.

——, Wendover's last annal, in: *EHR* 84 (1969), 779–785.

Keefe, Thomas K., Proffers for heirs and heiresses in the Pipe Rolls: some observations on indebtedness in the years before the Magna Carta (1180–1212), in: *Haskins Society Journal* 5 (1996), 99–109.

Kemp, Eric Waldram, *Counsel and Consent. Aspects of church government as exemplified in the history of English provincial synods*, London 1961.

——, The Archbishop in Convocation, in: Ders., Irene J. Churchill und Francis R. H. du Boulay (Hrsg.), *Mediaeval Records of the Archbishops of Canterbury. A course of public lectures delivered in Lambeth Palace Library in 1960*, London 1962, 21–34.

——, The origins of the Canterbury convocation, in: *The Journal of Ecclesiastical History* 3 (1952), 132–143.

Kluxen, Kurt, *Englische Verfassungsgeschichte. Mittelalter*, Darmstadt 1987.

Knowles, David Dom, Cristopher N. L. Brooke und Vera C. M. London (Hrsg.), *The Heads of Religious Houses England and Wales, 940–1216*, Cambridge 1972.

Knowles, David M., The Canterbury election of 1205–6, in: *EHR* 53 (1938), 211–220.

——, *Thomas Becket*, 2. Aufl., London 1971.

Köpf, Ulrich, The institutional framework of Christian exegesis in the Middle Ages, in: Magne Saebo (Hrsg.), *Hebrew Bible/Old Testament. The History of its Interpretation*, Band I, 2: *The Middle Ages*, Göttingen 2000, 148–179.

Krieger, Karl-Friedrich, *Geschichte Englands von den Anfängen bis zum 15. Jahrhundert* (Geschichte Englands in drei Bänden, Band I), München 1990.

Krüger, Thomas Michael, *Persönlichkeitsausdruck und Persönlichkeitswahrnehmung im Zeitalter der Investiturkonflikte: Studien zu den Briefsammlungen des Anselm von Canterbury*, Hildesheim 2002.

Kuttner, Stephan and Antonio García y García, A new eyewitness account of the Fourth Lateran Council, in: *Traditio* 20 (1964), 115–178.

Lacombe, George und Berly Smalley, Studies on the Commentaries of Cardinal Stephen Langton, in: *Archives d'histoire doctrinale et littéraire du moyen-âge* 5 (1930), 5–220.

Lacombe, George, The Authenticity of the Summa of Cardinal Stephen Langton, in: *The New Scholasticism* 4 (1930), 97–114.

——, The *Questiones* of Cardinal Stephen Langton, in: *The New Scholasticism* 3 (1929), 1–18.

Landgraf, Artur Michael, Zur Chronologie der Werke Stephan Langtons, in: *Recherches de théologie ancienne et médiévale* 3 (1931), 67–71.

——, Echtheitsfragen bei Stephen von Langton, in: *Philosophisches Jahrbuch der Görresgesellschaft* 40 (1927), 306–318.

Latimer, Paul, Early thirteenth-century prices, in: S. D. Church (Hrsg.): *King John: New Interpretations*, Woodbridge 1999, 41–73.

Lawn, Brian, *The rise and decline of the scholastic ‚questio disputata'. With special emphasis on its use in the teaching of medicine and science*, Leiden u.a. 1993.

Lawrence, Clifford Hugh, *St. Edmund of Abingdon: a Study in Hagiography and History*, Oxford 1960.

Leff, Gordon, *Paris and Oxford Universities in the Thirteenth and Fourteenth Centuries. An Institutional and Intellectual History*, New York, London und Sydney 1968.

Le Neve, John, *Fasti Ecclesiae Anglicanae 1066–1300*, Band II: *Monastic Cathedrals (Northern and Southern Provinces)*, Band VI: *York*, zusammengestellt von Diana E. Greenway, London 1971 und 1999.

Loyn, Henry R., *The English church, 940–1154*, Harlow 2000.

Lunt, William E., *Financial relations of the papacy with England to 1327*, Cambridge (Massachusetts) 1939.

——, The consent of the English lower clergy to taxation during the reign of Henry III, in: *Persecution and Liberty: Essays in honour of George Lincoln Burr*, New York 1931, ND Freeport (New York) 1968, S.117–169.

Lydon, James, The expansion and consolidation of the colony, 1215–54: in: Art Cosgrove (Hrsg.), *A new history of Ireland*, Band II, *Medieval Ireland 1169–1534*, Oxford 1987.

——, *The Lordship of Ireland in the Middle Ages*, Dublin 2003.

Maitland, Frederic William, The deacon and the Jewess, or Apostasy at Common Law, in: *Law Quarterly Review* 3 (1886), 153–165.

Major, Kathleen, The ‚familia' of archbishop Stephen Langton, in: *EHR* 48 (1933), 529–553.

Maleczek, Werner, *Papst und Kardinalskolleg von 1191 bis 1216: die Kardinäle unter Coelestin III. und Innocenz III.*, Wien 1984.

——, Zwischen lokaler Verankerung und universalem Horizont. Das Kardinalskollegium unter Innocenz III., in: Andrea Sommerlechner (Hrsg.), *Innocenzo III. Urbs et orbis. Atti del Congresso Internazionale Roma, 9–15 settembre 1998*, Band I, Rom 2003, 102–174.

Mason, Emma, *St. Wulfstan of Worcester c. 1008–1095*, Oxford 1990.

Mate, Mavis, The Indebtedness of Canterbury Cathedral Priory 1215–95, in: *The Economic History Review*, ser. 2, Band 26 (1973), 183–197.

McKechnie, William S., *Magna Carta. A Commentary on the Great Charter of King John with an historical Introduction*, 2. überarb. und erw. Aufl., New York 1958.

Mercati, Angelo, La prima relazione del cardinale Nicolò de Romanis sulla sua legazione Inghilterra, in: Henry W. C. Davis (Hrsg.), *Essays in history presented to Reginald Lane Poole*, Oxford 1927, ND 1969, 274–289.

Miethke, Jürgen, Der Tyrannenmord im späteren Mittelalter. Theorien über das Widerstandsrecht gegen ungerechte Herrschaft in der Scholastik, in: Gerhard Beestermöller und Heinz-Gerhard Justenhoven (Hrsg.), *Friedensethik im Spätmittelalter. Theologie im Ringen um die gottgegebene Ordnung* (Beiträge zur Friedensethik 30), Stuttgart, Berlin, Köln 1999, 24–48.

——, Hugo von Sankt Viktor, in: *Deutsche Biographische Enzyklopädie* 5, München 1997, 217–218.

——, Widerstand, Widerstandsrecht, I: Alte Kirche und Mittelalter, in: *Theologische Realenzyklopädie* 35, Berlin und New York 2004, 739–750.

—— und Amos Funkenstein, Hugo von St. Victor, in: *Neue Deutsche Biographie* 10, Berlin 1974, 19–22.

Mitchell, Sydney Knox, *Studies in taxation under John and Henry III*, New Haven, London und Oxford 1914.

Moore, John C., *Pope Innocent III (1160/61–1216): to root up and to plant*, Leiden und Boston 2003.

Moorman, John R. H., *A history of the church in England*, 3. überarb. Aufl., London 1976.

Morris, John, *The Tombs of the Archbishops of Canterbury Cathedral*, Canterbury 1890.

Mortimer, Richard, *Angevin England 1154–1258*, Oxford 1996.

Muessig, Carolyn, Sermon, preachers and society in the Middle Ages, in: *Journal of Medieval History* 28 (2002), 73–91.

Norgate, Kate, *The Minority of Henry the Third*, London 1912.

Orpen, Goddard Henry, *Ireland under the Normans, 1216–1333*, Band III, 2. Aufl., London 1968.

Otway-Ruthven, Annette Jocelyn, *A history of Medieval Ireland*, 2. Aufl., London 1980.

Painter, Sidney, *William Marshal Knight- Errant, Baron, and Regent of England*, Baltimore 1933, ND Toronto, Buffalo und London 1982.

——, *The reign of King John*, 4.Aufl., Baltimore 1966.

Peltzer, Jörg, The Angevin Kings and Canon Law: Episcopal Elections and the Loss of Normandy, in: John Gillingham (Hrsg.), *Anglo Norman Studies XXVII. Proceedings of the Battle conference 2004*, Woodbridge 2005, 169–184.

Powicke, Frederick M., Bibliographical Note on Recent Work upon Stephen Langton, in: *EHR* 48 (1933), 554–557.

——, *King Henry III and the Lord Edward. The community of the realm in the 13th century*, Band I, Oxford 1947.

——, *Stephen Langton*, Oxford 1928.

——, The bull ‚Miramur plurimum‘ and a letter to archbishop Stephen Langton, 5. September 1215, in: *EHR* 44 (1929), 87–93.

Public Record Office (Hrsg.): *Guide to the Contents of the Public Record Office*, Band I, Legal records, etc., London 1963.

Quinto, Riccardo, Die Questiones des Stephen Langton über die Gottesfurcht, in: *Cahiers de l'institut du moyen-âge grec et latin* 62 (1992), 77–165.

——, *„Doctor Nominatissimus“. Stefano Langton e la tradizione delle sue opere*, Münster 1994.

——, Ergänzungen und Berichtigungen zum Aufsatz: Die Questiones des Stephen Langton über die Gottesfurcht, in: *Cahiers de l'institut du moyen-âge grec et latin* 63 (1993), 309–311.

——, Il codice 434 di Douai, Stefano Langton e Nicola di Tournai, in: *Sacris Erudiri* 36 (1996), 233–261.

——, La constitution du texte des „Quaestiones theologiae“ d'Étienne Langton, in: Ders., L.-J. Bataillon, Nicole Bériou und Gilbert Dahan (Hrsg.), *Étienne Langton, prédicateur, bi-bliste et théologien*, Turnhout. (bisher unveröffentlicht)

——, The Influence of Stephen Langton on the Idea of the Preacher in the *De eruditione predicatorum* of Humbert of Romans and the *Postilles* on the Scriptures of Hugh of Saint-Cher, in: Kent Emery Jr. und Joseph Wawrykow (Hrsg.), *Christ Among the Medieval Dominicans: Representations of Christ in the Texts and Images of the Order of Preachers*, Notre-Dame (Indiana)1998, 49–91.

——, Un data-base per le „Questiones“ medievali. Il cataloga della "Questiones theologiae" di Stefano Langton, in: *Studi medievali 34* (1995), 815–822.

Reames, Sherry L., Liturgical Offices for the Cult of Thomas Becket, in: Thomas Head (Hrsg.), *Medieval Hagiography. An anthology*, New York 2000, 561–593.

——, Reconstructing and Interpreting a Thirteenth-Century Office for the Translation of Thomas Becket, in: *Speculum 80* (2005), 118–170.

——, The Remaking of a Saint: Stephen Langton and the Liturgical Office for Becket's Translation, in: *Hagiographica 7* (2000), 17–33.

Richardson, Henry Gerald, *The English Jewry under Angevin Kings*, London 1960, ND Westport 1983.

——, The morrow of the Great Charter, in: *Bulletin of the John Rylands University Library* 28 (1944), 422–443.

—— und George Osborne Sayles, *The Governance of Mediaeval England from the Conquest to Magna Carta*, Edinburgh 1963, ND 1964.

Roberg, Burkhard, Honorius III., in: *LMA* 5, Stuttgart und Weimar 1999, Sp. 120–121.

Roberts, Phyllis B., Archbishop Stephen Langton and his preaching on Thomas Becket in 1220, in: Thomas L. Amos, Eugene A. Green und Beverly Mayne Kienzle (Hrsg.), *De ore Domini. Preacher and the Word in the Middle Ages* (Studies in Medieval Culture, Band 27), Kalamazoo 1989, 75–92.

——, *Stephanus de Lingua Tonante. Studies in the sermons of Stephen Langton*, Toronto 1968.

——, Stephan Langton and St. Catherine of Alexandria: a Paris Master's Sermon on the Patron Saint of Scholars, in: *Manuscripta 20* (1976), 96–104.

——, Stephan Langton's „Sermo de virginibus", in: Julius Kirshner und Suzanne F. Wemple (Hrsg.), *Women of the Medieval World. Essays in honour of John H. Mundy*, Oxford 1985, 103–118.

——, The Pope and the Preachers. Perceptions of the Religious Role of the Papacy in the Preaching Traditions of the Thirteenth Century English Church, in: Christopher Ryan (Hrsg.), *The Religious Roles of the Papacy: Ideals and Realities 1150-1300*, Toronto 1989, 277–297.

Robinson, J. Armitage, Convocation of Canterbury: its early history, in: *The Church Quarterly Review* 81 (1915), 81–137.

Rollason, David, *The Mildrith legend. A study in early medieval hagiography in England*, Leicester 1982.

Rowlands, Ifor W., King John, Stephen Langton and Rochester Castle, 1213–1215, in: Christopher Harper-Bill, Christopher J. Holdsworth and Janet L. Nelson (Hrsg.), *Studies in Medieval History presented to R. Allen Brown*, Woodbridge 1989, 267–279.

Saltman, Avrom, *Theobald, archbishop of Canterbury*, London 1956.

Sanders, Ivor John, *Feudal military service in England. A study of the constitutional and military powers of the barones in medieval England*, London 1956.

Sayers, Jane E., *Innocent III. Leader of Europe 1198–1216*, London und New York 1994.

——, *Papal government and England during the Pontificate of Honorius III (1216–1227)*, Cambridge u.a. 1984.

——, The medieval care and custody of the archbishop of Canterbury's archives, in: *Bulletin of the Institute of Historical Research*, Band 39, Nr.99 (1966), 95–107.

Schäfer, Philipp, Innozenz III. und das 4. Laterankonzil, in: Thomas Frenz (Hrsg.), *Papst Innozenz III., Weichensteller der Geschichte Europas. Interdisziplinäre Ringvorlesung an der Universität Passau 5.11.1997-25.5.1998*, Stuttgart 2000, 103–116.

Schatz, Klaus, *Allgemeine Konzilien – Brennpunkte der Kirchengeschichte*, Paderborn u.a. 1997.

Schneyer, Johannes B., Eine Sermonesliste des Kardinals Stephen Langton, Erzbischofs von Canterbury, in: *Recherches de Théologie ancienne et médiévale* 29 (1962), 159–205.

Schnith, Karl, *England in einer sich wandelnden Welt (1189–1259). Studien zu Roger Wendover und Matthäus Paris*, Stuttgart 1974.

Sibilia, Salvatore, *Gregorio IX (1227-1241)*, Mailand 1961.

Slocum, Kay Brainerd, *Liturgies in honour of Thomas Becket*, Toronto, Buffalo und London 2004.

Smalley, Beryl, *Historians in the Middle Ages*, London 1974.

——, Stephen Langton and the Four Senses of Scripture, in: *Speculum* 6 (1931), 60–76.

——, *The Becket Conflict and the Schools. A Study of Intellectuals in Politics*, Oxford 1973.

——, *The study of the Bible in the Middle Ages*, 3.Aufl., Oxford 1984.

Smith, David M., The 'Officialis' of the Bishop in Twelfth- and Thirteenth-Century England: Problems of Terminology, in: M. J. Franklin und Christopher Harper-Bill (Hrsg.), *Medieval Ecclesiastical Studies in Honour of Dorothy M. Owen*, Woodbridge 1995, 201–220.

Smith, J. Beverley, Magna Carta and the charters of the Welsh princes, in: *EHR* 99 (1984), 344–362.

——, The Treaty of Lambeth, 1217, in: *EHR* 94 (1979), 562–579.

Smith, Reginald Allender, *Canterbury Cathedral Priory: a study in monastic administration*, Cambridge 1943, ND 1969.

Southern, Richard William, Beryl Smalley and the place of the Bible in medieval studies, in: Katherine Walsh und Diana Wood (Hrsg.), *The Bible in the Medieval World. Essays in Honour of Beryl Smalley*, Oxford 1985, 1–16.

——, *Saint Anselm and his biographer. A study of monastic life and thought, 1059–c.1130*, Cambridge 1963.

——, *Saint Anselm: A portrait in a landscape*, Cambridge u.a. 1990, ND 1991.

Spatz, Nancy K., Evidence of inception ceremonies in the twelfth-century schools of Paris, in: *History of Universities 13* (1994), 3–19.

——, Imagery in university inception sermons, in: Jaqueline Hamesse, Beverly Mayne Kienzle, Anne T. Thayer und Debra Stoudt (Hrsg.), *Medieval Sermons and Society: Cloister, City, University*, Louvain-la-Neuve 1998, 329–342.

Stacey, Robert C., *Politics, policy and finance under Henry III, 1216–1245*, Oxford 1987.

Stancliffe, Clare, The British Church and the Mission of Augustine, in: Richard Gameson (Hrsg.), *St Augustine and the conversion of England*, Stroud 1999, 107–151.

Struve, Tilmann, Regnum und Sacerdotium, in: Iring Fetscher und Herfried Münkler (Hrsg.), *Pipers Handbuch der politischen Ideen, Band I: Mittelalter: Von den Anfängen des Islams bis zur Reformation*, München und Zürich 1993, 189–242.

Stubbs, William, *Registrum Sacrum Anglicanum. An attempt to exhibit the course of episcopal succession in England from the records and chronicles of the church*, 2. Aufl., Oxford 1897.

Tatton-Brown, Tim, The beginnings of St. Gregory's Priory and St John's Hospital in Canterbury, in: Richard Eales und Richard Sharpe (Hrsg.), *Canterbury and the Norman Conquest: churches, saints and scholars 1066–1109*, London und Rio Grande 1995, 41–52.

——, *The Great Hall of the Archbishop's Palace, in: Medieval art and architecture at Canterbury before 1220* (The British Archaeological Association, Conference Transaction for the year 1979, Band V), Leeds 1982, 112–119.

Tax, Petrus W., Zur Verfasserschaft und Entstehungszeit der Pfingstsequenz „Veni, sancte piritus", in: *Zeitschrift für deutsches Altertum und deutsche Literatur* 135 (2006), 13–20.

Townsend, David und A. G. Rigg, Medieval Latin Poetic Anthologies (V): Matthew Paris' Anthology of Henry of Avranches (Cambridge, University Library MS. Dd.11.78), in: *Medieval Studies 49* (1987), 352–390.

Tillmann, Helene, *Die päpstlichen Legaten in England bis zur Beendigung der Legation Gualas (1218)*, Bonn 1926.

Turner, Ralph V., *King John*, London and New York 1994.

——, King John in his context: a comparison with his contemporaries, in: *Haskins Society Journal* 3 (1992), 183–95.

——, King John's concept of royal authority, in: *History of Political Thought* 17 (1996), 157–178.

——, King John's military reputation reconsidered, in: *Journal of Medieval History* 19 (1993), 171–200.

——, *Magna Carta: through the ages*, Harlow u.a. 2003.

——, Toward a definition of the *curialis*: educated court cleric, courtier, administrator, or „new man"?, in: *Medieval prosopography: history and collective biography* 15 (1994), 3–35.

——, William de Forz, count of Aumale: an early thirteenth-century English baron, in: *Proceedings of the American Philosophical Society* 115 (1971), 221–249.

Valente, Claire, *The theory and practice of revolt in medieval England*, Hampshire und Burlington 2003.

Vaughan, Richard, *Matthew Paris*, Cambridge 1958.

Vincent, Nicholas, A roll of knights summoned to campaign in 1213, in: *Historical Research* 66 (1993), 89–95.

——, Jews, Poitevins, and the bishop of Winchester, in: *Studies in Church History* 29 (1992), 119–132.

——, Master Alexander of Stainsby, Bishop of Coventry and Lichfield, 1224–1238, in: *Journal of Ecclesiastical History* 46 (1995), 615–640.

——, Master Elias of Dereham (d. 1245): A Reassessment, in: Caroline M. Barron und Jenny Stratford (Hrsg.), *The church and learning in later medieval society: essays in honour of R. B. Dobson. Proceedings of the 1999 Harlaxton Symposium*, Donington 2002.

——, *Peter des Roches. An alien in English politics, 1205–1238*, Cambridge 1996.

——, *Simon Langton* (bisher unveröffentlicht).

——, *Stephen Langton, Archbishop of Canterbury (1207–1228)* (Vortrag gehalten auf der Konferenz „Étienne Langton, prédicateur, bibliste et théologien" in Paris vom 13. bis 15. September 2006; bisher unveröffentlicht).

——, The election of Pandulph Verracclo as bishop of Norwich (1215), in: *Historical Research* 68 (1995), 143–163.

——, Two papal letters on the wearing of the Jewish badge, 1221 and 1229, in: *Jewish Historical Studies* 34 (1997), 209–224.

Vollrath, Hanna, *Thomas Becket. Höfling und Heiliger*, Göttingen und Zürich 2004.

Walker, R. F., Hubert de Burgh and Wales, 1218–1232, in: *EHR* 87 (1972), 465–494.

Walker, Sheridan S., Freehold, in: *LMA* 4, Stuttgart und Weimar 1999, Sp. 886–887.

Wallace, Wilfrid, *Life of St. Edmunds of Canterbury. From originals sources*, London 1893.

Warren, Wilfred L., *King John*, 4. Aufl., New Haven und London 1997.

Werner, Jakob, Die Teilnehmerliste des Laterankonzils vom Jahre 1215, in: *Neues Archiv der Gesellschaft für ältere deutsche Geschichtskunde zur Beförderung einer Gesamtausgabe der Quellenschriften deutscher Geschichten des Mittelalters* 31 (1906), 575–593.

Weske, Dorothy Bruce, *Convocation of the clergy. A study of its antecedents and its rise with special emphasis upon its growth and activities in the thirteenth and fourteenth centuries*, London 1937.

West, Francis, *The Justiciarship in England 1066–1232*, Cambridge 1966.

White, Stephen D., "Pactum-Legem Vincit et Armor Judicium." The Settlement of Disputes by Compromise in Eleventh-Century Western France, in: *The American Journal of Legal History* 22 (1978), 281–308.

Williams, Daniel Thomas, *Aspects of the career of Boniface of Savoy, Archbishop of Canterbury, 1241–70* (Presented for the decree of Doctor of Philosophy of the University of Wales, 1970). (unveröffentlicht)

Wilson, Christopher, The Medieval Monuments, in: Patrick Collinson, Nigel Ramsay und Margaret Sparks (Hrsg.), *A History of Canterbury Cathedral*, Oxford 1995, 451–510.

Wood, Ian, The Mission of Augustine of Canterbury to the English, in: *Speculum* 69 (1994), 1–17.

Woodruff, C. Eveleigh, The financial aspect of the cult of St. Thomas of Canterbury as revealed by a study of the monastic records, in: *Archaeologia Cantiana* 44 (1932), 13–32.

Young, Charles R., *Hubert Walter, Lord of Canterbury and Lord of England*, Durham 1968.

——, The making of the Neville family in England 1166–1400, Woodbridge 1996.

REGISTER

Das Register verzeichnet Orte, Personen und kirchliche Institutionen, etwa Klöster und Kirchen.

STUDIES IN MEDIEVAL AND REFORMATION TRADITIONS

(Formerly Studies in Medieval and Reformation Thought)

Edited by Andrew Colin Gow
Founded by Heiko A. Oberman†

21. COURTENAY, W.J. *Adam Wodeham.* 1978
22. BRADY, Jr., Th.A. *Ruling Class, Regime and Reformation at Strasbourg, 1520-1555.* 1978
23. KLAASSEN, W. *Michael Gaismair.* 1978
24. BERNSTEIN, A.E. *Pierre d'Ailly and the Blanchard Affair.* 1978
25. BUCER, M. *Correspondance.* Tome I (Jusqu'en 1524). Publié par J. Rott. 1979
26. POSTHUMUS MEYJES, G.H.M. *Jean Gerson et l'Assemblée de Vincennes (1329).* 1978
27. VIVES, J.L. *In Pseudodialecticos.* Ed. by Ch. Fantazzi. 1979
28. BORNERT, R. *La Réforme Protestante du Culte à Strasbourg au XVIᵉ siècle (1523-1598).* 1981
29. CASTELLIO, S. *De Arte Dubitandi.* Ed. by E. Feist Hirsch. 1981
30. BUCER, M. *Opera Latina.* Vol I. Publié par C. Augustijn, P. Fraenkel, M. Lienhard. 1982
31. BÜSSER, F. *Wurzeln der Reformation in Zürich.* 1985 *out of print*
32. FARGE, J.K. *Orthodoxy and Reform in Early Reformation France.* 1985
33. 34. BUCER, M. *Etudes sur les relations de Bucer avec les Pays-Bas.* I. Etudes; II. Documents. Par J.V. Pollet. 1985
35. HELLER, H. *The Conquest of Poverty.* The Calvinist Revolt in Sixteenth Century France. 1986
36. MEERHOFF, K. *Rhétorique et poétique au XVIᵉ siècle en France.* 1986
37. GERRITS, G. H. *Inter timorem et spem.* Gerard Zerbolt of Zutphen. 1986
38. POLIZIANO, A. *Lamia.* Ed. by A. Wesseling. 1986
39. BRAW, C. *Bücher im Staube.* Die Theologie Johann Arndts in ihrem Verhältnis zur Mystik. 1986
40. BUCER, M. *Opera Latina.* Vol. II. Enarratio in Evangelion Iohannis (1528, 1530, 1536). Publié par I. Backus. 1988
41. BUCER, M. *Opera Latina.* Vol. III. Martin Bucer and Matthew Parker: Florilegium Patristicum. Edition critique. Publié par P. Fraenkel. 1988
42. BUCER, M. *Opera Latina.* Vol. IV. Consilium Theologicum Privatim Conscriptum. Publié par P. Fraenkel. 1988
43. BUCER, M. *Correspondance.* Tome II (1524-1526). Publié par J. Rott. 1989
44. RASMUSSEN, T. *Inimici Ecclesiae.* Das ekklesiologische Feindbild in Luthers "Dictata super Psalterium" (1513-1515) im Horizont der theologischen Tradition. 1989
45. POLLET, J. *Julius Pflug et la crise religieuse dans l'Allemagne du XVIᵉ siècle.* Essai de synthèse biographique et théologique. 1990
46. BUBENHEIMER, U. *Thomas Müntzer.* Herkunft und Bildung. 1989
47. BAUMAN, C. *The Spiritual Legacy of Hans Denck.* Interpretation and Translation of Key Texts. 1991
48. OBERMAN, H.A. and JAMES, F.A., III (eds.). in cooperation with SAAK, E.L. *Via Augustini.* Augustine in the Later Middle Ages, Renaissance and Reformation: Essays in Honor of Damasus Trapp. 1991 *out of print*
49. SEIDEL MENCHI, S. *Erasmus als Ketzer.* Reformation und Inquisition im Italien des 16. Jahrhunderts. 1993
50. SCHILLING, H. *Religion, Political Culture, and the Emergence of Early Modern Society.* Essays in German and Dutch History. 1992
51. DYKEMA, P.A. and OBERMAN, H.A. (eds.). *Anticlericalism in Late Medieval and Early Modern Europe.* 2nd ed. 1994

52. 53. KRIEGER, Chr. and LIENHARD, M. (eds.). *Martin Bucer and Sixteenth Century Europe*. Actes du colloque de Strasbourg (28-31 août 1991). 1993

54. SCREECH, M.A. *Clément Marot: A Renaissance Poet discovers the World*. Lutheranism, Fabrism and Calvinism in the Royal Courts of France and of Navarre and in the Ducal Court of Ferrara. 1994

55. GOW, A.C. *The Red Jews: Antisemitism in an Apocalyptic Age, 1200-1600*. 1995

56. BUCER, M. *Correspondance*. Tome III (1527-1529). Publié par Chr. Krieger et J. Rott. 1989

57. SPIJKER, W. VAN 'T. *The Ecclesiastical Offices in the Thought of Martin Bucer*. Translated by J. Vriend (text) and L.D. Bierma (notes). 1996

58. GRAHAM, M.F. *The Uses of Reform*. 'Godly Discipline' and Popular Behavior in Scotland and Beyond, 1560-1610. 1996

59. AUGUSTIJN, C. *Erasmus. Der Humanist als Theologe und Kirchenreformer*. 1996

60. McCOOG S J, T.M. *The Society of Jesus in Ireland, Scotland, and England 1541-1588*. 'Our Way of Proceeding?' 1996

61. FISCHER, N. und KOBELT-GROCH, M. (Hrsg.). *Außenseiter zwischen Mittelalter und Neuzeit*. Festschrift für Hans-Jürgen Goertz zum 60. Geburtstag. 1997

62. NIEDEN, M. *Organum Deitatis*. Die Christologie des Thomas de Vio Cajetan. 1997

63. BAST, R.J. *Honor Your Fathers*. Catechisms and the Emergence of a Patriarchal Ideology in Germany, 1400-1600. 1997

64. ROBBINS, K.C. *City on the Ocean Sea: La Rochelle, 1530-1650*. Urban Society, Religion, and Politics on the French Atlantic Frontier. 1997

65. BLICKLE, P. *From the Communal Reformation to the Revolution of the Common Man*. 1998

66. FELMBERG, B.A.R. *Die Ablaßtheorie Kardinal Cajetans (1469-1534)*. 1998

67. CUNEO, P.F. *Art and Politics in Early Modern Germany*. Jörg Breu the Elder and the Fashioning of Political Identity, ca. 1475-1536. 1998

68. BRADY, Jr., Th.A. *Communities, Politics, and Reformation in Early Modern Europe*. 1998

69. McKEE, E.A. *The Writings of Katharina Schütz Zell*. 1. The Life and Thought of a Sixteenth-Century Reformer. 2. A Critical Edition. 1998

70. BOSTICK, C.V. *The Antichrist and the Lollards*. Apocalyticism in Late Medieval and Reformation England. 1998

71. BOYLE, M. O'ROURKE. *Senses of Touch*. Human Dignity and Deformity from Michelangelo to Calvin. 1998

72. TYLER, J.J. *Lord of the Sacred City*. The *Episcopus Exclusus* in Late Medieval and Early Modern Germany. 1999

74. WITT, R.G. *'In the Footsteps of the Ancients'*. The Origins of Humanism from Lovato to Bruni. 2000

77. TAYLOR, L.J. *Heresy and Orthodoxy in Sixteenth-Century Paris*. François le Picart and the Beginnings of the Catholic Reformation. 1999

78. BUCER, M. *Briefwechsel/Correspondance*. Band IV (Januar-September 1530). Herausgegeben und bearbeitet von R. Friedrich, B. Hamm und A. Puchta. 2000

79. MANETSCH, S.M. *Theodore Beza and the Quest for Peace in France, 1572-1598*. 2000

80. GODMAN, P. *The Saint as Censor*. Robert Bellarmine between Inquisition and Index. 2000

81. SCRIBNER, R.W. *Religion and Culture in Germany (1400-1800)*. Ed. L. Roper. 2001

82. KOOI, C. *Liberty and Religion*. Church and State in Leiden's Reformation, 1572-1620. 2000

83. BUCER, M. *Opera Latina*. Vol. V. Defensio adversus axioma catholicum id est criminationem R.P. Roberti Episcopi Abrincensis (1534). Ed. W.I.P. Hazlett. 2000

84. BOER, W. DE. *The Conquest of the Soul*. Confession, Discipline, and Public Order in Counter-Reformation Milan. 2001

85. EHRSTINE, G. *Theater, culture, and community in Reformation Bern, 1523-1555*. 2001

86. CATTERALL, D. *Community Without Borders.* Scot Migrants and the Changing Face of Power in the Dutch Republic, c. 1600-1700. 2002

87. BOWD, S.D. *Reform Before the Reformation.* Vincenzo Querini and the Religious Renaissance in Italy. 2002

88. PELC, M. *Illustrium Imagines.* Das Porträtbuch der Renaissance. 2002

89. SAAK, E.L. *High Way to Heaven.* The Augustinian Platform between Reform and Reformation, 1292-1524. 2002

90. WITTNEBEN, E.L. *Bonagratia von Bergamo*, Franziskanerjurist und Wortführer seines Ordens im Streit mit Papst Johannes XXII. 2003

91. ZIKA, C. *Exorcising our Demons,* Magic, Witchcraft and Visual Culture in Early Modern Europe. 2002

92. MATTOX, M.L. *"Defender of the Most Holy Matriarchs"*, Martin Luther's Interpretation of the Women of Genesis in the *Enarrationes in Genesin*, 1535-45. 2003

93. LANGHOLM, O. *The Merchant in the Confessional,* Trade and Price in the Pre-Reformation Penitential Handbooks. 2003

94. BACKUS, I. *Historical Method and Confessional Identity in the Era of the Reformation (1378-1615).* 2003

95. FOGGIE, J.P. *Renaissance Religion in Urban Scotland.* The Dominican Order, 1450-1560. 2003

96. LÖWE, J.A. *Richard Smyth and the Language of Orthodoxy.* Re-imagining Tudor Catholic Polemicism. 2003

97. HERWAARDEN, J. VAN. *Between Saint James and Erasmus.* Studies in Late-Medieval Religious Life: Devotion and Pilgrimage in The Netherlands. 2003

98. PETRY, Y. *Gender, Kabbalah and the Reformation.* The Mystical Theology of Guillaume Postel (1510–1581). 2004

99. EISERMANN, F., SCHLOTHEUBER, E. und HONEMANN, V. *Studien und Texte zur literarischen und materiellen Kultur der Frauenklöster im späten Mittelalter.* Ergebnisse eines Arbeitsgesprächs in der Herzog August Bibliothek Wolfenbüttel, 24.-26. Febr. 1999. 2004

100. WITCOMBE, C.L.C.E. *Copyright in the Renaissance.* Prints and the *Privilegio* in Sixteenth-Century Venice and Rome. 2004

101. BUCER, M. *Briefwechsel/Correspondance.* Band V (September 1530-Mai 1531). Herausgegeben und bearbeitet von R. Friedrich, B. Hamm, A. Puchta und R. Liebenberg. 2004

102. MALONE, C.M. *Façade as Spectacle: Ritual and Ideology at Wells Cathedral.* 2004

103. KAUFHOLD, M. (ed.) *Politische Reflexion in der Welt des späten Mittelalters / Political Thought in the Age of Scholasticism.* Essays in Honour of Jürgen Miethke. 2004

104. BLICK, S. and TEKIPPE, R. (eds.). *Art and Architecture of Late Medieval Pilgrimage in Northern Europe and the British Isles.* 2004

105. PASCOE, L.B., S.J. *Church and Reform.* Bishops, Theologians, and Canon Lawyers in the Thought of Pierre d'Ailly (1351-1420). 2005

106. SCOTT, T. *Town, Country, and Regions in Reformation Germany.* 2005

107. GROSJEAN, A.N.L. and MURDOCH, S. (eds.). *Scottish Communities Abroad in the Early Modern Period.* 2005

108. POSSET, F. *Renaissance Monks.* Monastic Humanism in Six Biographical Sketches. 2005

109. IHALAINEN, P. *Protestant Nations Redefined.* Changing Perceptions of National Identity in the Rhetoric of the English, Dutch and Swedish Public Churches, 1685-1772. 2005

110. FURDELL, E. (ed.) *Textual Healing: Essays on Medieval and Early Modern Medicine.* 2005

111. ESTES, J.M. *Peace, Order and the Glory of God.* Secular Authority and the Church in the Thought of Luther and Melanchthon, 1518-1559. 2005

112. MÄKINEN, V. (ed.) *Lutheran Reformation and the Law.* 2006

113. STILLMAN, R.E. (ed.) *Spectacle and Public Performance in the Late Middle Ages and the Renaissance.* 2006

114. OCKER, C. *Church Robbers and Reformers in Germany, 1525-1547.* Confiscation and Religious Purpose in the Holy Roman Empire. 2006

115. ROECK, B. *Civic Culture and Everyday Life in Early Modern Germany.* 2006
116. BLACK, C. *Pico's* Heptaplus *and Biblical Hermeneutics.* 2006
117. BLAŽEK, P. *Die mittelalterliche Rezeption der aristotelischen Philosophie der Ehe.* Von Robert Grosseteste bis Bartholomäus von Brügge (1246/1247-1309). 2007
118. AUDISIO, G. *Preachers by Night.* The Waldensian Barbes (15th-16th Centuries). 2007
119. SPRUYT, B.J. *Cornelius Henrici Hoen (Honius) and his Epistle on the Eucharist (1525).* 2006
120. BUCER, M. *Briefwechsel/Correspondance.* Band VI (Mai-Oktober 1531). Herausgegeben und bearbeitet von R. Friedrich, B. Hamm, W. Simon und M. Arnold. 2006
121. POLLMANN, J. and SPICER, A. (eds.). *Public Opinion and Changing Identities in the Early Modern Netherlands.* Essays in Honour of Alastair Duke. 2007
122. BECKER, J. *Gemeindeordnung und Kirchenzucht.* Johannes a Lascos Kirchenordnung für London (1555) und die reformierte Konfessionsbildung. 2007
123. NEWHAUSER, R. (ed.) *The Seven Deadly Sins.* From Communities to Individuals. 2007
124. DURRANT, J.B. *Witchcraft, Gender and Society in Early Modern Germany.* 2007
125. ZAMBELLI, P. *White Magic, Black Magic in the European Renaissance.* From Ficino and Della Porta to Trithemius, Agrippa, Bruno. 2007
126. SCHMIDT, A. *Vaterlandsliebe und Religionskonflikt.* Politische Diskurse im Alten Reich (1555-1648). 2007
127. OCKER, C., PRINTY, M., STARENKO, P. and WALLACE, P. (eds.). *Politics and Reformations: Histories and Reformations.* Essays in Honor of Thomas A. Brady, Jr. 2007
128. OCKER, C., PRINTY, M., STARENKO, P. and WALLACE, P. (eds.). *Politics and Reformations: Communities, Polities, Nations, and Empires.* Essays in Honor of Thomas A. Brady, Jr. 2007
129. BROWN, S. *Women, Gender and Radical Religion in Early Modern Europe.* 2007
130. VAINIO, O.-P. *Justification and Participation in Christ.* The Development of the Lutheran Doctrine of Justification from Luther to the Formula of Concord (1580). 2008
131. NEWTON, J. and BATH , J. (eds.). *Witchcraft and the Act of 1604.* 2008
132. TWOMEY, L.K. *The Serpent and the Rose: The Immaculate Conception and Hispanic Poetry in the Late Medieval Period.* 2008
133. SHANTZ, D. *Between Sardis and Philadelphia.* The Life and World of Pietist Court Preacher Conrad Bröske. 2008
134. SYROS, V. *Die Rezeption der aristotelischen politischen Philosophie bei Marsilius von Padua.* Eine Untersuchung zur ersten Diktion des *Defensor pacis.* 2008
135. GENT, J. VAN. *Magic, Body and the Self in Eighteenth-Century Sweden.* 2008
136. BUCER, M. *Briefwechsel/Correspondance.* Band VII (Oktober 1531-März 1532). Herausgegeben und bearbeitet von B. Hamm, R. Friedrich, W. Simon. In Zusammenarbeit mit M. Arnold. 2008
137. ESPINOSA, A. *The Empire of the Cities.* Emperor Charles V, the *Comunero* Revolt, and the Transformation of the Spanish System. 2009
138. CRAIG, L.A. *Wandering Women and Holy Matrons.* Women as Pilgrims in the Later Middle Ages. 2009
139. REID, J.A. *King's Sister – Queen of Dissent.* Marguerite of Navarre (1492-1549) and her Evangelical Network. 2009
140. BRUMMETT, P. (ed.). *The 'Book' of Travels.* Genre, Ethnology, and Pilgrimage, 1250-1700. 2009
141. INGRAM, K. (ed.). *Converso and Morisco Studies.* Volume I. 2009
142. MACDONALD, A.A., MARTELS, Z.R.W.M. VON and VEENSTRA, J.R. (eds.). *Christian Humanism.* Essays in Honour of Arjo Vanderjagt. 2009
143. KEUL, I. *Early Modern Religious Communities in East-Central Europe.* Ethnic Diversity, Denominational Plurality, and Corporative Politics in the Principality of Transylvania (1526-1691). 2009
144. BAUMANN, D. *Stephen Langton: Erzbischof von Canterbury im England der Magna Carta (1207-1228).* 2009